고범석경제학아카데미

고범석 경제학
미시경제 편

본교재 대비시험

공기업(공사·공단)
코트라, 무역협회, aT
7급·9급공무원, 세무·회계사
경제자격증, TESAT, TEST

☑ 최신 기출 키워드를 반영한 경제시험 필수 경제이론, 경제모형, 주제 정리

☑ 객관식, 약술, 논술 시험을 모두 대비할 수 있는 단원점검문제(객관식, 약술, 논술 문제) 수록

☑ 다양한 경제학 시험을 준비할 수 있도록 원론, 미시, 거시, 화폐금융, 국제경제 범위를 모두 수록

공기업(일반공기업,금융공기업,코트라), 7·9급공무원, 세무·회계사, 경제자격증 통합대비 수험서

| 동영상 강의 | 고범석 경제학아카데미
www.koeconomics.com |
| 경제학 학습질문 | 네이버카페 : 고범석 경제학카페
https://cafe.naver.com/kocpta |

고범석

이력

· 고려대학교 경제학과 및 동대학원 졸업
· (현) 고범석 경제학아카데미 대표강사
　　공기업(경제학통합/단일전공, 경제논술), 7,9급공무원 회계사, 경제자격증(공인노무사 감정평가사,보험계리사), TESAT, TEST
· (현) 이화여대 공기업 취업 특강 강사
· (전) 유비온 TESAT 경제 전임강사
· (전) 종로국가정보학원 경제학 전임강사
· (전) 공기업단기 경제 전임강사
· (전) 금융단기 매경테스트 및 한경테셋 전임강사
· (전) 우리경영아카데미 공인회계사 및 세무사 강의 경제 전임강사

저서

· 고범석경제학 국제경제편 (2022.02)
· 고범석경제학 거시경제편 (2022.02)
· 고범석경제학 미시경제편 (2022.01)
· 고범석경제학 경제논술편 (개정 7판) (2021.04)
· 고범석경제학 경제학 기초입문편 (초판) (2020.11)
· 고범석 코트라,무역협회aT 경제논술 제6판 (2017)
· 고범석 심화경제학 (2017)
· 고범석 테마경제학
· 고범석 공기업통합경제학
· 고범석 이것이기출이다.

지 은 이	고범석
발 행 일	초판 1쇄 발행　2022년 1월 20일
발 행 처	오스틴북스
발 행 인	김은영

기　　　획	양범석
편 집 디 자 인	김하나
주　　　소	경기도 고양시 일산동구 백석동 1351번지
대 표 전 화	070-4123-5716

동 영 상 강 의	www.koeconomics.com
교 재 관 련 문 의	070-4123-5716
I　S　B　N	979-11-88426-33-1
도 서 정 가	42,000원

고범석경제학
미시경제편

경제학 취업 l 자격증 수험 전문서

일반공기업 l 금융공기업 l 7급/9급 공무원 l 세무회계사 l 경제 자격증

고범석 경제학

미시경제편

미시경제편   거시경제편   화폐금융론   국제경제편

경제학 객관식, 약술, 전공논술, 시사논술 시험을 모두 준비할 수 있는 경제학 수험서

경제학 객관식,약술, 전공논술,시사논술 시험 대비 이론

기초부터 심화까지 l 미시, 거시, 화폐금융, 국제경제까지

다양한 경제학 시험에서 필수 수강해야 하는 필수과목을 포함하여 경제학 시험으로 응시할 수 있는
경제학 시험 종류를 최대화하여 경제학 1과목으로 다양한 시험 응시를 목표로 하였습니다.

객관식, 약술, 논술 경제학 모든 시험 종류에 완벽대비 !

최신 경제학 시험의 모든 기출 유형을 분석 수록하여 경제학 시험을 예측하고 분석한 이론
객관식, 약술, 시사논술 시험으로 출제된 공기업, 공무원, 세무-회계, 자격증 기출 키워드를 중심으로 내용 정리

코트라, 일반공기업, 금융공기업, 세무-회계사, 자격증 통합경제학

공기업(공사, 공단) 행정직(사무직), 7급/9급 공무원, 세무-회계사, 경제 자격증 대비로 비전공자는 경제학을
전공자 수준으로, 경제학 전공자는 시험의 유형에 맞는 응용력을 끌어올려 다양한 시험을 응시할 수 있도록 지원

한 과목 다 직렬 학습전략

미시경제학 | 거시경제학 | 화폐금융론 | 국제경제학
객관식, 약술, 전공 논술, 시사논술 시험 범위의
공기업, 공무원, 경제 자격증, 세무/회계사
시험을 한번에 대비

경제학 입문자부터 전공자의 시험 대비
기본부터 수강생의 눈높이에 맞는 학습을 제공
빠르게 합격하기 위한 합격전략 제공
경제학 수험 학습서로서의 완벽한 커리큘럼

정답 외우기식의 교재 구성에서 벗어나
단원별 학습 수준을 정확하게 파악할 수 있도록
문제와 해설, 정답을 분리하여 수록하였으며
약술과 논술시험에도 대비할 수 있도록
경제학 수험서 최초로 약술 논술 점검 문제까지 수록

STEP 01 기본 완성

∴ 기출문제 기반의 개념과 이론 총정리
∴ 경제 비전공자를 위한 학습 커리큘럼
∴ 경제 전공자를 위한 학습방향 설명

STEP 02 실력 완성

∴ 소-중 단원별 객관식 점검
∴ 대 단원별 약술, 논술 맞춤 문제 제공
∴ 경제모형 그래프 점검

STEP 03 득점 완성

∴ 실전과 같은 형태의 모의고사 문제와 해설
∴ 다회 풀이가 가능한 문제 풀이 이력 기록
∴ 논술 목차 구성과 쓰기 전략

STEP 04 만점 완성

∴ 오답노트를 정리하여 틀린 문제를 점검
∴ 객관식 문제의 해설과 정답은 뒤편 페이지
∴ 논술 문제는 반복 작성
∴ 틀린 문제 이력을 확인하여 만점에 도전

경제학 시험의 종류와 공부 전략

경제학 시험범위

시험 대상	경제학 시험범위	대상 기업 대상 자격시험
공기업(상경 통합 시험)	경제학원론, 미시, 거시, 국제경제학	공무원연금공단, 한국환경공단, 발전공기업 건강보험심사평가원, 서민금융진흥원, 예금보험공사 등
공기업(경제 선택 시험)	미시, 거시, 화폐금융, 국제경제학 계량경제학	주택금융공사, 신용보증기금, 주택도시보증공사 한국관광공사, 한국농어촌공사, 기술보증기금 등
공기업(경제 논술 시험)	미시, 거시, 국제경제(국제통상)	코트라, 무역협회, aT(농수산식품유통공사) 논술 포함 기업: 예탁결제원,신용보증기금, 한국소비자원 등
세무사, 회계사	재정학, 미시, 거시	세무사, 회계사
경제학 레벨 인증시험	경제학원론, 미시, 거시, 화폐금융론 국제경제학	한경 TESAT, 매경 TEST
공무원시험	경제학원론, 미시, 거시	7급, 9급 공무원
경제관련 자격증	경제학원론	보험계리사, 감정평가사, 공인노무사 등

공기업 채용절차

■ 일반적인 공기업 채용절차

01 시험공고	>	02 원서접수	>	03　　10~60배수 서류전형	>	04　　4~6배수 1차 필기시험(전공)	>
05　　3~4배수 2차 필기(NCS, 인적성)	>	06　　2~3배수 면접(영어, 실무능력)	>	07　　1.5~2배수 면접(임원)	>	08 채용	

※ 취업 대상 기업의 채용절차 및 전형방법을 확인하여 수험전략을 기획하여야 한다.

※ 주요 전략과목과 시기별 공부 방법을 정리하여 투자시간에 비해 낮은 점수(가산점 등)를 취득하는 것을 버리고 높은 점수를 받을 수 있는 과목에 집중해야 한다.

※ NCS, 면접 등은 준비해야 할 시기를 정하여 주요 전략과목의 점수를 높이는데 방해가 되어서는 안 된다.

경제 시험 유형 분석

공기업(공사, 공단) 채용 시험은 크게 사무직(행정직)과 전문직(기술직 포함)으로 구분된다.

사무직(행정직)은 주로 경제, 경영의 상경직과 행정법, 법학의 법정직으로 구분하여 채용한다. 사무직(행정직) 채용은 경제를 단일 선택으로 하는 공공기관과 경제, 경영을 통합으로 시험을 치르는 상경 통합 시험으로 채용하는 공공기관으로 구분된다.

여기서 단일 선택은 경제논술 단일 과목과 객관식, 약술, 논술 혼합으로 치르는 시험으로 또 한 번 구분된다. 본 교재는 객관식부터 경제논술까지 경제학 시험의 모든 유형을 대비할 수 있도록 구성하였다.

공무원 시험에서는 7급, 9급 시험에 경제학 시험이 미시, 거시, 국제경제 등의 과목이 포함되며, 자격증 시험에는 경제학원론이 주로 출제된다.

■ 경제, 경영 과목을 상경통합 수준으로 치르는 공기업(공사, 공단), 경제자격증, TESAT, TEST 시험

　◦ 시험 유형 : 객관식 문제 위주로 출제

　◦ 문제 수 : 객관식 25문제 ~ 80문제 수준

　　　　　 통합으로 주로 경영 과목과 혼합으로 치뤄지며 출제 문제 수가 적어 심도 있는 문제보다 이론 위주의 개념을 확인하는 수준으로 출제된다. 법학, 행정학, 회계원리 등 상경 법정 통합 시험으로 치르는 기업도 있다.

　◦ 준비기간 : 4개월 ~ 6개월 이상(비전공자 기준, 경제전공자 2개월)

　◦ 대상시험 : 공기업 : 한국환경공단, 공무원연금공단, 강원랜드, 수도권매립지공사,

　　　　　　　 발전계열 공기업(한국서부발전, 중부발전, 동서발전, 남부발전 등)

　　　　　　 경제자격증: 보험계리사, 감정평가사, 공인노무사 등

　　　　　　 TESAT, TEST 경제레벨시험

　◦ 출제 유형 : 객관식

■ 경제과목을 **선택과목으로 1과목**으로 치르는 공기업 | 7급, 9급공무원, 세무회계 시험

- ○ 시험 유형 : 객관식, 약술형, 논술형 혼합 문제로 출제
- ○ 문제 수 : 객관식 25문제 ~ 80문제, 약술 5~10문제, 논술 1~2문제
  경제학 과목을 선택 과목으로 선택하여 시험을 치는 공기업
- ○ 준비기간 : 6개월 ~ 12개월 이상(비전공자 기준, 경제 전공자 2~3개월)
- ○ 대상시험 : **한국수자원공사, 한국관광공사, 주택금융공사, 한국주택도시보증공사,** 한국수출입은행, 한국투자공사
  신용보증기금, 기술보증기금, 인천국제공항공사, 중소벤처기업진흥공단, **한국농어촌공사,** 소상공인시장진흥공단,
  한국소비자원, 예탁결제원, 한국자산관리공사 | 7급/9급 공무원시험, 세무/회계사 시험 등
- ○ 출제 유형 : 객관식, 단답형, 약술, 논술을 단일 또는 혼합 유형으로 출제

■ 경제과목 중 **시사논술 시험**을 치르는 기업

- ○ 시험 유형 : 경제 시사 논술형을 주요 과목으로 출제, 당해년도 이슈가 된 국내 경제, 국제 경제 시사 주제 중심
- ○ 문제 수 : **시사논술 1문제 ~ 5문제 수준**
  경제학 과목을 선택 과목으로 선택하여 시험을 치는 공기업
- ○ 준비 기간 : **6개월 ~ 12개월** 이상(비전공자 기준, 경제 전공자 2~3개월)
- ○ 대상시험 : 대한무역투자진흥공사 (KOTRA), 무역협회(KITA), 한국농수산식품유통공사(aT) 등
- ○ 출제 유형 : 경제시사논술

경제학 공부 방법

■ 경제학 시험 대비 공부 방법

01 기출문제 수집	>	02 문제 분석 및 교재 선택	>	03 출제 유형 및 범위 선택	>	04 주요 출제 범위 선정	>

05 주요 출제 범위 이론 공부	>	06 객관식 적용 문제 풀이	>	07 약술, 논술 문제 풀이	>	08 틀린 문제 반복 정리

이 책의 구성

■ 미시경제편, 거시경제편, 국제경제편

- ○ 미시경제, 거시경제(화폐금융론 포함), 국제경제편 총 3편의 교재로 구성
- ○ 기본이론부터 단일 전공시험을 대비하기 위한 심화이론까지 수록
- ○ 공기업, 공무원 등 직렬 시험의 범위를 벗어나는 학문적 분야는 과감하게 삭제하여 콤팩트한 공부 범위를 제시

■ 객관식, 약술, 논술 문제 풀이

- ○ 객관식 점검 문제

  해설과 정답을 문제지 뒷면에 배치하여 문제 풀이의 정확성을 높이고 아는 문제인 것처럼 착각하지 않도록 구성
  문제풀이 이력을 기록할 수 있도록 하여 틀린 문제, 모르는 문제, 맞은 문제로 구분하고 다회 이용이 가능함
  객관식 문제 파트의 틀린 문제, 모르는 문제를 쉽게 찾아 정리할 수 있어 시험 직전 점수 향상에 최적화

- ○ 약술, 논술 문제 점검

  대단원 점검 문제로는 기출문제를 기반으로 한 약술, 논술 기출문제를 제공하여 단일 전공 시험 유형에도 적용
  경제 시사논술 시험을 대비하기 위한 논술 문제도 수록

이 책의 차례

Contents

Contents

PART 06 생산요소시장과 소득분배이론

Contents

PART 07 일반균형이론과 후생경제학

PART

01

경제학 입문

CHAPTER 01

경제학의 기초

단원 학습 목표

- 경제학의 이해를 위해 필수 기본 용어를 설명함으로써 경제학에서 다루는 주제의 기본 성격이 무엇인지 살펴보고자 한다.
- '경제학이란?' 가장 기본적인 질문에 대한 설명을 제시하는 것으로부터 시작해 '경제문제가 왜 발생하는가?'에 대해 공부하게 될 것이다.
- '합리적 선택'을 하기 위해서는 비용보다 만족 또는 편익이 큰 대안을 선택하는 것이 바람직하기 때문에 편익과 비용이 얼마만큼 되는지 알아내는 것이 중요하다. 그런데 비용 앞에 항상 '기회'라는 단어가 붙는데 어떤 의미가 있는지 고민해야 한다. 또한 분명 비용인데 경제적 의사결정 시 고려하지 말아야 할 비용이 있는데 이를 '매몰비용'이라 한다. 회수할 수 없는 비용은 미래의 의사결정에 영향을 주어서는 안 된다.
- 경제순환 모형을 통해 경제주체들이 시장을 통해 어떻게 거래하는지 확인할 수 있고 주어진 자원을 통해 효율적으로 생산할 수 있는 모든 점들을 연결한 생산가능곡선을 통해 '기회비용'을 확인해 보자.

1절 개요

01 경제학이란?

1 개념

① 경제학이란 희소한 경제적 자원으로 무한한 인간의 욕구를 어떻게 충족시키는 것이 가장 바람직한지를 연구하는 학문이다.

② 따라서 희소성(scarcity)과 선택(choice)은 밀접한 관계를 유지하면서 경제학의 본질을 형성하고 있다.

2 희소성의 법칙 - 자원 제한, 욕망 무한

① 인간의 욕망은 무한한데 비하여 이를 충족시켜 줄 수 있는 경제적 자원은 제한되어 있어서 경제문제가 발생하는 것을 말한다.

② 경제적 자원이 제한되어 있다는 의미는 재화의 절대적인 양이 부족한 것이 아니라 인간의 욕망에 비해 상대적으로 부족한 것을 말한다.

③ '희귀'한 것은 개체의 절대 수가 적은 것을 의미하는데 비해 '희소'하다는 것은 사람들이 원하는 양에 비해, 그 양이나 수가 상대적으로 모자라다는 것을 의미한다.

④ '희소'하다는 것은 인간의 욕망이 존재하는 한 영원히 해소될 수 없는 보다 근원적인 재화의 부족 현상을 말한다.

Q 확인 문제 01

다음 (가) ~ (다)와 관련하여 진술한 내용으로 적절하지 않은 것은 무엇인가?

(가) 태평양의 어느 섬에서는 망고가 바나나보다 더 많이 생산된다. 하지만 망고가 바나나보다 훨씬 높은 가격에 거래된다.

(나) 무명화가의 습작들은 공짜로 주어도 가져가는 사람이 거의 없다. 하지만 그 화가가 훗날 명성을 얻게 되면 사람들은 무명시절에 그린 습작이라도 비싼 돈을 주고서 구입한다.

(다) 물은 생존을 위해 반드시 필요한 재화로 다이아몬드보다 유용성이 더 크다. 하지만 물의 가격은 다이아몬드 가격보다 훨씬 더 낮다.

① (가)는 망고는 바나나보다 희소성이 더 큰 재화이다.

② (나)는 희소성에 따라 자유재가 경제재로 변화하는 것을 보여준다.

③ (다)에서 다이아몬드 가격이 더 비싼 이유는 물보다 희소성이 크기 때문이다.

④ (가)와 (나)는 가격이 희소성에 의해 결정됨을 보여준다.

⑤ (가) ~ (다)에서 희소성은 재화의 존재량과 욕구화의 관계에서 절대적으로 결정된다.

---

01 확인 문제 정답 ⑤

• 희소성은 재화의 절대적인 존재량에 의해 결정되는 것이 아니라 욕구와의 관계에서 상대적으로 결정된다.

❸ 합리적 선택

① 합리적인 선택이란 여러 선택가능성 중 가장 작은 대가를 요구하는 것을 말한다.

② 그러므로 합리적 선택을 위해서는 각각의 선택이 요구하는 대가가 무엇인지 정확히 알아야 하며 이 선택의 대가를 경제학에서는 기회비용이라는 개념으로 나타낸다.

→ 경제적 의사결정은 총이득과 총비용을 비교하여 의사결정을 하는 것이 아니라 한계이득 또는 한계편익과 한계비용을 비교하여 의사결정을 한다.

용어정리   한계적 의사결정

1. 한계적인 변화(marginal change) : 현재 하고 있는 행동의 끝에서 추가적인 변화를 말한다.

2. 합리적인 의사결정

① 합리적인 경제주체들은 총이득과 총비용을 비교하는 것이 아니라 한계편익과 한계비용을 비교하여 의사결정을 한다.

② 한계적 의사결정을 하는 이유는 과거 투입액은 매몰비용의 성격을 갖고 있기 때문이다.

  ⓔ 뷔페를 먹으러 가서 2시간 정도 식사 후 조금 더 먹을까 고민하는 행위, pc방에 가서 1시간 정도 pc 게임을 한 후 10분 더 할까 고민하는 행위 등

③ 그 이전에 투입된 것은 회수 불가능한 것이기 때문에 매몰비용의 성격을 가지고 있다. 따라서 새롭게 투입되는 것과 관련된 한계(marginal)의 개념을 사용한다.

---

❹ 기회비용(opportunity cost)

1. 개념

기회비용이란 어떤 것을 선택함으로 포기할 수밖에 없는 많은 선택 가능성 중에서 가장 가치 있는 것을 말한다.

2. 회계비용 사이의 차이점

① 비용계산 시 명백한 비용(explicit cost)만을 포함하느냐 아니면 암묵적인 비용(implicit cost)까지도 포함하느냐에 있다.

② 회계비용에는 인건비, 임대료 등 누가 보아도 비용임이 명백한 것들만이 포함되지만 기회비용에는 명백한 비용뿐 아니라 암묵적 비용도 포함된다.

→ 기회비용 = 명시적 비용 + 암묵적 비용

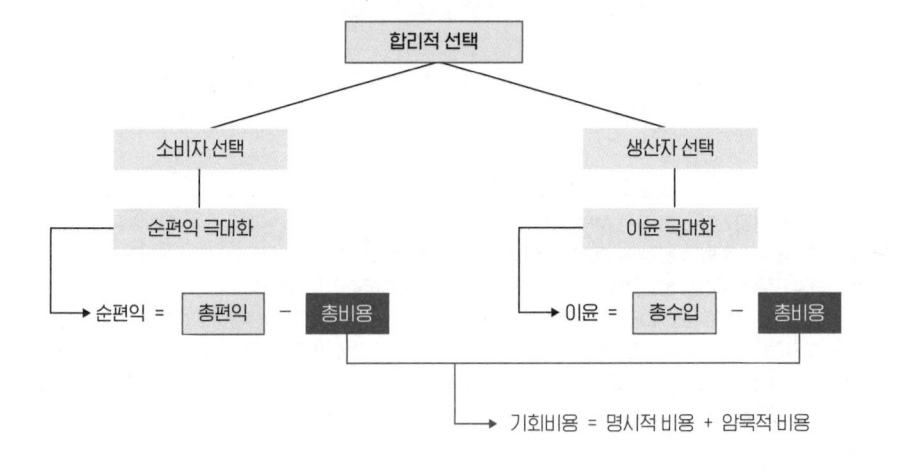

Q 확인 문제 02

영수는 5,000만 원을 가지고 식당을 운영하려고 한다. 영수가 고려하고 있는 것은 설렁탕집과 족발집이다. 설렁탕집은 연간 4,000만 원의 비용이 들고 연간 6,000만 원의 수익이 날 것으로 예상되고 족발집은 5,000만 원의 비용이 들고 8,000만 원의 수익이 날 것으로 보인다. 이자율이 연 10%라고 할 때 족발집을 운영하는데 있어서 연간 기회비용(암묵적 비용)은 얼마인가?

① 2,000만 원
② 2,100만 원
③ 2,900만 원
④ 7,000만 원
⑤ 7,100만 원

5 매몰비용(sunk cost)

① 매몰비용이란 일단 지출된 후에는 다시 회수할 수 없는 비용을 말한다.

② 매몰비용은 명백한 비용이기는 하지만 경제적 의사결정 고려 시 제외(즉, 기회비용에 포함되지 않는다) 해야 한다.

Q 확인 문제 03

기회비용에 대한 아래 지문 중 옳은 것은?

① 한번 지출하였으나 다시 거두어들일 수 없는 비용을 기회비용이라 한다.
② 모든 경제주체가 하루 24시간에 대해 지불하는 기회비용은 모두 동일하다.
③ 기회비용은 실제로 지출하지 않았다 해도 하나를 선택함으로써 포기한 가치를 말한다.
④ A를 선택할 때 얻을 수 있는 만족감이 78이고 B를 선택할 때 얻을 수 있는 만족감이 57인 사람이 83의 만족감을 얻을 수 있는 C를 택하는 경우 지불한 기회비용은 135(=78+57)이다.
⑤ 직접 지불하거나 치른 비용만 기회비용에 해당한다.

심화학습

• 매몰비용은 경제적 의사결정 시 고려할 필요가 없는 비용이므로 기회비용의 값은 '0'이다.
• 기회비용 = 명시적 비용 + 암묵적 비용 + 매몰비용

---

02 확인 문제 정답 ②

- -

• 기회비용 = 선택하지 않은(포기한) 나머지 선택의 가치
• 족발집 운영의 기회비용 = 설렁탕집 운영 시 전체이윤(가치의 총합) = 운영이윤 + 이자소득
• 족발집 운영을 선택함으로 선택하지 않은 설렁탕집 운영으로 발생하는 암묵적 비용(=이윤)이다.
• 설렁탕집 선택 시 운영이윤 : 연간 6,000만 원의 매출액과 연간 4,000만 원의 비용이 발생하여 2,000만 원의 이윤이 발생한다.
• 설렁탕집 선택 시 이자이윤 : 설렁탕집의 운영비용이 4,000만 원이 들므로 영수가 들고 있는 5,000만 원 중 4,000만 원을 설렁탕집 운영비로 쓰고 나머지 1,000만 원을 은행에 예금하면 연 이자소득 10%에 해당하는 100만 원을 받을 수 있게 된다. 족발집 운영을 함으로 포기해야 하므로 이자소득 또한 기회비용에 포함하여야 한다. 따라서 운영이윤(2,000만 원) + 이자소득(100만 원) = 기회비용 2,100만 원 발생.

1 개념

미국 경제학자인 사무엘슨(Paul A. Samuelson)은 세 가지 기본적인 경제문제가 발생한다고 하였는데

첫째, 무엇을 얼마나 생산할 것인가(What & How much to produce)

둘째, 어떻게 생산할 것인가(How to produce)

셋째, 누구를 위하여 생산할 것인가(For Whom to produce)라는 문제들이 그것이다.

2 어떤 재화를 얼마만큼 생산할 것인가?(생산물의 종류와 수량)

이 문제는 생산물의 종류와 수량을 결정하는 문제로 희소한 생산요소를 어느 곳에 얼마나 배분할 것인가를 결정하는 것이다.

> 예 철강으로 자동차를 생산할 것인가? 아니면 자전거를 생산할 것인가?

3 어떻게 생산할 것인가?(생산방법)

이 문제는 생산방법의 선택과 관련된 것으로 어떤 자원을 활용하여 어떤 방법으로 물건을 만들 것인가의 문제이다.

> 예 기계를 이용해서 대량으로 만들 것인가? 아니면 손으로 만들 것인가?

4 누구를 위하여 생산할 것인가?(소득분배)

① 한 사회에서 생산된 재화와 서비스를 누가 사용할지도 결정되어야 한다.

② 즉, 이 문제는 생산 활동을 통하여 얻게 될 재화와 서비스를 누구의 욕구를 만족시키는데 쓸 것인가, 즉 누구를 위하여 쓸 것인가에 관한 것이다.

→ 최근에는 '언제 생산할 것인가?'에 주목하고 있다.

지구상에 존재하는 지하자원의 부존량은 한정되어 있기 때문에 현재 세대가 많이 사용하면 미래세대가 사용할 자원이 감소하게 된다. 따라서 부존량이 한정된 자원인 석유·석탄·기타 광물을 세대 간에 어떻게 배분해야 하는가 하는 문제가 발생하게 된다.

---

03 확인 문제 정답 ③

① 한번 지출 후 회수 불가한 비용은 매몰비용이다.

② 하루 24시간에 대해 지불하는 기회비용은 사람마다 다를 수 있다. 당장 내일 시험을 보는 학생의 경우와 한 달 후에 시험을 보는 학생의 경우를 비교한다면 오늘 1시간 노는 기회비용은 서로 다를 것이다.

④ C를 선택했다면 포기할 수밖에 없는 최상의 가치인 A의 만족감만 기회비용으로 계산해야 한다. 즉, C 선택에 대한 기회비용은 선택 A와 선택 B 중에서 최상인 (78 > 57) 78이 된다.

⑤ 직접 지불하거나 치른 비용은 명시적 비용 또는 회계적 비용이다.

1 경제활동 또는 경제생활이란?

① 사람들은 일상생활에 필요한 것들을 만들어 내거나 서로 교환하며 욕구를 충족시키게 된다.

② 특히 사회생활을 하면서 분업과 협동을 통하여 보다 효과적인 생산방식을 발전시켜 왔다.

③ 경제활동 또는 경제생활이란 이와 같이 인간에게 필요한 재화와 서비스를 생산·분배·소비하는 행위를 말한다.

2 생산

① 경제주체들이 필요로 하는 재화나 서비스를 새로 만들거나 원래의 가치를 증대시키는 활동을 말한다.

② 생산활동을 위해서는 사람들의 노동과 자본 및 토지(자연자원)등이 필요하다.

  ⑩ 제조, 운송, 미용 등

3 분배

① 생산 활동에 생산요소를 제공하고 대가를 받는 활동 또는 한 사회 내에서 산출된 소득을 생산에 참가한 구성원 사이에 나누어 갖는 것을 말한다.

② 생산활동에 참여한 대가로 임금, 이자, 지대 등의 소득을 얻게 된다.

③ 분배의 결과 재화나 용역 등을 소비할 수 있는 능력을 갖게 된다.

  → 재화란 책이나 음식처럼 인간의 욕구를 만족시키면서 형태를 가지고 있는 것을 말한다.

  → 용역 또는 서비스란 이발, 강의처럼 인간의 욕구를 만족시키는 행위를 말한다.

    ⑩ 임금, 이자, 지대 등

4 소비

① 자신의 만족을 얻기 위해서 필요로 하는 재화나 서비스를 구입하거나 사용하는 활동으로 다른 재화의 생산을 위해 사용되는 것은 제외된다.

② 기업이 기계 및 설비 등을 구입하는 것은 다른 재화의 생산을 위해 구입하는 것이므로 소비로 보지 않는다.

1 경제주체

1. 경제주체란?

  ① 경제주체란 경제활동을 수행하는 개인이나 집단을 의미한다.

  ② 경제학자들은 일상적인 경제생활을 체계적으로 이해하기 위해, 사회 구성원들을 그 주요 역할과 특징에 따라 가계, 기업, 정부, 그리고 해외부문의 네 집단으로 나눈다.

2. 가계

  ① 가계는 가장 기초적인 경제생활의 단위로서 재화와 용역을 소비하는 주체이다.

  ② 가계는 노동력뿐만 아니라 토지, 건물 등과 같은 물질적 생산 요소를 보유하기도 한다.

  ③ 가계는 이러한 생산요소의 공급을 통해 얻은 소득으로 소비활동을 한다.

  ④ 가계는 효용의 극대화를 추구한다.

    → 효용이란 재화를 이용함으로써 얻는 주관적인 만족감을 말한다.

3. 기업

① 생산요소를 사용하여 재화와 서비스를 생산한다.

② 기업은 이윤의 극대화를 1차적으로 추구한다.

4. 정부

① 가계나 기업의 힘이 미치지 못하는 영역에서 재화와 서비스를 생산하거나 소비한다. 따라서 상품의 생산자와 소비자 역할을 모두 수행한다.

② 각국의 정부가 경제활동에 참여하는 정도에는 차이가 있다.

③ 정부는 사회후생 극대화를 추구한다.

④ 정부는 국방이나 치안같이 전통적으로 정부의 책임이라고 여겨져 온 분야 이외에 교육, 복지, 사회간접자본 등 여러 분야에서 역할이 커지고 있다.

5. 외국

해외부문은 국내의 경제부문이 상품을 수출하거나 수입하고 금융 및 인적자원을 거래하는 국외의 모든 주체를 말한다.

② 경제객체 - 경제행위의 대상

1. 경제객체란?

① 경제생활의 객체란 경제 활동, 즉 생산 · 분배 · 소비 활동의 대상이 되는 것으로 크게 상품과 생산자원으로 나눌 수 있다.

② 상품은 재화와 용역(서비스)로 나누어진다.

③ 생산자원은 상품의 생산에 투입되는 모든 것을 말하며, 생산요소라고도 한다.

2. 재화(goods)

① 재화는 인간의 욕망을 충족시킬 수 있는 효용을 지닌 외형이 있는 물자이며 자유재와 경제재로 구분된다.

② 자유재(free goods)는 부존량이 무한하여 '희소성'이 성립되지 않으며 경제문제가 발생하지 않는다. 즉, 누구든 무상으로 사용할 수 있으므로 자유재의 가격은 0이다.

→ 희소하다는 것은 단순히 수가 많고 적음을 의미하는 것이 아니라 인간의 욕구와 필요에 비해 상대적으로 모자란다는 것을 의미한다. 따라서 아무리 희귀한 물건이라도 찾은 사람이 없다면 그것은 희소한 것이 아니다.

③ 경제재(economic goods)는 부존량이 유한하여 '희소성'이 성립되며 대가를 지불해야 한다. 즉, 가격을 지불해야만 사용할 수 있는 재화이다.

④ 예전에는 자유재 이었던 것이 경제재가 될 수도 있다.

→ 공기는 무료로 이용할 수 있기 때문에 자유재이지만 미세먼지가 심한 도시에서 깨끗한 공기는 경제재가 된다. 왜냐하면 대기정화를 위한 노력과 대가가 필요하기 때문이다. 끝없이 무한할 것으로 생각했던 지구상의 공기조차도 환경오염이 심해짐에 따라, 이제 깨끗한 공기를 마시려면 돈과 시간이 들게 되는 경제재가 되었다.

1. 소비재(consumer's goods)

소비재는 소비자가 소비에 사용하는 재화를 말한다.

2. 생산재(producer's goods)

생산재는 생산자가 생산에 사용하는 재화를 말한다.

3. 사례

'보리'의 경우 소비자가 보리차를 끓여 마시는데 사용된다면 '소비재'이지만 맥주회사가 맥주를 만드는데 사용한다면 '생산재'가 된다.

3. 서비스 (service)

① 외형이 없고 효용을 가지고 있는 행위를 말한다.

② 용역 또는 서비스는 의사의 진료, 경찰의 치안 등과 같이 손에 잡히지 않는 활동을 말한다.

재화	경제재	유형이 있는 재화로 부존량이 제한, 희소성의 법칙이 성립
	자유재	유형이 있는 재화로 부존량이 무한, 희소성의 법칙이 성립되지 않음, 따라서 경제문제가 발생하지 않음
서비스		형태를 취하지 않고 생산과 소비에 필요한 노무를 제공하는 것

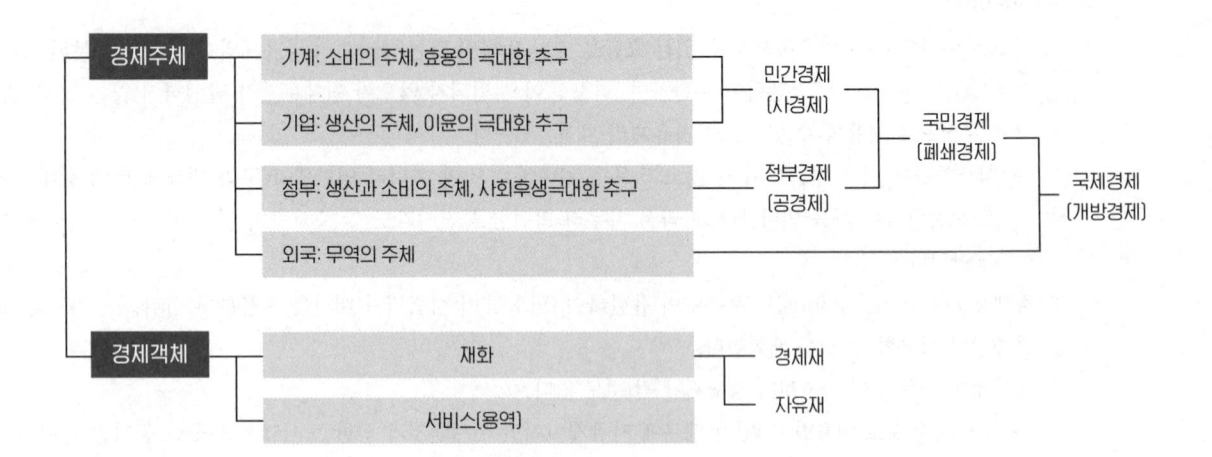

❸ 생산요소(factors of production) 또는 투입요소(inputs)

1. 개념

① 생산요소란 재화나 서비스를 생산하기 위하여 사용되는 것을 말한다.

② 상품의 생산에 투입되는 모든 것을 말한다.

2. 생산요소의 종류

(1) 노동(labor)

① 재화나 서비스를 생산하는데 사용되는 노동자들의 육체적 및 정신적 노력을 말한다.

② 노동투입에 대한 대가로 노동자는 임금을 얻게 되는데 임금은 노동시장에서 결정된다.

(2) 자본(capital)

① 자본이란 기계 및 공장설비 등을 말하는 것으로 생산자가 생산에 사용하는 재화를 말한다. 즉, 다른 상품의 생산을 지원하기 위해 제조된 것을 말한다.

② 자본투입에 대한 대가로 자본가는 이자수입을 얻게 된다.

(3) 토지(land)

① 토지는 천연자원을 대표하는 개념으로 광물, 석유 등이 포함된다. 천연자원 또는 자연자원은 자연적으로 주어지는 것을 말한다.

② 토지사용 대가로 지주는 지대를 얻게 된다.

③ 지대(rent)란 토지와 같이 공급이 완전히 고정된 생산요소에 대한 대가를 의미한다. 즉, 기업이 생산을 위해 자연자원을 사용한 대가로 자원의 소유자에게 지불하는 비용이다. 지대는 토지사용에 대한 대가로 제한하지 않고 공급이 고정된 생산요소에 대한 보수로 파악할 수도 있다.

(4) 경영(management)

① 경영이란 사업이나 기업 등의 조직을 효과적이고 효율적으로 관리, 운영하는 기업가의 능력이나 활동을 말한다.

② 기업가의 능력에 대한 대가로 이윤을 얻게 된다.

05 경제순환모형

1 개념

① 경제순환모형이란 경제주체와 경제객체가 각 시장에서 거래하는 것을 보여주는 모형이다.

② 일반적으로 외국을 제외한 가계, 기업, 정부만 있다면 아래 그림과 같이 생산물시장과 생산요소시장에서 거래하게 된다.

2 민간경제의 경우

① 민간경제의 경우 경제주체는 가계와 기업으로 분류된다.

② 생산물시장에서 가계는 구입자가 되고 기업은 판매자가 된다.

③ 생산요소시장에서 기업은 구입자가 되고 가계는 판매자가 된다.

④ 바깥쪽 화살표는 생산물과 생산요소의 흐름을 나타내고 안쪽 화살표는 화폐의 흐름을 나타낸다.

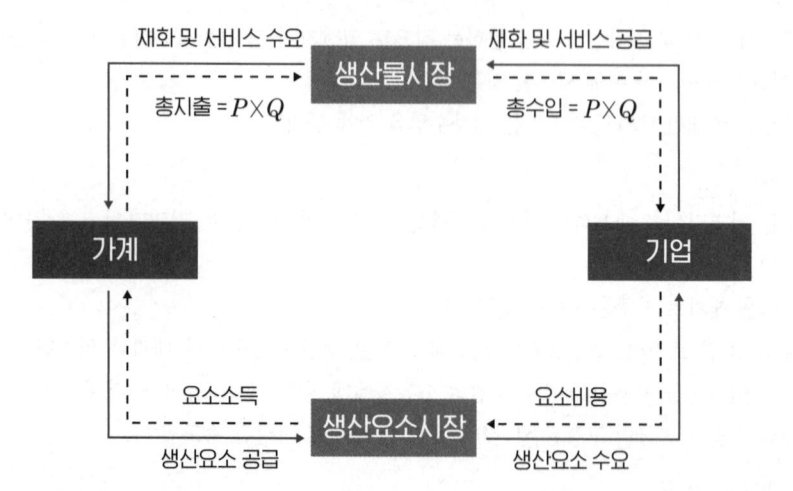

Q 확인 문제 04

그림에서 A와 B는 민간 경제의 주체다. 이에 대한 분석 및 추론으로 옳은 것은?

```
         생산요소 시장
      (가)          (다)
    A  ──→ 실물의 흐름  B
       ┈┈→ 화폐의 흐름
              (나)
         생산물 시장
```

① (가)는 A가 생산에 참여한 대가로 볼 수 있다.

② (나)는 대표적인 형태로 공공재를 들 수 있다.

③ (다)는 재화와 용역을 소비하는 행위로 볼 수 있다.

④ B는 생산물 시장에서는 수요자, 생산요소 시장에서는 공급자 역할을 한다.

⑤ 전통사회에서 A는 소비의 주체일 뿐 생산활동에는 전혀 참여하지 않았다.

---

04 확인 문제 정답 ①

- -

• 가계는 재화와 서비스의 생산 활동에 참여한 대가로 소득을 얻어 소비 활동을 한다. 기업은 생산물 시장에서 재화·서비스를 생산하는 공급자
  이면서 생산요소 시장에서는 노동의 수요자 역할을 한다. 문제의 그림에서 A는 가계, B는 기업이다. (가)는 생산요소 소득인 임금이고, (나)는
  기업이 생산물 시장에 재화를 공급하는 것이다. (다)는 생산요소 수요에 해당한다.

2절 생산가능곡선

01 개념

① 효율적인 자원의 사용과 관련하여 두 가지 원칙이 있다.

② 자원량이 주어져 있을 때 이 주어진 자원으로 최대의 효과를 얻고자 하는 '최대효과의 원칙'과 일정한 효과를 얻고자 할 때 들어가는 비용을 최소로 하는 '최소비용의 원칙'이다.

③ 합리적인 선택과 희소한 자원의 효율적인 배분에 관하여 시각적으로 보여주는 모형이 생산가능곡선이다.

④ 생산가능곡선(Production Possibility Curve ; PPC)이란 주어진 요소투입량으로 최대한 생산 가능한 재화의 조합을 나타내는 곡선이다.

⑤ 생산가능곡선은 일반적으로 우하향하고 원점에 대하여 오목한 형태를 갖는다.

02 생산가능곡선 상의 점과 내부, 외부점

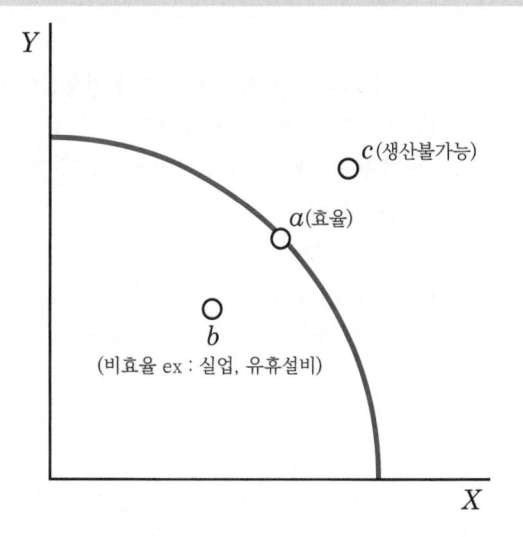

① 가로축은 X재의 생산량을, 세로축은 Y재의 생산량을 나타낸다.

② 한 사회는 가지고 있는 모든 자원을 사용하여 X재만을 생산할 수도 있고, Y재만을 생산할 수도 있으며, X재와 Y재를 동시에 생산할 수도 있다.

③ 생산가능곡선 상의 모든 점(a)들은 효율성을 갖춘 점들이다. 주어진 생산요소로부터 최대 산출량을 생산하기 때문에 기술적 효율성을 갖고 있다.

④ 생산가능곡선 내부의 점(b)들은 비효율적인 점들을 의미한다. 노동량 중 일부만 투입되거나 자본량 중 일부만 활용되면 최대효과의 원칙에 어긋나므로 비효율성이 발생한다.

⑤ 생산가능곡선 외부의 점(c)들은 생산이 불가능함을 의미한다. 외부의 생산점은 현재 기술력과 생산요소를 통해서는 생산할 수 없다. 기술이 진보하거나 아니면 주어진 자본 또는 노동의 양이 증가하는 경우에는 실현이 가능하다.

1 생산가능곡선 내부에서 선상으로의 이동

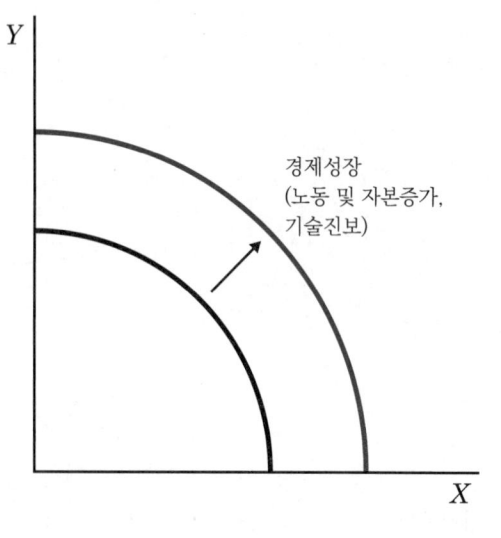

① b점은 주어진 노동과 자본이 모두 투입되지 않았거나 또는 비효율적으로 배분되었다는 것을 의미한다.

② 비효율적인 상태에서 효율적인 상태로 바뀌면 생산가능곡선 내부 b점에서 선상 a점으로 이동한다.

③ 사례는 다음과 같다.
- 실업률 감소
- 독점시장에서 경쟁체제로 전환
- 유휴설비의 감소

2 생산가능곡선 자체의 이동

경제성장
(노동 및 자본증가,
기술진보)

① 주어진 요소 투입량이 증가하거나 기술진보가 발생하면 생산가능곡선 자체가 우측으로 이동한다.

② 생산가능곡선의 우측이동요인은 다음과 같다.
- 출산율 증가
- 새로운 기술발견
- 외국인 노동자 유입
- 인공지능의 발전

04 한계변환율 - 생산가능곡선의 기울기

① 생산가능곡선의 기울기는 한계변환율(Marginal Rate of Transformation ; MRT)로서 요소투입량이 일정하게 주어진 상태에서 X재를 한 단위 더 생산하기 위해 포기해야 하는 Y재의 양으로 정의한다.

② 한계변환율은 재화생산에 있어 기회비용을 나타내며 두 재화 생산에 있어 한계비용의 비율로 표현할 수 있다.

$$MRT_{XY} = -\frac{\Delta Y}{\Delta X} = \frac{MC_X}{MC_Y} \ (MC : \text{한계비용})$$

$$MRT_{XY} = -\frac{\Delta Y}{\Delta X} = \frac{MC_X}{MC_Y} \ (MC : \text{한계비용})$$

X재를 한 단위 더 생산하기 위해 포기해야 하는 Y재의 양

= 음수의 X재양의 변화율 분의 Y재양의 변화율 = Y재의 한계비용분의 X재의 한계비용

= 음수의 Y재양의 변화율을 X재양의 변화율로 나눈 값 = X재 한계비용을 Y재 한계비용으로 나눈 값

→ Δ는 델타(delta)로 읽고 '변화분'의 의미를 갖고 있다.

→ MC는 Marginal Cost의 약자로 한계(Marginal) 비용(Cost)이라고 읽는다.

· 변화분이 음수인 이유 : 생산가능곡선상의 점의 이동은 X재나 Y재 둘 재화 중 1개의 재화는 감소(포기해야)하기 때문이다.

· 변화분은 결괏값이 음수로 나와도 수치만 산정한다.

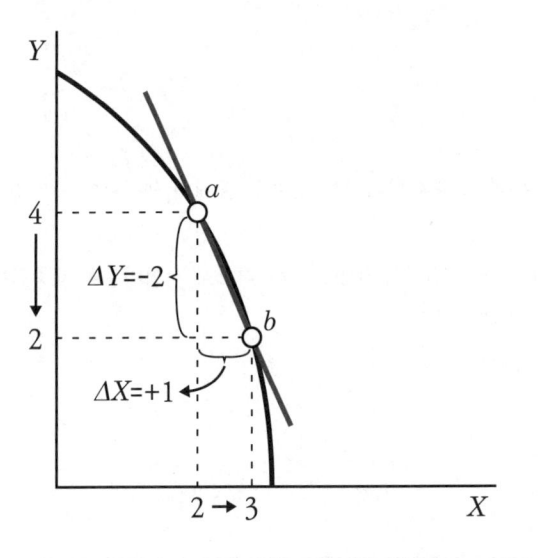

③ a점에서 b점으로 이동할 때 X재 생산량이 1단위 증가하고, Y재 생산량이 2단위 감소한다면 한계변환율 $MRT_{XY} = 2$로 계산된다.

$\rightarrow MRT_{XY}$

$= -\dfrac{\Delta Y}{\Delta X}$

$= -\dfrac{-2}{1}$

$= \dfrac{2}{1} = 2$

④ 생산가능곡선의 기울기는 2이며 이는 X재 1단위 더 생산하기 위해 감소시켜야 하는 Y재의 양이므로 X재 생산의 기회비용을 Y재 단위수로 나타낸 것이다.

⑤ 또는 X재를 1단위 더 생산하기 위해 추가적으로 발생하는 비용이 Y보다 2배 더 든다는 의미를 갖고 있다. 왜냐하면 X재의 한계비용(MC_X)이 Y재의 한계비용(MC_Y)보다 2배 더 크기 때문이다.

1 생산가능곡선이 원점에 대해 오목한 경우 - 기회비용 체증

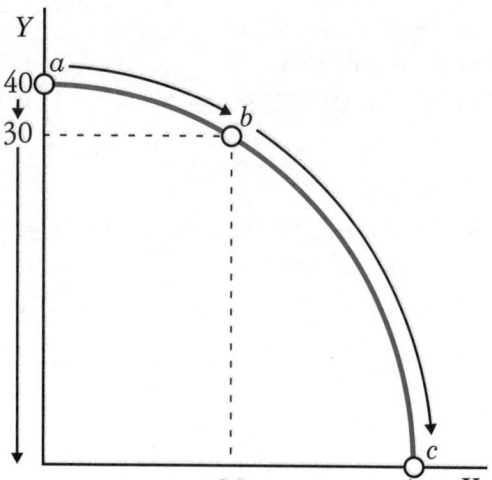

① 생산가능곡선(PPC)은 일반적으로 원점에 대해 오목한 형태로 나타나는데, 이는 X재의 생산량이 증가함에 따라 X재 생산의 기회비용이 체증하기 때문이다.

② X재 생산량이 증가함에 따라 포기해야 하는 Y재의 수량이 10에서 30으로 증가하므로 기회비용이 체증한다.

   $a \rightarrow b$점 : X재 20개 생산 증가의 기회비용 = Y재 10개 감소

   $b \rightarrow c$점 : X재 20개 생산 증가의 기회비용 = Y재 30개 감소

심화학습	한계변환율이 체증하는 이유

- X재의 생산량 증가에 따라 한계변환율이 체증하는 이유는 자본과 노동이 이질화되어 있기 때문이다.
- X재나 Y재 생산에 전문성을 지닌 노동과 자본이 있다.
- 자본과 노동을 모두 Y재의 생산에 투입하다가 X재의 생산을 증가시키게 되면 Y재의 생산에 투입되던 자본과 노동 중에서 일부를 X재의 생산으로 이동시켜야 한다.
- 초기에는 X재의 생산에 전문성이 높은 노동과 자본이 X재 생산으로 이동되기 때문에 감소시켜야 하는 Y재의 산출량은 매우 적다.
- 그러나 X재의 산출량이 증가할수록 Y재의 생산에 높은 전문성을 지닌 노동과 자본마저 X재 생산으로 이동되기 때문에 Y재의 산출량이 감소하는 폭이 증가한다.
- 따라서 노동 또는 자본의 전문성이 높아질수록 생산가능곡선은 원점에 대해 오목한 정도가 커진다.

② 생산가능곡선이 원점에 대해 볼록한 이유

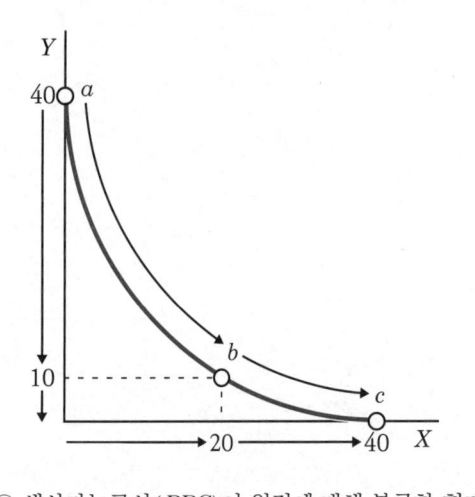

① 생산가능곡선(PPC)이 원점에 대해 볼록한 형태로 나타나는데, 이는 X재의 생산량이 증가함에 따라 X재 생산의 기회비용이 체감하기 때문이다.

② X재 생산량이 증가함에 따라 포기해야 하는 Y재의 수량이 30에서 10으로 감소하므로 기회비용이 체감한다.

    $a \rightarrow b$ 점 : X재 20개 생산 증가의 기회비용 = Y재 30개 감소

    $b \rightarrow c$ 점 : X재 20개 생산 증가의 기회비용 = Y재 10개 감소

③ 규모의 경제가 발생하면 기회비용이 체감한다. 규모의 경제란 생산량이 증가할수록 평균비용이 감소하는 경우를 말한다.

③ 직선인 경우

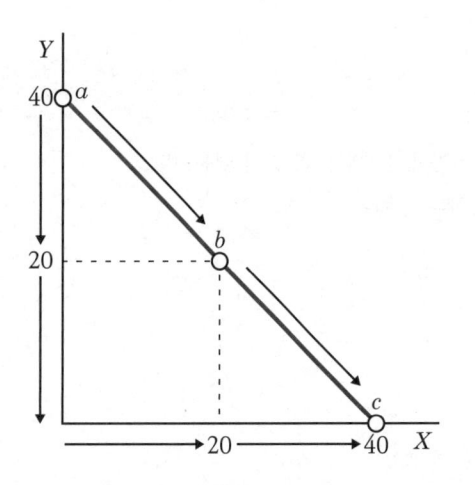

① 생산가능곡선(PPC)이 우하향 직선의 형태로 나타나는데, 이는 X재의 생산량이 증가함에 따라 X재 생산의 기회비용이 일정하기 때문이다.

② X재 생산량이 증가함에 따라 포기해야 하는 Y재의 수량이 20으로 변하지 않기 때문에 기회비용이 일정하다.

    $a \rightarrow b$ 점 : X재 20개 생산 증가의 기회비용 = Y재 20개 감소

    $b \rightarrow c$ 점 : X재 20개 생산 증가의 기회비용 = Y재 20개 감소

③ 일반적으로 생산요소가 하나만 존재하는 경우 생산가능곡선이 우하향의 직선형태를 갖게 된다.

④ 국제무역론의 리카도의 비교우위론에서는 기회비용이 일정한데 그 이유는 생산요소가 '노동'만 존재하기 때문이다.

4 정리

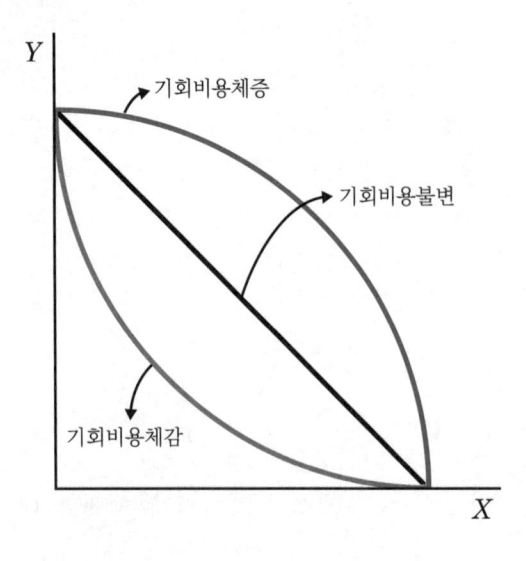

① 생산가능곡선이 원점에 대해 오목한 이유는 기회비용이 체증하기 때문이다. 이는 X재의 산출량 증가에 따라 한 계변환율이 체증한다는 것을 의미한다.

② 생산가능곡선이 원점에 대해 볼록한 이유는 기회비용이 체감하기 때문이다. 이는 X재의 산출량 증가에 따라 한 계변환율이 체감한다는 것을 의미한다.

③ 생산가능곡선이 우하향 직선인 이유는 기회비용이 일정하기 때문이다. 이는 X재의 산출량 증가에 따라 한계변 환율이 일정하다는 것을 의미한다.

06 생산가능곡선이 우하향의 형태를 갖는 이유

① 생산가능곡선이 우하향 하는 이유는 투입되는 생산요소의 투입량이 제한되어 있기 때문이다.

② 즉, 희소성의 법칙이 성립하기 때문에 생산가능곡선은 우하향의 형태를 갖는다.

Q 확인 문제 05

생산가능곡선이 원점에 대해 오목한 경우 한 재화의 생산이 증가할 때 그 재화의 기회비용은 어떻게 될까?

① 점점 증가한다.

② 점점 감소한다.

③ 처음에는 증가하지만 나중에는 감소한다.

④ 처음에는 감소하지만 나중에는 증가한다.

⑤ 생산량과 관계없이 일정하다.

다음은 생산가능곡선에 대한 설명이다. 옳지 않은 것은?

① 기회비용이 체증한다면 원점에 대해 오목한 형태를 갖는다.

② 생산가능곡선 내부에 있는 점은 생산이 비효율적으로 이뤄지는 점이다.

③ 기술이 진보하거나 노동력이 증가할 경우 바깥쪽(오른쪽)으로 이동한다.

④ 곡선의 바깥쪽에 있는 점은 현재 주어진 생산요소와 기술 수준으로 최대로 생산할 수 있는 점이다.

⑤ 한 재화의 생산량을 늘리기 위해선 다른 재화의 생산량을 줄여야 하기 때문에 우하향하는 모습을 띤다.

05 확인 문제 정답 ①

- -

- 일반적인 생산가능곡선은 원점에 대해 오목하게 그려진다.
- 생산 가능한 재화 조합 중에서 한 재화의 생산비율을 크게 하면 할수록 포기해야 하는 다른 재화의 생산량은 점점 더 커진다는 것을 의미한다.
- 즉, 한 재화의 생산량이 증가함에 따라 기회비용은 커짐을 의미한다.

06 확인 문제 정답 ④

- -

- 생산가능곡선은 한 나라의 경제가 주어진 생산요소와 기술을 사용해 최대한 생산할 수 있는 산출물 조합을 나타낸 곡선이다.
- 일반적으로 한 재화의 생산량을 늘리면 다른 재화의 생산량이 줄어들기 때문에 생산가능곡선은 원점을 향해 오목한 형태로 우하향한다.
- 곡선 내부의 점은 주어진 생산요소와 기술을 사용해 더 많이 생산할 수 있는데도 덜 생산하는 비효율적인 생산점이다.
- 곡선 밖의 점은 주어진 자원과 기술 수준으로 생산이 불가능하다.
- 생산기술이 발전하거나 경제가 성장하면 주어진 생산요소로 최대한 생산할 수 있는 산출물이 커지기 때문에 곡선이 원점에서 더 멀리 이동한다.
- 자원이 한정되기 때문에 생산가능곡선은 우하향하는 형태를 갖는다.

01 인간의 경제생활에 있어서 경제문제가 발생하는 이유는?

① 경제원칙이 있기 때문
② 사유재산제도가 있기 때문
③ 희소성의 원칙이 있기 때문
④ 계약자유의 원칙이 있기 때문

풀이 날짜			
채점 결과			

02 경제생활에서 "무엇을, 어떻게, 누구를 위하여 생산할 것인가?"라는 기본 문제들이 발생하는 가장 근원적인 이유는?

① 경제체제의 다양성
② 국민생활수준의 차이
③ 자원의 희소성
④ 재화에 대한 기호의 차이

풀이 날짜			
채점 결과			

03 D씨는 5년 전에 총 4억 원을 주고 땅을 1,000평 매입하였는데 지역의 학교 재단에 무상으로 기증하기로 하였다. 현재 이 땅의 시가가 6억 원이라고 한다면 D씨가 행한 증여의 기회비용은 얼마가 되는가?

① 0 원
② 2억 원
③ 4억 원
④ 6억 원
⑤ 10억 원

풀이 날짜			
채점 결과			

04 사용 가치는 크지만 존재량이 무한하여 경제행위의 대상이 되지 않는 재화는?

① 보완재
② 자유재
③ 독립재
④ 대체재

풀이 날짜			
채점 결과			

05 다음 재화 중 희소성의 법칙을 만족하지 않음으로 경제학에서 분석하지 않는 재화는? (새마을금고)

① 경제재
② 자유재
③ 소비재
④ 생산재

풀이 날짜			
채점 결과			

01
- 희소성의 원칙이란 인간의 욕망은 무한한데 자원은 희소하다는 원칙을 말한다.

③

02
- 자원의 희소성으로 인해 발생하는 소비, 생산 , 분배에 있어서 발생하는 여러 가지 문제를 경제문제라고 한다.

③

03
- 기회비용이란 어떤 선택을 함으로써 포기해야 하는 다른 선택대안 중에서 가장 가치가 있는 것을 말한다. D 씨가 포기한 것은 현재 시점의 증여뿐이다. 5년 전 4억 원을 주고 매입한 1,000평의 땅은 포기한 것이 아니기 때문에 기회비용에 포함되지 않는다.
- D씨가 증여를 함으로 현재 시가인 6억 원을 포기한 것이기 때문에 기회비용은 6억 원이다.

④

04
- 경제행위의 대상이 되는 문제는 희소성의 법칙이 적용되는 재화에 국한한다.

②

05
- 경제재란 부존량이 유한하여 희소성의 법칙이 적용된다.
- 자유재란 부존량이 무한하여 희소성의 법칙이 적용되지 않으므로 대가없이 획득할 수 있다.
- 소비재란 소비자가 소비에 사용하는 재화이며 생산재란 생산자가 생산에 사용하는 재화를 말한다.

②

06 희소성의 법칙이란?

① 모든 재화의 수량이 어떤 절대적 기준에 미달하는 법칙이다.

② 몇몇 중요한 재화의 수량이 어떤 절대적 기준에 미달한다는 법칙이다.

③ 인간의 욕망에 비해 재화의 수량이 부족하다는 법칙이다.

④ 인간의 생존에 필요한 재화가 부족하다는 법칙이다.

풀이 날짜			
채점 결과			

07 4년 동안 대학교육 서비스를 받는 것의 사회적 비용(기회비용)에 포함되지 않는 것은?

① 등록금과 수업료

② 교재 구입대금

③ 의료비

④ 정부의 대학생 1인당 지원금액

⑤ 고졸 취업자들이 처음 4년 동안 받는 평균적 임금 총액

풀이 날짜			
채점 결과			

08 생산가능곡선의 기울기는 무엇을 의미하는가?

① 한계기술대체율

② 한계대체율

③ 수요법칙

④ 기회비용

⑤ 공급법칙

풀이 날짜			
채점 결과			

09 다음 중 생산가능곡선의 우상방 이동요인이 될 수 없는 것은?

① 생산의 효율성을 제고한다.

② 공장 설비를 확충한다.

③ 생산기술을 발전시킨다.

④ 재교육을 통해 노동자의 기술을 향상시킨다.

⑤ 노동자를 확충한다.

풀이 날짜			
채점 결과			

10 다음 중 생산가능곡선을 이동시키는 요인을 모두 고르면?

ㄱ. 자본량의 증가	ㄴ. 기술진보
ㄷ. 노동량의 증가	ㄹ. 실업의 감소

① ㄱ, ㄴ, ㄷ, ㄹ

② ㄱ, ㄷ, ㄹ

③ ㄱ, ㄴ, ㄹ

④ ㄱ, ㄴ, ㄷ

⑤ ㄱ, ㄷ

풀이 날짜			
채점 결과			

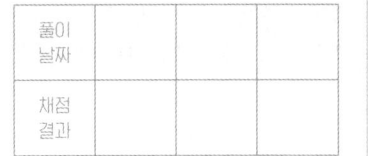

06 — • 희소성의 법칙이란 인간의 욕망은 무한대인 반면 이를 충족시켜줄 수 있는 자원은 한정되어 있다는 법칙을 말   ③
한다. 희소성의 법칙은 상대적 기준이며, 희소성의 법칙 때문에 경제문제가 발생한다.

07 — • 의료비의 경우 대학에 입학하든 입학하지 않던 발생하는 비용이다. 따라서 대학교육 서비스를 받는 것과 관련   ③
한 기회비용에 포함되지 않는다.

08 — • 생산가능곡선의 기울기를 '한계변환율'이라고 한다.   ④
• 한계변환율은 X재 생산의 기회비용을 나타낸다.
• 등량곡선의 기울기를 한계기술대체율이라고 하며 무차별곡선의 기울기를 한계대체율이라고 한다.

09 — • 생산가능곡선이란 경제내의 모든 생산요소를 가장 효율적으로 투입했을 때 최대로 생산 가능한 재와 재의 조   ①
합을 나타내는 곡선을 말한다.
• 생산의 효율성이 제고되면 생산가능곡선이 이동하는 것이 아니라 생산가능곡선 내부의 한 점에서 생산가능곡
선상의 점으로 근접하는 것이다.

10 — • 실업이 감소하면 생산가능곡선의 내부에서 선상으로 이동한다. 반면 노동량이나 자본량이 증가하거나 기술이   ④
진보하면 생산가능곡선이 우측으로 이동한다.

01 현 직장에서 80만 원의 월급을 받고 있는 박갑돌은 경쟁업체에서 100만 원의 월급을 제시하였으나, 막 사귀기 시작한 같은 직장 내의 김갑순 때문에 거절하였다. 그러면 현 직장에 다니는 박갑돌의 기회비용은 얼마인가?

① 20만 원 　　　　　　　② 80만 원
③ 100만 원 　　　　　　 ④ 120만 원
⑤ 180만 원

풀이 날짜			
채점 결과			

02 다음 중 기회비용을 계산하는 사례가 아닌 것은?

① 국방에 더욱 많은 자원이 소모된다면 다른 재화들의 생산은 더욱 적어질 것이다.
② 영화 관람의 기회비용은 극장표의 값으로 살 수 있었던 것과 축구 경기에서 얻을 수 있었던 즐거움을 합한 것이다.
③ 삼성이 작년에 신규 투자에 1억 원을 사용했다.
④ 축구에 더 많은 시간을 소모하면 공부할 시간에 더욱 적어진다.
⑤ 위의 아무것도 아니다.

03 다음 중 기회비용에 대한 예로서 옳지 않은 것은? (2010 보험계리사)

① 서류를 보관하였다면 내지 않을 수 있었는데 서류를 보관하지 않아서 지불하게 된 세금
② 아이스크림과 커피 중에서 하나를 골라야 하는 상황에서 고민 끝에 커피를 선택한 경우에 포기한 아이스크림
③ 자신 소유의 건물에서 레스토랑 사업을 하지 않았더라면 받을 수 있었던 건물 임대료 수입
④ 사업을 하기 위해 포기한 직장에서 받을 수 있었던 월급

04 연간 5000만 원을 받고 부여호텔 한식당 요리사로 일하는 이몽룡 씨는 요리사직을 그만두고 레스토랑을 새로 열려고 한다. 창업과 관련해 컨설팅 회사에 이미 500만 원의 수수료를 지급했다. 현재 그는 연간 이자율 2%인 예금계좌에 1억 원을 가지고 있는데 이를 인출해 창업 자금으로 이용할 계획이다. 또 매달 100만 원의 임대료를 받고 남에게 빌려주었던 자신 소유의 건물에서 영업하려고 한다. 레스토랑 영업을 개시한다면 첫해에 음식 재료비와 종업원 인건비, 수도 및 전기 요금 등 기타 경비가 3600만 원 들 것으로 예상된다. 이몽룡 씨가 현 직장을 그만두고 새로운 일을 시작하기 위해서는 첫해에 총매출액이 최소 얼마가 돼야 하는가? (2019년 신한은행)

① 3600만 원 　　　　　　② 5000만 원
③ 6400만 원 　　　　　　④ 1억 원

01 • 현 직장을 포기하고 경쟁업체에서 근무하면 100만 원을 벌 수 있었기 때문에 현 직장을 다니는 것에 대한 기회비용은 100만 원이다.

③

• 박갑돌이 현 직장을 김갑순 때문에 거절하였다면 다음과 같은 관계가 성립된다.

현 직장을 다님으로써 누리는 편익 (80만 원의 월급 + 김갑순과의 데이트로 인한 만족감) ≥ 경쟁업체로 이직해서 누릴 수 있는 편익 (100만 원의 월급)

02 • 삼성이 작년에 신규투자에 1억 원을 사용한 금액은 이미 투입되어 회수 불가능한 금액이므로 매몰비용에 해당한다.

③

03 • 기회비용이란 여러 가능성 중 하나를 선택했을 때 그 선택으로 인해 포기해야 하는 다른 기회의 가치로서, 본인의 과실로 발생한 비용의 경우는 기회비용이라고 볼 수 없다.

①

② 아이스크림과 커피 중에서 하나를 고를 수밖에 없는 상황에서 커피를 선택하게 되면 아이스크림을 먹을 수 없다.

③ 자신 소유의 건물에서 레스토랑 사업을 하게 되면 건물 임대료 수입을 포기할 수밖에 없다.

④ 본인 사업을 하게 되면 직장에서 받을 수 있었던 월급을 포기할 수밖에 없다.

04 • 이몽룡 씨가 한식당 요리사로 받았던 연봉 5000만 원과 1억 원 예금의 연 이자 200만 원, 매달 100만 원 임대료 수입을 받을 수 있는 자신 소유 건물의 연 임대료 1200만 원, 기타 경비 3600만 원을 모두 합한 1억 원 이상을 최소한 벌어야 현 직장을 그만두고 새로운 일을 시작할 수 있다. 컨설팅 수수료 500만 원은 레스토랑 영업 개시와 상관없이 이미 지급된 매몰비용으로 최소 총매출에 포함돼서는 안 된다.

④

05 어떤 경제의 생산가능곡선을 확장시키는 요인으로 가장 거리가 먼 것은?

풀이 날짜		
채점 결과		

① 과학기술의 발달
② 외국인 노동자의 유입
③ 교육수준의 향상
④ 수출장려
⑤ 천연자원의 발견

06 다음은 한 국가의 생산가능곡선이다. 다음 설명 중 옳지 않은 것은?

풀이 날짜		
채점 결과		

① 점 a에서 생산에서의 효율성이 달성되고 있다.
② 독점기업이 있는 경우 점 b에서 생산이 된다.
③ 기술개발을 통하여 점 d를 달성할 수 있다.
④ X재를 생산하는 기업이 해외로 이전하게 되면 점 a에서 점 c로 이동하게 된다.
⑤ 점 a에서 생산하는 경우 점 c보다 X재의 한계비용이 상대적으로 크다.

07 다음은 생산가능곡선에 대한 설명이다. 옳지 않은 것은? (2019년 NH 농협은행)

풀이 날짜		
채점 결과		

① 일반적으로 원점에 대해 오목하다.
② 생산가능곡선 내부에 있는 점은 생산이 비효율적으로 이뤄지는 점이다.
③ 기술이 진보하거나 노동력이 증가할 경우 바깥쪽(오른쪽)으로 이동한다.
④ 곡선의 바깥쪽에 있는 점은 현재 주어진 생산요소와 기술 수준으로 최대로 생산할
   수 있는 점이다.

05 • Y재가 내수재이고 X재가 수출재라고 하자. 정부가 수출장려정책을 실시하면 생산가능곡선의 a점에서 b점 ④

06 ① 생산가능곡선 상에 있는 점들은 효율적인 상태이므로 a, c점 모두 효율적이다. ④

② 내부점은 비효율적인 상태로 초과설비, 실업, 불완전경쟁시장 등이 존재할 때 내부에서 생산을 하게 된다.

③ 생산가능곡선 외부점은 현재는 생산 불가능하지만 생산요소의 부존량 증가 또는 기술진보가 발생하면 생산 가능한 점이다.

④ X재를 생산하는 기업이 해외로 이전하면 X재의 생산기술과 투입되는 자본을 해외에서 생산하기위해서 기술을 이전하거나 해외에 투자해야 한다. 따라서 X재 산업의 국내 생산기술이나 자본량 등이 감소하게 되기 때문에 X재의 최대 생산량이 감소한다.

⑤ 생산가능곡선의 기울기인 한계변환율은 'X재의 한계비용'이라는 의미를 갖고 있다.

$$MRT_{XY} = \frac{MC_X}{MC_Y}$$

점 a의 한계변환율이 점 c의 한계변환율보다 크므로 점 a의 X재 한계비용이 점 c의 X재 한계비용보다 크다.

07 • 곡선 밖의 점은 주어진 자원과 기술 수준으로 생산이 불가능하다. 생산기술이 발전하거나 경제가 성장하면 주어진 생산요소로 최대한 생산할 수 있는 산출물이 커지기 때문에 곡선이 원점에서 더 멀리 이동한다. ④

08 생산가능곡선(PPC)과 관련하여 다음 설명 중 옳지 않은 것은? (수출입은행)

① 자원의 희소성은 PPC를 우하향하게 한다.

② 리카도의 비교우위론은 직선 형태의 PPC를 전제로 삼는다.

③ PPC가 원점에 대해 오목한 것은 한 재화의 생산을 증가시켜 나갈 때 그 재화의 평균생산비가 증가해 나간다는 것을 의미한다.

④ 경기회복에 따른 실업 감소는 PPC의 이동과는 무관한 일이다.

⑤ 재화생산에 있어 규모의 경제가 발생하면 PPC는 원점에 볼록한 형태이다.

풀이 날짜			
채점 결과			

09 다음 그림은 컴퓨터와 자동차만을 생산하는 어떤 나라의 생산가능곡선이다. 옳지 않은 설명은?

풀이 날짜			
채점 결과			

① C점은 현재 주어진 생산요소와 기술 수준으로 최대로 생산할 수 있는 점이다.

② 점 A, B, E, F는 효율적인 조합을 나타내며, 점 D는 비효율적인 조합을 나타낸다.

③ 점 D는 실업 등의 이유로 주어진 자원을 최대한 활용하지 못할 때 발생한다.

④ 기술이 발전하면 생산가능곡선은 오른쪽으로 이동한다.

⑤ 생산가능곡선이 오목한 모양을 가지는 것은 기회비용이 체증하기 때문이다.

10 다음은 생산가능곡선에 대한 설명이다. (가)와 (나)를 바르게 짝지은 것은? (2017년 공인회계사)

풀이 날짜			
채점 결과			

하루에 생산할 수 있는 X재와 Y재의 조합을 나타내는 생산가능곡선은 갑의 경우 $2Q_X + Q_Y = 16$, 을의 경우 $Q_X + 2Q_Y = 16$이다. 이때, 갑에 있어서 Y재의 기회비용은 (가)이고, 을에 있어서 X재의 기회비용은 (나)이다. (단, Q_X는 X재의 생산량, Q_Y는 Y재의 생산량을 의미한다.)

	(가)	(나)
①	X재 2개	Y재 $\frac{1}{2}$개
②	X재 2개	Y재 2개
③	X재 1개	Y재 1개
④	X재 $\frac{1}{2}$개	Y재 $\frac{1}{2}$개
⑤	X재 $\frac{1}{2}$개	Y재 2개

08 ① 자원의 희소성은 PPC를 우하향하게 하고 기회비용과 관련하여 생산가능곡선이 원점에 대해 오목하거나 볼록하다.

② 리카도의 비교우위론은 생산요소가 노동만 존재하므로 직선 형태의 PPC를 갖는다.

③ PPC가 원점에 대해 오목한 것은 한 재화의 생산을 증가시켜 나갈 때 그 재화의 기회비용 또는 한계생산비가 증가해 나간다는 것을 의미한다.

④ 경기회복에 따른 실업감소는 PPC의 내부점에서 선상으로 이동한다.

⑤ 재화생산에 있어 규모의 경제가 발생하여 기회비용이 체감하면 PPC는 원점에 볼록한 형태이다.

③

09 • 주어진 생산요소와 기술 수준으로 최대로 생산할 수 있는 점은 생산가능곡선의 경계선 위다.

• 점 C는 생산가능곡선 밖에 있어 주어진 조건에서 생산 불가능한 점이다.

• 점 D는 생산가능곡선 내부에 위치하므로 비효율적인 상태로 실업 등이 해당된다.

①

10 • 갑과 을의 생산가능곡선을 Q_Y로 정리하면 각각 다음과 같다.

갑의 생산가능곡선 : $Q_Y = 16 - 2Q_X$

을의 생산가능곡선 : $Q_Y = 8 - \frac{1}{2}Q_X$

• 생산가능곡선의 기울기는 X재 생산의 기회비용을 나타내고, 기울기의 역수는 Y재 생산의 기회비용을 나타낸다.

• 갑의 생산가능곡선의 기울기는 2이고 을의 생산가능곡선의 기울기는 $\frac{1}{2}$이다.

• 갑의 X재 생산의 기회비용은 Y재 2단위이고, Y재 생산의 기회비용은 X재 $\frac{1}{2}$단위이다.

• 을의 X재 생산의 기회비용은 Y재 $\frac{1}{2}$단위이고, Y재 생산의 기회비용은 X재 2단위이다.

④

CHAPTER 02

경제학의 방법론

단원 학습 목표

- 경제학은 전통적으로 경제이론 · 경제사 · 경제정책론의 세 가지 분야로 나눌 수 있다.
- 경제학에서 주로 다루는 경제이론은 단순 가정을 세워 경제현상을 논리적으로 설명하고 미래를 예측하고자 노력한다.
- 경제이론을 만들기 위하여 필요한 각종 경제변수를 확인해보고 경제이론을 만드는 과정에서 어떤 문제가 발생할 수 있는지 공부하게 된다.
- 또한 경제체제를 통해 희소성의 문제로 발생하는 경제문제를 어떻게 해결할 수 있는지 확인하고 두 경제를 절충한 혼합경제를 정의한다.

01　경제이론

❶ 경제이론의 필요성

경제현상이 매우 복잡하기 때문에 복잡한 경제현상을 단순화하여 보편적인 법칙을 만들어내고자 경제이론이 필요하다.

❷ 경제이론의 구성

1. 가정의 설정

① 복잡한 경제현상을 단순화하기 위하여 가정을 설정한다.

② 경제현상에 직접적인 영향을 주는 요인들은 뽑고 다른 요인들은 '일정불변이다'라고 가정하여 인과관계를 추론한다.

2. 모형의 정립

① 단순화된 경제현상들 사이의 인과관계를 통하여 모형을 만든다.

② 모형은 가정과 독립변수와 종속변수의 세 가지 요소로 이루어지며 '다른 조건이 일정하다면 (ceteris paribus)'의 가정이 자주 사용된다.

3. 검증

① 모형이 현실과 잘 부합하는지 검증을 하고 검증되면 모형에서 경제이론으로 수용된다.

② 즉, 경제모형은 검증된 모형을 말한다.

02　경제변수

❶ 개요

① 경제학은 일정한 경제모형을 사용해 경제 변수들 간의 상호작용을 분석하고 그 결과를 예측하는 학문이기 때문에 경제변수와 경제모형의 의미를 정확히 이해해야 한다.

② 경제변수란 경제적으로 의미가 있으면서 그 값이 변하는 것들을 말한다.

❷ 외생변수(exogenous variables)와 내생변수(endogenous variables)

1. 외생변수

① 외생변수란 경제 모형을 만들 때 경제모형 외부에서 결정되는 변수로 주로 정책변수와 관련이 있다.

② 외생변수는 이미 그 값이 주어진 변수를 뜻한다.

2. 내생변수

내생변수란 경제 모형을 만들 때 경제모형 내부에서 결정되는 변수이며 주로 외생변수의 값에 의해 내생변수가 결정된다.

3. 사례

① 고속도로를 이용해서 서울에서 동해까지 자가용으로 여행을 할 때의 소요시간을 분석하는 모형이 있다고 하자.

② 소요시간은 고속도로의 상황, 날씨에 달려 있으므로 상황과 날씨는 모형의 외부에서 그 값이 주어지는 외생변수라 할 수 있고 소요시간은 내생변수가 된다.

③ 수요량 = f (해당재의 가격, 소득)라는 수요함수식에서 소득처럼 외부적으로 주어진 것으로 간주되는 변수를 외생변수라고 한다.

④ 해당재의 가격이나 수요량같이 모형 내에서 결정되는 변수를 내생변수라고 한다.

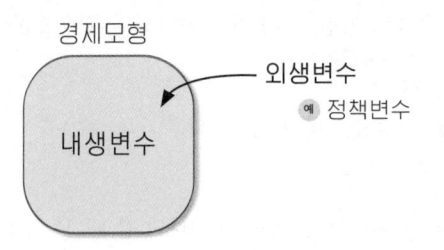

경제모형

외생변수

예 정책변수

내생변수

3 유량변수와 저량변수

1. 유량변수

① 유량(flow)은 일정 기간 동안 경제 조직 속으로 흐르는 양을 의미하는 것으로 수요, 공급, 투자, 국민소득, 국제수지 등이 해당된다.

② 저수지로 예를 들면 저수지에서 흘러나오는 물이나 저수지로 흘러 들어가는 물은 유량이다.

③ 저수지에서 흘러나오는 물은 초당 몇 톤, 시간당 몇 톤과 같이 기간을 명시해야 의미가 확실해진다.

2. 저량변수

① 저량(stock)은 어떤 특정시점을 기준으로 파악된 경제조직 등에 존재하는 (또는 경제주체가 소유하는) 재화 전체의 양을 말한다.

② 통화량, 외채, 자본량, 외환보유고 등이 해당된다.

③ 저수지를 예로 들면 저수지에 고여 있는 물이 저량이다.

④ 저수량을 측정할 때 '어제 또는 현재'와 같이 어떤 시점에서 측정하게 된다.

3. 유량변수와 저량변수와의 관계

① 저량변수는 특정 시점 이전까지의 유량변수가 누적된 결과다. 따라서 유량변수의 크기에 의해 저량변수의 크기가 영향을 받는다.

② 예를 들어 연간 생산된 자동차의 대수는 당해 연도 말 보급된 자동차의 대수에 영향을 미치게 된다. 여기서 '연간 생산된 자동차의 대수'는 유량이고 '당해 연도 말 보급된 자동차의 대수'는 저량이다.

③ 소득은 유량변수 ↔ 재산은 저량변수
투자는 유량변수 ↔ 자본량은 저량변수
저축은 유량변수 ↔ 국부는 저량변수

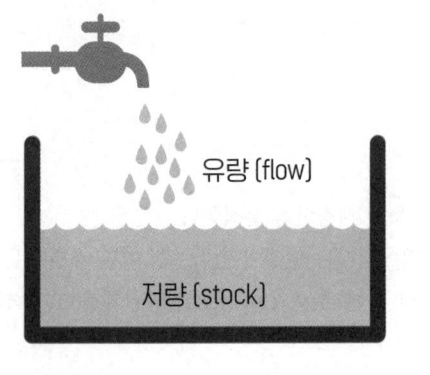

유량 (flow)

저량 (stock)

유량변수 : 소득, 수요, 공급, 국민소득, 투자, 저축, 국제수지
• 일정 기간 흐르는 재화의 양

저량변수 : 통화량, 외채, 재산, 자본량, 국부, 외환보유고
• 특정 시점 기준 재화 전체의 양

❹ 독립변수 (independent variable)와 종속변수 (dependent variable)

1. 독립변수

① 독립변수란 다른 어떤 변수들에 의해 영향을 받지 않는 변수이다.

② 경제모형을 분석할 때 어떤 변수가 독립변수인지를 파악하는 것이 중요하다.

2. 종속변수

종속변수란 독립변수가 변화할 때 영향을 받는 변수이다.

3. 사례

① 변수 X의 값이 변화함에 따라 함수 Y의 값도 바뀐다고 할 때 $Y = F(X)$의 식이 성립되며, 이 경우 X를 독립변수, Y를 종속변수라 한다.

② 예를 들어 핸드폰 가격에 따라 핸드폰에 대한 수요가 결정된다면 핸드폰 가격은 독립변수이고 핸드폰에 대한 수요는 종속변수에 해당한다.

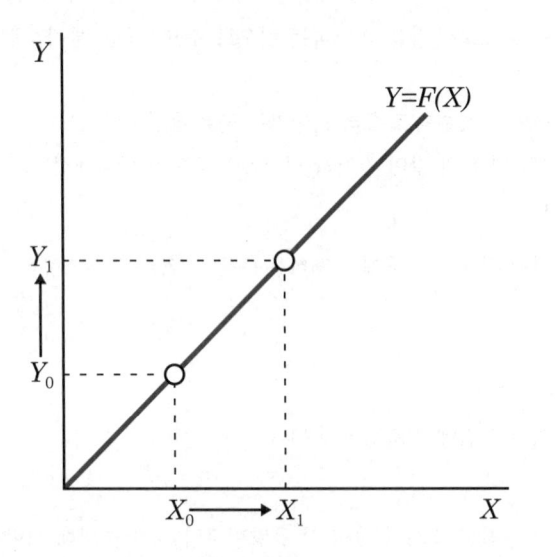

③ 독립변수가 X_0에서 X_1으로 증가할 때 종속변수는 Y_0에서 Y_1으로 변한다.

④ 따라서 독립변수의 값이 변하면 곡선의 선상에서 종속변수가 이동한다.

⑤ 소득이 독립변수이고 저축이 종속변수라면 소득이 증가할 때 일반적으로 저축이 늘어난다. 따라서 독립변수인 소득이 증가하면 저축곡선 선상에서 이동한다.

---

03 경제학의 분석방법과 이론 정립의 오류

❶ 부분균형분석과 일반균형분석

1. 부분균형분석(partial equilibrium analysis)

① 부분균형분석이란 '다른 모든 것은 일정하다'는 가정 하에 특정 시장만을 분석한다.

② 특정 시장만을 분석하므로 분석이 간편하지만 정확성이 떨어진다는 단점이 있다. 즉, 어떤 개별부문의 특징적인 현상을 단순·명료하게 분석하는데 유용한 방법이나 다른 부문과의 상호 연관관계를 고려하지 않기 때문에 잘못된 결론에 도달할 수 있다.

2. 일반균형분석(general equilibrium analysis)

① 일반균형분석이란 특정시장과 다른 시장이 서로 영향을 주고받는 것을 분석한다. 즉, 개별시장의 가격 및 거래량을 따로 떼어내어 보지 않고 다른 부문과의 상호의존관계를 감안하여 모든 시장과 연관시켜 보는 분석방법이다.

② 일반균형분석은 정확성은 높지만 복잡하다는 단점이 있다.

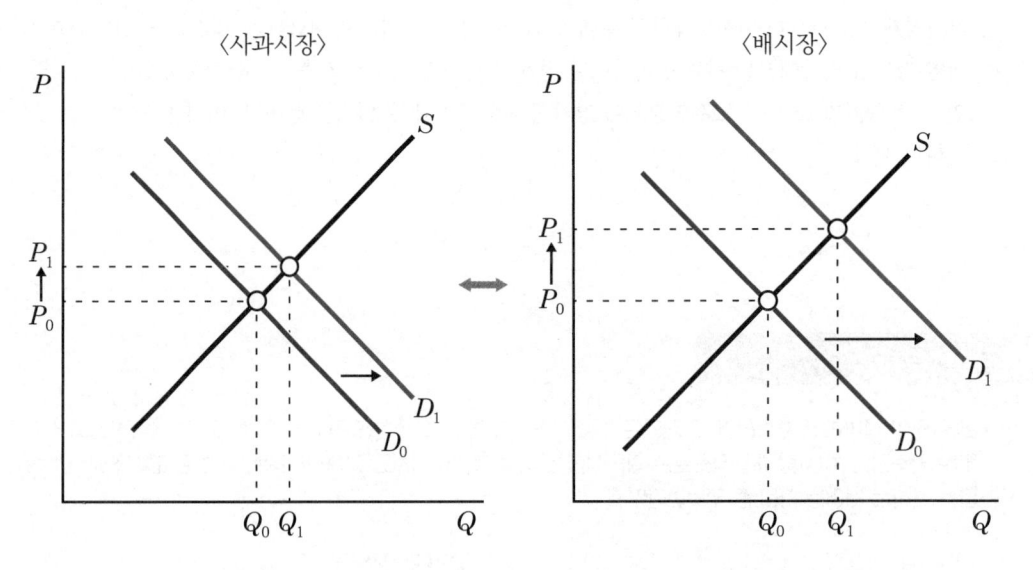

③ 예를 들면 사과시장의 수요증가로 사과의 가격이 상승하면 연관시장인 배시장에 영향을 줄 수 있다.

④ 대체재인 배의 수요가 증가한다면 배의 가격이 상승한다.

⑤ 배의 가격상승이 다시금 사과시장에 영향을 미치는데 이렇게 서로 다른 시장이 서로 영향을 주고받는 것 (feed - in and feed - back)을 분석하는 것을 일반균형분석이라고 한다.

2 인과의 오류와 구성의 오류

1. 경제이론의 구성

① 가정을 설정하여 복잡한 경제현상을 단순화한다.

② 경제현상들 사이에 존재할 수 있는 상호의존관계나 인과관계를 추정해보고 이러한 관계를 가설 또는 모형이라고 한다.

③ 경제모형이 현실적인지 검증하고 검증된 모형을 경제이론이라고 한다.

④ 경제이론을 구성하는데 있어 방법론상의 대표적인 2가지 오류가 존재할 수 있다.

2. 인과의 오류(post hoc fallacy)

① A라는 사건이 B라는 사건보다 먼저 발생하였다고 하여 A라는 사건을 B라는 사건의 원인으로 단정 짓는 경우를 '인과의 오류'라고 한다.

② 즉, 선후관계를 인과관계로 착각하는 것으로 '까마귀 날자 배 떨어진다(오비이락/烏飛梨落)'라는 우리나라 속담에 인과의 오류의 의미가 담겨있다. 즉, 속담을 곧이곧대로 받아들여 배 떨어지는 원인을 까마귀 나는 데에서 찾는다면 이것은 인과의 오류를 범하는 것이다.

③ 주로 귀납법 사용 시에 발생한다.

→ 귀납법(induction)이란 개별적인 사실들로부터 일반적인 원리나 법칙을 끌어내는 방법을 말한다.

3. 구성의 오류(fallacy of composition)

① 부분적으로 옳은 것이 전체적으로도 옳다고 착각하는 것을 구성의 오류라고 한다.

② 주로 연역법 사용 시에 발생한다.

→ 연역법(deduction)이란 널리 알려진 사실이나 법칙으로부터 다른 구체적인 사실이나 법칙을 끌어내는 방법이다.

③ 구성의 오류는 경제학에서 중요한 역할을 수행한다.

④ 거시경제학을 단순히 미시경제학의 확대로 취급하지 않고 별도로 취급하는 이유도 구성의 오류 때문이다.

⑤ 개별 가계의 입장에서는 저축이 미덕이나 경제 전체에 있어서는 저축이 바람직하지 않을 수도 있다. 왜냐하면 저축 증가가 소비 감소로 연결되어 경기침체를 유발할 수 있기 때문이다. 이것을 '저축 또는 절약의 역설'이라고 한다.

> **Q 확인 문제 07**
>
> 한 사람이 절약하고 저축하면 그 개인은 부자가 되겠지만 사회 구성원 전체가 절약하고 저축하면 경제 전체의 소비는 위축된다. 이처럼 개별적으로는 합리적인 선택을 했다하더라도 전체적으로는 나쁜 결과를 초래하게 되는 상황을 뜻하는 용어는 다음 중 무엇인가?
>
> ① 구성의 오류 　　　　　　　　② 시장의 오류
>
> ③ 독립의 오류 　　　　　　　　④ 공공의 오류
>
> ⑤ 저축의 오류

---

04 경제학의 종류

1 미시경제학과 거시경제학

1. 미시경제학(microeconomics)

① 미시경제이론은 개별 경제주체에 대하여 연구하며 자원배분과 분배의 문제에 관심을 갖는다.

② 개별 상품시장에서 이루어지는 균형이 주요 관심 대상이며 균형의 결과로 나타나는 개별 상품의 생산량과 가격에 분석의 초점을 맞춘다.

③ 미시경제학에서는 시장에서의 가격결정이론이 중요하므로 '가격론'(price theory)이라고도 부른다.

---

07 확인 문제 정답 　①

- -

• 구성의 오류란 부분적으로 옳은 것이 전체적으로도 옳다고 착각하는 것을 구성의 오류라고 한다. 즉, 개별적인 행동은 합리적이지만 총체적인 행동은 비합리적일 수도 있다는 것이다. 이의 사례로는 저축의 역설 또는 가수요 등이 있다.

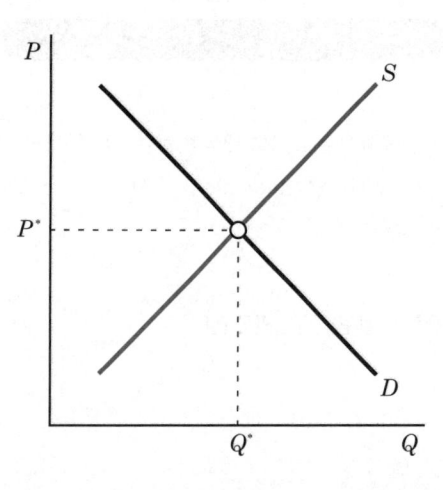

[P : 가격, Q : 수량, S : 공급, D : 수요]

| 용어정리 | 자원배분과 소득분배 |

1. 자원배분

① 경제적 자원을 다양한 용도에 할당하는 것을 말한다.

② 시장경제체제에서 소비자가 가장 원하는 용도들에 자원을 배분하는 기본적인 메커니즘(mechanism)은 가격이며 혼합경제의 공공부문과 계획경제체제 하에서의 자원배분결정은 정치적인 성격을 갖고 있다.

2. 소득분배

한 사회 내에서 생산된 생산물이나 소득을 생산에 참가한 구성원 사이에 나누는 것을 말한다.

2. 거시경제학(macroeconomics)

① 국가경제 전체의 유기적 관계를 연구하며 경제의 안정과 성장의 문제를 주요한 탐구대상으로 삼는다.

② 경제단위사이의 연관성을 유기적으로 분석해야 하기 때문에 상품과 경제단위의 개별성은 희생되고 집계(aggregate)변수를 사용한다.

③ 집계변수로는 총생산, 물가, 인플레이션 등이 있다.

④ 거시경제지표들 간에 어떤 관계가 있는지, 경제정책은 어떻게 운용해야 하는지 등을 연구하는 것이 거시경제학의 주요과제가 된다.

[P : 물가, Y : GDP, AS : 총공급, AD : 총수요]

1. 총수요

국민경제 전체에 걸쳐 가계, 기업, 정부, 해외부문의 그 나라 최종생산물에 대한 수요를 모두 합계한 것이다. 따라서 총수요는 가계의 민간소비수요(Consumption ; C), 기업 및 정부의 투자수요(Investment ; I), 정부소비지출수요(Government spending ; G), 순수출수요(Net export ; NX)의 합계이다.

2. 총공급

일정 기간 동안 한 나라에서 생산된 재화와 서비스의 시장가치를 더한 것을 총공급이라고 한다.

2 실증경제학과 규범경제학

1. 실증경제학(positive economics)

① 실증경제학이란 경제현상을 사실 그대로 분석하는 것을 말한다. 즉, 경제현상들 간에 존재하는 인과관계를 발견하여 경제현상의 변화를 예측한다.

② 실증경제학은 가치판단을 배제하고 있는 사실 그대로를 묘사한다.

   예 통화량이 증가하면 물가가 상승한다. 최저임금제가 실업을 유발한다.

2. 규범경제학(normative economics)

① 규범경제학은 어떤 경제 상태가 바람직한지 설정하고 그 상태에 도달하기 위해서는 어떻게 해야 하는가를 다룬다.

② 현 경제 상태를 통하여 '좋다, 나쁘다, 바람직하다, 바람직하지 않다'등의 가치판단이 개입된다.

   예 물가를 하락시키기 위하여 통화량을 감소시켜야 한다. 효율보다 형평이 더 중요하다.

3 후생경제학

① 후생경제학은 어떤 경제 상태가 사회적 관점에서 바람직한지에 대한 연구를 하는 학문이다.

② 또는 다수의 경제 상태 중에서 가장 바람직한 경제 상태를 선택하고 그 상태로 접근하도록 후생정책을 실시하는 것에 대한 학문을 말한다.

4 경제이론, 경제사, 경제정책론

1. 경제이론

① 분석 도구를 이용하여 여러 경제현상 사이에 존재하는 경제법칙을 연구하여 밝히고 그 법칙을 이용하여 현재의 경제현상을 설명하거나 미래의 경제현상을 예측하는 분야이다.

② 생산가능곡선은 분석 도구의 하나로 생산가능곡선이 우하향하는 것은 경제법칙에 해당된다.

③ 경제이론은 이론경제학이라고도 한다.

2. 경제사

① 과거의 경제를 연구하는 분야로 경제법칙들은 대부분 과거의 역사적 사실과 연관되어 있다.

② 따라서 경제이론은 경제사의 도움을 받음으로써 경제법칙을 쉽게 확인할 수 있고 경제사는 경제이론이 사용하는 분석 도구에 의존한다.

③ 우리나라의 조선시대에 시행된 토지개혁의 효과를 고찰하는 것은 경제사의 한 분야이다.

3. 경제정책론

① 어떤 경제 상태가 바람직하며 그 바람직한 경제 상태를 효율적으로 달성하기 위해서는 어떤 정책을 사용해야 하는가를 다루는 분야이다.

② 바람직한 경제 상태는 경제적 효율과 형평, 성장과 안정이 조화를 이룸으로써 도달할 수 있다.

5 정태경제학과 동태경제학

1. 정태경제학(static economics)

① 정태경제학은 두 균형 상태를 비교 · 연구하는 분석방법을 말한다.

② 한 균형 상태에서 다른 균형 상태로 이동하는 과정은 무시하므로 시간의 변화를 고려하지 않고 경제현상 간의 상호 관계를 분석한다.

③ 2021년의 자동차 시장을 따로 분석하고 2022년의 자동차 시장을 별도로 분석한다면 이는 정태경제학에 해당된다.

④ 미시경제학에서 분석하는 대부분의 시장분석은 정태경제학에 속한다.

2. 동태경제학(dynamic economics)

① 동태경제학은 시간의 변동을 고려하면서 경제현상간의 상호관계를 분석하는 방법이다.

② 한 균형 상태에서 다른 균형 상태로 이동해 가는 과정을 중요시하므로 시간의 변화를 고려한다.

③ 2021년의 투자는 2022년의 자본량에 영향을 미치고 국민소득에 영향을 준다.

동태경제학은 이런 관계를 고려하여 국민소득, 투자 등이 어떻게 변해가는지를 분석하는 방법이다.

05 이론경제학의 표현 방법

1 서술적인 방법

① 서술적인 방법이란 수식이나 그림 등을 사용하지 않고 문장으로 표현하는 것을 말한다.

② '다른 조건들이 일정할 때 어떤 생산물의 가격이 상승하면 그 생산물에 대한 수요량은 감소한다.'라고 표시하면 수요의 법칙을 서술적인 방법으로 표현한 것이다.

2 수리적인 방법

① 서술적인 방법은 읽으면서 그 의미를 바로 파악할 수 있다는 장점이 있는 반면에 표현이 길기 때문에 여러 경제현상을 동시에 설명할 때 장황해지는 단점이 있다.

② 따라서 이를 보완하는 방법으로 경제이론을 수리적으로 표현하는 방법이 많이 사용된다.

③ 수요의 법칙을 수리적으로 표현하면 다음과 같다.

$$Q^D = f(P), \frac{\triangle Q^D}{\triangle P} < 0 \ [Q^D : \text{수요량} \ P : \text{가격}, \ \triangle : \text{변화분}]$$

④ 가격이 독립변수이고 수요량이 종속변수이므로 수요량(Q^D)은 가격(P)의 함수이다.

⑤ 가격이 상승하면 $\triangle P$가 양수의 값을 갖고 수요량이 감소하면 $\triangle Q^D$가 음수의 값을 갖는다.

따라서 $\frac{\triangle Q^D}{\triangle P}$가 음수가 된다.

⑥ 즉, 수요량은 가격의 감소함수이다

3 기하학적인 방법

① 경제학에서는 여러 변수들 간의 관계를 그림으로 알기 쉽게 표현한다.

② 경제이론을 그림으로 표시하는 데에는 일반적으로 평면을 사용한다.

③ 가격을 세로축에 측정하고 수요량을 가로축에 측정하여 '가격이 상승하면 수요량은 감소한다.'라는 수요의 법칙을 우하향하는 수요곡선으로 표현할 수 있다.

④ 수요곡선은 가격이 P_0에서 P_1으로 상승하면 수요량은 Q_0에서 Q_1으로 감소한다는 사실을 나타내고 있다.

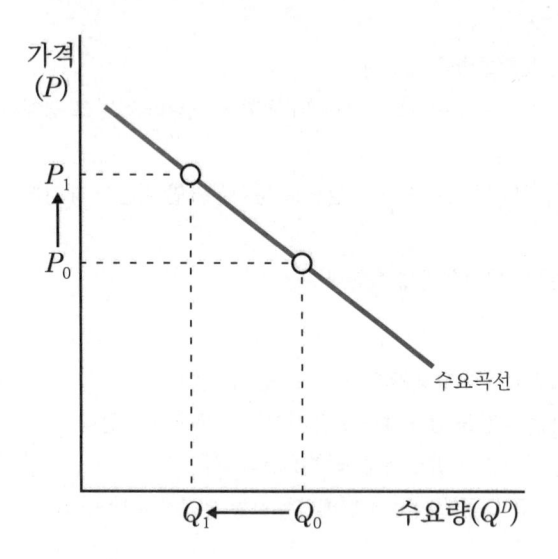

---

06 경제 체제란?

1 경제 체제의 개념

① 경제 체제(economic system)란 경제 문제를 풀어나가는 제도나 방식을 말한다.

② 즉, 경제의 3대 문제를 해결하는 사회적 양식을 경제 체제라고 한다.

2 경제 체제의 유형

1. 전통경제(traditional economy)

기본적인 경제문제들이 전통적인 관습이나 신분제도 등에 의해 해결되는 경제체제를 전통경제라고 한다.

2. 시장경제와 계획경제

	시장경제 체제	계획경제 체제
특징	• 시장의 가격기능에 의해 경제문제를 해결 • 생산수단의 '사적' 소유 • 효율성 추구	• 국가의 계획과 통제에 의해 경제문제 해결 • 생산수단의 '공적' 소유 • 형평성 추구
문제점	• 지나친 사익 추구로 인한 형평성 저해 • 빈부격차 심화, 실업, 환경오염 등	• 자원 배분의 비효율성, 근로 의욕 저하 • 계획 수정의 어려움

3. 혼합경제

① 시장경제 체제와 계획경제 체제를 혼합하여 사용하는 경제 체제로 정부가 경제활동 분야에 개입한다.

② 1929년의 대공황을 기점으로 정부가 경제활동에 적극적으로 참여 · 개입하는 경향이 급속도로 증대되었다.

③ 대신 정부의 비대화, 민간 경제의 자율성 축소, 복지병 등장 등의 문제점이 발생하기도 한다.

③ 자본주의의 발전

1. 상업자본주의 또는 초기자본주의(15세기 중엽 ~ 18세기 중엽)

① 자본주의 경제 성립 초기 다수의 소자본가가 자유 경쟁하는 방식으로 생산 활동을 영위하였다.

② 자본가는 봉건시대의 전통적 생산방식을 타파하고 근대적 공장제 생산조직을 구축하였다.

③ 이와 같은 초기의 자본주의를 '상업자본주의' 또는 '초기자본주의'라고 한다.

④ 부(富)는 유통과정에서 창출된다고 보아 상업 또는 무역을 중요시하는 중상주의의 이론이 이 시대의 주류를 이루었다.

⑤ 중상주의에 입각한 정부 정책은 봉건제도 말엽부터 발달하기 시작한 상업과 수공업을 크게 발전시켰다.

→ 봉건 제도란 중세 유럽에서 토지를 매개로 성립된 지배계급 상호 간의 주종 관계를 말한다.

⑥ 상업의 발전은 상품의 본격적인 공장 생산이 이루어질 수 있도록 자본을 최초로 축적시켜 주었다는 뜻에서 '상업'자본주의라 부른다.

2. 산업자본주의(18세기 중엽 ~ 19세기 중엽)

① 산업혁명을 거쳐 산업자본이 확립되고, 산업자본이 주역을 맡게 된 시기를 말한다.

→ 산업혁명이란 기계와 동력의 발명으로 공업상의 일대 혁명을 말한다.

② 종래의 수공업 대신 기계에 의한 공장 생산이 일반적인 생산 형태로 보급되어 산업이 비약적으로 발전하였다.

③ 제조업이 자본축적과 경제발전의 원동력이 되었다.

3. 독점자본주의(19세기 중엽 ~ 20세기 초)

① 자유경쟁에 의하여 약소기업이 자연 도태되고 대기업만이 남게 되자, 대기업과 대기업 사이의 경쟁이 치열하게 전개되었고 상호 간에 독점이 결정되었다.

② 19세기 말부터 독점이 폭넓게 존재하였다.

③ 독점에는 카르텔 · 트러스트 · 콘체른 등이 있는데, 이와 같은 독점이 일반화한 경우를 '독점자본주의'라고 한다.

4. 수정자본주의(20세기 초 ~ 20세기 중엽)

① 자본주의의 내재적 모순이 표면화되기 시작하여 자유주의의 원칙을 대신하는 계획경제 또는 통제경제가 등장하였다.

② 이에 부응하여 등장한 것이 '케인스 경제학'이며 그 후 여러 면에서 자본주의의 성질이 변화되면서 오늘날은 수정자본주의로 칭하고 있다.

5. 신자유주의(20세기 후반 ~ 현재)

① 두 차례에 걸친 석유 파동과 스태그플레이션으로 정부의 시장 개입에 대한 회의론이 대두되었다. 왜냐하면 복지 국가의 추구로 정부 재정 적자가 심화되었고 근로 의욕이 저하되었기 때문이다.

② 정부 개입의 비효율성을 줄이기 위해 정부 규제와 복지 축소를 주장한다.

③ 신자유주의 하에서는 빈부 격차, 공공재 부족 등의 문제가 다시 심화될 우려가 있다.

6. '뉴노멀(new normal)'의 탄생

① 2008년 미국 발 금융위기 이후 세계질서 편제의 개편에 따라 '새롭게 부상하는 표준'을 의미한다. 즉, 금융과 경제 환경의 새로운 기준이나 표준을 의미한다.

② 원래 이 말은 2005년 세계적 투자 전문가인 로저맥나미가 처음 사용했다. 2008년에는 세계 최대의 채권 투자 기관인 핌코의 모하메드 엘 에리언 부회장이 이 용어를 글로벌 금융위기 와중의 세계 금융시장에 적용시켰다. 자신의 저서 〈새로운 부의 탄생〉(When market collides)에서였다.

③ 아시아의 부상, 신흥국의 성장, 환경문제의 이슈화 등이 '뉴노멀'의 특징으로 본다.

4 남북한의 경제 체제 비교

구분	남한	북한
생산수단의 소유	사유 재산제 인정 → 공공복리를 위한 경우 제한 가능	소비재의 개인 소유 인정, 생산 수단의 개인 소유는 불인정
경제적 자유	개인의 경제적 자유와 창의 존중	개인의 자유로운 경제 활동 제약
정부의 역할	개인과 기업의 자유 보장을 원칙으로 하나 필요한 경우 정부의 규제와 조정이 이루어짐	기본적으로 중앙 정부가 경제 계획을 수립하고 운영함
대외 관계	개방경제	자력갱생 원칙을 기초로 한 폐쇄경제 → 최근 개방정책
장점	경제의 효율성 실현, 창의적인 경제 활동 보장	계층 간 소득 격차 완화, 과도한 경쟁의 부작용 방지
단점	소득 격차 유발 환경오염 발생 불공정 거래 등	경제의 비효율성 심화 경제 주체의 창의성 위축

고범석 경제학아카데미

01 다음 중 저량(stock)변수가 아닌 것은?

① 정부부채
② 통화량
③ 자본
④ 국제수지
⑤ 대외부채

풀이 날짜			
채점 결과			

02 다음 중 저량변수(stock variable)는? (2021년 공인회계사)

① 소비
② 저축
③ 국내총생산
④ 외환보유고
⑤ 감가상각

풀이 날짜			
채점 결과			

03 다음의 내용이 말하는 경제학적인 개념은 무엇인가 ?

개별적으로는 타당한 이야기가 전체적으로는 틀리는 현상을 말한다. 예를 들면 운동장에서 앞줄에 앉아 있는 사람이 경기상황을 더 잘 관람하기 위하여 일어나면, 뒷줄에 앉아 있던 관중 모두 일어서게 되며, 결국 모두가 다 제대로 관람하지 못하게 되는 현상과 마찬가지라고 할 수 있다.

① 시장의 실패
② 정부의 실패
③ 빈곤의 악순환
④ 구성의 모순
⑤ 시장의 역설

풀이 날짜			
채점 결과			

01

- 저량변수란 일정 시점에서 측정할 수 있는 변수를 말하고 유량변수는 일정 기간 동안 측정할 수 있는 변수를 의미한다.
- 국제수지는 유량변수이고 나머지는 모두 저량변수이다.

④

02

- 유량(flow)은 일정 기간 동안 경제 조직 속으로 흐르는 양을 의미하는 것으로 수요, 공급, 투자, 국민소득, 국제수지 등이 해당된다.
- 저량(stock)은 어떤 특정 시점을 기준으로 파악된 경제조직 등에 존재하는 (또는 경제주체가 소유하는) 재화 전체의 양을 말한다.
- 소비, 저축, 국내총생산, 감가상각 등은 유량변수에 속하고 외환보유고는 저량변수에 속한다.
- 감가상각은 일정 기간 동안 고정자산의 가치감소를 산정하기 때문에 유량변수에 속한다.

④

03

- 구성의 모순 또는 구성의 오류란 부분적으로 옳은 것이 전체적으로도 옳다고 착각하는 것을 말한다.
- 운동장에서 혼자 일어서면 경기를 잘 볼 수 있겠으나 모든 사람이 다 같이 서서 경기를 보게 되면 모두가 제대로 관람하지 못할 수 있다. 이런 경우를 '구성의 오류'라고 한다.

④

04   다음 중 규범경제학과 가장 거리가 먼 것은?

① 사회적 후생손실의 감소를 막기 위해 기업의 독점화를 막아야 한다.

② 정부는 정보통신산업의 발전을 위해 정보통신 관련 인적자본을 구축해야 한다.

③ 정부의 확대재정정책은 이자율을 상승시켜 민간부문 투자를 감소시킨다.

④ 정부는 고용 증대를 위해 총수요 확대정책을 실시해야 한다.

⑤ 아파트 가격 폭등을 막기 위해서는 금리를 인상해야 한다.

04 • 규범경제학은 어떤 경제 상태가 바람직한지 설정하고 그 상태에 도달하기 위해서는 어떻게 해야 하는가를 다 ③
룬다.

③ 확대재정정책을 실시하면 이자율이 상승하여 투자가 감소한다. 이런 경우를 '구축효과'라고 한다. 실증경제
학에 해당한다.

01 다음 설명 중에서 저량(stock)변수와 관련된 것은?

① 박 사장은 우리 동네에서 부동산을 가장 많이 가진 사람이다.
② 내 컬러프린터는 1분에 20장씩 인쇄할 수 있다.
③ 한국식당의 하루 매출액은 500만 원이 넘는다.
④ 아빠 월급은 줄었는데도 우리 가족 씀씀이는 커져서 걱정이다.
⑤ 햄버거 가게는 아르바이트생의 임금은 시간당 2,000원이다.

풀이 날짜			
채점 결과			

02 다음 중 경제학에서 말하는 '구성의 오류(fallacy of composition)'의 예로서 가장 적당한 것을 고르면?

① 개별 가계의 입장에서는 저축이 미덕이나 경제 전체에 있어서는 저축이 미덕이 아닐 수도 있다.
② 우리 생활에 절대적으로 필요한 물의 가격이 다이아몬드의 가격이 훨씬 높다.
③ 어떤 재화의 가격이 상승하니 오히려 그 재화의 수요량이 증가하였다.
④ 생산자에게 세금을 부과하였으나 실질적으로는 소비자가 그 세금의 일부를 부담하는 결과가 되었다.
⑤ 어떤 개별경제주체의 경제행위가 본의 아니게 다른 경제주체의 경제행위에 불리한 영향을 미쳤다.

풀이 날짜			
채점 결과			

03 다음 중 규범경제학(normative economics)의 범주에 포함되는 내용은?

① 통화량이 증가하면 물가가 상승한다.
② 생산요소의 고용을 늘리면 한계수확이 점차 줄어든다.
③ 정부의 확대재정정책은 이자율을 상승시켜 민간투자를 감소시킨다.
④ 유치산업을 보호하기 위해서 수입관세를 인상해야 한다.
⑤ 완전경쟁기업이 독점화되면 사회적 순후생손실이 발생한다.

풀이 날짜			
채점 결과			

04 다음 중 틀린 설명은? (한국관광공사)

① 내생변수가 외생변수에 영향을 미친다.
② 인과의 오류란 선후의 관계를 원인과 결과로 착각하는 것을 말한다.
③ 가수요나 절약의 역설은 구성의 오류와 관련이 있다.
④ 유량변수란 일정 기간에 측정되는 변수를 말한다.
⑤ 저량변수란 일정시점에 측정되는 변수를 말한다.

풀이 날짜			
채점 결과			

01 · 부동산은 일정 시점에 측정할 수 있으므로 저량변수에 해당한다. ①
— · 인쇄 속도, 매출액, 월급 또는 씀씀이, 임금 모두 유량변수에 속한다.

02 ① 개별 가계의 입장에서는 저축이 미덕이나 경제 전체에 있어서는 저축이 바람직하지 않을 수도 있다. 왜냐하 ①
— 면 저축 증가가 소비 감소로 연결되어 경기침체를 유발할 수 있기 때문이다. 이것을 '저축 또는 절약의 역설'
이라고 한다.
② 가치의 역설
③ 기펜재에 대하여 설명
④ 조세의 부담에 대하여 설명
⑤ 외부성에 대하여 설명

03 · 규범경제학이란 정책처방을 하는 것으로 가치판단을 포함한다. ④
— · 반면 실증경제학(positive economics)이란 현상에 대하여 설명하는 것으로 가치판단을 포함하지 않는다.
①, ②, ③, ⑤ - 실증경제학
④ 유치산업이란 성장 잠재력은 있으나 발달의 초기 단계에 있는 산업으로 정부의 지원이 필요한 산업을 말한
다. 유치산업을 보호하기 위해서 다양한 정책이 사용될 수 있다.

04 · 외생변수가 내생변수에 영향을 미친다. ①
— · 외생변수란 경제모형을 만들 때 경제모형 외부에서 결정되는 변수이다.
· 내생변수란 경제모형을 만들 때 경제모형 내부에서 결정되는 변수로 주로 외생변수의 값에 의해 내생변수가
결정된다.
· 인과의 오류란 선후의 관계를 인과관계로 착각하는 것을 말한다.
· 구성의 오류란 부분적으로 옳은 것이 전체적으로 볼 때는 옳지 않을 수 있는 것을 말한다.

01 객관식 점검 문제

PART 출제경향

- 경제학 입문 파트는 '경제학의 기초'와 '경제학의 방법론'으로 나누어지는데 주로 출제되는 분야는 기회비용 개념 및 계산문제, 생산가능곡선의 개념을 응용한 문제, 저량변수와 유량변수 고르는 문제들이다.
- 기회비용의 계산문제는 자주 출제되므로 유의해야 한다. 특히 기회비용을 암묵적 비용으로만 한정하는지 아니면 명시적 비용까지 포함하는지에 따라 값이 달라지므로 문제지문을 잘 해석해서 접근해야 한다.

02 약술 및 논술 점검 문제

PART 출제경향

- 약술문제 역시 기회비용과 생산가능곡선을 자주 물어본다.
- 약술문제는 암기를 해야 적을 수 있으므로 중요 키워드(keyword)를 정리해야 한다.
- 예를 들어 기회비용의 중요 키워드는 '선택'과 '암묵적 비용'이다.
- 생산가능곡선은 경제성장과 관련하여 논술문제가 나올 때 활용할 수 있다.
- 경제성장은 생산가능곡선의 우측 이동으로 나타낼 수 있으며 최근 '저출산·고령화'로 인한 한국의 생산위축은 생산가능곡선의 좌측 이동으로 표현할 수 있다.

신종 코로나바이러스 감염증(코로나19) 백신이 빠르게 보급되고 있는 미국 경제 성장률에 대한 전망치가 빠르게 상향 조정되고 있다. 반면 백신 공급이 차질을 빚거나 코로나19 상황이 악화되는 프랑스, 독일 등 유럽 국가 성장률 전망치는 오히려 악화되고 있다.

2021년 3월 21일 블룸버그가 주요 투자은행(IB)과 경제 연구소 등 80여 곳의 전망치를 집계한 결과, 2021년 미국의 국내총생산(GDP) 기준 성장률은 평균 5.6%로 예상됐다. 한국의 올해 성장률 전망치는 평균 3.4%로 블룸버그는 집계했다. 2020년 12월 3.15%에서 2021년 1월 3.2%, 2월 3.3% 등 역시 상향 곡선을 그리고 있다.

경제성장의 원인과 경제성장의 효과를 생산가능곡선으로 표현하시오.

해설

■ 경제성장

① 경제성장이란 시간이 흘러감에 따라 실질총생산과 1인당 실질소득이 증가하는 것을 말한다.

② 실질총생산의 지표로는 실질 GDP가, 1인당 실질소득의 지표로는 1인당 실질 GNI가 주로 사용된다.

③ 국내총생산(GDP : gross domstic product)은 일정 기간 동안에 한 나라의 국경 안에서 생산된 모든 최종생산물의 시장가치이다.

④ 국민총소득(GNI : gross national income)은 내국민에 의해 국내·외를 막론하고 취득한 소득의 합계로 외국인에 의해 국내에서 번 소득은 포함되지 않는다.

② 경제성장의 원인

① 장기적으로 자본량이 증가하면 자본량과 결합되어 상품을 생산해 내는 노동력도 인구의 증가에 따라 늘어나는 것이 일반적이다.

② 자본이나 노동량, 그리고 에너지 및 자원 등이 늘어나면 생산이 늘어나게 마련이고 이런 것들이 경제성장을 가져다준다.

즉, 자본과 노동량, 천연자원 등의 요소부존(factor endowment)이 성장에 영향을 미치는 첫째 요인이다.

③ 생산요소 못지않게 중요한 요인이 기술진보이다. 요소부존량이 똑같더라도 생산기술이 진보하면 요소의 생산성이 향상되어 종전보다 더 많은 상품을 생산할 수 있으며 현대와 같이 과학과 기술이 비약적으로 발전하는 시대에는 기술진보가 경제성장에 기여하는 몫이 요소부존량의 증가가 경제성장에 기여하는 몫 못지않게 크다.

④ 기술진보는 교육과 훈련을 통해 우수한 노동으로 나타나기도 하고 연구 및 개발을 통해 종전보다 생산성이 높은 기계로 나타나기도 한다.

③ 생산가능곡선과 생산가능곡선의 이동

① 생산가능곡선이란 주어진 요소투입량으로 최대한 생산 가능한 재화의 조합을 나타내는 곡선이다.

② 주어진 요소투입량이 증가하거나 기술진보가 발생하면 생산가능곡선 자체가 우측으로 이동한다.

③ 노동 및 자본량이 증가하거나 기술진보가 발생하면 생산가능곡선 자체가 우측으로 이동하는데 이를 경제성장의 효과로 볼 수 있다.

문제 01

클래식 기타 애호가인 문석은 유명 기타리스트인 고석호의 독주회 일반석 표를 30,000원에 예매했다.
그런데 뒤늦게 문석은 그날 주희와 약속이 있다는 것을 깨달았다.
예매는 취소가 가능한데 규정상 5,000원의 수수료를 물고 25,000원만 돌려 받을 수 있다.
문석은 약속을 뒤로 미룰 수도 있었지만 주희와 만나기로 하고 예매를 취소했다.
단, 문석이 일반석에서 독주회를 볼 때의 효용은 V_1, 주희와의 약속을 지킬 때의 효용은 V_2이다.
V_1과 V_2의 관계식을 나타내시오.

해설

- 문석이 일반석 표를 30,000원에 예매한 것으로부터 '$V_1 \geq$ 30,000원'임을 알 수 있다.
- 문석이 독주회를 가면 V_1의 효용을 얻고 주희와의 약속을 지키면 V_2와 환불금액 25,000원을 얻는데 문석은 후자를 택했으므로 '$V_1 \leq V_2 +$ 25,000원'임을 알 수 있다.
- 따라서 $V_2 \geq V_1 -$ 25,000원이 된다.

문제 02

생산가능곡선이 원점에 대해 오목한 형태를 취하는 이유는 무엇인지 서술하시오.

해설

- X재 생산을 위하여 Y재 생산에 투입된 생산요소를 사용하여야 하는데 X재 생산을 계속 함에 따라 Y재 생산에 많은 기여를 하는 생산요소까지도 사용하게 되므로 Y재가 많이 감소하게 된다. 따라서 생산가능곡선이 원점에 대해 오목해지게 된다.
- 즉, 기회비용이 체증하거나 또는 생산요소가 각 재화 생산에 기여하는 정도가 다르기 때문이다.

PART

02

- 수요 및 공급 이론을 통해 시장경제에서 가격이 어떻게 결정되고 자원이 어떻게 배분되는지를 살펴본다.
- 수요와 공급의 상호작용을 통해 시장가격과 거래량이 결정되므로 수요 및 공급과 관련된 여러 개념들을 공부해 본다.
- 균형가격과 거래량이 얼마나 변할지 변동의 크기를 측정하기 위해 '탄력성'이라는 개념이 필요한데 탄력성에는 수요의 가격탄력성, 공급의 가격탄력성, 소득탄력성, 교차탄력성 등이 있다.
- 마지막으로 현실 경제를 분석하기 위해 수요 및 공급 이론이 어떻게 응용될 수 있는지를 배우게 된다.

수요 및 공급,
시장균형

CHAPTER 03

수요 및 공급 이론

단원 학습 목표

- 가격은 시장에서 수요와 공급이라는 두 가지 힘이 서로 작용하면서 달성된다.
- 시장경제에서 가격이 어떻게 결정되고 자원이 어떻게 배분되는지를 수요 및 공급의 이론으로 다루게 된다.
- 수요 및 공급 이론은 경제학에서 출발점을 이루는데 해당 이론을 통해 현실경제 현상을 분석하는데 있어 유용하게 활용될 수 있다.
- 경제학의 주요 관심사는 희소한 자원을 효율적으로 배분하는 문제, 즉 무엇을 얼마나, 어떻게 생산하여, 누구에게 배분할 것인가 하는 문제이다.
- 이러한 경제문제는 시장경제에서 가격의 자동조절기능에 의하여 해결된다.
- 또한 시장균형이 무엇을 뜻하는지 그리고 균형의 안정성에 관해 공부하게 된다.

□△○

1절 시장

01 시장이란?

1 개념

① 시장(market)이란 어떤 상품을 사고팔기 위해 서로 접촉하는 개인들과 기업들의 모임을 말한다.

② 상품의 종류를 물리적 특징 이외에도 사용 가능한 시점과 장소에 의해서도 구분하기 때문에 시장경제는 무수히 많은 종류의 시장들로 구성되어 있다.

③ 전자상가처럼 형태가 눈에 보이는 것도 있고 증권 시장이나 외환 시장과 같이 눈에 보이지 않는 것도 있다.

④ 따라서 시장은 구매자와 판매자가 재화나 서비스를 자유롭게 거래하기 위해 서로 협상하는 모임이라고 볼 수도 있다.

> 예 사과 시장, 노동시장, 선물시장 등

2 분류

1. 현물시장(spot market)과 선물시장(future market)

① 현물시장이란 거래가 성립되는 시점과 대금 결제 시점이 동일한 시장을 말한다.

② 선물시장이란 선물거래가 이루어지는 시장을 말한다. 선물(futures)거래란 장래 일정 시점에 미리 정한 가격으로 매매할 것을 현재 시점에서 약정하는 거래이다.

③ 서로 다른 시점사이의 자원배분을 분석하기 위하여 현물시장과 선물시장으로 구분하여 분석한다.

2. 산출물시장(outputs market)과 투입물시장(inputs market)

① 산출물 시장은 재화나 서비스가 거래되는 시장이고 투입물 시장은 생산요소가 거래되는 시장이다.

② 소비자 입장에서 상품은 '생산요소'이고 생산자 입장에서 상품은 '산출물' 또는 '생산물'이 된다.

3. 완전경쟁시장과 불완전경쟁시장

① 완전경쟁시장은 완전한 정보를 가진 많은 수의 수요자와 공급자 사이에 동질적인 상품이 거래되는 시장이다.

② 불완전경쟁시장은 완전경쟁시장의 조건을 충족시키지 못해 경쟁이 불완전한 형태로 이루어지는 시장이다.

③ 시장경제의 성과를 평가하자는 규범적 질문에 답하기 위하여 완전경쟁시장과 불완전경쟁시장으로 분류한다.

02 가격 기능

1 배급 기능(rationing function)

① 가격은 가장 높은 가치로 평가하는 사람들에게 상품을 배급하는 기능을 갖는다.

② 한 사회에 사과는 10개밖에 없는데 사회구성원은 100명이라고 하자. 부족한 사과를 사회구성원에게 어떻게 배분해야 할 것인가 하는 문제가 발생한다.

③ 자유로운 시장경제라면 사과를 꼭 소비하고 싶어 하는 사회구성원은 높은 가격을 치르더라도 사과를 구입하고자 한다. 따라서 사과 가격은 상승한다.

④ 사과 가격이 매우 높아지면 대부분의 사람들은 사과 소비를 포기함으로써 사과가 부족하지 않게 배급된다.

⑤ 따라서 가격은 인위적인 간섭이 없이도 상품을 꼭 필요로 하는 사람에게 배급해주는 기능을 수행한다.

② 생산활동과 소비활동의 지표(indicator)

① 가격은 생산활동과 소비활동의 지표가 된다.

② 사과 가격이 한 개당 1,000원이라면 농부들은 1,000원의 가격으로 사과를 몇 개 생산해 내다 팔 것인가를 결정하고 소비자들은 몇 개의 사과를 살 것인가를 결정한다.

③ 가격은 합리적인 경제활동을 하는 데 필요한 최소한의 기초 정보를 꼭 알아야 할 사람들에게 전달하는 것이다.

④ 이처럼 가격은 생산 및 소비활동을 하는 데 유용한 신호(signal)를 보내 주거나 유인(incentive)을 마련해 준다는 점에서 경제활동의 지표가 된다.

③ 소득분배

① 상품의 가격이나 생산요소의 가격이 경제주체의 소득분배를 결정할 수 있다.

② 노동의 가격이나 자본의 가격은 생산요소 공급자가 얼마나 많은 소득을 얻게 될 것인지를 결정해준다.

③ 예를 들어 노동의 가격인 임금이 상승하면 노동 공급자의 소득이 증가하게 된다.

④ 이처럼 생산요소의 가격이 한 경제 안의 소득분배를 결정하는 직접적인 요인이 된다.

⑤ 또한 상품의 가격이 간접적인 방법으로 소득분배에 영향을 줄 수 있다.

⑥ 예를 들어 저소득층이 주로 구입하는 생활필수품의 가격이 상승하게 되면 저소득층의 실질소득은 감소하게 된다.

03 가격의 종류

① 절대가격(absolute price)

① 절대가격은 화폐의 절대 금액으로 표시된다.

② X 재의 절대가격이 1,000원이라면 다음과 같이 표시된다.

→ P_X = 1,000원

③ 절대가격이란 재화 1단위와 교환되는 화폐가치를 말한다.

② 상대가격(relative price)

1. 개념

상대가격은 두 재화의 가격비율을 말한다.

2. 상대가격의 의미

① 상대가격은 두 재화의 교환비율을 의미한다.

② $\frac{P_X}{P_Y}$ 의 경우 X 재의 상대가격이라고 하며, Y 재 단위로 표현한 X 재의 교환비율을 나타낸다.

③ $\frac{P_Y}{P_X}$ 의 경우 Y 재의 상대가격이라고 하며, X 재 단위로 표현한 Y 재의 교환비율을 나타낸다.

④ 또한 X 재의 상대가격 $\frac{P_X}{P_Y}$ 은 Y 재로 표시한 X 재의 기회비용을 의미한다.

⑤ X 재의 상대가격 $\dfrac{P_X}{P_Y}$ 은 국제교역조건의 의미도 갖고 있다.

→ 국제교역조건은 $\dfrac{\text{수출재가격}}{\text{수입재가격}}$ 이다.

3. 사례

① $P_X = 500$ 원, $P_Y = 1,000$ 원이라면 X 재의 상대가격은 $\dfrac{P_X}{P_Y} = \dfrac{500\text{원}}{1,000\text{원}} = \dfrac{1}{2}$ 이다.

② X 재의 기회비용 또는 교환비율은 Y 재 $\dfrac{1}{2}$ 이다.

개념정리　　　요소의 상대가격

• 노동의 상대가격은 $\dfrac{w}{r}$ 이고(w : 임금률, r : 이자율 또는 자본임대료율), 자본의 상대가격은 $\dfrac{r}{w}$ 이다.

---

3 잠재가격(shadow price)

① 사회적 기회비용을 제대로 반영한 가격을 말한다.

② 잠재가격은 이용 가능한 시장가격 정보로부터 계산되거나 그러한 정보가 존재하지 않으면 다른 방법을 이용해 계산되어야 한다.

2절 수요(Demand)

01 수요와 수요량

1 개념

① 수요(demand)란 일정 기간 동안에 주어진 가격 하에서 수요자들이 구입하고자 의도하는 재화와 서비스의 수량을 말한다.

② 수요량(demand quantity)은 사고자 하는 수량을 말한다.

③ 수요는 일정 기간 동안에 측정되므로 '유량변수'이고, 실제 구입한 것이 아니라 구입하고자 원하는 수량을 나타내므로 '욕구'를 의미한다.

2 의미

① 소비자의 아이스크림에 대한 수요량이 10개라면 정확한 의미를 갖지 못한다. 하루의 수요량이 10개라면 소비자는 아이스크림 중독자일 것이다. 1년의 수요량이 10개라면 소비자는 아이스크림을 거의 먹지 않는 사람일 것이다. 이와 같이 수요량은 기간을 명시해야만 의미가 명확히 전달될 수 있는 '유량변수'이다.

② 가격이 주어져 있을 때 수요량은 그 가격으로 소비자가 사고자 하는 최대 수량이다. 예를 들어 X 재 가격이 100원일 때 수요량이 5단위라면 소비자는 최대 5단위까지 사고 싶어 한다는 의미를 갖고 있다.

③ 수요량은 소비자가 실제로 구입한 수량과 일치한다는 보장이 없다. 왜냐하면 수요는 '욕구'를 의미하기 때문이다.

02 수요함수

① 수요함수란 어떤 재화에 대한 수요와 그 재화의 수요에 영향을 주는 요인들 간의 함수관계를 말한다.

② 해당 재화의 수요량에 영향을 주는 변수(Q_D^X)는 해당 재화의 가격(P_X), 연관 재화의 가격(P_Y), 소득수준(M), 광고 등이 있다.

$$Q_D^X = f(P_X, P_Y, M, N, T)$$

[Q_D^X : 해당 재화의 수요량, P_X : 해당 재화의 가격, P_Y : 연관 재화의 가격, M : 소득수준, N : 인구, T : 소비자 기호]

③ 가장 중요한 영향을 미치는 변수는 해당 재화의 가격(P_X)이므로 해당 재화의 가격만 변화를 허용하고 다른 변수들은 주어진 수준에서 변화하지 않는다고 가정한다.

$$Q_D^X = f(P_X \; ; P_Y, M, N, T)$$

④ 따라서 해당 재화의 수요함수는 해당 재화의 가격만의 함수로 나타낼 수 있다.

$$Q_D^X = f(P_X)$$

1 개별수요곡선

① 개별수요곡선은 각 소비자들이 각각의 가격에서 구입하고자 의도하는 재화와 서비스의 수량을 나타내는 곡선이다.

② 가격이 하락하면 각 소비자들이 구입하고자 하는 수량이 증가하므로 개별수요곡선은 일반적으로 우하향의 형태를 갖는다.

③ 소비량이 증가할수록 소비자가 지불하고자 하는 가격 또는 만족이 감소하므로 수요곡선은 우하향의 형태를 갖게 된다.

2 시장수요곡선

1. 개념

① 시장수요곡선은 개별수요곡선을 수평으로 합하여 도출하며 일반적으로 개별수요곡선보다 완만한 형태를 갖는다.

② 소비자 A와 B가 있을 때 모든 가격에 대하여 소비자가 구입하고자 하는 수량을 (q_A, q_B) 수평으로 합함으로써 $(q_A + q_b)$ 각 가격수준에서의 시장수요량(Q_M)을 알 수 있다.

$$\rightarrow Q_M = q_A + q_B$$

(Q_M : 시장수요량, q_A : 소비자 A의 수요량, q_B : 소비자 B의 수요량)

2. 사례

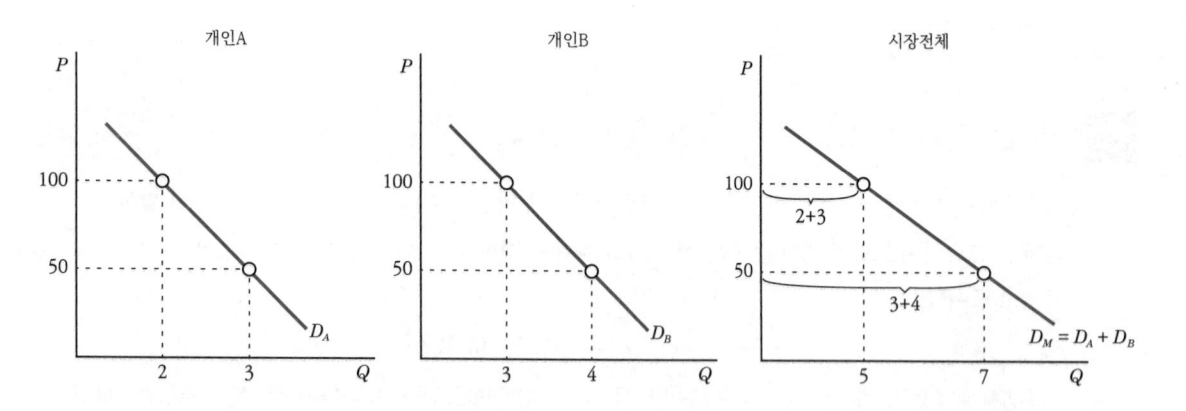

① 소비자 A와 B가 존재하는 시장이 있다고 가정하자.

② 가격이 100일 때 소비자 A의 수요량 2와 소비자 B의 수요량 3을 합하면 시장수요량은 2+3=5가 된다.

③ 가격이 50일 때 소비자 A의 수요량 3과 소비자 B의 수요량 4을 합하면 시장수요량은 3+4=7이 된다.

④ 따라서 각 가격에 대하여 소비자가 구입하고자 하는 수량을 수평으로 합함으로써 각 가격수준에서의 시장수요량을 알 수 있다.

- 공공재의 시장수요곡선은 개별수요곡선을 수직으로 합하여 도출한다.
- 왜냐하면 공공재의 경우 소비자의 수요량이 동일하기 때문이다.
- 공공재는 생산되는 즉시 그 집단의 모든 성원에 의해 소비의 혜택이 공유될 수 있는 재화 및 서비스로 비경합성과 비배제성의 특징을 갖고 있다.

① 시장수요곡선은 개별수요곡선을 수평으로 합하여 도출하는데 이는 개별 소비자들이 각각의 가격수준에서 구입하고자 하는 재화의 수량을 합한다는 것을 의미한다.

② 만약 개인 A의 수요함수가 $P=2-q_A$, 개인 B의 수요함수가 $P=2-2q_B$로 주어져 있다면 시장수요함수를 구하기 위해서는 수량(q)에 대해 정리한 다음 합해야 한다.

- 개인 A의 수요함수 : $q_A = 2-P$

- 개인 B의 수요함수 : $q_B = 1 - \dfrac{1}{2}P$

- 시장 수요함수 : $Q = q_A + q_B = 3 - \dfrac{3}{2}P$

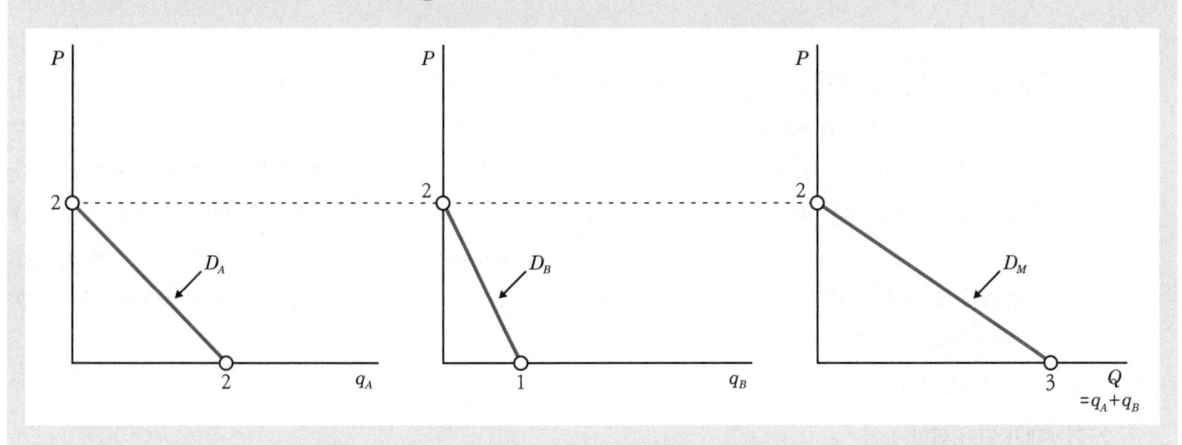

① 개념

① 수요의 법칙이란 다른 조건이 일정할 때 한 상품의 가격이 상승하면 수요량이 감소하고 상품의 가격이 하락하면 수요량이 증가하는 관계를 의미한다.

② 이처럼 가격과 수요량이 반대 방향으로 변하는 것을 수요의 법칙이라고 한다.

③ 예를 들어 $p_x = 100$, $q_x^D = 5$이고 $p_x = 50$, $q_x^D = 10$이라고 하자. x의 가격(p_x)이 100에서 50으로 하락하면 x재의 수요량(q_x^D)이 5개에서 10개로 증가하는 관계가 '수요의 법칙'이다.

② 이유

① 어느 한 상품의 가격이 하락하면 다른 상품에 비하여 상대적으로 가격이 저렴해지기 때문에 그 상품에 대한 수요량이 증가한다. 즉, 가격이 높아진 재화를 가격이 낮아진 재화로 대체하게 된다.

② 또한 상품의 가격이 하락하면 동일한 지출액으로 이전보다 더 많은 수량을 구입할 수 있게 되기 때문에 결과적으로 구매자들의 소득이 증가한 것과 같은 효과가 있다. 이렇게 실질소득이 증가하면 일반적으로 수요량이 증가한다.

③ 법칙의 예외 – 기펜재(Giffen goods)

1. 개념

① 열등재의 한 특수한 경우로 가격이 하락하면 수요량이 오히려 줄어들고, 가격이 상승하면 수요량이 오히려 증가하는 수요의 법칙에 예외가 되는 상품을 말한다.

② 17세기 이후 아일랜드는 다수의 빈농들이 다른 식품에 비해 가격이 매우 낮은 감자를 주식으로 생계를 유지하고 있었는데 1840년 아일랜드에 대기근이 덮치면서 감자 가격이 하락하였다. 기펜(Sir Robert Giffen)은 아일랜드의(Irish) 농부들이 감자 가격이 하락하여 구매력이 증가하자 주식으로 소비한 감자에 싫증이 나서 감자 소비를 줄이고 고기 소비를 늘린 것을 발견했고, 그 후에 그의 이름을 따서 이러한 재화를 기펜(Giffen)재라고 하였다.

③ 현실적으로 기펜재는 거의 존재하지 않는다.

2. 기펜재가 되기 위한 조건

기펜재는 열등재이어야 하며 소득효과가 대체효과보다 커야 한다.

3. 기펜재와 열등재와의 관계

① 기펜재는 열등재의 특수한 유형이기 때문에 열등재에 포함된다.

② 따라서 기펜재는 열등재이지만 열등재라고 해서 반드시 기펜재가 되는 것은 아니다.

1 수요곡선 위의 운동(수요량의 변화)

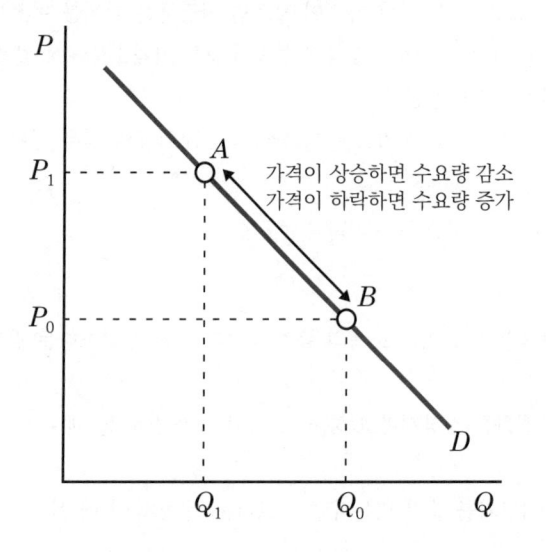

① 수요량의 변화란 해당재화의 가격 변화에 따라 재화의 소비자 구입수량의 변화를 말한다.

② 수요량이 변화하면 수요곡선 상에서 이동한다.

③ 즉, 주어진 수요함수에서 해당 재화가격의 상하변동에 따른 수요량의 증감이며, 주어진 수요곡선 상에서의 움직임을 말한다.

④ 가격이 P_1에서 P_0로 하락하면 수요량은 Q_1에서 Q_0로 증가하고, 가격이 P_0에서 P_1로 상승하면 수요량은 Q_0에서 Q_1로 감소하는 것이 수요량의 변화이다.

2 수요곡선의 이동 요인(수요의 변화)

1. 의미

① 수요의 변화란 수요곡선 자체가 우측이나 좌측으로 이동하는 것을 말한다.

② 재화의 가격 이외에 일정하다고 가정했던 요인이 변하면 수요곡선 자체가 이동한다.

③ 이동요인으로는 연관재화의 가격 변화, 소득 변화 등이 있다.

2. 연관 재화의 가격 변화(대체재와 보완재)

(1) 대체재

① 대체재란 주어진 소비목적 충족을 위하여 한 상품을 다른 상품대신에 소비해도 되는 경우를 말한다.

  > 예 소주와 맥주, 콜라와 사이다, 버스 이용과 지하철 이용, 커피와 녹차 등

② 콜라와 탄산수는 다 같은 청량음료로서 용도가 비슷한 대체재이다. 탄산수 가격에는 변함이 없는데 콜라 가격이 오르면 콜라 수요량이 줄어든다. 그리고 상대적으로 저렴해진 탄산수를 사람들이 더 찾게 되어 주어진 탄산수 가격수준에서 탄산수 수요량은 이전보다 증가한다.

③ 따라서 대체재의 경우 연관재의 가격이 상승(하락)하면 해당재의 수요가 증가(감소)한다. 즉, 대체재의 경우 연관 재화의 가격 변화와 수요의 변화 방향이 일치한다.

콜라 상승 → 콜라 수요량 감소 → 탄산수 수요 증가

(2) 보완재

① 보완재란 주어진 소비목적 충족을 위하여 두 가지 상품을 함께 소비해야 하는 경우를 말한다.

　　예 커피와 설탕, 자동차와 휘발유, 컴퓨터와 소프트웨어, 프린터와 카트리지(cartridge) 등

② 대부분의 사람들이 커피에 설탕을 넣어 마신다고 하자. 커피 가격이 오르면 사람들은 커피를 이전보다 덜 마시기 때문에 설탕의 소비도 줄어든다. 즉, 커피 가격이 상승하면 설탕의 모든 가격수준에서 설탕 수요량이 감소하여 설탕에 대한 수요곡선이 왼쪽으로 이동한다.

③ 따라서 연관재의 가격이 상승(하락)하면 해당재의 수요가 감소(증가)한다. 즉, 보완재의 경우 연관재의 가격 변화와 수요의 변화는 반대 방향이다.

커피 가격 상승 → 커피 수요량 감소 → 설탕 수요 감소

3. 소비자들의 소득(정상재와 열등재)

① 대부분의 재화는 소득의 증가에 따라 수요가 증가한다. 그러나 소득의 증가에 따라 수요가 감소하는 경우도 있다.

② 소득이 증가(감소)할 때 수요가 증가(감소)하는 재화를 정상재라고 하고, 소득이 증가(감소)할 때 수요가 감소(증가)하는 재화를 열등재라고 한다.

③ 소득이 증가하면 돼지고기를 소비하던 사람이 쇠고기를 즐겨 먹는다면 쇠고기는 '정상재'에 해당되고 돼지고기는 '열등재'에 해당된다.

④ 따라서 정상재의 경우 소득변화와 수요의 변화방향이 일치하고, 열등재의 경우 소득변화와 수요의 변화방향이 반대이다.

⑤ 정상재라도 소득이 일정 수준을 넘어서면 열등재가 되는 경우도 있다. 예를 들어 일정 소득수준에서 소득이 증가하면 쇠고기에 대한 수요가 증가한다. 그러다가 소득이 이전보다 더욱 상승하면 쇠고기 대신 킹-크랩(king-crab)을 찾을 수 있기 때문에 쇠고기는 열등재로 바뀐다. 또한 소득이 증가함에 따라 자동차를 이용하고 버스 이용을 줄인다면 버스 이용은 열등재에 해당하고 자동차 이용은 정상재에 해당한다.

4. 소비자들의 선호

① 어떤 재화에 대한 소비자들의 기호가 달라지면 그 재화에 대한 수요도 달라진다.

② 건강에 대한 관심이 증가하면 운동이나 다이어트(diet)식품에 대한 수요가 증가하거나 골프에 대한 관심이 증가하면 골프 클럽에 대한 수요가 급증하는 것이 그 예라고 할 수 있다.

③ 따라서 소비자들의 해당 재화에 대한 선호가 증가하면 해당재화의 수요가 증가한다.

5. 소비자들의 정보

① 홈쇼핑ㆍ신문ㆍ텔레비전ㆍ유튜브 등 통신매체를 통하여 많은 기업들은 자신들의 상품을 선전한다.

② 광고는 상품의 특성을 널리 선전하여 해당 상품에 대한 소비자들의 구매욕을 자극하는 모든 행위를 말한다.

③ 광고 등으로 인하여 해당 재화에 대한 정보를 소비자가 접하게 되면 해당 재화의 수요가 증가한다.

6. 시장에 있는 소비자들의 수 또는 인구

① 인구 또는 시장에 있는 소비자들의 수가 증가하면 거의 모든 재화에 대한 수요가 증가한다.

② 또한 연령별ㆍ성별 인구구성의 변화도 수요에 영향을 미친다.

③ 고령자의 비중이 증가하면 건강식품에 대한 수요나 의료서비스에 대한 수요가 증가하는 현상은 좋은 예로 볼 수 있다.

7. 미래에 대한 소비자들의 기대(expectation)

① 한 상품의 가격 변화에 대한 소비자의 기대가 해당 상품에 대한 수요를 변화시켜 수요곡선을 이동시킨다.

② 한 상품의 가격이 미래에 오를 것이라고 예상하면 값이 오르기 전에 더 많이 사두려 하기 때문에 해당재화의 수요가 증가한다.

③ 반대로 가격이 내려갈 것이라고 예상하면 값이 더 싸질 때를 기다려 현재의 구입량을 줄이기 때문에 수요는 감소한다.

④ '가수요'란 가격인상이 예상될 경우 당장 필요가 없으면서도 발생하는 수요를 말한다.

⑤ 소득의 변화에 관한 소비자의 예상도 수요곡선을 이동시킬 수 있다.

⑥ 소득이 장래에 오를 것이라고 예상되면 정상재의 수요가 증가한다.

8. 재산

① 소비자의 재산 또는 부(富)도 상품의 수요곡선을 이동시킬 수 있다.

② 부동산 가격 또는 주가가 상승하면 상품을 더 많이 수요할 수 있는 능력이 증가한다.

③ 따라서 소비자들이 부유해질수록 이전보다 상품을 더 많이 수요할 수 있고 수요곡선은 우측으로 이동한다.

9. 소득분포

① 소득분포가 불평등한 사회에서의 수요패턴은 소득분배가 평등한 사회에서의 수요패턴과 차이가 있다.

② 소득분배가 불평등하면 고소득층과 저소득층이 수요하는 재화의 종류와 양에 커다란 차이가 있을 수밖에 없다.

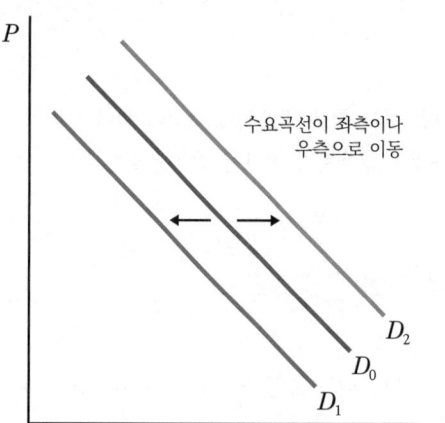

수요곡선이 좌측이나 우측으로 이동

수요 변화의 요인		수요변화	수요곡선의 이동방향
연관재의 가격 상승	대체재	증가	우측으로 이동
	보완재	감소	좌측으로 이동
소득수준의 향상	정상재	증가	우측으로 이동
	열등재	감소	좌측으로 이동
선호 증가		증가	우측으로 이동
정보 증가		증가	우측으로 이동
인구증가로 인한 시장 소비자의 수 증가		증가	우측으로 이동
미래가격 또는 소득 상승 예상		증가	우측으로 이동
재산 증가		증가	우측으로 이동

06 네트워크 효과

1 네트워크 효과(network effect)란?

① 특정상품에 대한 개인의 수요가 타인의 수요에 의해 영향을 받는 것을 네트워크 효과라 한다.
② 다른 사람들이 어떤 특정재화를 많이 소비할수록 그 재화의 사용가치가 커지는 경우를 말한다.

　　예 컴퓨터 소프트웨어

2 밴드웨건 효과(bandwagon effect) - 편승 효과, 악대차 효과, 유행 효과

1. 개념

① 주위 사람들이 모두 어떤 물건을 사기 시작해 일종의 유행이 되는데 영향을 받아 그 물건을 사게 되는 것을 말한다.
② 친구들이 새로 나온 스마트폰을 사용하는 것을 보고 자신도 해당 스마트폰을 사는 경우 등이 이에 해당된다.

　　예 친구 따라 강남간다

③ 밴드웨건 효과는 어떤 상품에 대한 수요가 네트워크 외부성에 의해 더 커지는 것을 뜻한다.
④ 수요의 증가가 추가적인 수요의 증가를 가져온다는 의미로 긍정적인 피드백(positive feedback)이 발생한다고 말한다.

2. 설명

① 가격이 P_0에서 P_1으로 하락하면 D_0의 수요곡선을 따라 a점에서 b점으로 수요량이 증가한다.
② 만약 밴드웨건 효과가 존재한다면 가격이 하락함에 따라 수요량이 커지는 과정에서 상승작용이 일어나 수요곡선이 D_1으로 우측 이동한다.
③ 수요량의 증가폭이 b에서 c로 증가하게 되고 최종적으로 수요량이 a점에서 c점으로 증가하게 된다.
④ 따라서 밴드웨건 효과가 존재할 때 수요곡선은 a점과 c점을 연결하는 완만한 수요곡선 D가 된다.

⑤ 즉, 가격 하락 시 다른 소비자의 수요량이 증가함에 따라 개인의 수요량이 증가하게 되면 개인의 수요곡선이 우측 이동하게 되고 보다 완만한 또는 탄력적인 형태를 갖게 된다.

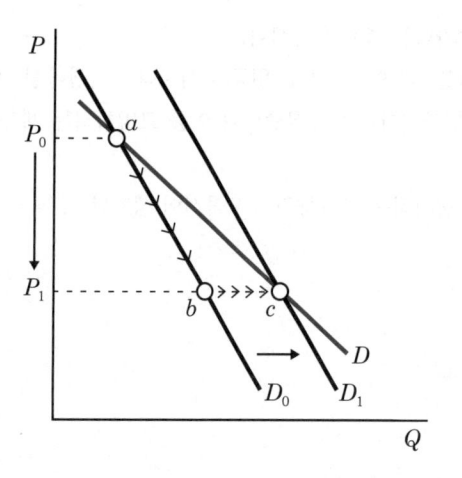

3 스납효과(snob effect) - 속물 효과, 백로 효과

1. 개념

① 어떤 상품을 소비하는 사람의 숫자가 증가함에 따라 그 상품에 대한 수요가 줄어드는 효과로 밴드웨건 효과와 반대되는 효과이다.

② 속물근성이 강한 사람일수록 타인이 감히 사지 못하는 값비싼 유명 브랜드에 집착하는 경향을 보이기 때문에 '속물 효과'라고 한다.

③ 와인의 맛의 차이도 잘 못 느끼면서 값비싼 와인만 찾는 사람을 와인 스납(wine snob)이라고 부른다.

2. 설명

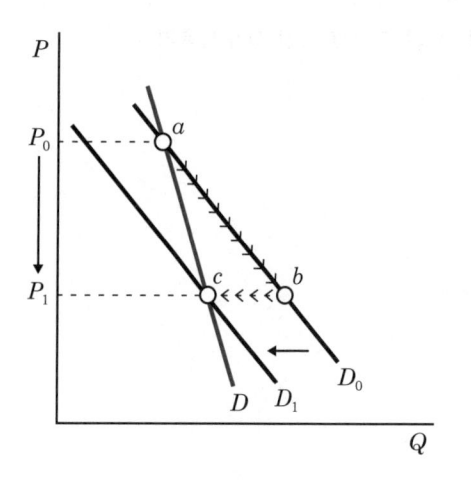

① 가격이 P_0에서 P_1으로 하락하면 D_0의 수요곡선을 따라 a점에서 b점으로 수요량이 증가한다.

② 만약 스납 효과가 존재한다면 가격이 하락함에 따라 수요량이 커지는 과정에서 회피현상이 발생해 수요곡선이 D_1으로 좌측 이동한다.

③ 수요량의 감소폭이 b에서 c로 발생하게 되고, 최종적으로 수요량이 a점에서 c점으로 증가하게 된다.

④ 따라서 스납효과가 존재할 때 수요곡선은 a점과 c점을 연결하는 가파른 수요곡선 D가 된다.

⑤ 즉, 가격 하락 시 다른 소비자의 수요량이 증가함에 따라 개인의 수요량이 감소하게 되면 개인의 수요곡선이 좌측 이동하게 되고 보다 가파른 또는 비탄력적인 형태를 갖게 된다.

4 베블렌 효과(veblen effect) - 과시 효과, 허영 효과

1. 개념

① 재화가격이 상승할 때 오히려 그 재화의 소비량이 증가하는 효과를 말한다.

② 베블렌 효과는 다른 사람에게 보여주기 위해 높은 가격을 기꺼이 지불하는 일종의 '과시적 소비행태'를 가리킨다.

③ 주로 사치품 시장에서 자신의 특별함을 소비를 통해 과시하려는 부유층이나 이를 모방하려는 계층에 의해 주도된다.

④ 과시적 소비가 존재할 때 가격이 올라갈수록 수요가 증가하는 우상향의 수요곡선이 생겨난다.

2. 설명

① 가격이 P_0에서 P_1으로 상승하면 과시 효과에 의해 수요곡선이 D_0에서 D_1으로 우측 이동한다.

② a점에서 b점으로 수요량이 증가하고 두 점을 연결한 우상향의 수요곡선 D가 도출된다.

다음을 읽고 물음에 답하시오.

> "대중들이 구매하는 제품은 거부한다. 남들이 구입하기 어려운 값비싼 상품을 보면 오히려 사고 싶어 한다. 가격이 오를수록 구매 욕구가 높아진다. 명품 과시욕도 여기에 해당한다."

위와 같은 소비 행태를 다음 중 무엇이라고 부르는가?

① 스놉효과
② 밴드왜건 효과
③ 스톡홀름 증후군
④ 스필오버 효과
⑤ 트리클 다운

---

09 확인 문제 정답 ①

- -

- **스놉 효과(snob effect)**는 밴드웨건 효과와는 반대로 여러 사람이 소비하는 물건을 기피하는 현상을 말한다. 스놉(snob)은 속물 , 사이비 신사, 아첨꾼을 의미한다. 스놉 효과는 다른 말로 '백로(白鷺) 효과'(우아한 백로처럼 남들과 다르게 보이려는 심리)라고도 하지만 비판적으로는 '속물 효과'라고도 말한다.
- **밴드왜건 효과(Bandwagon effect)**는 퍼레이드나 행렬의 선두에 서는 악대(band)를 실은 차(wagon)를 무턱대고 따라가는 현상을 말한다. 미국의 소비심리학자 하비 라이벤스타인이 제시한 이론이다.
- **스톡홀름 증후군(Stockholm Syndrome)**은 1973년 스웨덴의 수도 스톡홀름에서 테러리스트가 주도한 은행 강도의 인질로 잡혔던 여자가 인질범과 사랑에 빠져 나중에는 인질범을 옹호하고 경찰을 적대시하는 이상 심리를 보인 데서 유래한 심리학 용어이다.
- **스필오버 효과(Spillover effect)**는 어떤 요소의 생산활동이 그 요소의 생산성 외에 다른 요소의 생산성을 증가시켜 경제 전체의 생산성을 올리는 효과를 말한다.
- **트리클 다운(Trickle Down)**은 대기업의 성장을 촉진하면 중소기업과 소비자에게도 혜택이 돌아가 총체적으로 경기가 활성화된다는 경제 이론이다.

3절 공급(Supply)

01 공급과 공급량

1 개념

① 공급(supply)이란 일정 기간 동안에 주어진 가격 하에서 공급자들이 판매하고자 의도하는 재화와 서비스의 수량을 말한다.

② 공급량(supply quantity)이란 판매하고자 하는 상품의 수량을 말한다.

③ 공급은 일정 기간 동안에 측정되므로 '유량변수'이고, 실제 판매한 것이 아니라 판매하고자 원하는 수량을 나타내므로 '욕구'를 의미한다.

2 의미

① 생산자의 아이스크림에 대한 공급량이 10개라면 정확한 의미를 갖지 못한다. 하루의 공급량이 10개인지 1년의 공급량이 10개인지 기간을 명시해야만 의미가 명확히 전달될 수 있는 '유량변수'이다.

② 가격이 주어져 있을 때 공급량은 그 가격으로 생산자가 판매하고자 하는 최대수량이다. 예를 들어 X재 가격이 100원일 때 공급량이 10단위라면 생산자는 최대 10단위까지 팔고 싶어 한다는 의미를 갖고 있다.

③ 공급량은 생산자가 팔 수 있는 능력을 갖춘 상태에서 판매하고자 하는 상품수량이다. 따라서 실제로 판매한 수량과 일치한다는 보장이 없다.

02 공급함수

① 공급함수란 어떤 재화에 대한 공급과 그 재화의 공급에 영향을 주는 요인들 간의 함수관계를 말한다.

② 해당재화의 공급량에 영향을 주는 요인으로는 해당재화의 가격(P_X), 연관재화의 가격(P_Y), 생산요소 가격(w), 기술수준(H) 등이 있다.

$$\rightarrow Q_S^X = f(P_X, P_Y, w, H, C, B)$$

[Q_S^X : 해당재화의 공급량, P_X : 해당재화의 가격, P_Y : 연관재화의 가격, w : 생산요소 가격,

H : 기술수준, C : 공급자의 수, B : 미래에 대한 기대]

③ 가장 중요한 영향을 미치는 변수는 해당재화의 가격(P_X)이므로 해당재화의 가격만 변화를 허용하고 다른 변수들은 주어진 수준에서 변화하지 않는다고 가정한다.

$$\rightarrow Q_S^X = f(P_X ; P_Y, w, H, C, B)$$

④ 따라서 해당재화의 공급함수는 해당재화의 가격만의 함수로 나타낼 수 있다.

$$\rightarrow Q_S^X = f(P_X)$$

1 개별공급곡선

① 개별공급곡선은 각 생산자들이 각각의 가격에서 판매하고자 의도하는 재화와 서비스의 수량을 나타내는 곡선이다.

② 가격이 상승하면 각 생산자들이 판매하고자 하는 수량이 증가하므로 개별공급곡선은 일반적으로 우상향의 형태를 갖는다.

③ 생산량이 증가할수록 생산자가 받고자 하는 가격 또는 비용이 증가하므로 공급곡선은 우상향의 형태를 갖게된다.

2 시장공급곡선

1. 개념

① 시장공급곡선은 개별공급곡선을 수평으로 합하여 도출하며 일반적으로 개별공급곡선보다 완만한 형태를 갖는다.

② 생산자 A와 B가 있을 때 모든 가격에 대하여 생산자가 판매하고자 하는 수량을 (q_A, q_B) 수평으로 합함으로써 $(q_A + q_B)$ 각 가격수준에서의 시장공급량(Q_M^S)을 알 수 있다.

$$\rightarrow Q_M^S = q_A + q_B$$

[Q_M^S : 시장공급량, q_A : 생산자 A의 공급량, q_B : 생산자 B의 공급량]

2. 사례

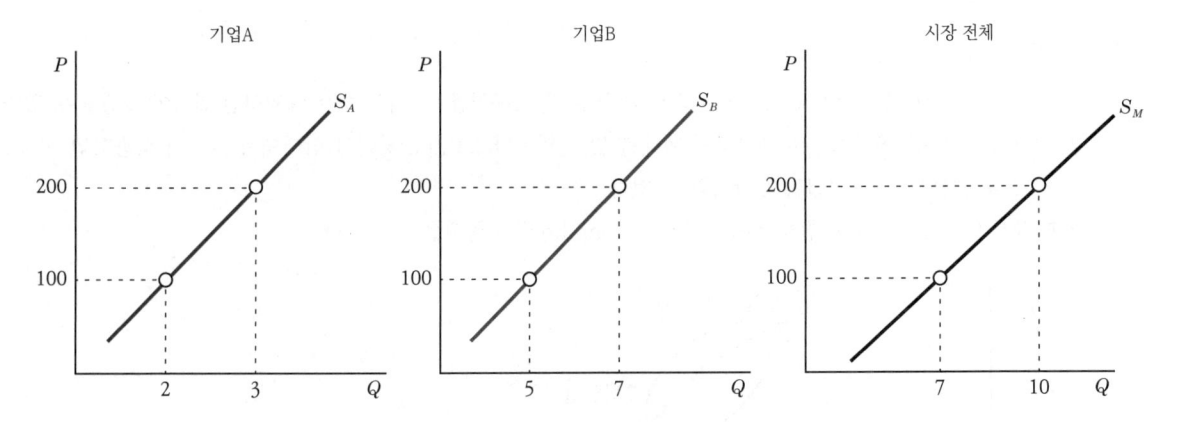

① 기업 A와 B가 존재하는 시장이 있다고 가정하자.

② 가격이 100일 때 기업 A의 공급량 2와 기업 B의 공급량 5를 합하면 시장공급량은 2+5=7이 된다.

③ 가격이 200일 때 기업 A의 공급량 3과 기업 B의 공급량 7을 합하면 시장공급량은 3+7=10이 된다.

④ 따라서 각 가격에 대하여 생산자가 판매하고자 하는 수량을 수평으로 합함으로써 각 가격수준에서의 시장공급량을 알 수 있다.

① 시장공급곡선은 개별공급곡선을 수평으로 합하여 도출하는데 이는 개별 생산자들이 각각의 가격수준에서 판매하고자 하는 재화의 수량을 합한다는 것을 의미한다.

② 만약 기업 A의 공급함수가 $P = 5 + q_A$, 기업 B의 공급함수가 $P = 5 + 3q_B$로 주어져 있다면 시장공급함수를 구하기 위해서는 수량(q)에 대해 정리한 다음 합해야 한다.

- 개인 A의 공급함수 : $q_A = P - 5$

- 개인 B의 수요함수 : $q_B = \dfrac{1}{3}P - \dfrac{5}{3}$

- 시장공급함수 : $Q = q_A + q_B = \dfrac{4}{3}P - \dfrac{20}{3}$

04 공급의 법칙(law of supply)과 예외

1 개념

① 공급의 법칙이란 가격이 상승(하락)하면 공급량이 증가(감소)하는 관계를 의미한다.

② 가격과 공급량 사이의 정(+)의 관계로 상품 가격이 올라갈 때 기업이 더 많은 양의 상품을 공급하고자 한다.

③ 일반적으로 다른 모든 조건이 일정할 때 한 상품의 가격이 상승하면 해당 상품생산의 수익성이 높아지기 때문에 기존 생산자들은 공급량을 증가시킨다.

④ 또는 기업이 생산량을 늘릴 때 추가적으로 생산되는 것에 대해서는 더 높은 생산비용을 들여야 함을 나타낸다.

2 법칙의 예외

① 임금이 상승하면 일반적으로 노동공급량이 늘어나는데 노동공급량이 감소하는 예외적인 현상이 발생할 수 있다.

② 일반적으로 노동공급곡선은 우상향의 형태를 갖고 있으나 고(high)임금인 상태에서 임금이 상승하면 여가선호가 증가하면서 노동공급량이 감소할 수 있다.

③ 따라서 노동공급곡선은 '후방굴절(backward bending)'의 형태를 갖게 된다.

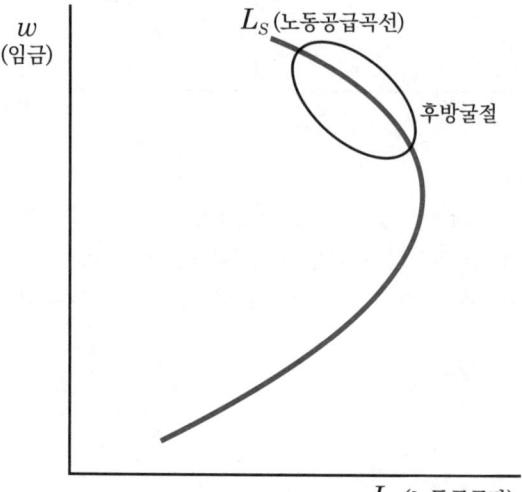

1 공급곡선 위의 운동(공급량의 변화)

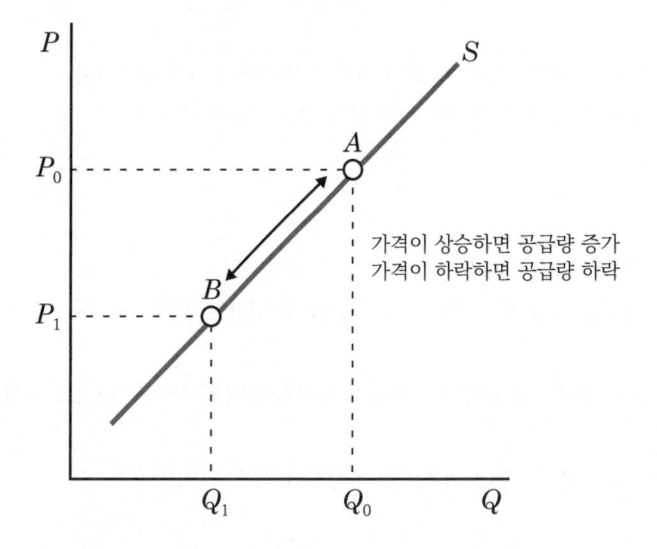

① 공급량의 변화란 해당 재화의 가격 변화에 따라 재화의 생산자 판매수량의 변화를 말한다.

② 공급량이 변화하면 공급곡선 상에서 이동한다.

③ 즉, 주어진 공급함수에서 해당 재화 가격의 상하 변동에 따른 공급량의 증감이며, 주어진 공급곡선 상에서의 움직임을 말한다.

④ 가격이 P_0에서 P_1으로 하락하면 공급량은 Q_0에서 Q_1으로 감소하고, 가격이 P_1에서 P_0으로 상승하면 공급량은 Q_1에서 Q_0으로 증가하는 것이 공급량의 변화이다.

2 공급곡선의 이동요인(공급의 변화)

1. 의미

① 공급의 변화란 공급곡선 자체가 우측이나 좌측으로 이동하는 것을 말한다.

② 재화의 가격 이외에 일정하다고 가정했던 요인이 변하면 공급곡선 자체가 이동한다.

③ 이동요인으로는 연관재화의 가격 변화, 생산요소의 가격 변화 등이 있다.

2. 기술의 변화

① 생산기술이 향상되면 단위당 생산비용이 절감된다.

② 이전과 같은 생산비로 보다 많은 상품을 생산할 수 있기 때문에 매기당 상품의 공급량은 증가한다.

③ 따라서 생산기술이 향상되면 공급곡선이 우측으로 이동한다.

3. 생산요소의 가격

① 어떤 생산요소의 가격이 상승하면 해당 생산요소를 많이 사용하는 재화의 생산비용은 크게 증가한다. 예를 들어 석유가격이 상승하면 석유화학제품의 생산비는 크게 증가한다.

② 따라서 이번보다 더 적은 상품을 공급하게 되므로 공급곡선은 좌측으로 이동한다.

③ 반면 임금 · 임대료 등 생산요소의 가격이 하락하면 생산비가 절감되어 더 많은 상품을 생산할 수 있게 되어 공급곡선이 우측 이동한다.

고범석 경제학아카데미

4. 조세와 보조금

① 기업에게 부과되는 조세의 대부분은 비용이므로 조세가 부과되면 상품의 생산비가 증가하여 공급이 감소한다.

② 정부의 기업에 대한 보조금은 기업의 비용을 낮추므로 공급을 증가시킨다.

5. 미래에 대한 기대

① 생산자들이 미래의 가격 상승을 예상하면 가격이 상승할 때 팔기 위해 현재 상품 공급은 감소한다.

② 반대로 가격이 하락할 것이라고 예상하면 가격 하락 전 팔기 위해 현재 상품 공급은 증가한다.

6. 연관재화의 가격(대체재, 보완재 및 결합생산물)

(1) 대체재

① 대체재의 경우 어느 한 상품의 가격이 상승하면 다른 상품의 공급은 감소한다.

② 농부가 가지고 있는 토지로 콩을 생산할 수도 있고 옥수수도 생산할 수 있다면 콩과 옥수수는 생산 측면에서 대체관계에 있다.

③ 옥수수의 가격만 상승하면 옥수수의 수익성이 좋아지기 때문에 농부들은 콩의 생산을 줄이고 옥수수의 생산을 늘린다.

④ 따라서 옥수수의 가격이 상승하면 콩의 공급곡선은 좌측으로 이동한다.

(2) 보완재

① 보완재의 경우 어느 한 상품의 가격이 상승하면 그 상품의 공급량 뿐 아니라 다른 상품의 공급도 동시에 증가한다.

② 자동차를 생산하기 위해 철강이 필요하므로 자동차와 철강은 보완관계에 있다.

③ 자동차의 가격이 오르면 자동차의 공급량이 증가하고 철강의 생산도 증가하게 된다.

④ 따라서 자동차의 가격이 오르면 철강의 공급곡선은 우측으로 이동한다.

7. 기업의 목표

① 기업의 목표는 주로 이윤 극대화에 있다고 가정한다.

② 그러나 이윤추구가 기업의 유일한 목표라고 볼 수는 없으며 기업의 가치관에 따라 재화의 공급은 영향을 받는다.

③ 또는 이윤 극대화보다 판매수입 극대화를 추구하는 기업은 이윤 극대화를 추구하는 기업보다 더 많은 양을 생산하여 판매한다.

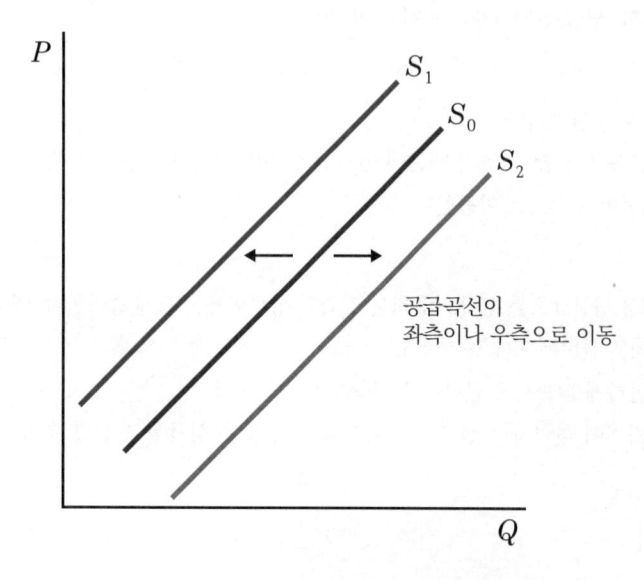

공급 변화의 요인		공급변화	공급곡선의 이동방향
연관재의 가격 상승	대체재	감소	좌측으로 이동
	보완재, 결합생산물	증가	우측으로 이동
조세 및 보조금	조세 부과	감소	좌측으로 이동
	보조금 지급	증가	우측으로 이동
기술진보		증가	우측으로 이동
생산요소 가격의 하락		증가	우측으로 이동
미래가격 상승 예상		감소	좌측으로 이동
경기회복 기대		증가	우측으로 이동
시장 내 기업 수 증가		증가	우측으로 이동
정부의 환경규제 강화		감소	좌측으로 이동
홍수, 지진 등 자연재해 발생		감소	좌측으로 이동

Q 확인 문제 10

다음은 양파 시장에 대한 신문기사이다. 이 같은 현상의 결과를 적절하게 표현한 것은?

통계청에 따르면 올해 양파 생산량은 109만 t으로 지난해보다 31.2% 감소했다. 2008년(103만 t) 이후 7년 만에 가장 적은 수준이다. 파종 이후 양파가 자라는 시기인 5~6월에 고온과 가뭄으로 생육이 부진한 탓이 컸다.

① 수요곡선이 오른쪽으로 이동한다.
② 수요곡선이 왼쪽으로 이동한다.
③ 공급곡선이 오른쪽으로 이동한다.
④ 공급곡선이 왼쪽으로 이동한다.
⑤ 수요곡선은 오른쪽으로 이동하고 공급곡선은 왼쪽으로 이동한다.

10 확인 문제 정답 ④
- -
• 신문기사에 따르면 양파 생산량은 고온과 가뭄으로 생육이 부진해 지난해보다 감소했다. 이는 공급에 영향을 미치는 사건이다. 고온과 가뭄으로 인해 양파의 공급곡선은 왼쪽으로 이동한다.

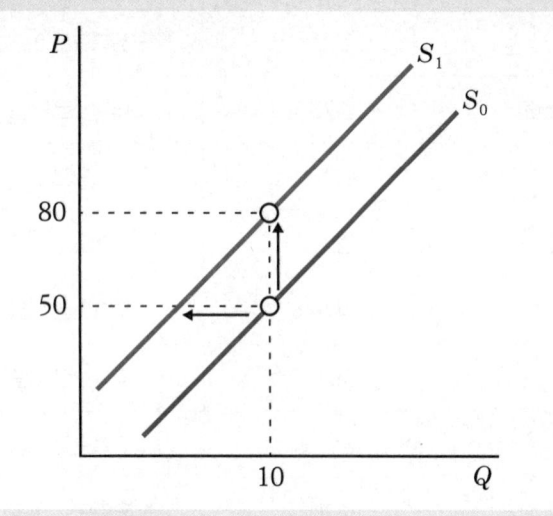

① 생산자 입장에서 비용이 증가하면 공급의 감소, 즉 공급곡선이 좌측 이동하고 비용이 감소하면 공급의 증가 즉 공급곡선이 우측 이동한다.

② 생산자 입장에서 재화를 10개 생산 시 1개당 생산단가가 50만큼 들어가면 최소한 받고자 하는 가격은 50이 될 것이다.

③ 만약 1개당 30만큼의 비용이 추가로 발생한다면 생산자는 최소한 80의 가격을 받고자 할 것이므로 공급곡선은 30만큼 상방 이동한다.

④ 상방 이동은 좌측 이동으로도 볼 수 있으므로 비용 증가는 공급곡선의 좌측 이동을 가져온다.

4절 시장균형 및 안정성과 변동

01 시장균형이란?

① 균형(equilibrium)이란 해당 상태에 도달하면 교란요인이 없는 한 다른 상태로 변화할 유인이 없는 경우를 말한다.

② 예를 들어 천장 위에 실로 추를 매달아 놓았다고 하자. 바람이 불지 않는 한 그 상태를 계속 유지할 것이다. 이런 경우를 '균형'이라고 한다.

③ 시장균형은 시장수요곡선과 시장공급곡선이 만날 때 달성되며 시장균형에서 균형가격과 균형거래량이 결정된다. 즉, 균형가격과 균형거래량은 수요와 공급의 상호작용에 의해 결정된다.

02 안정성

1 개념

① 어떤 교란요인으로 균형에서 이탈한 경우 원래의 균형으로 다시 돌아오려는 경향을 말한다.

② 교란요인이 존재하지 않는 한 좌우 그림 모두 현 상태를 그대로 유지할 수 있으므로 '균형'상태에 있다.

③ 그러나 좌측 그림의 경우 새로운 교란요인으로 균형에서 이탈한다면 다시 본래의 위치로 돌아올 수 없기 때문에 '불안정한 균형'이 된다.

④ 우측 그림은 공이 교란요인으로 인해 우측이나 좌측으로 움직이더라도 다시 본래의 위치로 돌아와 현 상태를 계속 유지할 수 있기 때문에 '안정적인 균형'이 된다.

⑤ 즉, 균형에서 이탈한 후 결국 균형상태로 되돌아오는 경우를 균형이 안정적(stable)이라 하고 일단 균형에서 이탈하면 다시는 돌아오지 않는 경우를 불안정적(unstable)이라고 한다.

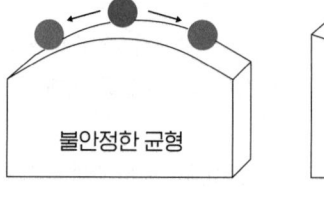
불안정한 균형

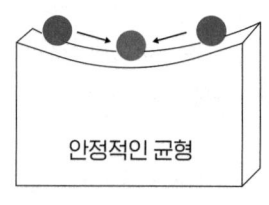
안정적인 균형

1 의의

① 균형에서 이탈했을 때 가격이나 생산량이 어떠한 변화를 보일 것인가를 결정해주는 것을 조정 과정(adjustment process)이라고 한다.

② 조정 과정의 구체적 내용에 따라 여러 가지 가설이 있을 수 있으며 왈라스(Walras)의 조정 과정과 마샬(Marshall)의 조정 과정 및 거미집이론(cobweb theory)이 있다.

2 왈라스(Walras)의 조정 과정

1. 개념

① 왈라스는 경제가 불균형 상태에 있을 때 가격이 올라가거나 내려감으로써 초과수요나 초과공급을 해소시켜 나간다고 보았다.

② 즉, 왈라스의 조정과정에서는 균형으로부터 이탈된 상태에서 가격은 급속히 불균형상태를 해소하는 방향으로 작용하는데 반하여, 수요량 및 공급량은 매우 느린 속도로 움직이는 상황을 가정하고 있다.

③ 초과수요가 존재할 경우 가격이 상승하고 초과공급이 있을 경우 가격이 하락하는 형태의 가격변화를 통해 불균형이 해소되는 조정과정을 왈라스의 조정과정이라고 한다.

④ 왈라스의 조정 과정에 의하면 균형이 안정적인가 아닌가는 수요곡선과 공급곡선의 기울기에 의존한다.

2. 설명

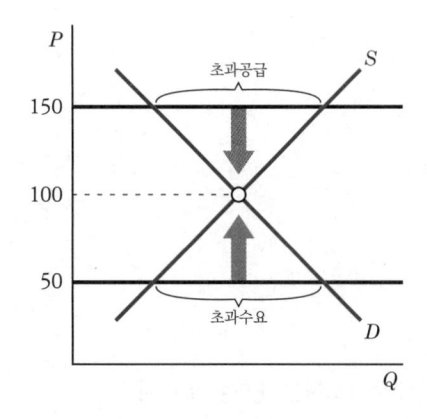

① 공급곡선과 수요곡선이 교차하는 점에서 시장의 균형이 달성되고 균형가격은 100이다.

② 현실적으로 시장에서 거래가 이루어지기 시작할 때 소비자들과 기업들은 시장의 균형가격 100을 알지 못하기 때문에 시장에서는 균형가격보다 높거나 낮은 잘못된 가격으로 거래하려는 수요자들과 공급자들이 있게 마련이다.

③ 가격 150이 실제의 시장가격이라고 하자. 이 가격 하에서는 공급량이 수요량을 능가하고 있어 초과공급이 존재하게 된다.

④ 즉, 생산자들의 공급량이 소비자들의 수요량보다 많아서 상품이 남아도는 경우 잉여분을 '초과공급량'이라고 한다.

⑤ 시장은 판매자 측보다는 구매자 측이 우위에 있는 소위 구매자시장(buyer's market)으로 되고 구매자들은 그들의 유리한 입장을 이용하여 가격 인하를 요구하며 판매자들은 판매 부진을 우려하여 가격 인하 요구에 응하게 된다.

⑥ 이와 같이 초과공급이 발생하면 해당 재화의 가격은 150에서 100의 방향으로 접근해가며 불균형이 해소된다.

⑦ 시장가격이 50에서 형성되었다고 하면 소비자들의 수요량이 생산자들의 공급량보다 많아서 상품의 부족 현상이 발생하며 부족분을 '초과수요량'이라고 한다.

⑧ 구매자 측보다는 판매자 측이 유리한 입장에 있는 소위 판매자시장(seller's market)이 된다.

⑨ 판매자 측은 그들의 유리한 입장을 이용하여 가격의 인상을 요구하게 되고 구입 기회의 상실을 우려하는 구매자 측은 가격 인상 요구에 응하게 되어 결국 시장가격은 시간의 경과와 함께 50으로부터 균형가격 100의 방향으로 변동하게 될 것이다.

⑩ 즉, 초과수요가 발생하면 해당 재화의 가격은 상승하며 불균형이 해소된다.

⑪ 가격의 신축적인 변화는 불균형 해소의 중요한 역할을 담당한다.

3 마샬(Marshall)의 조정 과정

1. 개념

① 거래량이 있을 때 소비자가 지불할 의사가 있는 최대 가격이 공급자가 받기를 원하는 최소 가격보다 높으면 거래량이 증가하고, 반대로 공급자가 받기를 원하는 최소 가격이 소비자가 지불할 의사가 있는 최대 가격보다 높으면 거래량이 감소하는 경우를 마샬의 조정 과정이라고 한다.

② 마샬의 조정 과정은 수량의 변화를 통해 불균형이 해소되는 과정이다.

③ 마샬의 조정 과정에 의하면 균형이 안정적인가 아닌가는 수요곡선과 공급곡선의 기울기에 의존한다

2. 설명

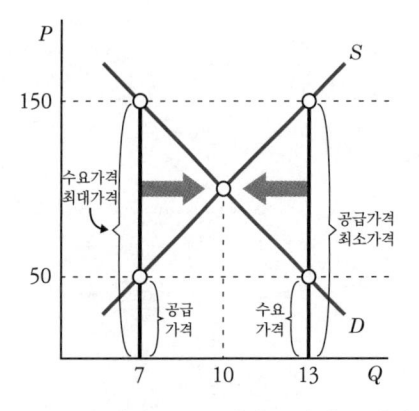

① 공급곡선과 수요곡선이 교차하는 점에서 균형 공급량은 10이다.

② 균형공급량 10보다 적은 공급량 7이 공급되었다고 하자.

③ 7에서의 수요곡선 높이 150은 수요자들이 7에 대하여 평가하는 가격, 즉 수요가격(demand price)이며 7에서의 공급곡선 높이 50은 공급자들이 해당 재화를 7만큼 공급하게 되는 공급가격(supply price)이다.

④ 수요가격이 주어진 양의 재화 소비를 위하여 소비자들이 지불할 의사가 있는 최대 가격인데 비하여 공급가격은 기업들이 주어진 양의 재화 공급을 위하여 받고자 하는 최소한의 가격이다.

⑤ 공급량이 7일 때 수요가격이 공급가격보다 높다. 이는 공급량 7에서 소비자들이 지불할 용의가 있는 금액이 공급자들이 받아야만 하는 금액보다 높음을 뜻한다.

⑥ 따라서 공급자들은 공급량을 증대시키는 것이 유리하므로 공급량을 증대시키게 되고, 시간의 경과와 함께 공급량은 균형거래량 10에 접근하게 된다.

⑦ 균형공급량 10보다 많은 공급량 13이 공급되고 있다고 하자. 이 경우는 13에서 공급곡선의 높이가 수요곡선의 높이보다 높기 때문에 공급자들은 공급량을 줄이는 것이 유리하게 되어 해당 재화의 공급량은 감소되며 공급량은 시간의 경과와 함께 균형거래량 10에 접근하게 된다.

⑧ 수량의 신축적인 변화는 불균형 해소의 중요한 역할을 담당한다.

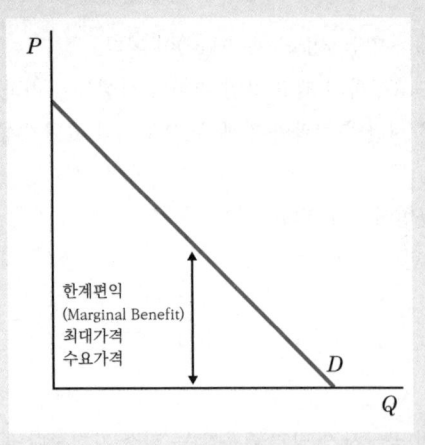

① 수요곡선은 한계편익(MB)을 의미하며 수요곡선의 높이는 수요가격, 또는 소비자의 최대지불가격(willingness to pay)을 나타낸다.

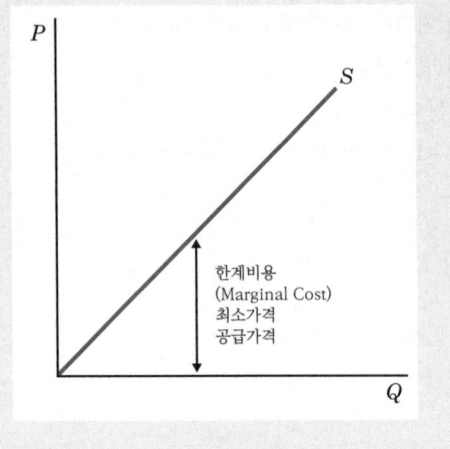

② 공급곡선은 한계비용(MC)를 의미하며 공급곡선의 높이는 공급가격, 또는 생산자의 최소수취가격(willingness to sell)을 나타낸다.

4 거미집 이론(cobweb theory) 또는 거미집 조정 과정

1. 의의

① 왈라스적 조정 과정에서는 불균형 상태를 해소하려는 방향으로 가격이 빠르게 조정해 가는 반면, 마샬적 조정 과정에서는 생산량이 빠르게 조정해간다는 차이가 있다.

② 거미집 이론(cobweb theory)은 시차를 도입한 동태적인 이론으로 에치켈(M. J. Eziekel)에 의하여 분석이 이루어졌는데 다음과 같은 특징이 있다.

③ 농산물의 경우 가격 변화에 대해 수요는 즉각 반응하는데 비해, 공급은 1기의 시차를 두고 반응한다.

$$D_t = a - bP_t$$

〔D_t : 수요량, P_t : t기의 재화 가격〕

→ 가격 변화에 대한 수요의 반응이 완벽하다는 것은 D_t가 P_t에 의해 결정

$$S_t = c + dP_{t-1}$$

〔S_t : 공급량, P_{t-1} : $t-1$기의 재화 가격〕

→ 가격 변화에 대한 공급의 반응이 불완전하다는 것은 t기의 공급량이 전기인 $t-1$기의 가격에 의해 결정

③ 이처럼 공급량의 반응이 한 기간 뒤처져 나타날 수밖에 없는 상황에서는 주어진 여건에 따라 가격의 시간 경로가 제각기 다른 모습을 보인다. 이때 거래가 조정되는 과정이 마치 거미집 같다고 하여 거미집 이론이라 불린다.

④ 생산에 6개월이라든가 1년 또는 2~3년 등 비교적 긴 기간을 필요로 하는 농산물 및 축산물 등의 경우 가격이 주기적으로(비교적 큰 폭으로) 상하 변동하는 현상을 볼 수 있다.

⑤ 정태적 기대를 가정한다. 즉, 현재 농산물가격(P_t)이 내년에도 그대로 유지될 것이라 생산자가 예측한다. 식으로 나타내면 다음과 같다.

$$P_t = P^e_{t+1}$$
$$\rightarrow P_{t-1} = P^e_t$$

2. 사례

① 어느 시점 t에서 돼지고기 가격이 급등하면 돼지를 사육하려는 농가의 수와 농가당 돼지의 사육수가 증가하나 번식과 성육 간의 소요시간 때문에 시장에 대한 공급이 증가하는 것은 시점 t에서 약 1년 6개월 후가된다.

② 또한 1년 6개월 후에 공급이 증가한 결과 시장가격은 하락하고 농가의 돼지를 사육하려는 의욕이 감퇴하므로 사육수가 감소되어 시점 t에서 약 3년 후에는 새로운 가격 급등 현상이 나타나게 된다.

3. 안정적 균형

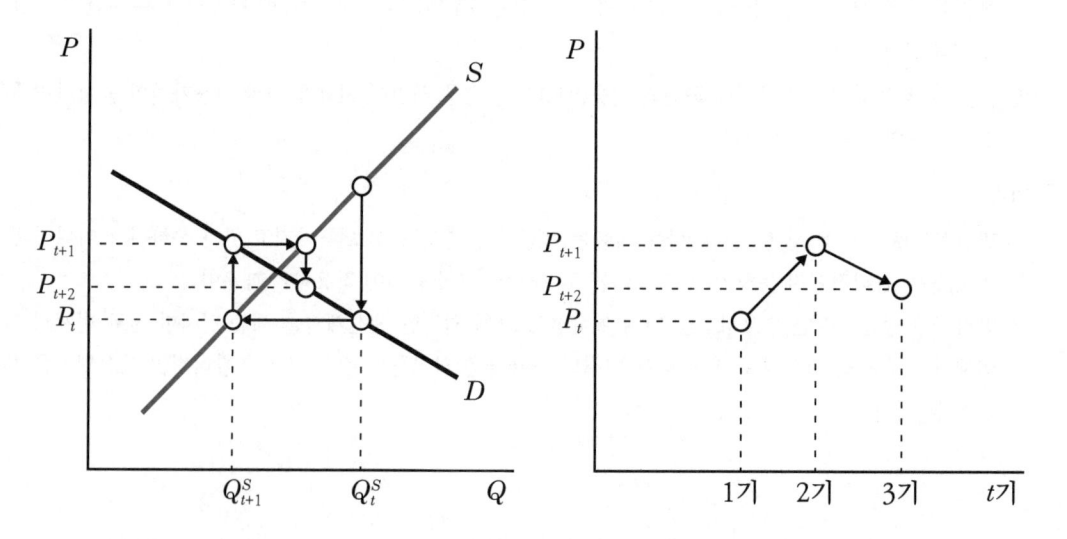

① 수요곡선은 우하향하며 공급곡선은 우상향하는 정상적인 경우라고 가정하자.

② 공급곡선의 기울기가 수요곡선의 기울기보다 큰 경우 1기의 공급량이 Q^s_t라고 하면, 이때의 가격은 수요곡선 상 P_t가 된다.

③ 이어서 2기에는 Q^s_{t+1}만큼의 수량이 공급되고 이때의 가격은 P_{t+1}이 된다.

④ 가격과 거래량이 변동되어 궁극적으로는 균형점에 수렴하게 된다.

⑤ 결국 시장의 조정과정은 안정적이다.

4. 불안정적 균형

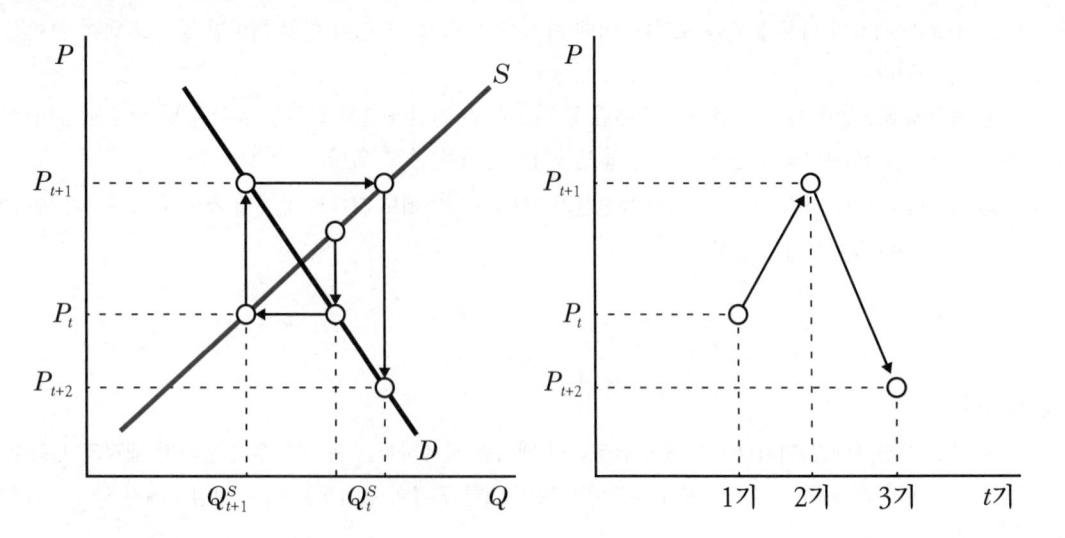

① 수요곡선의 기울기가 공급곡선의 기울기보다 큰 경우 1기의 가격이 P_t라고 하면 1기의 공급량은 공급곡선 상 Q^s_{t+1}이 된다.

③ 이때의 가격은 수요곡선상 P_{t+1}이 된다.

④ 최초의 가격 P_t가 조금이라도 균형가격에서 벗어난 경우에는 가격과 거래량 변동의 폭은 시간의 경과와 함께 증폭되어 간다.

⑤ 즉, 수요곡선의 기울기가 공급곡선의 기울기보다 큰 경우 시간이 지남에 따라 시장가격이 균형가격에서 멀어지는 불안정성이 존재한다.

5. 의의

① 현실적으로 거미집 모형이 나타나는 이유는 생산자가 충분한 정보를 가지고 있지 못하거나 아니면 공급자의 행동이 합리적이지 못하거나 또는 이들 두 가지 요인이 동시에 작용하기 때문이다.

② 합리적인 공급자라면 수요상황을 미리 예상하고 그에 입각한 생산계획을 세울 것이며 결코 현재의 가격이 언제까지 유지될 것이라는 판단 하에 미래의 공급량을 결정하는 것과 같은 비합리적인 생산계획을 세우지는 않을 것이다.

1 자유재의 경우

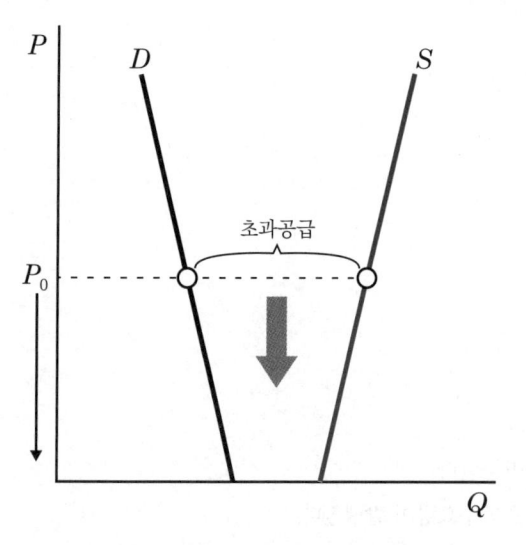

① 어떤 가격 하에서도 초과공급이 발생하므로 균형이 존재하지 않는다.

② 자유재의 경우 모든 가격에서 공급량이 수요량보다 크기 때문에 가격은 0이다.

2 신약개발이나 우주여행의 경우

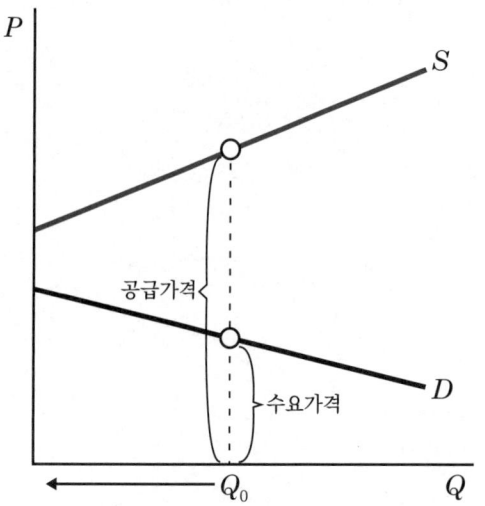

① 어떤 공급량에서도 생산자의 공급가격이 소비자의 수요가격보다 크기 때문에 균형은 존재하지 않는다.

② 이런 재화의 경우 거래량은 0이 된다.

1 수요의 변화

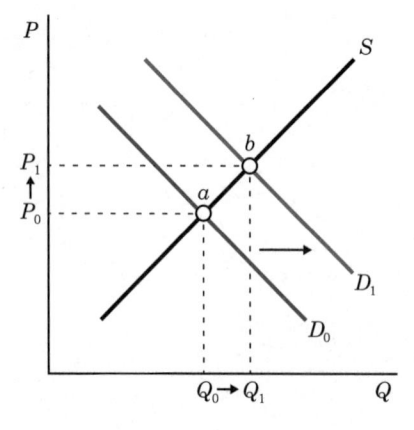

① 수요가 증가하면 수요곡선이 D_0에서 D_1으로 우측 이동한다.

② 최초의 균형가격 P_0에서 수요곡선의 우측이동으로 초과수요량이 발생한다.

③ 가격이 상승함에 따라 공급량은 증가하고 수요량은 감소하여 초과수요가 해소된다.

④ 따라서 새로운 균형은 b점에서 달성되며, 균형가격은 P_0에서 P_1으로 상승하고, 균형거래량은 Q_0에서 Q_1으로 증가한다.

⑤ 반대로 수요가 감소하면 균형가격은 하락하고 균형거래량은 감소한다.

⑥ 일반적으로 공급의 변화 없이 수요만 변화하면 균형가격과 균형거래량이 같은 방향으로 변화한다.

2 공급의 변화

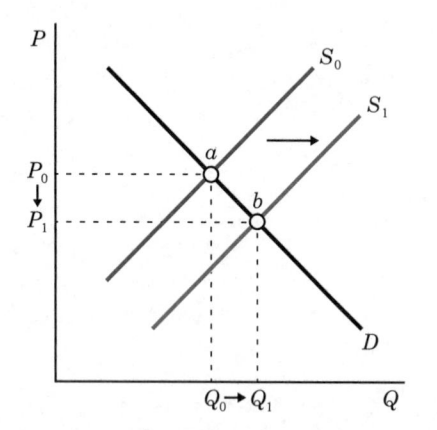

① 공급이 증가하면 공급곡선이 S_0에서 S_1으로 우측 이동한다.

② 최초의 균형가격 P_0에서 공급곡선의 우측이동으로 초과공급량이 발생한다.

③ 가격이 하락함에 따라 공급량은 감소하고 수요량은 증가하여 초과공급이 해소된다.

④ 따라서 새로운 균형은 b점에서 달성되며, 균형가격은 P_0에서 P_1으로 하락하고, 균형거래량은 Q_0에서 Q_1으로 증가한다.

⑤ 반대로 공급이 감소하면 균형가격은 상승하고 균형거래량은 감소한다.

⑥ 일반적으로 수요의 변화 없이 공급만 변화하면 균형가격과 균형거래량은 반대방향으로 변화한다.

3 수요와 공급의 변화

1. 수요 증가, 공급 증가

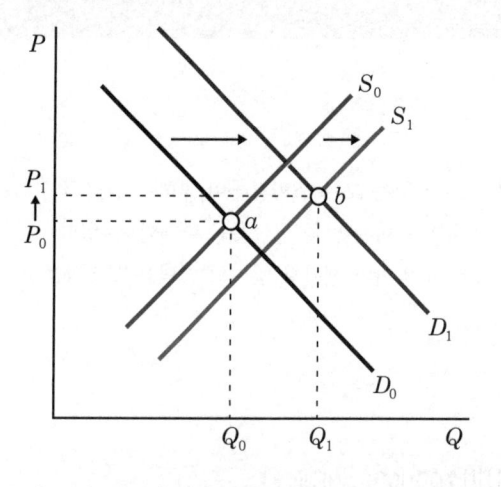

① 수요와 공급이 증가하면 수요곡선과 공급곡선이 우측으로 이동한다.
② 수요곡선의 이동 폭이 공급곡선의 이동 폭보다 크면 균형가격은 P_0 에서 P_1 으로 상승한다.
③ 균형거래량은 Q_0 에서 Q_1 으로 증가한다.

2. 수요 증가, 공급 증가

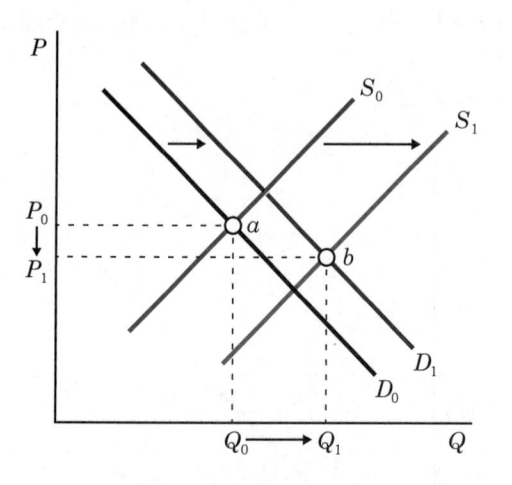

① 수요와 공급이 증가하면 수요곡선과 공급곡선이 우측으로 이동한다.
② 공급곡선의 이동 폭이 수요곡선의 이동 폭보다 크면 균형가격은 P_0 에서 P_1 으로 하락한다.
③ 균형거래량은 Q_0 에서 Q_1 으로 증가한다.

3. 결론

수요와 공급이 증가하여 수요곡선과 공급곡선이 우측으로 이동하면 균형거래량은 증가하나, 균형가격은 수요곡선과 공급곡선의 이동 폭에 따라 상승할 수도 있고 하락할 수도 있다.

	공급 증가	공급 감소
수요 증가	균형거래량 증가 균형가격 불분명	균형거래량 불분명 균형가격 상승
수요 감소	균형거래량 불분명 균형가격 하락	균형거래량 감소 균형가격 불분명

5절 잉여(surplus)

01 의의

① 경쟁시장에서 균형이 달성되면 시장가격을 지불할 용의가 있는 모든 소비자들이 원하는 만큼의 상품을 구입할 수 있고, 시장가격을 받아들일 용의가 있는 모든 기업들이 원하는 만큼의 상품을 판매할 수 있다.

② 수요곡선 및 공급곡선과 밀접한 관계를 갖고 있는 소비자 잉여와 생산자 잉여의 개념을 확인해보고 경제적 효율성을 살펴본다.

02 소비자 잉여(Consumer Surplus)와 생산자 잉여(Producer Surplus)

1 개념

① 소비자 잉여란 소비자가 재화 구입 시 최대한 지불할 용의가 있는 금액($A+B$)에서 실제 지불액(B)을 차감한 것을 말한다.

② 생산자 잉여란 생산자가 재화 판매 시 판매수입($C+D$)에서 최소한 받고자 하는 금액(D)을 차감한 것을 말한다.

2 소비자의 '최대지불용의 금액'과 생산자의 '최소수취용의 금액'

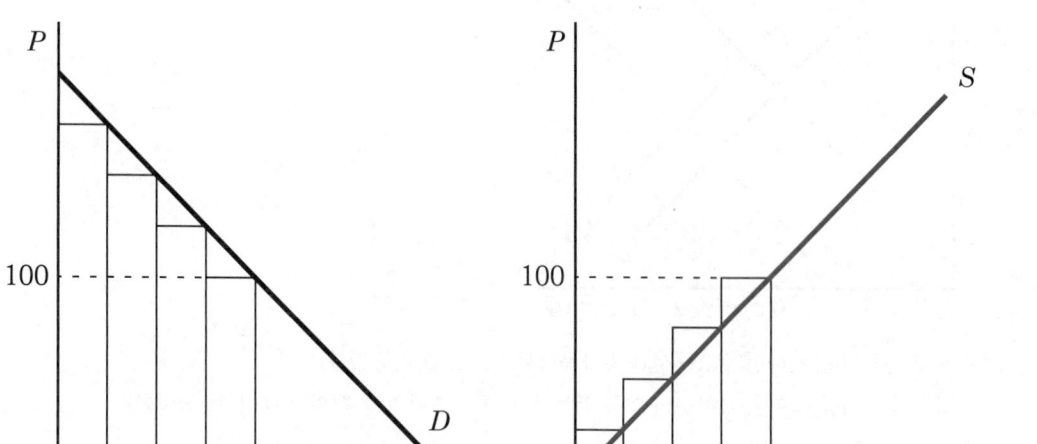

① 소비자가 재화나 서비스를 한 단위 더 소비할 때 얻는 추가적인 편익을 한계편익(marginal benefit)이라고 하고 수요곡선은 재화에 대한 한계편익곡선이다.

② 수요곡선의 높이는 한계편익을 나타내므로 소비자가 해당 재화를 4개 소비할 때 수요곡선의 하방면적이 '최대지불용의 금액'이 된다.

③ 생산자가 상품을 한 단위 더 생산하는데 드는 추가적인 생산비가 한계비용(marginal cost)이라고 하고 공급곡선은 상품에 대한 한계비용곡선이다.

④ 공급곡선의 높이는 한계비용을 나타내므로 생산자가 해당 재화를 4개 판매할 때 공급곡선의 하방면적이 '최소 수취용의 금액'이 된다.

3 설명

① 소비자가 4개를 구입하고자 할 때 최대한 지불하고자 하는 금액은 직사각형 면적의 합$(A+B)$이고 생산자가 4개를 판매하고자 할 때 최소한 수취하고자 하는 금액은 삼각형 면적의 합(D)이다.

② 소비자의 총지출액과 생산자의 판매수입 400원(100원 × 4)을 차감한 나머지 면적이 소비자 잉여와 생산자 잉여가 된다.

③ 소비자의 경우 4개를 구입하고자 할 때 최대한 지불하고자 하는 금액은 $(A+B)$이고 실제 지불한 금액은 400원인 B이다. 따라서 소비자 잉여는 $(A+B)-B=A$가 된다.

④ 생산자의 경우 4개를 판매하고자 할 때 판매수입은 400원인 $(C+D)$이고 최소한 받고자 하는 금액은 D이다. 따라서 생산자 잉여는 $(C+D)-D=C$이다.

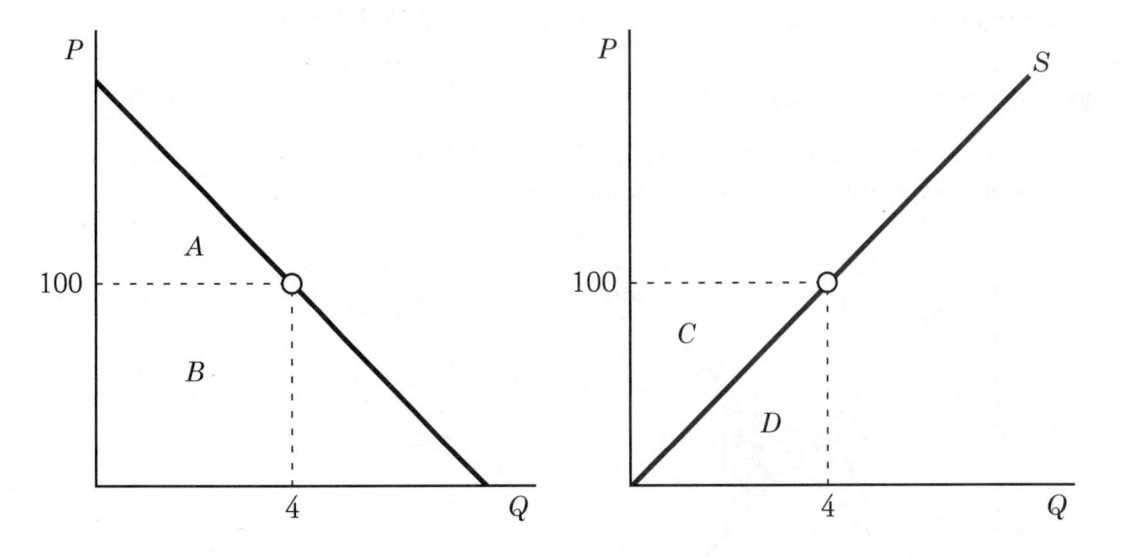

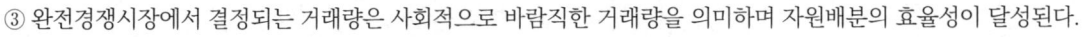

03 사회적 잉여(Social Surplus, Total Surplus)

1 개념

① 사회적 잉여란 소비자 잉여와 생산자 잉여를 합한 것으로 교환에서 발생하는 잉여를 말한다.

② 공급곡선과 수요곡선이 만나는 완전경쟁시장에서 소비자 잉여와 생산자 잉여의 합인 사회적 잉여가 극대화 된다.

③ 완전경쟁시장에서 결정되는 거래량은 사회적으로 바람직한 거래량을 의미하며 자원배분의 효율성이 달성된다.

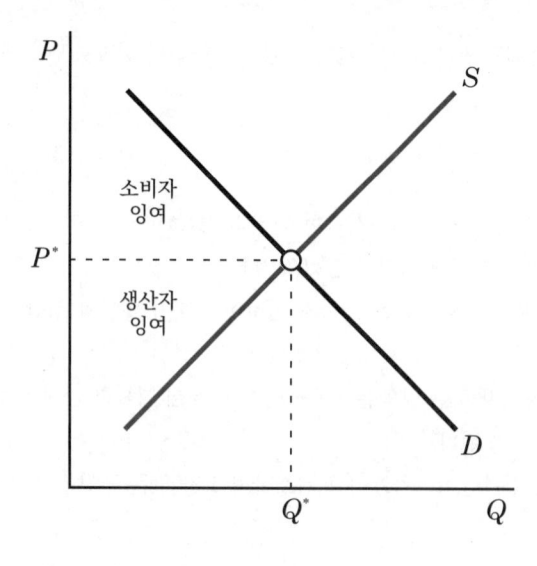

① 수요곡선은 소비자의 한계편익을 나타내고 공급곡선은 생산자의 한계비용을 나타낸다.

② 이 시장에서 효율성을 달성하기 위해서는 마지막으로 판매된 상품의 한계편익이 그 상품의 한계비용과 일치해야 한다.

③ 경쟁시장의 균형에서 일정 기간 동안 Q^* 만큼 거래될 때 한계편익과 한계비용이 각각 P^* 로 동일하다.

④ Q^* 보다 적게 거래되거나 많이 거래되면 한계편익과 한계비용이 다르기 때문에 경제적으로 비효율적이다.

⑤ 또한 경쟁시장 균형에서 재화나 서비스의 생산으로부터 얻을 수 있는 소비자잉여와 생산자잉여의 합이 극대화되고 있다.

■3 사회적 후생손실(deadweight loss)

① 거래량이 사회적으로 바람직한 거래량을 벗어나는 경우 사회적 잉여가 감소한다.

② 사회적 잉여의 감소분을 사회적 후생손실 또는 사중손실, 자중손실이라고 한다.

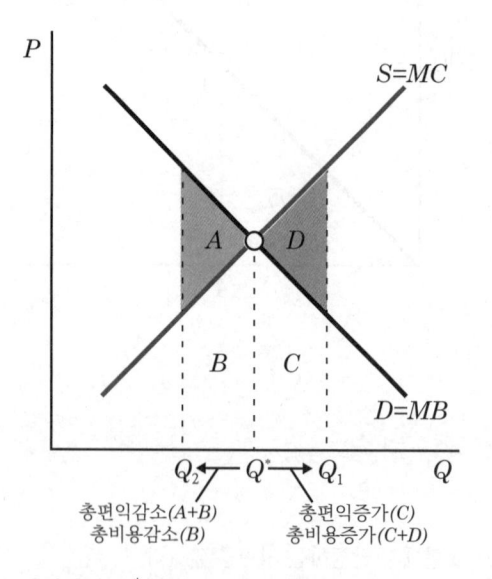

③ 거래량이 Q^* 에서 Q_2 로 감소하면 총편익은 $(A+B)$ 만큼 감소하고 총비용은 B 만큼 감소한다. 총편익의 감소분이 총비용의 감소분보다 A 만큼 더 크기 때문에 사회적 후생손실은 A 가 된다.

④ 거래량이 Q^* 에서 Q_1 으로 증가하면 총비용은 $(C+D)$ 만큼 증가하고 총편익은 C 만큼 증가한다. 총비용의 증가분이 총편익의 증가분보다 D 만큼 더 크기 때문에 사회적 후생손실은 D 가 된다.

01 연관 재화의 가격이 상승할 때 해당 재화의 수요가 증가한다면 두 재화의 관계는?

① 대체재
② 보완재
③ 기펜재
④ 독립재

풀이 날짜		
채점 결과		

02 A재화의 가격이 상승할 때 B재화의 수요가 감소하는 경우, 두 재화의 관계는?

① 대체재
② 보완재
③ 독립재
④ 경제재

풀이 날짜		
채점 결과		

03 어떤 재화가 기펜재가 되기 위한 필요조건은?

① 독립재이어야 한다.
② 열등재이어야 한다.
③ 보완재이어야 한다.
④ 정상재이어야 한다.

풀이 날짜		
채점 결과		

04 소득이 증가할 때 수요가 증가하는 재화를 무엇이라 하는가?

① 열등재
② 정상재
③ 보완재
④ 대체재

풀이 날짜		
채점 결과		

05 교육, 주택, 건강식품 등과 같이 소득수준에 관계없이 모든 사람들이 필요로 하는 것으로 간주하는 재화는?

① 자유재
② 경제재
③ 대체재
④ 가치재(Merit Goods)

풀이 날짜		
채점 결과		

06 가격이 상승하면서 수요도 같이 늘어나는 효과는?

① 베블렌 효과
② 전시 효과
③ 스납 효과
④ 의존 효과

풀이 날짜		
채점 결과		

01 • 대체재인 경우 연관재화의 가격 변화와 해당 재화의 수요 변화의 방향이 같다. 즉, 연관 재화의 가격이 상승하면 해당 재화의 수요가 증가하고 연관 재화의 가격이 하락하면 해당 재화의 수요는 감소한다.

①

02 • 보완재인 경우 연관 재화의 가격 변화와 해당 재화의 수요 변화의 방향이 반대다. 즉, 연관 재화의 가격이 상승하면 해당 재화의 수요는 감소하고 연관 재화의 가격이 하락하면 해당 재화의 수요는 증가한다.

②

03 • 일반적으로 재화는 수요의 법칙에 따라 가격이 하락하면 수요량이 늘어난다. 그러나 예외적으로 재화의 가격이 하락할 때 수요량이 감소하는 현상을 관찰할 수 있다. 이렇게 가격이 하락할 경우 수요의 법칙에 위배되는 재화를 '기펜재'라 한다.
• 기펜재가 되기 위해서는 우선 열등재이어야 하고 소득효과가 대체효과보다 커야한다.

②

04 • 정상재란 소득이 증가함에 따라 수요가 증가하는 재화이다. 열등재와 반대되는 개념이다.

②

05 • 가치재란 소득 수준에 관계없이 모든 사람에게 필요한 것으로 간주하는 재화 또는 서비스를 말한다.
• 정부는 이러한 재화가 국민 경제활동에 있어 이로운 외부성을 갖고 있는 가치재(merit goods)라 판단할 경우, 그 생산과 소비를 촉진하는 정부지출을 하게 된다.
• 공공재와 가치재를 구분해야 한다. 공공재는 비경합성과 비배제성의 특징을 갖고 있는 재화로 국방, 치안서비스 등이 이에 속한다.

④

06 ① 베블렌 효과(Veblen effect)는 재화가격이 상승할 때 오히려 그 재화의 소비량이 증가하는 효과를 말한다.
② 전시효과(Demonstration effect)는 후진국이나 저소득자가 선진국 또는 고소득자의 소비양식을 모방하는 것을 말한다.
③ 스놉효과(Snob effect)는 어떤 상품을 소비하는 사람의 숫자가 증가함에 따라 그 상품에 대한 수요가 줄어드는 효과로 밴드웨건 효과와 반대되는 효과이다.
④ 의존효과는 소비자의 수요가 생산자의 광고 등에 영향을 받는 것을 말한다.

①

07 다음 중 수요곡선이 이동하지 않는 것은? (새마을금고)

① 인구의 증가

② 소득 증가

③ 소비자 기호

④ 가격의 변화

풀이 날짜			
채점 결과			

08 다음 중 어떤 재화에 대한 수요의 변화를 초래하는 요인이 아닌 것은?
(2019년 신한은행)

① 해당재화의 가격 변화

② 대체재의 가격 변화

③ 소비자의 기호변화

④ 인구 및 소득분포의 변화

풀이 날짜			
채점 결과			

09 수요곡선상의 점 A에서 점 B로의 이동을 설명한 것은?

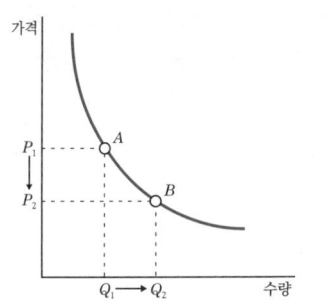

① 가격의 하락에 따른 수요량의 증가

② 수요량의 증가에 따른 가격의 하락

③ 소득의 증가에 따른 수요량의 증가

④ 생산기술의 발달에 따른 가격의 하락

풀이 날짜			
채점 결과			

10 어떤 주부가 효용이 10, 8, 6, 4, 2인 다섯 개의 사과를 10,000원에 구입하였다. 이때 효용 1이 1,000원에 해당된다면 소비자잉여는 얼마가 되는가?

① 10,000

② 20,000

③ 30,000

④ 40,000

풀이 날짜			
채점 결과			

11 소비자잉여에 대한 설명 중 옳지 않은 것은? (2019년 NH 농협은행)

① 소비자잉여를 극대화하는 자원배분을 효율적이라고 한다.

② 소비자잉여는 소비자가 시장에 참여하여 얻는 이득을 나타낸다.

③ 수요와 공급의 균형 상태에서 소비자잉여와 생산자잉여의 합이 극대화된다.

④ 소비자잉여란 구입자의 지불용의에서 구입자가 실제로 지불한 금액을 뺀 나머지 금액을 말한다.

풀이 날짜			
채점 결과			

07
- 가격이 변화하면 수요곡선 선상에서 이동하므로 수요곡선이 이동하지 않는다.
- 정상재인 경우 소득이 증가하면 수요곡선이 우측으로 이동하고 열등재인 경우 수요곡선이 좌측으로 이동한다.

④

08
- 해당재화의 가격 변화는 수요량의 변화를 초래한다.
- 대체재의 가격이 변화하거나 소비자의 기호가 변화하면 수요곡선이 움직이므로 수요의 변화가 발생한다.
- 인구 및 소득분포가 변화해도 수요곡선이 이동한다.

①

09
- 가격이 P_1에서 P_2로 하락하면 수요량이 Q_1에서 Q_2로 증가한다.
- 수요곡선 상의 점 A에서 B로 이동한다. 따라서 가격의 하락에 따른 수요량의 증가가 발생한다.
- 수요곡선 위의 운동은 해당 재화의 가격 변화가 그 원인이고 수요곡선의 이동은 일단 불변인 것으로 가정되었던 다른 변수들의 값이 변함으로 시장수요곡선 자체가 이동하는 것을 말한다.

①

10
- 소비자잉여란 소비자가 기꺼이 지불할 용의가 있는 금액에서 실제 지출한 금액을 차감한 금액을 말한다.
- 소비자가 기꺼이 지불할 용의가 있는 금액은 소비자의 주관적 만족도인 '효용'으로 평가할 수 있다.
- 다섯 개의 사과를 소비할 때 효용의 합은 10+8+6+4+2=30이고, 효용 1이 1,000원에 해당된다면 30×1,000 = 30,000원으로 나타낼 수 있다.
- 실제 지불 금액은 10,000원이므로 소비자 잉여는 30,000원-10,000원=20,000원이 된다.

②

11
- 시장균형에서 소비자잉여와 생산자잉여의 합이 극대화된다. 사회적잉여를 극대화하는 자원배분을 효율적이라고 한다.

①

01 수요의 개념을 이해하는데 있어서 옳지 않은 것은?

① 수요의 법칙은 가격과 수요량이 서로 반대방향으로 변하는 것을 의미한다.
② 수요는 유량(flow)의 개념이다.
③ 수요량은 주어진 가격 하에서 구매력을 갖고 구입하고자 하는 수량을 의미한다.
④ 각각의 수요량 수준에서 소비자가 지불할 용의가 있는 최대한의 가격은 수요곡선을 통해서 알 수 있다.
⑤ 수요함수에서 소득은 종속변수이다.

풀이 날짜		
채점 결과		

02 다음의 개별수요의 결정변수에 관한 설명 중 옳지 않은 것은?

① 일반적으로 소비자의 소득이 증대되면 수요가 증가한다.
② 대체관계에 있는 두 상품 X 재와 Y 재의 경우, X 재의 가격이 상승하면 Y 재의 수요가 증가한다.
③ 어떤 상품에 대한 소비자들의 선호를 증가시키는 방향으로 기호가 변하면 그 상품에 대한 수요가 증가한다.
④ 일반적으로 어떤 한 상품의 가격이 가까운 장래에 오를 것이라고 예상하면 그 상품에 대한 수요는 증가한다.
⑤ 상품의 가격이 상승하면 그 상품에 대한 수요는 항상 감소한다.

풀이 날짜		
채점 결과		

03 수요량의 변화는 수요곡선상의 이동과 수요곡선 자체의 이동에 따른 변화로 구분된다. 다음 중 수요곡선 자체의 이동에 따른 수요량의 변화가 아닌 것은?

① 미니스커트 유행으로 미니스커트에 대한 수요 증가
② 소득수준 증가에 따른 고급 자동차에 대한 수요 증가
③ 조류독감 확산에 따른 닭고기에 대한 수요 감소
④ 지하철 요금 인상에 따른 택시 서비스에 대한 수요 증가
⑤ 채소 가격 상승에 따른 채소에 대한 수요 감소

풀이 날짜		
채점 결과		

04 지하철 요금이 인상되자 마을버스의 수요는 감소하고 택시의 수요는 증가하였다. 또한 소득이 증가하면서 마을버스의 수요는 감소하고 택시의 수요는 증가하였다. 이에 근거할 때 다음 중 사실이 아닌 것은?
(단, 다른 모든 조건은 동일하다고 가정한다.)

① 지하철과 택시는 대체재이다.
② 지하철과 마을버스는 보완재이다.
③ 택시와 마을버스는 보완재이다.
④ 마을버스는 열등재이다.
⑤ 택시는 정상재이다.

풀이 날짜		
채점 결과		

01 • 수요함수에서 종속변수는 수요량이고 소득, 연관 재화의 가격 등은 일정하다고 가정하기 때문에 외생변수이다.   ⑤

02 ① 정상재인 경우 소비자의 소득이 증가하면 수요가 증가한다.   ⑤
① 대체재 관계인 경우 연관재인 재의 가격이 상승하면 해당재인 재의 수요가 증가한다. 즉, 맥주와 소주가 대체재 관계라면 맥주의 가격이 상승하면 소주의 수요가 증가한다.
③ 선호가 증가하면 해당 재화에 대한 수요가 증가한다.
④ 미래에 가격이 오를 것이라고 예상하면 해당재화의 수요가 증가한다.
⑤ 상품의 가격이 상승하면 그 상품에 대한 수요량이 감소한다. 즉, 우하향의 수요곡선 선상에서 좌상방으로 이동한다.

03 ① 미니스커트 유행은 미니스커트에 대한 수요를 증가시키므로 미니스커트 수요곡선이 우측 이동한다.   ⑤
② 소득수준이 증가할 때 고급 자동차 수요가 증가하였으므로 고급 자동차는 정상재임을 알 수 있으며 고급 자동차 수요곡선이 우측이동 한다.
③ 조류독감 확산에 따른 건강에 대한 우려로 닭고기 수요가 감소하였으므로 닭고기 수요곡선이 좌측 이동한다.
④ 지하철 요금 인상은 대체재인 택시 서비스 수요를 증가시키기 때문에 택시 서비스 수요곡선이 우측 이동한다.
⑤ 채소 가격 상승은 채소 수요량을 감소시키기 때문에 채소 수요곡선 상에서 좌측이동 한다.

04 • 지하철 요금이 인상되자 마을버스의 수요는 감소하므로 지하철과 마을버스는 보완재 관계이며, 반면 택시의 수요는 증가하므로 대체재 관계이다.   ③
• 소득이 증가함으로 마을버스의 수요는 감소하였기 때문에 마을버스는 열등재이고 택시의 수요는 증가하므로 정상재이다.

05 재화 A의 수요곡선을 왼쪽으로 움직이게 하는 것은?

① 재화 A를 소비하는 소비자의 수 증가
② 재화 A가격의 상승
③ 보완재 C의 가격 하락
④ 재화 A가 열등재일 때, 소득의 증가
⑤ 대체재 B의 가격 상승

풀이 날짜			
채점 결과			

06 수요 및 공급에 대한 다음 설명 중 옳은 것은?

① 소득이 증가하면 재화에 대한 수요량이 증가한다.
② 휘발유 값이 많이 오르면 고급차의 수요가 증가한다.
③ 반도체 가격이 하락하면 개인용 컴퓨터의 공급곡선이 우측 아래로 이동한다.
④ 특정 재화의 가격 하락은 그 재화의 공급을 감소시킨다.
⑤ 사과 값이 상승하면 배에 대한 수요가 감소한다.

풀이 날짜			
채점 결과			

07 수요 및 공급에 대한 다음 설명 중 가장 옳지 않은 것은?

① 어떤 상품에 대한 수요가 증가하고 공급이 감소하면 균형가격은 증가한다.
② 공급의 변화란 공급곡선 자체의 이동을 말한다.
③ 수박 값이 오르면 대체재인 참외의 수요는 증가한다.
④ 수요는 소비자가 특정 상품을 구입하고자 하는 사전적인 욕망이다.
⑤ 소득이 증가하면 상품수요곡선은 항상 오른쪽으로 이동한다.

풀이 날짜			
채점 결과			

08 X재와 Y재는 서로 보완재이고 X재와 Z재는 서로 대체재이다. X재의 가격이 상승할 때 나타나는 현상은?

① Y재와 Z재의 가격이 모두 하락한다.
② Y재와 Z재의 가격이 모두 상승한다.
③ Y재의 가격은 하락하고, Z재의 가격은 상승한다.
④ Y재의 가격은 상승하고, Z재의 가격은 하락한다.
⑤ 답이 존재하지 않는다.

풀이 날짜			
채점 결과			

05
① 소비자의 수가 증가하면 수요곡선이 우측으로 이동한다.

② 재화의 가격이 상승하면 수요곡선 상에서 좌상방으로 이동한다.

③ 보완재 C의 가격이 하락하면 재화 A의 수요곡선은 우측으로 이동한다.

④ 재화 A가 열등재일 때 소득이 증가하면 수요곡선이 좌측으로 이동한다.

⑤ 대체재 B의 가격이 상승하면 재화 A의 수요곡선은 우측으로 이동한다.

④

06
① 소득이 증가하면 재화에 대한 수요가 변한다. 해당 재화가 정상재라면 수요곡선이 우측으로 이동한다.

② 휘발유 값이 많이 오르면 비용 부담으로 고급차의 수요가 감소한다.

③ 반도체는 개인용 컴퓨터의 생산요소에 해당한다. 반도체 가격이 하락하면 개인용 컴퓨터의 생산 비용이 감소하므로 개인용 컴퓨터의 공급곡선이 우측으로 이동한다.

④ 특정 재화의 가격 하락은 그 재화의 공급량을 감소시킨다. 즉, 공급곡선 상에서 좌하방으로 이동한다.

⑤ 사과와 배가 대체재 관계라면 사과 가격이 상승할 때 배에 대한 수요가 증가한다.

③

07
① 수요곡선이 우측으로 이동하고 공급곡선이 좌측으로 이동하면 균형가격은 상승하나 균형거래량의 변화는 알 수 없다.

② 공급의 변화는 공급곡선 자체의 이동을 말하고 공급량의 변화는 공급곡선 선상의 이동을 말한다.

③ 수박 가격이 상승하면 대체재인 참외의 수요는 증가한다.

④ 수요는 사전적인 욕망이므로 실제 구입량과 다르다.

⑤ 소득이 증가할 때 해당 재화가 열등재라면 수요곡선은 왼쪽으로 이동한다.

⑤

08
• X재의 가격이 상승하면 보완재인 Y재의 수요는 감소하고 대체재인 Z재의 수요는 증가한다. 따라서 Y재의 가격은 하락하고 Z재의 가격은 상승한다.

③

09 자동차 제조업체들이 생산비용을 획기적으로 절감할 수 있는 로봇 기술을 개발하
― 였다. 이 기술개발이 자동차 시장에 미치는 직접적인 파급효과로 옳은 것은?

풀이 날짜			
채점 결과			

① 수요곡선이 우측으로 이동하고, 자동차 가격이 상승한다.
② 수요곡선이 우측으로 이동하고, 자동차 가격이 하락한다.
③ 공급곡선이 우측으로 이동하고, 자동차 가격이 상승한다.
④ 공급곡선이 우측으로 이동하고, 자동차 가격이 하락한다.

10 돼지고기와 닭고기는 서로 대체관계에 있는 재화이다. 돼지고기의 가격이 하락
― 함에 따라 닭고기 시장에서 나타날 현상으로 적절한 것은?

풀이 날짜			
채점 결과			

① 균형가격 상승, 균형거래량 증가
② 균형가격 상승, 균형거래량 감소
③ 균형가격 하락, 균형거래량 증가
④ 균형가격 하락, 균형거래량 감소

11 컵밥에 대한 수요가 소득이 증가함에 따라 감소한다고 할 때 소득의 변화에 따른
― 현상을 적절하게 설명한 것은?

풀이 날짜			
채점 결과			

① 소득의 증가는 컵밥의 공급량을 증가시킨다.
② 소득의 감소는 컵밥의 균형가격을 감소시킨다.
③ 소득의 증가는 컵밥의 수요곡선을 오른쪽으로 이동시킨다.
④ 소득의 증가는 컵밥의 보완재인 토마토 케첩의 수요를 감소시킨다.
⑤ 소득의 감소는 컵밥 판매점의 수입을 감소시킨다.

09
- 기술개발은 자동차 제조업체들의 생산비용을 감소시킨다.
- 생산비용의 감소는 자동차 공급곡선을 우측으로 이동시키며 자동차 가격이 하락한다.

④

10
- 돼지고기기의 가격이 하락하면 대체재인 닭고기 수요가 감소하므로 닭고기 균형가격 하락과 균형거래량 감소가 발생한다.

④

11
① 소득의 증가는 컵밥의 수요곡선을 왼쪽으로 이동시키므로 컵밥의 공급량을 감소시킨다.

④

② 소득의 감소는 컵밥의 수요곡선을 오른쪽으로 이동시키므로 컵밥의 균형가격을 증가시킨다.

③ 소득의 증가는 컵밥의 수요곡선을 왼쪽으로 이동시킨다.

④ 소득의 증가는 컵밥 수요를 감소시키므로 컵밥의 보완재인 토마토 케첩의 수요도 감소한다.

⑤ 소득의 감소는 컵밥의 수요곡선을 오른쪽으로 이동시키므로 컵밥 가격의 상승과 거래량의 증가를 가져온다.
따라서 컵밥 판매점의 수입을 증가시킨다.

12 어떤 재화가 〈그림 1〉과 같이 가격이 0인 자유재 상태에 있다가 공급이 줄어 〈그림 2〉와 같은 상태로 바뀌었다. 이와 관련한 설명으로 적합하지 않은 것은?

풀이 날짜		
채점 결과		

〈그림 1〉 〈그림 2〉

① 〈그림 1〉에서 사람들은 이 재화에 대해 부족함을 느끼지 않는다.

② 〈그림 2〉에서 이 재화는 경제재이다.

③ 이렇게 변한 재화의 예로서 깨끗한 식수를 들 수 있다.

④ 재화의 성격이 이렇게 변한 원인의 하나로 환경오염을 들 수 있다.

⑤ 사회적 비용 개념으로는 이 재화의 공급이 감소한 것을 설명할 수 없다.

13 다음 중 거미집 이론에 대한 설명으로 옳은 것은?

풀이 날짜		
채점 결과		

① 가격이 변화하더라도 공급량 조정은 일정 기간 이후에 이루어진다.

② 공급곡선 기울기의 절댓값이 수요곡선 기울기의 절댓값 보다 큰 경우 시간이 지날수록 가격의 진폭이 커진다.

③ 거미집 이론에서는 적응적 기대를 가정한다.

④ 가격이 변화하면 수요량은 일정 기간 이후에 변화한다.

⑤ 공산품의 가격 변동을 설명하기에 적절한 이론이다.

14 어느 상품의 수요곡선은 $P = 6 - 2Q$, 공급곡선은 $P = 3 + Q$와 같다고 한다. 다음 중 균형가격과 소비자잉여의 크기를 올바르게 계산한 것은?

풀이 날짜		
채점 결과		

① 균형가격 = 5, 소비자잉여 = 0.5

② 균형가격 = 4, 소비자잉여 = 1

③ 균형가격 = 4, 소비자잉여 = 0.5

④ 균형가격 = 3, 소비자잉여 = 1

⑤ 균형가격 = 3, 소비자잉여 = 0.5

12 ⑤

- 〈그림 1〉의 경우 모든 가격에서 공급량이 수요량보다 크기 때문에 재화의 가격이 0이 된다. 이런 재화를 '자유재'라 한다.
- 〈그림 2〉의 경우 공급곡선이 좌측으로 이동하여 균형가격이 발생하고 이런 경우를 '경제재'라고 한다.
- 사회적 비용이 증가하면 재화의 공급이 감소하고 가격이 형성될 수 있다.
- 즉, 자유재는 〈그림 2〉에서 공급곡선의 좌측 이동으로 균형이 발생하는 '경제재'로 바뀔 수 있다.

13 ①

- 거미집 이론(cobweb theory)은 시차를 도입한 동태적인 균형분석이론이다.
- ①, ④ 거미집 이론에 따르면 가격 변화에 대해서 수요는 즉각 반응하고 공급은 1기의 시차를 두고 반응한다.
- ② 공급곡선의 기울기의 절댓값이 수요곡선 기울기의 절댓값보다 큰 경우 시간이 지날수록 가격의 진폭이 작아지고 반대인 경우 가격의 진폭이 커진다.
- ③ 거미집 이론에서는 정태적 기대를 가정한다. 경제 변수의 현재 수준이 장래에도 그대로 유지된다고 보는 경우를 정태적 기대라고 말한다.
- ⑤ 거미집 이론은 농산물의 가격 변동을 설명하기에 적당한 이론이다.

14 ②

- 수요곡선과 공급곡선은 연립하면 균형수량 Q와 균형가격 P는 다음과 같다.

$$6 - 2Q = 3 + Q$$
$$\rightarrow 3Q = 3$$
$$\rightarrow Q = 1, P = 4$$

- 수요곡선의 P축 절편이 6이므로 소비자 잉여는 삼각형의 면적으로 구할 수 있다. 따라서 소비자 잉여의 크기는 1이 된다.

$$\rightarrow \frac{1}{2} \times 2 \times 1 = 1$$

15 어떤 재화에 대한 시장수요함수를 추정해본 결과 $P = 140 - 8Q$ (P는 가격, Q는 수량)로 나타났다. 만약 이 경제의 소비자와 똑같은 수요함수를 가진 새로운 소비자가 복제되어 소비자 수가 두 배로 증가하였다면 시장수요곡선은 어떻게 나타나는가?

① $P = 280 - 8Q$

② $P = 280 - 16Q$

③ $P = 140 - 16Q$

④ $P = 140 - 4Q$

⑤ $P = 70 - 4Q$

풀이 날짜			
채점 결과			

16 A와 B 두 명으로 구성된 어떤 가구를 가정하자. 어떤 사적 재화에 대한 A와 B의 수요 함수는 각각 $P = 10 - \dfrac{1}{2}Q_A$와 $P = 20 - 2Q_B$라고 한다. 이 가구의 수요함수에 대한 다음 설명 중 옳은 것을 모두 고르면?
(단, P는 가격, Q_A, Q_B는 각각 A, B의 수요량, Q는 가구 수요량)

가. 가격수준에 따라 이 가구의 수요함수는 $Q = 10 - \left(\dfrac{1}{2}\right)P$일 수 있다.

나. 가격수준에 따라 이 가구의 수요함수는 $Q = 20 - 2P$일 수 있다.

다. 가격수준에 따라 이 가구의 수요함수는 $Q = 30 - \left(\dfrac{5}{2}\right)P$일 수 있다.

① 가

② 나

③ 다

④ 가, 나

⑤ 가, 다

풀이 날짜			
채점 결과			

17 수요의 법칙과 공급의 법칙이 성립하는 상황에서 소비자잉여와 생산자잉여에 대한 설명으로 옳은 것만을 모두 고른 것은?

ㄱ. 콘플레이크와 우유는 보완재로, 콘플레이크의 원료인 옥수수 가격이 하락하면 콘플레이크 시장의 소비자 잉여는 증가하고 우유 시장의 생산자잉여도 증가한다.

ㄴ. 콘플레이크와 떡은 대체재로, 콘플레이크의 원료인 옥수수 가격이 상승하면 콘플레이크 시장의 소비자 잉여는 감소하고 떡 시장의 생산자잉여도 감소한다.

ㄷ. 수요와 공급의 균형 상태에서 생산된 재화의 수량은 소비자잉여와 생산자잉여를 동일하게 하는 수량이다.

① ㄱ

② ㄴ

③ ㄱ, ㄷ

④ ㄴ, ㄷ

풀이 날짜			
채점 결과			

15 • 동일한 수요함수인 경우 소비자 수가 두 배로 증가한다면 P절편은 동일하고 기울기만 $\frac{1}{2}$로 완만해진다. 따라서 기울기 -8을 2로 나누어주면 기울기는 -4가 되며 시장수요곡선은 $P = 140 - 4Q$가 된다.

④

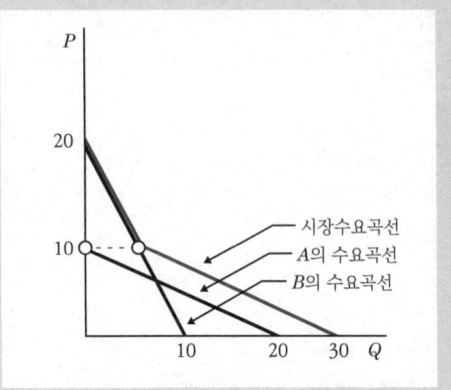

16 • 수요함수는 두 부분으로 나뉘어질 수 있는데,

⑤

① $P \geq 10$에서는 A의 수요량이 0이기 때문에 시장수요함수는 B의 수요함수와 일치하게 된다.

따라서 이때의 수요함수는 $Q = 10 - \left(\frac{1}{2}\right)P$가 된다.

② $P < 10$ 영역에서는 A의 수요함수와 B의 수요함수의 합이 시장수요함수가 되기 때문에 $Q = 30 - \left(\frac{5}{2}\right)P$가

된다. 따라서 가격수준에 따라 수요함수는 다를 수 있다.

17 ㄱ. 옥수수 가격이 하락하면 콘플레이크의 공급곡선이 우측이동하므로 가격이 하락하고 거래량은 증가한다. 따라서 콘플레이크 시장의 소비자 잉여는 증가한다.

①

우유 수요가 증가하므로 우유의 가격은 상승하고 거래량은 증가한다. 따라서 우유 시장의 생산자 잉여는 증가한다.

ㄴ. 옥수수 가격이 상승하면 콘플레이크의 공급곡선이 좌측이동하므로 가격은 상승하고 거래량은 감소한다. 따라서 콘플레이크 시장의 소비자 잉여는 감소한다.

떡 수요는 증가하므로 떡 가격과 거래량 모두 증가한다. 따라서 떡 시장의 생산자 잉여는 증가한다.

ㄷ. 수요와 공급의 균형상태에서 생산된 재화의 수량에서는 수요곡선과 공급곡선의 높이가 동일해진다. 즉, 한계비용과 한계편익이 일치하게 된다.

18 토지와 같이 어느 한 상품의 공급이 고정되었다고 한다. 소득이 증가함에 따라 이 상품의 수요가 증가하여 가격이 상승한다고 하자. 그러면?

풀이 날짜		
채점 결과		

① 소비자잉여만 증가한다.
② 생산자잉여만 증가한다.
③ 생산자(토지소유자)잉여와 소비자잉여가 다 증가한다.
④ 생산자잉여는 감소하나 소비자잉여는 증가한다.
⑤ 위의 아무것도 아니다.

19 A 통신회사의 휴대전화 서비스 요금은 10초당 20원이며, 휴대전화 서비스에 대한 회사원 B씨의 (보상)수요곡선은 매월 $P = 220 - Q$로 표시된다고 한다. A 통신회사는 B씨에게 월정 기본료를 얼마까지 부과할 수 있겠는가?
(단, P는 전화요금(원), Q는 수량(10초 단위)이다.)

풀이 날짜		
채점 결과		

① 10,000원
② 20,000원
③ 22,000원
④ 30,000원
⑤ 40,000원

18 · 공급곡선이 수직일 때 수요가 늘면 균형가격은 상승하고 균형거래량은 변하지 않는다. ②
— · 따라서 생산자잉여만 증가한다.

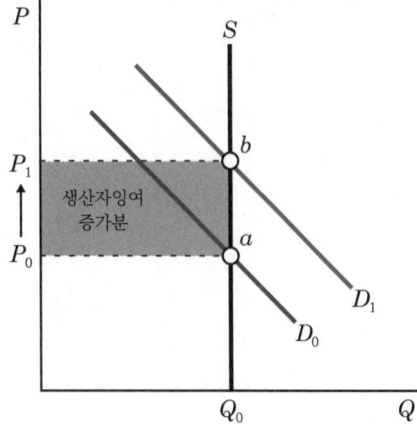

124

19 · 휴대전화 서비스 요금이 10초당 20원일 때 수요량은 200이므로 휴대폰 사용자의 소비자잉여는 다음과 같다. ②
—

소비자 잉여 $= \frac{1}{2} \times 200 \times 200 = 20,000$원

· 소비자잉여분을 기본요금으로 전부 부과하면 된다.

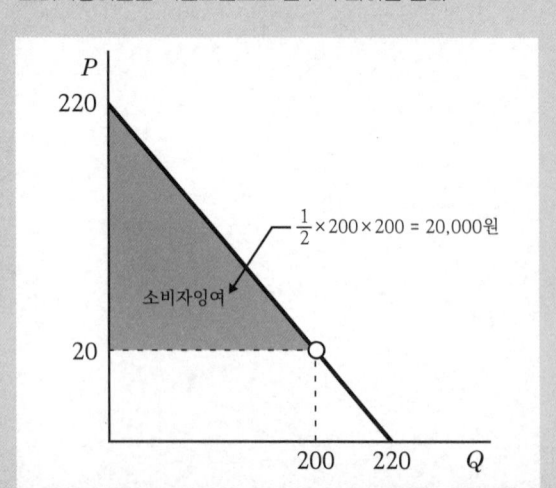

CHAPTER 04

수요와 공급의 탄력성

단원 학습 목표

- 수요와 공급이 변하면 균형가격과 균형거래량이 어느 방향으로 변할 것인가 하는 것에 대하여 공부하였다. 그러나 균형가격과 균형거래량이 얼마나 변할 것인지 '변동의 크기'는 알 수 없었다.
- 탄력성의 개념을 사용하여 지금부터 변동의 크기를 측정하게 된다.
- 일반적으로 탄력성이란 독립변수가 1% 변할 때 종속변수가 몇 % 변하는가를 나타낸다.
- 수요의 탄력성에는 '수요의 가격탄력성', '수요의 소득탄력성', '수요의 교차탄력성' 등이 있고 공급의 탄력성에는 '공급의 가격탄력성'이 주로 사용된다.
- 탄력성은 국가의 소득분배 및 조세부담효과 등을 분석하는데 사용된다. 또한 시장에서 기업이 가격 및 산출량을 결정하는 경영상 의사 결정하는데 있어서도 많이 활용되고 있다.

1절 개요

01 탄력성(elasticity)이란?

① 탄력성이란 어떤 충격 또는 원인이 발생할 때 얼마나 반응하는가, 즉 민감도를 나타낸다.

② 일반적으로 결과의 변화율 또는 반응의 변화율을 충격의 변화율 또는 원인의 변화율로 나누어 측정한다.

$$\to 탄력성 = \frac{결과의 변화율}{원인의 변화율} = \frac{반응의 변화율}{충격의 변화율}$$

③ 경제학에서는 결과에 해당하는 종속변수의 변화율을 원인에 해당하는 독립변수의 변화율로 나누어 측정하게 된다.

$$\to A의\,B\,탄력성\,(A : 종속변수, B : 독립변수) = \frac{A의 변화율}{B의 변화율}$$

④ 탄력성의 개념을 사용하는 이유는 각 재화의 가격 및 수요량의 절대가치가 서로 다른 상황에서 변화폭만 가지고는 올바른 비교를 할 수 없기 때문이다. 즉, 1,000원 짜리 커피의 가격이 100원 오른 경우와 1,000만 원짜리 휴대폰 가격이 100원 오른 경우를 동일하게 취급할 수 없다. 탄력성은 각 변수의 변화율을 사용하기 때문에 어떤 단위를 선택하는지에 영향을 받지 않는다.

개념정리	변화분과 변화율

1. 변화분 또는 변화량

① 변화분 = 나중 값 - 처음 값

② 가격이 100원에서 150원으로 상승하면 가격의 변화분은 150원 - 100원 = 50원이 된다.

2. 변화율

① 변화율 $= \dfrac{변화분}{처음 값} \times 100$

② 가격이 100원에서 150원으로 상승하면 변화율은 $\dfrac{150 - 100}{100} \times 100 = 50\%$ 이다.

1 의의

탄력성은 측정이 가능한 어떤 개념에서도 사용할 수 있다.

2 투자의 이자율 탄력성

① 기업의 투자는 이자율의 변화에 따라 증가 또는 감소할 것이다.

② 이자율이 올라가면 기업의 투자는 감소하게 되는데 투자가 얼마나 감소할지는 '투자의 이자율 탄력성'에 의해 결정된다.

$$투자의이자율\ 탄력성 = \frac{투자의변화율}{이자율의변화율}$$

3 화폐수요의 이자율 탄력성

① 이자율이 올라가면 화폐수요의 기회비용이 커지기 때문에 화폐수요가 감소한다.

② 따라서 화폐수요의 이자율 탄력성도 구할 수 있는데 다음과 같다.

$$화폐수요의이자율\ 탄력성 = \frac{화폐수요의변화율}{이자율의변화율}$$

2절 수요의 가격탄력성

01 개념

① 수요의 가격탄력성이란 해당 상품의 가격에 변화가 생겼을 때 수요량의 변화를 측정하기 위해 고안된 개념이다.

$$\epsilon_p = \frac{\text{수요량 변화율}}{\text{가격 변화율}} = -\frac{\dfrac{\triangle Q^D}{Q^D} \times 100}{\dfrac{\triangle P}{P} \times 100} = -\frac{\triangle Q^D}{\triangle P} \times \frac{P}{Q^D}$$

(P : 가격, Q^D : 수요량)

② 수요의 법칙 때문에 수요량과 가격의 변화는 역관계를 갖는다.

③ 따라서 수요량 변화율을 가격변화율로 나누면 (-)값이 나오게 되는데 민감도를 측정하기 위하여 (+)값으로 부호를 바꾸어 나타낸다.

심화학습

• 수요곡선의 기울기는 $\dfrac{\triangle P}{\triangle Q^D}$ 이므로 $\dfrac{\triangle Q^D}{\triangle P}$ 는 수요곡선 기울기의 역수이다. $\dfrac{P}{Q^D}$ 는 수요곡선 상의 한 점을 나타낸다.

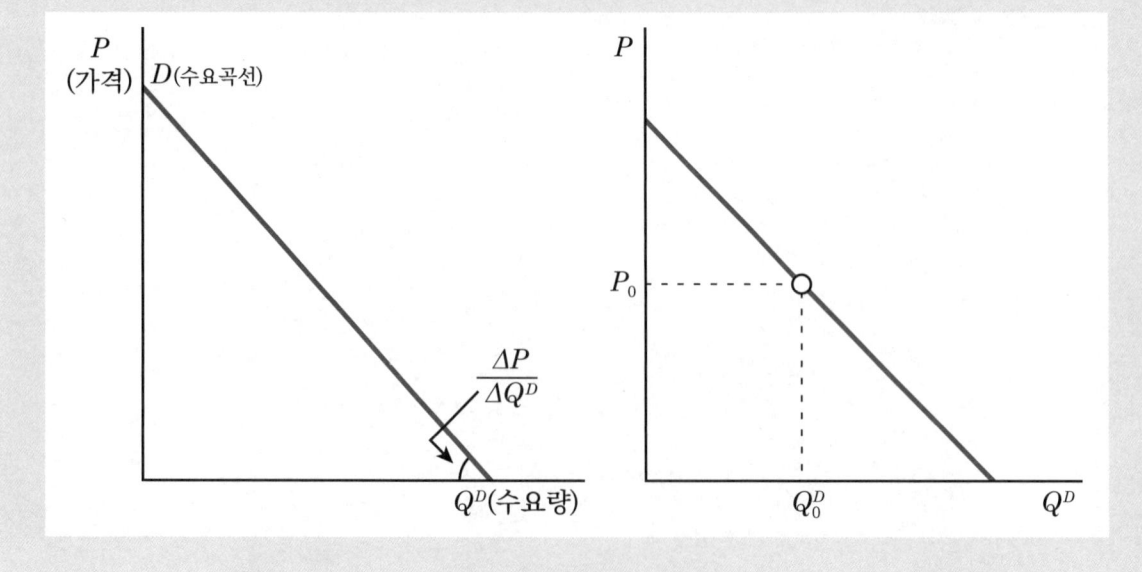

02 가격탄력성의 구분

① 수요의 가격탄력성은 0과 무한대 사이의 값을 갖는다.

② 수요량 변화율이 가격변화율보다 크면 수요의 가격탄력성이 1보다 크며 '탄력적'이라고 한다.

③ 수요량 변화율이 가격변화율보다 작으면 수요의 가격탄력성이 1보다 작고 '비탄력적'이라고 한다.

④ 수요의 가격탄력성이 1을 기준으로 탄력, 비탄력적으로 구분되기 때문에 수요의 가격탄력성이 1인 경우를 '단위 탄력'이라고 한다.

$\epsilon_P = \infty$	완전탄력적
$\epsilon_P > 1$	탄력적(가격에 민감)
$\epsilon_P = 1$	단위탄력적
$\epsilon_P < 1$	비탄력적(가격에 둔감)
$\epsilon_P = 0$	완전비탄력적

03 수요의 가격탄력성과 총수입과의 관계

1 설명

① $P \times Q$ (P : 해당 제품의 단위당 가격, Q : 수량)의 경우 기업은 총수입(판매수입, 매출액), 소비자는 총지출액 이라 부른다.

② 가격이 변할 경우 기업의 총수입($P \times Q$)이 변하는 정도는 수요의 가격탄력성과 밀접한 관계가 있다.

③ 비탄력적인 경우 가격이 1% 하락할 때 판매량은 1%보다 적게 증가하므로 총수입은 감소한다. 가격이 1% 상승 할 때 판매량은 1%보다 적게 감소하므로 총수입은 증가한다.

→ 가격 변화와 총수입의 변화 방향은 같은 방향

④ 탄력적인 경우 가격이 1% 하락할 때 판매량은 1%보다 크게 증가하므로 총수입은 증가한다. 가격이 1% 상승할 때 판매량은 1%보다 크게 감소하므로 매출액은 감소한다.

→ 가격 변화와 총수입의 변화 방향은 반대 방향

⑤ 단위탄력적인 경우 가격이 1% 상승 또는 하락하더라도 판매량이 1% 만큼 변하기 때문에 총수입은 변하지 않는다.

→ 가격이 변화하더라도 총수입은 불변

가격탄력성의 크기	기업의 총수입	
	가격 하락 시	가격 상승 시
비탄력($0 < \epsilon_P < 1$)	감소	증가
단위탄력($\epsilon_P = 1$)	불변	불변
탄력($\epsilon_P > 1$)	증가	감소

2 사례

　① 커피 수요의 가격탄력성이 탄력적이라면 커피전문점의 경영자는 가격을 인하하고자 할 것이다. 왜냐하면 가격 인하로 커피전문점의 판매수입이 증가할 것이기 때문이다.

　② 담배 수요의 가격탄력성이 비탄력적이라면 담배 판매업자는 가격을 인상하고자 할 것이다. 왜냐하면 가격 인상으로 담배 판매수입이 증가할 것으로 예측되기 때문이다.

04　가격탄력성 결정요인

1 상품의 성격

　① 필수품의 경우 수요의 가격탄력성은 작고 사치품의 경우 수요의 가격탄력성은 크다.

　② 김치나 쌀의 경우 가격이 크게 상승해도 수요량은 어느 정도 이하로 줄일 수 없지만 에르메스 가방의 경우 수요량은 0으로 줄일 수 있다.

　③ 따라서 사치품에 대한 수요가 필수품에 대한 수요보다 가격 변화에 대하여 더 민감하다.

　④ 그러나 사치품의 경우라도 밀접한 대체재가 존재하지 않으면 가격탄력성이 작을 수 있다.

　　→ 즉, 사치품의 경우 수요의 가격탄력성이 무조건 큰 건 아니다.

2 대체재의 존재여부

　① 긴밀한 대체재가 존재할수록 수요의 가격탄력성은 커진다.

　② 커피의 경우 녹차 같은 대체재가 존재한다. 녹차의 가격은 일정한 데 커피가격이 상승하면 커피에 대한 수요는 감소하는 반면, 상대적으로 저렴해진 녹차에 대한 수요는 증가할 것이다. 이와 같이 상호 밀접한 대체재가 존재하는 재화들에 대한 수요의 가격탄력성은 비교적 크다.

　③ 담배나 소금의 경우 가격이 상승해도 밀접한 대체재를 찾기 어렵기 때문에 담배나 소금수요의 가격탄력성은 작을 것이다.

3 지출 비중

　① 소비자의 전체 지출에서 차지하는 비중이 클수록 수요의 가격탄력성은 커진다.

　② 자신의 월 소득 중에서 사치품이 차지하는 금액이 큰 비중을 차지한다면 사치품 가격 상승에 대한 수요는 민감하게 반응할 것이다.

　③ 볼펜과 같이 재화에 대한 지출이 소비자의 소득에서 차지하는 비중이 작은 재화에 대한 수요량은 가격 변화에 대하여 둔감하다.

4 시간

　① 고려되는 시간이 길수록 수요의 가격탄력성은 커진다.

　② 단기보다 장기일수록 소비자는 대체재를 찾을 수 있기 때문에 수요의 가격탄력성은 커지게 된다.

　③ 예를 들어 전기난방을 하고 있는 소비자에게 전기요금이 올랐다면 1주일 내에 다른 난방방법으로 대체하는 것이 쉽지 않다. 그러나 1년을 고려하게 되면 전기사용량을 줄이고 대체난방 서비스를 구입하려 할 것이다.

5 상품의 정의

① 보다 폭넓게 정의될수록 수요의 가격탄력성은 작아진다.

② 돼지고기를 선호하는 경우 삼겹살의 가격이 상승하면 목살이나 앞다리 살을 구입할 수 있다.

③ 돼지고기의 가격이 상승하면 대체재의 수가 적기 때문에 수요의 가격탄력성은 삼겹살의 가격이 상승하는 경우 보다 작아지게 된다.

05 수요곡선이 우하향의 직선인 경우

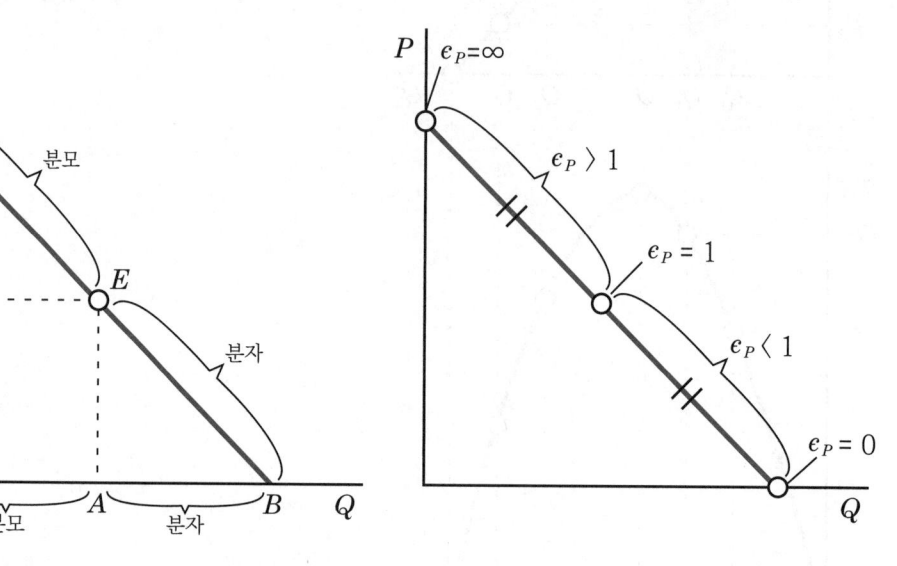

① 수요의 가격탄력성의 공식은 $\epsilon_P = -\dfrac{dQ}{dP} \times \dfrac{P}{Q}$이다.

수요의 가격탄력성 식에 따르면 수요곡선의 기울기 역수에 각 점의 좌표를 곱한 것으로 구할 수 있다.

[P130 심화학습 참고]

② E점에서 수요의 가격탄력성은 다음과 같이 나타낼 수 있다.

$$\text{수요의 가격탄력성} = \frac{\overline{AB}}{\overline{EA}} \times \frac{\overline{EA}}{\overline{OA}} = \frac{\overline{AB}}{\overline{OA}} = \frac{\overline{CO}}{\overline{DC}} = \frac{\overline{EB}}{\overline{DE}}$$

③ 따라서 동일한 수요곡선위의 모든 점에서 서로 다른 가격탄력성의 값을 갖게 된다.

④ 중점에서는 $\epsilon_P = 1$이되고 중점을 기준으로 가격이 상승하면 탄력적, 가격이 하락하면 비탄력적이 된다.

⑤ 가격(P)절편에서는 분모 값이 0이므로 수요의 가격탄력성은 무한대의 값을 갖는다. 또한 수요량이 0이므로 ($Q^D = 0$) 수요의 가격탄력성은 무한대가 된다.

$$\rightarrow \epsilon_P = \infty$$

⑥ 수량(Q)절편에서는 분자 값이 0이므로 수요의 가격탄력성은 0의 값을 갖는다. 또한 가격이 0이므로 ($P = 0$) 수요의 가격탄력성은 0이 된다.

$$\rightarrow \epsilon_P = 0 \text{이 된다.}$$

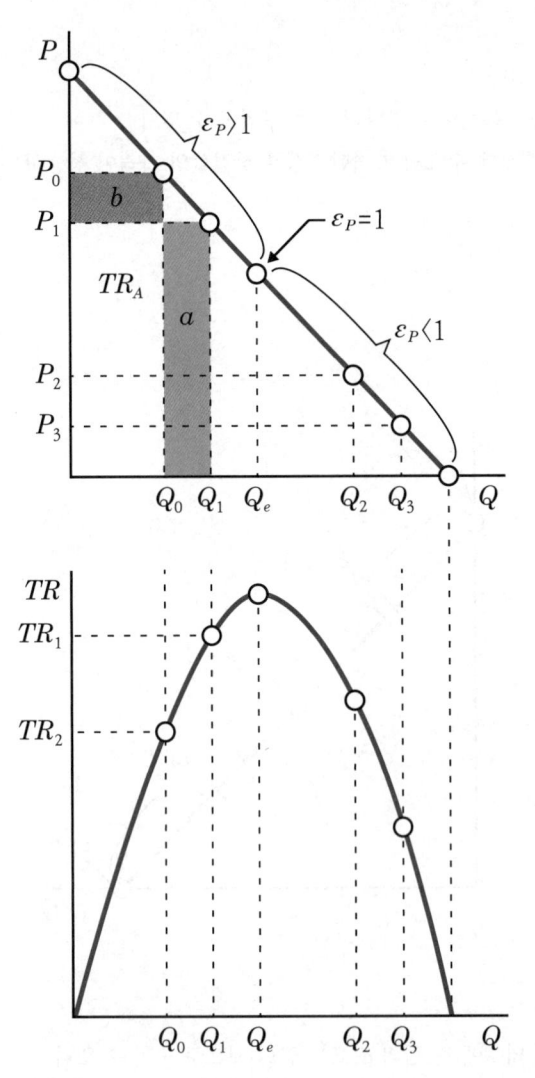

⑦ 중점을 기준으로 좌상방은 수요의 가격탄력성이 탄력적이므로 가격을 낮추면 총수입의 변화분이 $(a - b)$가 되어 판매자의 총수입은 증가한다.

⑧ 수요의 가격탄력성이 1인 점에서 총수입은 극대가 된다.

⑨ 중점을 기준으로 우하방은 수요의 가격탄력성이 비탄력적이므로 가격을 낮추면 총수입의 변화분이 $(-)$가 되어 판매자의 총수입은 감소한다.

1 의의

① 수요곡선이 우하향의 직선인 경우 동일한 수요곡선 위의 모든 점에서 서로 다른 가격탄력성의 값을 갖게 된다.

② 동일한 수요곡선 위의 모든 점에서 동일한 가격탄력성의 값을 갖는 세 가지 예외적인 경우가 있다.

2 수요곡선이 수평선인 경우

① 수요곡선이 수평선인 경우 수요의 가격탄력성이 모든 점에서 ∞로 일정하다.

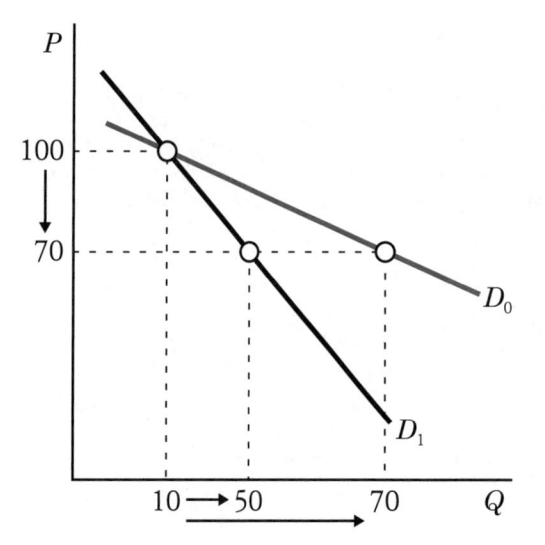

② 수요곡선 D_0와 D_1을 비교해보자.

③ 가격이 100에서 70으로 하락할 때 수요량의 변화분을 비교해보면 수요곡선 D_0가 수요곡선 D_1보다 크다.

④ 기울기가 완만한 D_0의 수요곡선이 D_1의 수요곡선보다 상대적으로 수요의 가격탄력성이 크다.

⑤ 즉, 수요곡선의 기울기가 완만할수록 수요의 가격탄력성이 커지며 수요곡선이 수평선인 경우 수요의 가격탄력성은 무한대의 값을 갖는다.

⑥ 수요곡선이 수평선인 경우 가격이 조금만 올라도 수요량은 0으로 떨어지게 되고 가격이 조금만 내려도 수요량은 엄청나게 늘어나게 된다.

3 수요곡선이 수직선인 경우

① 가격의 변화와 관계없이 수요량이 일정하므로 모든 점에서 수요의 가격탄력성은 0으로 일정하다.

② 수요가 완전비탄력적인 경우는 현실세계에서 대단히 드물다.

③ '붕어빵 4개 주세요.'의 경우 붕어빵 가격과 상관없이 수요량이 4개로 일정하다는 것을 의미한다. 수요곡선의 형태가 수직선이므로 수요의 가격탄력성은 0의 값을 갖는다. 소고기를 항상 300g 사는 경우도 이에 해당한다.

4 수요곡선이 직각쌍곡선인 경우

① 수요곡선이 직각쌍곡선인 경우 가격의 변화율과 수요량의 변화율이 동일하며 총수입액이 변하지 않으므로 탄력성이 모든 점에서 1로 일정하다.

② 수요함수식이 '$P \times Q = 상수$' 인 경우 수요곡선은 직각쌍곡선의 형태를 갖게 되며 수요곡선의 모든 점에서 수요의 가격탄력성은 1의 값을 갖는다.

　　⊙ 예 $P \times Q = 2$, $P \times Q = 10$, $P \times Q = 1,000$ 등

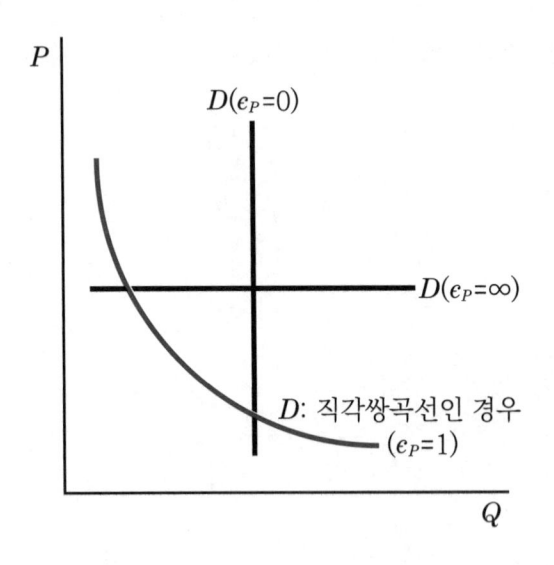

1. 가격(P)절편이 동일한 경우 P_0에서의 가격탄력성

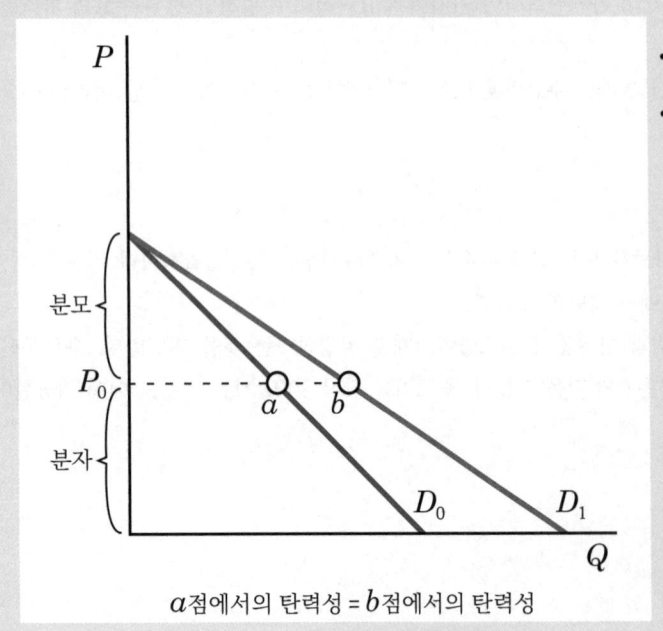

a점에서의 탄력성 = b점에서의 탄력성

- a점에서의 탄력성과 b점에서의 탄력성은 동일하다.
- 왜냐하면 수요의 가격탄력성이 $\dfrac{분자}{분모}$ 일 때 가격 P_0에서 분모와 분자가 같기 때문이다.

2. 두 수요곡선이 평행한 경우(수요곡선의 기울기가 같으나 원점 통과하는 직선의 기울기가 다른 경우)

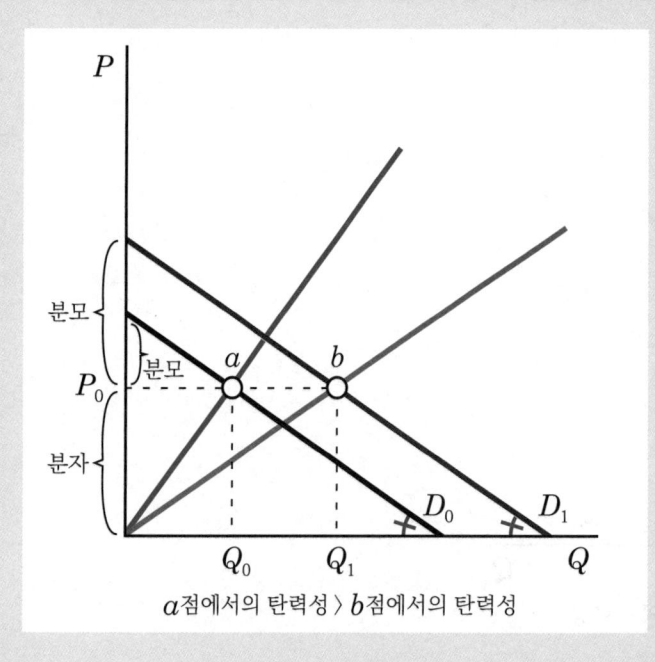

a점에서의 탄력성 > b점에서의 탄력성

① a점에서의 탄력성이 b점에서보다 크다. 왜냐하면 수요의 가격탄력성이 $\dfrac{분자}{분모}$일 때 가격 P_0에서 b점이 a점보다 분모가 크기 때문이다.

② 또는 두 수요곡선이 평행하므로 수요곡선의 기울기는 동일하나 $\dfrac{P}{Q}$(원점을 통과하는 직선의 기울기)가 a점이 b점보다 더 크기 때문이다.

3. 두 수요곡선이 교차하는 경우(원점 통과하는 직선의 기울기가 같으나 수요곡선의 기울기가 다른 경우)

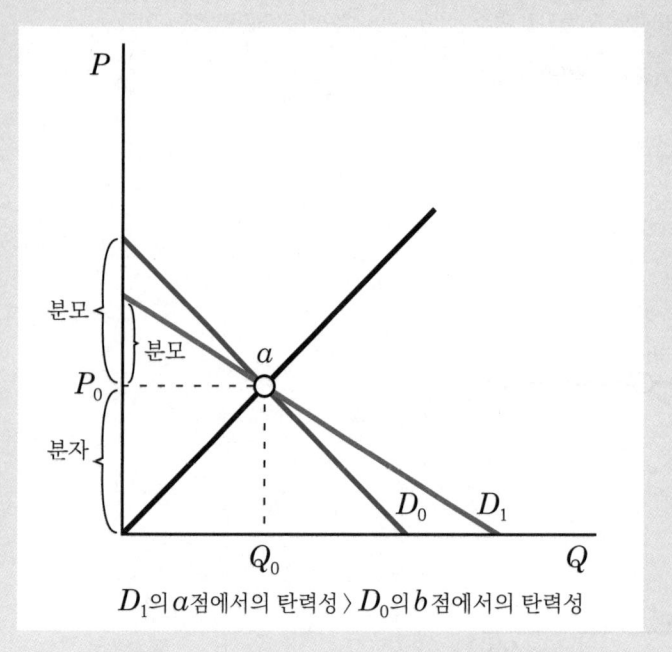

D_1의 a점에서의 탄력성 > D_0의 b점에서의 탄력성

① D_1의 a점에서의 탄력성이 D_0의 a점에서의 탄력성보다 크다.

　수요의 가격탄력성이 $\dfrac{분자}{분모}$일 때 가격 P_0에서 D_1의 a점에서의 분모가 D_0의 a점에서의 분모보다 작기 때문이다.

② 두 수요곡선의 a점에서는 원점을 통과하는 직선의 기울기가 동일하므로 $\dfrac{P}{Q}$가 동일하다.

　수요의 가격탄력성에서 수요곡선의 기울기가 탄력성에 영향을 줄 수 있는데 수요곡선의 기울기가 D_1이 D_0보다 더 작기 때문에 수요곡선의 기울기가 작은 D_1에서의 a점이 D_0의 a점에서의 탄력성보다 크다.

고범석 경제학아카데미

4. 수요곡선이 수직선인 경우(수요곡선의 기울기가 무한대인 경우)

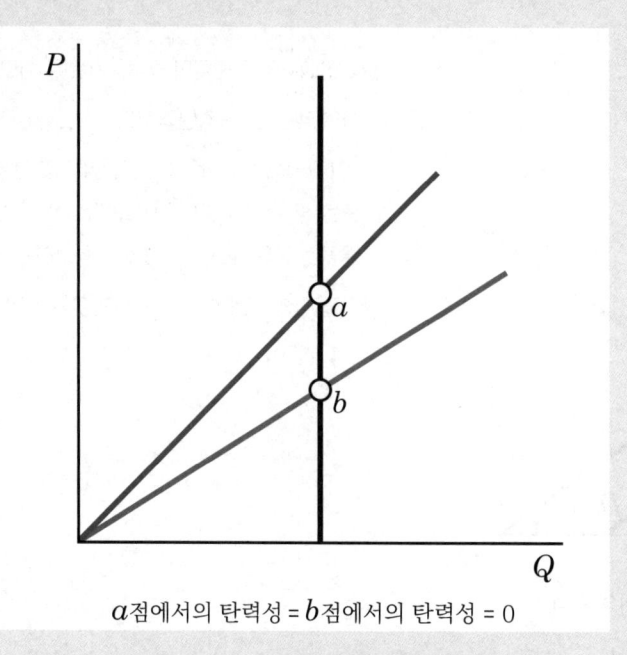

a점에서의 탄력성 = b점에서의 탄력성 = 0

① 수직선에서 a점과 b점 모두 탄력성이 0으로 동일하다.

② 수직선에서의 모든 점은 기울기가 무한대이므로 기울기의 역수는 0이 되어 수요의 가격탄력성은 0이다.

5. 수요곡선이 수평선인 경우(수요곡선의 기울기가 0인 경우)

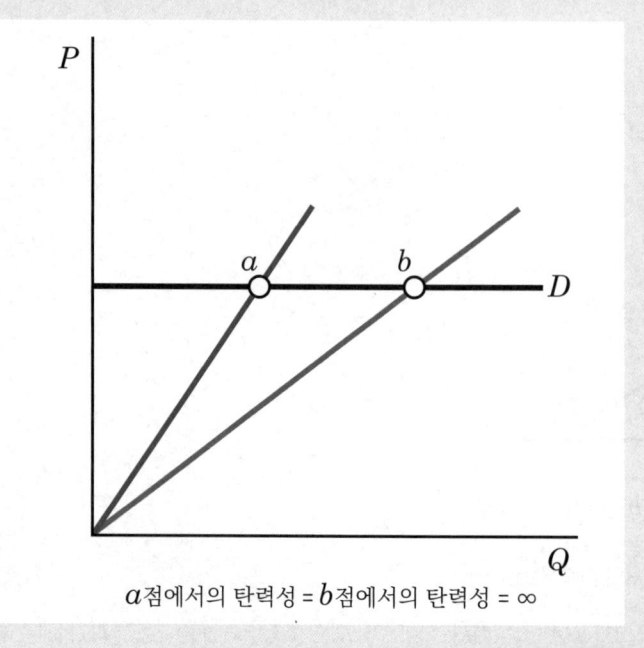

a점에서의 탄력성 = b점에서의 탄력성 = ∞

① 수평선에서 a점과 b점 모두 탄력성이 무한대로 동일하다.

② 수평선에서의 모든 점은 기울기가 0이므로 기울기의 역수는 무한대가 되어 수요의 가격탄력성은 무한대의 값을 갖는다.

1 개념

① 호 탄력성(중간점 탄력성 ; midpoint method)이란 가격과 수요량의 변화가 커서 변화 전과 변화 후의 값이 상당히 다를 경우 그 평균치로 구한 탄력성으로 수요곡선 상의 두 점 사이에서 계산된다.

② 호 탄력성 $= -\dfrac{\triangle Q}{\triangle P} \times \dfrac{(P_1 + P_2)}{(Q_1 + Q_2)}$

2 설명

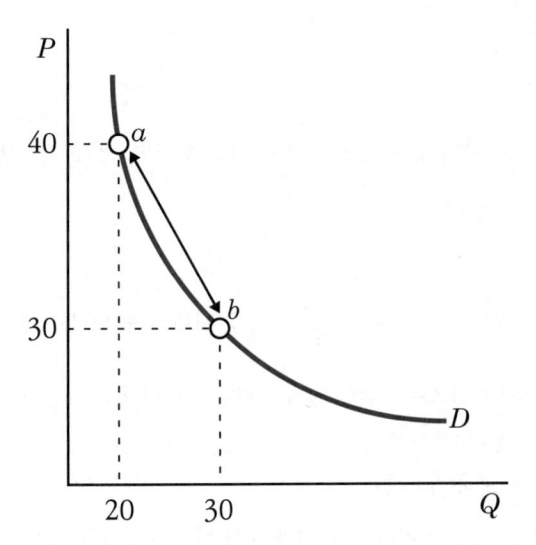

① 수요의 가격탄력성 계산을 $\epsilon_P = -\dfrac{\triangle Q^D}{\triangle P} \times \dfrac{P}{Q^D}$ 로 사용할 때 기준이 되는 점을 변화 전으로 삼느냐, 변화 후로 삼느냐에 따라 다른 값을 가질 수 있다.

② 예를 들어 a 점에서의 가격은 40원이고 수요량은 20이며, b 점에서의 가격은 30원, 수요량은 30이다.

③ 가격이 처음에 40원이었는데 30원으로 하락하였다고 하자. 변화 전을 기준으로 수요의 가격탄력성을 계산하면 $\dfrac{10}{10} \times \dfrac{40}{20} = 2$ 이다.

④ 반면에 가격이 처음에 30원이었는데 40원으로 상승하였다고 하자. 변화 후를 기준으로 수요의 가격탄력성을 계산하면 $\dfrac{10}{10} \times \dfrac{30}{30} = 1$ 이다.

⑤ 가격이 40원에서 30원으로 하락하거나 30원에서 40원으로 상승하거나 같은 가격 변동 구간이기 때문에 수요의 가격탄력성이 같은 것이 바람직할 것이다. 그럼에도 수요의 가격탄력성의 값이 서로 다른 이유는 기준점에서 가격과 수요량이 서로 다르기 때문이다.

⑥ 따라서 기준점에서의 가격과 수요량을 평균가격과 평균수요량으로 계산해주는 것이 호 탄력성이며, 그에 따라 계산하면 $\dfrac{10}{10} \times \dfrac{70}{50} = 1.4$ 가 된다.

1 개념

① 수요의 점 탄력성이란 수요곡선상의 한 점에서 측정한 탄력성이다.

② 점 탄력성은 가격의 변화분이 아주 작을 때 수요의 탄력성을 측정하는 개념이다.

③ 수요곡선 상의 두 점을 한없이 가깝게 하여 계산한 것이 점 탄력도이다.

2 점탄력성 공식

$$\text{점 탄력성} = \lim_{\triangle P \to 0} -\frac{\triangle Q}{\triangle P} \times \frac{P}{Q} = -\frac{dQ}{dP} \times \frac{P}{Q}$$

3 설명

① 호 탄력성의 계산 공식인 $-\frac{\triangle Q}{\triangle P} \times \frac{(P_1 + P_2)}{(Q_1 + Q_2)}$ 에서 수요곡선상의 두 점을 한없이 가깝게 하면 P_1과 P_2, Q_1과 Q_2는 거의 같게 된다.

② P_1과 P_2가 거의 같게 되므로 $\triangle P$는 0으로 수렴한다.

③ 0에 가까운 미분을 $\triangle$ 대신 d로 표시하면 수요의 가격탄력성은 $\epsilon_p = -\frac{dQ}{dP} \times \frac{P}{Q}$ 로 나타낼 수 있다.

④ $\frac{dQ}{dP}$ 란 수요함수의 특정지점 가격(P)에서 변화량 $\triangle P$가 0으로 수렴할 때의 변화율을 나타내고 이를 미분계수라고 한다.

⑤ 미분은 연속적이고 지속적인 변화량에 대한 순간변화율을 의미한다.

⑥ 일반적으로 가격이 크게 변할 때에는 호 탄력성을 사용하고, 가격이 아주 작게 변할 때에는 점 탄력성을 사용한다.

1. 개념

① 미분이란 함수의 순간변화율을 구하는 계산 과정으로 아주 미세한 변화를 의미한다.

② 보통 미분은 함수곡선의 특정 지점에서의 접선의 기울기로 나타낸다.

2. 기호의 이해

1. $\dfrac{\triangle y}{\triangle x}$

변수 x와 변수 y의 변화비율로 두 점을 이은 직선의 기울기를 의미한다.

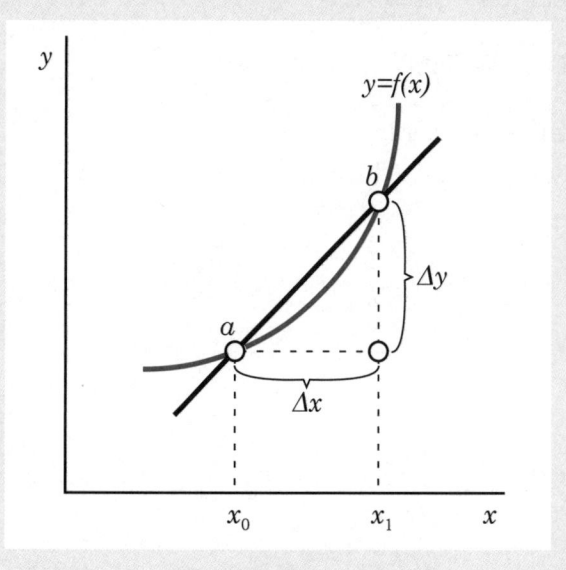

2. $\dfrac{dy}{dx}$

변수 x와 변수 y의 아주 미세한 변화비율로 접선의 기울기를 의미한다.

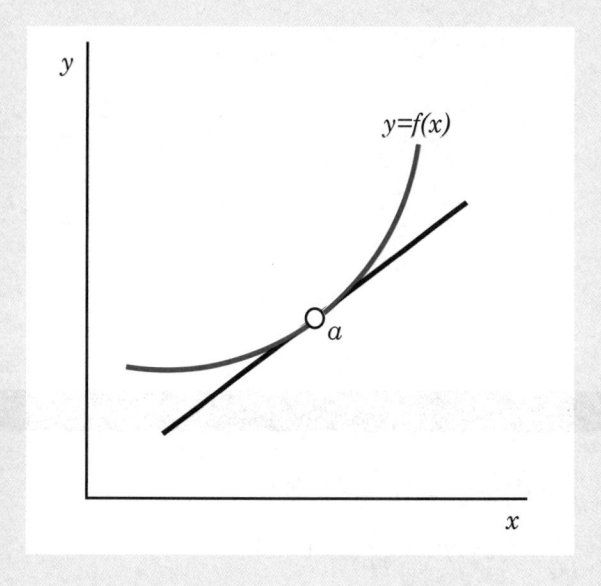

3. 미분의 경제학적 의미

① $y = f(x)$로 주어진 함수의 경우 $f(x)$의 특정 지점 x에서 변화량 $\triangle x$가 0으로 수렴할 때의 변화율을 순간변화율 또는 미분계수라고 한다.

② 미분계수를 구하면 다음과 같다.

$$y' = f'(x) = \frac{dy}{dx} = \lim_{\triangle x \to 0} \frac{\triangle y}{\triangle x} = \lim_{\triangle x \to 0} \frac{f(x + \triangle x) - f(x)}{\triangle x}$$

4. 일차 미분 부호의 활용

① $\frac{dy}{dx} > 0$인 경우 x와 y가 같은 방향으로 움직인다는 것을 의미한다.

② $\frac{dy}{dx} < 0$인 경우 x와 y가 반대 방향으로 움직인다는 것을 의미한다.

③ $\frac{dy}{dx} = 0$인 경우 x가 변하더라도 y는 변하지 않는다는 것을 의미한다.

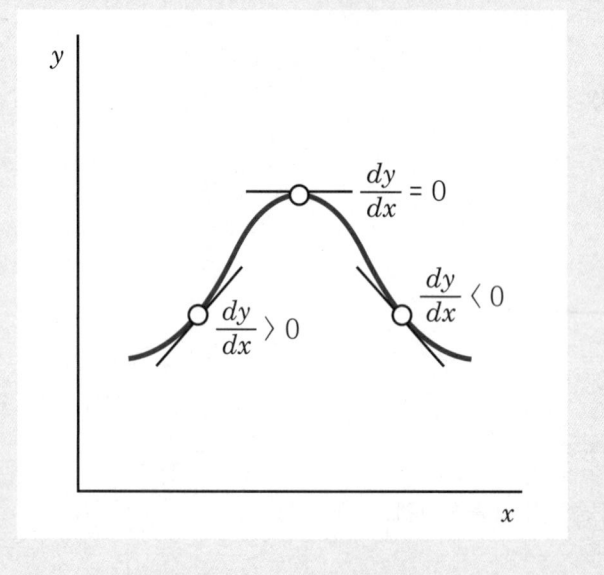

5. 미분 공식

① $y = x^n \to \frac{dy}{dx} = nx^{n-1}$

② $y = x^n + x^m \to \frac{dy}{dx} = nx^{n-1} + mx^{m-1}$

③ $y = \ln x \to \frac{dy}{dx} = \frac{1}{x}$

심화학습 　　직각쌍곡선의 점 탄력성

① 수요곡선이 직각쌍곡선이면 $PQ = k$(상수) $\to Q = \frac{k}{P} \to Q = kP^{-1}$의 형태로 주어진다.

② 직각쌍곡선의 점 탄력성을 계산해보면 $e_P = -\frac{dQ}{dP} \times \frac{P}{Q} = -(-kP^{-2}) \times \frac{P}{kP^{-1}} = 1$

③ 따라서 직각쌍곡선의 점 탄력성의 값은 1이다.

3절 수요의 소득탄력성과 교차탄력성

01 수요의 소득탄력성(income elasticity of demand)

1 개념

수요의 소득탄력성(ϵ_M)이란 소득(M)이 변화할 때 수요가 민감하게 반응하는 정도를 말한다.

$$수요의 소득탄력성(\epsilon_M) = \frac{수요의 변화율}{소득의 변화율} = \frac{\dfrac{\Delta Q}{Q} \times 100}{\dfrac{\Delta M}{M} \times 100} = \frac{\Delta Q}{\Delta M} \times \frac{M}{Q}$$

2 설명

① 대부분의 재화는 소득이 증가할 때 수요가 증가하므로 수요의 소득탄력성은 양(+)의 값을 갖는다.

② 그러나 라면과 같은 재화는 소득이 증가할 때 오히려 수요가 감소하므로 수요의 소득탄력성은 음(-)의 값을 갖는다.

③ 따라서 수요의 소득탄력성에 따라 '정상재', '필수재', '사치재', '열등재' 등으로 구분할 수 있다.

④ 수요의 소득탄력성이 0보다 크면 소득의 증가로 재화의 수요가 증가하기 때문에 '정상재'라 한다.

⑤ 수요의 소득탄력성이 0보다 작으면 소득의 증가로 재화의 수요가 감소하기 때문에 '열등재'라 한다.

⑥ 정상재 중에서 소득탄력성이 1보다 작으면 '필수재'라 하고 소득탄력성이 1보다 크면 '사치재'라 한다.

수요의 소득탄력성(ϵ_M)		상품의 구분	
$\epsilon_M > 0$	$0 < \epsilon_M < 1$	정상재	필수재
	$\epsilon_M > 1$		사치재
$\epsilon_M < 0$		열등재(하급재)	

3 사례

① 경제가 성장할수록 수요의 소득탄력성이 높은 제품을 생산하는 산업이 선도 산업이 될 가능성이 있다.

② 따라서 정부는 국내시장이나 국제시장에서 소득탄력성이 높은 제품을 생산하는 산업을 집중 육성해야 할 것이다.

4 엥겔의 법칙

1. 개념

① 엥겔의 법칙이란 19세기 독일의 행정관이며 통계학자인 엥겔(E. Engel)이 발견한 것으로 가계 소득이 증가하면서 엥겔계수가 감소하는 것을 말한다.

② 즉, 가계 총지출 중에서 식료품에 지출되는 소득의 비중이 감소하는 것을 의미한다.

③ 가계소득이 증가할 때 식료품의 증가폭이 작다는 것은 식료품에 대한 수요의 소득탄력성이 1보다 작은 값을 갖는다는 것을 의미한다.

→ 식료품은 필수재

④ 최근에 와서는 주거나 교육 등 식료품 이외의 생활필수품의 비중도 소득이 증가할 때 감소한다는 것이 발견되었다.

2. 엥겔계수

$$엥겔계수 = \frac{식료품\ 지출액}{가계\ 총\ 지출액} \times 100$$

3. 원인

① 고소득층은 저소득층에 비하여 상대적으로나 절대적으로 자동차, 주택 등 내구성 재화 또는 사치재에 대한 지출이 많다고 알려져 있다.

② 따라서 소득이 증가할수록 필수품에 대한 지출이 증가하지만 가계 총 지출 중에서 차지하는 비중은 작아진다.

4. 엥겔곡선

① 엥겔곡선이란 소득과 수요량의 관계를 나타내는 곡선을 말한다.

② 소득이 증가할 때 수요량이 증가하는 정상재의 경우 엥겔곡선은 우상향하는 형태를 갖는다.

③ 엥겔곡선에 대해서는 '소비자이론'에서 자세히 다룬다.

심화학습　　기펜재의 경우 수요의 소득탄력성과 가격탄력성

• 열등재이면서 소득효과가 대체효과보다 클 때 기펜재가 된다.

• 기펜재는 열등재의 특수한 유형이므로 기펜재 수요의 소득탄력성은 0보다 작은 값을 갖는다.

• 기펜재는 수요의 법칙이 성립되지 않으므로 가격변화율과 수요량변화율이 같은 방향으로 변한다.

• 수요의 가격탄력성은 전체 값에 (−)를 붙여 (+)의 값으로 변환시키게 되는데, 기펜재는 전체 값이 (+)의 값을 갖기 때문에 수요의 가격탄력성은 (−)의 값을 갖게 된다.

---

02 수요의 교차 탄력성(cross elasticity of demand)

1 개념

수요의 교차탄력성(ϵ_C)이란 연관 재화의 가격 변화에 따라 해당 상품의 수요가 보이는 반응의 민감성을 나타낸다.

$$수요의\ 교차탄력성(\epsilon_C) = \frac{해당재\ X재\ 수요의\ 변화율}{연관재\ Y재\ 가격의\ 변화율} = \frac{\dfrac{\Delta Q_X}{Q_X} \times 100}{\dfrac{\Delta P_Y}{P_Y} \times 100} = \frac{\Delta Q_X}{\Delta P_Y} \times \frac{P_Y}{Q_X}$$

2 설명

① 보완재의 경우 교차탄력성은 음(−)의 값을 갖는다. 예를 들어 커피 가격의 상승($\Delta P_Y > 0$)은 설탕의 수요량을 감소($\Delta Q_X < 0$)시킨다. 이와 같이 두 재화가 보완관계에 있을 때 교차탄력성의 부호는 음이 된다.

② 커피 가격의 상승($\Delta P_Y > 0$)은 대체재인 녹차의 수요량을 증가($\Delta Q_X > 0$)시킨다. 따라서 대체관계에 있는 두 재화의 교차탄력성은 양의 값을 가진다.

③ 두 재화가 독립재일 때는 교차탄력성은 0이 된다.

④ 따라서 수요의 교차 탄력성에 따라 상품을 대체재와 보완재 및 독립재로 나눌 수 있다.

⑤ 수요의 가격탄력성은 원래 음의 값만을 가지기 때문에 양·음의 구분이 필요하지 않고 편의상 절댓값을 취해 양으로 표시했지만, 수요의 소득탄력성이나 교차탄력성의 개념에는 부호가 매우 중요한 의미를 갖는다.

수요의 교차탄력성(ϵ_c)	상품의 구분
$\epsilon_c > 0$	대체재
$\epsilon_c < 0$	보완재
$\epsilon_c = 0$	독립재

Q 확인 문제 11

수요 탄력성에 대한 설명으로 옳은 것은?

① 수요의 소득탄력성이 0보다 큰 재화를 사치재라고 한다.
② 대체재가 많은 재화일수록 수요의 가격탄력성이 작아진다.
③ 두 재화가 대체 관계에 있다면 수요의 교차탄력성은 0보다 크다.
④ 수요의 가격탄력성은 가격변화율을 수요량 변화율로 나눈 것이다.
⑤ 수요의 가격탄력성이 가격 수준에 관계없이 일정하다면 수요곡선은 우하향하는 직선이 된다.

11 확인 문제 정답   ③

- -

• 수요의 소득탄력성이 1보다 큰 재화를 사치재라고 한다.
• 대체재가 많을수록 수요의 가격탄력성은 커진다.
• 대체재 관계의 경우 수요의 교차탄력성은 0보다 크다.
• 수요의 가격탄력성은 수요량변화율을 가격변화율로 나눈 값이다.
• 수요곡선이 우하향 직선인 경우 가격수준에 따라 수요의 가격탄력성의 값은 달라진다.

4절 공급의 가격탄력성

01 개념

① 공급의 가격탄력성(ϵ)이란 해당상품의 가격에 작은 변화가 생겼을 때 공급량의 변화를 측정하기 위해 고안된 개념이다.

$$\epsilon = \frac{공급량의\,변화율}{가격의\,변화율} = \frac{\Delta Q^s}{\Delta P} \times \frac{P}{Q^s}$$

② $\dfrac{\Delta Q^s}{\Delta P}$ 는 공급곡선 기울기의 역수를 나타내고, $\dfrac{P}{Q^s}$ 는 공급곡선 상 한 점을 나타낸다.

심화학습 **공급의 가격탄력성의 다른 해석**

$$\epsilon = \frac{공급량의\,변화율}{가격의\,변화율} = \frac{\Delta Q^s}{\Delta P} \times \frac{P}{Q^s} = \frac{\dfrac{P}{Q^s}}{\dfrac{\Delta P}{\Delta Q^s}} = \frac{평균값}{한계값}$$

• 공급의 가격탄력성은 평균값을 한계값으로 나눈 값으로 구할 수도 있다.

02 가격탄력성의 구분

① 공급의 가격탄력성은 수요의 경우와 마찬가지로 0과 무한대 사이의 값을 갖는다.
② 공급량 변화율이 가격변화율보다 크면 공급의 가격탄력성이 1보다 크며 '탄력적'이라고 한다.
③ 공급량 변화율이 가격변화율보다 작으면 공급의 가격탄력성이 1보다 작고 '비탄력적'이라고 한다.
④ 가격이 변화할 때 공급량이 전혀 변화하지 않는다면 공급의 가격탄력성은 0의 값을 갖는다. 이때 공급곡선은 수직선이 되며 공급자는 가격에 관계없이 일정량의 Q를 공급한다.
⑤ 공급량의 변화율이 가격변화율과 동일하면 공급의 가격탄력성은 1이 된다.

$\epsilon = \infty$	완전탄력적
$\epsilon > 1$	탄력적(가격에 민감)
$\epsilon = 1$	단위탄력적
$\epsilon < 1$	비탄력적(가격에 둔감)
$\epsilon = 0$	완전비탄력적

1 공급곡선이 가격축을 통과하는 경우

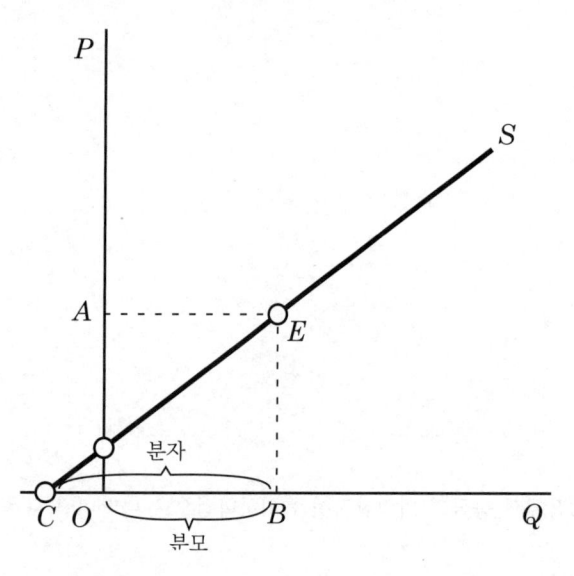

① 공급곡선이 우상향의 직선일 때 공급곡선상의 E점에서 공급의 가격탄력성을 기하학적으로 나타내면 다음과 같다.

$$공급의 가격탄력성 = \frac{\Delta Q^s}{\Delta P} \times \frac{P}{Q^s} = \frac{\overline{CB}}{\overline{EB}} \times \frac{\overline{EB}}{\overline{OB}} = \frac{\overline{CB}}{\overline{OB}}$$

② 공급곡선이 가격축을 통과하는 경우에는 분자($\overline{CB}$)가 분모($\overline{OB}$)보다 크기 때문에 공급의 가격탄력성이 모든 점에서 1보다 크다.

③ 공급곡선을 따라 우상방으로 이동하는 경우 공급곡선의 기울기 역수 $\left(\dfrac{\Delta Q^s}{\Delta P}\right)$는 일정하나 (왜냐하면 공급곡선의 기울기가 일정하기 때문) $\dfrac{P}{Q^s}$가 작아지므로 공급의 가격탄력성은 작아진다.

④ 가격(P)절편에서는 공급량(Q^s)이 0이므로 $\dfrac{P}{Q^s}$가 무한대의 값을 갖게 된다. 따라서 공급의 가격탄력성은 무한대이다.

2 공급곡선이 수량축을 통과하는 경우

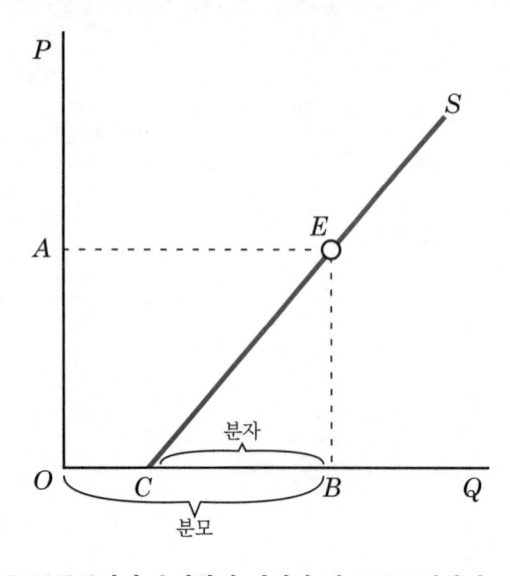

① 공급곡선이 우상향의 직선일 때 공급곡선상의 E점에서 공급의 가격탄력성을 기하학적으로 나타내면 다음과 같다.

$$공급의\ 가격탄력성 = \frac{\Delta Q^s}{\Delta P} \times \frac{P}{Q^s} = \frac{\overline{CB}}{\overline{EB}} \times \frac{\overline{EB}}{\overline{OB}} = \frac{\overline{CB}}{\overline{OB}}$$

② 공급곡선이 수량축을 통과하는 경우에는 분모($\overline{OB}$)가 분자($\overline{CB}$)보다 크기 때문에 공급의 가격탄력성이 모든 점에서 1보다 작다.

③ 공급곡선을 따라 우상방으로 이동하는 경우 공급곡선의 기울기 역수$\left(\frac{\Delta Q^s}{\Delta P}\right)$는 일정하나 (왜냐하면 공급곡선의 기울기가 일정하기 때문) $\frac{P}{Q^s}$가 커지므로 공급의 가격탄력성의 값은 증가한다.

④ 수량(Q)절편에서는 가격(P)이 0이므로 $\frac{P}{Q^s}$가 0의 값을 갖게 된다. 따라서 공급의 가격탄력성은 0이다.

04 기타의 선형 공급곡선

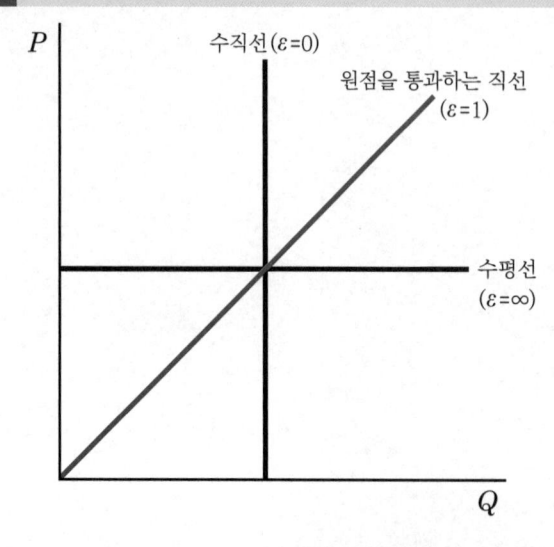

① 공급곡선이 수직선이면 공급의 가격탄력성은 모든 점에서 0이다. 왜냐하면 가격의 변화와 관계없이 공급량이 일정하기 때문이다.

② 공급곡선이 수평선이면 공급의 가격탄력성은 모든 점에서 ∞이다. 가격의 변화율이 0이어도 공급량이 얼마든지 변할 수 있기 때문이다.

③ 공급곡선이 원점을 통과하는 직선인 경우 기울기에 관계없이 공급의 가격탄력성은 모든 점에서 1이 된다. 원점 통과하는 직선이면 분모와 분자가 동일하며 $\frac{\Delta Q^s}{\Delta P}$와 $\frac{P}{Q}$를 곱한 값이 항상 1이 되기 때문이다.

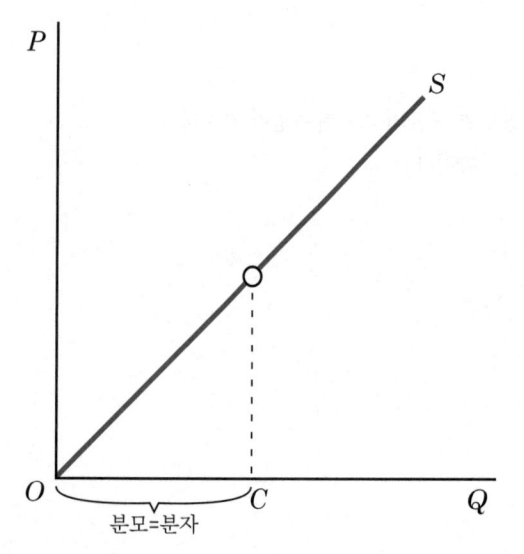

---

05 공급탄력성의 결정요인

1 비용 상승 정도

① 생산량이 증가할 때 비용이 급격히 상승할수록 비탄력적이게 된다. 아이스크림 생산량의 증가로 단위당 생산비용이 급격히 상승한다면 아이스크림의 공급량은 크게 증가하지 못하는 반면, 비용이 완만하게 상승한다면 아이스크림의 공급량은 크게 증가한다.

② 또한 공급곡선의 높이는 한계비용을 나타낸다. 따라서 비용이 급격히 상승하면 공급곡선의 기울기가 커지므로 공급의 가격탄력성은 작아진다.

2 저장 가능성 및 저장 비용

① 저장이 어렵고 저장비용이 많이 들수록 탄력성이 작아지고 저장가능성이 크거나 저장비용이 작을수록 공급의 가격탄력성은 커진다.

② 가격이 변할 때 생산을 신축적으로 조정할 수 없기 때문에 탄력성의 값이 작아진다.

③ 농산물의 경우 저장이 어렵고 저장비용도 많이 들기 때문에 공급의 가격탄력성이 작다.

3 기간

① 보다 장기일수록 탄력성이 커진다.

② 기간이 길수록 생산설비의 확대가 용이하므로 생산을 쉽게 늘릴 수 있다.

4 생산전환 가능성

타 상품으로 생산 전환 가능성이 클수록 타 상품 입장에서 생산을 쉽게 늘릴 수 있기 때문에 탄력성이 커진다.

5 초과설비의 유무

① 초과설비가 존재할수록 탄력성은 커진다.

② 초과설비란 생산설비가 다른 요소에 비하여 초과한 경우를 말한다. 초과설비가 존재하면 시장수요의 증가에 따른 생산증가가 용이할 수 있기 때문에 탄력성이 커진다.

6 생산요소의 가용성

① 해당 상품의 생산에 필요한 생산요소를 쉽게 얻을 수 있으면 공급의 가격탄력성이 커진다.

② 생산요소를 조달하기가 어려우면 공급의 가격탄력성은 작아진다.

5절 농산물의 가격 파동

01 의의

① 농산물은 공산물과 달리 매년 가격이 폭등하거나 폭락하는 '가격 파동'이 자주 관찰되고 있다.
② 그 이유는 수요와 공급이 모두 비탄력적이기 때문이다.
③ 농산물 수요의 가격탄력성이 낮은 이유는 농산물은 대부분 생활필수품에 속하기 때문이다. 또한 주식인 농산물 섭취에 대한 소비자의 기호가 쉽게 변하지 않아 이를 대체하기 힘들기 때문이다. 우리나라 소비자가 쌀 가격이 상승한다 하더라도 단기에 쌀 소비를 줄이고 밀가루 등으로 대체하기 쉽지 않다.
④ 농산물 공급의 가격탄력성이 작은 이유는 생산을 위해 일정한 시간이 소요되기 때문이다. 또한 농산물의 생산요소인 농지, 농가 노동력 등은 농산물 가격의 변화에 따라 쉽게 늘리거나 줄이기가 어렵기 때문이다. 또한 농산물의 생산은 기후조건과 병충해 등 정확한 예측이 불가능한 변수에 크게 영향을 받을 수 있기 때문이다.

02 가격 파동과 농민의 총수입의 변화

1 풍년인 경우

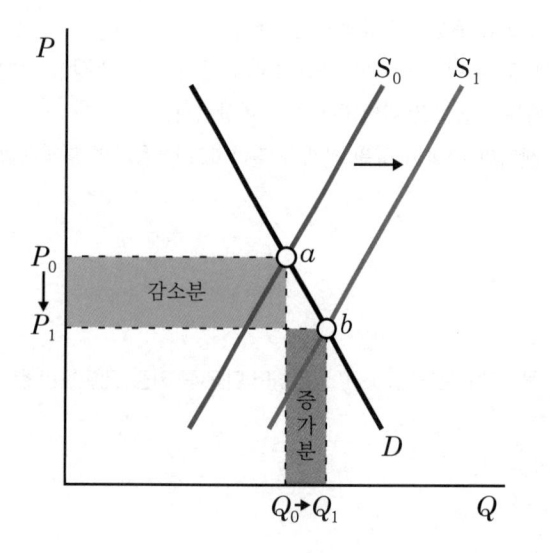

① 농산물의 수요와 공급이 비탄력적이므로 수요곡선과 공급곡선의 기울기가 가파르다.
② 풍년으로 공급곡선이 우측으로 이동하면($S_0 \rightarrow S_1$) 가격의 하락폭은 크지만($P_0 \rightarrow P_1$) 판매량의 증가폭은 가격의 하락폭에 비해 작다($Q_0 \rightarrow Q_1$).
③ 따라서 농민의 총수입은 풍년으로 감소하고 가격의 하락폭이 큼을 알 수 있다.

풍년 ⇨ 농산물 공급 증가 ⇨ 농산물 가격 하락 ⇨ 농산물 가격 하락률 > 농산물 판매량 증가율 ⇨ 농민의 판매수입 감소

2 흉년인 경우

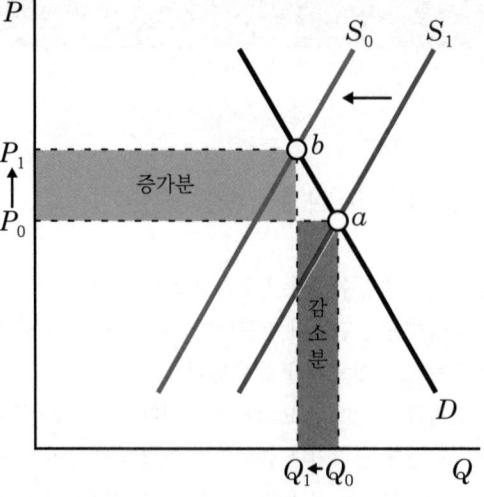

① 흉년으로 공급곡선이 좌측으로 이동하면$(S_0 \rightarrow S_1)$ 가격의 상승폭은 크지만$(P_0 \rightarrow P_1)$ 판매량의 감소폭은 가격의 상승폭에 비해 작다$(Q_0 \rightarrow Q_1)$.

② 따라서 농민의 총수입은 흉년으로 증가하고 가격의 상승폭이 큼을 알 수 있다.

> 흉년 ⇨ 농산물 공급 감소 ⇨ 농산물 가격 상승 ⇨ 농산물 가격상승률 > 농산물 판매량 감소율 ⇨ 농민의 판매수입 증가

03 구성의 오류

① 한 농가가 농산물 생산량을 늘리면 그 농가의 소득이 올라갈 수 있지만 모든 농가가 한꺼번에 농산물 생산량을 늘리면 농산물 가격 폭락으로 소득이 떨어질 수 있으므로 구성의 오류라고 볼 수 있다.

② 구성의 오류란 부분적으로 바람직한 일이 전체적으로 보면 엉뚱하게 바람직하지 않게 되는 현상을 말한다. 즉, 개별 행동은 나름의 합리성을 갖고 있지만 그 행동의 총합은 비합리로 가는 현상이다.

③ 한 사람이 절약하고 저축하면 그 개인은 부자가 되겠지만 사회 구성원 전체가 절약하고 저축하면 경제 전체의 소비는 위축될 수 있는 경우도 여기에 해당된다.

Q 확인 문제 12

한국인의 주식은 밥이다. 획기적인 다수확 쌀 품종이 개발되어 보급되었다고 가정하면 다음 중 가장 그럴 듯한 결과는 무엇인가?

① 쌀의 가격은 6% 하락하고 쌀 거래량은 10% 증가한다.
② 쌀의 가격은 10% 하락하고 쌀 거래량은 6% 증가한다.
③ 쌀의 가격은 6% 상승하고 쌀 거래량은 10% 증가한다.
④ 쌀의 가격은 10% 상승하고 쌀 거래량은 6% 증가한다.
⑤ 쌀을 재배하는 농부들의 총매출액이 증가한다.

12 확인 문제 정답 ②

• 한국인의 주식인 밥을 만들기 위한 쌀은 농산물이므로 수요와 공급의 가격탄력도가 낮다. 획기적인 다수확 쌀 품종이 개발된다면 쌀의 공급이 증가한다. 쌀의 공급곡선이 우측으로 이동하면 쌀 가격이 하락하고 거래량은 늘어난다. 쌀의 가격하락율이 쌀의 거래량 증가율보다 크기 때문에 농부의 총매출액은 감소한다.

01 귤 1개의 가격이 50원에서 60원으로 오를 때 귤의 수요량이 100개에서 80개로 줄었다. 수요의 가격탄력성은 얼마인가? (2019년 신한은행)

① 0.5
② 1.0
③ 1.5
④ 2.0

02 수요의 가격탄력성이 1.5인 상품에서 가격이 30% 하락하면 그 수요량의 변동은?

① 45% 증가
② 45% 감소
③ 20% 증가
④ 20% 감소

03 수요의 가격탄력성이 '1'보다 작을 때 가격이 오르면 소비자의 총지출액은?

① 증가
② 감소
③ 불변
④ 증가할 수도 있고 감소할 수도 있다.

04 수요의 가격탄력성 결정요인을 설명한 것이다. 잘못된 것은?

① 대체재가 많을수록 수요의 가격탄력성이 크다.
② 기간이 길수록 수요의 가격탄력성이 커진다.
③ 필수품일수록 수요의 가격탄력성이 작다.
④ 경쟁기업이 많을수록 수요의 가격탄력성이 작다.

05 재화의 가격을 40원으로 책정하면 20단위의 재화가 판매되고, 가격을 30원으로 인하하면 판매량이 30단위로 증가한다면 호탄력성의 크기는?

① 1.4
② 1.5
③ 1.6
④ 1.7
⑤ 1.8

01 · 수요의 가격탄력성이란 수요량의 변화율을 가격변화율로 나눈 값으로 다음과 같이 계산된다. ②

$$\rightarrow e_P = -\frac{-20}{10} \times \frac{50}{100} = 1$$

02 · 수요의 가격탄력성이란 수요량의 변화율을 가격변화율로 나눈 값이므로 가격이 30% 하락할 때 수요량은 ①
45% 증가하여야 한다.

$$수요의 가격탄력성 = \frac{수요량\ 변화율}{가격\ 변화율} = \frac{수요량\ 변화율}{30\%} = 1.5$$

$$\rightarrow 수요량\ 변화율 = 1.5 \times 30\% = 45\%$$

03 · 수요의 가격탄력성이 1보다 작다면 가격이 변하더라도 수요량이 비탄력적이다. ①
· 비탄력적인 경우 가격이 상승하더라도 소비자의 수요량은 적게 감소한다. 따라서 소비자의 총지출액은 증가
한다.
· 즉, 수요의 가격탄력성이 1보다 작다면 가격의 변화와 총지출액의 변화는 같은 방향으로 변한다.

04 · 경쟁기업이 많을수록 대체재의 수 역시 많다. 따라서 가격이 변할 때 소비자의 선택폭이 증가하므로 수요의 ④
가격탄력성이 크다.

05 · 호탄력성이란 수요곡선상의 두 점 사이에서 계산된 탄력성을 의미하며 중간점탄력성이라고도 한다. ①
· 호탄력성의 공식은 다음과 같다.

$$e = -\frac{\Delta Q}{\Delta P} \times \frac{P_1 + P_2}{Q_1 + Q_2}$$

· 가격 30원에서 40원 사이에서 변할 때 수요량은 30단위에서 20단위로 변하므로 호탄력성은 다음과 같이 구
할 수 있다.

$$e = -\frac{10}{-10} \times \frac{30 + 40}{30 + 20} = 1.4$$

06 한 병에 100원하던 소주 값이 110원으로 오르자 맥주의 수요량이 2,000병에서 2,100병으로 증가하였다면 수요의 교차탄력성은?

① $\frac{1}{4}$

② $\frac{1}{3}$

③ $\frac{1}{2}$

④ 1

⑤ 2

| 풀이
날짜 | | | |
| 채점
결과 | | | |

07 수요함수가 $Q = 10 - 2P$일 때 수요의 점탄력도는?

① $\frac{P}{5-P}$

② $\frac{-P}{5-P}$

③ P

④ $-P$

| 풀이
날짜 | | | |
| 채점
결과 | | | |

08 수요곡선이 $P \times Q = 2$일 때의 수요의 가격탄력성은 얼마인가?

① 1

② 2

③ $\frac{1}{2}$

④ 0

⑤ $\frac{3}{4}$

| 풀이
날짜 | | | |
| 채점
결과 | | | |

09 가계의 총지출 중에서 식료품비가 차지하는 비중을 나타내는 것은?
(2018년 신협중앙회)

① 엥겔지수
② 슈바베지수
③ 에인절지수
④ 텔레콤 지수

| 풀이
날짜 | | | |
| 채점
결과 | | | |

10 다음 재화의 쌍 가운데 교차탄력성이 음수인 것은?

① 쌀과 밀가루
② 돼지고기와 쇠고기
③ 커피와 커피크림
④ 연필과 라면
⑤ 모두 아님

| 풀이
날짜 | | | |
| 채점
결과 | | | |

06 • 한 병에 100원 하던 소주의 가격이 110원으로 오르면 연관재인 소주의 가격변화율은 $\dfrac{10}{100} \times 100 = 10\%$ 상 ③

승하였다. 맥주의 수요량이 2,000병에서 2,100병으로 증가하였으므로 해당재의 수요량 변화율은

$\dfrac{100}{2,000} \times 100 = 5\%$ 증가하였다. 따라서 수요의 교차탄력성은 $\dfrac{5\%}{10\%} = \dfrac{1}{2}$이다. 또는 다음과 같이 공식에 대입

하여 구할 수도 있다.

$$e_c = \frac{\Delta Q_X}{\Delta P_Y} \times \frac{P_Y}{Q_X}$$

$$= \frac{100}{10} \times \frac{100}{2000}$$

$$= \frac{1}{2}$$

07 • 점탄력성이란 수요곡선상의 한 점에서 측정한 탄력성을 말한다. ①

• 점탄력성은 미분을 통하여 구할 수 있다.

• $\dfrac{dQ}{dP}$는 Q에 대한 방정식에서 가격 P로 미분하여 구하므로 $\dfrac{dQ}{dP}$는 -2이다. 따라서 점탄력성은 다음과 같다.

$$e = -\frac{dQ}{dP} \times \frac{P}{Q}$$

$$= -(-2) \times \frac{P}{10-2P} = \frac{P}{5-P}$$

08 • 수요곡선의 함수식을 살펴보면 가격과 판매량의 곱이 항상 2로 일정한 경우이다. ①

• 수요곡선은 직각쌍곡선의 형태를 갖게 되며 수요곡선상의 모든 점에서 수요의 가격탄력성은 항상 1이다.

09 • 엥겔의 법칙이란 19세기 독일의 행정관이며 통계학자인 엥겔(E. Engel)이 발견한 것으로 가계 소득이 증가하 ①

면서 엥겔지수가 감소하는 것을 말한다. 즉, 가계 총지출 중에서 식료품에 지출되는 소득의 비중이 감소하는

것을 의미한다.

• 에인절지수란 가계의 총지출 중에서 교육비가 차지하는 비중을 나타내며 불황 시 엔젤지수의 값은 커진다.

• 슈바베지수란 가계의 총지출 중에서 주거비가 차지하는 비중을 나타낸다.

• 텔레콤 지수란 가계의 총지출 중에서 정보통신비용이 차지하는 비중을 나타낸다.

10 • 교차탄력성이 음수이면 두 재화는 보완재 관계이고 교차탄력성이 양수이면 두 재화는 대체재 관계이다. ③

• 일반적으로 재화의 쌍 가운데 '커피와 커피크림'은 보완재 관계이고 '돼지고기와 쇠고기', '쌀과 밀가루'는 대

체재 관계이다. '연필과 라면'은 독립재 관계이다.

01 어떤 재화의 시장수요곡선이 직선이고, 그 수요곡선상의 가격과 수요량이 다음
과 같을 때, 수요의 가격탄력성이 가장 큰 것은?

	A	B	C	D	E
가격(원)	200	300	400	500	600
시장수요량(개/월)	260	220	180	140	100

풀이 날짜			
채점 결과			

① A
② B
③ C
④ D
⑤ E

02 철수와 영희는 매주 한 번씩 길거리에서 붕어빵을 사먹는다. 철수와 영희는 갈
때마다 붕어빵의 가격은 보지 않고 다음과 같은 방법으로 주문한다.

　　철수 : "붕어빵 4개 주세요."
　　영희 : "붕어빵 1000원어치 주세요."

그렇다면 철수와 영희의 붕어빵수요의 가격탄력성은 각각 얼마인가?

풀이 날짜			
채점 결과			

① 0,0
② 0,1
③ 1,0
④ 0, ∞
⑤ 1,∞

03 다음의 경우 수요의 가격탄력성은 각각 얼마인가? (2019년 신한은행)

　　A : 소고기를 항상 300g만 사는 경우
　　B : 소고기를 3만 원어치 구입하는 경우

풀이 날짜			
채점 결과			

① A : 0, B : 1
② A : 1, B : 0
③ A : 0, B : 무한대
④ A : 무한대, B : 1

01
- 가격이 상승할 때 시장수요량이 감소하므로 시장수요곡선은 우하향하는 직선의 형태를 갖는다.
- 시장수요곡선이 우하향하는 직선일 때 중점($e_p = 1$)을 기준으로 왼쪽으로 올라갈수록 가격탄력성은 1보다 커진다. 즉, 가격이 상승할수록 수요의 가격탄력성이 커지므로 가장 가격이 높은 E점에서 수요의 가격탄력성이 크다.

⑤

02
- '붕어빵 4개 주세요.'의 의미는 붕어빵 가격과 상관없이 수요량이 4개로 일정하다는 것을 의미한다.
- 수요곡선의 형태가 수직선이므로 수요의 가격탄력성은 0의 값을 갖는다.
- '붕어빵 1000원어치 주세요.'의 의미는 붕어빵 가격이 1,000원일 때는 1개, 500원일 때는 2개를 구입하겠다는 의미로 수요곡선의 함수식이 $P \times Q = 1,000$이 된다.
- 수요곡선의 형태가 직각쌍곡선이므로 수요의 가격탄력성은 1이다.

②

03
- A의 경우 소고기를 가격에 상관없이 항상 300g만 구입한다면 수요곡선은 수직선의 형태를 갖는다. 따라서 수요의 가격탄력성은 0의 값을 갖는다.

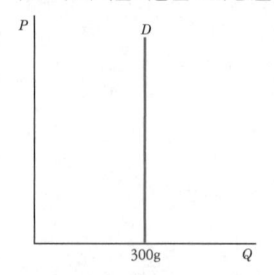

- B의 경우 소고기를 3만 원어치 구입하는 경우 수요곡선은 직각쌍곡선의 형태를 갖는다. 따라서 수요의 가격탄력성은 1의 값을 갖는다.

①

04 전기 수요에 대한 가격탄력성은 0.8이고 도시가스 가격에 대한 전기 수요의 교차
탄력성은 0.2라고 하자. 정부가 전기 요금을 5% 인상하면서 전기 수요량을 종전
과 같은 수준으로 유지하려면 도시가스 요금을 얼마만큼 변화시켜야 하는가?

① -5%

② -10%

③ 15%

④ 20%

⑤ 25%

풀이 날짜			
채점 결과			

05 연탄수요의 가격탄력도는 1.5이며, 연탄수요의 석유가격에 대한 교차탄력도는
2라고 할 때, 물가당국이 연탄가격을 10% 인상하면서도 연탄수요량을 종전과
같은 수준으로 유지하고자 한다면 석유가격을 얼마나 인상해야 하는가?

① 3.5%

② 3.0%

③ 1.5%

④ 5.0%

⑤ 7.5%

풀이 날짜			
채점 결과			

06 두 소비자 A와 B의 q 상품에 대한 개별 수요곡선이 각각 다음과 같다.

$$q_A = 10 - 2P$$
$$q_B = 15 - 3P$$

$P = 2$ 일 때 q 상품에 대한 시장수요의 가격탄력성은 얼마인가?

① 0.33

② 0.67

③ 0.96

④ 1.00

⑤ 1.25

풀이 날짜			
채점 결과			

04 • 일단 정부가 전기요금을 5% 인상하면 전기수요에 대한 가격탄력성이 0.8이므로 전기수요량은 4% 감소한다.

④

$$전기\ 수요에\ 대한\ 가격탄력성 = \frac{전기\ 수요량의\ 변화율}{전기\ 요금의\ 변화율} = \frac{전기\ 수요량의\ 변화율}{5\%} = 0.8$$

→ 전기 수요량의 변화율 = 0.8 × 5% = 4%

• 전기수요량을 종전과 같은 수준으로 유지하려면 전기수요량이 다시 4% 증가해야 한다.

• 대체재인 도시가스 가격을 인상하면 전기수요량이 증가하므로 도시가스 가격에 대한 전기수요의 교차탄력성을 통해 도시가스 요금 인상을 계산해야 한다.

• 도시가스 가격에 대한 전기수요의 교차탄력성은 0.2이므로 전기수요와 대체재인 도시가스 가격을 인상해야 한다.

$$도시가스\ 가격에\ 대한\ 전기\ 수요의\ 교차탄력성 = \frac{전기\ 수요량의\ 변화율}{도시가스\ 가격의\ 변화율} = \frac{4\%}{도시가스\ 가격의\ 변화율} = 0.2$$

→ 0.2 × 도시가스 가격의 변화율 = 4%

→ 도시가스 가격의 변화율 = 4% × 5 = 20%

• 따라서 도시가스 가격을 20% 인상하여야 전기수요량이 4% 증가할 수 있다.

05 • 물가당국이 연탄가격을 10% 인상하면 연탄수요의 가격탄력성이 1.5이므로 연탄수요량은 15% 감소한다.

⑤

• 연탄수요량을 종전과 같은 수준으로 유지하고자 한다면 연탄수요량은 다시금 15% 증가해야 한다.

• 연탄수요량이 15% 증가하기 위해서는 석유가격을 7.5% 인상해야 한다. 왜냐하면 연탄수요의 석유가격에 대한 교차탄력성이 2이기 때문이다.

$$\frac{연탄\ 수요량\ 증가율}{석유\ 가격\ 인상율} = 2$$

$$→ \frac{15\%}{석유\ 가격\ 인상율} = 2$$

→ 2 × 석유 가격 인상율 = 15%

→ 석유 가격 인상율 = 7.5%

06 • 시장수요곡선은 개별수요곡선을 수평으로 합하여 도출하는데 이는 개별 소비자들이 각각의 가격수준에서 구입하고자 하는 재화의 수량을 합한다는 것을 의미한다.

②

• 소비자 A의 수요함수가 $q_A = 10 - 2P$, 소비자 B의 수요함수가 $q_B = 15 - 3P$로 주어져 있으므로 수량(q)에 대해 더해야 한다. 따라서 시장수요곡선의 함수식은 $Q_M = 25 - 5P$이므로 가격(P)이 2일 때 시장수요량은 $Q_M = 25 - 5 \times 2 = 15$이다.

• 시장수요의 가격탄력성은 다음과 같다.

$$e_p = \frac{dQ}{dP} \times \frac{P}{Q} = -(-5) \times \frac{2}{15} = 0.67$$

07 사과의 가격이 한 개당 500원일 때 수요의 가격탄력성이 1.5로 추정되었다. 어느 날 사과 장수가 한 개당 500원의 가격으로 400개의 사과를 판매하였다. 만약, 이 사과 장수가 사과의 가격을 480원으로 낮추어 팔았다면 몇 개나 더 팔 수 있었을까?

① 30

② 40

③ 24

④ 20

⑤ 16

풀이 날짜			
채점 결과			

08 수요함수가 $Q = 10 - P$일 때, 수요의 가격탄력성이 1인 점의 수요량(Q)값은 얼마인가?

① $Q = 0$

② $Q = \dfrac{5}{2}$

③ $Q = 5$

④ $Q = \dfrac{15}{2}$

⑤ $Q = 10$

풀이 날짜			
채점 결과			

09 어떤 재화의 가격이 1,000원일 때의 수요량이 10단위였는데, 그 재화의 가격이 1,200원으로 되었을 때, 수요량은 7단위로 감소하였다. 다음 중 옳은 것은?

① 이 재화의 수요의 가격탄력성은 0.5이다.

② 이 재화의 수요는 가격비탄력적이다.

③ 이 재화의 경우 가격을 하락시킴으로써 총수입을 증대시킬 수 있을 것이다.

④ 이 재화의 공급의 가격탄력성은 1.5이다.

⑤ 이 재화는 열등재이다.

풀이 날짜			
채점 결과			

10 지속적인 기술진보로 인하여 재화의 생산이 증가할수록 이 재화를 공급하는 기업의 총수입이 감소할 경우 이 재화에 대한 설명으로 옳은 것은?

① 수요의 가격탄력성이 1보다 크다.

② 수요의 가격탄력성이 1보다 작다.

③ 공급의 가격탄력성이 1보다 크다.

④ 공급의 가격탄력성이 1보다 작다.

⑤ 수요의 소득탄력성이 1보다 크다.

풀이 날짜			
채점 결과			

07

- 사과 장수가 사과의 가격을 500원에서 480원으로 낮추었다면 사과가격의 변화율은 $\frac{-20}{500} \times 100 = -4\%$이다.

③

- 수요의 가격탄력성이 1.5이므로 사과수요량의 변화율은 6%이다.

$$-\frac{\text{사과 수요량의 변화율}}{-4\%} = 1.5$$

→ 사과 수요량의 변화율 $= 1.5 \times 4\% = 6\%$

- 사과의 가격이 한 개당 500원일 때 사과 판매량이 400개이므로 사과의 가격이 480원으로 하락하면 사과 판매량이 400개 × 6% = 24개 더 증가한다. 또는 수요의 가격탄력성에 대입하면 다음과 같이 구할 수 있다.

$$1.5 = -\frac{\triangle Q}{-20} \times \frac{500}{400} \to \triangle Q = 24$$

08

- 수요의 가격탄력성의 공식은 $-\frac{dQ}{dP} \times \frac{P}{Q}$이므로 수요의 가격탄력성이 1일 때 다음과 같이 식을 만들 수 있다.

③

$$\to 1 = -(-1) \times \frac{10-Q}{Q} \to 1 = \frac{10-Q}{Q}$$

$$\to Q = 10 - Q \to 2Q = 10 \to Q = 5$$

- 따라서 수요의 가격탄력성이 1인 점의 수요량은 5이다.

09

- 재화의 가격(P)이 1,000원에서 1,200원으로 상승하면 가격의 변화율은 $\frac{200}{1,000} \times 100 = 20\%$이다.

③

- 수요량(Q)이 10단위에서 7단위로 감소하면 수요량의 변화율은 $\frac{-3}{10} \times 100 = -30\%$이다.

- 수요의 가격탄력성은 $\frac{\text{수요량의 변화율}}{\text{가격의 변화율}} = -\frac{-30\%}{20\%} = 1.5$이다. 또는 공식에 대입하면 다음과 같다.

수요의 가격탄력성은 $\epsilon_p = -\frac{\triangle Q}{\triangle P} \times \frac{P}{Q} = -\frac{-3}{200} \times \frac{1,000}{10} = 1.5$이다.

- 수요의 가격탄력성의 값이 1보다 크므로 가격탄력적이다.

- 수요의 가격탄력성이 1보다 클 때 가격이 하락하면 총수입은 증가한다.

10

- 지속적인 기술진보로 인하여 재화의 생산이 증가하면 공급곡선이 우측 이동한다.

②

- 공급곡선이 우측으로 이동하면 가격은 하락하고 거래량은 증가한다. 가격이 하락하고 거래량이 증가할 때 기업의 총수입이 감소한다면 가격의 하락폭이 거래량 증가폭보다 크다고 볼 수 있다.

- 따라서 수요의 가격탄력성은 1보다 작다. 또한 공급곡선이 우측으로 이동할 때 수요곡선은 선상에서 이동하는데 수요의 가격탄력성이 1보다 작은 영역에서 공급곡선이 우측으로 이동했음을 알 수 있다.

11 한 조사에 따르면, 수돗물에 대한 수요의 가격탄력성은 0.5이고 소득탄력성은 2.0이라고 한다. 수돗물의 가격이 4% 상승하고 수요자의 소득이 1% 높아지는 경우 수돗물에 대한 수요의 변화는?

① 2% 감소　　　　　　　　② 1% 감소
③ 불변　　　　　　　　　　④ 1% 증가
⑤ 2% 증가

풀이날짜			
채점결과			

12 사과 수요의 가격탄력성은 0.4이고, 배 가격에 대한 교차탄력성은 0.2이다. 사과와 배 가격이 각각 5% 하락한다면 사과의 수요는 얼마만큼 변화하는가? (단, 사과는 정상재이고, 가격탄력성은 절댓값으로 표시한다.)

① 불변
② 0.5% 증가
③ 1% 증가
④ 1.5% 증가
⑤ 2% 증가

풀이날짜			
채점결과			

13 수요의 가격탄력성을 증가시키는 요인으로 옳지 않은 것은?

① 밀접한 대체재가 많이 존재할수록 수요의 가격탄력성이 증가한다.
② 소비자가 꼭 필요하다고 생각할수록 수요의 가격탄력성이 증가한다.
③ 재화를 좁게 정의할수록 수요의 가격탄력성이 증가한다.
④ 시간을 길게 잡을수록 수요의 가격탄력성이 증가한다.

풀이날짜			
채점결과			

14 수요곡선상의 한 점 A 에서 수요의 가격탄력성은?

① 0
② 1
③ 2
④ 4
⑤ 무한대

풀이날짜			
채점결과			

11

③

- 수돗물에 대한 수요의 가격탄력성이 $\dfrac{\text{수돗물 수요량의 변화율}}{\text{수돗물의 가격 변화율}} = 0.5$일 때 수돗물의 가격이 4% 상승하면 수돗물의 수요는 2% 하락한다.

- 또한 소득탄력성이 2.0일 때 수요자의 소득이 1% 높아지면 수요는 2% 상승한다.

- 따라서 가격이 4% 상승할 때 수요는 2% 하락하고 소득이 1% 높아질 때 수요는 2% 상승하므로 수돗물에 대한 수요는 변하지 않는다.

12

③

- 사과의 가격이 5% 하락하면 사과 수요의 가격탄력성이 0.4이기 때문에 사과수요량은 2% 증가한다.

- 배 가격이 5% 하락하면 배 가격에 대한 사과 수요의 교차탄력성이 0.2이기 때문에 사과 수요량은 1% 감소한다. 따라서 사과와 배 가격이 각각 5% 하락하면 사과의 수요는 2% 증가 + 1% 감소 = 1% 증가한다.

13

②

① 대체재가 많이 존재하면 가격 변화에 대해 민감하기 때문에 수요의 가격탄력성은 증가한다.

② 필수품일수록 가격 변화에 대해 민감하지 않기 때문에 수요의 가격탄력성은 감소한다. 반면 사치품일수록 가격 변화에 대해 민감하기 때문에 수요의 가격탄력성이 증가한다.

③ 재화를 좁게 정의하면 대체재의 수가 증가하기 때문에 수요의 가격탄력성은 증가한다.

④ 장기일수록 대체재의 수가 증가하기 때문에 수요의 가격탄력성은 증가한다. 따라서 일반적으로 단기인 경우 수요의 가격탄력성은 작고 장기인 경우 수요의 가격탄력성은 크다.

14

②

- 그래프에서 가로축 10을 기준으로 분모는 원점에서 10까지의 거리이고 분자는 10에서 20까지의 거리이다.

- 따라서 $\dfrac{\text{분자}}{\text{분모}} = \dfrac{10}{10} = 1$이므로 수요의 가격탄력성은 1의 값을 갖는다.

15 한 상품에 대한 세 사람의 수요곡선이 다음 그림에서 보는 것처럼 각각 A, B, C와 같다. 가격이 P_0일 때 A, B, C 수요곡선에서 수요의 가격탄력성 크기는?

풀이 날짜		
채점 결과		

① C는 A와 B를 합친 것과 같다.
② A가 B와 C보다 크다.
③ C가 A와 B보다 크다.
④ A와 B 및 C의 크기는 같다.
⑤ B는 A와 C의 중간 크기이다.

16 아파트 상가 제과점에서 빵가격을 올림으로써 수입이 증가되는 경우에 다음 중 타당한 것은?

풀이 날짜		
채점 결과		

① 아파트 주민의 대부분이 빵을 주식으로 하는 경우
② 아파트 주민의 빵에 대한 지출이 소득에서 차지하는 비중이 큰 경우
③ 아파트 주민들에게 빵과 밥의 대체성이 클 경우
④ 상가에 다른 음식이 많이 있는 경우
⑤ 가격이 오르기 전에 빵이 높은 가격에 적은 양만 팔리고 있는 경우

17 혜원이는 아이스크림을 너무도 좋아해서 아이스크림 값에 관계없이 자신의 소득을 모두 아이스크림을 사 먹는데만 쓴다고 한다. 아이스크림에 대한 혜원이의 가격탄력성과 소득탄력성 값을 바르게 나타낸 것은?

풀이 날짜		
채점 결과		

	가격탄력성	소득탄력성
①	탄력적	비탄력적
②	단위탄력적	단위탄력적
③	완전비탄력적	완전비탄력적
④	완전탄력적	비탄력적
⑤	비탄력적	단위탄력적

해설

15 • 가격축에서 분모와 분자의 비율이 세 수요곡선에서 동일하므로 A와 B와 C의 수요곡선 상에서 수요의 가격탄력성 크기는 같다.

④

---

16 • 빵 가격 상승 시 수입이 증가하기 위해서는 수요의 가격탄력성이 1보다 작아야 한다.

①

• 빵을 주식으로 소비하는 경우 빵은 필수재라고 볼 수 있다. 따라서 빵 수요의 가격탄력성은 비탄력적이다.

② 지출이 소득에서 차지하는 비중이 크다면 수요의 가격탄력성은 탄력적이다.

③ 빵 가격이 상승할 때 대체재인 밥을 소비하면 되므로 빵과 밥의 대체성이 크다면 수요의 가격탄력성은 1보다 크다.

④ 상가에 다른 대체음식이 많이 있다면 수요의 가격탄력성은 1보다 크다.

⑤ 우하향 직선의 수요곡선에서 높은 가격에 위치하고 있다면 수요의 가격탄력성은 1보다 크다.

---

17 • 하나의 재화에만 소득(M) 전부를 지출하면 수요함수식은 $P \times Q = M$이다.

②

• 수요곡선은 직각쌍곡선으로 수요의 가격탄력성은 1이다.

• 수요의 소득탄력성은 $Q = M \times P^{-1}$이므로

$$\frac{\triangle Q}{\triangle M} \times \frac{M}{Q}$$

$$= P^{-1} \times \frac{M}{M \times P^{-1}}$$

$$= 1$$

1이 된다.

18 X재의 수요함수가 다음과 같이 주어졌다고 가정하자.

$$Q_x = 100 - \frac{1}{2}P_x + \frac{1}{3}P_y + \frac{1}{4}I$$

$$P_x = 100, \ P_y = 60, \ I = 200$$

교차탄력성은 얼마인가?

(단, Q_x : X재의 수요량, P_x : X재의 가격, P_y : Y재의 가격, I : 소득수준)

① $\frac{1}{6}$ 　　　　　　　　　② $\frac{7}{18}$

③ $\frac{5}{12}$ 　　　　　　　　④ $\frac{5}{6}$

⑤ $\frac{3}{20}$

풀이 날짜			
채점 결과			

19 공급곡선이 아래 그림과 같이 주어져 있을 때 공급의 가격탄력성에 대한 다음 설명 중 옳은 것은?

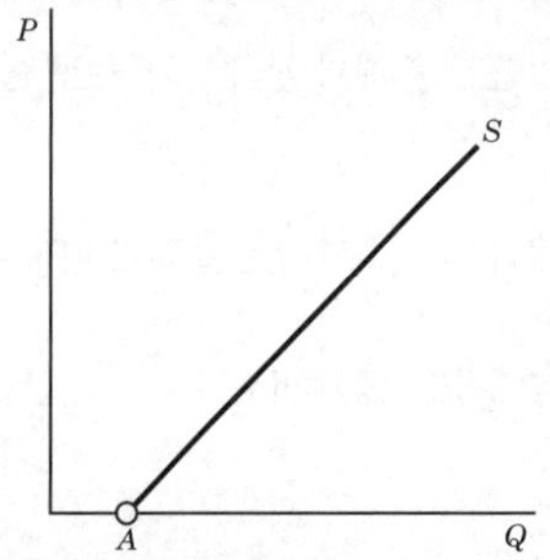

① A점에서의 공급의 가격탄력성은 무한대이다.
② A점에서 우상방으로 이동할수록 공급의 가격탄력성은 0에 근접한다.
③ 공급곡선상의 모든 점에서 공급의 가격탄력성은 1이다.
④ A점에서 우상방으로 이동할수록 공급의 가격탄력성은 1에 근접한다.
⑤ A점 이외의 모든 점에서 공급의 가격탄력성은 1보다 크다.

풀이 날짜			
채점 결과			

20 완전경쟁시장에서 수요곡선과 공급곡선이 다음과 같을 때 시장균형에서 공급의 가격탄력성은? (단, P는 가격, Q는 수량이다.)

　•수요곡선 : $P = 7 - 0.5Q$
　•공급곡선 : $P = 2 + 2Q$

① 0.75
② 1
③ 1.25
④ 1.5
⑤ 2

풀이 날짜			
채점 결과			

18
①

- $Q_x = 100 - \dfrac{1}{2}P_x + \dfrac{1}{3}P_y + \dfrac{1}{4}I$

- $P_x = 100,\ P_y = 60,\ I = 200$

- 위 식에서 $\dfrac{\partial Q_x}{\partial P_y} = \dfrac{1}{3}$, $P_y = 60$, $Q_x = 100 - \dfrac{1}{2} \times 100 + \dfrac{1}{3} \times 60 + \dfrac{1}{4} \times 200 = 120$

- 교차탄력성 $\dfrac{\partial Q_x}{\partial P_y} \times \dfrac{P_y}{Q_x} = \dfrac{1}{3} \times \dfrac{60}{120} = \dfrac{1}{6}$

19
④

① A점에서는 가격이 0이므로 공급의 가격탄력성은 0이다. 왜냐하면 공급의 가격탄력성이 $\dfrac{\Delta Q}{\Delta P} \times \dfrac{P}{Q}$ 일 때

가격 P가 0이기 때문이다.

②, ③, ④, ⑤ 공급곡선이 수량축을 통과할 경우 공급곡선상의 모든 점에서 공급의 가격탄력성은 1보다 작으며
우상방으로 이동할수록 1에 근접한다.

- 공급곡선을 따라 우상방으로 이동하는 경우 공급곡선의 기울기 역수$\left(\dfrac{\Delta Q^s}{\Delta P}\right)$는 일정하나(왜냐하면 공급곡선의

기울기가 일정하기 때문) $\dfrac{P}{Q^s}$가 커지므로 공급의 가격탄력성의 값은 증가한다.

20
④

- 시장균형은 수요곡선과 공급곡선이 교차하는 점에서 달성된다.
- 수요곡선의 함수식과 공급곡선의 함수식을 연립하면 균형가격과 균형거래량을 다음과 같이 구할 수 있다.
  - $\rightarrow 7 - 0.5Q = 2 + 2Q$
  - $\rightarrow 2.5Q = 5$
  - $\rightarrow Q = 2,\ P = 6$
- 따라서 균형에서 공급의 가격탄력성은 다음과 같다.

$$\epsilon = \dfrac{dQ}{dP} \times \dfrac{P}{Q}$$

$$= \dfrac{1}{\dfrac{dP}{dQ}} \times \dfrac{P}{Q}$$

$$= \dfrac{1}{2} \times \dfrac{6}{2} = 1.5$$

CHAPTER 05

수요 및 공급이론의 응용

단원 학습 목표

- 기본적인 분석 도구를 활용해서 현실 경제현상을 분석하는데 어떻게 응용될 수 있는가를 배우게 된다.
- 시장기구는 희소성의 법칙 때문에 발생하는 '경제문제'를 해결하는 과정에서 소비자와 생산자 모두 이익을 얻게 된다.
- 이를 '소비자 잉여'와 '생산자 잉여'라고 하는데 정부는 가격통제를 통하여 시장기구에 직접적인 제약을 가한다.
- 또한 정부는 다양한 상품에 대하여 조세를 부과함으로써 자원배분에 간접적인 영향을 주기도 한다.
- 이러한 정부의 시장 개입이 미치는 영향을 '조세의 전가와 귀착'과 '가격통제'라는 개념을 통해 확인해 본다.

1절 가격통제

01 가격통제

① 시장경제를 채택하는 국가에서도 때로는 특정 재화에 대하여 그 시장가격을 인위적으로 정해 놓고 유지시키는 데에 정책적인 노력을 기울이는 수가 있다. 이를 가격통제라 한다.

② 가격통제(price control)란 어떤 목적을 달성하기 위하여 정부가 직접적으로 가격형성에 개입하는 것을 말한다.

③ 가격통제에는 가격상한제와 가격하한제가 있다.

02 가격상한제(price ceiling) - 최고가격제

1 의의

① 가격상한제 또는 최고가격제란 정부가 균형가격보다 낮은 가격에서 통제를 해서 그 이상의 가격으로 거래가 이루어지는 것을 제한하는 제도를 말한다.

② 정부는 수요자(소비자) 보호, 인플레이션 규제 등을 위해서 가격상한을 설정한다. 현실적으로 분양가 상한제, 임대료 통제, 사채 이자 규제 등을 실시하고 있다.

2 장점

① 가격상한제를 실시하면 시장균형가격보다 낮은 '최고 가격'이 실시된다.

② 따라서 소비자들은 그 이전보다 낮은 가격으로 재화 구입이 가능하다.

3 단점

1. 기회비용 상승

① 최고 가격이 균형 가격보다 낮은 수준으로 설정되면 수요량은 증가하고 공급량은 감소하여 초과수요가 발생한다.

② 과거 구소련의 경우 생필품에 대한 가격 규제로 초과수요가 발생하였으며 생필품을 사기 위해서 고소득 직종자도 줄을 서서 생필품을 사야 했다.

③ 생필품을 사기 위해 1시간 동안 줄을 서야 한다면 고소득 직종자의 기회비용은 매우 클 것이다.

2. 초과수요 발생

① 정부가 최고가격을 낮게 설정하면 수요량이 공급량보다 커지기 때문에 초과수요가 발생한다.

② 일반적으로 초과수요가 발생하면 가격 상승이 발생해야 하나 정부의 최고가격 설정으로 초과수요가 해소되지 않는다.

3. 암시장(black market) 형성

① 초과수요가 해소되지 않으면 정부의 규제가격보다 훨씬 높은 가격으로 암시장 거래가 발생할 수 있다.

② 소비자들은 부족한 상품을 얻기 위하여 최고가격보다 더 높은 가격을 기꺼이 지불하려고 할 것이기 때문이다.

③ 암시장이란 재화가 법정최고가격 이상의 수준에서 비합법적으로 판매되는 시장을 말한다.

4. 재화의 품질 저하

생산자 입장에서 재화 가격이 강제로 낮게 형성된다면 품질 저하로 이익을 보전하고자 하는 유혹이 발생한다.

5. 사회적 잉여의 감소(사회적 후생 손실)

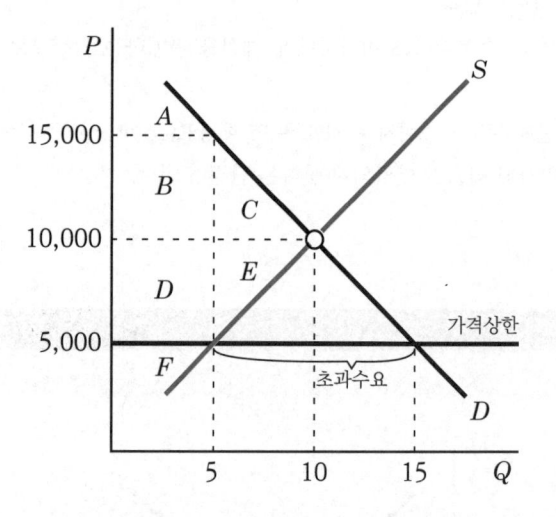

	가격통제 전	가격통제 후	변화
소비자 잉여	$A+B+C$	$A+B+D$	$D-C$
생산자 잉여	$D+E+F$	F	$-D-E$
사회적 잉여	$A+B+C+D+E+F$	$A+B+D+F$	$-C-E$

즉, 정부가 가격상한을 강제함으로 $(C+E)$의 면적만큼 사회적 잉여가 감소한다.

4 설명

① 가격상한제를 실시되기 이전의 시장균형가격과 시장균형 거래량은 각각 10,000원, 10개이다.

② 만약 최고가격이 균형가격보다 높은 수준에 설정된다면 균형가격 10,000원은 여전히 유지될 수 있기 때문에 시장균형에는 아무런 영향도 미치지 않는다. (non-binding)

③ 최고가격이 균형가격보다 낮은 수준 예를 들어 1개당 5,000원으로 설정된다면 균형가격은 유지될 수 없다.

④ 이때 가격은 최고가격 수준으로 하락되며 수요량은 증가하고 공급량이 감소하여 초과수요가 10만큼 발생한다.

⑤ 가격을 균형가격보다 낮게 유지시키려고 하는 가격상한제도 하에서는 공급량(5개)이 소비자들이 구매하고자 하는 수요량(15개)을 충족시킬 만큼 충분하지 못하다.

⑥ 정부의 가격상한으로 소비자는 해당 재화를 5개만 구입 가능하며 소비자는 1개당 15,000원까지 지불할 용의가 있다.

⑦ 재화 5개가 모두 암시장에서 거래될 때 그 가격은 15,000원이 되고 소비자가 지불해야 하는 화폐액은 75,000원(15,000원 × 5개)이 된다.

⑧ 따라서 가격상한을 설정하면 정부의 의도했던 규제가격보다 더 높게 암시장에서 가격이 형성될 수 있으며 정부의 과도한 규제가 오히려 부작용을 초래할 수 있다.

5 최고가격제에서의 재화의 배분방법

① 판매자가 정부의 가격상한제에서 초과수요에 따른 부족한 재화를 소비자에게 어떤 식으로 배분할 것인가 하는 문제가 발생한다.

② 대표적인 배분방식으로는 선착순 방식과 배급제도가 있다.

③ 선착순(first-come-first-served)방식은 먼저 온 순서대로 소비자들에게 재화를 판매하는 방식으로 형평성 측면에서 바람직스럽지 못할 수 있다.

④ 배급제도(coupon system)는 소비자에게 총판매수량을 소비자 수로 나누어 배급표(coupon)를 나누어 주는 방식이다. 이 방식은 공평성은 달성되지만 소비자의 선호가 반영되지 못하는 단점이 있다.

심화학습   임대료 통제

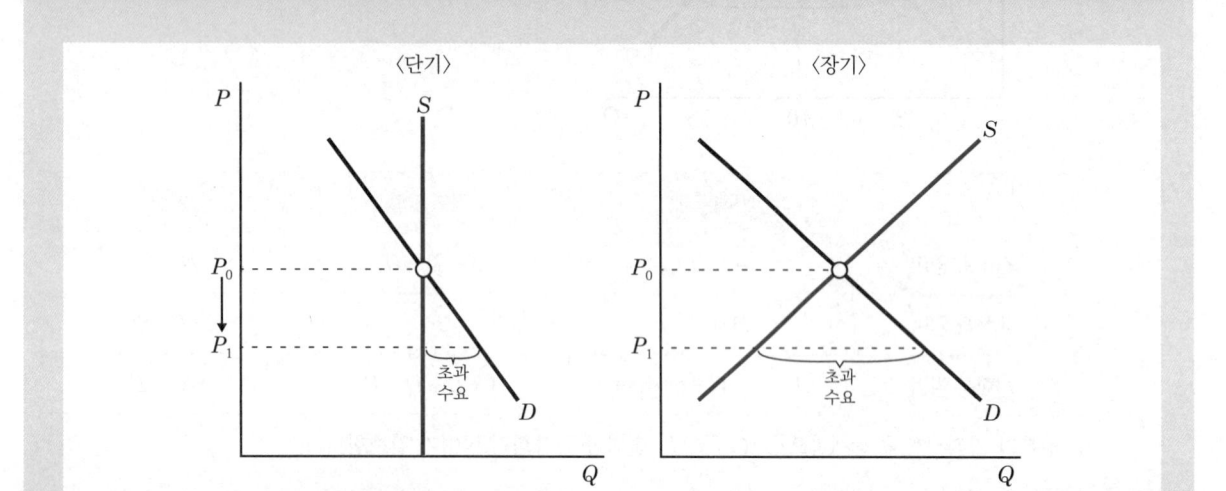

1. 단기

① 단기에는 임대주택 공급이 고정되어 있어 임대주택 공급곡선이 수직선이며 임대주택 수요곡선은 매우 비탄력적이다.

② 균형임대료가 P_0 수준에서 P_1으로 임대료를 통제하더라도 초과수요가 크지 않아 심각한 주택난은 발생하지 않는다.

2. 장기

① 임대료가 하락하면 주택 건설업체의 수익성이 악화되므로 신규 임대주택 건설은 위축된다. 따라서 임대주택 공급곡선의 탄력성이 커져서 우상향의 형태를 갖는다.

② 저렴한 임대료는 독립하려고 하는 사람들의 증가를 가져와 임대주택 수요곡선의 탄력성이 커져 완만한 기울기를 갖는다.

③ 따라서 임대료 통제로 초과수요의 크기가 커지며 심각한 주택난이 발생할 수 있다.

Q 확인 문제 13

식료품이 거래되는 시장에서 균형가격보다 낮은 가격으로 가격상한제를 실시할 때 나타날 수 있는 현상이 아닌 것은?

① 식료품에 대한 초과수요가 발생한다.
② 식료품을 파는 암시장이 형성될 것이다.
③ 아무도 식료품을 공급하려 하지 않는다.
④ 식료품을 사기 위해 긴 줄이 늘어서게 된다.
⑤ 시장에서 식료품에 대한 품귀현상이 나타난다.

03 가격하한제(price floor) – 최저가격제

1 의의

① 정부가 공급자를 보호하기 위하여 최저가격을 정하고 그 가격 이하로는 거래를 못하게 하는 제도를 말한다.
② 현실적으로 최저임금제, 농산물 가격지지정책 등과 연관되어 있다.
③ 최저임금법은 노동서비스를 생산하는 노동자의 권익을, 농산물 가격지지제도는 농산물을 생산하는 농가의 이익을 보호하기 위하여 도입된 제도이다.

2 가격하한제의 일반적인 효과

1. 초과공급 발생

① 정부가 최저가격을 높게 설정하면 공급량이 수요량보다 커지기 때문에 초과공급이 발생한다.
② 일반적으로 초과공급이 발생하면 가격 하락이 발생해야 하나 정부의 최저가격 설정으로 초과공급이 해소되지 않는다.

2. 암시장(black market) 발생

① 초과공급이 해소되지 않으면 정부의 규제가격보다 훨씬 낮은 가격으로 암시장 거래가 발생할 수 있다.
② 생산자들은 남아도는 상품을 최저가격보다 더 낮은 가격으로 기꺼이 받고 판매할 용의가 있기 때문이다.

3. 재화의 품질 개선

① 생산자 입장에서 재화 가격이 강제로 높게 형성된다면 품질이 개선될 수 있다.
② 노동시장의 경우 시장에서 주어진 임금보다 높은 임금을 주게 되면 우수한 노동자들이 시장에 진입하게 되어 노동의 질이 좋아질 것이다.

13 확인 문제 정답 ③

• 가격상한제가 실시된다고 해서 아무도 공급하지 않는 것이 아니라 상한가격보다 낮은 비용으로 생산할 수 있는 생산자들은 공급할 것이다. 또한 암시장에서 식료품을 공급하고자 하는 생산자들이 등장할 것이다.

정부가 농산물의 가격을 시장 균형가격보다 높은 수준에서 규제하려고 한다. 다음 중 옳은 설명은?

① 균형 거래량이 감소한다.
② 생산자 잉여가 증가한다.
③ 농산물의 초과 수요가 발생한다.
④ 이와 같은 정책을 최고가격제라고 한다.
⑤ 부동산 임대시장에서 이와 비슷한 가격정책이 많이 사용된다.

3 최저임금제

1. 최저임금제란?

최저 임금법은 국가가 법적 강제력을 가지고 임금의 최저한도를 정해 이를 밑도는 수준으로는 사용자가 근로자를 고용하지 못하도록 함으로써 상대적으로 불리한 위치에 있는 근로자를 보호하는 데 있다.

2. 효과

① 최저 임금제의 실시는 노동자들의 임금 상승을 유발한다.
② 미숙련 노동의 초과 공급으로 대량의 비자발적 실업이 발생할 수 있다.

3. 최저임금제 분석

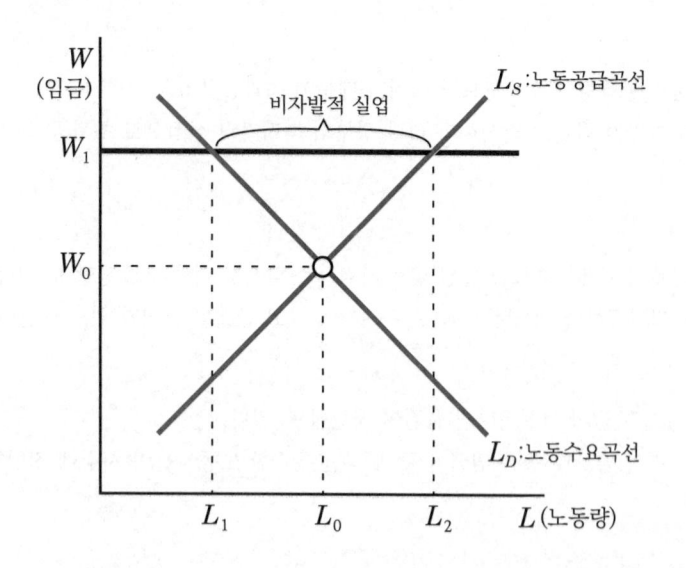

① 최저임금이 실시되기 전 노동시장의 균형임금과 균형고용량은 각각 W_0, L_0 이다.

② 정부가 최저임금을 시장균형임금보다 높은 W_1 으로 설정하면 노동수요량은 L_1 으로 감소하고 노동공급량은 L_2 로 증가한다.

③ 최저임금제 실시로 노동해고가 $\overline{L_0 L_1}$ 가 발생하고 $\overline{L_1 L_2}$ 만큼 비자발적 실업이 발생하게 된다. 즉, 이러한 임금의 상승은 고용주의 노동에 대한 수요를 $\overline{L_0 L_1}$ 만큼 감소시키는 반면, 노동자의 노동공급을 $\overline{L_0 L_2}$ 만큼 증가시킬 것이다.

④ 따라서 새로운 균형점에서 고용되는 노동자의 수는 L_1이 될 것이다.

⑤ $\overline{L_1 L_2}$ 만큼의 비자발적 실업자는 법정최저임금 이하의 임금을 받고도 고용될 용의가 있기 때문에 결국 최저임금이 적용되기 어려운 곳에서 직장을 구하게 될 것이다.

4. 최저임금제의 장점 및 단점

① 최저임금제의 장점으로는 임금률을 높여 임금생활자의 소득을 증가시키는 소득재분배 효과가 있다.

② 그러나 최저임금제는 미숙련노동자의 대량해고를 유발하여 해고 노동자의 후생을 감소시킬 수도 있다.

심화학습   최저임금제의 사회적 후생손실

	최저임금제 실시 전	최저임금제 실시 후	변화
기업 잉여	$A+B+C$	A	$-B-C$
노동자 잉여	$D+E$	$B+D$	$B-E$
사회적 잉여	$A+B+C+D+E$	$A+B+D$	$-C-E$

---

14 확인 문제 정답   ①

- 최저가격이 시장가격보다 높아 공급량이 수요량을 초과하는 초과 공급이 발생하게 되고 균형거래량은 감소한다.

4 최저임금제와 총노동 소득

1. 의미

① 최저임금제를 실시하면 임금은 상승하나 노동의 고용량이 감소한다.

② 최저임금제 실시로 노동자들의 총노동소득은 노동수요의 임금탄력성에 영향을 받는다.

→ 최저임금제로 인한 총노동소득은 노동공급의 임금탄력성과는 상관이 없음

③ 노동수요의 임금탄력성은 $\dfrac{\text{노동수요량의 변화율}}{\text{임금변화율}}$ 이다.

2. 노동수요의 임금탄력성이 탄력적인 경우

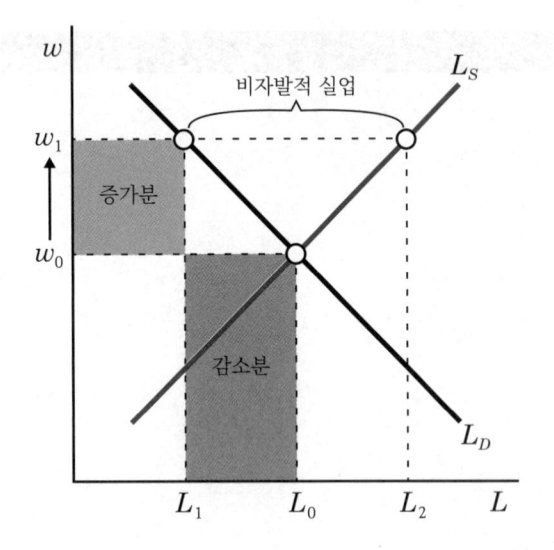

노동수요의 임금탄력성이 '탄력적'이라면 임금이 상승할 때 노동수요량이 임금상승률보다 크게 감소하므로 노동자들의 총노동소득이 감소한다.

임금 상승 ⇨ 노동 수요의 임금탄력성이 탄력적 ⇨ 임금 상승률 < 노동 수요 감소율 ⇨ 총 노동 소득 감소

3. 노동수요의 임금탄력성이 비탄력적인 경우

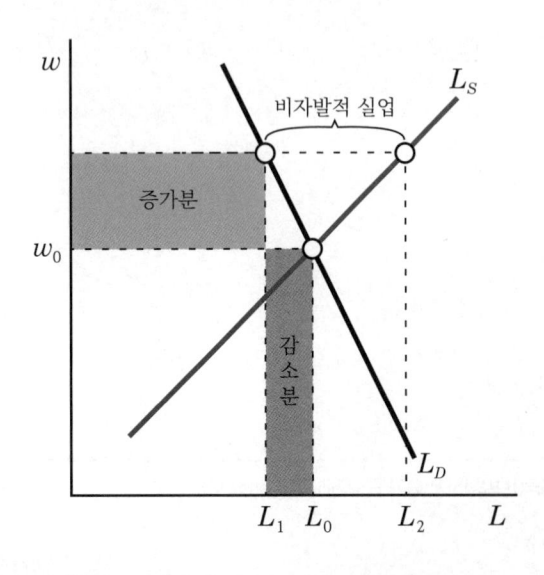

노동수요의 임금탄력성이 '비탄력적'이라면 임금이 상승할 때 노동수요량 감소 폭이 임금상승률보다 적게 감소하므로 노동자들의 총노동소득은 증가한다.

임금 상승 ⇨ 노동 수요의 임금탄력성이 비탄력적 ⇨ 임금 상승률 > 노동 수요 감소율 ⇨ 총 노동 소득 상승

개념정리

	최고가격제(가격상한제)	최저가격제(가격하한제)
개 념	정부가 가격상한을 설정	정부가 가격하한을 설정
목 적	수요자 보호	공급자 보호
사 례	임대료 통제, 분양가 상한제 등	최저임금제도
특 징	초과수요 발생	초과공급 발생

2절 조세의 전가와 귀착

01 개요

1 조세란?

조세란 국가나 지방자치단체가 재정 활동에 필요한 재원을 얻기 위하여 국민들로부터 강제적으로 징수하는 금전을 말한다.

2 조세의 기능과 역기능

기능	• 정부의 경제 활동을 위한 재원으로, 세입의 대부분을 차지함 • 누진세, 특별소비세 부과 등 → 소득 재분배 • 독과점, 외부효과 등의 시장 실패 해결 → 자원의 효율적인 배분
역기능	• 고율의 소득세 → 근로 의욕 저하 • 고율의 소비세 → 소비감소, 경기위축

3 조세의 기본 원칙

1. 평등의 원칙

조세는 국민의 수입에 비례하여 과세되어야 한다.

2. 확실성의 원칙

조세는 명확하게 법률로 정해져야 하며 자의성을 가져서는 안 된다.

3. 지불편의의 원칙

조세는 납세자가 납부하기에 편리한 시기와 방법에 의해 징수되어야 한다.

4. 경제성의 원칙

조세는 징세비가 최소가 되어야 하며 조세가 국민의 경제활동 의욕에 저하를 가져다 주어서는 안 된다.

4 조세의 종류

1. 종량세(per-unit tax) 와 종가세(Ad valorem tax)

① 종량세란 과세표준이 과세물건의 수량 등으로 표시하는 경우로 수량당 부과하는 세금을 말한다.

　예 1개당 100원의 조세를 부과하는 경우

② 종량세를 부과하면 공급 곡선이 상방으로 수평 이동한다. 생산자가 조세부과 전 10개를 판매하고자 할 때 1개당 최소 100원을 받고자 하는 경우 정부가 1개당 100원의 종량세를 부과한다면 최소 200원을 받고자 하기 때문에 공급곡선이 100원만큼 상방 이동한다.

③ 종가세란 과세표준이 화폐단위로 표시하는 경우로 가격당 부과하는 세금을 말한다.

　예 1원당 10%의 조세를 부과하는 경우

④ 생산자가 조세부과 전 10개를 판매하고자 할 때 1개당 최소 100원을 받고자 하는 경우 정부가 1원당 10%의 종가세를 부과한다면 최소 110원을 받고자 한다.

⑤ 가격이 상승할수록 더 많은 종가세를 부담해야 하므로 공급곡선의 기울기가 커지면서 상방 이동한다.

1. 종량세의 경우

① 종량세가 생산자에게 부과되면 생산자는 소비자로부터 받고자 하는 가격이 종량세만큼 상승하기 때문에 공급곡선이 단위당 조세액만큼 상방으로 평행 이동한다.

② 종량세가 소비자에게 부과되면 소비자는 생산자에게 지불하고자 하는 금액이 종량세만큼 감소하기 때문에 수요곡선이 단위당 조세액만큼 하방으로 평행 이동한다.

2. 종가세의 경우

① 종가세가 생산자에게 부과되면 생산자가 소비자로부터 받고자 하는 가격이 1원당 t%만큼 상승하므로 공급곡선이 회전이동하면서 상방 이동한다.

② 종가세가 소비자에게 부과되면 소비자가 생산자에게 지불할 용의가 있는 가격이 1원당 t%만큼 하락하므로 수요곡선이 회전이동하면서 하방 이동한다.

2. 정액세(lump-sum tax)

① 정액세란 누구든지 동일한 금액으로 부과되는 세금을 말한다.

② 정액세에 가장 근접한 조세로는 주민세를 들 수 있다.

③ 주민세란 특별시·광역시·시·군의 주민이 지방자치단체에 내는 세금의 하나로 주민의 지방행정 참여의식을 고취시키고, 지방재정수요에 부응하기 위해 지방자치단체의 구성원인 회원의 자격으로서 납부하는 지방세이다.

3. 관세(tariff)

① 관세란 해외로부터 수입하는 재화에 대한 조세부과를 의미한다.

② 관세를 부과하면 수입재의 가격이 상승하므로 국내 수입 대체재 생산자들의 이윤이 증가하므로 국내생산에 의한 수입 대체재의 공급량이 증가할 것이다.

③ 수입재의 수요량은 감소하게 되어 수입재의 수입량은 관세를 부과하기 전보다 줄어들게 될 것이다.

4. 직접세와 간접세

① 직접세란 납세의무자와 담세자가 일치하는 조세로 소득세와 법인세 등이 있다.

② 간접세란 납세의무자와 담세자가 일치하지 않는 조세로 조세의 부담이 다른 경제주체에게로 전가된다. 부가가치세 등이 이에 해당된다.

→ 담세자란 세금액을 실제로 납부하는 주체를 말함

5. 보통세와 목적세

① 보통세란 정부의 일반적인 지출재원을 조달하기 위하여 부과되는 조세로 주민세와 재산세 등이 있다.

② 목적세란 특정한 지출목적에 사용하기 위하여 부과되는 조세로 교육세와 환경세 등이 있다.

6. 비례세와 누진세, 역진세

① 비례세(proportional tax)란 누구에게나 일정세율을 부과하는 세금을 말하며 주로 간접세 분야에서 사용된다.

② 누진세(progressive tax)란 고소득자가 저소득자보다 더 많이 세금을 내는 것으로 과세표준이 증가함으로 세율도 증가한다.

③ 역진세(regressive tax)란 고소득자가 저소득자보다 더 적게 세금을 내는 것으로 과세표준이 증가함으로 세율이 감소한다.

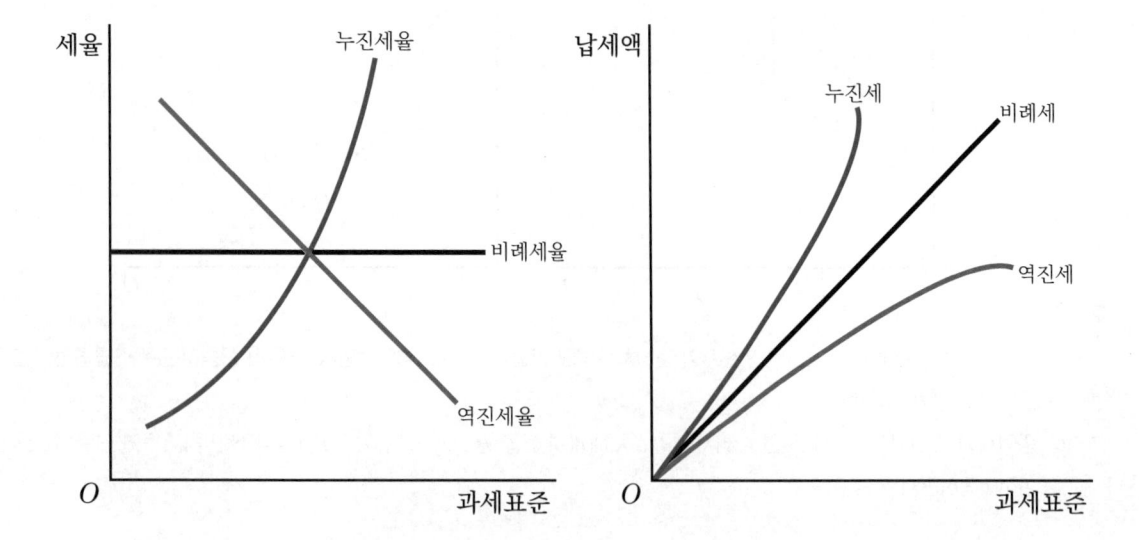

5 조세의 구분

부과 주체	영역	목적	항목	부담 방식
국세	내국세	보통세	소득세	직접세
			법인세	
			상속세	
			증여세	
			종합부동산세	
			부가가치세	간접세
			개별소비세	
			주세	
			인지세	
			증권거래세	
		목적세	교육세	
			교통·에너지·환경세	
			농어촌특별세	
	관세			
지방세	도세	보통세	취득세	
			레저세	
			등록면허세	
			지방소비세	
		목적세	지역자원시설세	
			지방교육세	
	시·군·구세	보통세	주민세	
			재산세	
			자동차세	
			담배소비세	
			지방소득세	

① 조세는 중앙정부가 거둬들이는 국세와 지방정부가 거둬들이는 지방세로 나눌 수 있다.

② 국세비율은 약 70~80%, 지방세 비율은 약 20~30% 수준에서 안정적인 모습을 보여 왔다.

③ 국세와 지방세는 다시 부과되는 영역에 따라 내국세·관세, 그리고 도세와 시·군·구세로 나눌 수 있고 집행의 목적에 따라 특정한 목적의 재정수요를 위해 부과되는 목적세와 그렇지 않은 보통세로 구분된다.

④ 또한 납부자와 납세자가 일치하는 직접세, 그렇지 않은 간접세로 구분할 수 있다.

1 조세의 전가

1. 개념

① 조세의 전가(shifting)란 조세의 부담을 법률적 납세 의무자에게서 다른 경제 주체로 이전하는 것을 말한다.

② 납세자가 조세로 인해 지게 되는 실제 부담은 조세 부과의 결과 그의 실질처분가능소득이 얼마나 줄어드는지에 의해 측정할 수 있다.

2. 전가의 유형

① 부담의 전방전가(forward shifting)란 조세부담이 기업으로부터 소비자에게 전가된 것을 말한다. 법인세가 부과된 결과 어떤 기업이 생산하는 상품의 가격이 이전보다 더 높아졌다면 높아진 가격을 주고 그 상품을 사야 하는 소비자도 실질적으로 법인세 부담의 일부를 지는 결과가 생긴다. 이런 경우를 부담의 전방전가가 일어났다고 표현한다.

② 부담의 후방전가(backward shifting)란 조세부담이 기업으로부터 노동자에게 전가된 것을 말한다. 법인세가 부과된 데 대해 기업이 노동의 고용량을 줄이는 반응을 보일 수 있다. 그 결과 근로자가 받는 임금이 하락하게 된다면 근로자도 역시 법인세의 부담을 부분적으로 나누어지는 셈이 된다. 이런 경우를 부담의 후방전가가 일어났다고 표현한다.

③ 또한 조세를 납부해야 하는 생산자가 종전보다 더욱 효율적인 생산을 통해 생산비를 절감함으로써 실질적으로 조세부담을 없애버릴 수 있는데 이를 소전(transformation)이라고 한다.

2 조세의 귀착(incidence)

① 조세의 귀착이란 조세의 부담이 각 경제주체들에게 귀속되어 실질적으로 소득에 영향을 미치는 것을 말한다.

② 조세부담의 법적귀착은 조세법상으로 누가 조세납부의 의무를 지도록 규정되어 있는지에 의해 결정된다.

③ 조세부담의 실질적 귀착은 실제로 누가 조세부담을 지는가를 보는 개념으로 경제학에서는 실질적 부담의 귀착에 관심을 갖고 있다.

1 가정

① 정부는 생산자에게 1개당 T 원의 종량세를 부과한다고 하자.

② 따라서 공급곡선은 상방으로 평행 이동한다.

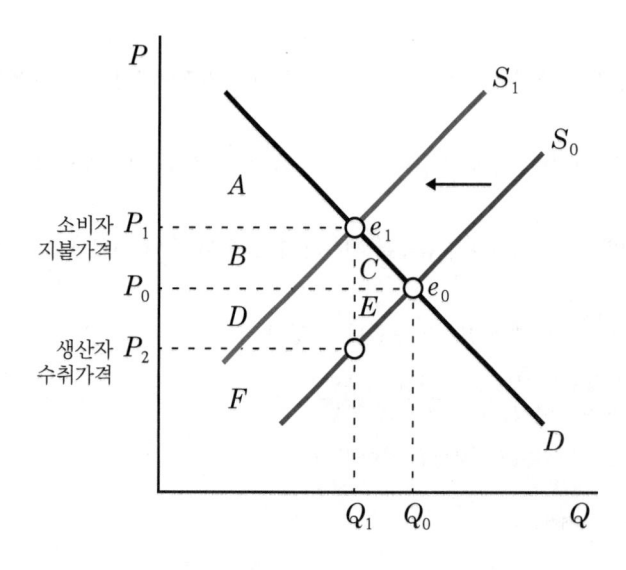

① 조세부과전 시장균형점이 e_0 이고 균형가격과 균형거래량은 각각 P_0와 Q_0 이다.

② 정부가 생산자에게 1개당 T 원씩의 종량세를 부과하면 공급곡선은 상방으로 T 원만큼 평행 이동한다 $(S_0 \to S_1)$.

③ 새로운 균형가격은 P_0에서 P_1으로 상승한 반면 새로운 균형거래량은 Q_0에서 Q_1으로 감소한다.

④ 조세부과 후 소비자 가격은 P_1으로 상승하였으나 생산자는 소비자 지불가격 P_1에서 단위당 조세 T를 납부해야 하므로 생산자가 실제로 얻는 단위수입은 $P_1 - T = P_2$에 불과하다. 즉, 조세부과 전의 균형가격 P_0보다 낮아진다.

⑤ 조세를 부과하면 소비자 지불가격은 P_1으로 상승하므로 단위당 조세의 일부가 소비자에게 전가된다.

⑥ 또한 생산자 수취가격도 P_2로 하락하기 때문에 생산자에게도 조세부담이 발생한다.

⑦ 정부는 단위당 조세에 시장거래량을 곱하여 정부의 조세수입액 $(B+D)$을 얻을 수 있다.

⑧ 단위당 조세액 T 중 소비자의 조세부담은 $P_1 \leftrightarrow P_0$, 생산자의 조세부담은 $P_0 \leftrightarrow P_2$가 된다.

❸ 사회적 후생손실 발생

① 조세부과로 소비자 가격이 상승하면 소비자 잉여는 $(B+C)$만큼 감소한다.

② 조세부과로 생산자 가격이 하락하면 생산자 잉여는 $(D+E)$만큼 감소한다.

③ 정부의 조세수입은 $(B+D)$의 면적만큼 발생하므로 사회적 잉여는 $(C+E)$만큼 감소한다. 즉, 소비자 잉여의 감소와 생산자 잉여의 감소분 중 일부분만 정부가 가져가므로 사회적 후생손실은 $(-C-E)$만큼 발생하게 된다.

	조세부과 전	조세부과 후	변화
소비자 잉여	$A+B+C$	A	$-B-C$
생산자 잉여	$D+E+F$	F	$-D-E$
정부의 조세수입		$B+D$	$B+D$
사회적 잉여	$A+B+C+D+E+F$	$A+B+D+F$	$-C-E$

4 조세의 상대적 부담

1. 가격탄력성과 조세의 상대적 부담과의 관계

① 일반적으로 조세 부과 시 소비자와 생산자의 조세부담의 크기는 수요와 공급의 가격탄력성의 상대적인 크기에 따라 결정된다.

② 상대적으로 수요의 가격탄력성이 공급의 가격탄력성보다 클수록 소비자의 조세부담은 감소하고 생산자의 조세부담은 증가한다.

③ 상대적으로 공급의 가격탄력성이 수요의 가격탄력성보다 클수록 생산자의 조세부담은 감소하고 소비자 조세부담은 증가한다.

④ 따라서 소비자와 생산자의 조세부담의 크기는 아래의 식으로 표현할 수 있다.

$$\frac{수요의\,가격탄력성(\epsilon_p)}{공급의\,가격탄력성(\epsilon)} = \frac{생산자\,부담}{소비자\,부담}$$

즉, 경제주체의 가격 탄력성이 상대적으로 클수록 조세부담은 작아진다.

심화학습 　탄력성과 조세부담 비율

단위당 조세액 중 소비자와 생산자가 부담하는 비율은 다음과 같다.

- 소비자 조세부담비율 $= \dfrac{공급의\,가격탄력성}{수요의\,가격탄력성 + 공급의\,가격탄력성}$

- 생산자 조세부담비율 $= \dfrac{수요의\,가격탄력성}{수요의\,가격탄력성 + 공급의\,가격탄력성}$

심화학습 　가격탄력성과 조세부담

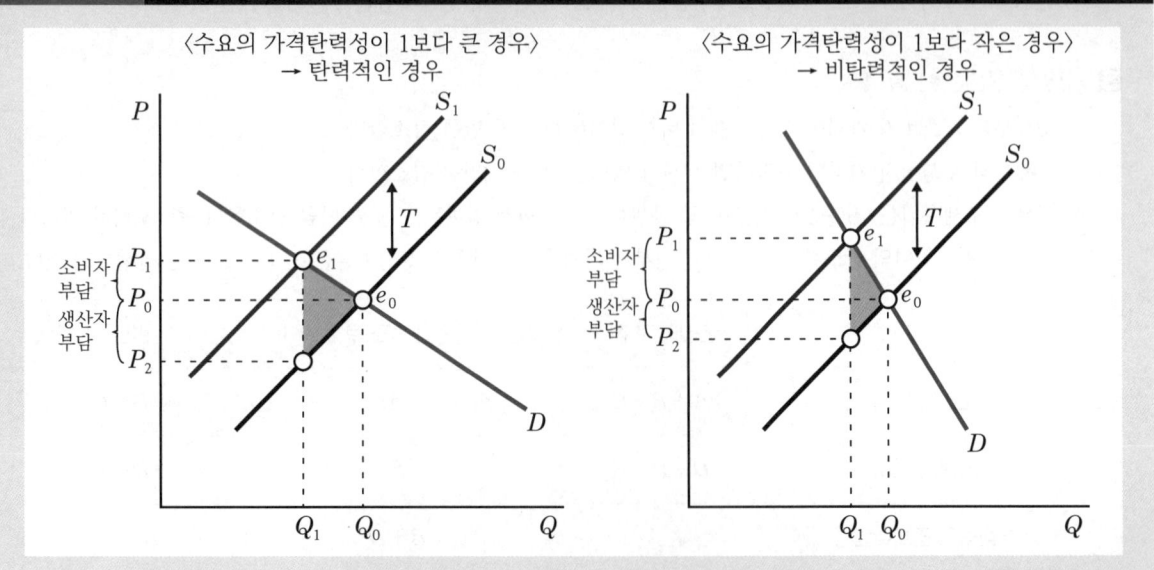

〈수요의 가격탄력성이 1보다 큰 경우〉
→ 탄력적인 경우

〈수요의 가격탄력성이 1보다 작은 경우〉
→ 비탄력적인 경우

- 수요의 가격탄력성이 클수록 소비자의 가격상승폭이 적으므로 소비자의 조세부담은 감소한다.

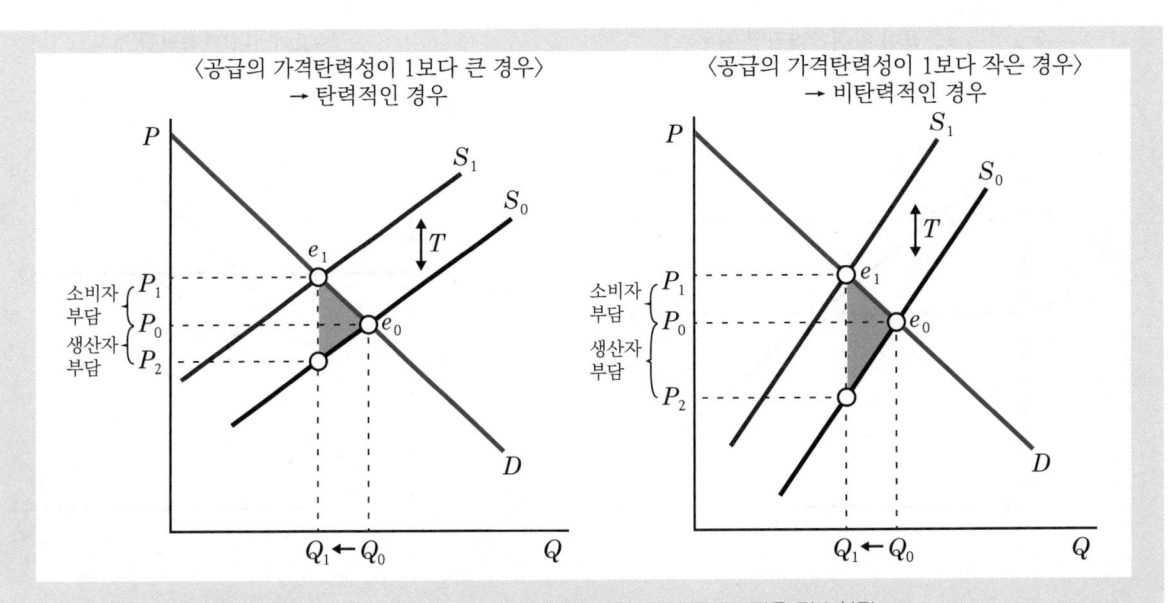

〈공급의 가격탄력성이 1보다 큰 경우〉
→ 탄력적인 경우

〈공급의 가격탄력성이 1보다 작은 경우〉
→ 비탄력적인 경우

• 공급의 가격탄력성이 클수록 생산자의 가격하락폭이 적으므로 생산자의 조세부담은 감소한다.

2. 극단적인 경우

수요가 완전탄력적인 경우	조세의 전부를 생산자가 부담하고 소비자 부담은 0이 된다.
수요가 완전 비탄력적인 경우	조세의 전부를 소비자가 부담하고 생산자 부담은 0이 된다.
공급이 완전탄력적인 경우	조세의 전부를 소비자가 부담하고 생산자의 부담은 0이 된다.
공급이 완전 비탄력적인 경우	조세의 전부를 생산자가 부담하고 소비자의 부담은 0이 된다.

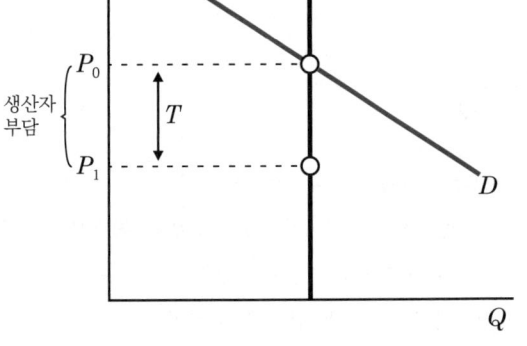

〈공급이 완전비탄력적인 경우〉

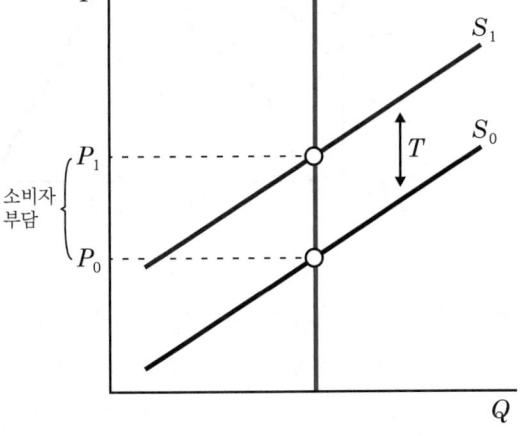

〈수요가 완전비탄력적인 경우〉

고범석 경제학아카데미

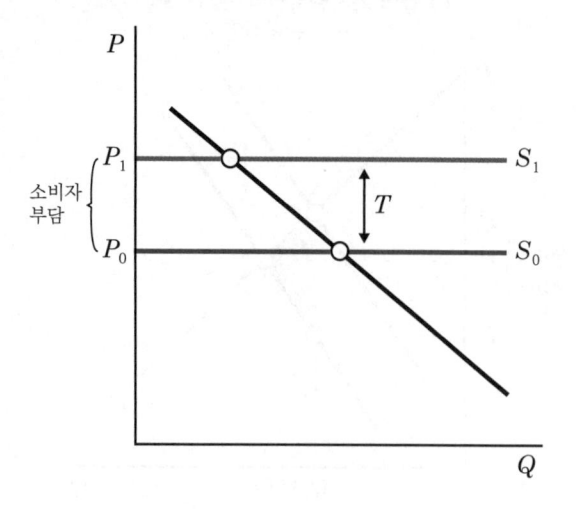

〈공급이 완전탄력적인 경우〉

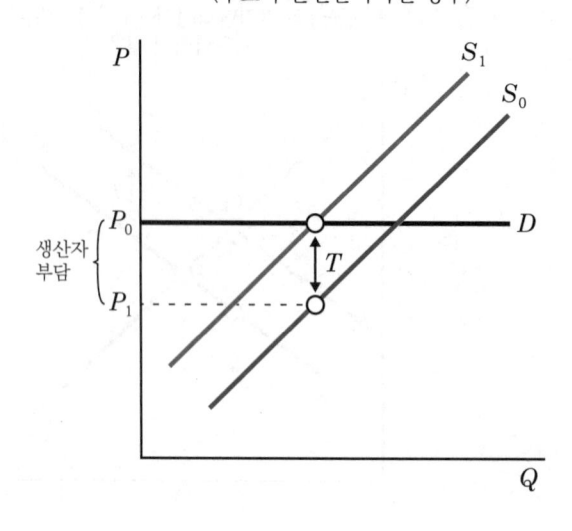

〈수요가 완전탄력적인 경우〉

5 조세와 사회적 후생손실

1. 의미

　① 조세 부과 시 가격탄력성이 클수록 사회적 후생손실이 증가하게 된다.

　② 그 이유는 탄력적일수록 조세부과에 따른 거래량 감소가 커지기 때문이다.

2. 설명

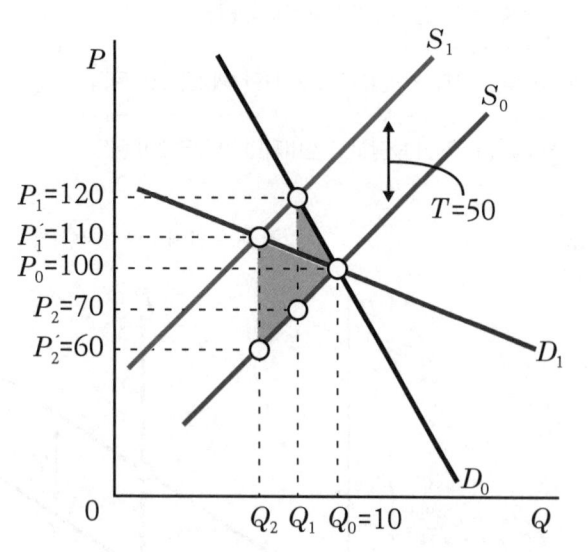

　① 조세부과 전 시장균형점에서 균형가격과 균형거래량은 각각 100원, 10개이다.

　② 정부가 생산자에게 단위당 50원의 종량세를 부과하면 공급곡선은 상방으로 단위당 조세액인 50원만큼 상
　　방으로 평행 이동하며($S_0 \rightarrow S_1$) 재화가격은 120원으로 상승하고 시장거래량은 Q_1으로 감소한다.

　③ 따라서 소비자 조세부담은 단위당 20원이 되고 생산자 조세부담은 단위당 30원이 된다.

④ 또한 삼각형의 사회적 후생손실이 발생하게 된다.

⑤ 수요의 가격탄력성이 커진다면 수요곡선의 기울기가 완만하게 되는데 $(D_0 \rightarrow D_1)$ 생산자에 단위당 50원의 조세가 부과되면 소비자 가격은 110원이 되고 생산자의 수취가격은 단위당 50원을 차감한 60원이 된다.

⑥ 소비자의 조세부담은 단위당 10원이 되고 생산자의 조세부담은 단위당 40원이 된다.

⑦ 또한 삼각형의 사회적 후생손실이 발생하게 되는데 이전보다 더 커지게 된다. 수요와 공급이 탄력적일수록 조세부과에 따른 사회적 후생손실이 증가하는 이유는 민간주체의 의사결정의 왜곡이 커지기 때문이다.

심화학습 **조세와 사회적 후생손실**

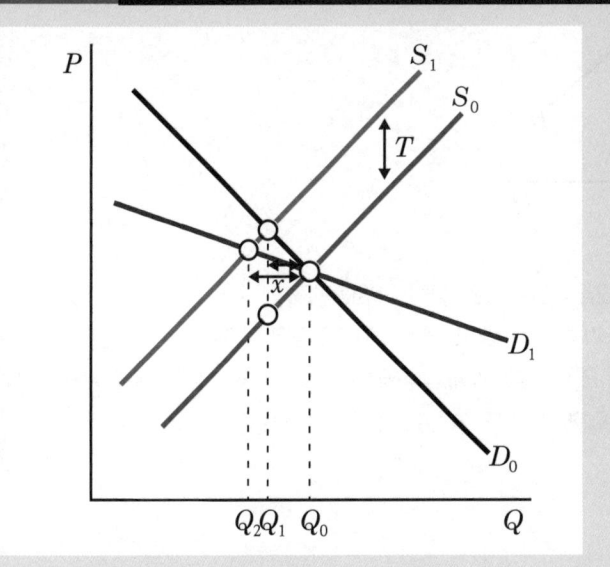

① 사회적 후생손실은 삼각형 면적으로 구할 수 있는데 삼각형 면적은 $\frac{1}{2} \times T \times x$ 로 나타낼 수 있다.

② 수요곡선의 기울기가 완만할수록, 즉 수요의 가격탄력성이 클수록 x 가 커지게 되는데 x 는 거래량의 감소폭이다.

③ 가격탄력성이 클수록 조세부과 시 사회적 후생손실이 증가하게 되는데 그 이유는 탄력적일수록 거래량이 많이 감소하기 때문이다.

1. 생산자에게 종량세가 부과되는 경우

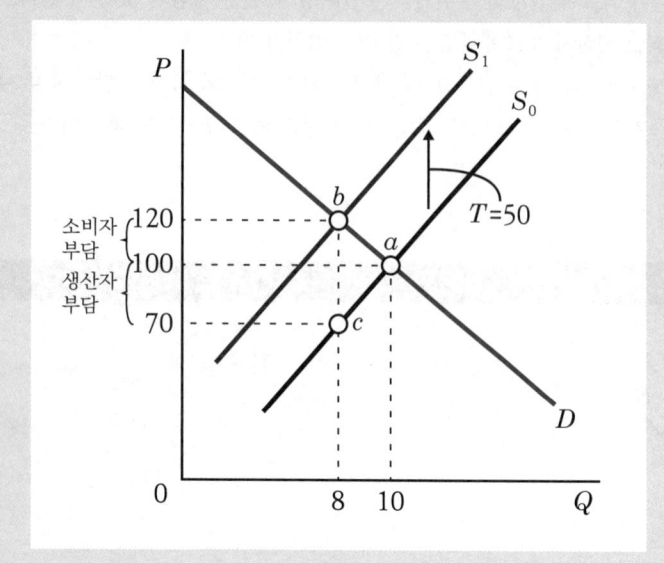

① 생산자에게 단위당 50원의 종량세가 부과되면 공급곡선은 50원만큼 상방 이동한다.

② 균형점이 a점에서 b점으로 이동하므로 소비자 가격은 120원으로 상승하고 거래량은 10단위에서 8단위로 감소한다.

③ 생산자는 단위당 120원을 받지만 단위당 50원의 조세를 정부에게 납부해야 하므로 생산자 수취가격은 단위당 70원이다.

④ 따라서 단위당 50원의 조세액 중 20원은 소비자에게 전가되고 30원은 생산자가 부담한다.

2. 소비자에게 종량세가 부과되는 경우

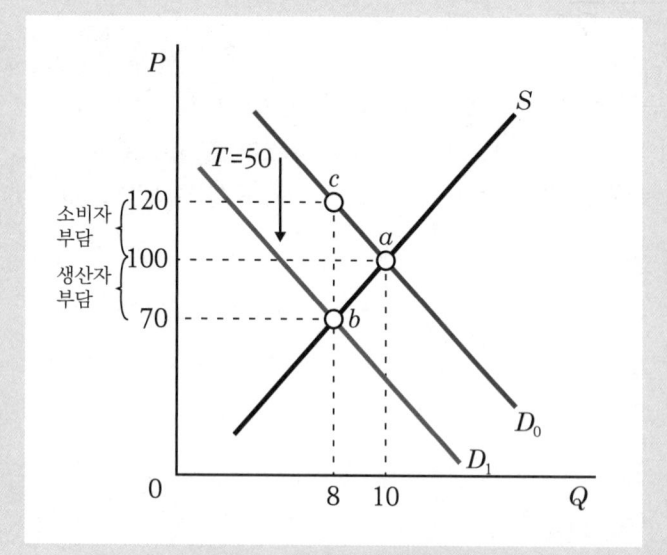

① 소비자에게 단위당 50원의 종량세가 부과되면 수요곡선은 50원만큼 하방 이동한다.

② 균형점이 a점에서 b점으로 이동하므로 생산자 가격은 70원으로 하락하고 거래량은 10에서 8로 감소한다.

③ 소비자는 생산자에게 조세부과전보다 낮은 단위당 70원을 지불하지만 단위당 50원의 조세를 정부에게 납부해야 하므로 소비자 지불가격은 단위당 120원이 된다.

④ 따라서 단위당 50원의 조세액 중 20원은 소비자에게 전가되고 30원은 생산자가 부담한다.

3. 결론

① 종량세가 생산자에게 부과되든 소비자에게 부과되든 실질적인 효과는 아무런 차이가 없다.

② 수요와 공급의 가격탄력성에 의해 조세부담이 결정될 뿐 누구에게 조세를 부과하는 것은 조세부담의 법적귀착에 불과하다.

04 정부실패

1 개념

정부실패란 시장실패를 치유하기 위한 정부의 개입이 더 큰 비효율성을 유발하는 현상을 말한다.

2 정부실패의 발생 원인

1. 불완전한 정보

정부의 경우도 정책을 수립하고 시행하기 위하여 정보가 필요한데 정부의 정보수집능력이나 비용지출에 한계가 있기 때문에 정보의 제한에 의한 정부실패가 발생할 수 있다.

2. 수입과 비용의 분리

조세는 정부의 주된 수입인데 이는 공공서비스를 생산하는데 소요되는 비용과 직접적으로 연계되어 있지 않은 것이 보통이다.

따라서 공공부문의 수입과 비용의 분리는 공공서비스의 생산과정에서 비효율성 발생의 원천이 된다.

3. 민간부문에 대한 통제 불가능성

정부가 정책을 실시할 경우 민간주체들이 정부기대와 다른 반응이 나올 수 있으므로 원래 의도한 정책효과를 가져오지 않을 수 있다.

4. 분배적 불공평

정책이 정책결정자나 집행자에 의해 결정된다면 그 과정에서 부정과 비리가 행해지거나 또는 특수이익집단의 로비(lobby)에 의해 다른 결정이 내려질 수 있다.

3절 보조금

01 보조금이란?

보조금(subsidy)은 정부가 직접 또는 간접적으로 공익상 필요가 있는 경우에 개인 또는 하위 정부에 대하여 교부하는 금전적인 혜택이다. 또한 민간이 정부 등에 대해 상호 협의를 거쳐 이양하는 금전은 부담금이라 불린다. 하위 정부에 주는 돈은 주로 교부금으로 불린다. 보조금은 긍정적 외부효과를 해소하는데 유용하다.

02 설명

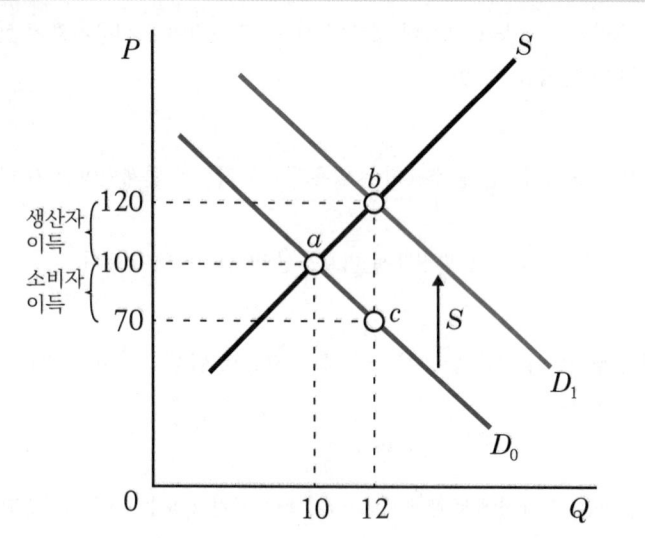

① 정부가 소비자에게 1개당 S원의 보조금을 지급한다고 가정하자.

② 정부가 소비자에게 단위당 50원(S)의 보조금을 지급하면 소비자가 지불할 용의가 있는 금액이 단위당 보조금의 크기만큼 증가한다.

③ 따라서 수요곡선은 단위당 50원만큼 상방 이동한다($D_0 \rightarrow D_1$).

④ 수요곡선이 상방으로 이동하면 균형점이 a점에서 b점으로 이동한다.

⑤ 균형가격은 120원으로 상승하나 정부에게서 단위당 50원의 보조금이 지급되므로 소비자 지불가격은 단위당 70원이 된다. 즉, 소비자가 실제로 지불하는 가격은 보조금 지급 이전보다 하락한다.

⑥ 생산자 수취가격은 단위당 120원으로 보조금 지급 전보다 증가하고 소비자 지불가격은 단위당 70원으로 감소한다.

	변화
소비자 잉여	$B+D$
생산자 잉여	$A+C$
정부의 보조금 지급	$-(A+B+C+D+E)$
사회적 잉여	$-E$

소비자 잉여와 생산자 잉여는 각각 $(B+D)$, $(A+C)$만큼 증가하나 소비자 잉여와 생산자 잉여 증가분의 합이 정부의 보조금 지급액$(A+B+C+D+E)$보다 작기 때문에 사회적 후생손실이 발생한다.

수요 및 공급이론의 응용 CHAPTER 05

1. 설명

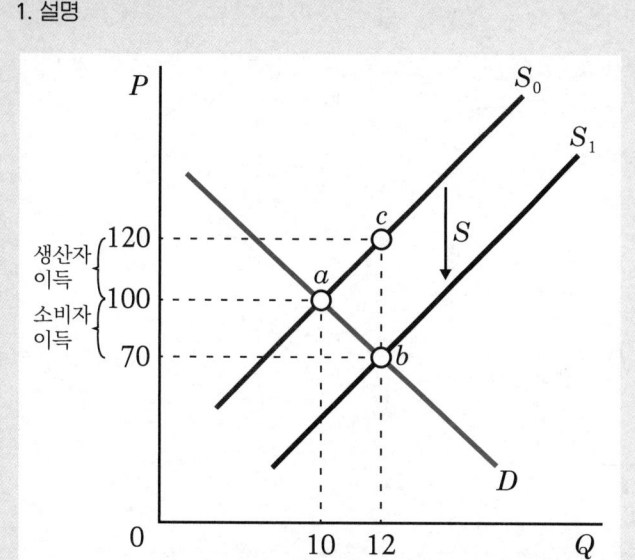

① 정부가 생산자에게 단위당 50원(S)의 보조금을 지급하면 공급곡선은 단위당 50원만큼 하방 이동한다($S_0 \to S_1$).

② 균형점이 a점에서 b점으로 이동하므로 소비자 가격은 70원으로 하락하고 거래량은 10단위에서 12단위로 증가한다.

③ 생산자는 소비자에게 단위당 70원을 받지만 정부에게서 단위당 50원의 보조금이 지급되므로 생산자가 실제로 받는 가격은 단위당 120원이 된다.

④ 수요가 탄력적이고 공급이 비탄력적이라면 소비자가격은 적게 하락하고 생산자가격은 크게 상승하므로 생산자가 소비자보다 보조금 지급에 따른 이득을 더 얻는다.

⑤ 조세의 경우 탄력적인 경제주체의 이득이 큰 반면 보조금은 비탄력적인 경제주체의 이득이 더 크다.

2. 결론

결론적으로 보조금이 생산자에게 지급되든 소비자에게 지급되든 실질적인 효과는 아무런 차이가 없다.

04 조세 부과와의 비교

① 조세와 마찬가지로 보조금의 상대적인 혜택은 수요와 공급의 가격탄력성에 의해 결정된다.

② 정부가 보조금을 지급하거나 조세를 부과하면 경쟁시장의 균형거래량보다 거래량이 증가 또는 감소하므로 사회적 잉여가 감소한다.

01 가격 안정에 따른 소비자 보호 효과가 있는 반면에 암시장 등장이라는 문제점이 발생할 수 있는 정책은?

① 패리티가격제
② 특별소비세
③ 최고가격제
④ 농산물가격지지정책

풀이 날짜			
채점 결과			

02 공급자가 사회적 약자일 때 이들을 보호하기 위해 정부는 균형가격보다 높은 가격을 정하고 그 이하로는 거래를 못하게 한 제도를 무엇이라 하는가? (2019년 신한은행)

① 가격상한제
② 가격하한제
③ 수량상한제
④ 수량하한제

풀이 날짜			
채점 결과			

03 다음 중 지방세에 포함되지 않는 것은? (기업은행)

① 종합부동산세
② 재산세
③ 담배소비세
④ 주민세

풀이 날짜			
채점 결과			

01 • 최고가격제란 정부가 최고가격을 설정하여 최고가격 이상을 받지 못하도록 하는 제도를 말한다.

③

• 정부가 물가를 안정시키고 소비자를 보호하기 위하여 최고 가격을 정하고 그 이상에서 거래하는 것을 법으로 금지하지만 상품이 정상가격보다 비싼 가격으로 거래되는 음성적인 시장인 암시장이 발생할 수 있다.

① 비교연도에 있어서 농민들이 판매하는 농산물의 가격지수가 농민들이 구입하는 공산품의 가격지수와 같게 되도록 정부가 정책적으로 설정하는 농산물의 지지가격을 패리티(parity) 가격제도라 한다.

② 특별소비세란 사치성 상품이나 서비스의 소비에 대해서만 별도의 높은 세율로 과세하는 조세를 말한다.

④ 농산물 가격 지지 정책이란 농산물 가격의 안정과 상승을 위하여 정부가 농산물의 일부를 매입하거나 융자하는 정책을 말한다.

02 • 가격하한제란 재화와 서비스의 가격을 일정 수준 이하로 내리지 못하도록 통제하는 제도로 가격통제제도에 속한다.

②

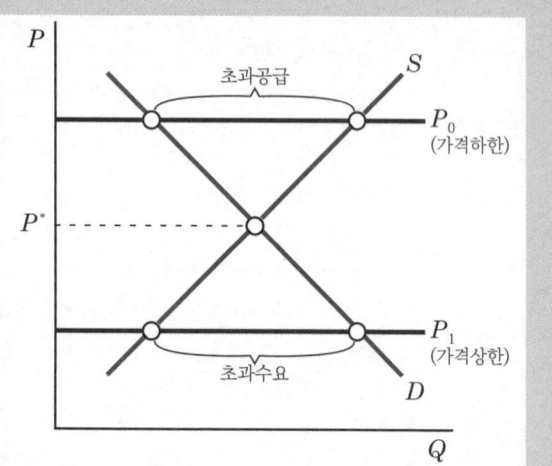

03 • 지방세는 11개 세목이 있는데, 취득세, 재산세, 등록면허세, 지역자원시설세, 자동차세, 지방소득세, 주민세, 지방소비세, 담배소비세, 레저세, 지방교육세가 있다.

①

• 부동산 보유에 대한 조세부담의 형평성을 제고하고 부동산의 가격안정을 도모함으로써 지방재정의 균형발전을 기하기 위하여 고액의 부동산 보유자에 대하여 부동산보유세를 과세함에 있어서 지방세의 경우보다 높은 세율로 국세인 종합부동산세를 과세하도록 하는 종합부동산세가 2005년 1월 5일 제정·시행되었다.

04 조세에 대한 설명 중 틀린 것은? (하나은행)

① 특별소비세는 간접세 중 소득의 재분배를 위한 세금에 해당한다.
② 조세는 크게 국세와 지방세로 구분된다.
③ 소득세는 간접세이다.
④ 정부는 자금을 조달하기 위하여 조세나 국채발행을 사용한다.

풀이 날짜		
채점 결과		

05 X 재에 대한 수요공급곡선이 일반적인 경우, 생산자에게 물품세가 부과되면 어떤 효과가 발생하는가?

① X 재의 수요량이 늘어나고 가격이 하락한다.
② X 재의 수요량이 감소하므로 가격이 하락한다.
③ 물품세의 전부를 생산자가 부담하여 X 재의 가격을 상승시킨다.
④ 물품세의 일부만 생산자가 부담하여 가격은 세액보다 적게 오른다.
⑤ 물품세의 일부를 소비자가 부담하므로 가격은 세액보다 많이 오른다.

풀이 날짜		
채점 결과		

06 가솔린에 대하여 1리터당 100원의 종량세를 부과할 때, 다음 중 어느 경우에 소비자들이 세금의 전액을 부담하는가?

① 가솔린의 공급곡선이 수직일 때
② 공급곡선이 비탄력적일 때
③ 수요곡선이 수직일 때
④ 수요곡선이 비탄력적일 때
⑤ 수요곡선이 수평일 때

풀이 날짜		
채점 결과		

04

① 특별소비세는 사치성 상품이나 서비스의 소비에 대해서만 별도의 높은 세율로 과세하는 조세로 업자를 통해서 받는 간접세인 동시에 국세이다.

③ 소득세는 직접세에 해당된다. 직접세란 세법상 납세의무가 있는 사람(납세의무자)과 그 조세를 실질적으로 부담하는 사람(담세자)이 동일한 조세를 말한다. 부가가치세는 간접세에 해당된다.

④ 정부의 재원조달방법으로 조세징수나 국채발행이 있다.

③

05

• 생산자에게 물품세가 부과되면 공급곡선이 좌측 이동한다.

• 수요곡선이 우하향하는 경우 공급곡선이 좌측이동하면 가격은 상승하고 거래량은 감소한다.

• 수요곡선이 우하향하는 경우 종량세액보다 시장가격의 상승분이 적기 때문에 물품세의 일부를 소비자가 부담한다. 즉, 생산자에게 물품세가 부과되더라도 소비자에게 일정부분 조세가 전가된다.

④

06

• 공급곡선이 수직 또는 공급의 가격탄력성이 0이라면 생산자들이 세금의 전액을 부담한다.

• 수요곡선이 수직 또는 수요의 가격탄력성이 0이라면 소비자들이 세금의 전액을 부담한다.

③

01 어느 상품시장에서 최고가격제를 도입하는 경우 다음 중 옳지 않은 것은?
(우하향하는 수요곡선과 우상향하는 공급곡선을 가정하시오)

① 시장균형가격 이하로 최고가격이 설정되어야 효과가 있다.
② 최고가격에서는 초과수요가 존재한다.
③ 시장균형가격 이상으로 지불해서라도 상품을 구입하기 위한 암시장이 형성될 수 있다.
④ 생산자잉여가 감소하나 총 잉여는 증가한다.
⑤ 서민주거안정을 위해 실시하는 임대료규제는 최고가격제의 일환이다.

풀이 날짜			
채점 결과			

02 다음의 최저가격제에 관한 기술 중 옳지 않은 것은?

① 최저가격이 시장가격보다 낮게 설정되면, 이 최저가격은 실효성이 없다.
② 정부가 경쟁시장에 실효성이 있는 최저가격제를 도입하면, 그 재화에 대한 초과수요가 발생한다.
③ 최저임금제는 최저가격제의 좋은 예이다.
④ 정부가 최저가격을 설정하여 그 이하로 가격이 내려가지 못하게 통제하는 제도를 최저가격제라 한다.
⑤ 농산물가격지지제도는 최저가격제의 좋은 예이다.

풀이 날짜			
채점 결과			

03 편의점에서 아르바이트를 하면 시간당 3,000원의 임금을 받는다. (단, 노동시장은 현재 균형상태이다). 이 임금이 너무 낮다고 생각하여 정부당국자는 최저임금을 시간당 4,000원으로 올리려고 한다. 노동에 대한 수요는 임금에 대해 완전비탄력적이라고 한다. 이 경우 최저임금제 시행의 효과로 가정 적절한 설명은?

① 노동에 대한 초과수요가 발생한다.
② 노동의 고용량이 감소한다.
③ 노동에 대한 초과공급이 발생한다.
④ 노동의 고용량이 증가한다.
⑤ 기업의 생산량이 증가한다.

풀이 날짜			
채점 결과			

04 가격통제에 대한 다음의 설명 중 가장 옳지 않은 것은?

① 최저임금제가 시행되면 일부 근로자들의 임금이 인상되지만 장기적으로 고용감소의 효과가 있다.
② 주택임대료에 대하여 설정되는 상한은 시장에서 결정될 가격보다 낮은 수준에서 결정된다.
③ 공공요금을 통제하는 것은 물가를 안정시키는 효과가 있지만 자원배분이 왜곡되는 결과를 초래한다.
④ 최저가격제로 인하여 가격은 안정되지만 공급되는 제품의 질이 하락할 우려가 있다.
⑤ 독과점품목의 가격을 적절히 통제하면 경쟁시장에서의 자원배분과 동일한 해를 얻을 수 있다.

풀이 날짜			
채점 결과			

01 • 최고가격제를 실시하면 가격과 거래량이 감소한다. 따라서 생산자잉여와 총잉여 모두 감소한다. ④

02 ① 최저가격은 시장가격보다 높게 설정되어야 한다. ②
　　② 최저가격제를 실시하면 해당재화에 대한 초과공급이 발생한다.
　　⑤ 농산물가격지지제도란 농가의 안정적 소득을 보장하기 위해 농산물 균형가격보다 높게 설정한다.

03 • 노동에 대한 수요는 임금에 대한 완전 비탄력적이어서 수직선　③
　　의 행태이다. 이 경우 최저임금제의 시행은 고용량의 증대를
　　가져오지 못한다.
　　• 기존의 균형 고용량 수준에서 임금수준만 4,000원으로 상승
　　하고 시장은 만성적인 초과공급 상태에 있게 된다.

04 ① 최저임금제가 시행되면 이전보다 임금이 상승하지만 기업의 인건비부담으로 노동수요량이 감소한다. 따라서　④
　　장기적으로 기업의 고용량이 감소할 수 있다.
　　② 임대료 상한제는 균형가격보다 낮게 설정되어야 효과가 발생한다. 그러나 초과수요에 따른 부작용이 발생할
　　수 있다.
　　③ 공공요금의 통제는 일종의 가격통제로 사회적 잉여를 감소시키는 비효율성을 유발할 수 있다.
　　④는 최고가격제에 대한 설명이다. 최고가격제로 가격이 하락하면 제품의 질이 감소할 가능성이 있다.
　　⑤ 독과점시장이 존재하는 비효율적인 시장에서는 정부의 개입으로 시장실패를 해결할 수 있다.

05 다음 중 가격통제 정책에 관한 설명으로 옳지 않은 것은?

① 최고가격제는 장기적으로 통제대상 상품의 공급증대를 유도한다.

② 최고가격제 하에서는 암시장이 형성될 가능성이 높다.

③ 최저가격제 하에서는 만성적인 초과공급상태를 야기시킨다.

④ 최저임금제의 경우 경쟁시장에서 달성될 수 있는 임금수준보다 높은 수준에서 최저임금이 설정되어야 그 목적을 달성할 수 있다.

⑤ 이중곡가제를 실시할 경우 일반적으로 소비자잉여는 증가한다.

풀이 날짜			
채점 결과			

06 임대아파트 수요곡선은 $Q = 960 - 7P$ 이며, 공급곡선은 $Q = 160 + 3P$ 이다. 정부의 정책에 따르면 35원 이상의 임대료는 불법이다. 이 경우 초과수요의 크기는?

① 715

② 135

③ 265

④ 450

⑤ 315

풀이 날짜			
채점 결과			

07 종량세 부과 시 다음 중 옳은 것은?

① 수요가 가격에 대해 탄력적일수록 생산자부담이 크다.

② 공급이 소득에 대해 탄력적일수록 생산자부담이 크다.

③ 수요가 가격에 대해 비탄력적일수록 생산자부담이 크다.

④ 수요가 소득에 대해 탄력적일수록 생산자부담이 크다.

⑤ 공급이 가격에 대해 탄력적일수록 생산자부담이 크다.

풀이 날짜			
채점 결과			

08 한 조사에 따르면 담배수요의 가격탄력성은 -0.2이고 담배공급의 가격탄력성은 1.3이라고 한다. 이 경우 담배에 부과되는 조세의 전가(轉嫁)에 관한 다음 설명 중 올바른 것은?

① 생산자보다 흡연자에게 더 많이 전가된다.

② 흡연자보다 생산자에게 더 많이 전가된다.

③ 생산자와 흡연자에게 동일한 만큼 전가된다.

④ 담배수요의 소득탄력성에 대한 정보가 추가되어야 알 수 있다.

⑤ 담배공급의 소득탄력성에 대한 정보가 추가되어야 알 수 있다.

풀이 날짜			
채점 결과			

05 • 최고가격제는 시장균형가격보다 가격을 낮게 설정하므로 상품의 공급량을 감소시키고 수요량을 증가시킨다. ①
　　따라서 초과수요가 발생한다.
　• 이중곡가제란 정부가 국내산 곡물을 생산자로부터 생산비용을 보상해줄 수 있는 가격으로 매입하여 소비자에
　　게 시장가격보다 낮은 가격으로 판매하고 그 차액을 정부재정으로 부담하는 제도를 말한다. 이중곡가제를 실
　　시하면 소비자잉여와 생산자잉여 모두 증가한다.

06 • 시장균형가격을 구해보면 다음과 같다. ④
　　$960 - 7P = 160 + 3P$
　　$\rightarrow 10P = 800$
　　$\rightarrow P = 80$
　• 정부는 시장균형가격보다 낮은 임대료를 책정하고 있으므로 최고가격제에 해당한다.
　• $P = 35$일 때 수요량은 715이고 공급량은 265이다. 따라서 초과수요의 크기는 450이다.

07 • 일반적으로 조세 부과 시 소비자와 생산자의 조세부담의 크기는 수요와 공급의 가격탄력성의 상대적인 크기 ①
　　에 따라 결정된다.
　• 상대적으로 수요의 가격탄력성이 공급의 가격탄력성보다 클수록 소비자의 조세부담은 감소하고 생산자의 조
　　세부담은 증가한다.
　• 상대적으로 공급의 가격탄력성이 수요의 가격탄력성보다 클수록 생산자의 조세부담은 감소하고 소비자 조세
　　부담은 증가한다.

08 • 조세의 전가는 수요와 공급의 가격탄력성에 결정된다. ①
　• 공급의 가격탄력성이 수요의 가격탄력성보다 상대적으로 그 값이 크므로 수요자인 흡연자에게 조세가 더 많
　　이 전가된다.

09 다음은 경쟁시장에서 물품세(종량세)가 공급자에게 부과될 때 그 효과에 대한 설명이다. 옳지 않은 것은

① 생활필수품처럼 수요의 가격탄력성이 작은 재화일수록 공급자부담은 작아지며, 물품세의 자중손실(사회적인 후생손실)은 작아진다.

② 물품세는 공급자가 납부하지만 소비자도 결국은 세금의 일부를 부담한다.

③ 시장가격이 상승하므로 공급자는 세금전액만큼 손해를 보는 것은 아니다.

④ 물품세 수입금을 정부가 소비자들에게 다시 환급해 준다고 하더라도, 소비자들은 물품세가 없을 경우에 비해 더 불리하게 되는 자중손실이 발생한다.

⑤ 세금을 소비자에게 부과하면 공급자에게 부과하는 경우에 비해 소비자의 세금부담은 증가한다.

10 자동차에 대하여 한 대당 50만 원의 소비세의 부과에 따른 조세의 전가와 귀착에 대한 설명 중 옳지 않은 것은?

① 공급곡선이 수직이라면 소비자로의 조세 전가는 일어나지 않고 생산자가 모두 부담하게 된다.

② 우상향하는 공급곡선이 주어진 경우, 자동차에 대한 수요가 비탄력적일수록 소비자가 부과된 조세의 많은 부분을 부담하게 된다.

③ 우상향하는 공급곡선이 주어진 경우, 조세가 부과되는 자동차에 대하여 대체재가 존재하여 수요가 이동할 가능성이 높을수록 조세부담은 생산자에게 상대적으로 많이 귀착된다.

④ 우상향하는 공급곡선이 주어진 경우, 조세가 부과되면 소비자잉여와 생산자잉여가 다 같이 감소하나 이는 조세수입의 증가로 모두 회수될 수 있다.

⑤ 우상향하는 공급곡선이 주어진 경우, 조세부과 후 자동차의 가격은 상승하게 된다.

11 어떤 상품의 수요곡선은 $P = 28 - 2Q$, 공급곡선은 $P = Q + 10$으로 주어져 있다고 하자. 정부가 이 상품에 대하여 단위당 3만큼의 물품세를 부과할 경우 조세부과에 따른 효율성의 손실의 크기는?

① 0.75

② 1

③ 1.5

④ 2

⑤ 3

09 ① 수요의 가격탄력성이 작을수록 소비자의 조세부담은 커지고 공급자의 조세부담은 작아진다. 그리고 물품세 의 자중손실은 작아진다. 자중손실을 구하는 식은 다음과 같다.

⑤

$$자중손실 = \frac{1}{2} \times \frac{1}{\frac{1}{\epsilon_P} + \frac{1}{\epsilon}} \times t^2 \times P \times Q$$

(ϵ_P : 수요의 가격탄력성, ϵ : 공급의 가격탄력성, t : 세율, P : 가격, Q : 거래량)

② , ③ 물품세의 부과로 소비자 가격이 상승하면 소비자와 공급자 모두 세금을 부담한다.

④ 물품세를 부과하면 소비자잉여와 생산자잉여 모두 감소한다. 물품세 수입액이 소비자잉여와 생산자잉여의 감소액의 합보다 작기 때문에 물품세 수입금을 정부가 소비자들에게 다시 환급해 준다고 하더라도, 소비자 들은 물품세가 없을 경우에 비해 더 불리하게 되는 자중손실이 발생하게 된다.

⑤ 세금부담은 탄력성과 관계가 있고 누구에게 부과하는 지는 중요하지 않다. 즉, 소비자에게 부과하든 생산자 에게 부과하든 조세부담은 가격탄력성에 따라 결정된다.

10 ① 공급곡선이 수직이라면 공급의 가격탄력성이 0이 된다. 따라서 생산자가 조세전부를 부담한다.

④

② , ③ 자동차에 대하여 대체재가 존재하면 수요의 가격탄력성이 커진다. 따라서 조세부담은 상대적으로 생산자 에게 많이 귀착된다. 반대로 수요의 가격탄력성이 작을수록 소비자의 조세부담은 커진다.

④ 조세부과로 소비자잉여와 생산자잉여 모두 감소하나 정부는 조세수입으로 그 중에 일정부분만 가져간다. 따 라서 사회적 후생손실이 발생한다.

→ 소비자잉여 감소 + 생산자잉여 감소 − 정부의 조세수입 = 사회적 잉여 감소

⑤ 조세를 부과하면 공급곡선이 좌측 이동하므로 자동차의 가격은 상승한다.

11 • 물품세 부과 전에는 균형가격과 균형수량이 각각 16, 6으로 도출된다.

③

$28 - 2Q = Q + 10$

$\rightarrow 3Q = 18$

$\rightarrow Q = 6, P = 16$

• 단위당 3만큼의 물품세 또는 종량세를 부과하면 공급곡선의 함수식이 $P = 13 + Q$로 바뀐다.

• 새로운 공급곡선의 함수식에서 균형가격과 균형수량을 구하면 다음과 같다.

$28 - 2Q = 13 + Q$

$\rightarrow 3Q = 15$

$\rightarrow Q = 5, P = 18$

• 따라서 사회적 후생손실의 크기는 삼각형의 면적으로 구할 수 있다.

$\rightarrow \frac{1}{2} \times 3 \times 1 = 1.5$

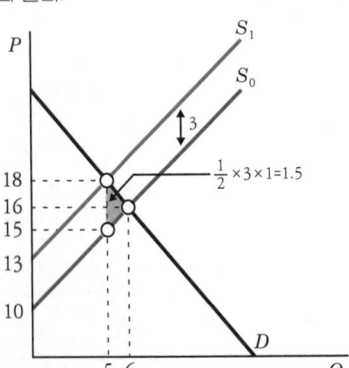

12 수요함수와 공급함수가 다음과 같고, 이때 상품 한 단위당 200원의 소비세가 공급자에게 부과되면 과세 후 균형가격(P)과 균형수급량(Q)은 얼마인가?

$$Q^D = 1,300 - 3P$$

$$Q^S = 300 + P$$

$$(Q^D: 수요량, Q^S: 공급량)$$

풀이 날짜			
채점 결과			

① $P = 300, Q = 550$

② $P = 250, Q = 550$

③ $P = 250, Q = 400$

④ $P = 300, Q = 400$

⑤ $P = 200, Q = 500$

13 바나나에 대한 역수요함수는 $p = 243 - 10q$ 이고, 역공급함수는 $p = 9 + 3q$ 일 때, 거래되는 바나나 한 단위당 26원의 세금이 공급업자에게 부과된다면 바나나 거래량은? (다만 p는 가격, q는 수량을 나타낸다)

풀이 날짜			
채점 결과			

① 9.33단위로 감소한다.

② 14단위로 감소한다.

③ 16단위로 감소한다.

④ 17단위로 감소한다.

⑤ 18단위로 감소한다.

12 • 상품 한 단위당 200원의 소비세가 공급자에게 부과되면 공급곡선이 200원만큼 상방 이동한다. 상방 이동하면 가격축 절편값이 200원만큼 커지므로 공급곡선의 함수식을 가격으로 정리해야 한다.

$Q = 300 + P$

$\rightarrow P = Q - 300$

$\rightarrow$ 상품 한 단위당 200원의 소비세 부과

$\rightarrow P = Q - 300 + 200$

$\rightarrow P = Q - 100$

$\rightarrow Q = P + 100$

• 따라서 수요곡선의 함수식과 공급곡선의 함수식을 연립하면 다음과 같이 균형가격을 구할 수 있다.

$1,300 - 3P = P + 100$

$\rightarrow 4P = 1,200$

$\rightarrow P = 300$

• 가격 300을 수요곡선에 대입하면 균형수급량은 $Q = 1,300 - 3 \times 300 = 400$이다.

④

13 • 바나나 한 단위당 26원의 세금이 공급업자에게 부과되면 공급함수는 $P = 35 + 3q$로 변한다.

• 공급함수와 수요함수를 연립하면

$243 - 10q = 35 + 3q$

$\rightarrow 13q = 208$

$\rightarrow q = 16$

• 따라서 바나나 거래량은 16단위가 된다.

③

14 우유의 수요곡선은 $Q_d = 100 - P$, 공급곡선은 $Q_s = P$이다. 정부가 우유 소비를 늘리기 위해 소비자에게 개당 2의 보조금을 지급할 때, 다음 설명으로 옳은 것은? (단, P는 가격, Q_d는 수요량, Q_s는 공급량이다.) (2018년 공인노무사)

① 정부의 보조금 지급액은 101이다.
② 보조금 지급 후 판매량은 52이다.
③ 보조금의 수혜규모는 소비자가 생산자보다 크다.
④ 보조금으로 인한 경제적 순손실(deadweight)은 1이다.
⑤ 보조금 지급 후 소비자가 실질적으로 부담하는 우유 가격은 50이다.

풀이 날짜		
채점 결과		

14
- 정부가 소비자에게 개당 2의 보조금을 지급하면 수요곡선이 우측 이동하므로 수요곡선의 가격(P)축 절편이 2만큼 증가한다.
- 따라서 우유의 수요곡선의 함수식은 $P = 100 - Q_d$에서 $P = 102 - Q_d$로 바뀌어서 균형가격과 균형거래량은 각각 51, 51이 된다.
- 균형가격은 생산자 수취가격이며 소비자 지불가격은 개당 2의 보조금을 차감한 49가 된다.

④

① 정부의 보조금 지급액은 면적 (A+B+C+D+E)이므로 $2 \times 51 = 102$이다.

② 보조금 지급 후 판매량은 51이다.

③ 보조금 지급후 생산자 수취가격은 지급전보다 개당 1 상승하고 소비자 지불가격 역시 지급전보다 1 감소한다. 따라서 보조금의 수혜규모는 소비자와 생산자는 동일하다.

④ 보조금으로 인한 경제적 순손실은 E면적이므로 $\frac{1}{2} \times 1 \times 2 = 1$이다.

⑤ 보조금 지급 후 균형가격은 51이나 보조금 지급 후 실질적인 소비자 지불가격은 49이다.

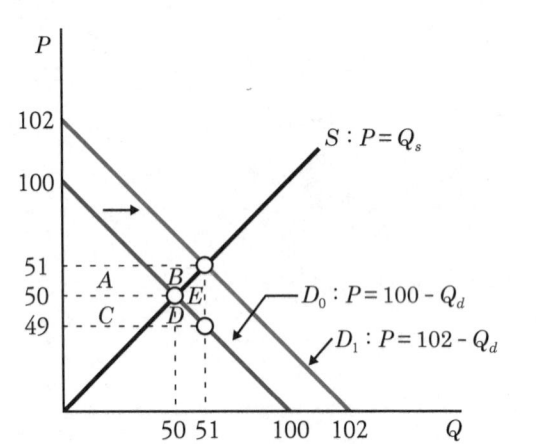

01 객관식 점검 문제

PART 출제경향

- 수요 및 공급, 시장균형 파트는 수요 및 공급의 기본이론, 탄력성 그리고 응용 부분으로 나누어진다.
- 먼저 시장수요곡선을 도출하는 과정을 체크(check)해야 한다.
- 시장수요곡선은 공부했다시피 수평합 또는 수량의 합으로 도출하게 되는데 다양한 문제 유형이 있으니 꼭 확인해 보자.
- 수요의 변화와 수요량의 변화도 자주 물어보는 내용이다. 내용은 어렵지 않지만 정확하게 구별해야 한다.
- 시장균형의 변동은 사례를 통해 출제되며 해당 사례로 인하여 수요 및 공급이 어느 방향으로 이동하고 그에 따라 가격과 거래량이 어떻게 변화하는지 묻고 있다.
- 소비자잉여, 생산자잉여 및 사회적 잉여의 계산문제도 중요하며 '잉여(surplus)'는 경제학 전반에 걸쳐 활용되므로 잘 정리해두자.
- 탄력성은 계산문제로 자주 출제되며 빈출 영역이다. 중요도가 높은 부분이니 다시 한번 잘 정리하자.
- 가격상한제와 가격하한제, 조세와 보조금 등은 계산문제로도 출제되고 내용에 대한 확인 문제로도 출제된다.

02 약술 및 논술 점검 문제

PART 출제경향

- 기펜재의 정의를 암기하자. 기펜재는 '소비자이론'에서 다시 반복돼서 설명된다.
- 가격상한제의 사례로 이자상한제가 있고 가격하한제로 최저임금법이 있다.
- 이러한 특정 제도에 대한 효과를 묻는 논술 문제가 출제되면 가격상한제에 해당하는지 아니면 가격하한제에 해당하는지 파악하고 접근하면 된다.
- 각종 조세를 부과하거나 보조금을 지급할 때의 효과도 논술 문제로 출제될 수 있다.

문제 01

코트라

국제유가 급등에 대하여 정부가 다음과 같은 정책을 시행하려고 한다. 각각의 질문에 대하여 서술하라.

1. 유류세를 부과할 경우 소비자와 생산자의 후생에 미치는 효과, 사회 후생의 효과를 그림으로 설명하라.

2. 연료 효율 기술혁신 엔진장치 생산에 보조금을 지급하려고 한다. 사회적 후생을 분석하라.

해설

1 유류세를 부과할 경우 소비자와 생산자의 후생에 미치는 효과, 사회후생의 효과를 그림으로 설명하라.

　① 정부가 유류세를 생산자에게 부과한다고 가정하면 공급곡선이 좌측으로 이동한다($S_0 \rightarrow S_1$).

　② 공급곡선이 좌측으로 이동하면 소비자 지불가격이 P_1으로 상승하고 세후 생산자 수취가격은 P_2로 하락한다.

　③ 또한 시장거래량은 Q_0에서 Q_1으로 감소한다.

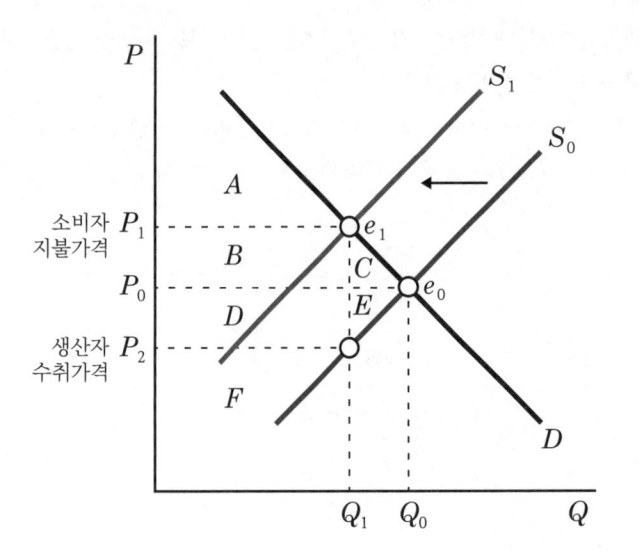

　④ 소비자의 경우 소비자 잉여가 $-B-C$만큼 감소하고 생산자의 경우 생산자 잉여가 $-D-E$만큼 감소한다.

　⑤ 정부의 조세수입을 $(B+D)$만큼 사회적 잉여에 추가하더라도 사회적 잉여가 감소하는 사회적 후생손실이 발생한다.

　⑥ 사회적 후생손실이란 사회적 잉여가 감소하는 경우를 말한다.

	조세부과 전	조세부과 후	변화
소비자 잉여	$A+B+C$	A	$-B-C$
생산자 잉여	$D+E+F$	F	$-D-E$
정부의 조세수입		$B+D$	$B+D$
사회적 잉여	$A+B+C+D+E+F$	$A+B+D+F$	$-C-E$

2 연료효율 기술혁신 엔진장치 생산에 보조금을 지급하려고 한다. 사회적 후생을 분석하라.

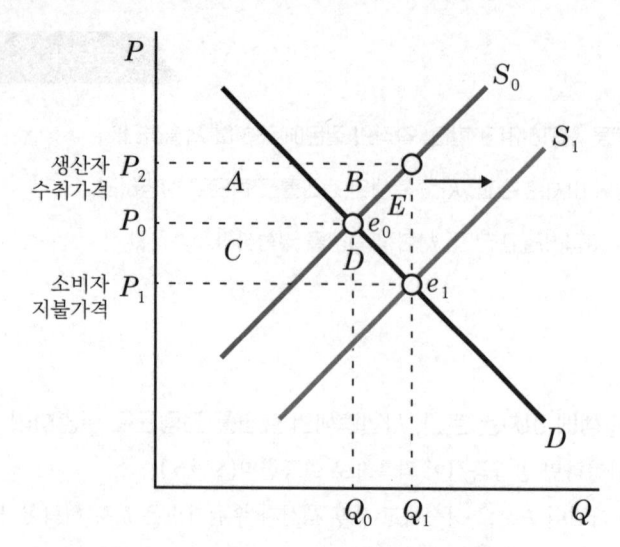

① 생산자에게 보조금을 지급하는 경우 공급곡선이 우측으로 이동한다.

② 공급곡선의 우측 이동은 소비자 가격의 하락을 가져오지만 생산자 수취가격은 단위당 보조금만큼 상승한다.

③ 따라서 생산자 수취가격은 P_2가 되고 소비자 가격은 P_1이 된다.

④ 생산자의 경우 생산자 잉여는 $(A+B)$만큼 증가하고 소비자의 경우 소비자 잉여가 $(C+D)$만큼 증가한다.

⑤ 사회적 잉여는 정부의 보조금 지불액인 $(A+B+C+D+E)$을 차감해야 하므로 E만큼 감소한다.

	변화
소비자 잉여	$C+D$
생산자 잉여	$A+B$
정부의 보조금	$-(A+B+C+D+E)$
사회적 잉여	$-E$

정부의 담배소비세 인상에 따른 효과와 문제점을 논하고 흡연율을 줄이기 위한 대책을 논하시오.

해설

1 가정

정부는 생산자에게 담배소비세를 부과한다고 하자.

2 설명

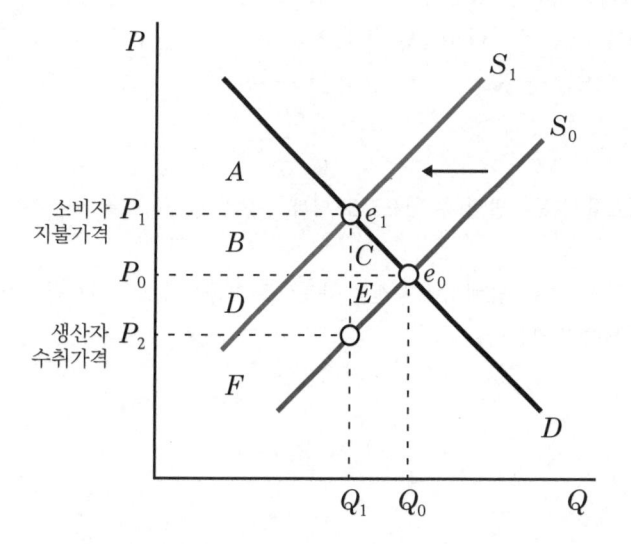

① 담배소비세 부과 전 균형가격과 균형거래량은 P_0와 Q_0이다.

② 만약 정부가 생산자에게 담배소비세를 부과한다면 공급곡선은 좌측으로 평행 이동한다($S_0 \rightarrow S_1$).

③ 따라서 소비자 지불가격은 P_1이 되고 소비자 지불가격에서 단위당 소비세를 차감한 P_2가 생산자 수취가격이 된다.

④ 정부는 단위당 소비세에 조세 부과 후 거래량을 곱한 만큼 조세수입액을 얻게 된다.

⑤ 소비자의 부담은 $P_1 \leftrightarrow P_0$만큼 증가하고, 생산자의 부담은 $P_0 \leftrightarrow P_2$만큼 증가한다.

3 조세의 상대적 부담과 사회적 후생손실

1. 가격탄력성과 조세의 상대적 부담

① 수요의 가격탄력성이 커지면 생산자 부담은 증가하고 소비자 부담은 감소한다.

② 공급의 가격탄력성이 커지면 생산자 부담은 감소하고 소비자 부담은 증가한다.

③ 담배의 경우 소비자의 가격탄력성이 생산자에 비해 작기 때문에 소비자의 조세부담이 이전보다 커질 것으로 예측된다.

2. 사회적 후생손실

	조세부과 전	조세부과 후	변화
소비자 잉여	$A+B+C$	A	$-B-C$
생산자 잉여	$D+E+F$	F	$-D-E$
정부의 조세수입		$B+D$	$B+D$
사회적 잉여	$A+B+C+D+E+F$	$A+B+D+F$	$-C-E$

3. 기타

① 담뱃값을 과도하게 인상하면 결국 담배를 끊지 못하는 저소득층 흡연자들이 오른 세금의 대부분을 감당해야 하므로 담뱃값 인상은 소득역진적 효과를 불러올 수 있다.

② 담뱃값을 과도하게 인상하면 정부의 조세수입은 오히려 감소할 수 있다.

③ 담뱃값의 상승은 소비자 물가의 상승을 가져올 수 있다.

4 대책

① 정부의 담배소비세 인상은 사회적으로 비효율성을 유발할 수 있으므로 담배 수요가 감소하도록 하는 지속적인 금연정책이 바람직하다.

② 담배 수요 감소를 유발할 수 있는 정부의 금연정책은 담배 수요곡선을 좌측으로 이동시키므로 사회적 잉여는 이전보다 작아질 수 있으나 비효율성은 발생하지 않는다.

문제 01

베블렌효과와 속물효과에 대하여 서술하시오.

해설

1 베블렌효과

① 베블렌효과란 과시욕구 때문에 재화의 가격이 비쌀수록 수요가 늘어나는 수요증대 효과를 말한다.

② 미국의 사회학자인 베블렌(Veblen)은 저서 '유한계급(Leisure class)론'에서 유한계급에 속하는 사람에게는 값비싼 물건을 남들이 볼 수 있도록 과시적으로 소비하는 것이 사회적 지위를 유지하는 수단이 된다고 했다. 대중사회에서는 누가 더 잘 사는지 알 수 없기 때문에 사람들은 자신을 알리려고 과시적 소비를 한다고 주장한 것이다.

2 속물효과

① 속물효과란 특정 상품에 대한 소비가 증가하면 그에 대한 수요가 줄어드는 소비현상을 말한다.

② 다수의 소비자가 구매하는 제품을 꺼리는 소비현상을 뜻하는 경제용어로, 남들이 구입하기 어려운 값비싼 상품을 보면 오히려 사고 싶어 하는 속물근성에서 유래한다.

소비자가 제품을 구매할 때 자신은 남과 다르다는 생각을 갖는 것이 마치 백로 같다고 하여 백로효과라고도 하며, 스납효과(snob effect)라고도 한다.

문제 02

영희는 소득이나 화장품 가격의 변화에 관계없이 소득의 5분의 1을 화장품 값으로 지출하는 경우 영희의 화장품 수요에 대한 가격탄력성과 소득탄력성은 얼마인가?

해설

- 어떤 재화를 소득의 일정비율만큼 구입하는 경우 수요의 가격탄력성과 소득탄력성 모두 1이다.
- 화장품 가격을 P_X, 화장품 소비량을 Q_X, 소득을 M이라고 하면 영희의 화장품 수요함수를 다음과 같이 나타낼 수 있다.

$$\rightarrow P_X Q_X = \frac{1}{5}M$$

- 따라서 영희의 화장품 수요에 대한 가격탄력성과 소득탄력성은 모두 1의 값을 갖는다.

PART

03

소비자이론

CHAPTER 06

한계효용이론

단원 학습 목표

- 소비자이론은 소비자의 효용극대화 조건을 찾는 것이 주된 관심사이다.
- 소비자의 효용극대화 조건은 소비자의 주관적인 선호체계와 객관적인 예산제약의 관계에 의해 도출된다.
- 소비자는 상품 소비에서 자신의 만족감을 크게 만들려고 노력하나 상품 구입을 위한 소득이 주어져있기 때문에 합리적인 선택을 할 수 밖에 없다.
- 소득제약하의 효용극대화는 해당 재화를 몇 개 구입할지 결정하게 된다. 또한 주어진 소득이 변하면 소비자의 선택도 변화하게 된다.
- 한정된 소득을 가지고 소비자의 만족을 극대화하고자 하는 최적 소비 행태를 통해 우하향하는 수요곡선도 도출할 수 있다.
- 한계효용이론은 소비자의 만족을 정확하게 측정할 수 있다고 가정한다.

1절 소비자이론의 전개

01 소비자이론의 핵심

소비자가 한정된 소득으로 최대의 만족을 얻을 수 있도록 소비하고자 하는 합리적인 소비행태를 가정하여 우하향의 수요곡선을 도출하는 것이 소비자선택이론(theory of consumer's choice)의 주요 내용이다.

02 소비자이론의 접근 방법

1 한계효용이론

오스트리아의 경제학자 멩거(C. Menger), 영국의 제본스(W. S. Jevons), 프랑스의 왈라스(L. Walras)등 한계효용학파의 창시자들이 1860년대에 발전시킨 한계효용이론(theory of marginal utility)은 효용을 기수적으로 측정할 수 있다는 전제 하에서 소비자이론을 전개하였다.

2 무차별곡선이론

이탈리아의 경제학자 파레토(V. Pareto), 구소련 (러시아 이전)의 슬루츠키(E. Slutsky), 영국의 힉스(J. R. Hicks), 미국의 알렌(R. G. D. Allen)등이 1920년대에 발전시킨 무차별곡선이론(theory of indifference curve)은 효용이란 주관적인 것이기 때문에 기수적으로 측정할 수 없고, 다만 서수적으로만 측정할 수 있다는 전제 하에서 전개된 이론이다.

3 현시선호이론

① 1960년대에 미국의 새뮤얼슨(P. A. Samuelson)과 하우스테커(H. S. Houthakker)등이 전개한 현시선호이론(theory of revealed preference)은 소비자가 시장에서 나타내 보이는 소비행동이 합리적인 선택의 결과라고 보고 이것을 연구하는 이론이다.

② 현시선호이론은 효용을 기수적으로든 서수적으로든 측정할 수 없다는 효용불가측성을 전제로 하고 있다는 점에서 다른 두 이론과 구별된다.

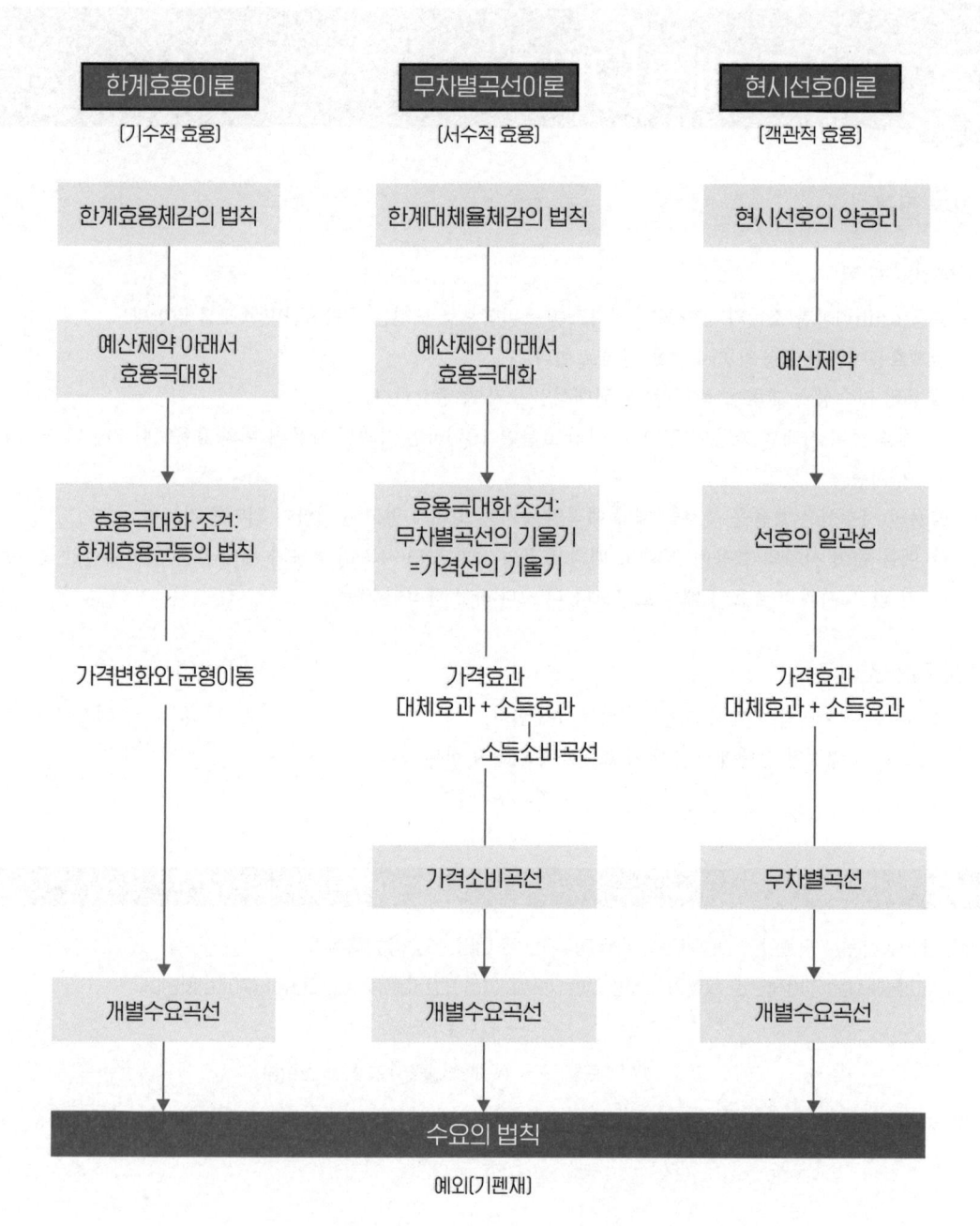

한계효용이론	무차별곡선이론	현시선호이론
[기수적 효용]	[서수적 효용]	[객관적 효용]
한계효용체감의 법칙	한계대체율체감의 법칙	현시선호의 약공리
예산제약 아래서 효용극대화	예산제약 아래서 효용극대화	예산제약
효용극대화 조건: 한계효용균등의 법칙	효용극대화 조건: 무차별곡선의 기울기 =가격선의 기울기	선호의 일관성
가격변화와 균형이동	가격효과 대체효과 + 소득효과 소득소비곡선	가격효과 대체효과 + 소득효과
	가격소비곡선	무차별곡선
개별수요곡선	개별수요곡선	개별수요곡선

수요의 법칙

예외[기펜재]

2절 기본 전제 및 개념

01 기본 전제

1 효용의 기수성

① 효용(utility)이란 소비자가 재화나 서비스를 소비함으로 느끼는 주관적인 만족도를 말한다.

② 한계효용이론은 효용의 기수성을 전제로 한다.

③ '효용의 기수성'은 효용을 측정할 때 '절대적인 숫자'가 중요하다.

→ 예를 들어 사과의 효용이 20이고 배의 효용이 10이라면 사과의 효용이 배의 효용보다 2배 더 크다고 해석이 가능

④ 효용의 서수성은 효용을 측정할 때 절대적인 숫자는 의미가 없고 순서만이 의미를 갖는다.

→ 예를 들어 사과의 효용이 20이고 배의 효용이 10이라면 사과의 효용과 배의 효용의 절대적인 숫자는 의미가 없고 '사과의 효용이 배의 효용보다 더 크다'라고 해석이 가능

2 합리적인 소비자

① 소비자는 예산제약 하에서 효용극대화를 추구한다.

② 즉, 소득이 일정한 상태에서 최대의 효용을 누리고자 한다.

개념정리   효용함수

- 효용함수란 효용과 재화의 소비량과의 관계를 함수식으로 나타낸 경우를 말한다.
- 소비자이론에서는 일반적으로 재화가 2개만 있는 것으로 가정하고 효용함수를 다음과 같이 나타낸다.

$$→ U = U(X, Y)$$

[U : 효용, X : X재 소비량, Y : Y재 소비량]

- 만약 효용함수가 $U = X^{\frac{1}{2}} Y^{\frac{1}{2}}$ 라면, X재 4단위와 Y재 16단위를 소비할 때의 효용은 $U = 4^{\frac{1}{2}} \times 16^{\frac{1}{2}} = 2 \times 4 = 8$이 된다.

---

02 개념

1 총효용(Total Utility : TU)

① 총효용이란 어떤 재화를 일정량 사용함으로써 얻는 주관적인 만족도의 총합을 말한다.

② 일반적으로 재화의 소비량이 증가하면 총효용이 증가하나 일정량을 넘어가면 총효용이 감소할 수 있다.

2 한계효용(Marginal Utility : MU)

① 한계효용이란 소비자가 소비량을 한 단위 증가시켰을 때 총효용(TU)의 증가분을 말한다.

$$→ MU = \frac{\triangle TU}{\triangle Q}$$

② 예를 들어 어느 소비자가 재화(Q)를 1단위 소비하고 있을 때 총효용(TU)이 10이라고 하자.

③ 재화(Q)를 2단위 소비할 때 총효용(TU)이 15라면 소비량을 1에서 2로 한 단위 더 늘릴 때 총효용은 10에서 15로 5만큼 증가하고 있다.

④ 따라서 한계효용은 5의 값을 갖게 된다.

$$\rightarrow MU = \frac{\triangle TU}{\triangle Q} = \frac{5}{1}$$

소비량(Q)	총효용(TU)	한계효용(MU)
$Q=1$	$TU=10$	
$Q=2$	$TU=15$	$MU=5$

⑤ 한계효용곡선은 총효용곡선의 접선의 기울기로 표현할 수 있다.

❸ 총효용과 한계효용

1. 표

Q	TU	MU
0	0	0
1	5	5
2	11	6
3	18	7
4	23	5
5	25	2

① 5단위를 소비할 때까지의 한계효용을 모두 더하면 0+5+6+7+5+2 = 25가 되어 5단위 소비할 때의 총효용(TU)의 값과 동일하다.

② 따라서 5단위의 재화를 소비할 때의 총효용은 5단위까지의 한계효용을 모두 합하여 구할 수 있다.

③ N단위의 총효용은 N단위까지의 한계효용을 합하여 도출할 수 있다.

→ 한계효용곡선 하방 면적이 총효용을 나타낸다.

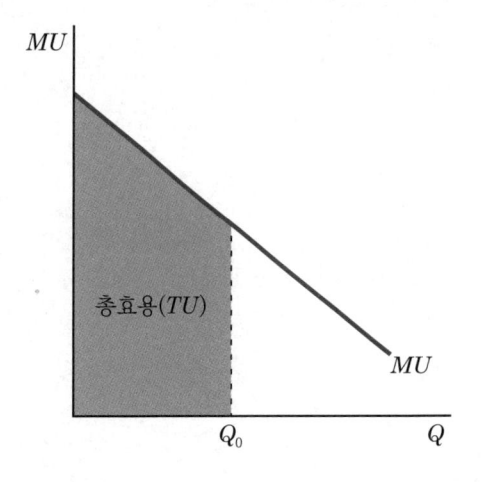

2. 그림

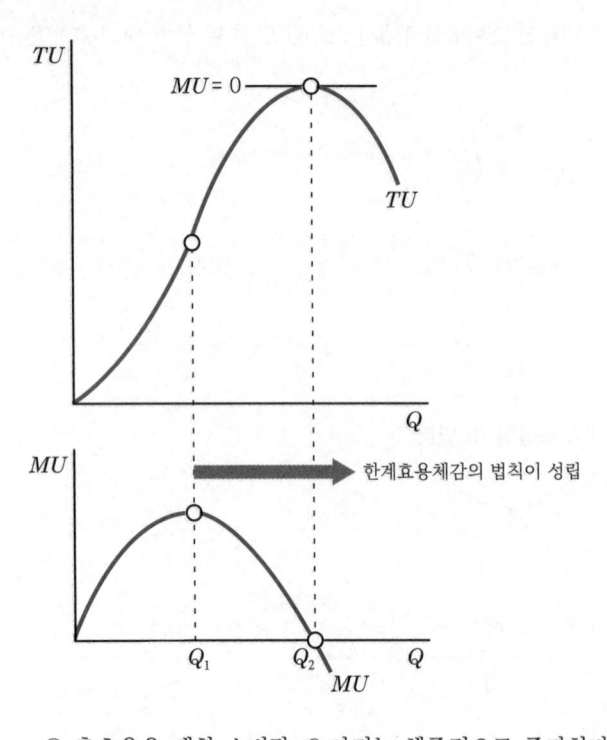

한계효용체감의 법칙이 성립

① 총효용은 재화 소비량 Q_1까지는 체증적으로 증가하다가 Q_1을 넘어서면 Q_1과 Q_2구간에서는 체감적으로 증가한다.

② 소비구간 Q_1과 Q_2 사이에서는 한계효용이 감소하나 총효용은 체감적으로 증가한다.

③ 재화소비량 Q_2에서는 한계효용이 0이고 총효용은 가장 큰 값(극대값)을 갖는다.

④ 재화소비량이 Q_2를 넘어서면 한계효용은 음수(-)가 되고 총효용은 감소한다.

⑤ 총효용과 한계효용은 다음의 관계가 성립한다.

$$MU > 0 \leftrightarrow TU \text{ 증가}$$

$$MU < 0 \leftrightarrow TU \text{ 감소}$$

$$MU = 0 \leftrightarrow TU \text{ 극대}$$

즉, 총효용(TU)이 증가하는 구간에서는 한계효용이 0보다 크고 총효용이 감소하는 구간에서는 한계효용이 0보다 작다. 총효용곡선이 극대인 경우 한계효용은 0의 값을 갖는다.

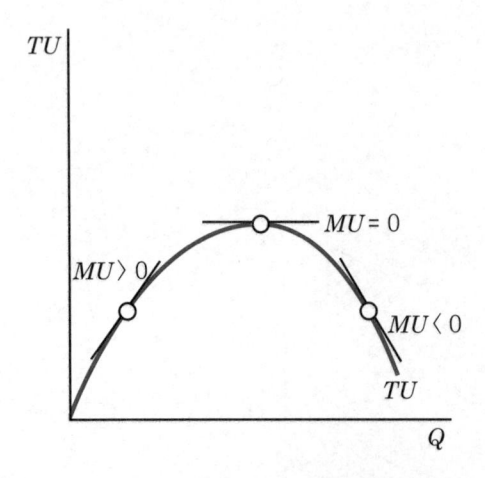

① 다른 재화 소비량이 일정한 상태에서 어느 재화의 소비량이 일정단위를 넘어서면 소비량이 증가할수록 한계효용이 감소하는 것을 말한다.

② 한계효용이 감소하더라도 총효용은 증가할 수 있다($Q_1 \sim Q_2$ 구간).

③ 소비량이 증가할수록 한계효용이 체감한다는 것은 소비량이 증가함에 따라 총효용이 증가하더라도 점점 조금씩 증가한다는 것을 의미한다.

④ 왼쪽의 그림에서 해당재화의 소비량이 Q_1을 넘어서면서 한계효용이 지속적으로 감소하는 구간을 '한계효용체감의 법칙'이 성립하는 구간이라고 한다.

⑤ 예를 들어 햄버거 1개를 먹고 나서 추가적으로 다시 1개를 더 먹을 때의 효용증가분보다 햄버거 2개를 먹고 나서 추가적으로 1개를 더 먹을 때의 효용증가분이 작다는 것이다.

개념정리　평균효용

① '평균효용'은 총효용을 재화소비량으로 나눈 값이다.

$$\to AU = \frac{TU}{Q}$$

(AU : 평균효용, TU : 총효용, Q : 재화소비량)

② '평균효용'은 원점을 통과하는 직선의 기울기로 표현된다.

③ 소비량이 Q^*인 경우 총효용곡선의 접선의 기울기는 한계효용이고 원점을 통과하는 직선의 기울기는 평균효용이다.

④ 소비량이 Q^*에서 평균효용(AU)이 한계효용(MU)보다 크다.

3절 소비자균형

01 소비자균형이란?

① 소비자균형이란 주어진 예산제약 하에서 소비자의 효용이 극대화된 상태를 말한다.

② 소비자균형을 구하기 위해서는 예산제약식 하에서 한계효용균등의 법칙이 성립되어야 한다.

02 예산제약식

① 예산제약식은 다음과 같다.

$$\rightarrow P_X X + P_Y Y = M$$

〔P_X : X 재의 가격, X : X 재 구입량, P_Y : Y 재의 가격, Y : Y 재 구입량, M : 소득〕

$P_X X$ 는 X 재의 지출액이고 $P_Y Y$ 는 Y 재의 지출액이다.

② 소비묶음이 $P_X X + P_Y Y = M$ 을 만족하면 그 소비묶음을 소비하기 위하여 소득 전부를 사용하고 있음을 나타낸다.

③ 소비묶음이 $P_X X + P_Y Y < M$ 을 만족하면 그 소비묶음을 소비하고도 $M - (P_X X + P_Y Y) > 0$ 만큼의 소득이 남는다.

④ 소비묶음을 소비하기 위하여 소득 전부를 사용하여야 효용극대화가 달성될 수 있으므로 $P_X X + P_Y Y = M$ 의 식을 만족한다.

⑤ 소득 $M = 100$, $P_X = 5$, $P_Y = 10$ 이라면 X 재와 Y 재의 소비량은 $5X + 10Y = 100$ 이라는 예산식에 의해 결정된다.

03 한계효용체감의 법칙 – 제1법칙

① 다른 재화 소비량이 일정한 상태에서 어느 재화의 소비량이 일정단위를 넘어서면 소비량이 증가할수록 한계효용이 감소하는 것을 말한다.

② 한계효용체감의 법칙은 우리가 다른 상품들의 소비량을 고정시킨 상태에서 어느 한 상품의 소비량만을 증가시킬 때 그 상품의 소비량이 많을수록 그 상품의 추가적인 소비로 인한 효용의 증가분은 점점 작아진다는 것이다.

04 한계효용균등의 법칙 – 제2법칙

1 개념

① 한계효용균등의 법칙이란 각 재화의 한계효용을 해당 재화의 가격으로 나눈 값이 같은 소비조합이 최대의 효용을 가져다준다는 것을 말한다.

고범석 경제학아카데미

② 각 재화 1원어치의 한계효용이 동일하면 소비자의 총효용이 극대화된다.

$$\frac{MU_X}{P_X} = \frac{MU_Y}{P_Y}$$

〔P_X : X재 1단위당 가격, P_Y : Y재 1단위당 가격, MU_X : X재의 한계효용, MU_Y : Y재의 한계효용〕

③ $\frac{MU_X}{P_X}$는 X재 1원어치의 한계효용을 나타내고, $\frac{MU_Y}{P_Y}$는 Y재 1원어치의 한계효용을 나타낸다.

❷ 설명

① 사과를 X재, 배를 Y재라 가정하자. 사과 1개당 가격이 500원, 한계효용이 1,000이며 배의 1개당 가격이 1000원, 한계효용을 1,000이라 하자.

② 사과의 경우 $\frac{MU_X}{P_X} = \frac{1,000}{500원}$ 이므로 사과를 1단위 소비하기 위하여 500원을 지불하면 총효용이 1,000만큼 증가한다는 것을 의미한다.

③ 배의 경우 $\frac{MU_Y}{P_Y} = \frac{1,000}{1,000원}$ 이므로 배를 1단위 소비하기 위하여 1,000원을 지불하면 총효용이 1,000만큼 증가한다는 것을 의미한다.

④ 사과의 1원당 한계효용은 2이고 배의 1원당 한계효용은 1이므로

$$\left(\frac{1,000}{500원} > \frac{1,000}{1,000원} \rightarrow \frac{2}{1원} > \frac{1}{1원} \right)$$

사과의 1원당 한계효용이 배의 1원당 한계효용보다 크다.

⑤ 사과를 1원어치 더 구입하고 배를 1원어치 덜 구입하면 소비자의 지출액 변화 없이 총효용은 1만큼 더 증가할 수 있다.

⑥ 사과를 더 구입하면 사과의 한계효용은 감소하고 배를 덜 구입하면 배의 한계효용은 증가할 것이다.
(왜냐하면 한계효용체감의 법칙이 존재하기 때문)

⑥ 따라서 사과(X재) 1원어치의 한계효용 $\left(\frac{MU_X}{P_X} \right)$과 배($Y$재) 1원어치의 한계효용 $\left(\frac{MU_Y}{P_Y} \right)$이 일치할 때 소비자의 총효용은 더 이상 증가하지 않게 되고 효용극대화가 달성된다.

⑦ 즉, X재 1원어치의 한계효용이 2이고, Y재 1원어치의 한계효용이 1이라고 할 때 Y재 1원어치를 덜 사고 그 1원으로 X재를 더 사면 지출액은 종전과 똑같지만 소비자의 총효용수준은 이전보다 1만큼 증가한다. 왜냐하면 Y재를 1원어치 덜 구입하면 효용은 1만큼 감소하나 그 1원으로 X재를 더 구입하여 증가하는 효용은 2이기 때문이다.

구분	내용
$\frac{MU_X}{P_X} > \frac{MU_Y}{P_Y}$	X재 소비 증가, Y재 소비 감소 → 총효용 증가
$\frac{MU_X}{P_X} = \frac{MU_Y}{P_Y}$	효용극대화 달성
$\frac{MU_X}{P_X} < \frac{MU_Y}{P_Y}$	X재 소비 감소, Y재 소비 증가 → 총효용 증가

소득 $M = 100$, $P_X = 5$, $P_Y = 10$ 이어서 $5X + 10Y = 100$ 이 예산식이고,

$MU_X = 10 - \dfrac{1}{2}X$, $MU_Y = 20 - \dfrac{1}{2}Y$ 라고 하자. 그러면 한계효용균등의 법칙에 의해

$$\dfrac{10 - \dfrac{1}{2}X}{5} = \dfrac{20 - \dfrac{1}{2}Y}{10}$$

→ $X = \dfrac{1}{2}Y$ 를 얻게 된다.

$X = \dfrac{1}{2}Y$ 를 $5X + 10Y = 100$ 에 대입하여 $Y = 8$, $X = 4$ 를 얻게 된다.

즉, $X = 4$, $Y = 8$이 소비자의 균형점이다.

05 수요곡선의 도출

1 한계효용균등의 법칙을 이용한 수요곡선의 도출

① 처음에 X재와 Y재의 1원당 한계효용이 같다고 하자.

→ $\dfrac{MU_X}{P_X} = \dfrac{MU_Y}{P_Y}$

② $\dfrac{MU_X}{P_X} = \dfrac{MU_Y}{P_Y}$ 에서 X재의 가격 P_X가 하락하면 $\dfrac{MU_X}{P_X} > \dfrac{MU_Y}{P_Y}$이 되어 X재 1원당 한계효용이 Y재 1원당 한계효용보다 커진다.

③ 합리적인 소비자라면 X재 구입을 늘리고 Y재 구입을 줄임으로써 효용극대화를 추구할 것이다.

④ 따라서 X재 가격이 하락하면 X재 소비량을 증가시키기 때문에 우하향의 X재 수요곡선이 도출된다.

2 화폐의 한계효용을 이용한 수요곡선의 도출

① 소비자균형조건이 $\dfrac{MU_X}{P_X} = \dfrac{MU_Y}{P_Y} = k$이므로 소비자균형에서는 $\dfrac{MU_X}{P_X} = k$가 성립한다.

즉, $\dfrac{MU_X}{P_X}$는 X재 1원당 한계효용을 의미하므로 X재 1원당 한계효용을 k라고 하면 $\dfrac{MU_X}{P_X} = k$가 된다.

② 한계효용이론에서는 화폐의 한계효용을 일정하다고 가정하므로 $\dfrac{MU_X}{P_X} = k$을 P_X에 대해 정리하면 다음과 같다.

→ $P_X = \dfrac{1}{k}MU_X$

③ X재 소비량이 증가하면 한계효용체감의 법칙에 의해 X재의 한계효용(MU_X)이 감소하고 P_X가 작아지게 된다.

④ 즉, X재 소비량이 증가하면 소비자가 지불할 용의가 있는 X재의 가격(P_X)이 하락한다.

⑤ 따라서 X재 소비량(Q_X)이 증가하면 소비자가 X재에 대하여 지불할 용의가 있는 가격(P_X)이 낮아지므로 우하향의 수요곡선이 도출된다.

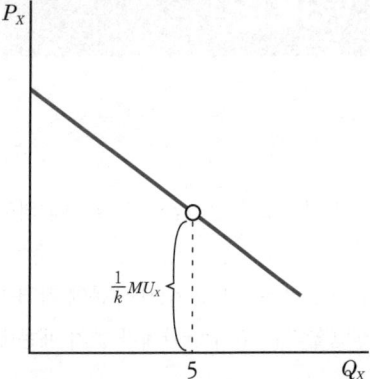
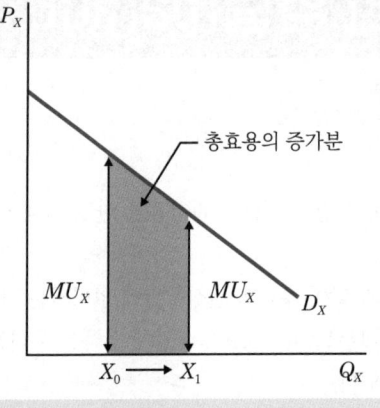

① 5개를 소비할 때 수요곡선의 높이는 한계효용을 나타내고 소비자의 지불용의 가격을 의미한다.

② 수요곡선의 하방 면적은 X재로부터 얻는 한계효용의 합을 k로 나눈 것이다.

③ 하방 면적은 5개 만큼 소비했을 때 X재로부터 얻는 총효용이고 총효용을 원당 한계효용(k)로 나눈 것은 총효용을 화폐단위로 환산한 것을 의미한다.

④ X재 소비량을 X_0에서 X_1으로 늘릴 때 총효용은 수요곡선의 하방 면적의 증가분(음영 영역)으로 표시된다.

4절 가치의 역설(paradox of value)

01 개요

① 한계효용이 등장하기 전까지 많은 학자들은 한 소비재의 가격은 그 상품으로부터 얻은 총효용에 의해 결정된다고 믿었다.

② 따라서 물(water)과 같이 우리의 일상생활에 없어서는 안 될 필수품은 많은 효용을 주기 때문에 가격이 높아야 하고 반대로 다이아몬드(diamond)와 같은 상품은 우리들의 일상생활과는 밀접한 관계가 없기 때문에 가격이 낮아야 한다고 믿었다.

③ 그러나 실제로는 물의 가격은 낮고 다이아몬드의 가격은 상당히 높게 나타나 고전 이론과 맞지 않았다.

④ 따라서 이것이 고전 이론과 맞지 않는다고 하여 '가치의 역설'로 존재해 있었다.

02 개념

① 가치의 역설이란 물은 다이아몬드보다 사용 가치가 큼에도 불구하고 왜 가격이 낮은가에 대한 가치의 이율배반성을 말한다.

② 소비재 가격은 그 상품으로부터 얻는 총효용에 의해 결정된다고 믿었지만 필수재와 사치재의 경우 고전 이론과 맞지 않는다고 하여 '가치의 역설'이라고 한다.

03 아담 스미스(A. Smith)의 견해

① 아담 스미스는 그의 저서 '국부론'(1776년)에서 모든 상품의 가치를 사용가치(value in use)와 교환가치(value in exchange)로 분류하였다.

② 물은 사용가치가 큼에도 불구하고 교환가치가 작은 반면에 다이아몬드는 사용가치가 작음에도 불구하고 교환가치가 큰 것을 지적하면서 이 현상을 어떻게 설명해야 할 것인가 하는 의문을 제기하였다.

04 한계효용학파의 설명

① 아담 스미스 이후 1세기가 지나서 1870년대에 등장한 한계효용이론에 의해서 만족스럽게 설명되어 역설적 현상이 아닌 합리적 현상이라는 것이 밝혀졌다.

② 한계효용이론에 의하면 교환가치 즉, 상품의 가격은 총효용이 아닌 한계효용에 의하여 결정되고 사용가치는 총효용에 의하여 결정된다고 설명하였다.

③ 부존량이 풍부한 물은 사람들이 일상생활에 많이 소비하고 있으므로 한계효용이 아주 낮다.

④ 부존량이 적은 다이아몬드는 일반인의 소비량이 매우 적으므로 한계효용이 아주 높다.

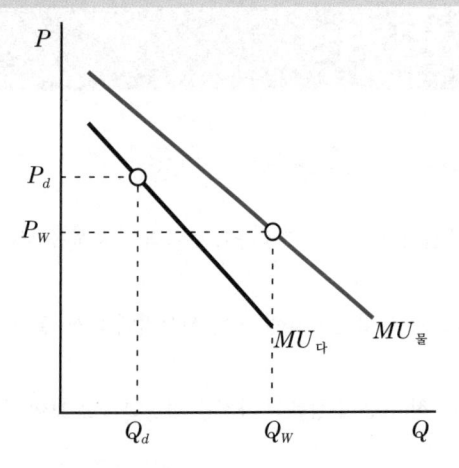

① 소비량이 동일할 때 물은 다이아몬드보다 인간생활에 더 유용하기 때문에 물의 한계효용곡선($MU_물$)은 다이아
몬드의 한계효용곡선($MU_다$)보다 상방에 있다.

② 물의 소비량(Q_w)이 다이아몬드의 소비량(Q_d)보다 훨씬 많기 때문에 물의 한계효용이 다이아몬드의 한계효용
보다 훨씬 낮다.

③ 상품의 가격에 영향을 미치는 것은 해당 상품의 총효용이 아닌 한계효용이기 때문에 한계효용이 훨씬 높은 다
이아몬드가 물보다 훨씬 가격이 비싸다.

④ 물의 소비량(Q_w)에서의 하방면적이 다이아몬드의 소비량(Q_d)에서의 하방면적보다 훨씬 크므로 하방면적인
총효용은 물이 다이아몬드보다 크다.

① 물은 교환가치가 작은 반면 사용가치가 크고 다이아몬드는 교환가치는 큰 반면 사용가치는 작다.

② 즉, 물의 유용성은 다이아몬드보다 크지만 다이아몬드가 물보다 희소하기 때문에 다이아몬드의 한계효용은 물
의 한계효용보다 크다.

③ 따라서 다이아몬드의 가격이 물의 가격보다 높다.

	물	다이아몬드
교환가치	⇩	⇧
사용가치	⇧	⇩

사례 물과 휘발유

• 사우디아라비아에서는 물이 귀하고 휘발유가 흔하다. 따라서 1리터의 물이 휘발유 1리터보다 비싸다. 즉, 사우디아라비아에
서는 가치의 역설에 나오는 다이아몬드가 물이고 물이 휘발유가 된다.

• 우리나라에서는 물이 흔하고 휘발유가 비싸다. 따라서 1리터의 휘발유가 물 1리터보다 비싸다. 즉, 우리나라에서는 가치의 역
설에 나오는 다이아몬드가 휘발유가 된다.

5절 한계효용이론에 대한 평가

01 장점

① 한계효용이론은 1870년대 이전의 경제학자들이 주장한 객관적 가치설을 부정하고 주관적 가치설을 새롭게 주장하였다.

② 이전에는 한 상품의 시장가격은 그 상품의 생산에 객관적으로 투입된 노동량 또는 생산비에 의해 결정된다는 '노동가치설'을 주장하여 공급 측면만 보았다.

③ 반면에 한계효용이론은 상품의 마지막 1단위에서 얻는 주관적 효용이 상품의 가격을 결정한다고 보아 수요 측면을 강조하였다.

④ 이처럼 한계효용이론이 가격 이론에 획기적인 전환점이 되었다는 점에서 한계혁명(marginal revolution)이라고도 한다.

02 단점

1 효용의 기수성

① 한계효용이론은 사람들의 효용을 정확하게 측정할 수 있다고 주장한 점에서 중대한 문제점이 있다.

② 사람들이 상품의 소비를 통하여 얻는 효용을 객관적 또는 기수적으로 측정할 수는 없다.

③ 효용의 기수성이라는 가정을 완화하면서 등장한 것이 무차별곡선 이론이다.

2 화폐의 한계효용

화폐의 한계효용$\left(\dfrac{MU_X}{P_X} = k \right)$이 일정하다고 가정하였으나 일반적으로 화폐의 한계효용(k)도 체감할 수 있다.

01 어떤 재화 X 의 한계효용이 0이라면 어떤 결론을 내릴 수 있는가?

① X 의 총효용이 극대로 되었다.

② X 에 대한 효용이 없다.

③ X 에 대한 수요의 탄력성이 1이다.

④ 소비자 균형이 달성되었다.

풀이 날짜			
채점 결과			

02 총효용은 증가하나 그 증가율이 감소하고 있다면 한계효용은?

① 한계효용은 음(−)의 값을 가지며, 차차 증가한다.

② 한계효용은 음(−)의 값을 가지며, 차차 감소한다.

③ 한계효용은 양(+)의 값을 가지며, 차차 증가한다.

④ 한계효용은 양(+)의 값을 가지며, 차차 감소한다.

⑤ 한계효용은 0이다.

풀이 날짜			
채점 결과			

01 • 한계효용이란 소비자가 소비량을 한 단위 증가시켰을 때 총효용(TU)의 증가분을 말한다.

$$\rightarrow MU = \frac{\Delta TU}{\Delta Q}$$

• 한계효용은 총효용곡선의 접선의 기울기이므로 한계효용이 0일 때 총효용은 극대가 된다.

• 총효용(TU)이 증가하는 구간에서는 한계효용이 0보다 크고 총효용이 감소하는 구간에서는 한계효용이 0보다 작다. 총효용곡선이 극대인 경우 한계효용은 0의 값을 갖는다.

①

02 • 총효용이 증가하면 한계효용은 양(+)의 값이다.

• 총효용이 증가하나 그 증가율이 감소하고 있다면 한계효용은 감소하고 있다.

④

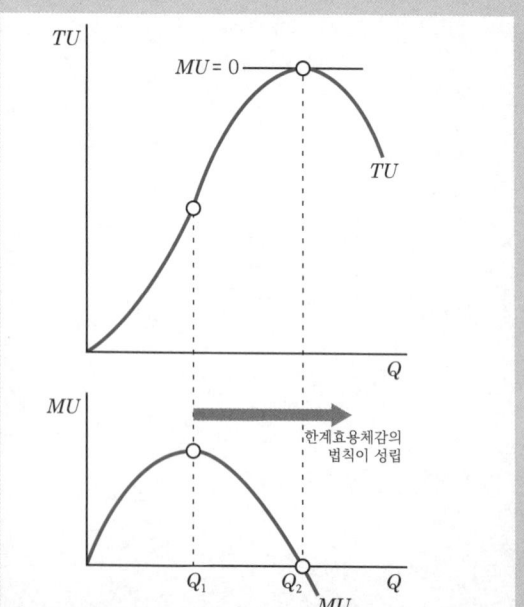

• 소비구간 Q_1과 Q_2 사이에서는 총효용은 증가하나 한계효용은 감소하고 있다.

• 즉, 한계효용은 감소하나 총효용은 체감적으로 증가한다.

03 자기에게 주어진 일정 소득을 가장 합리적으로 사용할 수 있게 하는 것은?

풀이 날짜			
채점 결과			

① 한계효용체감의 법칙
② 한계효용균등의 법칙
③ 한계생산체감의 법칙
④ 한계생산균등의 법칙

04 두 소비재 X 재와 Y 재의 가격이 각각 P_X, P_Y 이고 한계효용이 각각 MU_X, MU_Y 일 때 $\dfrac{MU_X}{P_X} > \dfrac{MU_Y}{P_Y}$ 이면 합리적인 소비자는 어떻게 할 것인가?

풀이 날짜			
채점 결과			

① X 재를 더 소비하려 한다.
② Y 재를 더 소비하려 한다.
③ X 재의 가격 상승을 예상한다.
④ Y 재의 가격 하락을 예상한다.
⑤ 현재의 X 재 소비량과 Y 재 소비량에 만족한다.

03　① 한계효용체감의 법칙이란 다른 재화 소비량이 일정한 상태에서 어느 재화의 소비량이 일정 단위를 넘어서면 소비량이 증가할수록 한계효용이 감소하는 것을 말한다.

　② 한계효용균등의 법칙이란 각 재화의 한계효용을 해당 재화의 가격으로 나눈 값이 같은 소비조합이 최대의 효용을 가져다준다는 것을 말한다. 각 재화 1원어치의 한계효용이 동일하면 소비자의 총효용이 극대화된다.

　③ 한계생산체감의 법칙이란 재화의 생산에서 다른 생산요소들의 투입은 모두 일정하게 하고 어느 1가지 요소의 투입만을 증가시킨다고 가정했을 때, 어떤 시점에서 도달하고 나면 그 이후로는 추가로 얻는 산출량이 차츰 감소하게 된다는 법칙이다.

　④ 한계생산균등의 법칙이란 노동 구입에 사용된 단위 비용당 한계생산과 자본구입에 사용된 단위비용당 한계생산이 같아져야 함을 의미한다. 만약 이러한 관계가 성립되지 않는다면 요소구입량을 조정함으로써 주어진 산출수준을 보다 적은 비용으로 생산할 수 있다.

②

04　• 한계효용이론에 의하면 합리적인 소비자는 예산제약 하에서 한계효용균등의 법칙을 지켜야 한다. 즉, 소비자의 선택조건은 한계효용균등의 법칙, 즉 $\dfrac{MU_X}{P_X} = \dfrac{MU_Y}{P_Y}$ 이다.

　• 만약 $\dfrac{MU_X}{P_X} > \dfrac{MU_Y}{P_Y}$ 이면 Y 재를 덜 소비하고, X 재를 더 소비함으로써 동일한 예산(지출)아래서 총효용을 더 늘릴 수 있다.

①

01 — 어떤 사람이 자신의 총소득 20,000원으로 다음 표에서와 같이 김밥과 라면을 소
비한다고 한다. 효용극대화를 위해서 이 사람이 취해야 할 행동은?

	가격(원)	구매량	총효용	한계효용
김밥(X)	1,000	14	500	30
라면(Y)	500	12	1,000	20

풀이 날짜			
채점 결과			

① 김밥을 덜 소비하고 라면을 더 소비해야 한다.
② 김밥을 현재와 같이 소비하고 라면을 더 소비해야 한다.
③ 김밥을 더 소비하고 라면을 현재와 같이 소비해야 한다.
④ 김밥을 더 소비하고 라면을 덜 소비해야 한다.
⑤ 현재 효용이 극대화되고 있으므로 소비를 변화시킬 필요는 없다.

02 — 두 재화 만이 존재할 때 소비자의 선택 문제를 고려하자. 두 재화의 시장가격은
$P_x = 6$, $P_Y = 3$ 이고, 소비자가 효용을 극대화하고 있는 상태에서 Y 재의 한계
효용이 4라면 X 재의 한계효용은?

풀이 날짜			
채점 결과			

① 2
② 4
③ 6
④ 8
⑤ 12

01 • 김밥의 구입량은 14개이고 라면의 구입량은 12개이므로 김밥과 라면의 지출액은 20,000원이다.   ①

$\rightarrow 14 \times 1,000 + 12 \times 500 = 20,000$원

따라서 예산을 낭비없이 소비하고 있다.

• 김밥(X)과 라면(Y)의 1원당 한계효용을 구하면 다음과 같다.

$$\frac{MU_X}{P_X} = \frac{30}{1,000} = 0.03 < \frac{MU_Y}{P_Y} = \frac{20}{500} = 0.04$$

• Y재의 1원당 한계효용이 X재의 1원당 한계효용보다 크므로, Y재(라면) 소비를 늘리고 X재(김밥) 소비를 줄이는 것이 합리적이다.

02 • 한계효용균등의 법칙이란 각 재화의 한계효용을 해당 재화의 가격으로 나눈 값이 같은 소비조합이 최대의 효용을 가져다준다는 것을 말한다.   ④

• 각 재화 1원어치의 한계효용이 동일하면 소비자의 총효용이 극대화된다.

$$\rightarrow \frac{MU_X}{P_X} = \frac{MU_Y}{P_Y}$$

(P_X : X재 1단위당 가격, P_Y : Y재 1단위당 가격, MU_X : X재의 한계효용, MU_Y : Y재의 한계효용)

• X재의 1원당 한계효용은 $\frac{MU_X}{P_X} = \frac{MU_X}{6}$이고, Y재의 1원당 한계효용은 $\frac{MU_Y}{P_Y} = \frac{4}{3}$이다.

• 두 재화의 1원당 한계효용이 동일할 때 효용극대화가 달성되므로 $\frac{MU_X}{6} = \frac{4}{3} \rightarrow MU_X = \frac{4}{3} \times 6 = 80$이다.

따라서 X재의 한계효용은 80이다.

03 — 어떤 소비자의 X재에 대한 한계효용함수가 $MU_X = 20 - X$이고, Y재에 대한 한계효용함수가 $MU_Y = 10 - Y$라 하자. X, Y재 가격이 각각 $P_X = 2$, $P_Y = 1$이고, 이 소비자의 소득이 40원일 때 효용을 극대화하는 이 소비자의 X재와 Y재의 최적소비량은?

풀이 날짜			
채점 결과			

① $(16, 8)$

② $(10, 20)$

③ $(12, 16)$

④ $(18, 4)$

⑤ $(14, 12)$

04 — 일반적으로 우리 생활에 필요한 물보다 다이아몬드의 값이 비싼 이유는?

풀이 날짜			
채점 결과			

① 다이아몬드의 교환가치가 물의 교환가치보다 높기 때문

② 다이아몬드의 사용가치가 물의 사용가치보다 높기 때문

③ 다이아몬드의 한계효용이 물의 한계효용보다 높기 때문

④ 다이아몬드의 총효용이 물의 총효용보다 높기 때문

⑤ 다이아몬드의 평균효용이 물의 평균효용보다 높기 때문

03 • 예산제약식은 다음과 같다.

$$\rightarrow P_X X + P_Y Y = M$$

(P_X : X재의 가격, X : X재 구입량, P_Y : Y재의 가격, Y : Y재 구입량, M : 소득)

$P_X X$는 X재의 지출액이고 $P_Y Y$는 Y재의 지출액이다.

• 소득 $M = 40$, $P_X = 2$, $P_Y = 1$이라면 X재와 Y재의 소비량은 $2X + 1Y = 40$이라는 예산식에 의해 결정된다.

• 한계효용균등의 법칙이란 각 재화의 한계효용을 해당 재화의 가격으로 나눈 값이 같은 소비조합이 최대의 효용을 가져다준다는 것을 말한다.

• 각 재화 1원어치의 한계효용이 동일하면 소비자의 총효용이 극대화된다.

$$\rightarrow \frac{MU_X}{P_X} = \frac{MU_Y}{P_Y}$$

(P_X : X재 1단위당 가격, P_Y : Y재 1단위당 가격, MU_X : X재의 한계효용, MU_Y : Y재의 한계효용)

• X재의 1원당 한계효용은 $\dfrac{MU_X}{P_X} = \dfrac{20-X}{2}$이고, Y재의 1원당 한계효용은 $\dfrac{MU_Y}{P_Y} = \dfrac{10-Y}{1}$이다.

• 한계효용균등의 법칙이 성립할 때 $20 - X = 20 - 2Y \rightarrow X = 2Y$로 정리된다.

• 예산제약식과 한계효용균등식을 연립하면 다음과 같다.

$2X + Y = 40$

$\rightarrow 2 \times 2Y + Y = 40$

$\rightarrow 5Y = 40$

$\rightarrow X = 16, Y = 8$

①

04 • 가치의 역설이란 물은 다이아몬드보다 사용가치가 큼에도 불구하고 왜 가격이 낮은가에 대한 가치의 이율배반성을 말한다.

• 아담스미스(A. Smith)는 물은 사용가치가 큼에도 불구하고 교환가치가 작은 반면에 다이아몬드는 사용가치가 작음에도 불구하고 교환가치가 큰 것을 지적하면서 이 현상을 어떻게 설명해야 할 것인가 하는 의문을 제기하였다.

• 물의 가격이 다이아몬드의 가격보다 낮은 이유는 물의 한계효용이 다이아몬드의 한계효용보다 낮기 때문이다. 가격은 한계효용에 의해 결정된다.

③

CHAPTER 07

무차별곡선이론

단원 학습 목표

- 한계효용이론에서는 소비자의 만족을 나타내는 효용이 측정 가능하다는 가정 하에서 총효용과 한계 효용의 관계를 살펴보았다. 이 가정은 분석을 쉽게 만들지만 비현실적이다.
- 이번 장에서는 서수적 효용의 개념을 사용하여 우하향의 수요곡선을 도출하고자 한다.
- 소비자의 서수적 효용은 무차별곡선으로 그리고 소득제약조건은 예산선으로 나타낸다.
- 무차별곡선이론에서는 소비자들의 선호와 소득, 그리고 재화의 시장가격이 주어져 있을 때 즉, 예산 선이 일정할 때 무차별곡선과 예산선이 접하는 점에서 효용극대화가 달성된다.

01 상품묶음과 선호관계

① 무차별곡선이론에서는 한계효용이론과 달리 서수적 효용을 가정한다.

② 제레미 벤담(J. Bentham)이 처음으로 효용이라는 말을 사용한 이래로 제본스(W. Jevons)나 왈라스(L. Walras)와 같은 경제학자들은 소비자의 만족수준을 나타내는 효용을 온도나 길이와 마찬가지로 계산하고 측정할 수 있는 객관적 개념으로 파악하였으며 이에 따라 개별소비자의 만족수준 정도를 구체적인 수치로 측정할 수 있을 뿐만 아니라 소비자들 사이의 효용도 서로 비교할 수 있는 것으로 보았다. 이러한 효용을 기수적 효용이라고 한다.

③ 그러나 파레토(V. Pareto)등과 같은 경제학자들은 효용이라는 것은 소비자들이 소비활동에서 얻는 주관적인 만족감을 나타내는 것이기 때문에 효용을 객관적인 수치로 측정할 수 있는 성질이 못되며 선후순서만을 판단할 뿐 만족수준의 절대적인 크기에 전혀 의미를 부여하지 않는다.

④ 즉, 소비자들이 재화와 서비스의 여러 조합들에 대해 각각의 효용을 고려하여 순위를 매길 수 있다는 좀더 현실적인 가정을 사용한다.

⑤ 재화와 서비스의 여러 조합들을 상품묶음(commodity bundle)이라고 하고 소비자가 가지고 있는 기호체계를 선호관계(preference relation)라고 한다.

⑥ 예를 들어 사과 2개, 배 10개를 소비한다면 상품묶음을 $x = (2, 10)$로 나타내고 사과 5개, 배 5개를 소비한다면 상품묶음을 $y = (5, 5)$로 나타낸다.

⑦ 두 상품묶음 중에 x를 y보다 더 선호하거나 x와 y가 무차별하다면 '$x > y$' 또는 '$x \sim y$'로 표시한다.

02 합리적인 선호

1 개요

① 소비자가 합리적으로 선택을 하려면 선호관계가 일관성을 가져야 한다.

② 일관성을 가지려면 몇 가지 조건을 충족하여야 하는데 이를 공리(axiom)라고 한다.

③ 즉, 공리란 가장 기본이 되는 가정으로 주어진 선호관계를 효용함수로 나타내기 위해서 일정한 공리를 갖추어야 한다.

④ 공리 중에 완전성과 이행성은 선호관계가 일관성을 가지기 위해서 필요한 최소한의 조건이다.

2 완전성(completeness)

① 완전성이란 두 개의 상품묶음 중에서 선택할 때 일관성이 있음을 요구하는 조건으로 모든 상품묶음에 대해 선호의 입장을 분명히 해야 한다는 것이다.

② 즉, 소비자는 어떤 두 상품묶음에 대해서 어느 상품묶음을 더 선호하거나 무차별하게 좋아하는지를 판단할 수 있어야 한다.

③ 예를 들어 x, y라는 두 개의 상품묶음이 있을 때 '$x > y$'(x를 y보다 더 선호) 또는 '$x \sim y$'(x와 y가 무차별)등으로 나타낼 수 있다.

④ 두 개의 상품묶음 중 어느 것을 더 선호하는지 혹은 무차별하게 좋아하는지 판단할 수 없는 경우도 있고 주어진 상품묶음들에 대한 자기 자신의 선호를 판단하는데 많은 노력과 생각이 필요한 경우도 있다.

⑤ 선호의 완전성은 소비자가 어떠한 2개의 상품묶음이 제시되어도 어느 상품묶음을 더 선호하는지 혹은 무차별한지를 판단할 수 있다는 것이다.

❸ 이행성(transitivity)

① 이행성은 소비자의 선호가 일관성을 가져야 한다는 것을 나타낸다.

② 세 개의 상품묶음 A, B, C가 있을 때 소비자가 A를 B보다 더 선호하고($A > B$) B를 C보다 더 선호($B > C$)한다고 하자. 이때 소비자에게 A와 C 가운데 어느 것을 더 좋아하느냐고 물으면 소비자는 A를 C보다 더 선호($A > C$)한다고 대답해야 선호에 일관성이 있다.

❹ 연속성(continuity)

① 상품묶음의 양에 조그만 차이가 있다면 소비자의 선호에도 조그만 차이밖에 없다는 것을 의미한다.

② 즉, 소비자의 선호순서가 급격한 변화가 있어서는 안 된다는 것이다.

③ 예를 들어 사과 10개, 배 10개를 소비하는 상품묶음 x를 사과 10개, 배 5개를 소비하는 상품묶음 y보다 더 선호한다고 하자. 선호관계에 급격한 변화가 없다는 것은 상품묶음 $z = (10 + \Delta, 5)$이며 Δ가 매우 작은 수라면 y와 z가 거의 같은 상품묶음이므로 $x > z$가 성립한다는 것이다.

④ 완비성, 이행성, 연속성을 만족시키면 연속적이고 미분 가능한 효용함수가 도출된다.

심화학습   사전편찬식 선호체계

1. 개념

① 사전편찬식 선호체계란 소비자의 재화에 대한 선호가 서열화되어 있는 것을 말한다.

② 소비묶음 (x_0, y_0)와 (x_1, y_1)이 있을 때 x재에 대한 소비량을 먼저 비교하여 x재가 더 많은 소비묶음을 y재 소비량에 관계없이 선호하고, 만약 $x_0 = x_1$이라면 y재의 소비량이 더 많은 소비묶음을 선택하는 선호체계이다.

예를 들어 올림픽 경기에서는 국가 순위가 각국의 금메달 수를 먼저 비교하고 나서 은메달 수를 통해 결정된다.

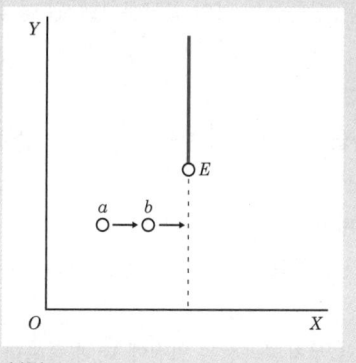

2. 설명

① E점보다 왼쪽 영역(점선 상의 점들도 포함)은 E점보다 X재 또는 Y재의 양이 더 적으므로 E점보다 덜 선호되는 영역이고 E점보다 오른쪽 영역(실선 상의 점들도 포함)은 E점보다 X재 또는 Y재의 양이 더 많으므로 E점보다 더 선호되는 영역이다.

② 소비자가 사전편찬식 선호를 지니고 있지 않다면 임의의 소비계획 a에서 오른쪽으로 이동하면 E점과 동일한 효용을 갖고 있는 한 점을 통과해야 한다.

③ 그러나 소비자가 사전편찬식 선호를 지니고 있다면 어떠한 곡선 위에서도 E와 무차별한 관계에 있는 소비계획을 찾을 수 없다.

③ 따라서 무차별곡선은 한 점으로 표시되며 선호체계가 존재하기 위한 연속성의 가정을 위반하게 된다.

3. 결론

① 사전편찬식 선호체계는 이행성과 완비성을 만족하나 효용함수가 존재하지 않는다.

② 사전편찬식 선호체계는 선호가 불연속하다는 특징을 가지고 있다. 선호가 불연속적이라는 말은 선호순서에 갑작스러운 변화가 일어난다는 것이다.

5 강단조성(strong monotonicity)

① 강단조성이란 적어도 어느 한 재화의 소비가 증가하면 만족이 증가하는 것을 말한다.

강단조성은 더 많을수록 더 좋다는 다다익선을 의미한다. (the more, the better)

② 즉, 소비자가 강단조적인 선호관계를 가지고 있다는 것은 얼마를 소비하든지 상품소비량이 증가하면 만족도 증가하며 추가적인 소비가 괴로움을 가져오지 않는다는 것을 의미한다.

→ 반면 약단조성은 모든 재화의 소비가 동시에 증가하는 경우에만 만족이 증가하는 것을 말한다.

③ 완전보완재에 대한 선호는 강단조성의 가정을 만족시키지 못한다.

왜냐하면 완전보완재의 경우 어느 한 재화의 소비가 증가하더라도 만족이 증가하지 않을 수 있기 때문이다.

④ 무차별곡선이 원점에 대해 오목하더라도 강단조성은 만족한다. 따라서 무차별곡선이 원점에 대해 오목할 가능성을 배제시키려면 볼록성의 가정이 도입되어야 한다.

6 강볼록성

① 강볼록성이란 각각의 상품묶음보다 그 상품묶음에 포함되어 있는 각 상품들의 가중평균으로 구성된 상품묶음을 강선호하는 것을 말한다.

즉, 한 상품의 양이 상대적으로 많은 상품묶음들보다는 가능하면 모든 상품들의 양이 골고루 포함된 상품묶음을 선호하는 성질을 말한다.

→ 소비자가 편중된 소비보다는 다양한 재화를 소비하는 것을 더 선호

② 무차별하게 선호되는 상품묶음들보다는 이들을 가중평균한 상품묶음을 더 선호하기 때문에 x, y라는 상품묶음이 있을 때 $ax + (1-a)y \, (0 < a < 1)$를 더 선호하게 된다.

③ 예를 들어 사과와 배라는 두 가지 재화가 존재할 때 사과만 10개 소비할 수도 있고 배만 10개 소비할 수도 있다. 두 종류의 소비가 얻는 만족이 동일할 때 사과와 배를 각각 5개씩 소비하는 경우가 더 높은 만족을 준다는 것을 의미한다.

④ 강볼록성을 가정하면 무차별곡선에 직선인 부분이 존재하지 않으므로 무차별곡선은 원점에 대해 볼록하게 그려진다.

→ 완전대체재에 대한 선호는 볼록하지만 강볼록하지는 않다.

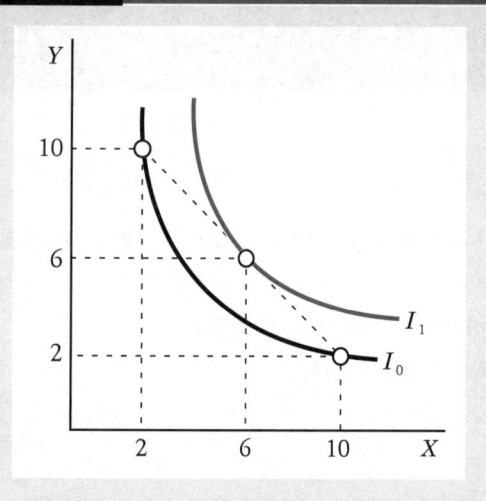

① 강볼록성이 존재한다면 무차별하게 선호되는 상품묶음들보다는 이들을 가중평균한 상품묶음을 더 선호한다.

② 즉, x, y라는 상품묶음이 있을 때 $\alpha x + (1-\alpha) y \,(0 < \alpha < 1)$를 더 선호하게 된다.

③ 재화묶음이 (10, 2)와 (2, 10)이 존재하는 경우에 두 상품묶음을 가중평균하면 상품묶음은 (6, 6)이 된다.

   $\rightarrow 0.5 \times (10, 2) + 0.5 \times (2, 10)$

   $= (5, 1) + (1, 5) = (6, 6)$

④ 상품묶음 (6, 6)을 통과하는 무차별곡선이 더 높은 효용수준을 나타내기 때문에 원점에 대하여 볼록한 무차별곡선은 다양한 재화의 소비를 소비자가 원한다는 것을 알 수 있다

⑤ 강볼록성을 가정하면 무차별곡선에 직선인 부분이 존재하지 않으므로 무차별곡선은 원점에 대해 볼록하게 그려진다.

2절 무차별곡선

01 개념

① 무차별곡선(indifference curve)이란 소비자에게 동일한 수준의 효용을 주는 상품묶음의 집합을 그림으로 나타낸 것을 말한다.

② a점과 b점의 효용이 동일하다면 이 점들을 연결하여 우하향의 무차별곡선이 도출된다.

③ 무차별곡선은 일반적으로 우하향하면서 원점에 대해 볼록한 형태를 갖는다.

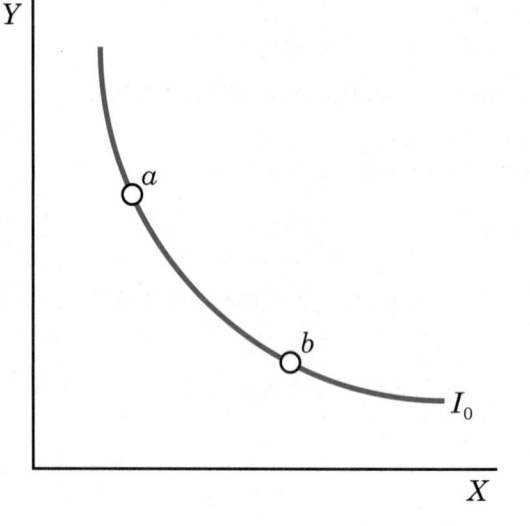

02 설명

① A점에서의 효용과 B점에서의 효용이 동일하다면 A점과 B점은 동일 무차별곡선 상에 위치하게 된다. 따라서 무차별곡선 상에 있는 모든 점은 동일한 효용을 갖게 된다.

② C점은 A점과 B점보다 X재와 Y재의 구입량이 더 많기 때문에 C점을 통과하는 무차별곡선에서의 효용이 A점과 B점을 통과하는 무차별곡선에서의 효용보다 더 커야 한다. $(I_1 > I_0)$

③ 무차별곡선은 하나만 존재하는 것이 아니라 많이 존재한다.

03 무차별곡선의 성질

1 무차별곡선은 우하향한다.

① 무차별곡선이 우하향하는 이유는 가로축의 X재, 세로축의 Y재가 일반적인 재화이기 때문이다. 즉, 소비자 선택의 대상이 되는 상품들이 모두 소비자에게 유용한 것들이라면 무차별곡선은 우하향하게 된다.

→ 일반적인 재화(goods)란 소비량이 증가하면 총효용이 커지는 재화로 한계효용은 0보다 크다.

② 만약 재화가 비재화(bad goods)라면 무차별곡선이 우하향하지 않을 수도 있다.

→ 비재화란 소비량이 증가하면 총효용이 작아지는 재화로 한계효용은 0보다 작다.

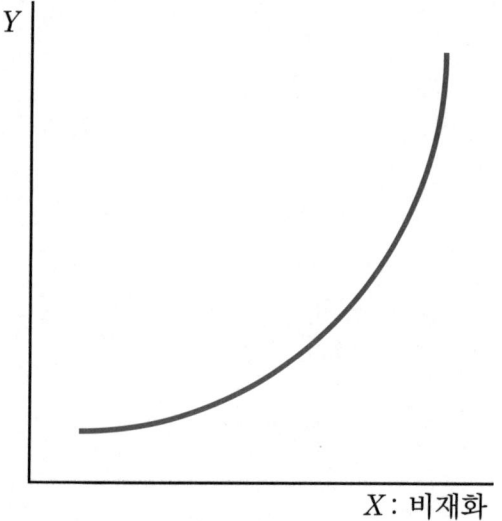

X: 비재화

③ 가로축의 X재가 비재화라면 X재 소비 증가 시 총효용이 감소한다. 총효용이 동일하기 위해서는 Y재 소비가 증가해야 한다. 따라서 X재가 비재화인 경우 무차별곡선은 우상향의 형태를 갖는다.

④ 동일한 효용을 유지하기 위해서는 X재 구입량과 Y재 구입량은 서로 반대 방향으로 움직여야 하며 이는 '강단조성(strong monotonicity)'이라는 가정과 관련이 있다.

⑤ 강단조성이란 적어도 어느 한 재화의 소비가 증가하면 만족이 증가하는 것을 말한다. 강단조성은 더 많을수록 더 좋다는 다다익선을 의미한다. (the more, the better)

2 원점에서 멀어질수록 더 높은 효용수준을 나타낸다.

① 원점에서 멀어지게 되면 X재, Y재의 소비량이 증가하게 되므로 효용이 증가하게 된다.

② 무차별곡선이 원점에서 멀어질수록 더 높은 효용을 나타내며 '강단조성'의 공리와 관련이 있다.

③ 서수적인 효용을 가정하는 무차별곡선은 효용의 절대적인 크기가 필요하지 않기 때문에 무차별곡선 I_1에서의 효용이 무차별곡선 I_0에서의 효용보다 크다는 비교만 할 수 있다.

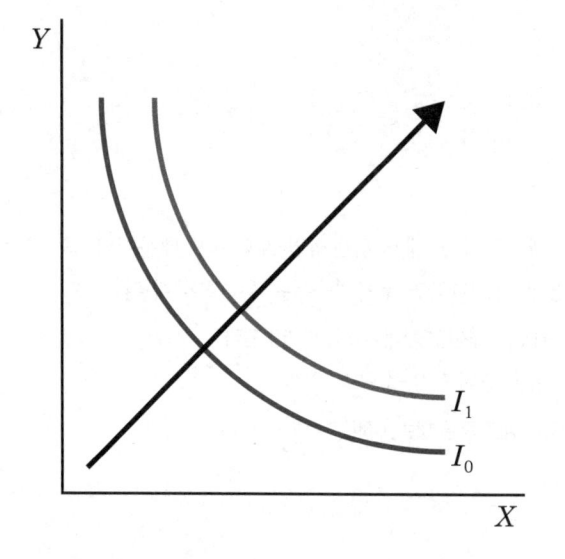

3 무차별곡선은 서로 교차하지 않는다.

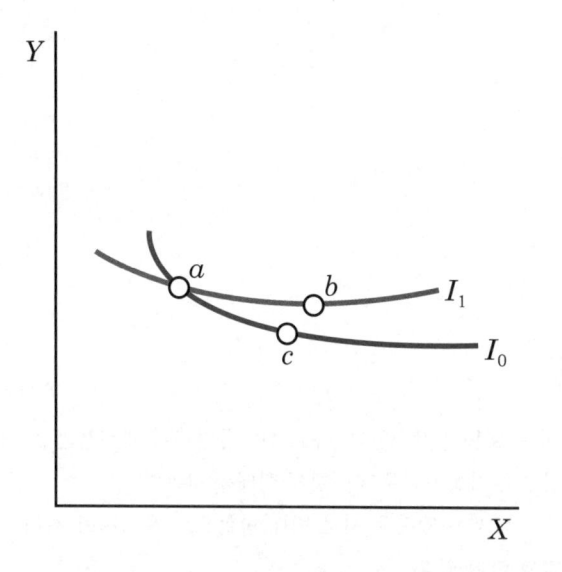

① 무차별곡선 I_0와 I_1이 a점에서 교차하고 있다면 다음과 같은 모순이 발생한다.

② a점과 c점은 동일한 무차별곡선 I_0 위에 있으므로 동일한 효용을 가지고 있다.

③ a점과 b점은 동일한 무차별곡선 I_1 위에 있으므로 동일한 효용을 가지고 있다.

④ a점과 c점의 효용이 동일하고 a점과 b점의 효용이 동일하다면 c점과 b점의 효용이 같아야 한다.

⑤ 그러나 b점은 c점보다 X재, Y재 모두 더 많은 양을 소비하고 있으므로 b점이 c점보다 효용이 더 커야 한다.

⑥ 따라서 한 개인의 무차별곡선이 서로 교차하면 이러한 모순이 발생한다.

⑦ 무차별곡선이 서로 교차하면 '이행성'의 가정을 만족하지 못한다.

⑧ 이행성(transitivity)은 소비자의 선호가 일관성을 가져야 한다는 것을 나타낸다. 세 개의 상품 묶음 A, B, C가 있을 때 소비자가 A를 B보다 더 선호하고(A＞B), B를 C보다 더 선호(B＞C)한다고 하자. 이때 소비자에게 A와 C 가운데 어느 것을 더 좋아하느냐고 물으면 소비자는 A를 C보다 더 선호(A＞C)한다고 대답해야 선호에 일관성이 있다.

4 원점에 볼록하다.

① 무차별곡선이 원점에 대해 볼록하다는 것은 무차별곡선의 곡률을 나타낸다.

② 무차별곡선의 곡률은 '원점에 대해 볼록'하거나 '원점에 대해 오목' 한 경우 등이 존재한다.

③ 무차별곡선이 원점에 볼록한 이유는 한계대체율이 체감하기 때문이다.

④ 무차별곡선이 원점에 볼록한 형태를 갖는 것은 '강볼록성'의 가정과 관련이 있다.

⑤ 강볼록성이란 각각의 상품 묶음보다 그 상품 묶음에 포함되어 있는 각 상품들의 가중평균으로 구성된 상품 묶음을 강선호 하는 것을 말한다. 즉, 한 상품의 양이 상대적으로 많은 상품 묶음들보다는 가능하면 모든 상품들의 양이 골고루 포함된 상품 묶음을 선호하는 성질을 말한다.

→ 소비자가 편중된 소비보다는 다양한 재화를 소비하는 것을 더 선호

예를 들어 사과와 배라는 두 가지 재화가 존재할 때 사과만 10개 소비할 수도 있고 배만 10개 소비할 수도 있다. 두 종류의 소비가 얻는 만족이 동일할 때 사과와 배를 각각 5개씩 소비하는 경우가 더 높은 만족을 준다는 것을 의미한다.

심화학습	강볼록성

1. 강볼록성

강볼록성이란 각각의 상품 묶음보다 그 상품 묶음에 포함되어 있는 각 상품들의 가중평균으로 구성된 상품 묶음을 강선호하는 것을 말한다.

2. 설명

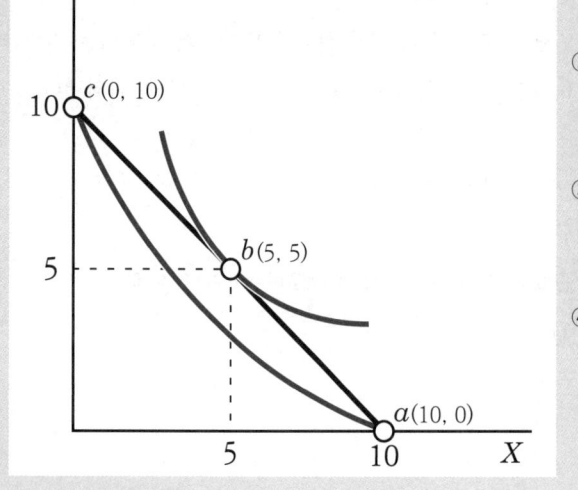

① a점은 X재만 10단위 구입하는 점이고 c점은 Y재만 10단위 구입하는 점으로 극단적인 재화 묶음을 나타낸다.

② b점은 X재와 Y재를 다양하게 소비하는 점으로 a점과 b점, c점이 동일한 효용을 나타낸다면 우하향 직선의 무차별곡선 상에 위치해야 한다.

③ 그러나 b점이 a점이나 c점보다 더 선호된다면 a점과 c점을 연결한 선은 c점보다 하방에 위치해야 하며 무차별곡선은 원점에 볼록한 형태를 갖게 된다.

④ 즉, 무차별곡선이 원점에 대하여 볼록한 모양을 갖는다면 소비자가 편중된 소비보다는 다양한 재화를 소비하는 것을 더 선호하고 있음을 나타낸다.

1 개념

① 한계대체율(Marginal Rate of Substitution : MRS_{XY})은 동일한 효용수준을 유지하면서 X 재 1단위를 더 소비하기 위하여 기꺼이 포기할 의향이 있는 Y 재의 수량을 나타낸다. '기꺼이 포기할 의향이 있다'는 말은 효용수준이 동일하게 유지된다는 것을 의미한다.

② 한계대체율은 무차별곡선의 기울기로 두 상품 사이의 주관적 교환비율을 의미한다.

2 설명

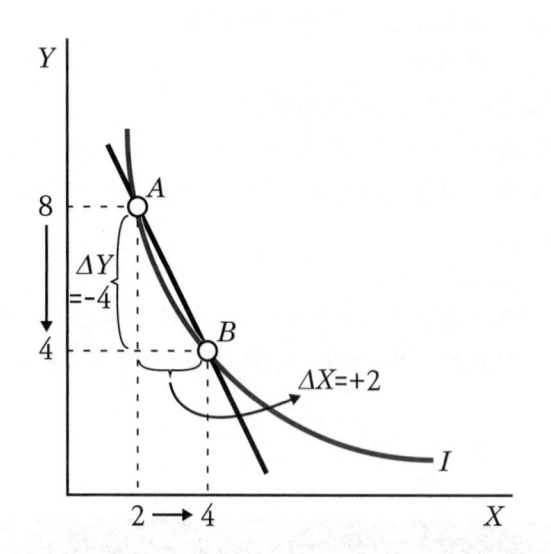

① 한계대체율은 A 점과 B 점을 연결한 직선의 기울기로 다음과 같이 나타낼 수 있다.

$$\rightarrow MRS_{XY} = -\frac{\Delta Y}{\Delta X} = -\frac{-4}{+2} = \frac{2}{1}$$

② X 재를 1단위 더 소비하기 위하여 Y 재 2단위를 포기하겠다는 뜻으로 X 재의 한계효용이 Y 재의 한계효용보다 2배 더 크다는 의미가 된다.

$$\rightarrow MRS_{XY} = -\frac{\Delta Y}{\Delta X} = \frac{MU_X}{MU_Y}$$

③ 따라서 한계대체율은 동일한 효용을 유지할 때 X 재 한 단위를 더 얻기 위해서 포기할 용의가 있는 최대한의 Y 재의 양으로서 무차별곡선의 접선의 기울기에 $(-)$부호를 취한 것이고 주관적인 교환비율을 나타낸다.

④ 한계대체율을 수리적으로 도출하면 다음과 같다.

- X 재 소비량을 ΔX만큼 늘리면 총효용은 $MU_X \times \Delta X$ 만큼 증가한다.
- Y 재 소비량이 ΔY만큼 감소하면 총효용은 $MU_Y \times \Delta Y$ 만큼 감소한다.
- 무차별곡선에서 A 점에서 B 점으로 이동할 때 총효용의 변화는 0이므로 $\Delta TU = 0$이다. 따라서

$$MU_X \Delta X + MU_Y \Delta Y = \Delta TU = 0$$
$$\rightarrow MU_X \Delta X = -MU_Y \Delta Y$$
$$\rightarrow -\frac{\Delta Y}{\Delta X} = \frac{MU_X}{MU_Y}$$

3 한계 대체율 체감의 법칙

1. 개념

동일한 효용수준을 유지하면서 Y재에서 X재로 대체해감에 따라 한계대체율이 점점 감소하는 현상을 말한다.

2. 무차별곡선이 원점에 대해 볼록한 경우

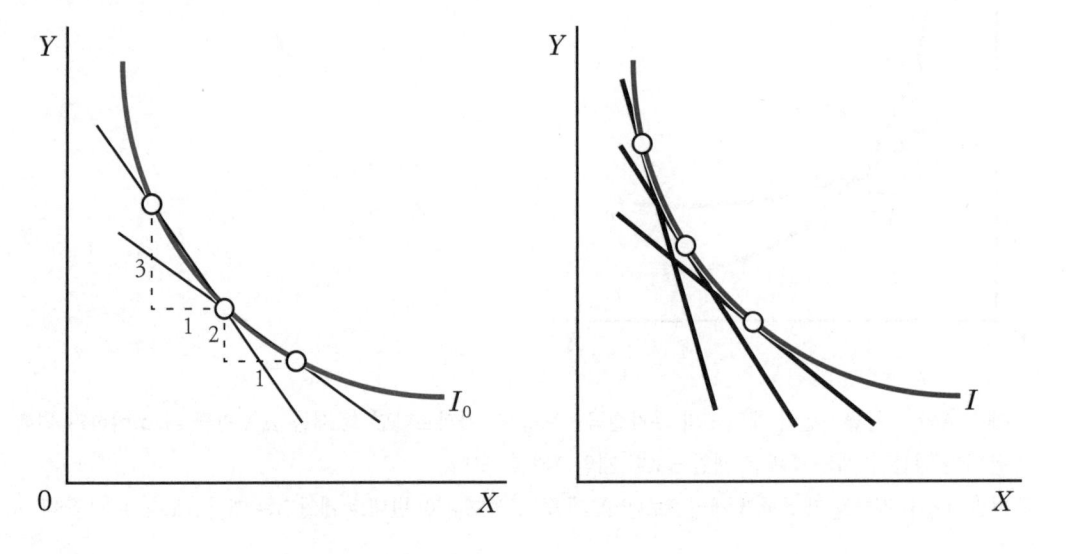

① 무차별곡선이 원점에 대해 볼록한 경우 각 점에서의 한계대체율이 Y재에서 X재로 대체해감에 따라 점점 감소한다.

② 이는 소비량이 증가한 재화의 가치는 하락하고 소비량이 감소한 재화의 가치가 상승하기 때문이다.

③ 무차별곡선을 따라 X재의 소비량이 많아질수록 추가적인 X재 소비를 위하여 소비자가 포기할 용의가 있는 Y재의 수량은 점차 적어진다. 즉, X재의 소비량이 많아질수록 Y재에 대한 X재의 한계대체율은 점점 감소한다.

④ 주의할 것은 한계대체율이 두 상품의 한계효용의 비율이라는 점에서 한계대체율체감의 법칙이 한계효용체감의 법칙과 어떤 인과관계가 있는 것으로 착각할지 모르나 한계효용체감의 법칙이 적용된다고 해서 한계대체율체감의 법칙이 성립하는 것이 아니며 또한 한계대체율체감의 법칙이 성립한다고 해서 한계효용체감의 법칙이 적용되는 것은 아니다.

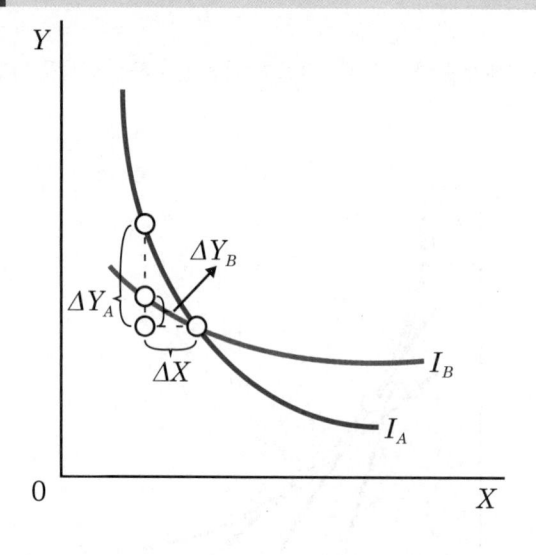

① 개인 A의 무차별곡선이 개인 B의 무차별곡선보다 더 가파르다면 X 재를 $\triangle X$ 만큼 더 소비하기 위해 포기할 용의가 있는 Y 재의 수량은 개인 B보다 개인 A가 더 크다.

② 따라서 상대적으로 개인 A가 개인 B보다 X 재를 더 선호하고, 반대로 개인 B는 개인 A보다 Y 재를 더 선호한다.

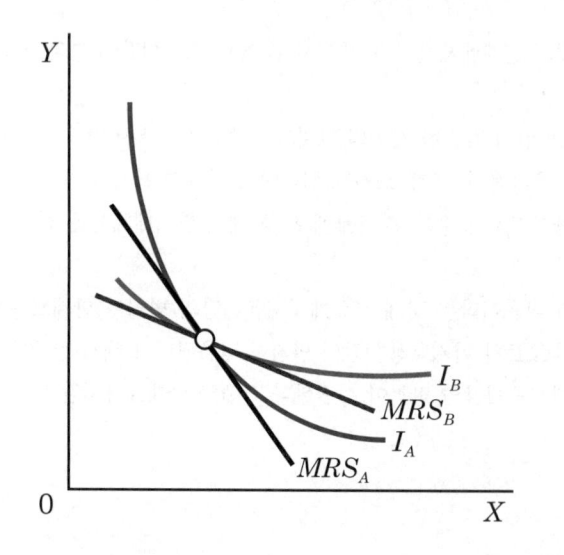

③ 즉, MRS_{XY}^{A} 가 MRS_{XY}^{B} 보다 크다면 ($MRS_{XY}^{A} > MRS_{XY}^{B}$) 개인 A가 개인 B보다 상대적으로 X 재에 대한 한계효용이 더 큰 것을 알 수 있다.

$$\rightarrow \left(\frac{MU_X}{MU_Y}\right)^A > \left(\frac{MU_X}{MU_Y}\right)^B$$

④ 따라서 개인 A가 개인 B보다 상대적으로 X 재를 더 선호한다.

⑤ 무차별곡선이 가파른 형태를 가질수록 X 재 선호가 높고 완만한 형태일수록 Y 재 선호가 높다.

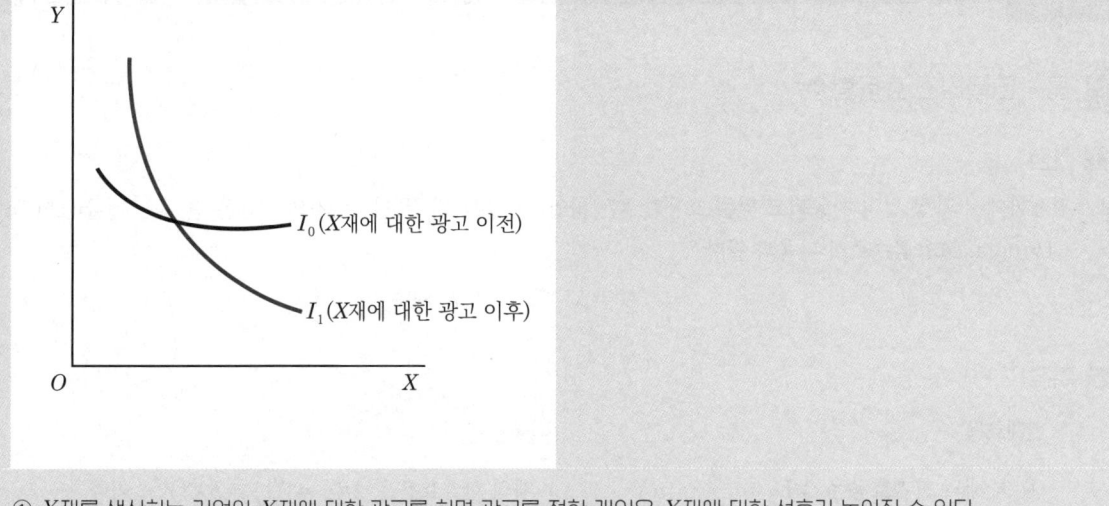

① X재를 생산하는 기업이 X재에 대한 광고를 하면 광고를 접한 개인은 X재에 대한 선호가 높아질 수 있다.

② X재를 더 선호하면 X재 1단위를 소비하기 위해 포기할 용의가 있는 Y재의 수량이 많아지므로 무차별곡선은 가파른 형태를 갖게 된다.

3절 다양한 효용함수와 무차별곡선

01 콥 - 더글라스 효용함수

1 개념

경제학에서 가장 널리 사용되고 있는 효용함수는 창안자인 미국의 두 경제학자의 이름을 딴 콥 - 더글라스(Cobb - Douglas)효용함수로서 다음과 같다.

$$U = X^a Y^b, a > 0, b > 0$$

2 특징

1. 한계효용

① X 재의 한계효용은 $MU_X = \dfrac{\partial U}{\partial X} = aX^{a-1}Y^b$, Y 재의 한계효용은 $MU_Y = \dfrac{\partial U}{\partial Y} = bX^a Y^{b-1}$ 이다.

② a 와 b 의 크기에 따라 한계효용이 체감할 수도 있고 체증할 수도 있다.

③ 즉, a 와 b 의 크기가 각각 1보다 큰가 작은가에 따라 한계효용이 체감할 수도 있고 체증할 수도 있다.

2. 한계대체율

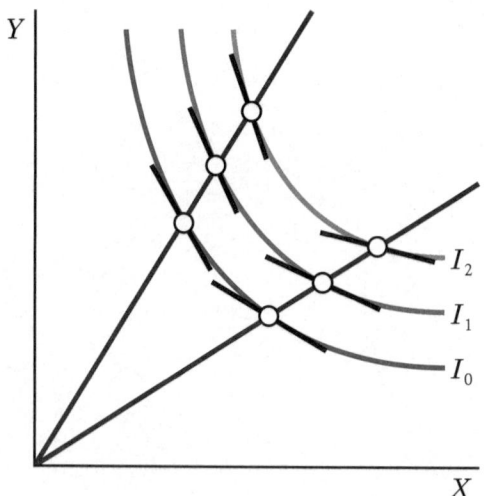

① 한계대체율은 다음과 같이 도출된다.

$$\rightarrow MRS_{X,Y} = \frac{MU_X}{MU_Y} = \frac{aX^{a-1}Y^b}{bX^a Y^{b-1}} = \frac{aY}{bX}$$

② 한계대체율은 X 재와 Y 재의 비율로 표시되며 동일한 효용수준을 유지하면서 Y 재에서 X 재로 대체해감에 따라 한계대체율이 감소한다. 즉, 무차별곡선을 따라 X 재 소비가 증가하고 Y 재 소비가 감소하면 한계대체율은 체감한다.

③ 따라서 무차별곡선은 원점에 대해 볼록한 형태를 갖는다.

④ 한계대체율이 $\left(\dfrac{Y}{X}\right)$의 크기에 의존하므로 두 재화의 소비량 비율이 동일한 점에서는 무차별곡선의 접선이 모두 평행하다.

⑤ 즉, 그림에서 원점을 통과하는 직선상의 모든 점에서는 $\dfrac{Y}{X}$가 동일하며 무차별곡선 I_0, I_1, I_2의 접선은 모두 평행하다.

⑥ 한계대체율이 $\dfrac{Y}{X}$에만 의존하는 효용함수를 동조 효용함수(homothetic utility function)이라고 부르는데 콥 - 더글라스 효용함수도 한계대체율이 $\dfrac{Y}{X}$에 의존하므로 동조 효용함수이다.

02 레온티에프 효용함수

1 개념

① 1973년 노벨 경제학상을 수상한 경제학자 레온티에프(Wassily Leontief)가 고안한 효용함수로 두 재화가 완전 보완재인 경우에 해당된다.

② 소비자가 두 재화를 항상 일정한 비율로 소비할 경우, 그 소비자에게 두 재화는 완전 보완재가 된다.

③ 완전보완재의 경우 효용은 부족한 재화의 양에 의해서 제한을 받는다. 왜냐하면 한 재화가 아무리 많아도 같은 비율로 다른 재화의 양이 늘어나지 않으면 효용은 증가하지 않기 때문이다.

④ 두 숫자 가운데 크지 않을 수를 'min' 기호를 이용하면 완전보완재의 효용함수를 다음과 같이 나타낼 수 있다.

$$U = \min(aX, bY)$$

2 특징

1. 형태

① 효용함수에서 $aX > bY$이면 X재 소비가 증가해도 효용은 증가하지 않는다. 이런 경우 무차별곡선은 수평선의 형태를 갖는다.

② 효용함수에서 $aX < bY$이면 Y재 소비가 증가해도 효용은 증가하지 않는다. 이런 경우 무차별곡선은 수직선의 형태를 갖는다.

③ 따라서 무차별곡선은 $aX = bY \rightarrow Y = \dfrac{a}{b}X$에서 직각으로 꺾어진 L자 형태를 갖는다.

2. 한계대체율

① 수직선에서는 Y재의 한계효용이 0이므로 한계대체율이 무한대의 값을 갖는다.

$$\rightarrow MRS_{XY} = \frac{MU_X}{MU_Y} = \frac{MU_X}{0} = \infty$$

② 수평선에서는 X재의 한계효용이 0이므로 한계대체율은 0의 값을 갖는다.

$$\rightarrow MRS_{XY} = \frac{MU_X}{MU_Y} = \frac{0}{MU_Y} = 0$$

③ 무차별곡선이 꺾인 점에서는 한계대체율을 정의할 수 없다.

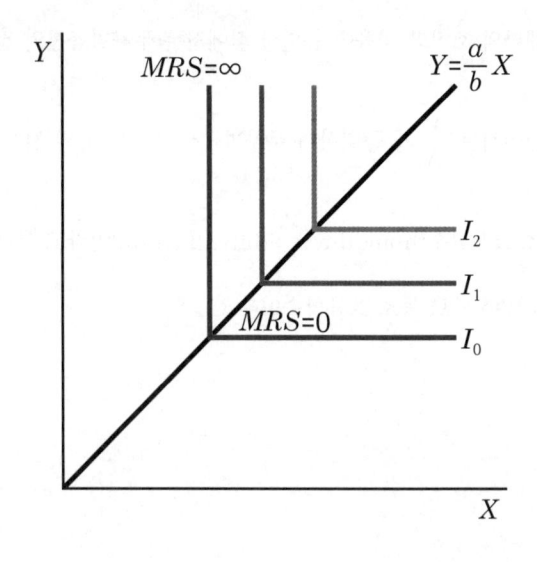

④ 그러나 $aX = bY$, 즉 $Y = \dfrac{a}{b}X$선을 따라 L자 형태로 꺾이므로 넓은 의미에서 동조 효용함수로 볼 수 있다. 왜냐하면 $Y = \dfrac{a}{b}X$선을 따라 상방은 한계대체율이 무한대이고 하방은 0으로 일정한 값을 갖기 때문이다.

레온티에프 효용함수는 X재와 Y재를 일정비율로 소비하므로 완전보완관계를 나타낸다.

3 설명

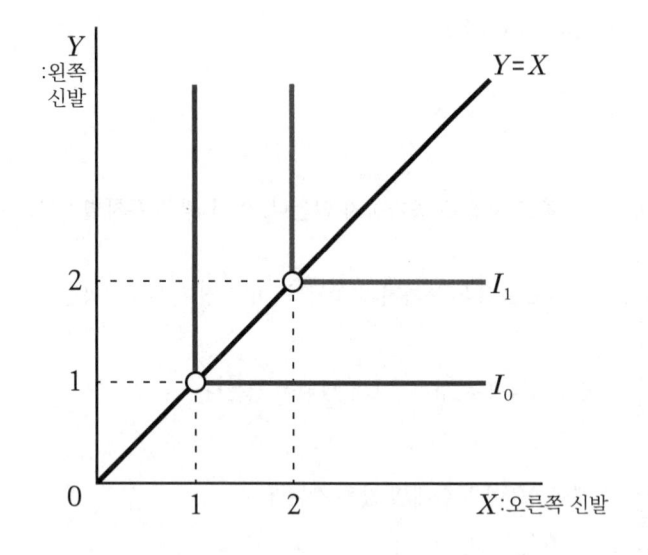

① X재가 오른쪽 신발, Y재가 왼쪽 신발이라고 가정하자.

② 소비자의 오른쪽 신발과 왼쪽 신발의 소비 비율이 한 짝씩이라면 무차별곡선은 $\dfrac{Y}{X} = 1$에서 L자형의 꺾인 형태로 도출된다.

③ 즉, 위의 경우 X재와 Y재가 1:1로 보완관계이므로 레온티에프 효용함수는 $U = \min(X, Y)$가 된다.

Q 확인 문제 15

다음 중 L자형 무차별곡선의 예로 가장 적합한 상품 묶음은?

① 커피와 홍차
② 버스와 택시
③ 검은 구두와 운동화
④ 오른쪽 신발과 왼쪽 신발
⑤ 노트북 PC와 데스크톱 PC

15 확인 문제 정답 ④

- 50원짜리 동전과 100원짜리 동전 묶음처럼 완전대체재의 경우 무차별곡선은 우하향의 직선이다.
- 반면 오른쪽 신발과 왼쪽 신발처럼 완전보완재의 경우 무차별곡선은 L자형의 직각을 이룬다.

03 선형 효용함수

1 개념

① 두 재화가 매우 유사한 기능과 특징을 가지고 있어서 소비자들이 이 두 재화 가운데 하나를 선택하여 소비하는 경향이 있을 때 이 두 재화를 완전대체재라고 한다.

② 완전대체재의 경우 소비자에게 두 재화의 소비량의 합이 중요하지 두 재화 가운데 어느 쪽을 더 많이 쓰고 덜 사용하는지는 문제가 되지 않는다.

③ 따라서 완전대체재의 효용함수는 다음과 같다.

$$U = aX + bY$$

④ 이와 같은 효용함수를 선형 효용함수라고 하며 무차별곡선은 우하향의 직선으로 도출된다.

2 특징

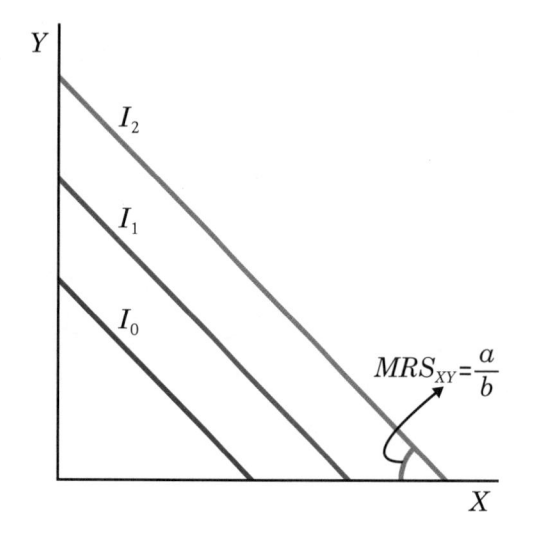

① X 재의 한계효용은 $MU_X = \dfrac{\partial U}{\partial X} = a$ 이고

Y 재의 한계효용은 $MU_Y = \dfrac{\partial U}{\partial Y} = b$ 이다.

② 한계대체율은 $MRS_{X,Y} = \dfrac{MU_X}{MU_Y} = \dfrac{a}{b}$ 로 일정하다.

③ 한계대체율이 $\dfrac{a}{b}$ 로 일정하므로 무차별곡선은 기울기가 $\dfrac{a}{b}$ 인 우하향의 직선이다.

④ 완전 대체재의 경우 모든 소비묶음에서 한계대체율이 일정하다. 따라서 $\dfrac{Y}{X}$ 가 일정하면 한계대체율도 일정하다고 볼 수 있다. 그러므로 완전 대체재의 효용함수도 동조 효용함수이다.

1 개념

① 준선형 효용함수란 반만 선형이라는 의미로 두 재화 가운데 하나에 대해서 효용함수가 선형형태인 것을 말한다.

$$U = v(X) + bY, U = aX + v(Y)$$

② 효용함수가 $U = aX + v(Y)$인 경우 X에 대해서는 선형이지만 Y에 대해서는 선형이 아니다.

③ 효용함수가 $U = v(X) + bY$인 경우 Y에 대해서는 선형이지만 X에 대해서는 선형이 아니다.

④ 따라서 준선형 효용함수는 두 재화 가운데 하나에 대해서 효용함수가 선형이라는 의미이다.

2 X재에 대한 준선형 효용함수의 경우 → $U = aX + v(Y)$

① X재의 한계효용은 $MU_X = \dfrac{\partial U}{\partial X} = a$이고 Y재의 한계효용은 $MU_Y = \dfrac{\partial U}{\partial Y} = v'(Y)$이다.

② X재의 한계효용은 X재 소비량과 관계없이 a로 일정하고 Y재의 한계효용은 단조성 하에서

$$MU_Y = \dfrac{\partial U}{\partial Y} = v'(Y) > 0 이다.$$

③ 한계대체율은 $MRS_{X,Y} = \dfrac{MU_X}{MU_Y} = \dfrac{a}{v'(Y)}$이므로 한계대체율이 체감하기 위해서는 X재 소비가 증가하고 Y재 소

비가 감소할 때 $MU_Y = v'(Y)$가 증가하여야 한다.

④ X재에 대한 준선형 효용함수의 한계대체율은 $MRS_{X,Y} = \dfrac{a}{v'(Y)}$이므로 Y재에 의존한다.

즉, Y재 소비량이 일정하면 한계대체율은 모두 동일하다.

⑤ 그림에서 보듯이 Y재의 소비가 동일하면 두 소비묶음은 가로축에 평행한 직선상에 있다.

따라서 가로축에 평행한 직선상에 있는 모든 소비묶음은 동일한 한계대체율을 가진다.

⑥ 준선형 효용함수는 한계대체율이 X재 혹은 Y재에만 의존하므로 동조 효용함수가 아니다.

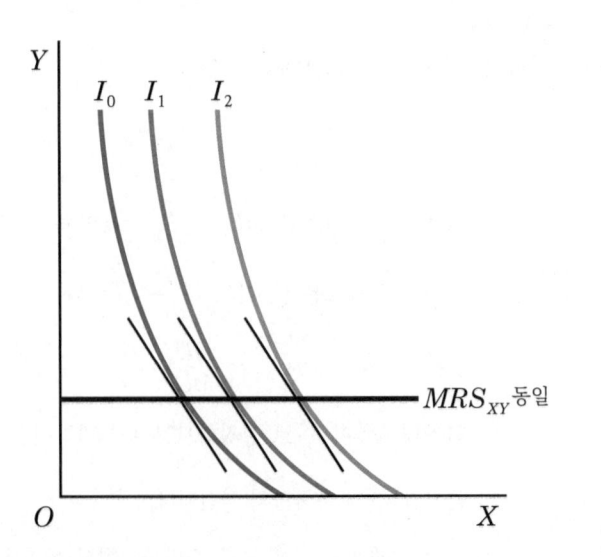

1 X재가 비재화인 경우

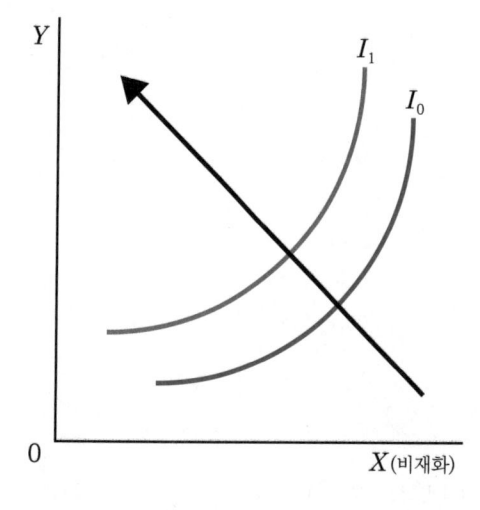

① X재의 한계효용이 음수이므로($MU_X < 0$) X재 소비량이 증가할 때 효용이 동일한 점을 찾기 위해서는 Y재 소비량이 증가해야 한다.

② 따라서 무차별곡선이 우상향의 형태를 갖는다.

$$U(X, Y) = Y - X^2$$

◉ 예 X재 - 쓰레기, 공해 등

2 Y재가 비재화인 경우

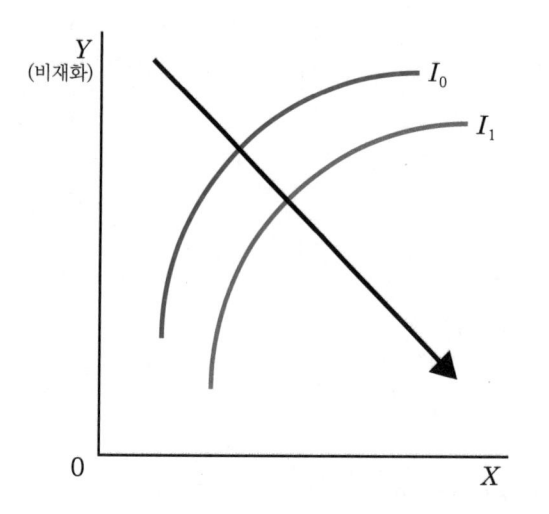

① Y재의 한계효용이 음수이므로($MU_Y < 0$) Y재 소비량이 증가할 때 효용이 동일한 점을 찾기 위해서는 X재 소비량이 증가해야 한다.

② 따라서 무차별곡선이 우상향의 형태를 갖는다.

$$U(X, Y) = X - Y^2$$

◉ 예 Y재 - 쓰레기, 공해

3 X 재가 중립재인 경우

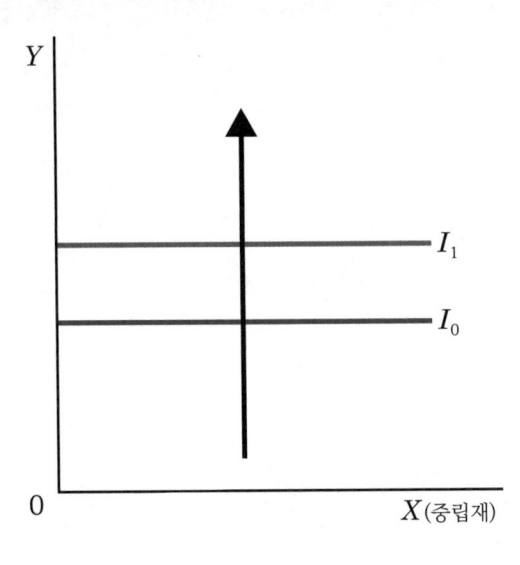

① X 재가 중립재라면 X 재의 한계효용은 0의 값을 갖는다.($MU_X = 0$)

② X 재 소비량이 증가하더라도 효용은 증가하지 않으므로 무차별곡선은 수평선의 형태를 갖는다.

$$U(X, Y) = kY$$

> 예 X 재 - 비음주자의 경우 술

4 Y 재가 중립재인 경우

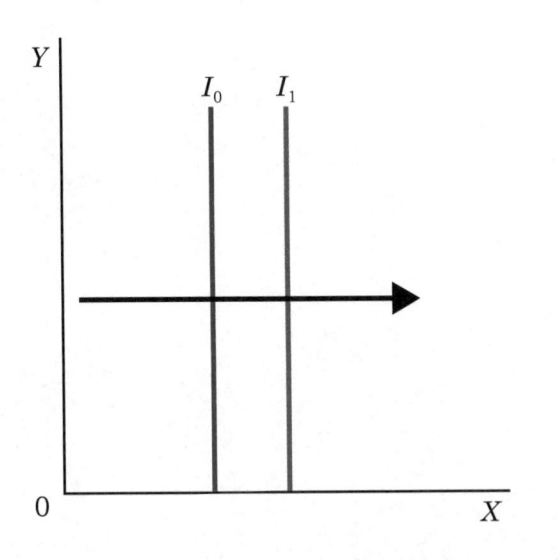

① Y 재가 중립재라면 Y 재의 한계효용은 0의 값을 갖는다.($MU_Y = 0$)

② Y 재 소비량이 증가하더라도 효용은 증가하지 않으므로 무차별곡선은 수직선의 형태를 갖는다.

$$U(X, Y) = kX$$

> 예 Y 재 - 비음주자의 경우 술

5 두 재화 모두 비재화인 경우

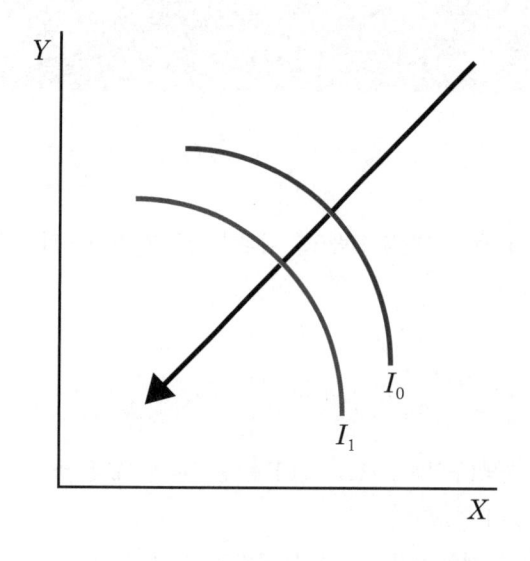

① 두 재화 모두 비재화라면 X 재와 Y 재 모두 소비가 감소해야 효용이 증가한다.

② 따라서 무차별곡선이 원점에 가까울수록 효용이 증가한다.

$$U(X, Y) = \frac{1}{X^2 + Y^2}$$

> 📌 예 X 재 - 쓰레기, Y 재 - 공해

6 중독성이 큰 재화

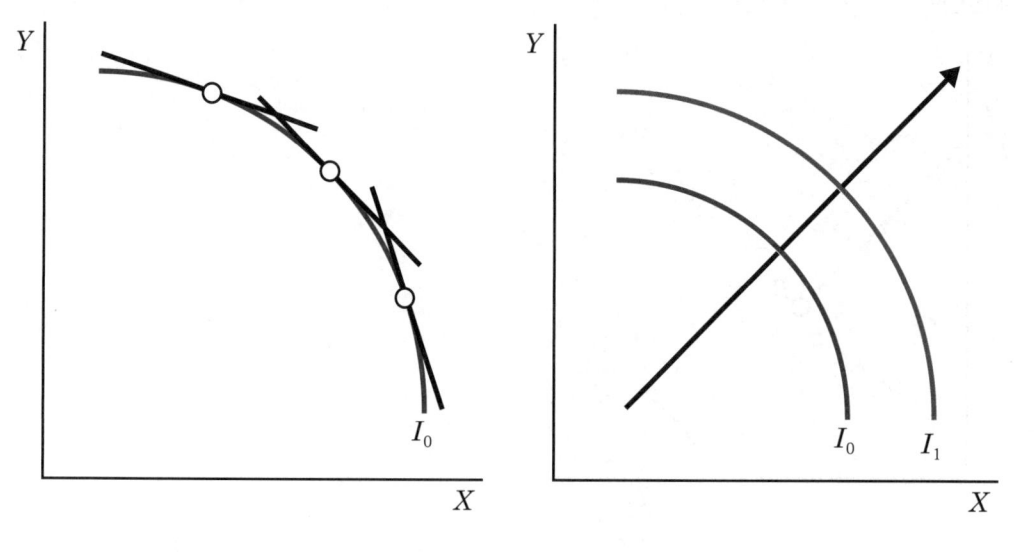

① 중독성이 큰 재화란 해당 재화의 소비가 늘수록 어떤 재화를 한 단위 더 얻기 위해서 포기할 용의가 있는 다른 재화의 양이 더욱 증가하는 경우가 이에 해당된다.

② 중독성이 큰 재화의 경우 무차별곡선은 원점에 대해 오목한 형태를 가지고 한계대체율은 체증한다.

③ X 축에 있는 재화가 마약과 같이 중독성이 강한 재화라면 X 재의 소비량이 증가할수록 해당 재화의 가치는 상승하고 한계대체율이 체증한다.

$$U(X, Y) = X^2 + Y^2$$

4절 예산선

01 개념

소비자가 주어진 소득(M)으로 구입이 가능한 X재와 Y재의 조합을 그림으로 나타낸 것을 '예산선'이라고 한다.

02 예산제약식

① $P_X X$는 X재의 지출액(구입액), $P_Y Y$는 Y재의 지출액(구입액), $P_X X + P_Y Y$는 총지출액, M은 소득이다.

$$\rightarrow P_X X + P_Y Y \leq M$$

(P_X : X재의 가격, X : X재 구입량, P_Y : Y재의 가격, Y : Y재 구입량, M : 소득)

② 소비자의 총지출액($P_X X + P_Y Y$)이 소득(M)보다 작다면 예산제약식은 $P_X X + P_Y Y < M$로 나타낼 수 있다.

③ 소비자가 주어진 소득을 모두 X재와 Y재 구입에 사용한다면 소비자의 총지출액과 소득은 같아야 한다.

$$\rightarrow P_X X + P_Y Y = M$$

03 예산선

① 소비자가 주어진 소득을 모두 X재와 Y재 구입에 사용한다면 예산제약식을 다음과 같이 정리할 수 있다.

$$P_X X + P_Y Y = M$$
$$\rightarrow Y = -\frac{P_X}{P_Y} X + \frac{M}{P_Y}$$

② 예산선의 기울기는 $-\dfrac{P_X}{P_Y}$이고 Y축 절편은 $\dfrac{M}{P_Y}$이다.

③ X축, Y축 절편은 $\dfrac{M}{P_X}$, $\dfrac{M}{P_Y}$으로 각각 X, Y재를 전부 구입하였을 때 수량을 나타낸다.

④ 예산선의 기울기 $-\dfrac{P_X}{P_Y}$는 X재의 상대가격으로 Y재 수량으로 표시한 'X재의 객관적인 교환비율' 또는 'X재의 기회비용'을 나타낸다.

⑤ B점은 X재와 Y재의 총지출액의 합이 소득과 같은 경우이다. 즉, 소비 묶음이 예산선 상에 있으면 $P_X X + P_Y Y = M$을 만족하므로 그 소비 묶음을 소비하기 위하여 소득 전부를 사용하여야 한다.

⑥ A와 같이 예산선 상에 있지 않은 소비 묶음은 $P_X X + P_Y Y < M$이므로 그 소비 묶음을 소비하고도 $M - (P_X X + P_Y Y) > 0$만큼의 소득이 남는다.

⑦ C점은 총지출액이 소득보다 크므로$(P_X X + P_Y Y > M)$ 구입불가능한 점이다.

개념정리

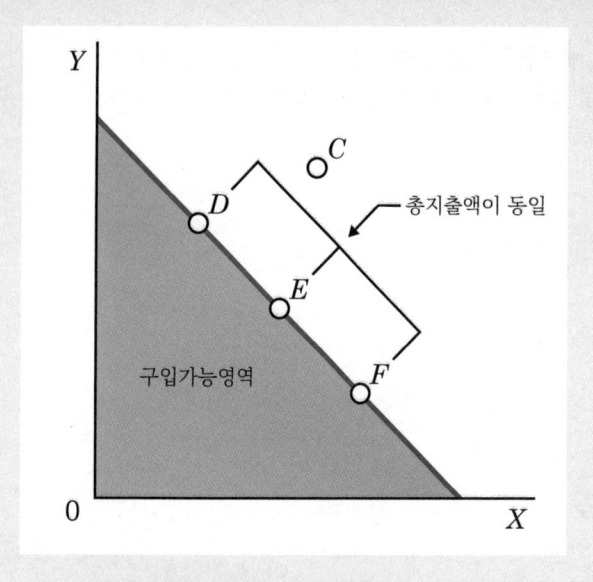

① 예산선을 포함해서 내부의 모든 점에서는 X재, Y재 모두 구입이 가능하다.

② 예산선 위의 D점, E점, F점 모두 지출액이 동일하다.

③ C점은 예산산 외부의 한 점이므로 현재 주어진 소득으로는 구입이 불가능하다.

1 소득의 변화

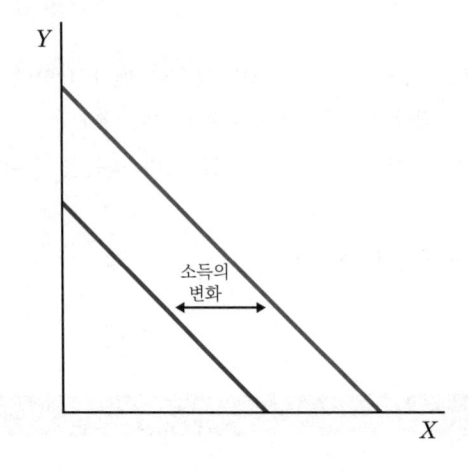

① 두 재화의 가격은 고정되어 있고 소득이 변화하면 예산선은 기울기 변화 없이 평행으로 이동한다.

② 소득이 증가하면 예산선이 우측으로 평행 이동하고 소득이 감소하면 예산선이 좌측으로 평행 이동한다.

2 가격의 변화

1. X 재 가격(P_X)의 하락

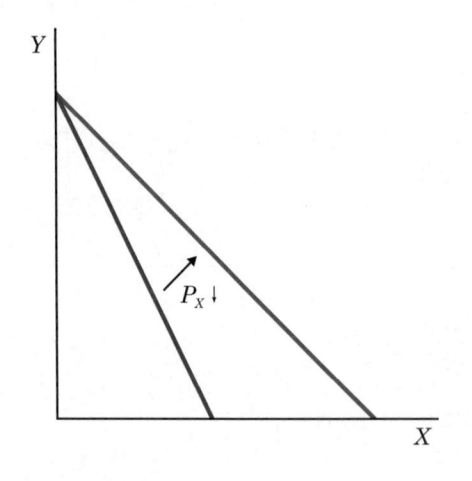

① Y 재의 가격과 소득은 고정되어 있고 X 재 가격(P_X)만 하락하면 X 재의 최대구입량$\left(\dfrac{M}{P_X}\right)$이 증가하고

Y 재의 최대구입량$\left(\dfrac{M}{P_Y}\right)$은 변하지 않는다.

② 또한 예산선의 기울기$\left(\dfrac{P_X}{P_Y}\right)$가 완만해진다.

③ X 재의 가격이 하락하면 시계 반대 방향으로 회전하고, X 재의 가격이 상승하면 시계 방향으로 회전한다.

2. Y 재 가격(P_Y)의 하락

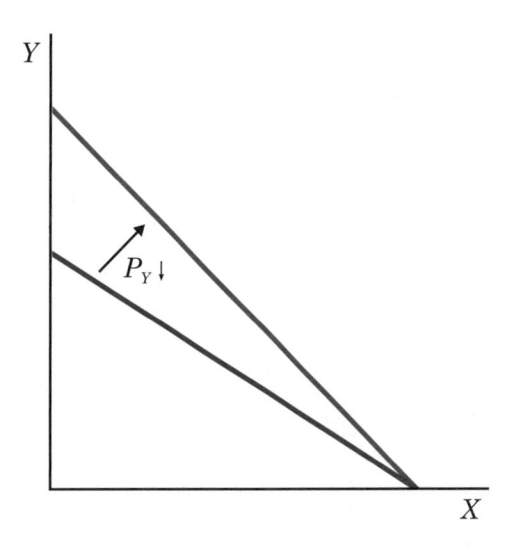

① X 재의 가격과 소득은 고정되어 있고 Y 재 가격(P_Y)이 하락하면 Y 재의 최대구입량$\left(\dfrac{M}{P_Y}\right)$은 증가하고 X

재의 최대구입량$\left(\dfrac{M}{P_X}\right)$은 변하지 않는다.

② 또한 예산선의 기울기$\left(\dfrac{P_X}{P_Y}\right)$는 커진다.

③ Y 재의 가격이 하락하면 시계 방향으로 회전하고 Y 재의 가격이 상승하면 시계 반대 방향으로 회전한다.

3 소득과 가격이 동일비율로 변하는 경우

① 두 재화의 가격과 소득이 동일비율로 변화하면 예산식은 변화하지 않는다.

② 만약 소득과 가격이 λ배 증가하였다고 하면 예산식은 다음과 같다.

$$\lambda P_X X + \lambda P_Y Y = \lambda M$$
$$\rightarrow P_X X + P_Y Y = M$$

③ 따라서 예산식은 이전과 동일하므로 예산선은 전혀 변하지 않는다.

심화학습　　**화폐환상 (money illusion)**

- 화폐환상이란 경제주체가 명목소득이 증가하지만 물가 또한 같은 비율로 증가하여 실질적으로는 아무런 변화가 없지만 자신이 이전보다 더 소득이 많아진 것으로 착각하는 경우를 말한다.
- 소비자는 자신의 소득이 2배가 되었지만 모든 가격 또한 두 배가 되면 예산식은 다음과 같다.

$$2P_X X + 2P_Y Y = 2M$$
$$\rightarrow P_X X + P_Y Y = M$$

- 따라서 소비자가 선택할 수 있는 예산집합에는 아무런 변화가 없음을 정확히 인식하게 된다.
- 이런 경우를 '화폐환상'이 없다고 표현한다.

4 두 재화의 가격이 동시에 동일한 비율로 변화

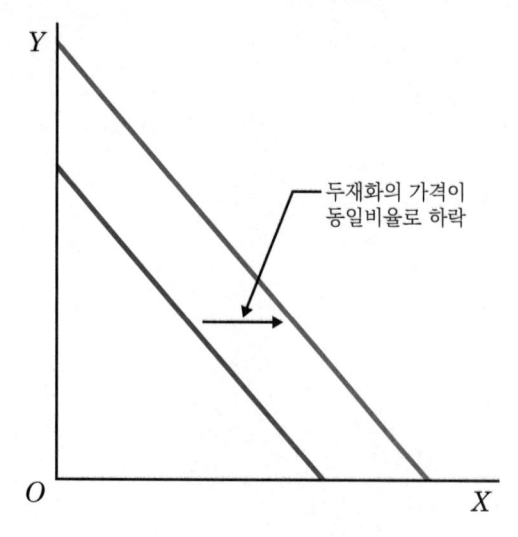

① 두 재화의 가격이 동일한 비율로 상승하는 경우 상대가격인 예산선의 기울기 $\left(\dfrac{P_X}{P_Y}\right)$는 변하지 않는다.

② 두 재화의 가격이 동일한 비율로 상승하면 예산선의 기울기 변화 없이 소득만 감소한 것과 같은 효과를 갖는다.

③ 따라서 두 재화의 가격이 동일한 비율로 상승하면 예산선이 좌측으로 평행 이동하고 두 재화의 가격이 동일한 비율로 하락하면 예산선이 우측으로 평행 이동한다.

5절 소비자균형

01 개요

① 합리적인 소비자라면 시장에서 상품들을 구입할 때 누구나 어떤 상품들을 얼마나 구입할 것인가를 고민하게 된다.

② 이러한 결정에 가장 큰 영향을 주는 요인들은 소비자의 선호체계와 소득, 상품가격들이다.

③ 소득과 상품가격들은 소비자가 선택할 수 있는 상품 묶음들의 범위를 제한하며 이 범위 내에서 소비자의 선호 체계에 따라 상품들을 구입하게 된다.

④ 소비자의 주관적인 선호를 나타내는 무차별곡선과 소비자가 직면해 있는 객관적 상황에 따라 소비자가 선택할 수 있는 재화조합을 표시하는 예산선을 종합하여 소비자균형이 만족해야 하는 조건은 무엇인지 지금부터 확인 해보겠다.

02 소비자의 효용극대화

1 개념

① 소비자는 자신에게 주어진 예산을 여러 재화들 사이에 가장 효율적으로 배분하여, 최대의 만족을 제공하는 소비 묶음을 선택해야 한다. 이러한 선택을 최적선택 혹은 소비자 균형이라고 부른다.

② 소비자의 효용극대화는 주어진 예산제약 하에서 효용이 가장 큰 경우 효용극대화가 달성된다.

③ 무차별곡선은 원점에서 멀어질수록 효용이 증가하므로 소득이 일정한 상태에서 효용이 가장 크기 위해서는 예산선과 무차별곡선이 접하는 E 점에서 효용극대화가 달성된다.

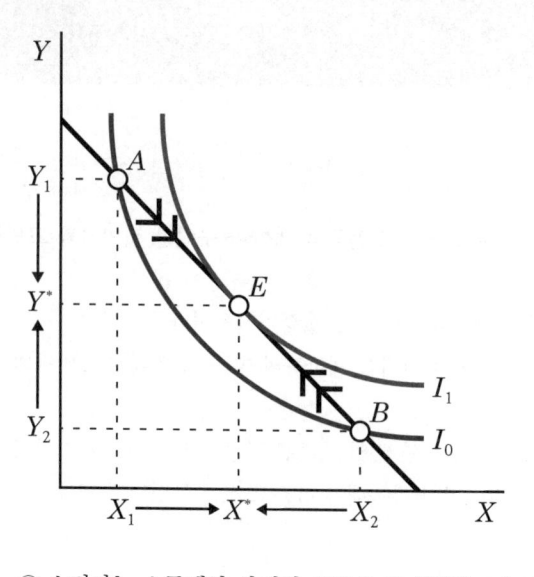

① 소비자는 소득제약 하에서 효용을 극대화하고자 하며 소득제약은 예산선으로, 효용은 무차별곡선을 통해 표현된다.

② A점을 지나는 무차별곡선 I_0보다는 E점을 지나는 무차별곡선 I_1이 원점에서 더 멀리 떨어진 무차별곡선이므로 더 높은 효용을 주는 점이다.

③ 소비자는 A점에서 E점으로 이동하면 같은 소득으로 보다 큰 만족 수준을 나타내는 무차별곡선 I_1에 도달할 수 있기 때문에 A점을 선택하지 않는다.

④ 마찬가지로 소비자는 B점을 선택하지 않는다. 왜냐하면 B점에서 E점으로 이동하면 소비자는 동일한 소득으로 보다 큰 만족 수준을 나타내는 무차별곡선 I_1에 도달할 수 있기 때문이다.

⑤ A점에서는 주관적 교환비율인 한계대체율이 객관적 교환비율인 상대가격보다 크다.

$$\rightarrow MRS_{XY} > \frac{P_X}{P_Y}$$

$$\rightarrow \frac{MU_X}{MU_Y} > \frac{P_X}{P_Y}$$

$$\rightarrow \frac{MU_X}{P_X} > \frac{MU_Y}{P_Y}$$

⑥ X재 1원당 한계효용이 Y재 1원당 한계효용보다 크므로 소비자는 X재 소비량을 늘리고 Y재 소비량을 줄여야 한다.

⑦ B점에서는 객관적 교환비율인 상대가격이 주관적 교환비율인 한계대체율보다 크다.

$$\rightarrow MRS_{XY} < \frac{P_X}{P_Y}$$

$$\rightarrow \frac{MU_X}{MU_Y} < \frac{P_X}{P_Y}$$

$$\rightarrow \frac{MU_X}{P_X} < \frac{MU_Y}{P_Y}$$

⑧ Y재 1원당 한계효용이 X재 1원당 한계효용보다 크므로 소비자는 Y재 소비량을 늘리고 X재 소비량을 줄여야 한다.

⑨ E 점에서 효용극대화가 달성되며 효용극대화 조건은 두 재화의 주관적인 교환비율(MRS_{XY})과 객관적인 교환비율$\left(\dfrac{P_X}{P_Y}\right)$이 일치한다는 것을 의미한다.

$$MRS_{XY} = \frac{P_X}{P_Y}$$
$$\rightarrow \frac{MU_X}{P_X} = \frac{MU_Y}{P_Y}$$

⑩ 즉, E 점에서 주관적 교환비율인 한계대체율과 객관적 교환비율인 상대가격이 같아지도록 각 재화의 소비량을 결정한다.

소비점	한계대체율과 상대가격과의 관계	소비자균형으로의 조정 과정
A	$MRS_{XY} > \dfrac{P_X}{P_Y}$ $\rightarrow \dfrac{MU_X}{P_X} > \dfrac{MU_Y}{P_Y}$	X 재 소비 증가, Y 재 소비 감소
E	$MRS_{XY} = \dfrac{P_X}{P_Y}$ $\rightarrow \dfrac{MU_X}{P_X} = \dfrac{MU_Y}{P_Y}$	효용극대화 달성
B	$MRS_{XY} < \dfrac{P_X}{P_Y}$ $\rightarrow \dfrac{MU_X}{P_X} < \dfrac{MU_Y}{P_Y}$	Y 재 소비 증가, X 재 소비 감소

03 예외적인 소비자 균형

1 개요

① 소비자는 자신의 소득을 남김없이 모두 사용하면서 무차별곡선의 기울기인 한계대체율과 예산선의 기울기인 상대가격이 같아지도록 소비할 때 효용이 극대화된다. 이를 효용극대화의 1계조건(필요조건)이라고 한다.

$$\rightarrow MRS_{X,Y} = \frac{P_X}{P_Y}$$

② 무차별곡선이 원점에 대해 볼록한 경우 즉, 한계대체율이 체감할 때 효용극대화의 2계조건(충분조건)이 달성된다.

③ 1계조건(필요조건)과 2계조건(충분조건)이 모두 만족해야 최적의 선택이 된다.

④ 1계조건과 2계조건이 충족되지 않는 경우를 '소비자 균형의 예외'라고 한다.

2 모서리해(corner solution)

① 모서리해란 효용극대화가 예산선의 구석에 위치하는 경우로 한 재화의 소비가 0이 된다.

② 내부해(interior solution)란 효용극대화가 구석이 아닌 예산선 중간에 위치하는 경우를 말한다. 즉, 두 재화 모두 소비가 양(+)인 경우이다.

3 한계대체율이 체감하는 경우

1. X 재만 구입하는 경우 $\left(MRS_{XY} > \dfrac{P_X}{P_Y} \right)$

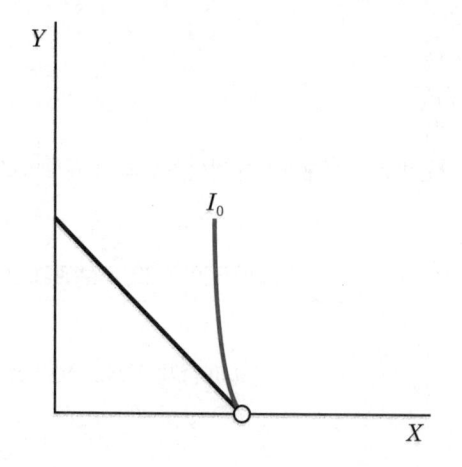

① X 재의 선호가 큰 경우 무차별곡선의 기울기가 가파르다.

② 무차별곡선이 원점에 대하여 볼록, 즉 한계대체율이 체감하나 1계조건 $\left(MRS_{X,Y} = \dfrac{P_X}{P_Y} \right)$ 이 만족되지 않아도 효용극대화가 달성된다.

③ 한계대체율이 예산선의 기울기보다 크지만 $\left(MRS_{XY} > \dfrac{P_X}{P_Y} \right)$ X 재만 구입하는 코너해를 구할 수 있다.

2. Y 재만 구입하는 경우 $\left(MRS_{XY} < \dfrac{P_X}{P_Y} \right)$

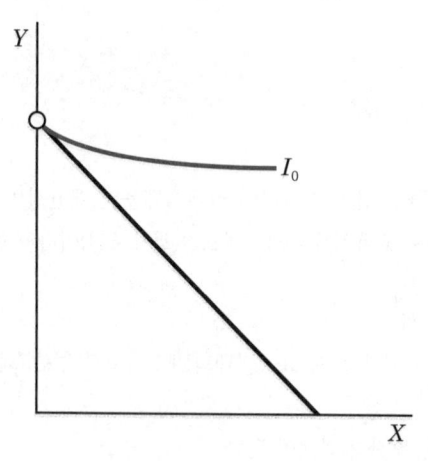

① Y 재의 선호가 큰 경우 무차별곡선의 기울기가 완만하다.

② 무차별곡선이 원점에 대하여 볼록, 즉 한계대체율이 체감하나 1계조건 $\left(MRS_{X,Y} = \dfrac{P_X}{P_Y} \right)$ 이 만족되지 않아도 효용극대화가 달성된다.

③ 예산선의 기울기가 한계대체율보다 크지만 $\left(MRS_{XY} < \dfrac{P_X}{P_Y} \right)$ Y 재만 구입하는 코너해를 구할 수 있다.

4 한계대체율이 체감하지 않은 경우

1. 완전대체재인 경우(한계대체율이 일정한 경우)

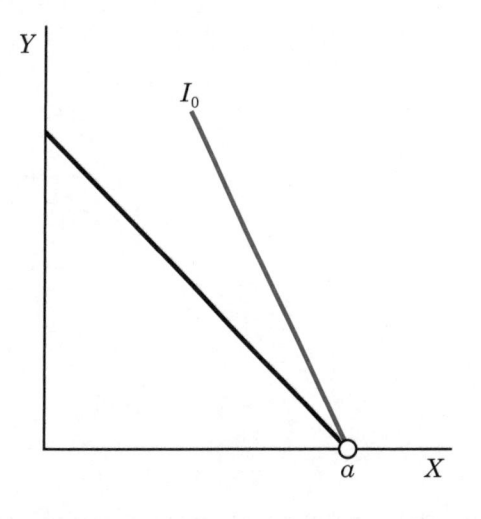

① 무차별곡선이 우하향의 직선이고 무차별곡선의 기울기가 예산선의 기울기보다 큰 경우 a 점에서 효용극대화가 달성되며 X 재만 구입한다.

② 완전대체재인 경우 1계조건과 2계조건을 모두 만족하지 않아도 효용극대화가 달성된다.

③ 무차별곡선의 기울기인 한계대체율이 예산선의 기울기인 X 재의 상대가격보다 크더라도 효용극대화가 달성된다.

$$MRS_{XY} > \frac{P_X}{P_Y}$$

④ 효용극대화는 a 점에서 달성되며 X 재만 구입하는 코너해를 구할 수 있다.

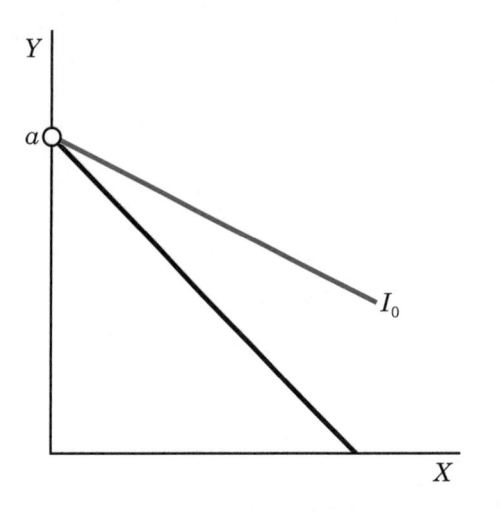

⑤ 예산선의 기울기인 X 재의 상대가격이 무차별곡선의 기울기인 한계대체율보다 크더라도 효용극대화가 달성된다.

$$\frac{P_X}{P_Y} > MRS_{XY}$$

⑥ 효용극대화는 a 점에서 달성되며 Y 재만 구입하는 코너해를 구할 수 있다.

2. 한계대체율이 체증하는 경우

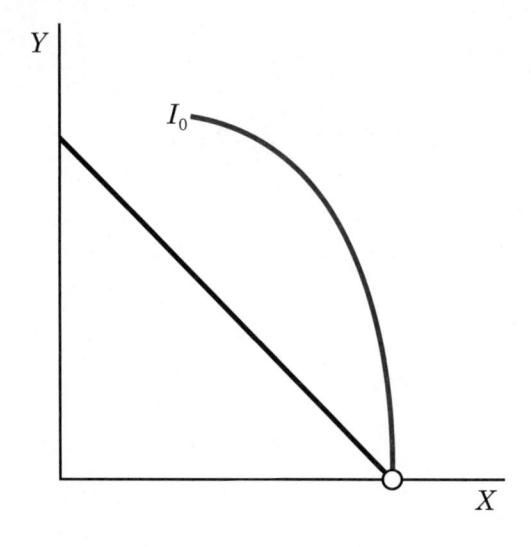

① 한계대체율이 체증하는 경우 무차별곡선이 원점에 대하여 오목하므로 무차별곡선과 예산선이 접하는 점에서 소비를 하면 합리적인 선택이 아니다.

② 1계조건과 2계조건이 모두 만족하지 않아도 효용극대화가 달성되며 X 재만 구입하는 코너해를 구할 수 있다.

3. X 재가 비재화인 경우

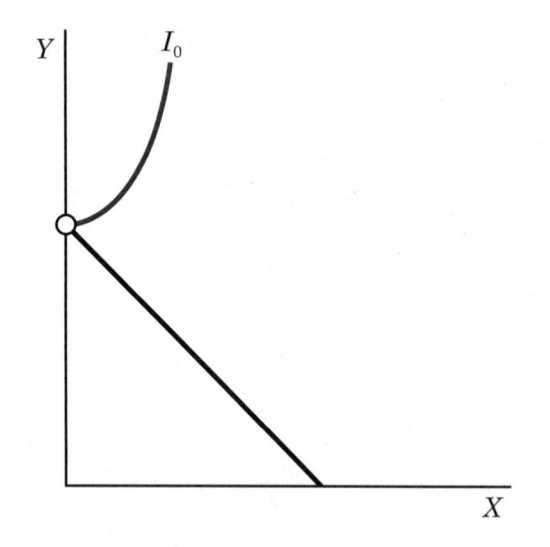

① X 재가 비재화이면 무차별곡선은 우상향의 형태를 갖는다.

② 효용극대화는 예산선과 Y 축이 만나는 점에서 달성된다.

③ 따라서 비재화인 X 재를 구입하지 않고 소득 전부를 Y 재 구입에 사용한다.

고범석 경제학아카데미

4. 원점에 대해 오목한 경우

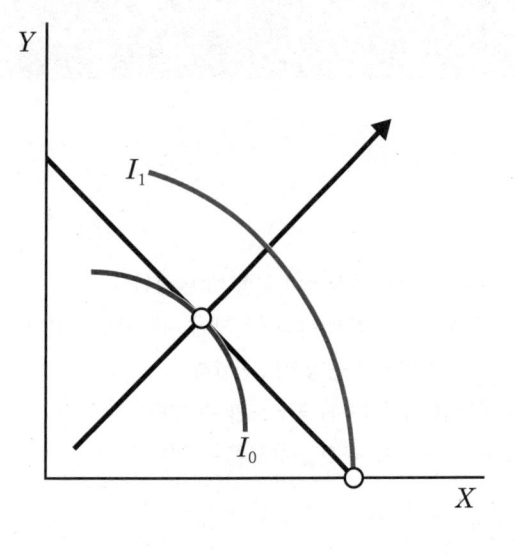

① 한계대체율이 체증하여 무차별곡선이 원점에 대해 오목할 경우 소비자들은 극단적인 소비를 선호한다.

② 무차별곡선과 예산선이 접하는 점은 효용을 극대화하는 최선의 선택이 아니라 극소화하는 최악의 선택이 된다. 즉, 소비자들이 싫어하는 소비 묶음이 된다.

③ X 재를 극단적으로 선호하면 Y 재를 구입하지 않고 소득 전부를 X 재 구입에 사용하고 무차별곡선 I_1 에서 극대화된 효용을 얻을 수 있다.

5 완전보완재인 경우

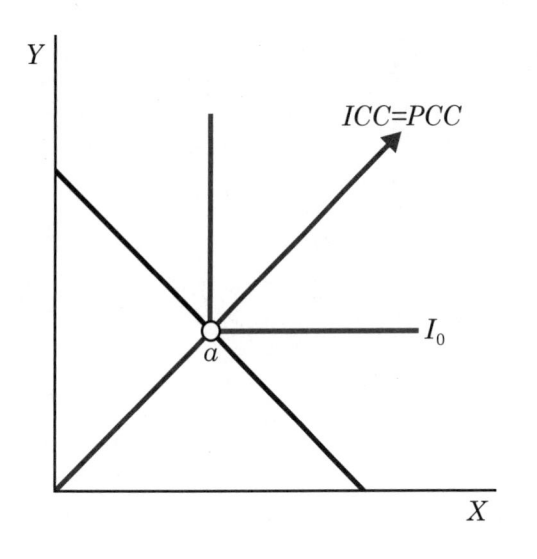

① 완전보완재의 경우 L자형의 무차별곡선이 꺾이는 꼭짓점(a 점)에서 효용극대화가 달성된다.

② 꺾인 a 점에서는 한계대체율을 구할 수 없으므로 1계조건을 만족할 수 없다.

③ 레온티에프 효용함수 $U = \min(aX, bY)$ 에서 소비자 균형은 원점을 통과하는 직선인 $Y = \dfrac{a}{b} X$ 와 예산선이 교차하는 점에서 달성된다.

6절 소비자균형의 이동

01 소득소비곡선과 엥겔곡선

1 개요

① 재화의 가격과 소득이 주어져 있을 때 소비자균형은 무차별곡선과 예산선이 접할 때 달성된다.

② 지금부터는 재화의 가격과 소득이 변함에 따라 소비자 균형점이 어떻게 이동하는지에 대하여 살펴본다.

③ 소비자의 소득이나 재화의 가격이 변하여 예산선이 변하면 소비자의 균형점도 변한다.

④ 소득 변화에 따른 소비자균형의 이동으로부터 소득소비곡선과 엥겔곡선을 유도할 수 있다.

⑤ 가격 변화에 따른 소비자균형의 이동으로부터 가격소비곡선과 수요곡선을 유도할 수 있다.

2 소득소비곡선(Income Consumption Curve ; ICC)

1. 개념

① 소득소비곡선이란 명목소득이 변할 때 소비자 균형점을 연결한 곡선을 말한다.

② 소득이 변하면 두 재화의 상대가격이 일정한 상태에서 예산선이 평행 이동한다.

③ 소득이 연속적으로 변하면 소비자균형점의 궤적을 연결한 선을 소득소비곡선이라고 하며 이 곡선은 재화의 구입량이 소득의 변화에 따라 어떻게 변하는가를 나타낸다.

④ 소득소비곡선은 소득이 증가할 때 두 재화의 수요가 어떻게 변화하는지를 보여준다.

2. 설명

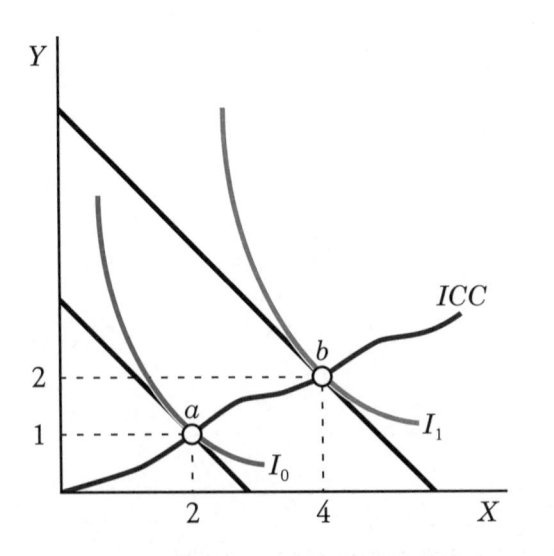

① 소득이 1만 원일 때 소비자 균형점은 a이고 소득수준 1만 원에서 X 재를 2단위, Y 재를 1단위 소비한다.

② 두 재화의 가격이 일정한 상태에서 소득이 2만 원으로 증가하면 예산선은 우측으로 평행 이동한다.

③ 새로운 소비자 균형점은 b가 되며 소득수준 2만 원에서 X 재를 4단위, Y 재를 2단위 소비하게 된다.

④ 소득의 증가로 소비자 균형점이 a에서 b로 이동하므로 두 점을 연결한 선이 소득소비곡선(ICC)이 된다.

⑤ 두 재화의 가격은 일정한데 소비자의 소득이 증가함으로써 소비자의 만족수준이 증가하는 것을 소득효과 (income effect)라고 한다.

⑥ 소득이 0이면 X재와 Y재의 구입량이 0이므로 소득소비곡선은 반드시 원점을 통과해야 한다.

3 엥겔곡선

① 소득소비곡선은 각 소득수준에서 특정재화에 대한 구입량을 나타내지 못하므로 각 소득수준에서 소비자가 특정한 상품을 얼마만큼 구입할지를 나타내는 엥겔곡선을 소득소비곡선으로부터 도출한다.

② 소득이 1만 원에서 2만 원으로 증가하면 예산선은 우측으로 평행이동하고 그 결과 소비자균형점은 a점에서 b점으로 이동한다.

③ 이때 소득과 한 상품에 대한 소비량의 대응관계를 그림에 표시하면 엥겔곡선이 된다.

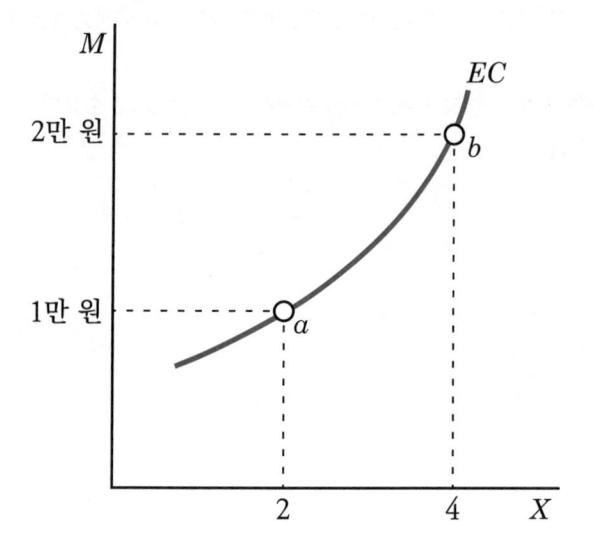

④ 예를 들어 X재의 경우를 보면 소득이 1만 원에서 2만 원으로 증가함에 따라 소비량이 2개에서 4개로 증가하는데, 이 관계를 소득(M) - 소비량(X)의 좌표에 표시하면 EC곡선과 같이 X재에 대한 엥겔곡선이 그려진다.

4 소득탄력성과 소득소비곡선 그리고 엥겔곡선의 형태

1. 소득탄력성과 소득소비곡선의 형태

(1) 소득 탄력성이 1일 때 – 원점 통과하는 직선

① X재와 Y재의 가격이 모두 100이고 소득이 1,000이라면 예산식은 $100X + 100Y = 1,000$이다.

소득이 1,000일 때 최초의 소비자 균형점 a에서 X재를 5단위 구입하고 있다면 Y재도 5단위를 구입하여야 한다.

② 소득이 1,000에서 2,000으로 2배 증가한다면 X재 수요의 소득탄력성이 1일 때 X재 10단위를 소비하여야 한다. 왜냐하면 소득의 변화율이 $\frac{1,000}{1,000} \times 100 = 100\%$이므로 X재 구입량도 100% 증가해야 하기 때문이다.

③ 소득이 2,000일 때 X재를 10단위 소비하면 Y재도 10단위 소비하여야 한다.

④ X재 구입비율과 Y재 구입비율이 동일한 비율로 증가하므로 소득소비곡선은 원점을 통과하는 직선 형태로 도출된다.

⑤ 소득이 100% 증가할 때 X재 구입량과 Y재 구입량 모두 100% 증가하였으므로 X재 수요의 소득탄력성과 Y재 수요의 소득탄력성 모두 1의 값을 갖는다.

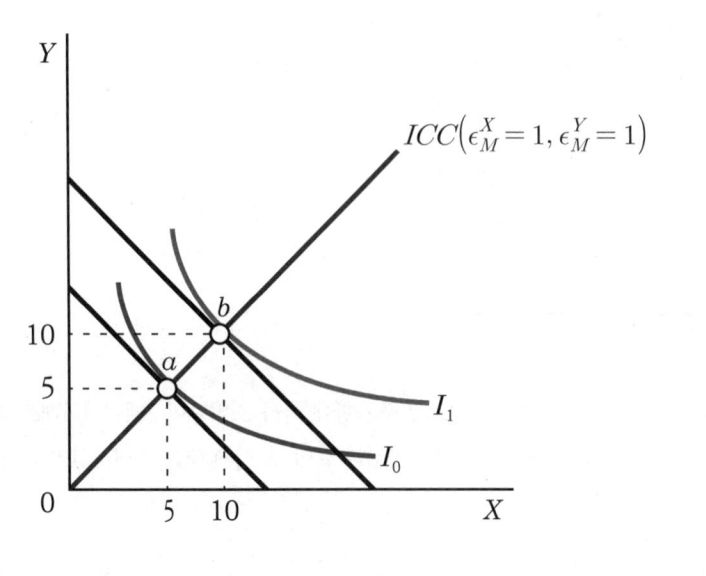

심화학습　　**소득소비곡선이 원점으로부터 직선의 형태로 뻗어나가는 경우**

① 소득소비곡선이 원점으로부터 직선의 형태로 뻗어나가는 경우 두 재화의 소비비율$\left(\frac{Y}{X}\right)$이 변하지 않는다.

② 위의 그림의 경우 두 재화의 소비비율$\left(\frac{Y}{X}\right)$이 1로 일정하다.

③ 동조효용함수의 경우 두 재화의 소비를 같은 비율로 증가시키면 무차별곡선의 기울기 즉, 한계대체율은 변하지 않는다.

④ 따라서 동조효용함수인 경우 소득소비곡선은 항상 원점을 지나는 직선이 된다.

(2) 소득탄력성이 1보다 클 때(X재가 사치재 일 때) – 오른쪽으로 완만

    ① X재 수요의 소득탄력성이 1보다 큰 사치재인 경우 X재 수요의 소득탄력성이 1일 경우보다 X재 소비량이 더 많이 증가해야 한다. 따라서 소득소비곡선은 우상향 직선을 기준으로 오른쪽으로 완만한 형태를 갖는다.

    ② 반면 Y재의 소비량은 Y재 수요의 소득탄력성이 1인 경우보다 적기 때문에 Y재 수요의 소득탄력성은 1보다 작게 된다(Y재는 필수재).

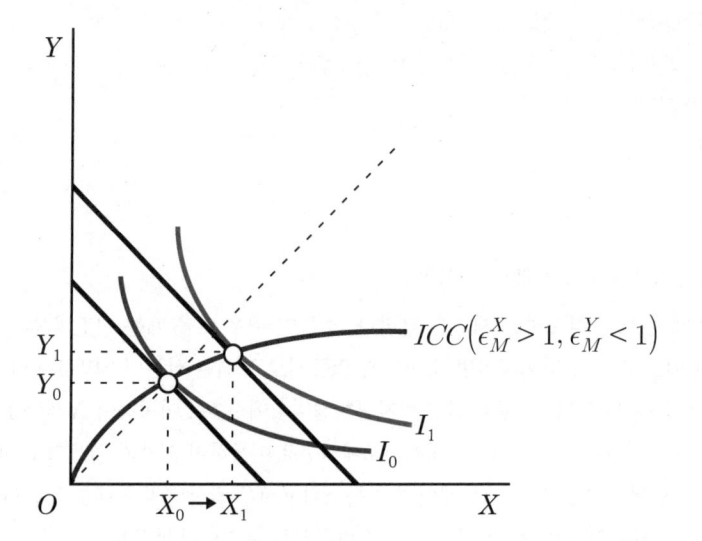

(3) 소득탄력성이 0과 1사이에 있을 때(X재가 필수재일 때) – 왼쪽으로 치우치는 급경사

    ① X재 수요의 소득탄력성이 1보다 작은 필수재인 경우 X재 수요의 소득탄력성이 1일 경우보다 X재 소비량이 적게 증가해야 한다.

    따라서 소득소비곡선은 우상향 직선을 기준으로 왼쪽으로 치우치는 가파른 형태를 갖는다.

    ② 반면 Y재의 소비량은 Y재 수요의 소득탄력성이 1인 경우보다 크기 때문에 Y재 수요의 소득탄력성은 1보다 크게 된다(Y재는 사치재).

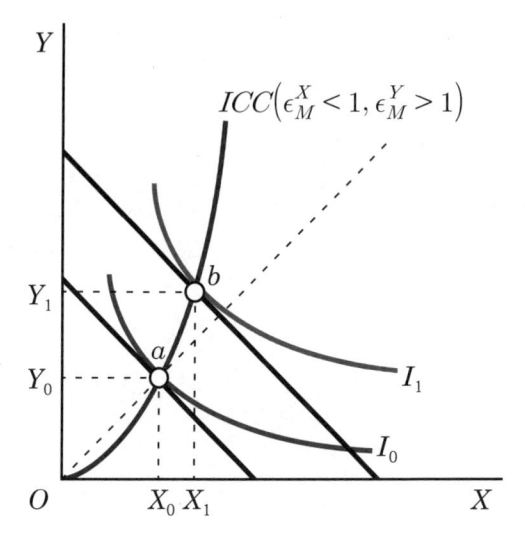

① 소비자가 예산식 $P_X X + P_Y Y = M$을 항상 충족시키도록 수요 X^*, Y^*을 결정하므로 $P_X X^* + P_Y Y^* = M$은 모든 P_X, P_Y, M에 대해서 항상 성립하는 항등식이다.

② 양변을 소득 M으로 미분하여 정리하면 다음과 같다.

$$\frac{P_X X^*}{M} \times \epsilon_M^X + \frac{P_Y Y^*}{M} \times \epsilon_M^Y = 1 \ (\epsilon_M^X : X \text{재 수요의 소득탄력성}, \ \epsilon_M^Y : Y \text{재 수요의 소득탄력성})$$

③ 그러므로 모든 재화의 소득탄력성의 가중평균은 1이 됨을 알 수 있다.

④ 이 관계식을 통해 모든 재화의 소득탄력성이 모두 1보다 크거나 모두 1보다 작을 수 없다.

⑤ 그러나 모든 재화의 소득탄력성이 1인 경우는 가능하다.

(4) 소득탄력성이 0보다 작을 때(X재가 열등재 일 때) - 좌상향

① 열등재란 소득이 증가할 때 수요가 감소하는 재화를 말한다. 소득이 매우 낮을 때는 어떤 상품도 열등재가 되기는 어렵고 소득이 어느 수준을 넘어서야만 소비자가 열등재로 느끼는 상품이 일반적이다.

② 소득이 증가함에 따라 예산선이 우측 평행이동하면 소비자균형점이 a에서 b로 이동하여 X재와 Y재 모두 정상재이다. 소득이 일정수준을 넘어가면 소비자균형점이 b에서 c로 이동하여 X재가 열등재로 바뀐다.

③ 따라서 소득이 일정수준을 넘어가서 X재가 열등재이면 소득소비곡선은 좌상향의 형태를 갖는다.

④ 반면 Y재가 열등재이면 소비자균형 b점을 기준으로 소득소비곡선은 우하향하게 된다.

(5) 소득탄력성이 0일 때

① X재 수요의 소득탄력성이 0이면 소득이 증가하여 예산선이 우측 평행이동하더라도 X재의 소비량은 변하지 않는다.

② 소비자 균형점이 a에서 b로 이동하므로 두 점을 연결한 소득소비곡선은 수직선의 형태를 갖는다.

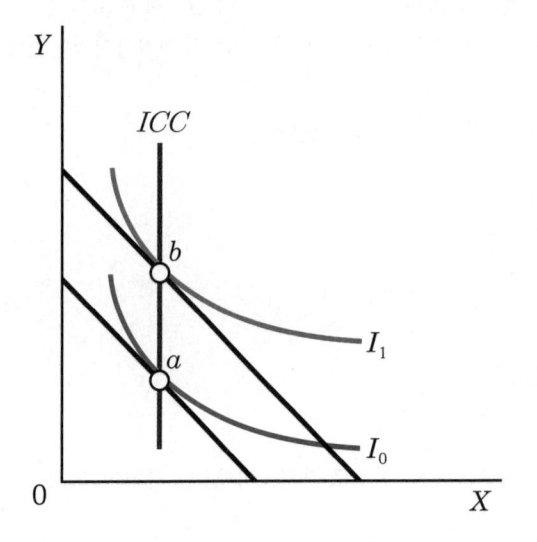

2. 소득탄력성과 엥겔곡선의 형태

① 두 재화의 가격을 고정시키고 수요와 소득과의 관계를 그림으로 나타낸 것을 엥겔곡선(Engel curve)라고 부르는데 엥겔곡선의 형태는 소득소비곡선과 마찬가지로 수요의 소득탄력성의 크기를 보여준다.

② X재 수요의 소득탄력성이 1인 경우 소득의 증가율과 X재 소비량 증가율이 동일하므로 엥겔곡선은 원점을 통과하는 직선이 된다.

③ X재 수요의 소득탄력성이 1보다 큰 경우 원점을 통과하는 직선보다 기울기가 우측으로 완만한 형태를 가진다.

④ X재 수요의 소득탄력성이 1보다 작은 경우 원점을 통과하는 직선보다 좌측으로 급경사의 형태를 가진다.

⑤ X재 수요의 소득탄력성이 0보다 작은 열등재의 경우 엥겔곡선은 일정구간에서 우하향하는 형태를 가진다 (또는 좌상향하는 형태가 된다).

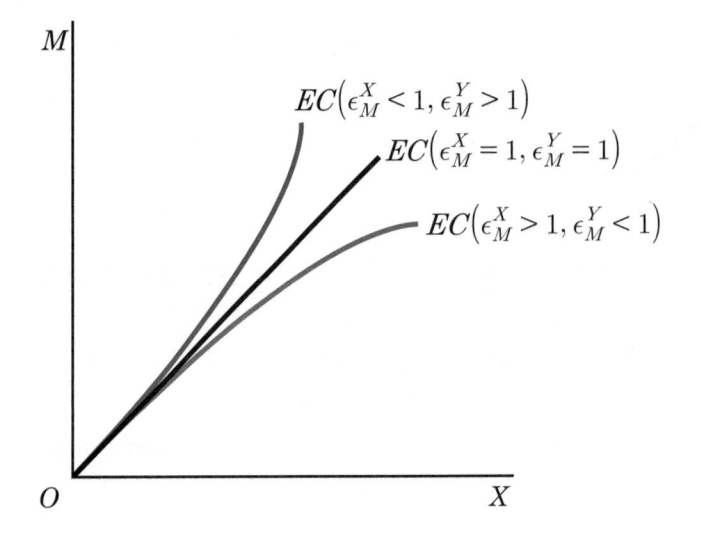

5 엥겔 계수와 엥겔의 법칙

① 엥겔 계수란 가계 총지출 중에서 음식비가 차지하는 비중을 말한다.

$$엥겔 \ 계수 = \frac{음식비}{가계총지출} \times 100$$

② 엥겔의 법칙이란 소득 증가 시 가계의 총지출 중에서 음식비에 대한 지출비율이 감소하고 소득 감소 시 가계의 총지출 중에서 음식비에 대한 지출비율이 증가하는 것을 말한다. 프러시아의 통계청장이었던 엥겔(Ernst Engel)이 1857년 논문을 통해 발표하였다.

③ 엥겔의 법칙은 음식물의 수요의 소득탄력성이 1보다 작다는 것을 의미한다.

---

02 가격소비곡선과 수요곡선

1 가격소비곡선(Price Consumption Curve : PCC)

1. 개념

① 가격소비곡선이란 가격이 변할 때 소비자 균형점을 연결한 선으로 가격소비곡선을 통하여 수요곡선을 도출할 수 있다.

② Y 재의 가격과 소득이 고정된 채 X 재의 가격이 연속적으로 변하면 예산선이 계속 변화하고 이에 따라 소비자균형도 연속적으로 이동한다. 이들을 연결하면 X 재 가격의 변화에 따른 가격소비곡선을 얻을 수 있다.

2. 가격소비곡선의 도출

① Y 재의 가격과 소득을 고정시키고, X 재의 가격이 하락하면 예산선의 Y 축 절편은 변화하지 않으며 기울기만 감소한다.

② 최초에 Y 재의 가격은 P_Y, X 재의 가격은 $P_X = 100$, 소비자의 소득은 M_0 라고 하자.

③ 무차별곡선과 예산선이 접하는 a 점이 최초의 균형점이고 X 재는 2단위를 소비한다.

④ 소득과 Y 재의 가격은 각각 M_0 와 P_Y 로 일정한 데 X 재의 가격이 100에서 50으로 하락했다 하자.

⑤ 예산선은 시계 반대 방향으로 회전이동하고 새로운 효용극대 균형점은 새로운 예산선과 무차별곡선 I_1이 접하는 b점이다. b점에서 X재는 5단위를 소비한다.

⑥ 이와 같이 각각의 X재 가격에 대응하는 소비자 균형점 a, b를 연결한 곡선을 가격소비곡선(PCC)이라고한다.

3. 수요곡선

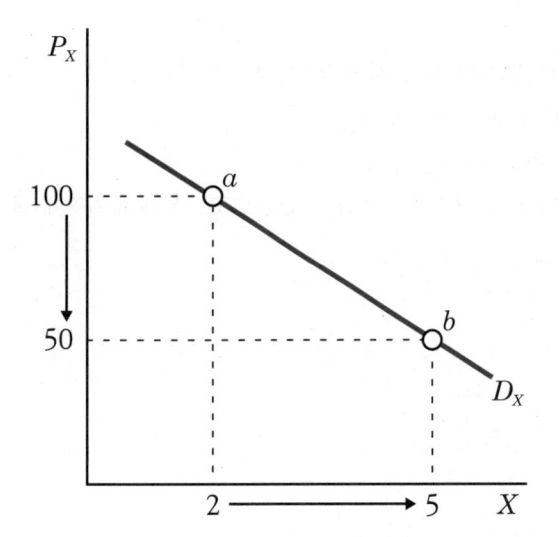

① 수요곡선은 가격의 변화에 따라 예산제약 하의 효용극대화를 이루는 최적수요량이 어떻게 변화하는가를 나타낸다.

② 가격소비곡선이 나타내는 가격과 최적수요량 사이의 관계를 나타낸 위의 그림이 수요곡선이다. 즉, 가격소비곡선으로부터 X재에 대한 수요곡선을 도출할 수 있다.

③ X재의 가격이 100일 때 소비자균형점 a에서 X재 소비량은 2이다.

④ X재 가격이 50일 때 소비자균형점 b에서 X재 소비량은 5이다.

⑤ 소비자균형이 a에서 b로 이동하는 것을 추적해 보면 X재의 가격이 100에서 50으로 하락함에 따라 X재의 소비량이 2에서 5로 증가하는 것을 알 수 있다.

⑥ X재 가격을 세로축, X재 수요량을 가로축으로 하는 평면에 표시하면 우하향하는 X재 수요곡선이 된다.

⑦ b점에서의 무차별곡선이 a점에서의 무차별곡선보다 원점에서 멀리 위치해 있으므로 수요곡선 선상에서 b점에서의 효용이 a점에서의 효용보다 크다. 따라서 수요곡선 상의 모든 점에서 효용이 다르다는 것을 확인할 수 있다.

2 수요의 가격 탄력성과 가격 소비곡선

1. 수요의 가격 탄력성이 1일 때 - 가격소비곡선은 수평선

① 최초에 Y 재의 가격은 P_Y, X 재의 가격은 P_X, 소비자의 소득은 M_0 라고 하자.

② 무차별곡선과 예산선이 접하는 최초의 균형점 a 에서 X 재는 X_0 만큼, Y 재는 $\overline{Y}$ 만큼 소비한다.

③ X 재 수요의 가격탄력성이 1일 때, X 재 가격만 하락하면 새로운 균형점 b 에서 X 재는 X_1 만큼 소비하고 X 재 지출액은 변하지 않는다.

④ X 재 가격만 하락하고 Y 재 가격과 소득은 변하지 않았으므로 Y 재 지출액은 변하지 않는다.

⑤ Y 재 지출액은 변하지 않으므로 Y 재 구입량 역시 $\overline{Y}$ 에서 변하지 않는다.

⑥ 따라서 최초의 Y 재 구입량이 변하지 않으므로 가격소비곡선은 수평선이 된다.

⑦ 가격소비곡선이 수평이면 X 재 가격이 하락할 때 Y 재 구입량은 변하지 않았으므로 X 재의 가격에 대한 Y 재 수요의 교차탄력성은 0이다.

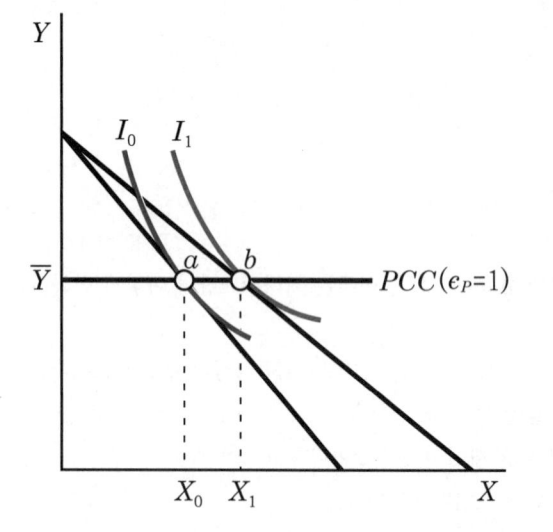

2. 수요의 가격탄력성이 1보다 클 때 - 가격소비곡선은 우하향

① X 재 수요의 가격탄력성이 1보다 크면 X 재 가격이 하락했을 때 X 재 소비량이 수요의 가격탄력성이 1인 경우의 X 재 소비량보다 더 많다.

② 가격 하락 이후의 소비자 균형점은 수평선보다 하방에 위치한 b점이 되어야 한다.

③ 따라서 수요의 가격탄력성이 1보다 클 때 가격소비곡선은 수평선인 가격소비곡선 아래에 위치하게 된다.

④ X 재 가격 하락 시 Y 재 구입량은 감소하였기 때문에 X 재와 Y 재는 대체재 관계이다. 따라서 X 재의 가격에 대한 Y 재 수요의 교차탄력성은 0보다 크다.

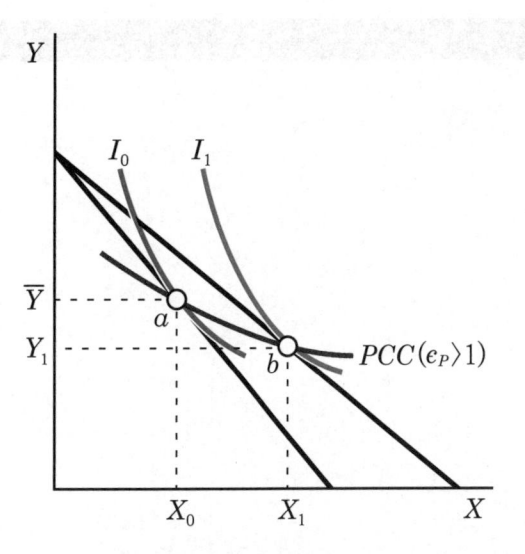

3. 수요의 가격탄력성이 1보다 작을 때 – 가격소비곡선이 우상향

① X재 수요의 가격탄력성이 1보다 작으면 X재 가격이 하락했을 때 X재 소비량이 수요의 가격탄력성이 1인 경우의 X재 소비량보다 적다.

② 가격 하락 이후의 소비자 균형점은 수평선보다 상방에 위치한 b점이 되어야 한다.

③ 따라서 수요의 가격탄력성이 1보다 작을 때 가격소비곡선은 수평선인 가격소비곡선 위에 위치하게 된다.

④ X재 가격 하락 시 Y재 구입량은 증가하였기 때문에 X재와 Y재는 보완재 관계이다. 따라서 X재의 가격에 대한 Y재 수요의 교차탄력성은 0보다 작다.

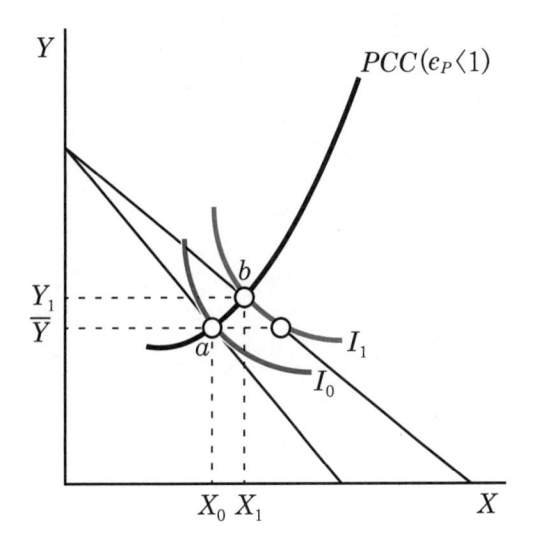

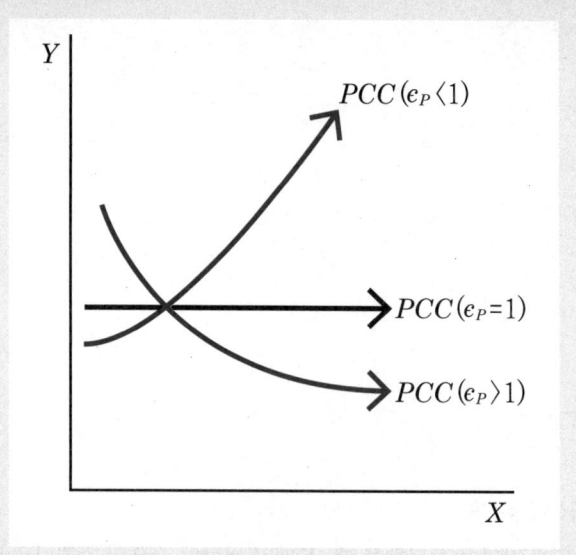

① X 재 수요의 가격 탄력성이 1일 때 가격소비곡선(PCC)은 수평선의 형태를 갖는다.

② 수요의 가격 탄력성이 1보다 클 때 가격소비곡선은 우하향의 형태를 갖는다.

③ 수요의 가격 탄력성이 1보다 작을 때 가격소비곡선은 우상향의 형태를 갖는다.

7절 가격효과

01 개요

1 가격효과

① 가격소비곡선으로부터 유도되는 수요곡선이 일반적으로 음(-)의 기울기를 지니는 이유를 '가격효과'를 통해 살펴본다.

② 가격효과란 명목소득이 일정할 때 재화의 가격이 변화함으로써 최적소비가 변화하게 되는 효과를 말한다.

③ 가격효과는 대체효과와 소득효과의 합으로 나타낸다.

→ 가격효과 = 대체효과 + 소득효과

2 대체효과

① X재의 가격(P_X)이 상승하거나 하락하면 X재의 상대가격$\left(\dfrac{P_X}{P_X}\right)$의 변화로 인한 대체효과가 발생한다.

② 실질소득($\dfrac{M}{P_X}$; M : 명목소득, P_X : X재의 가격)이 일정할 때 X재의 상대가격이 하락한다면 X재가 Y재보다 상대적으로 저렴해지므로 X재 구입량이 증가하고 Y재 구입량은 감소한다.

③ X재의 상대가격이 상승하면 X재가 Y재보다 상대적으로 비싸지기 때문에 X재 구입량은 감소하고 Y재 구입량은 증가한다.

3 소득효과

① 소득효과는 X재의 상대가격$\left(\dfrac{P_X}{P_X}\right)$이 일정할 때 실질소득 변화에 따른 효과로 재화의 종류에 따라 다른 효과가 발생한다.

② 재화의 종류는 정상재, 열등재, 기펜재로 나눌 수 있다.

③ X재 가격의 하락으로 실질소득이 증가하면 이전보다 더 많은 재화를 구입할 수 있어 정상재는 구입량이 증가한다. 반대로 열등재는 구입량이 감소한다.

4 사례

① 사과와 배를 소비하는 소비자에게 하루 소득이 10,000원으로 주어져 있고 사과 1개와 배의 1개의 가격이 각각 1,000원과 500원이라고 할 때 소비자의 최적 소비계획은 하루 사과 5개와 배 10개를 소비하는 것이라고 하자.

② 배의 가격과 소득은 불변인 채 사과의 가격만 500원으로 하락하였다면 배에 비해 사과의 상대가격이 싸졌을 뿐 아니라 하루 사과 5개와 배 10개를 구입하고도 2,500원의 소득이 남기 때문에 명목소득 10,000원의 실질가치 즉 실질소득은 2,500원만큼 높아졌다고 볼 수 있다.

③ 이와 같이 사과의 가격 변동으로 소비자에게는 2가지의 변화가 발생한다.

④ 하나는 두 상품 사이의 상대가격이 변동하는 것이고 또 다른 하나는 실질소득이 변하는 것인데 어떤 상품의 가격 변화가 그 상품의 수요량을 변화시키는 이유는 바로 이러한 두 가지 변화 때문인 것이다.

⑤ 이 두 가지 변화를 각각 '대체효과'와 '소득효과'라고 한다.

1 가정

X재의 가격(P_X)이 하락하고 Y재의 가격(P_Y)과 명목소득(M)은 변하지 않는다고 하자.

2 정상재의 경우

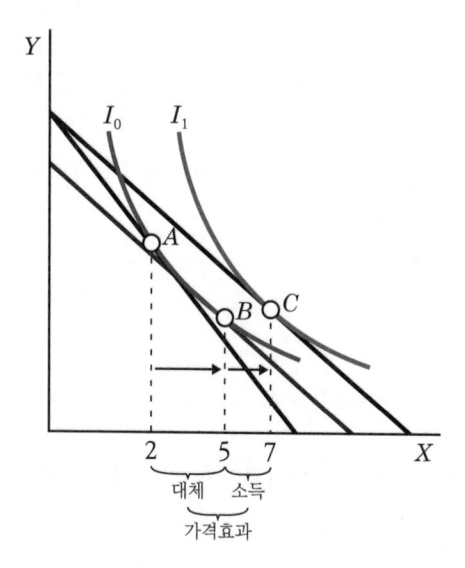

1. 가격효과

① 최초의 균형점 A에서 소비자는 X재를 2단위 소비하고 있다.

② 소득과 Y재의 가격은 불변인데 X재의 가격이 하락하면 예산선은 시계 반대 방향으로 회전 이동한다.

③ 무차별곡선은 I_0에서 I_1으로 우측 이동하면서 새로운 소비자균형점은 C점이 되고 X재를 7단위 소비한다.

④ X재의 소비량이 2단위에서 7단위로 5단위만큼 증가하고 이것을 X재의 가격 변화에 의한 가격효과라고 한다.

2. 대체효과

① 대체효과만을 구하기 위해서 구매력의 변화에 따른 소득효과를 우선 제거해야 한다.

② X재 가격이 하락하기 전의 구매력을 유지하여 새로운 가격수준에서도 종전과 동일한 효용수준을 얻을 수 있도록 해야 한다. 즉, 가격 하락 전의 무차별곡선 I_0와 접하도록 예산선을 좌측으로 평행 이동시키고 이때 균형점은 B점이 된다.

③ 대체효과는 효용극대화점이 A점에서 B점으로 이동하는 것으로 나타낼 수 있다.

④ 따라서 X재 가격이 하락했지만 가격 하락의 소득효과를 제거할 때 X재의 수요량은 최초의 2단위에서 5단위로 증가하는 것이다.

⑤ A점에서 B점으로의 이동 혹은 3단위만큼의 X재 수요량 증가는 순전히 X재의 가격 하락 때문에 생긴 대체효과이다.

3. 소득효과

① X재 가격의 하락은 종전보다 X재, Y재를 더 많이 살 수 있는 구매력을 주기 때문에 실제로 소득의 증가 효과를 갖는다.

② 소득효과는 가격 하락으로 인한 실질소득 증가로 예산선의 우측 평행이동으로 나타낼 수 있으며 효용극대화 점이 B점에서 C점으로 이동한 것으로 나타낼 수 있다.

③ B점에서 C점으로의 이동 혹은 2단위만큼의 X재 수요량 증가가 X재 가격 하락에 따른 소득효과이다.

3 열등재의 경우

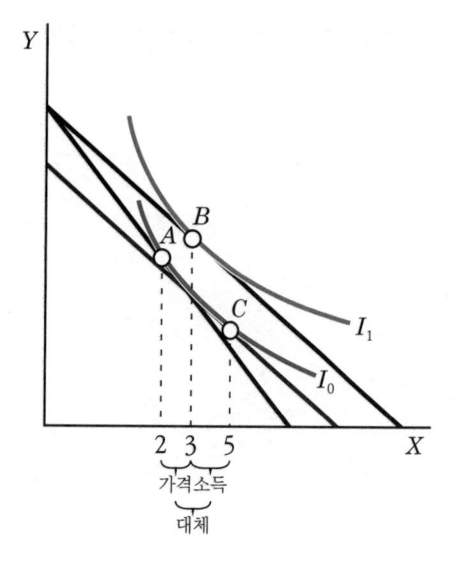

1. 가격효과

① 최초의 균형점 A에서 소비자는 X재를 2단위 소비하고 있다.

② 소득과 Y재의 가격은 불변인데 X재의 가격이 하락하면 예산선은 시계 반대 방향으로 회전 이동한다.

③ 무차별곡선은 I_0에서 I_1으로 우측 이동하면서 새로운 소비자균형점은 B점이 되고 X재를 3단위 소비한다.

④ X재의 소비량이 2단위에서 3단위로 1단위만큼 증가하고 이것을 X재의 가격 변화에 의한 가격효과라고 한다.

2. 대체효과

① 대체효과만을 구하기 위해서 구매력의 변화에 따른 소득효과를 우선 제거해야 한다.

② X재 가격이 하락하기 전의 구매력을 유지하여 새로운 가격수준에서도 종전과 동일한 효용수준을 얻을 수 있도록 해야 한다. 즉, 가격하락 전의 무차별곡선 I_0와 접하도록 예산선을 좌측으로 평행 이동시키고 이때 균형점은 C점이 된다.

③ 대체효과는 효용극대화점이 A점에서 C점으로 이동하는 것으로 나타낼 수 있다.

④ 따라서 X재 가격이 하락했지만 가격 하락의 소득효과를 제거할 때 X재의 수요량은 최초의 2단위에서 5단위로 증가하는 것이다.

⑤ A점에서 C점으로의 이동 혹은 3단위 만큼의 X재 수요량 증가는 순전히 X재의 가격 하락 때문에 생긴 대체효과이다.

3. 소득효과

① X재 가격의 하락은 종전보다 X재, Y재를 더 많이 살 수 있는 구매력을 주기 때문에 실제로 소득의 증가 효과를 갖는다.

② 소득효과는 가격하락으로 인한 실질소득 증가로 예산선의 우측 평행이동으로 나타낼 수 있으며 효용극대화 점이 C점에서 B점으로 이동한 것으로 나타낼 수 있다.

③ C 점에서 B 점으로의 이동 혹은 2단위만큼의 X 재 수요량 감소가 X 재 가격 하락에 따른 소득효과이다.

④ X 재가 열등재이므로 소득효과에 의해 소비량은 감소한다.

4. 결론

① X 재가 열등재이면 X 재 가격 하락 시 대체효과에 의해서는 소비량이 증가하나 소득효과에 의해서는 소비량이 감소한다.

② 대체효과가 소득효과보다 크므로 가격효과에 의해서는 소비량이 증가하고 '수요의 법칙'이 성립된다.

4 기펜재

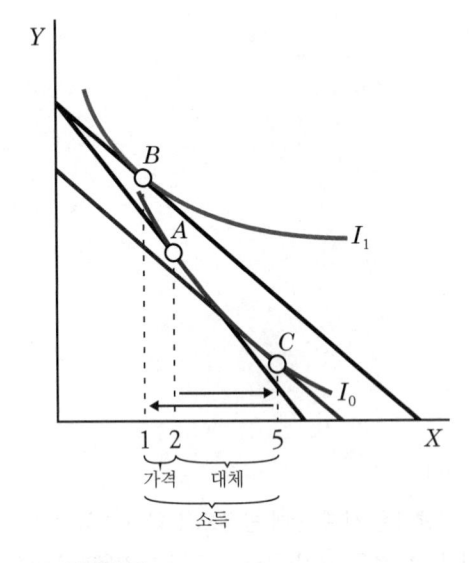

1. 가격효과

① 최초의 균형점 A 에서 소비자는 X 재를 2단위 소비하고 있다.

② 소득과 Y 재의 가격은 불변인데 X 재의 가격이 하락하면 예산선은 시계 반대 방향으로 회전 이동한다.

③ 무차별곡선은 I_0 에서 I_1 으로 우측 이동하면서 새로운 소비자균형점은 B 점이 되고 X 재를 1단위 소비한다.

④ X 재의 소비량이 2단위에서 1단위로 1단위만큼 감소하고 이것을 X 재의 가격 변화에 의한 가격효과라고 한다.

2. 대체효과

① 대체효과만을 구하기 위해서 구매력의 변화에 따른 소득효과를 우선 제거해야 한다.

② X 재 가격이 하락하기 전의 구매력을 유지하여 새로운 가격수준에서도 종전과 동일한 효용수준을 얻을 수 있도록 해야 한다. 즉, 가격하락 전의 무차별곡선 I_0 와 접하도록 예산선을 좌측으로 평행 이동시키고 이때 균형점은 C 점이 된다.

③ 대체효과는 효용극대화점이 A 점에서 C 점으로 이동하는 것으로 나타낼 수 있다.

④ 따라서 X 재 가격이 하락했지만 가격 하락의 소득효과를 제거할 때 X 재의 수요량은 최초의 2단위에서 5단위로 증가하는 것이다.

⑤ A 점에서 C 점으로의 이동 혹은 3단위만큼의 X 재 수요량 증가는 순전히 X 재의 가격 하락 때문에 생긴 대체효과이다.

3. 소득효과

① X재 가격의 하락은 종전보다 X재, Y재를 더 많이 살 수 있는 구매력을 주기 때문에 실제로 소득의 증가
　효과를 갖는다.
② 소득효과는 가격 하락으로 인한 실질소득 증가로 예산선의 우측 평행이동으로 나타낼 수 있으며 효용극대
　화 점이 C점에서 B점으로 이동한 것으로 나타낼 수 있다.
③ C점에서 B점으로의 이동 혹은 4단위만큼의 X재 수요량 감소가 X재 가격 하락에 따른 소득효과이다.
④ X재가 열등재이므로 소득효과에 의해 소비량은 감소한다.

4. 결론

① X재가 열등재이면 X재 가격 하락 시 대체효과에 의해서는 소비량이 증가하나 소득효과에 의해서는 소비
　량이 감소한다.
② 소득효과가 대체효과보다 크므로 가격효과에 의해서는 소비량이 감소하고 '수요의 법칙'이 성립되지 않는다.

03 대체효과와 소득효과의 부호

1 개요

가격 변화 방향과 소비량 변화 방향이 같은 방향이면 양(+), 가격 변화 방향과 소비량 변화 방향이 반대이면 음(-)
이라고 정의하자.

2 정상재의 경우

① 대체효과는 어떤 상품의 가격이 하락할 때 상대적으로 싸진 그 상품에 대한 수요량을 언제나 증가시키고 가격
　이 상승할 때 상대적으로 비싸진 그 상품에 대한 수요량을 언제나 감소시킨다.
② 즉, 대체효과는 가격과 수요량의 변동방향을 정반대로 만든다. 이런 의미에서 대체효과는 항상 음(-)이라고 말
　한다.

3 소득효과

① 소득효과는 해당 상품이 정상재인가 열등재인가에 따라 부호가 달라진다.
② X재 가격이 하락하면 실질소득이 증가하는데 정상재의 경우 소비량이 증가하고 열등재의 소비량은 감소한다.
③ 정상재는 가격과 수요량의 변동방향이 정반대이고 소득효과는 음(-)이다.
④ 열등재는 가격과 수요량의 변동방향이 같고 소득효과는 양(+)이다.

4 가격효과

① 정상재의 경우 가격 하락 시 대체효과와 소득효과 모두 소비량을 증가시키므로 부호는 음(-)이다.
② 열등재의 경우 가격 하락 시 대체효과가 소득효과보다 크므로 가격효과 전체에 의해서는 소비량이 증가한다.
　따라서 부호는 음(-)이다.
③ 기펜재의 경우 가격 하락 시 대체효과보다 소득효과가 크므로 가격효과 전체에 의해서는 소비량이 감소한다.
　따라서 부호는 양(+)이다.

5 정리

	대체효과 상대가격의 변화	소득효과 실질소득의 변화	가격효과	특징
정상재	가격 변화와 반대 음(-)	가격 변화와 반대 음(-)	가격 변화와 반대 음(-)	대체효과와 소득효과의 변동 방향이 동일
열등재	가격 변화와 반대 음(-)	가격 변화와 같은 방향 양(+)	가격 변화와 반대 음(-)	대체효과 〉소득효과
기펜재	가격 변화와 반대 음(-)	가격 변화와 같은 방향 양(+)	가격 변화와 같은 방향 양(+)	소득효과 〉대체효과

---

04 대체효과가 0인 레온티에프 효용함수의 경우

1 가격효과

① 레온티에프 효용함수는 X재와 Y재를 일정비율로 소비하므로 두 재화는 완전보완재의 관계를 갖고 있다.

② 완전보완재의 경우 대체효과는 0이므로 가격효과와 소득효과가 일치한다.

2 소득소비곡선과 가격소비곡선

① 레온티에프 효용함수는 예산선과 무차별곡선의 꺾인 점이 만나는 점에서 효용극대화를 달성한다.

② 소득소비곡선(ICC)과 가격소비곡선(PCC)은 일치하며 원점을 통과하는 직선의 형태로 도출된다.

3 설명

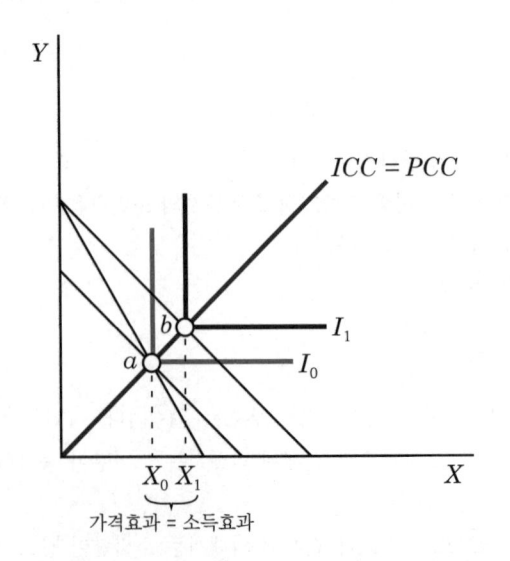

① 최초의 소비자 균형점 a에서 Y재의 가격, 소득이 일정한 상태에서 X재의 가격이 하락하였다고 하자.

② X재의 가격이 하락하면 예산선은 시계반대방향으로 회전이동하고 새로운 균형점은 b에서 달성된다.

③ 원래 무차별곡선 I_0와 접하도록 예산선을 좌측으로 평행이동하면 균형점은 a가 된다.

④ 상대가격 변화 이후에도 여전히 균형점은 a점이므로 대체효과는 0이다.

⑤ X재 가격 하락 시 a점에서 b점으로의 이동 혹은 $\overline{X_0 X_1}$만큼의 X재 수요량 증가는 순전히 X재의 가격하락 때문에 생긴 소득효과이다.

⑥ 따라서 X재와 Y재가 완전보완재일 때는 가격소비곡선과 소득소비곡선이 모두 원점을 통과하는 직선의 형태가 된다.

심화학습	레온티에프 효용함수의 소득탄력성과 가격탄력성

① 소득소비곡선이 원점을 통과하는 직선의 형태이므로 X재 수요의 소득탄력성은 1의 값을 갖는다.

② 가격소비곡선이 수평선이 아닌 우상향의 형태이므로 X재 수요의 가격탄력성은 1보다 작다.

---

05 보통수요곡선과 보상수요곡선

1 개요

① 가격 변화에 따른 최적소비계획의 변화를 대체효과와 소득효과로 분해하였으며, 가격소비곡선으로부터 도출되는 보통수요곡선에는 이 두 가지 효과가 모두 반영되어 있다.

② 이에 대하여 대체효과만을 반영하는 수요곡선을 유도할 수도 있다.

2 보통수요곡선

① 보통수요곡선은 명목소득이 일정한 상태에서 가격효과 즉, 가격의 변화와 수요량 변화간의 관계를 나타내는 곡선이다.

② 보통수요곡선은 대체효과와 소득효과를 포함하고 있으며 효용극대화로부터 도출된다.

3 보상수요곡선

① 보상수요곡선은 실질소득이 일정한 상태에서 대체효과만을 나타내는 곡선이다.

② 보상수요곡선은 보통수요곡선에서 소득효과를 제거하고 대체효과만을 반영한 수요곡선으로 지출극소화로부터 도출된다.

③ 보상수요곡선에서는 동일한 수준의 효용을 갖게 된다.

심화학습	지출극소화

① 지출극소화란 주어진 수준의 효용을 현재의 가격하에서 최소한의 금액으로 달성하려면 각 재화는 얼마나 소비해야 하고 그때의 지출액을 구하는 것을 말한다.

② 지출극소화가 달성되기 위해서는 주어진 무차별곡선에서 가장 낮은 예산선에 접해야 한다.

③ 지출극소화 조건은 효용극대화 조건과 마찬가지로 무차별곡선의 기울기인 한계대체율과 예산선의 기울기인 X재의 상대가격이 같아야 한다.

$$MRS_{X,Y} = \frac{P_X}{P_Y}$$

4 재화의 종류에 따른 보통수요곡선과 보상수요곡선

1. 정상재인 경우

① X 재의 가격이 하락하면 소비자균형점이 a 점에서 b 점으로 이동하므로 가격효과에 의해 X 재 소비량이 X_0 에서 X_1 으로 증가한다.

② 보통수요곡선(D)은 대체효과와 소득효과를 모두 포함하고 있으므로 X 재의 가격하락 시 대체효과, 소득효과 모두 구입량이 증가한다.

$$대체효과 : X_0 \rightarrow X_2$$

$$소득효과 : X_2 \rightarrow X_1$$

③ a 점과 b 점에서는 명목소득이 동일하므로 보통수요곡선은 명목소득이 일정하게 주어져 있을 때의 수요곡선이다.

④ 가격하락 시 대체효과에 의해 구입량이 X_0 에서 X_2 로 증가하므로 이를 이용해서 그리면 D_h 의 보상수요곡선을 도출할 수 있다.

⑤ a 점과 c 점에서는 효용이 동일하므로 보상수요곡선의 선상에서는 효용수준이 동일하다.

⑥ 정상재의 경우 보통수요곡선이 보상수요곡선보다 완만한 기울기를 갖는다.

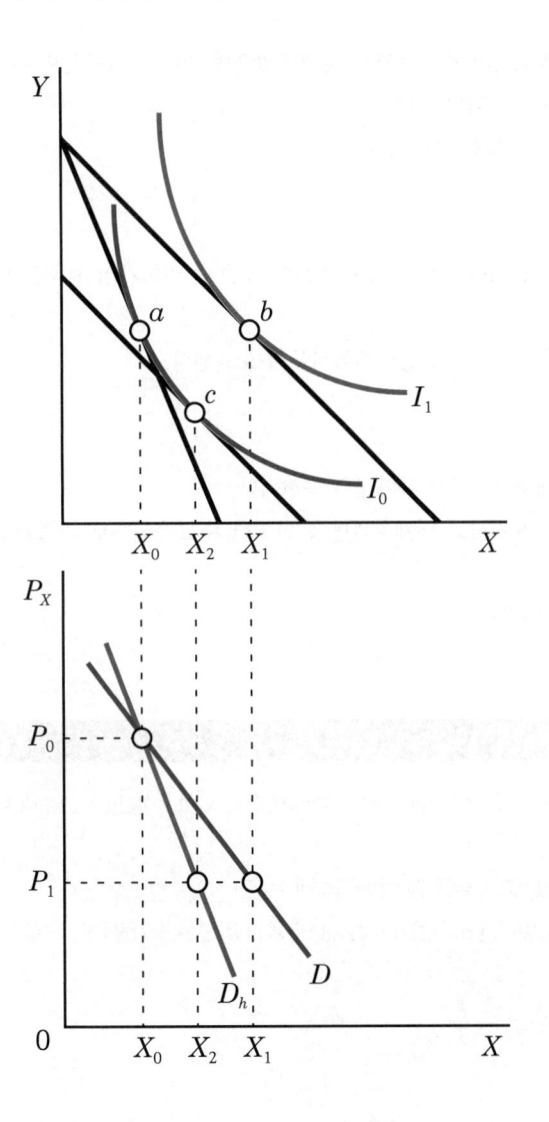

2. 열등재인 경우

① X재의 가격이 하락하면 소비자균형점이 a점에서 b점으로 이동하므로 가격효과에 의해 X재 소비량이 X_0에서 X_1으로 증가한다.

② 열등재의 경우 X재 가격하락 시 대체효과는 $X_0 \rightarrow X_2$만큼 소비량이 증가하고, 소득효과는 $X_2 \rightarrow X_1$만큼 소비량이 감소한다.

③ 가격효과에 의한 가격과 소비량의 관계를 그림으로 그리면 우하향하는 보통수요곡선이 도출된다.

④ 가격하락 시 대체효과에 의해 구입량이 X_0에서 X_2로 증가하므로 소득효과를 제거해서 수요곡선을 그리면 D_h의 보상수요곡선을 도출할 수 있다.

⑤ 열등재의 경우 보상수요곡선이 보통수요곡선보다 완만한 기울기를 갖는다.

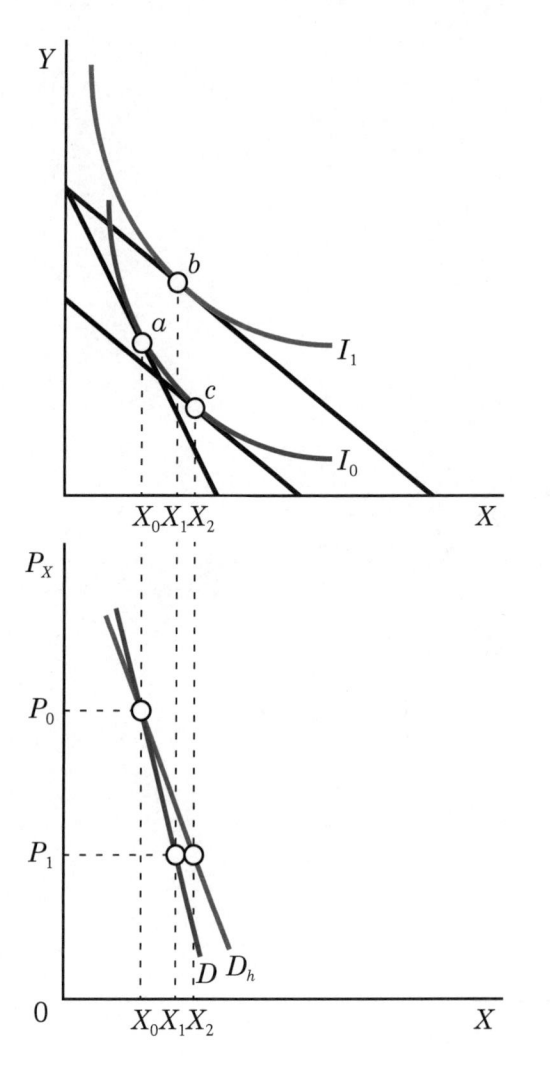

3. 기펜재인 경우

① X재의 가격이 하락하면 소비자균형점이 a점에서 b점으로 이동하므로 가격효과에 의해 X재 소비량이 X_0에서 X_1으로 감소한다.

② 기펜재의 경우 X재 가격하락 시 대체효과는 $X_0 \to X_2$만큼 소비량이 증가하고, 소득효과는 $X_2 \to X_1$만큼 소비량이 감소한다.

③ 가격효과에 의한 가격과 소비량의 관계를 그림으로 그리면 우상향하는 보통수요곡선이 도출된다.

④ 가격하락 시 대체효과에 의해 구입량이 X_0에서 X_2로 증가하므로 소득효과를 제거해서 수요곡선을 그리면 우하향하는 D_h의 보상수요곡선을 도출할 수 있다.

⑤ 기펜재의 경우 보통수요곡선은 우상향하고 보상수요곡선은 우하향한다.

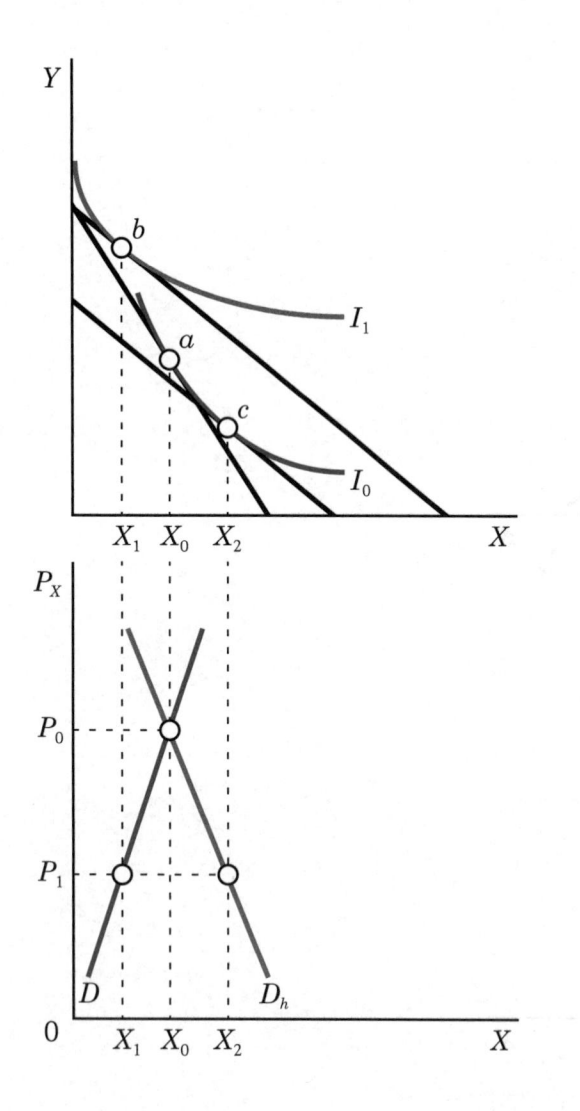

1 보통수요곡선

① 보통수요곡선 상의 모든 점에서 효용이 다르다.

효용이 다른 이유는 '소득효과' 때문이다.

② 보통수요곡선은 일반적으로 우하향 하나 항상 우하향하지는 않는다.

→ 예외 : 기펜재의 보통수요곡선은 우상향의 형태를 갖는다.

2. 보상수요곡선

① 보상수요곡선 상의 모든 점에서 효용이 동일하다.

왜냐하면 보상수요곡선은 대체효과만 존재하고 소득효과는 존재하지 않기 때문이다.

② 보상수요곡선은 우하향 하나 항상 우하향하지는 않는다.

→ 예외 : 완전보완재의 경우 대체효과가 0이기 때문에 보상수요곡선은 수직선의 형태를 갖는다.

③ 기펜재의 보상수요곡선도 우하향의 형태를 갖는다.

3. 기펜재의 경우

기펜재의 보통수요곡선은 우상향하나 보상수요곡선은 우하향한다.

5 소득효과가 0인 경우

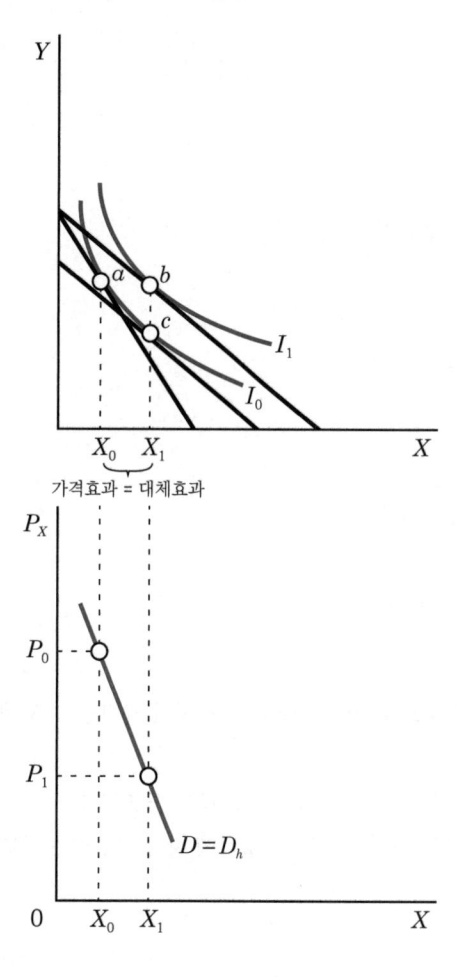

① X재 가격이 하락하면 최초의 균형점 a에서 b로 이동하는 가격효과가 발생한다.

② a점에서 c점으로 이동한 것은 대체효과이고 c점에서 b점으로 이동한 것은 소득효과이다.

③ 대체효과로 X재 구입량이 X_0에서 X_1으로 증가하였으나 소득효과로 X재 구입량은 증가하지 않았다.

④ 소득효과가 0이므로 가격효과와 대체효과는 동일하다.

⑤ 따라서 보통수요곡선(D)과 보상수요곡선(D_h)은 일치한다.

6 가격효과가 0인 경우

① X재 가격이 하락하면 최초의 균형점 a에서 b로 이동하는 가격효과가 발생한다.

② a점에서 c점으로 이동한 것은 대체효과이고 c점에서 b점으로 이동한 것은 소득효과이다.

③ 대체효과로 X재 구입량이 X_0에서 X_1으로 증가하였고 소득효과로 X재 구입량이 X_1에서 X_0로 감소하였다.

④ 대체효과와 소득효과의 합이 0이므로 가격효과는 발생하지 않는다.

⑤ 따라서 보통수요곡선(D)은 수직선 형태이나 보상수요곡선(D_h)은 대체효과만 반영하므로 우하향의 형태를 갖는다.

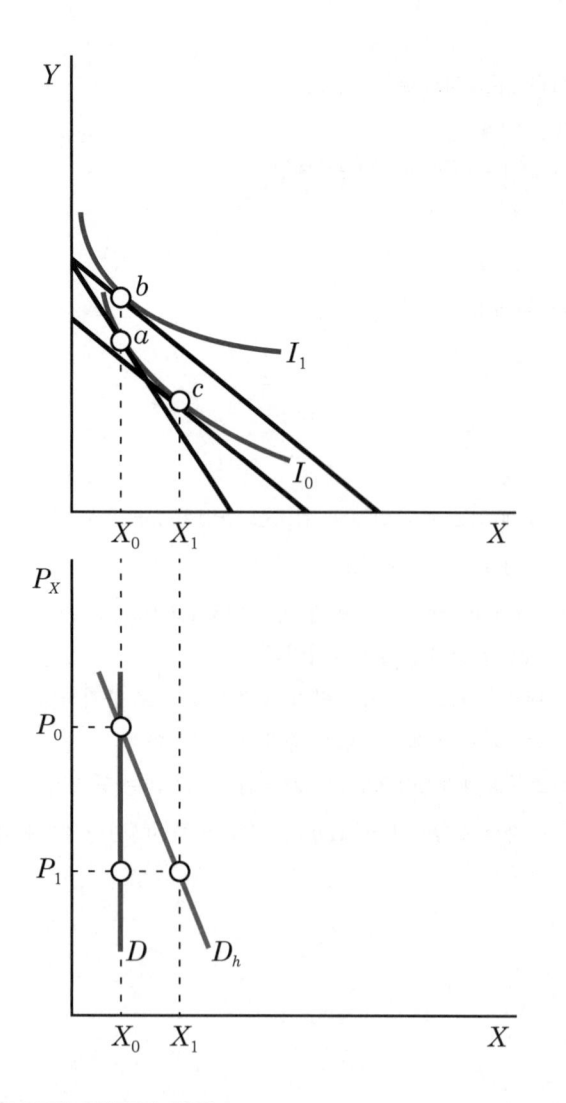

7 완전보완재의 경우

① X재의 가격하락으로 소비자균형점이 a점에서 b점으로 이동하므로 가격효과에 의해 X재 구입량이 X_0에서 X_1으로 증가한다.

② 가격효과에 의해 가격과 구입량의 관계를 그림으로 나타내면 우하향의 보통수요곡선(D)이 도출된다.

③ X재 가격 하락에 따른 대체효과의 소비자균형점은 변화가 없으므로($a = c$) 대체효과에 따른 구입량은 불변이며($X_0 = X_2$) 수직선의 보상수요곡선(D_h)이 도출된다.

④ 소비자의 선호가 강볼록성을 만족시키는 한 보상수요곡선의 기울기는 항상 음(−)이나 강볼록성을 만족시키지
   않는 완전보완재의 경우 보상수요곡선은 수직선이다.

299

무차별곡선이론

8절 보상 변화와 대등 변화

01 개념

① 보상 변화란 가격이 변동하여 효용이 변할 때 원래의 효용수준으로 되돌리기 위한 소득의 변화로 변화 후 가격을 기준으로 후생을 평가한다.

② 대등 변화(동등 변화)란 가격이 변동하여 효용이 변할 때 달성된 효용수준을 가격 변화 전의 예산선 하에서 명목소득으로 달성하고자 할 때 필요한 명목소득의 크기로 변화 전 가격을 기준으로 후생을 평가한다.

02 가격 하락 시

① 최초의 소비자 균형점이 a점이었으나 X재의 가격 하락으로 소비자균형점이 b점으로 이동하였다고 하자.

② 소비자의 효용을 가격 하락 이전(I_0)과 동일하게 유지하기 위해 감소시켜 주어야 하는 소득의 크기를 Y재 단위로 측정하면 AD 길이가 되며 이를 보상변화라고 한다.

③ 소비자의 효용을 가격 하락 이후(I_1)와 동일하게 유지하기 위해 증가시켜 주어야 하는 소득의 크기를 Y재 단위로 측정하면 AF 길이가 되며 이를 대등변화(동등변화)라고 한다.

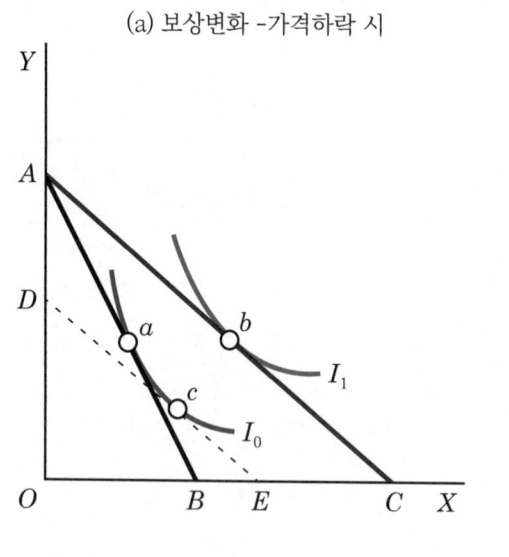

(a) 보상변화 -가격하락 시

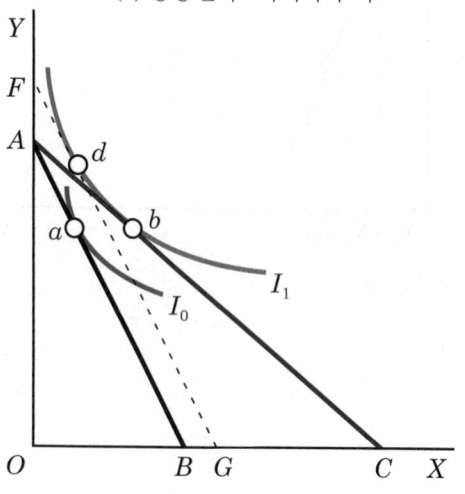

(b) 동등변화 -가격하락 시

03 가격 상승 시

① 최초의 소비자 균형점이 a점이었으나 X재의 가격 상승으로 소비자균형점이 b점으로 이동하였다고 하자.

② 소비자의 효용을 가격 상승 이전(I_0)과 동일하게 유지하기 위해 증가시켜 주어야 하는 소득의 크기를 Y재 단위로 측정하면 AD 길이가 되며 이를 보상변화라고 한다.

③ 소비자의 효용을 가격 상승 이후(I_l)와 동일하게 유지하기 위해 감소시켜 주어야 하는 소득의 크기를 Y재 단위로 측정하면 AD 길이가 되며 이를 대등변화(동등변화)라고 한다.

④ 가격이 상승하는 경우 보상변화는 AD의 길이로 측정되며 양(+)의 값을 갖는다.

⑤ 가격이 상승하는 경우 대등변화는 AD의 길이로 측정되며 음(−)의 값을 갖는다.

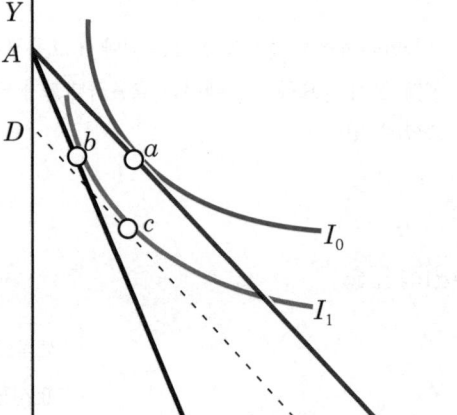

(a) 보상변화 -가격상승 시   (b) 동등변화 -가격상승 시

04 비교

① 보상 변화는 원래의 효용수준에 대응하고 대등 변화는 가격 변화 이후에 효용수준에 대응한다.

② 보상 변화와 대등 변화는 서로 다른 가격체계에 기초하고 있기 때문에 소득효과가 0이 아닌 한 결코 일치하지 않는다.

9절 수요함수의 도출

01 개요

① 무차별곡선과 예산선이 접하는 점에서 효용극대화가 달성되므로 X재, Y재의 최적 구입량을 구할 수 있다.

② X재, Y재 수요곡선 상에서는 효용극대화가 달성되므로 X재와 Y재의 수요함수는 효용극대화 조건을 통해 도출할 수 있다.

02 수리적 도출

$$효용함수 : U(X, Y) = X^\alpha Y^\beta$$

$$예산제약 : P_X X + P_Y Y = M$$

1 효용극대화 조건

$$MRS_{XY} = \frac{MU_X}{MU_Y} = \frac{\alpha X^{\alpha-1} Y^\beta}{\beta X^\alpha Y^{\beta-1}} = \frac{\alpha}{\beta} \frac{Y}{X}$$

$$MRS_{XY} = \frac{P_X}{P_Y} \rightarrow \frac{\alpha}{\beta} \frac{Y}{X} = \frac{P_X}{P_Y}$$

$$\beta P_X X = \alpha P_Y Y$$

2 X재 수요함수의 도출

① 효용극대화 조건을 예산제약식에 대입하면 X재 수요함수는 다음과 같이 도출된다.

$$P_X X + \frac{\beta}{\alpha} P_X X = M$$

$$\rightarrow \frac{\alpha + \beta}{\alpha} P_X X = M$$

$$\rightarrow X = \frac{\alpha M}{(\alpha + \beta) P_X}$$

② 마찬가지로 Y재 수요함수는 다음과 같다.

$$Y = \frac{\beta M}{(\alpha + \beta) P_Y}$$

3 탄력성

① X재 수요함수가 $X = \dfrac{\alpha M}{(\alpha + \beta) P_X}$ 이므로 $P_X X = \dfrac{\alpha}{\alpha + \beta} M$ 으로 정리된다.

② X재 지출액은 소득(M)의 $\dfrac{\alpha}{\alpha + \beta}$ 만큼 일정하므로 탄력성은 다음과 같다.

→ X재 수요의 가격탄력성 = 1

→ X재 수요의 소득탄력성 = 1

→ X재와 Y재간의 교차탄력성 = 0

1 개요

① X재와 Y재가 완전보완재이면 무차별곡선은 L자형이다.

② 완전보완재의 효용함수는 $U = \min(X, Y)$이고 예산식은 $P_X X + P_Y Y = M$인 경우 X재의 수요곡선을 도출해 보자.

2 수요함수의 도출

① 효용함수는 $U = \min(X, Y)$이므로 효용극대화가 달성될 때 $X = Y$가 성립한다.

② 소비자균형조건인 $X = Y$와 예산식을 연립하면 수요함수를 도출할 수 있다.

$P_X X + P_Y X = M$

$\rightarrow (P_X + P_Y)X = M$

$\rightarrow X = \dfrac{M}{P_X + P_Y}$

③ 수요함수에서 Y재의 가격(P_Y)이 상승하면 X재 소비량이 감소한다는 것을 확인할 수 있다.

3 수요곡선의 도출

X재와 Y재가 완전보완재일 때의 수요곡선은 우하향의 형태를 갖는다.

1 개요

① X재와 Y재가 완전대체재이면 무차별곡선은 우하향의 직선 형태를 갖는다.

② 효용함수가 $U = X + Y$이고 예산식이 $P_X X + P_Y Y = M$인 경우 X재의 수요곡선을 도출해보자.

2 $\dfrac{P_X}{P_Y} > MRS_{XY}$인 경우

① 예산선의 기울기인 X재의 상대가격$\left(\dfrac{P_X}{P_Y}\right)$이 무차별곡선의 기울기인 한계대체율($MRS_{XY}$) 보다 크다면 소비자는 주어진 소득으로 X재는 소비하지 않고 Y재만 소비한다.

② Y재만 구입하면 X재 수요량은 0이므로 X재의 수요곡선은 수직선의 형태를 갖는다.

3 $\dfrac{P_X}{P_Y} = MRS_{XY}$인 경우

① 예산선의 기울기와 무차별곡선의 기울기가 일치하면 무차별곡선과 예산선이 모든 점에서 겹치게 된다.

② 예산선 상의 어떤 점을 구입하더라도 소비자균형이 된다.

③ 예산선 상의 Y축 절편은 X재 구입량이 0인 점이고 X축 절편은 X재만 $\dfrac{M}{P_X}$만큼 구입하는 점이다.

④ 따라서 X재 구입량은 0과 $\dfrac{M}{P_X}$사이의 임의의 값이 될 수 있으므로 X재 수요곡선은 수평선의 형태를 갖는다.

4 $\dfrac{P_X}{P_Y} < MRS_{XY}$인 경우

① 예산선의 기울기가 무차별곡선의 기울기보다 작기 때문에 소비자는 주어진 소득으로 X재만 구입한다.

② Y재 구입량이 0이므로 X재 수요곡선의 함수식은 $X = \dfrac{M}{P_X}$이 된다.

③ 따라서 수요곡선은 직각쌍곡선의 형태를 갖는다.

5 결론

① 효용함수가 $U = X + Y$인 경우 한계대체율은 1의 값을 갖는다.

② $\dfrac{P_X}{P_Y} = 1$ 또는 $P_X = P_Y$를 기준으로 이 기준가격에서는 수요곡선은 수평선이고 가격이 기준가격보다 높은 구간에서는 수요곡선은 수직선이다. 또한 가격이 기준가격보다 낮은 구간에서는 수요곡선은 직각쌍곡선의 형태를 갖는다.

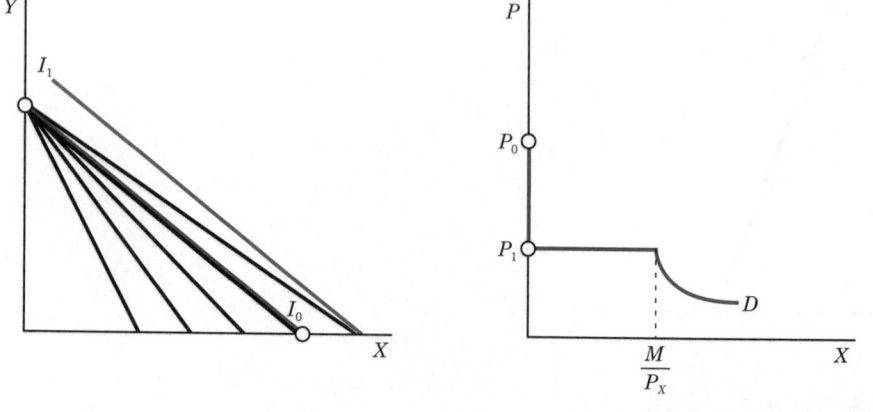
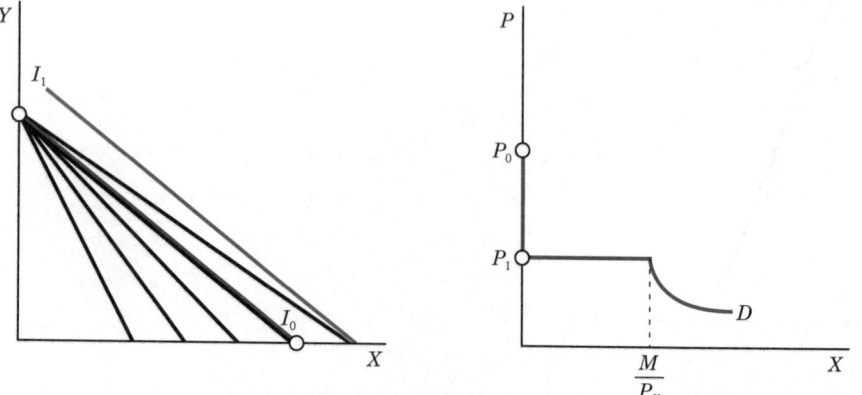

01 합리적인 소비자의 무차별곡선에 관한 다음의 설명 중 틀린 것은?
(단, 재화의 소비는 다다익선이라고 가정한다.)

풀이 날짜			
채점 결과			

① 소비자에게 동일한 만족을 주는 두 재화의 조합들의 궤적이다.
② 두 재화가 완전보완재가 아닌 경우 우하향한다.
③ 두 재화가 완전대체인 경우 원점에 대해 오목한 형태를 취한다.
④ 서로 다른 무차별곡선은 교차하지 않는다.
⑤ 원점에서 먼 무차별곡선일수록 높은 만족수준을 나타낸다.

02 무차별곡선이 원점에 대하여 볼록한 이유는?

풀이 날짜			
채점 결과			

① 한계대체율이 체감하기 때문이다.
② 소비하는 재화가 다다익선의 재화이기 때문이다.
③ 개인이 합리적이지 못하다.
④ 개인이 균형에 도달하지 못한다.
⑤ 두 재화가 대체관계에 있기 때문이다.

03 어떤 사람의 효용함수는 $U = X^2 Y$ 다. 이 사람이 $(X = 3, Y = 2)$를 소비한다면 이 사람의 한계대체율(MRS_{xy})은 얼마인가?

풀이 날짜			
채점 결과			

① $\dfrac{1}{3}$

② $\dfrac{1}{4}$

③ $\dfrac{3}{4}$

④ $\dfrac{4}{3}$

⑤ $\dfrac{1}{2}$

01
—
① 무차별곡선(indifference curve)이란 소비자에게 동일한 수준의 효용을 주는 상품묶음의 집합을 그림으로 나타낸 것을 말한다.

② 두 재화가 완전보완관계인 레온티에프효용함수라면 무차별곡선은 L자 형태이고 콥더글라스 효용함수는 원점에 대해 볼록한 형태이다. 두 재화가 완전대체관계인 선형효용함수라면 무차별곡선은 우하향 직선 형태를 갖는다.

③ 두 재화가 매우 유사한 기능과 특징을 가지고 있어서 소비자들이 이 두 재화 가운데 하나를 선택하여 소비하는 경향이 있을 때 이 두 재화를 완전대체재라고 한다. 완전대체재인 경우 무차별곡선은 우하향의 직선으로 도출된다.

④ 무차별곡선이 서로 교차하면 '이행성'의 가정을 만족하지 못한다.

⑤ 원점에서 멀어지게 되면 X재, Y재의 소비량이 증가하게 되므로 효용이 증가하게 된다.

③

02
—
• 무차별곡선이 원점에 볼록한 이유는 한계대체율이 체감하기 때문이다.

• 무차별곡선이 원점에 볼록한 형태를 갖는 것은 '강볼록성'의 가정과 관련이 있다.

• 강볼록성이란 각각의 상품묶음보다 그 상품묶음에 포함되어 있는 각 상품들의 가중평균으로 구성된 상품묶음을 강선호하는 것을 말한다.

• 즉, 무차별곡선이 원점에 대하여 볼록한 모양을 갖는다면 소비자가 편중된 소비보다는 다양한 재화를 소비하는 것을 더 선호하고 있음을 나타낸다.

①

03
—
$$MU_X = \frac{\partial U}{\partial X} = 2XY, \ MU_Y = \frac{\partial U}{\partial Y} = X^2$$

$$MRS_{XY} = \frac{MU_X}{MU_Y} = \frac{2XY}{X^2} = \frac{2Y}{X}$$

$$\Rightarrow X = 3, Y = 2\text{에서 } MRS_{XY} = \frac{2 \times 2}{3} = \frac{4}{3}$$

④

04 그림의 무차별곡선을 볼 때 두 재화 X와 Y는 아래의 조합 가운데 어느 것일 가능성이 가장 높은가?

풀이 날짜			
채점 결과			

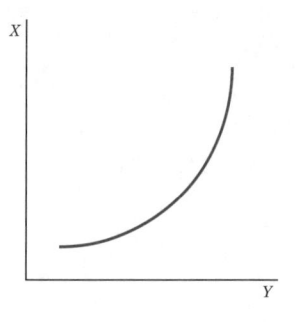

① X는 식량, Y는 의복
② X는 사랑, Y는 노래
③ X는 식량, Y는 쓰레기
④ X는 쓰레기, Y는 식량
⑤ X는 쓰레기, Y는 소음공해

05 두 소비재 X, Y재를 두 축으로 하고 예산선에서 얻을 수 없는 정보는?

풀이 날짜			
채점 결과			

① X, Y재의 상대가격
② X재만을 구입할 때의 구입량
③ Y재만을 구입할 때의 구입량
④ X, Y재의 균형구입량
⑤ X재를 1단위 구입할 때 Y재의 최대구입량

06 무차별곡선과 예산선이 접하는 점은 무엇을 의미하는가?

풀이 날짜			
채점 결과			

① 이윤의 극대화를 기할 수 있는 점
② 생산의 균형을 기할 수 있는 점
③ 생산량 극대의 점
④ 효용의 극대화를 확보할 수 있는 점

04

- Y재 소비를 줄이고 X재 소비를 늘리면 효용은 증가한다.
- 따라서 Y재는 비효용을 주고, X재는 효용을 준다.
- X재의 한계효용이 음수이므로($MU < 0$) X재 소비량이 증가할 때 효용이 동일한 점을 찾기 위해서는 Y재 소비량이 증가해야 한다. 따라서 무차별곡선이 우상향의 형태를 갖는다.

③

05

① 예산선의 기울기는 $\dfrac{P_X}{P_Y}$이므로 X재와 Y재의 상대가격을 나타낸다.

② 예산선이 X축과 만나는 점은 X재를 전부 구입하였을 때 수량을 나타낸다.

③ 예산선이 Y축과 만나는 점은 Y재를 전부 구입하였을 때 수량을 나타낸다.

④ 효용극대화를 달성하는 균형구입량은 예산선의 정보만으로는 어느 점인지 알 수가 없고 무차별곡선이 있어야 한다.

⑤ 예산선이 $P_X X + P_Y Y = M$이므로 X재를 1단위 구입하고 있다면($X = 1$)

Y재의 최대구입량은 $P_X \times 1 + P_Y Y = M \rightarrow Y = \dfrac{M - P_X}{P_Y}$이다.

④

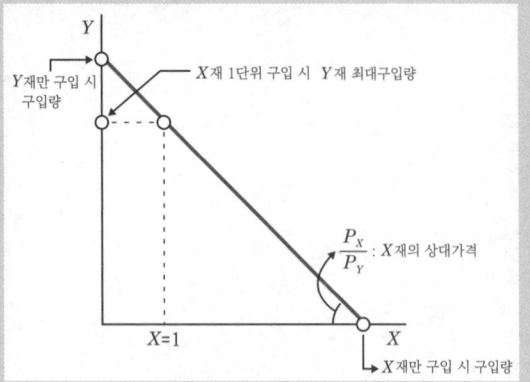

06

- 소비자는 자신에게 주어진 예산을 여러 재화들 사이에 가장 효율적으로 배분하여, 최대의 만족을 제공하는 소비묶음을 선택해야 한다. 이러한 선택을 최적선택 혹은 소비자 균형이라고 부른다.
- 소비자의 효용극대화는 주어진 예산제약하에서 효용이 가장 큰 경우 효용극대화가 달성된다.
- 무차별곡선은 원점에서 멀어질수록 효용이 증가하므로 소득이 일정한 상태에서 효용이 가장 크기 위해서는 예산선과 무차별곡선이 접하는 점에서 효용극대화가 달성된다.

④

07 다음 중 L자형 무차별곡선의 예로 가장 적합한 상품 묶음은?
　 (2019년 농협중앙회)

① 커피와 홍차
② 버스와 택시
③ 검은 구두와 운동화
④ 오른쪽 신발과 왼쪽 신발

풀이 날짜		
채점 결과		

08 소득소비곡선(ICC)은 다음 중 어느 것을 일정하게 유지하면서 도출하는가?

① 화폐소득
② 실질소득
③ 효용
④ 상대가격
⑤ 모든 상품의 절대가격

풀이 날짜		
채점 결과		

09 다음에서 엥겔의 법칙을 설명할 수 있는 곡선은 어느 것인가?

① 소득 - 소비곡선
② 가격 - 소비곡선
③ 등량선
④ 등비용선
⑤ 생산가능곡선

풀이 날짜		
채점 결과		

07
- 무차별곡선은 소비자에게 동일한 만족을 주는 재화 묶음을 연결한 곡선이다.
- 오른쪽 신발과 왼쪽 신발처럼 완전보완재의 경우 무차별곡선은 L자형의 직각을 이룬다.

④

08
- 소득소비곡선이란 명목소득이 변할 때 소비자 균형점을 연결한 곡선을 말한다.
- 명목소득이 증가하면 예산선이 우측으로 평행이동하기 때문에 예산선의 기울기인 X재의 상대가격은 변하지 않는다.

④

09
- 엥겔의 법칙이란 소득 증가 시 가계의 총지출 중에서 음식비에 대한 지출비율이 감소하고, 소득 감소 시 가계의 총지출 중에서 음식비에 대한 지출비율이 증가하는 것을 말한다.
- 프러시아의 통계청장이었던 엥겔(Ernst Engel)이 1857년 논문을 통해 발표하였다.
- 엥겔의 법칙은 음식물의 수요의 소득탄력성이 1보다 작다는 것을 의미한다.
- ICC(소득-소비곡선)에서 엥겔곡선이 도출된다.

①

01 다음 중 무차별곡선의 기본적 성질을 표현하는 것이 아닌 것은 어느 것인가?

① 각 재화가 양의 한계효용을 가지고 있는 한 무차별곡선은 우하향하는 형태를 취하게 된다.

② 무차별곡선은 어떠한 경우에도 다른 무차별곡선과 교차하는 일이 없다.

③ 무차별곡선의 모든 점이 반드시 동등한 만족을 주는 두 재화의 여러 가지 조합을 표시하는 것은 아니다.

④ 무차별곡선은 원점에서 거리가 멀어질수록 더욱 더 큰 효용을 갖는다.

⑤ 무차별곡선은 원점에 대하여 볼록하다.

풀이 날짜			
채점 결과			

02 한 개인의 무차별곡선이 원점에 대하여 볼록할 때 옳은 것은?

① 총효용이 감소한다.

② 한계효용이 증가한다.

③ 개인이 다양성을 추구한다.

④ 개인이 합리적이지 못한다.

⑤ 개인은 균형에 도달하지 못한다.

풀이 날짜			
채점 결과			

03 20,000원을 가지고 있는 소비자 A는 1,000원짜리 X 재를 15단위, 500원짜리 Y 재를 10단위 소비한다. 만약 이 소비자가 쓸 수 있는 돈이 40,000원이 되고 X 재가 2,000원, Y 재가 1,000원이 된다면 이 소비자는 몇 단위의 X 재와 Y 재를 각각 소비하겠는가? (소비자의 선호체계는 변하지 않았다고 가정한다.)

① X 재 10단위, Y 재 20단위　　② X 재 15단위, Y 재 10단위

③ X 재 17단위, Y 재 6단위　　④ X 재 8단위, Y 재 24단위

⑤ X 재 14단위, Y 재 12단위

풀이 날짜			
채점 결과			

04 아래의 그림에서와 같은 어떤 소비자의 가격선이 화살표 방향으로 이동했다고 한다. 이에 대한 설명으로서 옳은 것은? (단, Y 재의 가격은 10,000원이라고 한다.)

풀이 날짜			
채점 결과			

① 이 소비자의 소득은 100만 원이다.

② 이 소비자의 화폐소득은 1/2로 감소하였다.

③ Y 재의 가격은 종전의 2배로 상승하였다.

④ X 재의 가격은 종전의 1/2로 하락하였다.

⑤ 가격이 변하기 전의 X 재의 가격은 5,000원이다.

01

① 무차별곡선이 우하향하는 이유는 가로축의 X재, 세로축의 Y재가 일반적인 재화이기 때문이다. 즉, 소비자 선택의 대상이 되는 상품들이 모두 소비자에게 유용한 것들이라면 무차별곡선은 우하향하게 된다. 일반적인 재화(goods)란 소비량이 증가하면 총효용이 커지는 재화로 한계효용은 0보다 크다.

② 무차별곡선은 서로 교차하지 않는다. 한 개인의 무차별곡선이 서로 교차하면 서로 다른 무차별곡선에서 효용이 동일해지는 모순이 발생한다.

③ 무차별곡선의 모든 점에서는 반드시 동등한 만족을 주어야 한다.

④ 원점에서 멀어지게 되면 X재, Y재의 소비량이 증가하게 되므로 효용이 증가하게 된다.

⑤ 무차별곡선이 원점에 볼록한 이유는 소비자가 편중된 소비보다는 다양한 재화를 소비하는 것을 더 선호하고 있기 때문이다.

③

02

• 무차별곡선이 원점에 볼록하면 한계대체율은 체감한다. 한계대체율이 체감한다는 가정은 극단적인 소비보다는 적절한 조합의 소비를 더 선호한다는 의미를 포함한다.

③

03

• 소득이 20,000원에서 40,000원으로 2배, X재 가격이 1,000원에서 2,000원으로 2배, Y재 가격이 500원에서 1,000원으로 2배 상승하였다.

• 두 재화의 가격과 소득이 동일비율로 변화하면 예산식은 변화하지 않는다.

• 따라서 예산선의 변화가 없으므로 최초 X, Y재 구입량도 변하지 않는다.

②

04

① 최초 예산하에서 Y재만 최대 50단위 구입하였다. Y재의 가격이 10,000원일 때 Y재만 50단위 구입하였으므로 화폐소득 또는 명목소득은 10,000 × 50 = 50만 원이다.

② 예산선이 시계방향으로 회전 이동하였으므로 화폐소득은 변하지 않고 X재 가격만 상승하였다.

③ 예산선이 시계방향으로 회전 이동할 때 Y재의 최대구입량 50단위는 불변이므로 Y재의 가격은 변하지 않는다.

④ 예산선이 시계방향으로 회전 이동하였으므로 X재 가격만 상승하였다.

최초의 예산선에서 X재의 최대 구입량은 100단위이므로 화폐소득이 50만 원일 때 X재의 가격은 $\frac{500,000}{100} = 5,000$원이다.

가격이 변한 후 X재의 최대 구입량은 50단위이므로 화폐소득이 50만 원일 때 X재의 가격은 $\frac{500,000}{50} = 10,000$원이다.

따라서 X재의 가격은 종전보다 2배 상승하였다.

⑤

05 두 재화 X, Y의 가격이 각각 100원, 200원이고 소비자의 소득이 10,000원이라고 한다. 이 소비자의 효용함수는 $U = X^{\frac{1}{2}} Y^{\frac{1}{2}}$이다. 이 소비자의 효용을 극대화시키는 X재와 Y재의 소비량은?

풀이 날짜			
채점 결과			

① 80, 10

② 50, 25

③ 30, 35

④ 20, 40

⑤ 10, 45

06 어떤 합리적 소비자가 사과를 X단위, 책을 Y단위 소비할 때의 효용함수가 $U = X^{0.5} Y^{0.5}$로 주어져 있다고 하자. 사과의 가격이 1원이고 책의 가격이 2원일 때 사과와 책의 최적소비량의 비율은?

풀이 날짜			
채점 결과			

① 2 : 1

② 1 : 4

③ 1 : 1

④ $\sqrt{2}$: 1

⑤ 알 수 없다.

07 어떤 사람의 효용함수가 $U = XY$이고 X재의 가격은 1원, Y재의 가격은 2원이다. 한편 그는 20원을 두 재화를 구입하는데 전부 지출한다고 가정하였을 때 균형구입량은 각각 몇 단위인가?

풀이 날짜			
채점 결과			

① X재 1단위, Y재 2단위

② X재 10단위, Y재 5단위

③ X재 5단위, Y재 10단위

④ X재 30단위, Y재 20단위

⑤ X재 10단위, Y재 30단위

314

고범석 경제학아카데미

05

- 소비자가 주어진 소득을 모두 X재와 Y재 구입에 사용한다면 예산제약식을 다음과 같이 정리할 수 있다.

$$\rightarrow P_X X + P_Y Y = M$$

- X재와 Y재의 가격이 각각 100원, 200원, 소득은 10,000원이므로 예산선은 다음과 같이 나타낼 수 있다.

$$100X + 200Y = 10,000 \rightarrow X + 2Y = 100$$

- 효용함수를 통해 한계대체율을 구해보자.

$$MRS_{X,Y} = \frac{MU_X}{MU_Y} = \frac{\frac{1}{2}X^{-\frac{1}{2}}Y^{\frac{1}{2}}}{\frac{1}{2}X^{\frac{1}{2}}Y^{-\frac{1}{2}}} = \frac{Y}{X}$$

- 효용극대화는 두 재화의 주관적인 교환비율인 한계대체율(MRS_{XY})과 객관적인 교환비율인 X재의 상대가격 $\left(\frac{P_X}{P_Y}\right)$이 일치할 때 달성된다.

- 따라서 $\frac{Y}{X} = \frac{1}{2} \rightarrow X = 2Y$의 관계식이 성립되고 해당 식을 예산식에 대입하면 효용을 극대화시키는 X재와 Y재의 소비량을 구할 수 있다.

$$X + 2Y = 100 \rightarrow 2Y + 2Y = 100 \rightarrow 4Y = 100 \rightarrow Y = 25, X = 50$$

②

06

- 효용극대화는 두 재화의 주관적인 교환비율인 한계대체율(MRS_{XY})과 객관적인 교환비율인 X재의 상대가격 $\left(\frac{P_X}{P_Y}\right)$이 일치할 때 달성된다.

- 효용함수를 통해 한계대체율을 구하면 다음과 같다.

$$MRS_{X,Y} = \frac{MU_X}{MU_Y} = \frac{\frac{1}{2}X^{-\frac{1}{2}}Y^{\frac{1}{2}}}{\frac{1}{2}X^{\frac{1}{2}}Y^{-\frac{1}{2}}} = \frac{Y}{X}$$

- X재의 상대가격은 $\frac{P_X}{P_Y} = \frac{1}{2}$이므로 효용극대화가 달성될 때 $\frac{Y}{X} = \frac{1}{2} \rightarrow X = 2Y$의 관계식이 성립된다.

- 따라서 사과와 책의 최적소비량의 비율은 $X : Y = 2 : 1$이다.

①

07

- 소비자가 주어진 소득을 모두 X재와 Y재 구입에 사용한다면 예산제약식을 다음과 같이 정리할 수 있다.

$$\rightarrow P_X X + P_Y Y = M$$

- X재와 Y재의 가격이 각각 1원, 2원, 소득은 20원이므로 예산선은 다음과 같이 나타낼 수 있다.

　① 예산식 : $20 = X + 2Y$

- 효용극대화는 두 재화의 주관적인 교환비율인 한계대체율(MRS_{XY})과 객관적인 교환비율인 X재의 상대가격 $\left(\frac{P_X}{P_Y}\right)$이 일치할 때 달성된다.

- 효용함수를 통해 한계대체율을 구해보자.

$$MRS_{X,Y} = \frac{MU_X}{MU_Y} = \frac{Y}{X}$$

- 따라서 효용극대화 조건은 다음과 같다.

　② 효용극대화 조건 : $MRS_{XY} = \frac{MU_X}{MU_Y} = \frac{P_X}{P_Y} \rightarrow \frac{Y}{X} = \frac{1}{2}$

- ①에 ②를 대입하여 풀면, $20 = 2Y + 2Y \rightarrow 4Y = 20 \rightarrow Y = 5, X = 10$. 균형구입량은 $X = 10, Y = 5$이다.

- 균형구입량에서 효용은 $10 \times 5 = 50$의 값을 갖는다.

②

08 어떤 소비자의 효용함수가 $U = U(X, Y)$이고
예산제약이 $I = P_x \times X + P_y \times Y$ 일 때, 만약 $I = 1,000$, $P_x = 20$, $P_y = 50$이
라면 소비자 균형점에서의 한계대체율은?

풀이 날짜			
채점 결과			

① 0.4

② 0.6

③ 1.0

④ 1.5

⑤ 2.5

09 두 상품 A와 B를 소비하는 소영이는 그녀의 효용을 극대화하는 것을 목표로 하
고 있다. 현재 상품 B의 수량으로 나타낸 상품 A의 상대가격이 그녀의 한계대체
율(MRS_{AB})을 초과하고 있다고 한다. 이 경우 다음 중 옳은 것은?

풀이 날짜			
채점 결과			

① 소영이는 상품 A의 소비를 줄이고 상품 B의 소비를 증가시킬 것이다.

② 소영이는 상품 A의 소비를 증가시키고 상품 B의 소비를 줄일 것이다.

③ 소영이는 두 상품을 모두 더 소비할 것이다.

④ 소영이는 두 상품을 모두 덜 소비할 것이다.

⑤ 소영이는 두 상품의 소비량을 조정하지 않을 것이다.

10 CD의 가격은 장당 10,000원이고 테이프의 가격은 개당 5,000원이다. 예산선
위에서 소비자의 한계대체율(MU_{CD} / MU_{TAPE})이 1이라면 이 소비자는 효용을
극대화하고 있는가? 아니면 균형에 이르기 위해 어떻게 해야 하는가?

풀이 날짜			
채점 결과			

① 균형에 위치하여 효용이 극대화되고 있다.

② 시장에서 테이프를 팔고 CD의 구입을 늘린다.

③ CD의 구입을 증가시킨다.

④ 테이프의 구입을 증가시킨다.

⑤ 시장에서 CD를 팔고 테이프의 구입을 늘린다.

08 • 효용극대화가 달성될 때 무차별곡선의 기울기인 한계대체율과 예산선의 기울기가 일치한다. ①

$$\rightarrow MRS_{xy} = \frac{P_x}{P_y}$$

• 예산선의 기울기는 X재의 상대가격이므로 $\frac{P_x}{P_y} = \frac{20}{50} = 0.4$이다.

• 따라서 한계대체율도 $\frac{P_x}{P_y} = \frac{20}{50} = 0.4$가 된다.

09 • 상품 B의 수량으로 나타낸 상품 A의 상대가격은 $\frac{P_A}{P_B}$로 나타낸다. ①

• 상품 A의 상대가격 $\frac{P_A}{P_B}$이 한계대체율 MRS_{AB}를 초과하고 있으므로

$$\frac{P_A}{P_B} > \frac{MU_A}{MU_B}$$

$$\rightarrow \frac{MU_B}{P_B} > \frac{MU_A}{P_A}$$

• B재의 1원당 한계효용이 A재의 1원당 한계효용보다 크므로 상품 B의 소비를 증가시키고 상품 A의 소비를 감소시키면 효용증가가 발생한다.

10 • $MRS_{CD,TAPE} < \frac{P_{CD}}{P_{TAPE}}$이므로 ⑤

$$\frac{MU_{CD}}{MU_{TAPE}} < \frac{P_{CD}}{P_{TAPE}}$$

$$\rightarrow \frac{MU_{CD}}{P_{CD}} < \frac{MU_{TAPE}}{P_{TAPE}}$$의 관계가 성립된다.

• 따라서 TAPE의 1원당 한계효용이 CD의 1원당 한계효용보다 크므로 테이프의 구입을 늘리고 CD를 팔면 효용이 증가한다.

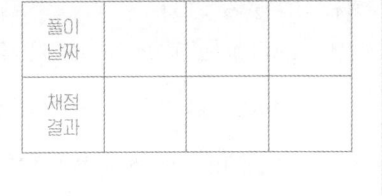
11 돌쇠의 무차별곡선이 아래 그림표에서와 같은 형태를 취할 때 다음 설명 중에서 옳지 않은 것은?

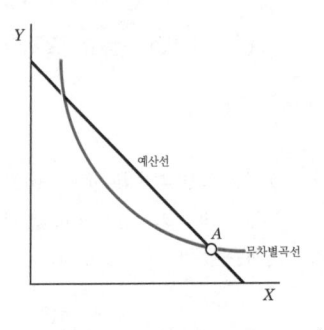

① A 점에서는 한계대체율 $\left(-\dfrac{\Delta Y}{\Delta X}\right) <$ 두 재화의 상대가격 $\left(\dfrac{P_x}{P_y}\right)$

② A 점에서는 돌쇠가 주관적으로 평가하는 X 재의 가치 > 시장에서 실제로 평가되는 X 재의 가치

③ 돌쇠는 A 점에서 X 재의 구매를 줄이고 Y 재의 구매를 늘림으로써 만족을 증가시킬 수 있다.

④ X 재의 한계효용은 0보다 크다.

⑤ Y 재의 한계효용은 0보다 크다.

12 쌀과 빵만을 소비하는 소비자가 있다고 하자. 이 소비자는 쌀 1컵과 빵 2개를 완전대체재라고 생각하고 있다. 쌀 1컵의 가격이 300원이고 빵 1개의 가격이 200원일 경우 이 소비자의 균형상태는 다음 중 어느 것인가?

① 소득의 전부를 쌀의 구입에만 사용한다.

② 소득의 전부를 빵의 구입에만 사용한다.

③ 쌀과 빵의 구입에 소득의 반을 각각 사용한다.

④ 쌀과 빵의 구입에 소득의 60%, 40%를 각각 사용한다.

⑤ 쌀과 빵의 구입에 소득의 75%, 25%를 각각 사용한다.

13 X 재와 Y 재를 소비할 때, 한 소비자의 효용함수가 $U = \min(2X, Y)$로 주어져 있다고 한다. 즉, 효용은 $2X$ 와 Y 중 작은 값과 같다. X 재와 Y 재의 구입을 위해 쓸 수 있는 예산은 60만 원이고, X 재와 Y 재의 가격이 각각 1만 원일 때, 이 소비자가 효용을 극대화하기 위한 X 재와 Y 재의 최적소비량은?

① $X = 20, Y = 40$
② $X = 30, Y = 30$
③ $X = 40, Y = 20$
④ $X = 60, Y = 0$
⑤ 제시된 조건만으로는 구할 수 없다.

11 ①, ②, ③   ②

A점에서는 예산선의 기울기인 두 재화의 상대가격이 무차별곡선의 기울기인 한계대체율보다 크다. 따라서

MRS_{xy}(돌쇠가 주관적으로 평가한 X재의 상대적 가치) $< \dfrac{P_x}{P_y}$(시장가격으로 평가된 X재의 상대적 가치)가

성립되며 X재 구입을 줄이고 Y재 구입을 늘리면 효용이 증가한다.

④, ⑤

무차별곡선이 우하향하는 이유는 가로축의 X재, 세로축의 Y재가 일반적인 재화이기 때문이다. 즉, 소비자
선택의 대상이 되는 상품들이 모두 소비자에게 유용한 것들이라면 무차별곡선은 우하향하게 된다. 일반적인
재화(goods)란 소비량이 증가하면 총효용이 커지는 재화로 한계효용은 0보다 크다.

12 · 쌀 1컵과 빵 2개가 완전대체재라면 쌀 1컵을 소비하지 않고   ①
빵 2개를 소비하더라도 소비자의 효용이 그대로 유지된다. 쌀
1컵을 소비하면 300원의 비용이 들고 빵 2개를 소비하면 400
원의 비용이 들므로 소득의 전부를 쌀의 구입에만 사용한다.
또는 예산선의 기울기보다 무차별곡선의 기울기가 더 크기 때
문에 X축에 있는 재화인 쌀만 구입한다.

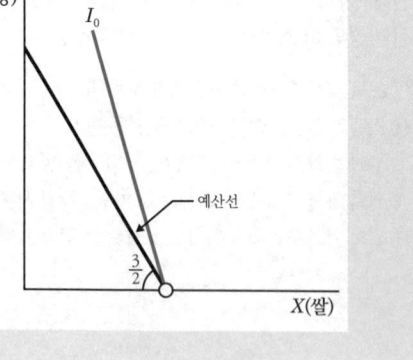

13 · 예산식은 $X + Y = 60$이다.   ①

· 레온티에프 효용함수의 경우 예산식과 $Y = 2X$가 교차하는 점에서 효용극대화가 달성된다.

· 두 식을 연립하여 계산하면

$X + 2X = 60$

$\rightarrow 3X = 60$

$\rightarrow X = 20, Y = 40$

· 따라서 효용극대화가 달성되는
X재와 Y재의 소비량은 각각 20, 40이 된다.

14 두 재화 X와 Y에 대한 하경이의 효용함수는 $U(X, Y) = X^2 + 2XY + Y^2$이다. $P_x = 2$, $P_y = 3$, $I = 24$일 때, 하경이의 최적선택(X^*, Y^*)은 다음 중 어느 것인가?

① $(X^*, Y^*) = (12, 0)$

② $(X^*, Y^*) = (9, 2)$

③ $(X^*, Y^*) = (6, 4)$

④ $(X^*, Y^*) = (3, 6)$

⑤ $(X^*, Y^*) = (0, 8)$

풀이 날짜			
채점 결과			

15 다음 중 기펜재를 올바르게 설명한 것은?

① 기펜재는 반드시 열등재이다.

② 기펜재는 가격변화에 따른 소득효과와 대체효과가 모두 음(-)이다.

③ 기펜재의 경우 대체효과의 크기(절댓값)는 소득효과의 크기(절댓값)를 압도한다.

④ 기펜재의 존재는 공급곡선의 후방굴절에 관한 이론적 논의와 부합한다.

⑤ ①~④ 모두 옳지 않다.

풀이 날짜			
채점 결과			

16 소비자 선택이론에서 가격효과에 대한 설명 중 옳지 않은 것은?

① 가격효과는 대체효과와 소득효과의 합이다.

② 기펜재의 경우 가격이 하락하면 소득효과에 의해 재화의 소비가 증가한다.

③ 열등재의 경우 가격이 하락하면 대체효과에 따른 재화의 소비는 증가한다.

④ 기펜재의 경우 가격효과로부터 도출되는 수요곡선은 양의 기울기를 갖는다.

풀이 날짜			
채점 결과			

14 • 한계대체율을 구하면 다음과 같다.

$$MRS_{xy} = \frac{MU_x}{MU_y} = 1$$

$$\left(\because MU_x = \frac{\partial U}{\partial X} = 2X + 2Y, \; MU_y = \frac{\partial U}{\partial Y} = 2X + 2Y \right)$$

• 한계대체율이 1로 일정하므로 무차별곡선은 우하향 직선의 형태를 갖고 있으며 완전대체재 관계를 갖고 있다.

• 한계대체율이 예산선보다 크므로 $\left(MRS_{xy} = 1 > \frac{P_x}{P_y} = \frac{2}{3} \right)$ X재 소비에 모든 예산을 다 지출한다.

• 따라서 X재만 12개 $\left(\frac{I}{P_x} = \frac{24}{2} \right)$ 를 소비한다.

①

15 • 기펜재는 반드시 열등재이면서 소득효과가 대체효과보다 커야 한다.

• 즉, X재가 열등재이면 X재 가격 하락 시 대체효과에 의해서는 소비량이 증가하나 소득효과에 의해서는 소비량이 감소한다. 소득효과가 대체효과보다 크므로 가격효과에 의해서는 소비량이 감소하고 '수요의 법칙'이 성립되지 않는다. 이런 재화를 기펜재라고 한다.

• 가격 하락 시 대체효과에 의해 해당재의 구입량은 증가하므로 가격과 구입량은 반대 방향으로 변한다.
  → 음(-)

• 가격이 하락하면 실질소득 증가로 소득효과에 의해 해당재의 구입량은 감소한다.

• 따라서 가격과 구입량은 같은 방향으로 변한다.
  → 양(+)

①

16 ① 가격효과란 명목소득이 일정할 때 재화의 가격이 변화함으로써 최적소비가 변화하게 되는 효과를 말한다. 가격효과는 대체효과와 소득효과의 합으로 나타낸다.

②, ④ 기펜재는 열등재이므로, 가격이 하락하여 실질소득이 증가하면 수요가 감소한다. 즉, 소득효과에 의해 재화소비가 감소한다. 기펜재의 경우 가격효과로부터 도출되는 일반적인 수요곡선은 우상향의 기울기를 갖는다.

③ X재의 상대가격이 하락하면 X재가 Y재보다 상대적으로 저렴해지기 때문에 X재 구입량은 증가하고 Y재 구입량은 감소한다.

②

17 다음의 수요곡선에 관한 기술 중 옳은 것은?

풀이 날짜			
채점 결과			

① 기펜재의 경우, 수요곡선은 우하향의 형태를 갖는다.

② 정상재의 경우 수요곡선은 일반적으로 우상향의 형태를 갖는다.

③ 열등재의 경우, 수요곡선은 반드시 우상향의 형태를 갖는다.

④ 어떤 재화가 열등재이며 소득효과가 대체효과보다 크면 수요곡선은 우상향 한다.

⑤ 어떤 재화가 정상재이며 소득효과가 대체효과보다 작으면 수요곡선은 우상향 한다.

18 소주와 담배만을 소비하는 김 군의 예산제약선을 아래 그림에서와 같이 나타냈다고 하자. 만일 김 군의 효용극대화점이 P_1에서 P_2로 이동했다면?

풀이 날짜			
채점 결과			

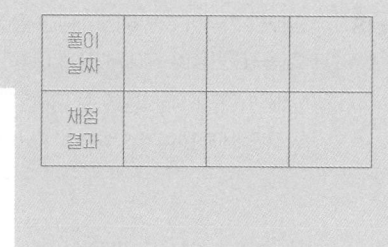

① 소주에 대한 수요곡선을 우측으로 이동한 것이다.

② 담배에 대한 수요곡선을 좌측으로 이동한 것이다.

③ 담배에 대한 수요곡선을 따라 우측 아래로 이동한 것이다.

④ 소주에 대한 수요곡선을 따라 우측 아래로 이동한 것이다.

⑤ 위에 맞는 항목이 없다.

19 X 재의 가격이 변화할 때의 가격소비곡선이 수평선이라면 X 재의 가격탄력성은 얼마인가? (ε_P : 수요의 가격탄력성)

풀이 날짜			
채점 결과			

① $\varepsilon_P = 1$

② $\varepsilon_P > 1$

③ $\varepsilon_P > 0$

④ $\varepsilon_P < 0$

⑤ 답이 없다.

17 ① 기펜재의 경우 수요의 법칙이 성립하지 않으므로 수요곡선은 우상향의 형태를 갖는다.

④

② 정상재의 경우 수요곡선은 일반적으로 우하향의 형태를 갖는다.

③ 열등재이면서 대체효과가 소득효과보다 크면 수요의 법칙이 성립한다. 따라서 수요곡선은 우하향의 형태를 갖는다.

④ 어떤 재화가 열등재이며 소득효과가 대체효과보다 크면 기펜재가 된다. 기펜재의 경우 수요곡선은 우상향의 형태를 갖는다.

⑤ 어떤 재화가 정상재이면 대체효과와 소득효과는 같은 방향으로 변한다. 또한 수요곡선은 우하향의 형태를 갖는다.

18 • 담배의 가격이 하락하면 그림과 같이 예산선이 이동한다.

③

• 효용극대화점이 P_1 에서 P_2 로 이동하면 담배의 구입량은 증가하고 소주의 구입량은 감소한다.

• 담배의 가격이 하락함으로 담배의 구입량이 증가하였으므로 담배의 수요곡선을 우하향의 형태로 도출할 수 있고 담배에 대한 수요곡선을 따라 우측 아래로 이동한 것으로 볼 수 있다.

19 • 최초에 Y 재의 가격은 P_Y, X 재의 가격은 P_X, 소비자의 소득은 M_0 라고 하자.

①

• 수요의 가격탄력성이 1일 때 X 재 가격이 하락하면 X 재 지출액은 변하지 않는다.

• 무차별곡선과 예산선이 접하는 최초의 균형점에서 X 재 가격만 하락하면 Y 재 가격과 소득은 변하지 않았으므로 Y 재 지출액은 변하지 않는다.

• Y 재 지출액은 변하지 않으므로 Y 재 구입량은 최초의 균형점에서 변하지 않는다.

• 따라서 최초의 Y 재 구입량이 변하지 않으므로 가격소비곡선은 수평선의 형태를 갖는다.

20 X 재의 가격 소비 곡선이 수직일 때 X 재 수요의 가격탄력성은? (단, X 재는 가로축이고 Y 재는 세로축)

① 1
② 1보다 작다
③ 1보다 크다
④ 0
⑤ 무한대

풀이 날짜			
채점 결과			

21 보상수요(compensated demand)에 관한 서술 중 옳지 않은 것은?

① 가격 변화에 따른 대체효과만을 고려한 수요개념이다.
② 보상수요곡선이 수직선인 경우 대체효과는 항상 0이다.
③ 기펜재의 경우에는 보상수요곡선이 우하향하지 않을 수도 있다.
④ 소득효과가 0인 경우에는 통상수요(ordinary demand)와 일치한다.

풀이 날짜			
채점 결과			

20 · X재의 가격 소비 곡선이 수직이면 가격이 변하더라도 X재 수요량이 변하지 않는 것을 의미한다.

· 따라서 X재 수요의 가격탄력성은 0이다.

· 그림처럼 X재 가격이 하락할 때 X재 수요량이 X_0로 변하지 않으면 가격소비곡선 PCC는 수직선의 형태를 갖는다.

④

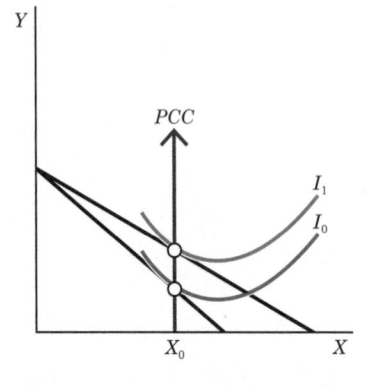

21 ① 보상수요곡선은 실질소득이 일정한 상태에서 대체효과만을 나타내는 곡선이다. 보상수요곡선에서는 동일한 수준의 효용을 갖게 된다.

③

② 보상수요곡선이 수직선의 형태를 갖고 있으면 대체효과가 존재하지 않는다. 완전보완재의 경우 대체효과가 0이기 때문에 가격효과와 소득효과가 같다. 따라서 완전보완재의 보상수요곡선은 수직선의 형태를 갖는다.

· X재의 가격 하락으로 소비자균형점이 a점에서 b점으로 이동하므로 가격효과에 의해 X재 구입량이 X_0에서 X_1으로 증가한다.

· 가격효과에 의해 가격과 구입량의 관계를 그림으로 나타내면 우하향의 보통수요곡선(D)이 도출된다.

· X재 가격 하락에 따른 대체효과의 소비자균형점은 변화가 없으므로($a = c$) 대체효과에 따른 구입량은 불변이며 ($X_0 = X_2$) 수직선의 보상수요곡선(D_h)이 도출된다.

· 소비자의 선호가 강볼록성을 만족시키는 한 보상수요곡선의 기울기는 항상 음(-)이나 강볼록성을 만족시키지 않는 완전보완재의 경우 보상수요곡선은 수직선이다.

③ 기펜재의 경우에도 대체효과가 존재하므로 보상수요곡선은 수요의 법칙을 만족한다. 따라서 기펜재의 보상수요곡선은 우하향의 형태를 갖는다.

④ 보통수요곡선은 가격효과를 반영한 수요곡선이고, 보상수요곡선은 대체효과만 반영하는 수요곡선이다. 소득효과가 있으면 양자에 차이가 나지만 소득효과가 0이면 두 수요곡선은 일치한다.

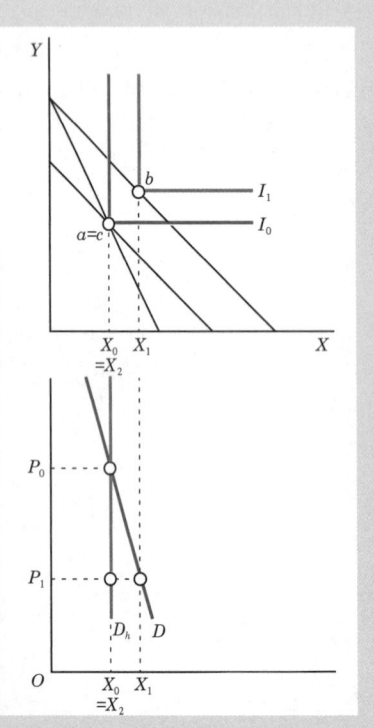

CHAPTER 08

소비자이론의 응용과 확장

단원 학습 목표

- 지금까지 공부한 소비자이론에서는 관찰불가능한 선호관계를 전제로 해 관찰가능한 소비자의 수요 행태를 분석하였다. 이와 반대로 현시선호이론은 관찰가능한 소비자의 수요행태로부터 소비자의 선 호관계를 파악하여 무차별곡선을 도출해내는 것이 가능한지 분석한다.

- 또한 지금까지 공부한 소비자이론을 현실에 응용해보고 무차별곡선과 예산선을 활용하여 현실경제 현상을 분석해본다.

1절 현시선호이론

01 개요

1 의의

① 전통적인 소비자 이론에서는 효용이라는 개념을 전제로 하고 소비자의 선호체계에 대해 일련의 가정을 함으로서 논의를 시작한다.

② 소비자의 선호체계는 결코 관찰되지 않을 뿐만 아니라 합리적인 선호관계를 전제로 하고 있어서 분석의 대상이 되고 있는 소비자들의 범위가 한정된 것도 사실이다.

③ 현시선호이론에서는 이러한 가정을 전제로 하지 않고 소비자가 실제로 시장에서 드러낸 행동으로부터 소비자의 선호관계를 도출할 수 있는 경우가 어떤 경우인지를 밝히고 이로부터 소비자 행동을 분석하려는 이론이다. 이로부터 수요의 법칙도 도출할 수 있다.

2 현시선호이론이란?

① 현시선호이론이란 관찰이 가능한 소비자의 수요 행태로부터 소비자의 선호관계를 파악하고, 그로부터 수요곡선과 무차별곡선을 도출해 내는 것이 가능한지 분석한다.

② 1930~40년대에 미국 경제학자인 사무엘슨 (P. Samuelson), 하우스태커(H. Houthakker) 등이 개발한 현시선호이론은 객관적이고도 구체적인 관찰이 가능한 상품의 가격, 소비자의 소득, 상품수요량에 관한 시장정보를 활용하여 소비자선택이론을 재정립하였다.

즉, 전통적인 소비자이론의 과정을 정확하게 반대로 해보고자 시도하였다.

③ 그러나 이후 몇 가지 가정이 추가됨으로써 현시선호이론과 기존의 소비자이론이 논리적으로 동등하다는 것이 밝혀졌다.

④ 예산집합에 속하는 다른 어떤 상품묶음들도 선택가능하지만 그것들을 선택하지 않고 상품묶음 (X_0, Y_0)를 선택한 경우 다른 모든 상품묶음들에 대해 (X_0, Y_0)가 현시선호되었다고 한다.

⑤ 가격 P_0에서 Q_1보다 Q_0를 선호한다면 다음과 같이 나타낸다.

→ $P_0 Q_0 \geq P_0 Q_1$

02 기본 가정 및 공리

1 기본 가정

1. 개요

① 현시선호이론에서도 기존의 소비자이론과 동일하게 소비자는 소득을 남기지 않고 전부 사용한다고 가정한다. 즉, X재의 가격이 500원, Y재의 가격이 1,000원, X재의 소비량이 4개, Y재의 소비량이 5개라면 소득은 자동적으로 500원 × 4개 + 1,000원 × 5개 = 7,000원이다.

② 가격체계와 상품묶음을 각각 대문자 P와 Q로 표시한다.

즉, $P = (P_X, P_Y)$, $Q = (X, Y)$, 그리고 지출액 $P_X X + P_Y Y$를 간단하게 $P \cdot Q$로 표시한다.

2. 직접현시선호

① 소비자가 상품묶음 Q_0와 Q_1을 모두 선택할 수 있는 상황에서 Q_0를 선택하였다면 'Q_0가 Q_1에 대하여 직접적으로 선택되었다' 혹은 'Q_0가 Q_1에 대하여 직접현시선호되었다'라고 한다.

② 효용함수를 알고 있다면 상품묶음 Q_0와 Q_1의 효용수준을 비교함으로써 소비자가 어떤 상품묶음을 선호하는지를 알 수 있으나 효용함수를 모르는 상태에서 소비자가 예산선상에 있는 수많은 상품묶음 가운데 Q_0를 선택하였다는 것이다.

③ 즉, 소비자가 Q_1을 선택할 수 있는 상황에서 Q_0를 선택하였다는 것을 관찰하였다면 제3자는 소비자가 Q_1보다 Q_0를 선호하는 것을 알 수 있다.

④ 동일한 예산선상에서 임의의 선호대상 Q_0, Q_1을 직접비교하여 선호를 현시한다.

⑤ 만약 예산집합이 서로 다르면 가격조건이 서로 다르기 때문에 상품조합들 사이의 현시선호관계를 직접적으로 파악할 수 없게 된다.

3. 간접현시선호

① Q_0가 Q_2에 대해서 직접적으로 현시선호되고 있지 않지만 소비자가 상품묶음 Q_0가 Q_1보다 직접현시선호되었고, 상품묶음 Q_1이 Q_2보다 직접현시선호되었다면 상품묶음 Q_0가 Q_2보다 선호되리라는 것을 알 수 있고 이러한 경우에 'Q_0가 Q_2보다 간접적으로 현시선호되었다'라고 말한다.

② 임의의 선호대상 Q_0, Q_2가 서로 다른 예산선상에 있어 직접비교할 수 없을 때 임의의 선호대상인 Q_1을 매개로 간접적으로 비교한다.

4. 설명

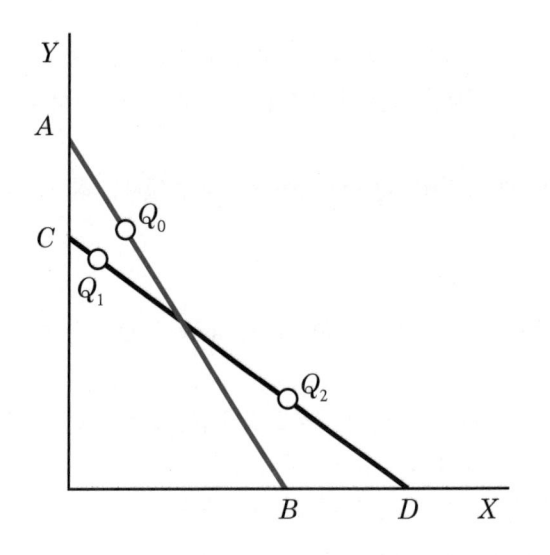

① 소비자가 자신의 소득과 상품가격들이 주어져 있을 때 예산선 $\overline{AB}$에서 Q_0를 선택하였다면 예산집합의 다른 모든 상품묶음들에 대하여 Q_0가 '직접적으로 선택된 것' 혹은 '직접현시선호된 것'이다.

② 소비자가 예산선 $\overline{CD}$에서 Q_1을 선택하였다면 예산집합의 다른 모든 상품묶음들에 대하여 Q_1이 '직접적으로 선택된 것' 혹은 '직접현시선호된 것'이다.

③ 즉, '상품묶음 Q_0가 Q_1에 대하여 직접적으로 현시선호되고, 상품묶음 Q_1은 Q_2에 대하여 직접적으로 현시선호되었다'라고 말한다.

④ Q_0와 Q_1사이의 선호체계나 Q_1과 Q_2사이의 선호체계는 각각 동일한 예산집합 내에 있기 때문에 직접현시선호관계를 이용하여 파악할 수 있으나 Q_0와 Q_2 사이의 선호체계는 서로 다른 예산집합내에 있기 때문에 직접현시선호관계로 파악할 수 없다. 예산집합이 서로 다른 경우에는 간접현시선호관계를 이용하여 선호체계를 파악한다.

⑤ 따라서 Q_0는 Q_2에 대하여 간접적으로 현시선호된다.

2 현시선호의 공리

1. 개요

① 현시선호이론에서 소비자가 소비하는 재화의 종류가 두 개인 경우과 세 개 이상인 경우에 필요한 조건이 다르다.

② 재화의 종류가 두 개인 경우 약공리가 사용되고 세 개 이상인 경우에는 강공리가 사용된다.

③ 현시선호의 약공리 혹은 강공리는 현시선호이론에서 최소한으로 필요한 가정으로 소비자의 일관성을 의미한다.

2. 약공리(Weak Axiom of Revealed Preference ; $WARP$)

(1) 개념

① 현시선호의 약공리는 '직접현시선호'로부터 나오는 가정으로서 상품묶음 Q_0가 다른 상품묶음 Q_1에 대하여 현시선호되면 Q_1이 Q_0에 대하여 현시선호되는 일은 없다는 것이다.

즉, 만약 상품묶음 Q_0가 다른 상품묶음 Q_1보다 현시선호되면, 어떤 경우에라도 Q_1이 Q_0보다 현시선호 될 수 없다.

→ 기존 소비자이론에서 선호체계의 '완전성'에 해당하는 현시선호이론의 조건

② Q_1이 Q_0에 대하여 현시선호될 수 없다는 것은 Q_0와 Q_1을 선택할 수 있는 또 다른 상황이 오더라도 Q_1은 절대로 소비자가 선택하지 않는다는 것을 의미한다.

③ 가격 P_0에서 Q_1보다 Q_0를 구매했으면 가격이 변한 후에도 Q_0보다 Q_1을 선호할 수 없다는 최소한의 가정을 의미하고 일관성의 공리라고도 한다.

(2) 수식

① 현시선호의 약공리를 준수하는 소비자가 상품가격 P_0일 때 상품묶음 Q_0를 상품묶음 Q_1보다 현시선호하였다고 하자.

② Q_0가 Q_1에 대하여 현시선호되었다는 것은 Q_1도 선택 가능하였다는 것을 의미하는 것으로 Q_0를 구입한 금액으로 Q_1도 구입할 수 있었음을 뜻하며 $P_0 Q_0 \geq P_0 Q_1$을 의미한다.

③ 만약 상품가격체계가 변화하여 가격이 P_1이 되면 소비자가 Q_1을 선택한다고 하자.

④ 소비자가 현시선호의 약공리를 따르고 있다면 소비자가 Q_1을 선택한 것은 상품묶음 Q_0가 상품가격 P_1에 의해서 결정되는 예산집합에 속하지 않기 때문이다.

⑤ 만약 Q_0가 P_1에 의하여 결정되는 예산집합에 속하면서도 Q_1을 선택하였다면 현시선호의 약공리를 위반하는 것이 된다.

⑥ 이는 곧 $P_1 Q_0 > P_1 Q_1$을 의미한다.

즉, 가격체계 P_1에서 Q_0를 선택하지 못한 것은 그것이 예산선 밖에 있었기 때문이다.

$$P_0 Q_0 \geq P_0 Q_1 \Rightarrow P_1 Q_0 > P_1 Q_1$$

3. 강공리(Strong Axiom of Revealed Preference ; *SARP*)

① 일단 상품묶음 Q_0가 Q_2보다 선호됨이 간접적으로 현시되면 Q_2가 Q_0보다 선호됨이 간접적으로 현시될 수 없다.

② 즉, 임의의 상품묶음 Q_0, Q_1, Q_2에 대해서 Q_0가 Q_1보다 직접현시선호되고, Q_1이 Q_2보다 직접현시선호되면 Q_0가 Q_2보다 간접선호된다는 공리로 이행성의 공리라고도 한다.

즉, 재화가 세 개 이상일 경우 현시선호관계가 이행성을 충족시키기 위해서 별도의 가정이 필요하고 그 가정이 바로 강공리이다.

③ 강공리는 간접현시선호의 일관성을 보장하기 위해 약공리보다 강한 가정을 가진다.

4. 양자의 관계

① 간접현시선호관계는 직접현시선호관계를 포함하고 있으므로 강공리가 약공리보다 강한 조건이다.

② 즉, 강공리가 성립하면 약공리는 반드시 성립하나 약공리가 성립한다고 해서 반드시 강공리가 성립되는 것은 아님이 밝혀져 있다.

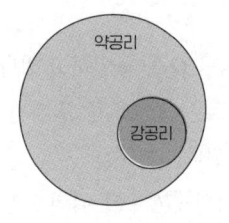

3 현시선호의 약공리 충족구간

1. 두 예산선이 교차하는 경우

(1) 최초의 구입점(Q_0)이 구입 가능한 경우

1) 사례 1

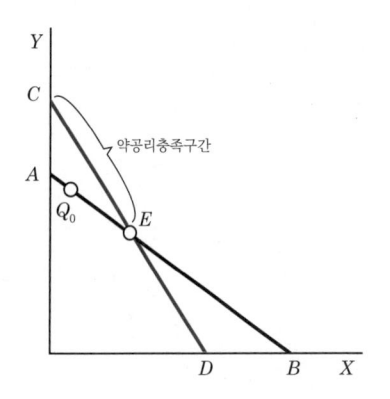

① 처음에 예산선 $\overline{AB}$에서 소비자가 상품묶음 Q_0를 구입하고 있다고 하자.

② 예산선이 $\overline{CD}$로 바뀐 경우 새로운 예산선 중 원래의 예산선 내부에 포함되는 구간($\overline{ED}$)을 제외한 구간이 약공리 충족구간($\overline{CE}$)이 된다.

③ 최초의 예산선 $\overline{AB}$에서 소비자가 $\overline{ED}$구간 위의 모든 상품묶음을 구입할 수 있었음에도 불구하고 상품묶음 Q_0를 선택하였는데 새로운 예산선 $\overline{CD}$에서도 여전히 상품묶음 Q_0와 $\overline{ED}$구간 위의 모든 상품묶음을 구입할 수 있다. 따라서 소비자가 일관성이 있다면 $\overline{ED}$구간 위의 상품묶음을 구입해서는 안 된다.

④ 두 예산선의 교차점에서는 약공리가 충족되지 않는다.(E점은 제외)

⑤ 따라서 두 예산선의 교차점인 E점을 제외한 $\overline{CE}$구간의 모든 소비점이 약공리를 충족한다.

2) 사례 2

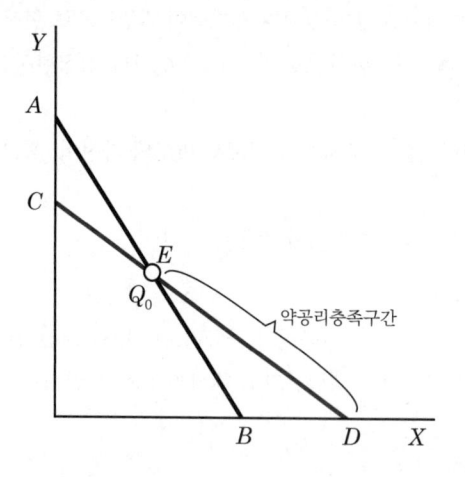

① 처음에 예산선 $\overline{AB}$에서 상품묶음 Q_0를 구입하고 있다고 하자.

② 예산선이 $\overline{CD}$로 바뀐 경우 새로운 예산선 중 원래의 예산선 내부에 포함되는 구간($\overline{CE}$)을 제외한 구간($\overline{ED}$)이 약공리 충족구간이 된다.

③ 최초의 예산선 $\overline{AB}$에서 소비자가 $\overline{CE}$구간 위의 모든 상품묶음을 구입할 수 있었음에도 불구하고 상품묶음 Q_0를 선택하였는데 새로운 예산선 $\overline{CD}$에서도 여전히 상품묶음 Q_0와 $\overline{CE}$구간 위의 모든 상품묶음을 구입할 수 있다. 따라서 소비자가 일관성이 있다면 $\overline{CE}$구간 위의 상품묶음을 구입해서는 안 된다.

④ 두 예산선의 교차점에서도 약공리가 충족된다.(E점도 포함)

⑤ 따라서 두 예산선의 교차점인 E점을 포함한 $\overline{ED}$구간의 모든 소비점이 약공리를 충족한다.

3) 사례 3

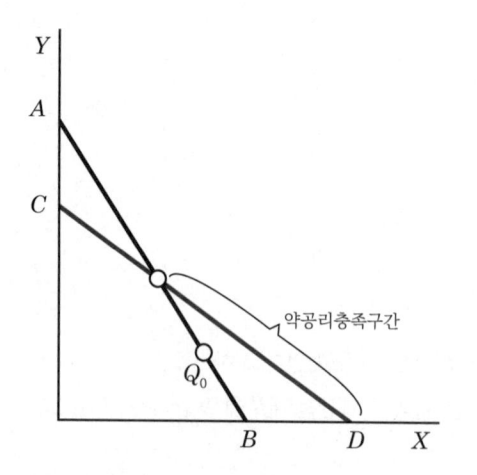

① 처음에 예산선 $\overline{AB}$에서 소비자가 상품묶음 Q_0를 구입하고 있다고 하자.

② 예산선이 $\overline{CD}$로 바뀐 경우 새로운 예산선 중 원래의 예산선 내부에 포함되는 구간을 제외한 구간이 약공리 충족구간이 된다.

③ 두 예산선의 교차점에서는 약공리가 충족되지 않는다.

④ 따라서 두 예산선의 교차점을 제외한 구간의 모든 소비점이 약공리를 충족한다.

고범석 경제학아카데미

(2) 최초의 구입점(Q_0)이 구입 불가능한 경우

1) 사례 1

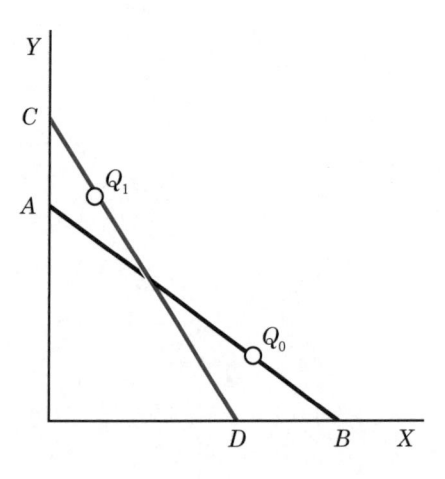

① 예산선 $\overline{AB}$에서 소비자가 상품묶음 Q_0을 구입한 경우 Q_0의 소비점을 모든 상품묶음 중에서 가장 선호하고 있다는 것을 의미한다.

② 예산선이 $\overline{CD}$로 바뀌면 최초의 구입점 Q_0를 구입할 수 없다.

③ 따라서 새로운 예산선 $\overline{CD}$에서 상품묶음 Q_1을 구입하더라도 약공리를 위배하지 않는다.

2) 사례 2

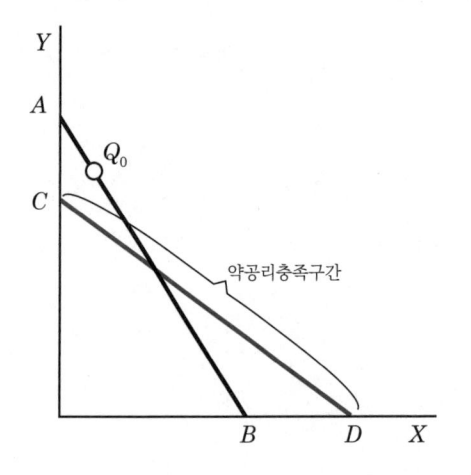

① 처음에 예산선 $\overline{AB}$에서 상품묶음 Q_0를 구입하고 있다고 하자.

② 예산선이 $\overline{CD}$로 바뀐 경우 최초 구입점 Q_0가 구입 불가능하게 되면 새로운 예산선의 어떤 점에서도 구입 가능하다.

③ 따라서 새로운 예산선의 모든 구간이 약공리 충족 구간이 된다.

2. 새로운 예산선이 최초 예산선 내부나 외부에 위치하는 경우

(1) 새로운 예산선이 최초 예산선 내부에 위치하는 경우

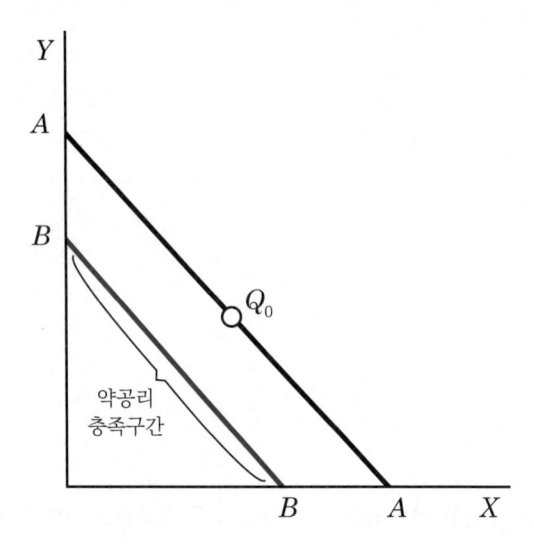

① 처음에 예산선 $\overline{AA}$에서 소비자가 상품묶음 Q_0를 구입하고 있다고 하자.

② 예산선이 $\overline{BB}$로 바뀌면 최초의 구입점(Q_0)이 구입불가능하게 된다.

③ 새로운 예산선의 어떤 점에서 상품묶음을 구입하더라도 약공리에 위배되지 않는다.

④ 따라서 $\overline{BB}$구간의 모든 소비점이 약공리를 충족한다.

(2) 새로운 예산선이 최초 예산선 외부에 위치하는 경우

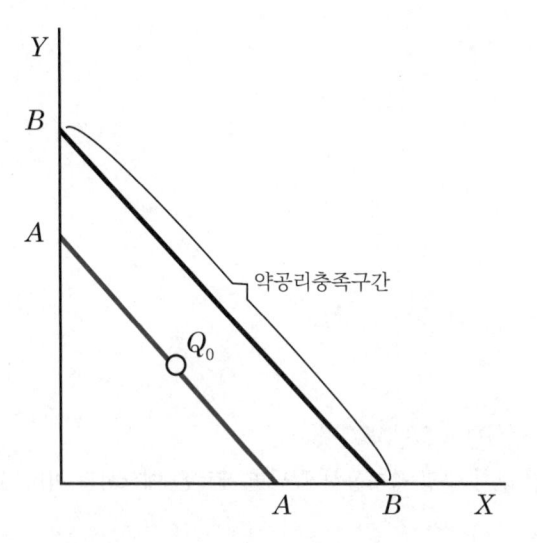

① 처음에 예산선 $\overline{AA}$에서 소비자가 상품묶음 Q_0를 구입하고 있다고 하자.

② 최초의 예산선 $\overline{AA}$에서 새로운 예산선 $\overline{BB}$ 위의 모든 소비점은 구입불가능하다.

③ 새로운 예산선 $\overline{BB}$ 위의 모든 소비점은 새롭게 생긴 영역으로 어떤 소비점을 구입하더라도 최초의 구입점 Q_0보다 효용이 높다.

④ 따라서 새로운 예산선 $\overline{BB}$구간의 모든 소비점이 약공리를 충족한다.

1 수요곡선의 도출

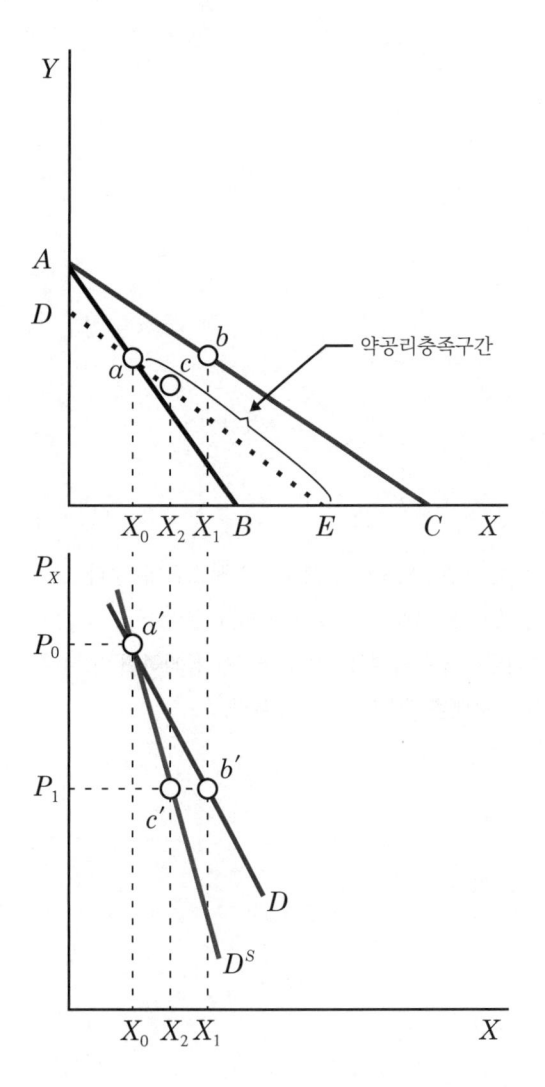

① 최초의 예산선이 $\overline{AB}$로 주어져 있었으나 X재의 가격 하락으로 예산선이 $\overline{AC}$로 이동하였다.

② 최초의 구입량인 a점을 지나면서 예산선 $\overline{AC}$에 평행한 $\overline{DE}$선을 그으면 약공리 충족구간은 $\overline{aE}$가 된다.

③ 예산선이 $\overline{DE}$로 주어지면 소비자 구입점은 $\overline{aE}$선상에서 나타나게 되며 소비자가 c점을 구입하였다면 대체효과에 의해 X재 구입량이 X_0에서 X_2로 증가한다.

④ 이와 같은 방법으로 구한 대체효과를 슬러츠키 대체효과라고 한다.

2 무차별곡선의 도출

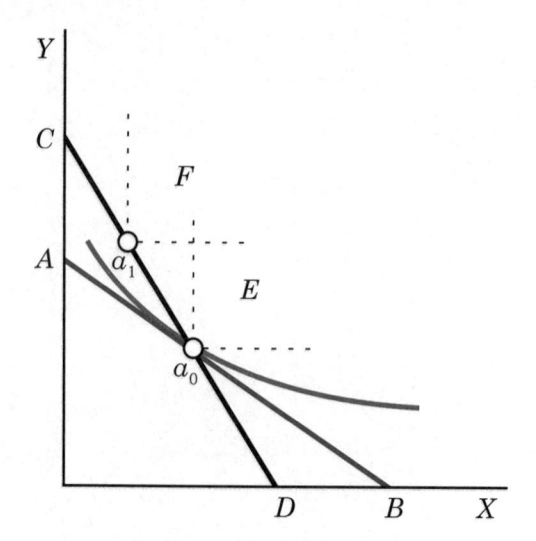

① 최초 예산선 $\overline{AB}$에서 a_0점을 선택하였다고 하자.

　a_0점은 예산선상과 내부에서의 상품묶음보다 선호되는 반면 E영역보다 현시적으로 선호될 수 없다.

② 따라서 a_0를 통과하는 무차별곡선은 최소한 두 영역을 제외한 나머지 영역을 통과하게 된다.

③ 예산선이 $\overline{CD}$로 바뀐 상태에서 구입점 a_1이 현시선호되었다면 무차별곡선은 F영역을 통과하면 안 된다.

④ 이런 식으로 구입점 a_0를 통과하는 무차별곡선의 정확한 형태를 파악할 수 있게 된다.

2절 지수

01 개요

1 의의

① 명목소득과 가격들이 변화하여도 소비자의 상품소비량이 모두 증가한 것으로 관찰되었다면 소비자의 실질소득은 증가하거나 적어도 감소하지는 않는다.

② 이러한 점에 착안하여 상품소비량이 평균적으로 증가하면 실질소득 즉, 후생이 증가하고 상품소비량이 평균적으로 감소하면 후생이 감소하는 것으로 판단할 수 있다.

③ 명목소득은 변화하지 않고 모든 상품가격들이 10% 하락하였다면 소비자의 구매력은 10% 향상되었음을 의미하며 잠재적으로 효용이 증가하였다는 것을 의미한다.

2 지수의 종류와 산출방법

① 기준시점과 현재시점의 평균적 상품소비량을 비교하기 위해서는 두 시점에 대하여 동일한 가격체계가 적용되어야 한다.

② 또한 평균적 상품가격을 비교하기 위해서는 두 시점에 동일한 상품묶음이 적용되어야 한다.

③ 생활수준의 변화를 평가하는 데에 사용되는 지수의 종류는 소비량을 사용하는 수량지수와 가격수준을 사용하는 가격지수 두 가지가 있다.

④ 또한 각 지수가 어떤 방법으로 산출되는가에 따라 라스파이레스(Laspeyres) 방법과 파셰(Paasche) 방법으로 나뉜다.

전자는 기준연도의 수량이나 가격을, 그리고 후자는 비교연도의 수량이나 가격을 사용하여 지수를 산출한다.

⑤ 소득지수는 비교연도의 명목소득을 기준연도의 명목소득으로 나눈 것을 말한다.

산출방법 \ 종류	수량지수	가격지수	소득(변화)지수
라스파이레스식	$L_Q = \dfrac{P_0 \cdot Q_1}{P_0 \cdot Q_0}$	$L_P = \dfrac{P_1 \cdot Q_0}{P_0 \cdot Q_0}$	$N = \dfrac{P_1 \cdot Q_1}{P_0 \cdot Q_0}$
파셰식	$P_Q = \dfrac{P_1 \cdot Q_1}{P_1 \cdot Q_0}$	$P_P = \dfrac{P_1 \cdot Q_1}{P_0 \cdot Q_1}$	

[0: 기준연도, 1: 비교연도]

1 수량지수를 사용한 후생평가

① 서로 다른 특징과 단위를 갖는 재화의 수량을 더하기 위해서 사전조정이 필요한데 그 조정을 하는 것이 각 재화에 부여되는 가중치(weight)이다.

② 라스파이레스 수량지수는 기준연도와 비교연도 소비량의 가치를 기준연도의 가중치 또는 가격으로 비교한 것이다.

③ 파셰수량지수는 비교연도의 가중치 또는 가격으로 기준연도와 비교연도 소비량의 가치를 비교한 것이다.

④ 라스파이레스 수량지수가 1보다 작거나 같을 때 비교연도의 후생수준이 기준연도보다 감소했다는 판단을 할 수 있다.

$$\rightarrow L_Q = \frac{P_0 \cdot Q_1}{P_0 \cdot Q_0} \leq 1 : \text{후생악화}$$

⑤ 파셰수량지수가 1보다 크거나 같을 때 비교연도의 후생수준이 기준연도보다 증가했다는 판단을 할 수 있다.

$$\rightarrow P_Q = \frac{P_1 \cdot Q_1}{P_1 \cdot Q_0} \geq 1 : \text{후생개선}$$

⑥ 라스파이레스 수량지수가 1보다 크면서 파셰수량지수가 1보다 작은 경우 후생변화를 평가할 수 없다.

$$\rightarrow L_Q > 1 \text{과} P_Q < 1 : \text{후생변화를 평가할 수 없는 경우}$$

2 설명

1. 명백한 개선인 경우$(P_Q > 1)$

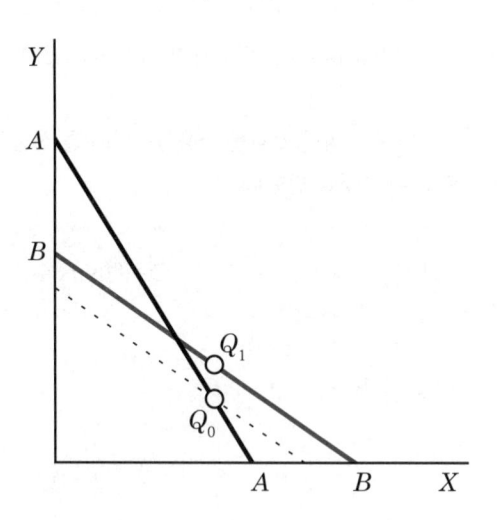

① 기준연도 예산선이 $\overline{AA}$ 이고 비교연도 예산선이 $\overline{BB}$ 라고 한다면 점선은 비교연도의 가격으로 평가한 기준연도 상품묶음(Q_0)의 금액을 나타낸다.

② 점선이 예산선 $\overline{BB}$ 보다 안쪽에 있게 되면 파셰 수량지수의 값이 1보다 크게 된다.

③ 비교연도의 소득으로 Q_0, Q_1의 상품묶음 모두 구입할 수 있음에도 Q_1을 구입했다는 것은 생활수준이 더 개선되었다고 할 수 있다.

2. 명백한 개선인 경우$(P_Q = 1)$

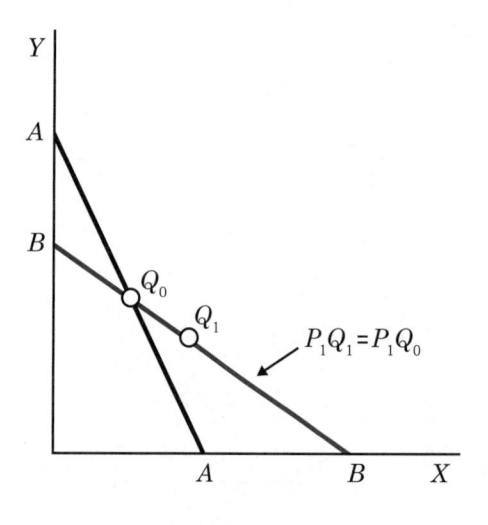

① 기준연도 구입점(Q_0)과 비교연도 구입점(Q_1)이 모두 비교년도 예산선 $\overline{BB}(P_1)$상에 위치하므로 비교년도의 가격으로 평가한 기준년도와 비교년도의 구입액이 동일하다.

→ $P_1Q_1 = P_1Q_0$

② 기준연도의 구입액과 비교연도의 구입액이 동일하면 파세수량지수의 값은 1이다.

→ $P_Q = 1$

③ 비교연도의 경우에 기준연도 구입점(Q_0)과 비교연도 구입점(Q_1) 모두 구입할 수 있음에도 비교연도 구입점을 구입했다는 것은 비교연도 구입점의 효용이 기준연도 구입점의 효용보다 더 크다는 것을 의미한다.

④ 따라서 파세수량지수가 1의 값을 갖는 경우에도 생활수준이 개선되었다고 말할 수 있다.

3. 명백한 악화인 경우$(L_Q < 1)$

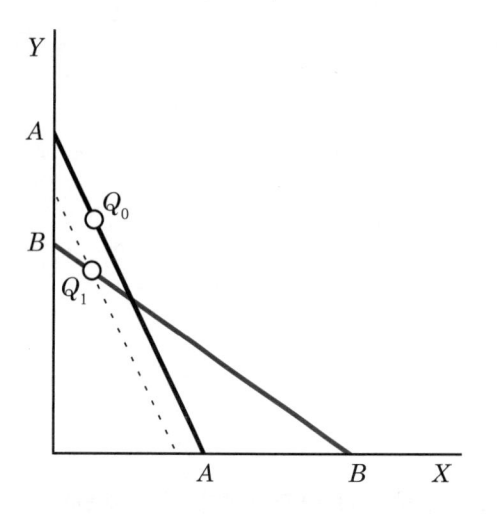

① 기준연도 예산선이 $\overline{AA}$ 이고 비교연도 예산선이 $\overline{BB}$ 라고 한다면 점선은 기준연도의 가격으로 평가한 비교연도 상품묶음(Q_1)의 금액을 나타낸다.

② 점선이 예산선 $\overline{AA}$ 보다 안쪽에 있게 되면 라스파이레스 수량지수의 값이 1보다 작게 된다.

③ 기준연도의 소득으로 Q_0, Q_1을 모두 구입할 수 있음에도 Q_0을 구입하였으므로 비교연도의 생활수준이 기준연도의 생활수준보다 명백히 악화되었다고 할 수 있다.

4. 명백한 악화인 경우$(L_q = 1)$

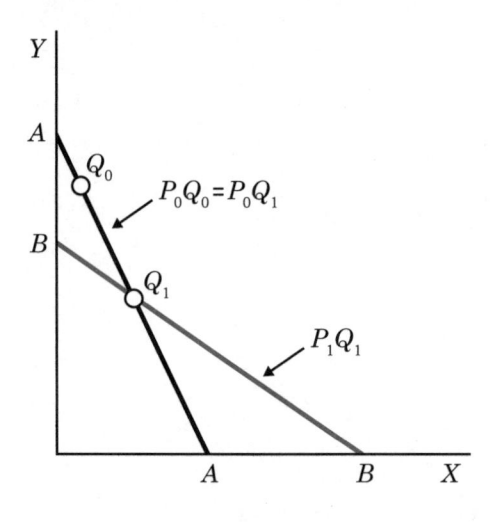

① 기준연도 구입점(Q_0)과 비교연도 구입점(Q_1)이 모두 기준연도 예산선 $\overline{AA}(P_0)$상에 위치하므로 기준연도의 가격으로 평가한 기준년도와 비교년도의 구입액이 동일하다.

  → $P_0Q_0 = P_0Q_1$

② 기준연도의 구입액과 비교연도의 구입액이 동일하면 라스파이레스 수량지수의 값은 1이다.$(L_q = 1)$

③ 기준연도의 경우에 기준연도 구입점(Q_0)과 비교연도 구입점(Q_1) 모두 구입할 수 있음에도 기준연도 구입점을 구입했다는 것은 기준연도 구입점의 효용이 비교연도 구입점의 효용보다 더 크다는 것을 의미한다.

④ 따라서 라스파이레스 수량지수가 1의 값을 갖는 경우에도 생활수준이 악화되었다고 말할 수 있다.

5. 불명확한 경우$(L_q > 1, P_q < 1)$

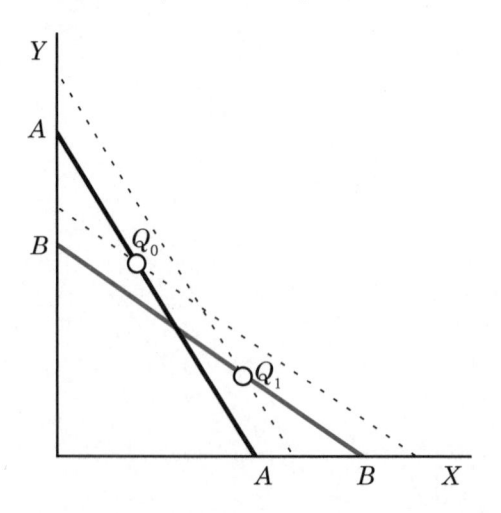

① 기준연도 예산선이 $\overline{AA}$이고 비교연도 예산선이 $\overline{BB}$라고 하자. 기준연도의 예산선으로 상품묶음 Q_1을 구입한다면 기준연도의 예산선보다 바깥쪽에 위치하므로 생활수준이 개선된 것으로 평가된다.

② 반면 비교연도의 예산선으로 상품묶음 Q_0를 구입한다면 비교연도 예산선보다 바깥쪽에 위치하므로 생활수준이 악화된 것으로 평가된다.

③ 따라서 라스파이레스 수량지수는 1보다 크고, 파셰 수량지수는 1보다 작으므로 생활수준의 변화가 불분명하다.

3 정리

지수값 / 실질소득	후생의 변화
라스파이레스 수량지수 $(L_Q) \leq 1$	후생 감소
파셰 수량지수 $(P_Q) \geq 1$	후생 증가
$L_Q > 1$ 이면서 $P_Q < 1$	불분명

03 가격지수와 경제적 후생

1 의의

수량지수의 경우 소비하는 상품의 수량이 평균적으로 감소하였으면 소비자의 후생수준이 낮아졌다고 볼 수 있으나 가격지수는 가격지수 자체의 변화분만 아니라 소득의 변화가 어떠한가도 함께 살펴보아야 한다.

2 의의

$$N = \frac{P_1 \cdot Q_1}{P_0 \cdot Q_0}$$

① 분모는 기준연도의 명목소득을, 분자는 비교연도의 명목소득을 나타낸다.
② 따라서 위의 식은 명목소득의 증가율을 의미한다.

3 가격지수를 사용한 후생평가

① 라스파이레스 가격지수는 기준연도의 상품묶음을 가중치로 기준연도와 비교연도 가격의 가치를 비교한 것이다.
② 파셰가격지수는 비교연도의 상품묶음을 가중치로 기준연도와 비교연도 가격의 가치를 비교한 것이다.
③ 소득지수가 라스파이레스 가격지수보다 크거나 같으면 비교연도의 후생수준이 기준연도보다 증가했다고 판단한다.

$$\rightarrow N \geq L_P$$

④ 파셰가격지수가 소득지수보다 크거나 같을 때 비교연도의 후생수준이 기준연도보다 감소했다는 판단을 할 수 있다.

$$\rightarrow N \leq P_P$$

4 설명

1. **명백한 개선 :** $N \geq L_P$

① $P_Q = \dfrac{P_1 \cdot Q_1}{P_1 \cdot Q_0} \geq 1$

$\rightarrow P_1 \cdot Q_1 \geq P_1 \cdot Q_0$

② 양변을 $P_0 \cdot Q_0$로 나누면

$\dfrac{P_1 \cdot Q_1}{P_0 \cdot Q_0} \geq \dfrac{P_1 \cdot Q_0}{P_0 \cdot Q_0}$

$\rightarrow N \geq L_P$

③ 즉, 소득증가율이 가격(물가)변화율보다 크거나 같으므로 명백한 개선이 발생한다.

2. 명백한 악화 : $N \leq P_P$

  ① $L_Q = \dfrac{P_0 \cdot Q_1}{P_0 \cdot Q_0} \leq 1$

    → $P_0 \cdot Q_1 \leq P_0 \cdot Q_0$

  ② 양변을 $P_1 \cdot Q_1$로 나누면

    $\dfrac{P_0 \cdot Q_1}{P_1 \cdot Q_1} \leq \dfrac{P_0 \cdot Q_0}{P_1 \cdot Q_1}$

    → $\dfrac{P_1 \cdot Q_1}{P_0 \cdot Q_1} \geq \dfrac{P_1 \cdot Q_1}{P_0 \cdot Q_0}$

    → $P_P \geq N$

  ③ 즉, 가격(물가)변화율이 소득증가율보다 크거나 같기 때문에 생활수준의 명백한 악화가 발생한다.

5 정리

지수값 / 실질소득	후생의 변화
소득지수(N) ≤ 파셰가격지수(P_P)	후생 감소
소득지수(N) ≥ 라스파이레스가격지수(L_P)	후생 증가
$L_P > N$ 이면서 $P_P < N$	불분명

□△○

3절 사회복지제도의 분석

01 개요

① 저소득층을 도와주는 방법으로 현금보조(cash transfer)를 통해 구매력을 증대시키는 방법, 쌀과 같은 기본필수품을 현물보조(in - kind transfer)해주는 방법, 기본필수품의 가격을 할인해주는 가격보조(price subsidy)의 방법 등이 존재한다.
② 무차별곡선과 예산선을 통해 이 세 가지 방법의 효과를 비교 · 분석해본다.

02 사회복지정책의 종류와 예산선의 변화

1 현금보조(cash transfer)

① 정부가 일정액의 현금을 저소득층의 소득으로 보조하는 정책을 말한다.
② 정부가 현금보조를 하면 저소득층의 소득은 이전보다 현금보조액만큼 증가한다.
③ 따라서 저소득층의 예산선이 우측으로 평행 이동한다.

2 현물보조(in - kind transfer)

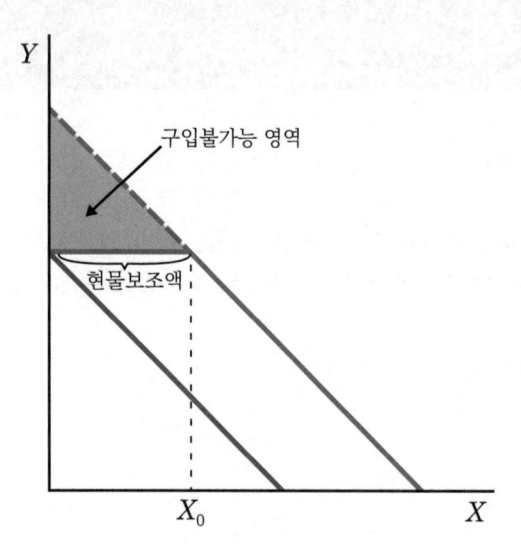

① 정부가 저소득층에게 기본필수품 등을 직접 제공하는 정책을 말한다.

② 예를 들어 정부가 저소득층에게 월 10만 원 어치의 쌀을 X_0 만큼 보조하면 소비자의 예산선은 우측으로 평행 이동한다.

③ 현물보조를 받는 경우에 저소득층은 자신의 소득을 모두 지출하더라도 정부로부터 보조로 받은 만큼의 X 재 를 더 소비할 수 있기 때문에 예산집합이 그만큼 수평 방향으로 확대된다.

④ 그러나 Y 재의 최대소비량은 변하지 않으므로 현금보조에 비해 구입 불가능한 영역이 발생한다.

3 가격보조(price subsidy)

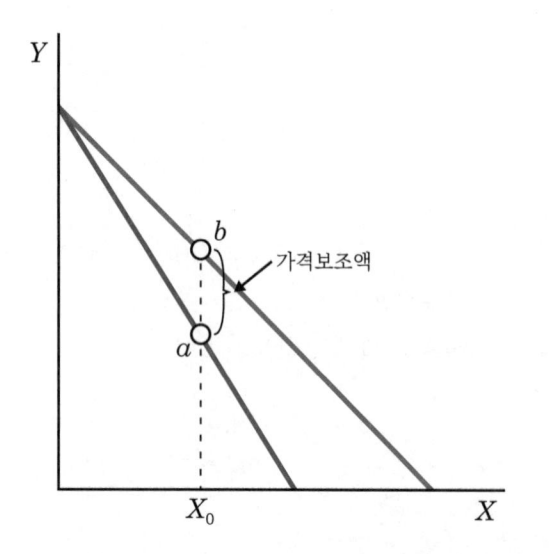

① 정부가 저소득층에게 상품 가격을 할인받을 수 있는 쿠폰을 배부하여 지원하는 정책을 말한다.

② 정부가 가격보조를 실시하면 가격보조를 받는 재화의 가격이 하락하므로 예산선은 회전 이동한다.

③ 가격보조 이후의 균형점이 b 점이라면 가격보조에 따라 $\overline{ab}$ 만큼의 Y 재를 추가적으로 구입할 수 있게 되었으 므로 가격보조액을 Y 재 수량으로 표시하면 $\overline{ab}$ 길이로 나타낼 수 있다.

1 효용측면

① 지원예산이 동일할 때 정부의 사회복지정책으로 저소득층의 효용을 이전보다 증가시킬 때 바람직한 제도가 된다.

② 저소득층의 효용을 이전보다 증가하기 위해서는 무차별곡선이 우측으로 이동해야 한다.

2 정부의 정책측면

정부의 목표가 기본 필수품의 소비를 늘리는 것이라면 정부의 사회복지정책으로 저소득층의 기본 필수품의 소비가 이전보다 증가해야 한다.

04 현금보조와 현물보조의 비교

1 효과가 동일한 경우

① 보조전 무차별곡선 I_0와 예산선이 접하는 a점에서 균형상태에 있다.

② 정부가 10만 원의 현금을 보조해주는 방법을 선택한다면 저소득층의 소득이 10만 원만큼 증가하여 예산선이 우측으로 평행 이동한다.

③ 정부가 현금으로 보조하지 않고 10만 원 어치의 쌀인 X재를 보조해주는 방법을 선택한다면 새로운 예산선은 보조전의 예산선을 쌀 보조량만큼 우측으로 밀어낸 예산선이 된다.

④ 무차별곡선이 그림과 같이 주어져 있다면 현금보조와 현물보조 모두 무차별곡선이 I_0에서 I_1으로 이동하기 때문에 효용증가가 동일하다.

⑤ 현금보조와 현물보조 모두 X재 구입량이 X_0에서 X_1으로 증가하므로 X재 구입량 증가효과도 동일하다.

⑥ 따라서 현금보조와 현물보조의 효과가 완전히 동일하다.

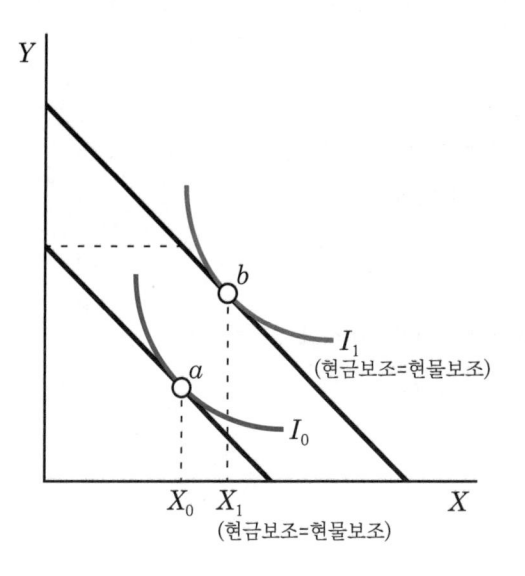

② 효과가 서로 다른 경우

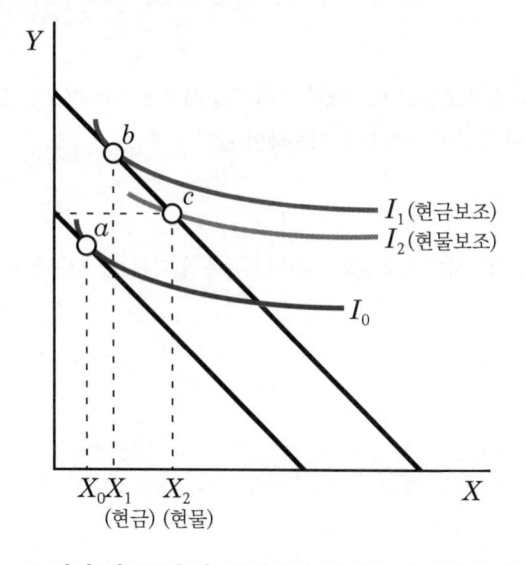

① 만약 저소득층이 X 재보다 Y 재를 더 선호한다면 이전보다 무차별곡선의 기울기가 완만한 형태가 된다.

② 저소득층이 Y 재 선호가 높아 현물보조량 이상의 X 재 소비를 원치않는다면 무차별곡선 I_2 가 c 점에서 만난다.

③ 보조받기 전의 소비량 X_0 보다 더 많은 양의 쌀 X_2 를 보조받기 때문에 X_0X_2 만큼의 쌀을 의무적으로 소비해야 하는 것이다.

④ 그러나 현금으로 보조받을 경우에 소비자는 무차별곡선 I_1 과 예산선이 접하는 b 점에서 균형이 달성된다.

⑤ 무차별곡선 I_1 은 I_0 보다 더 높은 효용수준을 나타내므로 후생측면에서는 현금보조가 우월하다.

⑥ 정부의 정책측면에서는 현물보조의 X 재 구입량이 현금보조의 X 재 구입량보다 많기 때문에 현물보조가 더 우월하다.

③ 정리

1. 효용측면

① 현금보조가 현물보조보다 효용수준이 높거나 같다.

② 저소득자의 효용측면에서는 현금보조가 현물보조보다 우월하거나 같다.

→ 현금보조 ≥ 현물보조

2. 정부의 정책측면

① 현물보조의 기본필수품의 구입량이 현금보조보다 많거나 같다.

② 정부의 정책측면 측면에서는 현물보조가 현금보조보다 우월하거나 같다.

→ 현물보조 ≥ 현금보조

1 설명

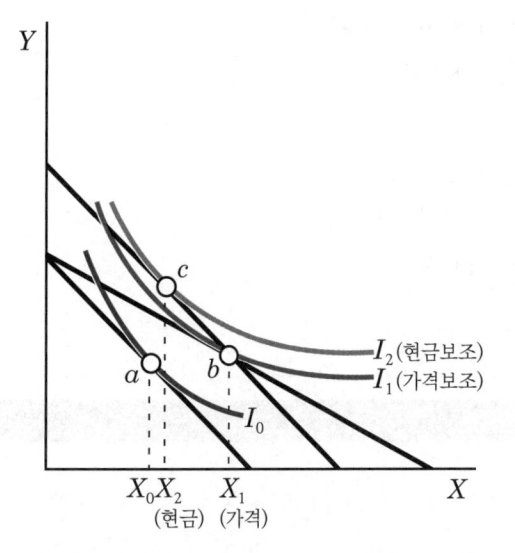

① 보조전 무차별곡선 I_0와 예산선이 접하는 a점에서 균형상태에 있다.

② 정부가 X재 구입 시 구입가격의 일정비율을 보조하면 X재의 상대가격이 하락하는 효과가 발생하고 예산선
이 회전 이동하다.

③ 새로운 예산선과 무차별곡선 I_1이 접하는 b점에서 균형이 달성된다.

② 가격보조 이후에 b점에서 균형이 이루어지면 보조금의 크기를 Y재 단위수로 나타냈을 때 b점과 최초의 예
산선과의 수직거리로 측정된다.

④ b점과 최초의 예산선과의 수직거리만큼 현금보조를 하면 예산선은 b점을 통과하면서 가격보조 이전의 예산
선과 평행하게 된다.

⑤ 동액의 현금보조로 인해 예산선이 b점을 통과하는 우하향의 직선이 되면 균형점은 b점보다 좌상방에 위치하
게 된다.

⑥ 현금보조를 할 때의 균형점이 b점보다 좌상방에 있는 c점이 되었다면 효용수준은 가격보조시보다 높은 I_2가
된다.

⑦ 무차별곡선 I_2가 I_1보다 더 높은 효용수준을 나타내므로 저소득층의 후생측면에서는 현금보조가 우월하다.

⑧ 정부의 정책측면에서는 가격보조의 X재 구입량이 현금보조의 X재 구입량보다 많기 때문에 가격보조가 더
우월하다.

❷ 정리

1. 효용측면

① 현금보조가 가격보조보다 효용수준이 높거나 같다.

② 저소득자의 효용측면에서는 현금보조가 가격보조보다 우월하거나 같다.

→ 현금보조 ≥ 가격보조

2. 정부의 정책측면

① 가격보조의 기본필수품의 구입량이 현금보조보다 많거나 같다.

② 정부의 정책측면 측면에서는 가격보조가 현금보조보다 우월하거나 같다.

→ 가격보조 ≥ 현금보조

심화학습 완전보완재일 때 현금보조와 가격보조의 효과

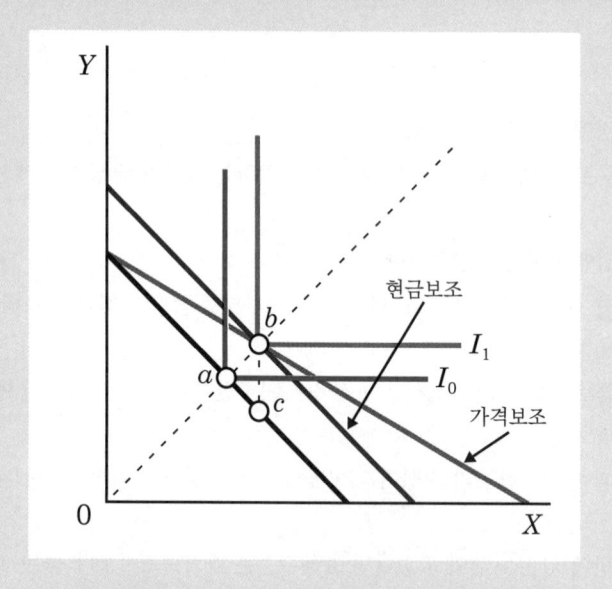

① 최초 균형점이 a점이었으나 가격보조로 균형점이 b점으로 이동한다.

② 가격보조시 보조금의 크기를 Y재 단위수로 표현하면 b점에서 c점까지의 수직거리이므로 동일한 금액의 현금보조가 이루어지면 선분 bc의 거리만큼 예산선이 우측 평행 이동한다.

③ 따라서 소비자균형은 가격보조와 동일한 b점이 되므로 가격보조와 현금보조의 효과가 동일해 진다.

④ 가격보조와 현금보조의 효과가 동일한 이유는 완전보완재인 경우 대체효과가 0이므로 가격보조와 현금보조가 같기 때문이다.

고범석 경제학아카데미

4절 시점 간 자원선택모형(intertemporal choice theory) 또는 2기간 모형

01 개요

1 의의

① 소비자는 소득이 주어져 있을 때 얼마를 소비하고 얼마를 저축할 것인가를 선택한다.

② 소비자가 현재소비를 포기하고 저축을 하는 이유는 미래에 소비하기 위해서이다.

③ 따라서 현재소득이 일정하게 주어져 있을 때 소비와 저축의 선택문제는 현재소비와 미래소비사이에 어떻게 배분하는가와 관련이 있고 이는 소비자의 효용극대화에 의해 결정된다.

④ 소비자는 현재(1기)와 미래(2기)라는 두 기간에 걸쳐서 소비선택에 관한 의사결정을 한다고 가정하자. 즉, 소비자는 현재(1기)와 미래(2기)에 각각 현재소득(Y_1)과 미래소득(Y_2)을 얻게 되며 이외에는 다른 소득이 없다.

2 현재가치와 미래가치

① 2기간 모형을 분석하기 위해서는 기본적으로 현재가치와 미래가치의 개념을 이해할 필요가 있다.

② 이자율이 10%일 때 현금 100만 원을 은행에 예금하면 1년 후에 원금과 이자를 합하여 110만 원을 받게 된다.

③ 1년 후에 받을 원리금 110만 원은 100만 원×(1.1)=110만 원으로 계산된다.

④ 즉, 원금×(1+이자율)을 통하여 1년 후 원리금을 계산할 수 있다.

⑤ 반면 1년 후 110만 원의 현재가치는 100만 원이라고 말할 수 있다.

⑥ 따라서 주어진 미래가치의 현재가치는 $\dfrac{110}{(1+0.1)}=100$이 되어 $\dfrac{미래가치}{(1+이자율)}=현재가치$라는 공식을 유도할 수 있다.

⑦ 현재가치와 이자율을 알면 미래가치를 구할 수 있듯이 미래가치와 이자율을 알면 현재가치를 구할 수 있다.

⑧ 미래가치를 현재가치로 바꾸는 것을 '할인(discount)'이라고 한다.

02 예산선과 소비자균형

1 예산선의 도출

① 현재소득(Y_1), 미래소득(Y_2)이 주어져 있고 실질이자율(r)로 대출과 차입이 자유롭다고 가정하자.

② 1기 또는 현재소득이 Y_1이고 2기 또는 미래소득이 Y_2인 경우 현재소득과 미래소득의 합인 평생소득을 현재가치로 나타내면 다음과 같다.

$$\rightarrow Y_1 + \frac{Y_2}{1+r}$$

③ 1기 또는 현재소비가 C_1이고 2기 또는 미래소비가 C_2인 경우 현재소비와 미래소비의 합인 평생소비를 현재가치로 나타내면 다음과 같다.

$$\rightarrow C_1 + \frac{C_2}{1+r}$$

④ 소비자는 평생소득 내에서 평생소비를 하므로 예산제약식은 다음과 같다.

$$Y_1 + \frac{Y_2}{1+r} = C_1 + \frac{C_2}{1+r}$$

〔Y_1 : 현재소득, Y_2 : 미래소득, C_1 : 현재소비, C_2 : 미래소비, r : 실질이자율〕

- 왼쪽 항은 평생소득의 현재가치이고 오른쪽 항은 평생소비의 현재가치라 부른다.
- 평생소비의 현재가치가 평생소득의 현재가치와 같아야 한다는 것이 예산제약식이다.

⑤ 예산제약식을 미래소비 C_2로 정리하면 다음과 같이 나타낼 수 있다.

$$C_2 = -(1+r)C_1 + (1+r)Y_1 + Y_2$$

⑥ 따라서 예산선은 기울기가 $-(1+r)$이고 세로축 절편이 $(1+r)Y_1 + Y_2$인 우하향의 직선이다.

⑦ 세로축 절편은 소비자가 미래소비에 최대 지출할 수 있는 금액을 의미한다. 현재소득 Y_1 전액을 이자율이 r인 은행에 저축한다고 할 때 미래가치가 $(1+r)Y_1$로 증가하게 된다. 따라서 미래소비에 지출할 수 있는 최대 금액은 $(1+r)Y_1 + Y_2$가 된다.

⑧ 1원을 현재소비에 지출하지 않고 은행에 저축할 때 미래소비 지출액은 $(1+r)$만큼 증가할 수 있다. 따라서 기울기 $(1+r)$은 1원을 현재 소비할 때의 기회비용이라고 말할 수 있다.

2 소비자 균형

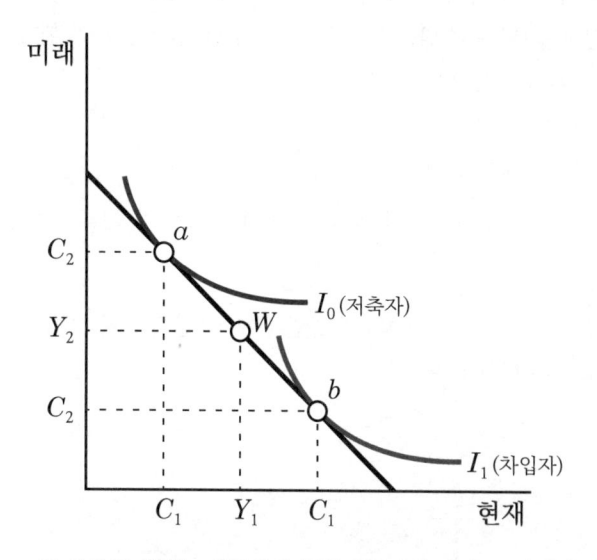

① 효용극대화는 예산선과 무차별곡선이 접하는 점에서 달성되므로 효용극대화 조건은 다음과 같다.

$$MRS_{C_1,C_2} = 1+r \rightarrow \frac{MU_{C_1}}{MU_{C_2}} = 1+r$$

② 무차별곡선의 기울기인 한계대체율은 현재소비와 미래소비의 주관적인 교환비율을 나타내고 예산선의 기울기인 $(1+r)$은 객관적인 교환비율을 나타낸다.

→ 현재소비 1원을 늘리면 미래소비 $(1+r)$원을 줄여야 하고 미래소비 $(1+r)$원을 늘리기 위해 현재소비 1원을 줄여야 한다. 따라서 예산선의 기울기인 $(1+r)$은 객관적인 교환비율을 의미한다.

③ 소비자균형 a점에서는 현재소득(Y_1)보다 현재소비(C_1)가 작기 때문에 '저축자'이다. 저축자는 일부만 소비하고 나머지는 저축을 하여 미래에 미래소득(Y_2)보다 더 많은 미래소비(C_2)가 가능하다.

④ 소비자균형 b점에서는 현재소비(C_1)가 현재소득(Y_1)보다 크기 때문에 '차입자'이다. 차입자는 현재 차입한 금액을 미래에 상환해야 하므로 미래소득(Y_2)보다 적은 미래소비(C_2)를 한다.

1 저축자인 경우

① 저축자인 경우 이자율이 상승하면 예산선의 기울기 $-(1+r)$와 미래소비에 지출할 수 있는 최대 금액 모두 $(1+r)Y_1 + Y_2$ 커진다. 따라서 예산선은 부존점(W)을 중심으로 예산선이 회전 이동한다.

② 예산선이 회전하는 이유는 이자율이 상승하든 하락하든 부존점$(W) = (Y_1, Y_2)$은 항상 예산선 상에 있기 때문이다.

③ 이자율이 상승하면 새로운 예산선에서 무차별곡선이 접하는 새로운 균형점이 도출된다.

④ 균형점의 이동을 대체효과와 소득효과로 구분해 볼 수 있다.

⑤ 이자율이 상승하면 현재소비의 상대가격 또는 기회비용이 증가하므로 현재소비의 가격은 비싸지고 미래소비의 가격은 싸진다. 이를 대체효과라고 하며 대체효과에서는 항상 현재소비는 감소하고 미래소비는 증가한다.

⑥ 동일한 금액의 저축이라도 이자율이 상승하면 저축에서 얻는 미래소득이 증가한다. 미래소득이 증가하면 그 소득을 할인한 만큼 현재소득도 증가한다. 따라서 현재소비와 미래소비가 정상재라면 이자율 상승에 따른 소득효과로 현재소비도 증가하고 미래소비도 증가한다.

⑦ 결국 이자율이 상승하면 대체효과와 소득효과 모두 미래소비를 증가시킨다. 그러나 현재소비에 대하여 두 효과는 서로 상반되는 영향을 미친다. 대체효과는 현재소비를 감소시키지만 소득효과는 현재소비를 증가시키는 것이다.

⑧ 따라서 대체효과가 소득효과보다 크면 현재소비는 감소하고 소득효과가 대체효과보다 크면 현재소비는 증가한다.

⑨ 일반적으로 사람들은 이자율이 상승하면 현재소비를 감소시키고 저축을 증가시킨다. 이런 현실 경제현상과 부합시키기 위해 경제학에서는 이자율 상승의 대체효과가 소득효과보다 크다고 가정한다.

⑩ 이자율이 상승하면 저축자는 이전보다 소비가능영역이 증가하기 때문에 반드시 효용은 증가한다.

2 차입자인 경우

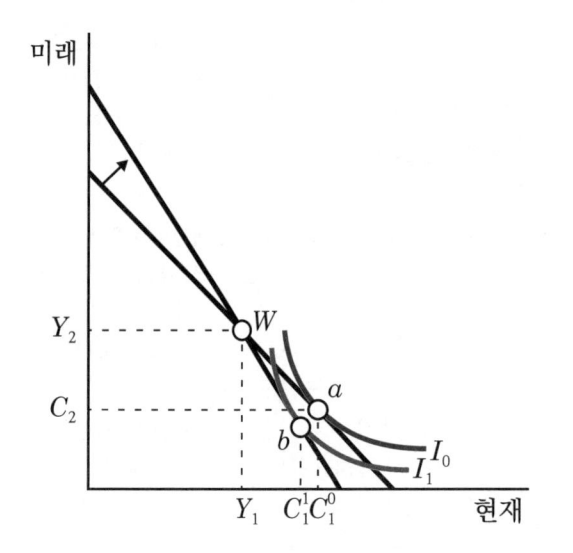

① 차입자인 경우 이자율이 상승하면 예산선의 기울기 $-(1+r)$와 미래소비에 지출할 수 있는 최대 금액 모두 $(1+r)Y_1 + Y_2$ 커진다. 따라서 예산선은 부존점(W)을 중심으로 예산선이 회전 이동하다.

② 이자율이 상승하면 새로운 예산선에서 무차별곡선이 접하는 새로운 균형점$(b점)$이 도출된다.

③ 균형점의 이동$(a점 \rightarrow b점)$을 대체효과와 소득효과로 구분해 볼 수 있다.

④ 이자율이 상승하면 현재소비의 상대가격 또는 기회비용이 증가하므로 현재소비의 가격은 비싸지고 미래소비의 가격은 싸진다. 이를 대체효과라고 하며 대체효과에서는 항상 현재소비는 감소하고 미래소비는 증가한다. 차입자의 경우 저축자와 동일한 대체효과를 갖는다.

⑤ 차입자의 경우 이자율의 상승을 대출금리의 인상으로 인식한다. 동일한 금액의 차입이라도 이자율이 상승하면 미래에 상환해야 하는 금액이 커지므로 미래소득은 감소한다. 미래소득이 감소하면 그 소득을 할인한 만큼 현재소득도 감소한다. 따라서 현재소비와 미래소비가 정상재라면 이자율 상승에 따른 소득효과로 현재소비와 미래소비 모두 감소한다.

⑥ 결국 이자율이 상승하면 대체효과와 소득효과 모두 현재소비를 감소시킨다. 그러나 미래소비에 대하여 두 효과는 서로 상반되는 영향을 미친다. 대체효과는 미래소비를 증가시키지만 소득효과는 미래소비를 감소시키는 것이다.

⑦ 이자율이 상승하면 차입자는 이전보다 소비가능영역이 감소하기 때문에 효용은 감소한다.

⑧ 그러나 이자율 상승 시 차입자가 저축자로 바뀐다면 효용의 증감여부는 불분명하다.

04 결론

1 정리

이자율 상승 시	대체효과 (현재소비의 기회비용 증가)	소득효과 (현재소비와 미래소비 모두 정상재)	가격효과
저축자인 경우	현재소비 감소 미래소비 증가 현재소비 감소로 저축 증가	실질소득 증가로 현재소비와 미래소비 증가 현재소비 증가로 저축 감소	대체효과 > 소득효과 → 현재소비 감소 저축 증가 미래소비 증가 소득효과 > 대체효과 → 현재소비 증가 저축 감소 미래소비 증가
차입자인 경우	현재소비 감소 미래소비 증가 현재소비 감소로 저축 증가	실질소득 감소로 현재소비와 미래소비 감소 현재소비 감소로 저축 증가	현재소비 감소 저축 증가 미래소비 불분명

2 시점 간 자원배분 모형의 활용

① 여러 기간에 걸친 소비선택모형은 저축에 관한 소비자 행동을 분석하는데 있어서 매우 유용하게 사용된다.

② 프리드먼(M. Friedman)의 항상소득가설과 모딜리아니(F. Modigliani)와 브룸버그(R. Brumberg)의 평생소득가설 등은 여러 기간에 걸친 소비자의 선택모형을 사용해서 현재의 소비와 저축이 단지 현재의 소득에 의해 결정되는 것이 아니라 평생소득 흐름의 할인된 현재가치에 의해서 결정되는 것을 보였다.

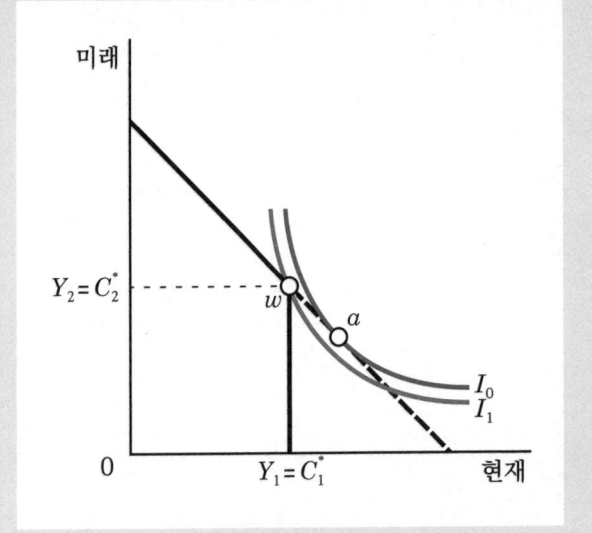

① 차입제약이 존재한다면 현재소득(Y_1)보다 더 많이 소비하기 위하여 대출을 원하더라도 차입이 불가능하다.

② 자유롭게 차입이 가능하다면 a점에서 소비가 가능하나 차입제약에 있다면 부존점(w)에서 소비할 수밖에 없다.

③ 따라서 현재소득과 현재소비가 일치하고 ($Y_1 = C_1^*$) 차입자의 효용은 감소한다. ($I_0 \rightarrow I_1$)

MEMO

01 다음의 설명에서 (   )안에 들어갈 알맞은 말을 옳게 짝지은 것은?

> 현시선호이론은 현실적으로 측정 불가능한 (㉠)의 개념에 의존하지 않고 시장에서 실제로 관측되는 소비자들의 구매행태로부터 (㉡)을 도출한다.

	㉠	㉡
①	무차별곡선	수요곡선
②	예산제약식	무차별곡선
③	수요곡선	소비계획
④	소비계획	예산제약식

02 빵과 소주에 대한 두 가지 재화 묶음 중 영세민들이 특히 소주에 대한 선호도가 매우 높은 상태임을 감지하여 쌀에 대한 현물보조, 가격보조 및 현금보조 등 다양한 복지정책을 정부가 선택하고자 한다면 영세민에게 유리한 정책의 순서는? 단, 각 복지정책은 동일한 금액의 정부재원을 사용한다고 가정한다.

① 현금보조 > 현물보조 > 가격보조
② 현물보조 > 현금보조 > 가격보조
③ 가격보조 > 현물보조 > 현금보조
④ 현물보조 > 가격보조 > 현금보조
⑤ 현금보조 > 가격보조 > 현물보조

03 두 기간 모형에서 어느 소비자가 첫 기에 채무자(차입자)가 되었다고 하자. 이 경우 실질이자율이 상승하면?

① 소득효과와 대체효과 모두에 의해 첫 기의 소비는 감소한다.
② 첫 기의 소비는 소득효과에 의해 증가하지만, 대체효과에 의해서는 감소한다.
③ 첫 기의 소비는 소득효과에 의해 감소하지만, 대체효과에 의해서는 증가한다.
④ 첫 기의 소비는 소득효과와 대체효과에 의해서는 증가한다.
⑤ 위의 어느 것도 아니다.

04 다음 중 생활수준이 과거에 비해 명백히 향상된 경우는?

① 라스파이레스의 가격지수 < 명목소득증가율
② 파셰의 가격지수 < 명목소득증가율
③ 라스파이레스의 가격지수 > 명목소득증가율
④ 파셰의 가격지수 = 명목소득증가율
⑤ 파셰의 가격지수 > 라스파이레스의 가격지수

01 • 현시선호이론은 효용이라는 개념을 전제로 하지 않고 소비자가 실제로 시장에서 드러낸 행동으로부터 소비자
    의 선호관계를 도출하고자 한다.

①

02 • 지원예산이 동일할 때 정부의 사회복지정책으로 저소득층의 효용을 이전보다 증가시킬 때 바람직한 제도가
    된다.
  • 동일예산에서 현금보조가 현물보조보다 그리고 현물보조가 가격보조보다 효용수준이 높다.

①

03 • 차입자는 소득효과와 대체효과의 방향이 일치한다.
  • 이자율이 상승하면 첫 기 소비의 기회비용이 상승하므로 대체효과에 의해 첫 기의 소비는 감소한다.
  • 이자율이 상승하면 차입자의 실질소득이 감소하므로 소득효과에 의해 첫 기의 소비는 감소한다. 따라서 이자
    율이 상승하면 차입자의 효용과 첫 기의 소비가 감소한다.
  • 예외적으로 차입자가 저축자로 되는 경우도 있다. 이 경우에는 효용의 변화를 예측할 수 없다.

①

04 • 라스파이레스 가격지수가 소득지수보다 작거나 같으면 $\dfrac{P_1 Q_0}{P_0 Q_0} \leq \dfrac{P_1 Q_1}{P_0 Q_0}$ 이므로 $P_1 Q_0 \leq P_1 Q_1$ 이 성립한다.
  • 이는 비교연도가격체계하에서 비교연도 구입액($P_1 Q_1$)이 기준연도 구입액($P_1 Q_0$)보다 더 크거나 같다는 것을 의
    미하므로 기준연도에 비해 사람들의 생활수준이 명백하게 향상되었다고 볼 수 있다.

①

01 한 소비자가 가격선이 AB로 주어졌을 때 a점을 택했다. 이제 가격선이 CD로 변했다면 약공리에 따르는 소비자는 어떤 점을 택하겠는가?

풀이 날짜			
채점 결과			

① a

② b

③ c

④ d

⑤ 위의 아무 것도 아니다.

02 0기와 1기를 사는 소비자의 효용함수는 $U = \sqrt{C_0} + \sqrt{C_1}$ 이다. 0기와 1기의 소득이 각각 100이고 실질이자율이 0%일 경우, 이 소비자의 행동으로 옳은 것은? 다만, U 는 총효용, C_0 은 0기의 소비, C_1 는 1기의 소비이다.

풀이 날짜			
채점 결과			

① 0기와 1기 모두 저축을 한다.

② 0기에 저축을 하고 1기에 차입을 한다.

③ 0기에 차입을 하고 1기에 저축을 한다.

④ 0기와 1기 모두 저축과 차입 어느 것도 하지 않는다.

⑤ 0기에 차입을 하고 1기에는 저축과 차입 어느 것도 하지 않는다.

01 · 약공리 충족구간은 예산선 CD 모두 가능하나 b점은 열등한 상품묶음이므로 d점을 선택한다.

④

02 · 0기의 소득과 1기의 소득이 주어져 있고 실질이자율이 0%라면 예산식은 다음과 같다.

예산식 : $Y_0 + \dfrac{Y_1}{(1+r)} = C_0 + \dfrac{C_1}{(1+r)}$

$\rightarrow 200 = C_0 + C_1$

· 효용극대화는 예산선과 무차별곡선이 접하는 점에서 달성되므로 효용극대화 조건은 다음과 같다.

$MRS_{C_0 C_1} = \dfrac{MU_{C_0}}{MU_{C_1}} = 1 + r$

$\rightarrow \dfrac{MU_{C_0}}{MU_{C_1}} = \dfrac{\frac{1}{2} C_0^{-\frac{1}{2}}}{\frac{1}{2} C_1^{-\frac{1}{2}}} = 1$

$\rightarrow \left(\dfrac{C_1}{C_0}\right)^{\frac{1}{2}} = 1$

$\rightarrow \dfrac{C_1}{C_0} = 1$

$\rightarrow C_0 = C_1$

· 예산식에 $C_0 = C_1$을 대입하여 풀면,

$C_0 + C_0 = 200$

$\rightarrow 2C_0 = 200$

$\rightarrow C_0 = C_1 = 100$

· 즉, 각기의 소득과 소비가 일치하므로 0기와 1기 모두 저축과 차입 어느 것도 하지 않는다.

④

03 생애가 두 기간(1기, 2기)으로 구성되어 있는 소비자 A는 1기에 순차입자(net borrower)로서 소비행위를 하고 있다. 이자율이 오를 경우 A의 소비형태로 옳은 것은?

풀이 날짜			
채점 결과			

① 소득효과는 1기 소비를 증가시키지만 대체효과는 1기 소비를 감소시킨다.

② 소득효과는 1기 소비를 감소시키지만 대체효과는 1기 소비를 증가시킬 수도 감소시킬 수도 있다.

③ 소득효과는 1기 소비를 감소시키지만 대체효과는 1기 소비를 증가시킨다.

④ 소득효과와 대체효과 모두 1기 소비를 증가시킨다.

⑤ 소득효과와 대체효과 모두 1기 소비를 감소시킨다.

03

⑤

- 차입자인 경우 이자율이 상승하면 1기 소비의 기회비용이 증가하므로 현재소비의 가격은 비싸지고 미래소비의 가격은 싸진다. 이를 대체효과라고 하며 대체효과에서는 항상 현재소비는 감소하고 미래소비는 증가한다.

- 차입자의 경우 이자율의 상승을 대출금리의 인상으로 인식한다. 동일한 금액의 차입이라도 이자율이 상승하면 미래에 상환해야 하는 금액이 커지므로 미래소득은 감소한다. 미래소득이 감소하면 그 소득을 할인한 만큼 현재소득도 감소한다. 따라서 현재소비와 미래소비가 정상재라면 이자율 상승에 따른 소득효과로 현재소비와 미래소비 모두 감소한다.

- 결국 이자율이 상승하면 대체효과와 소득효과 모두 현재소비를 감소시킨다. 그러나 미래소비에 대하여 두 효과가 서로 상반되는 영향을 미친다. 대체효과는 미래소비를 증가시키지만 소득효과는 미래소비를 감소시키는 것이다.

- 이자율이 상승하면 차입자는 이전보다 소비 가능 영역이 감소하기 때문에 효용은 감소한다.

CHAPTER 09

기대효용이론

단원 학습 목표

- 현실에서는 소비자가 의사결정을 할 때 불확실성의 존재 때문에 영향을 받는 경우가 많다.
- 이와 같은 상황에서 소비자가 어떤 원리로 의사결정을 하게 되는지에 대해 분석하고자 한다.
- 불확실성하에서 개인들의 선택에는 위험이 따르게 마련이며 이러한 위험을 관리하기 위한 수단으로 보험시장이 존재한다.

1절 기대효용이론의 주요 개념

01 의의

1 확실성과 불확실성

① 확실성이란 경제주체가 의사결정을 내리면 한 가지 결과가 확실하게 예상되는 상황을 말한다.

② 불확실성이란 경제주체가 의사결정을 내리는 경우 최소한 두 가지 이상의 결과가 예상되거나 사전적으로 어떤 결과가 발생할지 확실하게 알 수 없는 상황을 말한다.

즉, 어떤 경제행위를 하는데 필요한 정보가 불충분하거나 혹은 그 행위에 따른 결과가 사전에 예측한 것과 다르게 나올 수 있는 가능성이 존재하는 것을 말한다.

2 불확실성과 정보경제학

① 1944년 당시 프린스턴 대학교의 교수였던 폰 노이만과 모겐스턴은 '게임이론과 경제행위'에서 경제 행위는 본질적으로 확률적 게임행동과 같다고 보았다.

② 또한 경제활동에 영향을 미치는 다른 측면은 불완전한 정보의 문제로 경제주체들이 보유한 정보가 서로 달라 효율적인 자원배분이 저해될 수 있다.

③ 1970년대 후반 이후 발전되어 온 정보경제학은 이러한 문제의식에서 출발하였다.

02 기대소득과 기대효용

1 불확실성의 세계에서 의사결정기준

① 확실성의 세계에서는 선택의 결과에 따른 확정적인 효용을 얻지만 현실에서는 선택의 결과가 어떻게 실현될지 알 수 없는 경우가 많다.

② 예를 들어 복권을 구입하는 경우 복권이 당첨될지 알 수 없고 어떤 확률로 얼마의 당첨금을 받을 수 있다는 정도만 안다.

③ 따라서 경제주체들은 불확실한 미래에 일어날 수 있는 상황에 대하여 확률분포를 가지고 의사결정을 한다.

④ 폰 노이만(J. von Neumann)과 모겐스턴(O. Morgenstern)의 기대효용이론에 의하면 불확실성하에서도 확실성하에서처럼 효용함수가 존재함을 증명하였다.

⑤ 불확실성하에서의 선택의 기준은 얼마만큼의 수익을 기대할 수 있느냐가 아니라, 얼마만큼의 만족을 기대할 수 있느냐가 되어야 한다는 것이다.

즉, 불확실성 하에서 사람들은 기대효용 (expected utility)을 극대화하는 선택을 한다.

사례

- 당첨 확률이 0.5이고 상금이 100만 원인 복권을 가정하자.
- 해당 복권의 상금에 대한 기대소득은 50만 원(= 0.5 × 100만 원 + 0.5 × 0)이다.
- 이때 의사결정의 기준이 기대소득이라면 50만 원을 가지고 있는 사람에게 해당 복권을 사라고 했을 때 이 사람은 해당 복권을 구입할 것이다.
- 왜냐하면 해당 복권과 50만 원은 무차별하기 때문이다.
- 그러나 일반적으로 경제주체들은 위험을 고려하기 때문에 기대소득이 실현될 가능성이 낮은 복권은 선택되지 않을 것이고 해당 복권을 구입하지 않을 것이다.

사례   성 피터스버그의 역설(Saint Petersburg Paradox)

- 동전을 던지는 게임을 하는데 n번째 던져서 최초로 앞면이 나오면 게임이 중단되고 2^n원을 받는 게임을 생각해보자.
- 예를 들어 첫 번째 던져서 앞면이 나오면 $2^1 = 2$을 받고 두 번째 던져서 앞면이 나오면 $2^2 = 4$를 받는다.
- 이 게임의 기대소득은 무한대가 된다. 왜냐하면 n번째에 앞면이 나올 확률은 $\frac{1}{2^n}$이고 그때 받을 상금은 2^n이어서 양자를 곱하면 1원이다. 그런데 n은 1에서 무한대까지 있을 수 있으므로 이 모든 경우를 합치면 무한대의 값을 갖게 되기 때문이다.
- 이 게임의 참가비가 1만 원이라고 참가하는 사람이 일반적으로 없고 이를 성 피터스버그의 역설이라고 한다.
- 이 역설은 스위스의 수학자 베르누이(Daniel Bernoulli)가 1738년에 제시하였다.
- 성 피터스버그의 역설 때문에 불확실성하의 소비자 선택의 중요기준은 기대소득이 아니라 기대효용이라고 본다.

2 기대소득과 기대효용

1. 기대소득(기대치)

① 기대치(기대소득)이란 불확실한 상황에서 예상되는 금액(소득)의 크기를 의미한다.

② 소득 w_1을 얻을 확률이 p, 소득 w_2를 얻을 확률이 $1 - p$라면 기대소득은 다음과 같다.

$$기대소득 : E(w) = \sum \{(각\ 사건의\ 확률) \times (각\ 사건의\ 소득)\}$$
$$= p \times w_1 + (1 - p) \times w_2$$

[소득 w_1을 얻을 확률이 p, 소득 w_2를 얻을 확률이 $1 - p$]

③ 복권의 경우 10만 원이 당첨될 확률이 $\frac{1}{5}$이고 낙첨될 확률이 $\frac{4}{5}$라면 복권을 구입했을 때 기대소득은

$\frac{1}{5} \times 10만\ 원 + \frac{4}{5} \times 0원 = 2만\ 원$이다.

2. 기대효용(효용의 기대치)

① 기대효용이란 불확실한 상황에서 얻을 것으로 예상되는 효용의 기대치를 의미한다.

② 소득 w_1을 얻을 확률이 p, 소득 w_2를 얻을 확률이 $1-p$이고 소득(w)으로부터 얻을 수 있는 효용이 $U(w)$라면 기대효용은 다음과 같다.

$$E(U) = \sum \{(각 \ 사건의 \ 확률) \times (각 \ 사건의 \ 효용)\}$$
$$= p \times U(w_1) + (1-p) \times U(w_2)$$

[소득 w_1을 얻을 확률이 p, 소득 w_2를 얻을 확률이 $1-p$, 효용함수는 $U(w)$]

③ 복권의 경우 10만 원이 당첨될 확률이 $\frac{1}{5}$이고 낙첨될 확률이 $\frac{4}{5}$, 효용함수가 $U(w)$라면 복권을 구입했을 때 기대효용은 $\frac{1}{5} \times U(10만 \ 원) + \frac{4}{5} \times U(0원)$이다.

④ 효용함수의 형태에 따라 복권의 기대효용은 달라질 수 있다

3. 사례

① 현재소득(w_0)이 900원이고 화재발생 확률(p)이 0.5, 화재발생으로 인한 손실액(l)이 800원, 효용함수 $U = \sqrt{w}$라고 하자.

② 화재가 발생하면 소득이 900원 - 800원 = 100원이 되고 화재가 발생하지 않으면 현재소득 900원이 그대로 유지된다. 따라서 기대소득은 다음과 같다.

$E(w)$
$= p(w_0 - l) + (1-p)w_0 = w_0 - pl$
$= 0.5 \times 100원 + 0.5 \times 900원 = 50원 + 450원$
$= 900원 - 400원 = 500원$
→ pl (화재발생확률 × 손실액)을 기대손실액이라고 한다.

③ 기대효용은 다음과 같다.

$E(U)$
$= pU(w_0 - l) + (1-p)U(w_0)$
$= 0.5 \times \sqrt{(900-800)} + 0.5 \times \sqrt{900}$
$= 0.5 \times 10원 + 0.5 \times 30원$
$= 5원 + 15원$
$= 20원$

④ 위의 내용을 그림으로 그리면 아래와 같다.

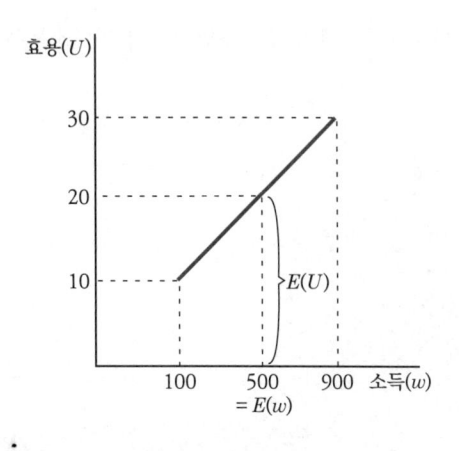

$p = 0.5$이면 기대소득이 500원, 기대효용이 20이다.

기대효용은 $U(900원) = 30$과 $U(100원) = 10$의 평균이고 두 점을 연결한 직선의 중간점이다.

따라서 닮은 꼴의 원리로 두 점을 연결한 직선에서 기대소득 500원에서의 높이가 기대효용이 된다.

03 위험에 대한 태도

⬛1 개요

① 어떤 사람들은 승률이 높지 않은 도박이나 위험이 매우 높은 레포츠(leisure sports)를 즐긴다.

② 경제학에서는 이들을 비합리적이라고 규정하지 않고 위험에 대한 태도가 다른 사람들과 다르다고 설명한다.

③ 위험에 대한 태도는 위험기피적 (risk averse) 태도, 위험선호적 (risk loving) 태도, 위험중립적(risk neutral) 태도의 세 가지로 나눈다.

⬛2 가정

① 복권의 경우 효용함수가 $U = \sqrt{w}$이고 복권 w_1원이 당첨될 확률이 p, 복권 w_2원이 당첨될 확률이 $(1-p)$라고 하자.

② 이 복권의 상금에 대한 기대소득은 250원이라고 하자.

③ 복권의 상금에 대한 기대효용[$E(U)$]은 다음과 같다.

$$\rightarrow E(U) = p \times \sqrt{w_1} + (1-p) \times \sqrt{w_2}$$

⬛3 위험기피자(risk averse)

1. 개념

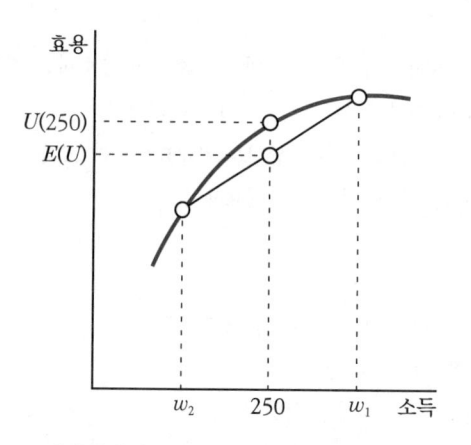

① 위험기피자는 위험성이 있는 선택보다 그 선택의 기대소득을 확실히 받는 것을 더 선호하는 태도를 갖고 있다.

즉, 위험기피자는 기대소득이 같은 경우 확실하게 보장되는 것을 선호한다.

② 복권의 기대소득 250원이 주는 효용이 복권의 기대효용보다 큰 경우를 말한다.

즉, 복권의 기대소득 250원이 주는 효용인 $U(250원)$이 복권의 기대효용 보다 크다.

$$\rightarrow U(250원) > E(U) = p \times \sqrt{w_1} + (1-p) \times \sqrt{w_2}$$

③ 도박인 경우 도박에서 상금을 얻을 때의 소득 S, 도박에서 잃을 때의 소득 F, 도박에서 상금을 얻을 때의 확률 p, 도박에서 잃을 확률 $1-p$라고 하자.

도박의 기대효용은 $pU(S)+(1-p)U(F)$이고 상금의 기대소득이 주는 효용은 $U[p(S)+(1-p)F]$이므로 다음과 같은 관계식이 성립된다.

$$\rightarrow pU(S)+(1-p)U(F) < U[p(S)+(1-p)F]$$

④ 이러한 부등호는 효용함수가 오목(concave)할 때에만 성립한다.

효용함수가 오목하다는 것은 아래에서 봤을 때 그래프가 오목한 형태를 갖는 함수라는 것을 의미한다.

⑤ 위험기피자의 경우 불확실한 상태에서의 기대효용이 기대소득의 효용보다 작은 것은 불확실한 자산보다 같은 액수의 확실한 자산을 더 선호하기 때문이다.

2. 위험기피자의 한계효용

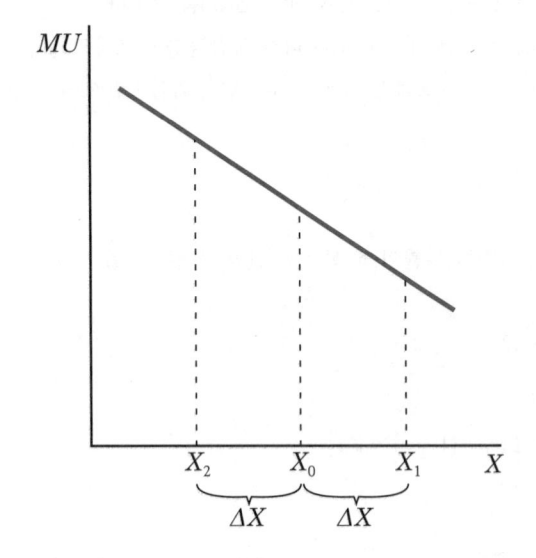

① X_0에서 $\triangle X$만큼의 소득이 증가하는 경우 예상되는 총효용의 증가는 우하향의 한계효용직선의 하방면적이 된다.

② X_0에서 $\triangle X$만큼의 소득이 증가하는 경우 예상되는 총효용의 증가는 $\triangle X$만큼의 소득이 감소하는 경우 예상되는 총효용의 감소보다 작기 때문에 현재의 소득 X_0를 그대로 유지하는 것이 바람직하다.

③ 예를 들어 도박에 참여하지 않는 경우의 효용이 도박에 참여할 경우 예상되는 기대효용보다 크다.

→ 도박에 참여하지 않는 경우의 효용 〉 도박에 참여할 경우 예상되는 기대효용

4 위험선호자(risk loving)

① 위험선호자는 확실한 기대소득보다 위험성이 있는 선택을 더 선호하는 태도를 갖고 있다.

즉, 위험선호자는 기대소득이 같은 경우 불확실성이 존재하는 것을 선호한다.

② 복권의 기대효용이 복권의 기대소득 250원이 주는 효용보다 큰 경우를 말한다.

즉, 복권의 기대효용이 복권의 기대소득 250원이 주는 효용인 $U(250원)$보다 크다.

$$\rightarrow E(U) = p \times \sqrt{w_1} + (1-p) \times \sqrt{w_2} > U(250원)$$

③ 또는 불확실한 도박을 했을 때의 효용이 도박을 안했을 때 확실한 소득이 주는 효용보다 큰 투자자를 말한다.

$$\rightarrow pU(S)+(1-p)U(F) > U[p(S)+(1-p)F]$$

④ 이러한 부등호는 효용함수가 볼록(convex)할 때에만 성립한다.

효용함수가 볼록하다는 것은 아래에서 봤을 때 그래프가 볼록한 형태를 갖는 함수라는 것을 의미한다.

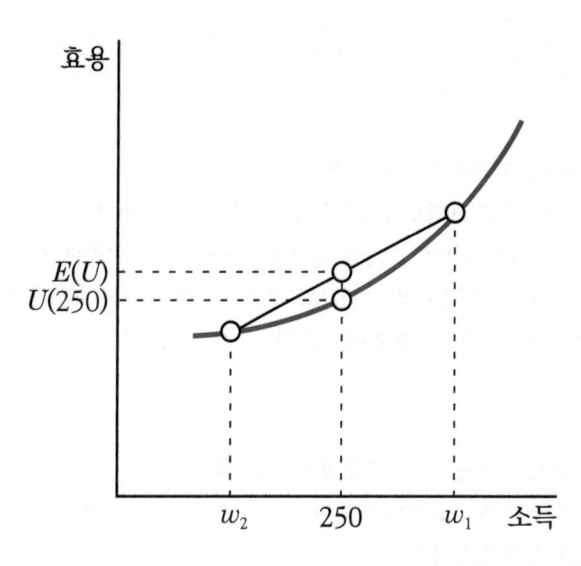

5 위험중립자(risk neutral)

① 위험중립자란 불확실성 혹은 위험성의 유무 여부에 상관없이 기대소득의 대소(大小)만을 중요시하는 태도를 갖고 있다.

즉, 위험중립자는 불확실성의 유무에 관계없이 오직 기대소득의 크기만으로 선택한다.

② 복권의 기대효용이 복권의 기대소득 250원이 주는 효용과 같은 경우를 말한다.

즉, 복권의 기대효용이 복권의 기대소득 250원이 주는 효용인 $U(250원)$과 동일한 값을 갖는다.

$$\rightarrow E(U) = p \times \sqrt{w_1} + (1-p) \times \sqrt{w_2} = U(250원)$$

③ 불확실한 도박을 했을 때의 효용과 도박을 안했을 때 확실한 소득이 주는 효용이 같은 투자자를 말한다.

$$\rightarrow pU(S) + (1-p)U(F) = U\big[p(S) + (1-p)F\big]$$

④ 위험중립적이라면 효용함수는 선형(linear)이어야 한다.

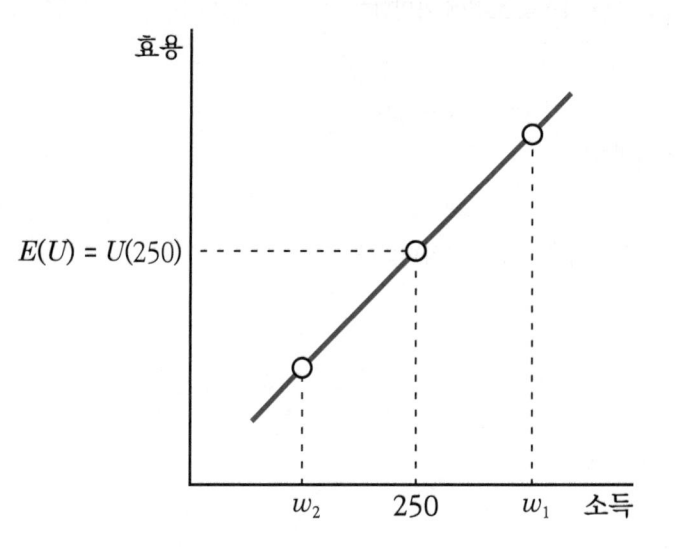

위험기피자	불확실한 상태에서의 기대효용 $E(U)$ < 확실한 소득이 주는 효용 $U(w)$
위험선호자	불확실한 상태에서의 기대효용 $E(U)$ > 확실한 소득이 주는 효용 $U(w)$
위험중립자	불확실한 상태에서의 기대효용 $E(U)$ = 확실한 소득이 주는 효용 $U(w)$

1 공정한 보험(fair insurance)

① 공정한 보험이란 보험료의 보험금에 대한 비율이 사고확률과 일치하는 경우를 말한다.

② 보험회사가 지급하는 보험금의 기대치 또는 기대손실액과 보험료가 정확히 일치하는 경우를 의미한다.

③ 예를 들어 갑이 1억 원짜리 집에 살고 있으며 화재발생확률이 0.2, 화재 시 손실액이 5천만 원이라면 기대손실액은 1천만 원(5천만 원 × 0.2 = 1천만 원)이다. 이때 1천만 원의 보험료를 내고 보험에 가입하여 화재 시 손실액 5천만 원을 보상해주는 보험이 있다면 이런 경우를 공정한 보험이라고 한다.

2 공정한 도박(fair gamble)

① 공정한 도박이란 위험한 기회에 참여해 얻을 수 있는 순기대소득이 0인 경우를 말한다.

② 순기대소득이 양인 경우를 유리한 도박, 음인 기회를 불리한 도박이라 한다.

　→ 순기대소득은 기대소득에서 비용(또는 가격)을 차감한 것이다.

③ 예를 들어 당첨확률이 0.1, 상금이 100만 원이고 낙첨될 확률이 0.9, 그때 상금은 0원인 복권의 기대소득은 0.1×100만 원 $+ 0.9 \times 0$원 $= 10$만 원이다.

따라서 이 복권의 가격이 10만 원이면 순기대소득이 기대소득 10만 원 - 복권 가격 10만 원 = 0원이므로 공정한 도박이다.

복권 가격이 10만 원보다 적으면 유리한 도박이고 많으면 불리한 도박이다.

3 위험에 대한 태도

1. 위험기피자

① 공정한 도박의 기회가 주어져도 참여하지 않는 사람은 위험기피자이다.

② 위험기피자는 유리한 도박만 참여한다.

③ 위험기피자는 위험을 줄이기 위해 일반적으로 보험에 가입한다.

2. 위험선호자

① 위험선호자는 공정한 도박의 기회가 있으면 반드시 참여한다.

② 위험선호자는 불리한 도박에도 참여한다.

3. 위험중립자

위험중립자는 공정한 도박에 참여하든 참여하지 않든 무차별하다.

1 확실성 등가(Certainty Equivalence ; CE)

1. 개념

① 확실성 등가란 불확실한 상태에서 기대되는 효용의 기대치인 기대효용과 동일한 효용을 주는 확실한 재산의 크기를 의미한다.

또는 자신의 불확실한 소득과 동일한 가치가 있는 확실한 소득을 말한다.

→ U[확실성등가] = 기대효용

② 도박인 경우 도박에서 상금을 얻을 때의 소득 S, 도박에서 잃을 때의 소득 F, 도박에서 상금을 얻을 때의 확률 p, 도박에서 잃을 확률 $1-p$라고 하자.

도박의 기대효용은 $pU(S)+(1-p)U(F)$이고 확실성등가(CE)의 효용은 $U(CE)$이므로 다음과 같은 관계식이 성립된다.

$$\rightarrow U(CE) = pU(s)+(1-p)U(F)$$

③ $U(CE) = pU(s)+(1-p)U(F)$를 만족하는 CE를 확실성 등가라고 한다.

2. 사례

① 효용함수는 $U = \sqrt{w}$이고 0.5의 확률로 900원의 상금(w_1)과 0.5의 확률로 100원(w_2)의 상금을 주는 복권이 있다고 하자.

② 복권의 기대효용을 구하면 다음과 같다.

$$\rightarrow 0.5 \times \sqrt{900} + 0.5 \times \sqrt{100}$$
$$= 0.5 \times 30 + 0.5 \times 10$$
$$= 20원$$

③ 기대효용 20과 동일한 효용을 주는 확실한 금액을 구하면 다음과 같다.

$$\rightarrow 20 = \sqrt{CE}$$
$$\rightarrow CE = 400$$

④ 따라서 확실성 등가(CE)는 400원이 된다.

2 위험프리미엄(risk - premium ; rp)

1. 개념

① 위험프리미엄이란 불확실한 자산을 확실한 자산으로 교환하기 위하여 지불할 용의가 있는 금액을 말한다.
② 위험기피자의 입장에서 위험부담을 회피하기 위해 지불할 용의가 있는 금액을 말한다.
③ 위험프리미엄은 기대소득에서 확실성 등가(CE)를 차감하여 계산한다.

위험프리미엄 = 기대치$[E(w)]$ - 확실성 등가(CE)

2. 사례

① 효용함수는 $U = \sqrt{w}$이고 0.5의 확률로 900원의 상금(w_1)과 0.5의 확률로 100원(w_2)의 상금을 주는 복권이 있다고 하자.

② 복권의 기대소득을 구하면 다음과 같다.
$$\rightarrow 기대소득 = 0.5 \times 900원 + 0.5 \times 100원 = 500원$$

③ 복권의 기대효용을 구하면 다음과 같다.

$$\rightarrow 0.5 \times \sqrt{900} + 0.5 \times \sqrt{100}$$
$$= 0.5 \times 30 + 0.5 \times 10 = 20원$$

④ 기대효용 20과 동일한 효용을 주는 확실한 금액인 확실성 등가(CE)를 구하면 다음과 같다.

$$\rightarrow 20 = \sqrt{CE}$$
$$\rightarrow CE = 400원$$

⑤ 위험프리미엄은 기대소득에서 확실성 등가를 차감하므로 다음과 같이 계산된다.

위험프리미엄 = 기대소득 500원 - 확실성 등가 400원 = 100원

3 위험기피자의 경우

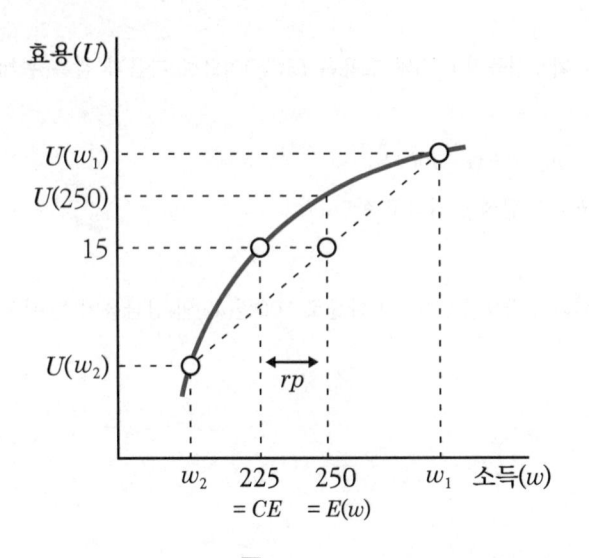

① 효용함수가 $U = \sqrt{w}$이고 기대소득은 250, 기대효용은 $E(U)$

   $E(U) = p \times U(w_1) + (1-p) \times U(w_2) = 15$이라고 가정하자.

② 위험기피자의 경우 기대소득 250의 효용 $[U(250)]$이 기대효용보다 크다.

   → $U(250) > p \times U(w_1) + (1-p) \times U(w_2) = 15$

③ 기대효용은 $E(U) = 15$이므로 확실성 등가(CE)는 다음과 같다.

   → $15 = \sqrt{CE}$

   → $CE = 15^2 = 225$

④ 위험프리미엄(rp)은 기대소득에서 확실성등가를 차감하여 계산하므로 250 - 225 = 25로 구할 수 있다.

⑤ 위험기피자는 불확실한 금액인 기대소득 250을 확실한 금액 225와 동일하게 평가하고 있다. 따라서 불확실한 금액을 확실한 금액으로 바꾸기 위해 지불할 용의가 있는 금액 또는 포기할 용의가 있는 금액인 위험프리미엄은 25가 된다.

4 위험선호자의 경우

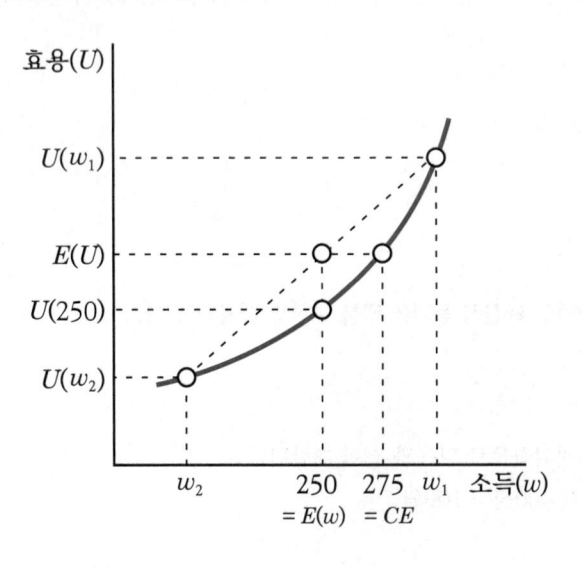

① 위험선호자의 경우 기대효용$[E(U)]$이 기대소득 250의 효용 $[U(250)]$보다 크다.

   → $E(U) = p \times U(w_1) + (1-p) \times U(w_2) > U(250)$

② 기대효용$[E(U)]$과 동일한 효용을 주는 확실한 금액인 확실성 등가(CE)를 275라고 하자.

③ 기대소득에서 확실성등가를 차감하면 위험프리미엄(rp)이므로 위험프리미엄(rp)은 250 - 275 = -25이다.

5 위험중립자의 경우

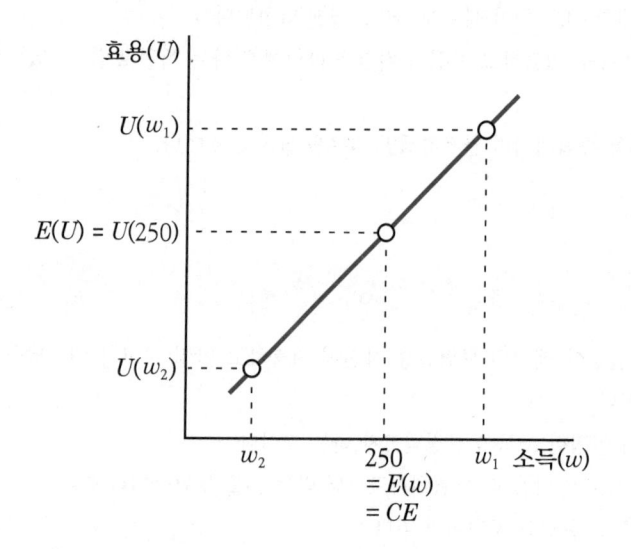

① 위험중립자의 경우 기대효용$[E(U)]$과 기대소득 250의 효용$[U(250)]$이 동일한 값을 갖는다.

   → $E(U) = p \times U(w_1) + (1-p) \times U(w_2) = U(250)$

② 기대효용$[E(U)]$과 동일한 효용을 주는 확실한 금액인 확실성 등가(CE)도 250이 되므로 위험프리미엄의 값은 0이다.

③ 왜냐하면 기대소득에서 확실성등가를 차감하면 위험프리미엄(rp)이므로 위험프리미엄(rp)은 $250 - 250 = 0$이기 때문이다.

6 위험에 대한 태도와 위험프리미엄

① 위험기피자의 경우 기대소득이 확실성 등가보다 크기 때문에 위험프리미엄은 양(+)의 값을 갖는다.

② 위험선호자의 경우 확실성 등가가 기대소득보다 크기 때문에 위험프리미엄은 음(-)의 값을 갖는다.

③ 위험중립자의 경우 기대소득과 확실성 등가의 크기가 같기 때문에 위험프리미엄은 0이다.

위험기피자	기대소득 〉 확실성 등가 → 위험프리미엄 〉 0
위험선호자	기대소득 〈 확실성 등가 → 위험프리미엄 〈 0
위험중립자	기대소득 = 확실성 등가 → 위험프리미엄 = 0

2절 보험시장 분석

01 개요

① 위험이 거래되는 시장은 사람들 간의 위험에 대한 선호 차이 때문에 자연스럽게 형성된다.
② 이러한 대표 시장으로 위험기피자가 일정한 비용을 지불하고 자신의 위험을 타인에게 파는 행위로 볼 수 있는 보험시장이 있다.
③ 보험 가입자는 위험기피적이고 보험회사는 위험 중립적이며 완전경쟁인 경우를 살펴볼 것이다.

02 보험이란?

① 보험이란 위험을 분산하는 합리적인 행위로 일정한 액수의 보험료를 사전에 지불하고 만일 사고가 일어났을 경우 약정한 금액의 보상금을 지불받는 제도이다.
② 이렇게 함으로써 사고의 발생 여부에 상관없이 일정한 소득을 보장받고자 하는 것이다.
③ 보험에 들면서 보험회사에 내는 돈을 보험료, 사고가 났을 때 보험회사로부터 받는 돈을 보험금이라 한다.
④ 미래의 위험을 완전히 제거하도록 해 주는 보험을 완전한 보험이라 한다.

03 가정

① 현재 재산 w_1을 갖고 있는 의사결정자가 있다고 하자.
② 화재가 발생할 확률을 p라고 하면 손실이 l만큼 발생하면서 재산은 $w_1 - l$로 감소한다.
③ 보험에 가입할 경우 h원의 보험료를 납부하여야 하며, 만일 화재사고가 발생하였을 때에 보험회사로부터 보상금 l원을 받는다.
④ 화재발생 시 손실금액과 보험금이 l로 동일하므로 완전한 보험을 가정한다.

04 위험중립자인 경우

① 위험중립자라면 기대소득의 크기에 따라 보험가입 여부를 결정할 것이다.
② 보험에 가입하지 않을 경우 재산의 기대치는 $w_1 \times (1-p) + (w_1 - l) \times p$이다.
③ 보험에 가입할 경우 $(1-p)$의 확률로 $(w_1 - h)$가 남고 p의 확률로 $(w_1 - l - h + l)$이 남게 되므로 재산의 기대소득을 계산하면 $[w_1 \times (1-p) + (w_1 - l) \times p] + pl - h$가 된다.
④ 따라서 위험중립적인 의사결정자의 최적의 결정은 다음과 같을 것이다.
→ $pl > h$이면 보험계약을 체결
→ $pl < h$이면 보험계약을 거절

⑤ 즉, 보험료 h에 비하여 보상금 l이나 사고확률 p가 크면 보험에 가입하는 것이 최적이고, 반대로 보상금이나 사고확률에 비하여 보험료가 비쌀 경우에는 가입하지 않는 것이 최적이다.

05 위험기피자인 경우

1 가정
효용함수는 $U = \sqrt{w}$라고 하자.

2 보험 미가입 시 기대효용
화재가 발생할 확률이 p이므로 기대효용[$E(U)$]은 다음과 같다.
$$\rightarrow E(U) = pU(w_1 - l) + (1-p)U(w_1)$$
$$= p \times \sqrt{w_1 - l} + (1-p) \times \sqrt{w_1}$$

3 보험 가입 시 기대효용
① 보험에 가입할 경우 h원의 보험료를 납부하여야 하므로 화재가 발생하지 않을 때의 재산은 $(w_1 - h)$가 된다.

② 화재가 발생하면 손실액 l만큼 보상금 l을 지급받기 때문에 재산은 $(w_1 - h - l + l = w_1 - h)$가 된다.

③ 보험 가입 시 위험기피자의 재산은 화재 발생여부에 관계없이 $(w_1 - h)$로 확실한 금액이 된다.

④ 보험가입 시 기대효용[$E(U)$]은 다음과 같다.
$$\rightarrow E(U) = pU(w_1 - h - l + l) + (1-p)U(w_1 - h)$$
$$= U(w_1 - h)$$
$$= \sqrt{w_1 - h}$$

4 의사결정자의 최적결정
① 보험 가입 시 기대효용이 보험을 가입하지 않을 때의 기대효용보다 크면 보험계약을 체결한다.

② 보험을 가입하지 않을 때의 기대효용이 보험 가입 시 기대효용보다 크면 보험계약을 거절한다.

06 구체적 사례

1 개요
① 대부분의 사람들은 위험기피자이다.

② 따라서 위험이 수반되는 행위나 자산관리 등에 있어서 위험을 제거하여 확실성의 세계에서와 동일한 결과를 얻을 수 있다면 그 위험을 제거하기 위하여 어느 정도의 비용을 치르고자 한다.

③ 자동차 사고 · 화재 · 질병 등에 대비하여 보험에 가입하는 것이 그 좋은 예이다.

④ 기대효용가설을 응용하는 경제이론에는 암묵적 계약이론, 탈세이론 등이 있다.

고범석 경제학아카데미

2 가정

① 위험기피자의 효용함수는 $U = \sqrt{w}$이고 900원의 재산(w_1)을 가지고 있으며, 화재발생확률이 0.5이고, 화재 시 손실액(l)이 800원이라고 가정하자.

	화재가 발생하는 경우	화재가 발생하지 않는 경우
확률	0.5	0.5
재산	$w_1 = 900$원	$w_1 - l = 100$원

3 재산의 기대소득

① 재산의 기대소득[$E(w)$]을 구하면 다음과 같다.

$\rightarrow$ 기대소득 $= p \times (w_1 - l) + (1 - p) \times w_1 = w_1 - pl$

$\qquad = 0.5 \times 900$원$ + 0.5 \times 100$원

$\qquad = 500$원

② 즉, 재산의 기대소득은 현재 갖고 있는 재산(w_1)에서 기대손실액(pl)을 차감하여 구할 수 있다.

$\rightarrow w_1 - pl$

$= 900$원$ - (0.5 \times 800$원$)$

$= 900$원$ - 400$원

$= 500$원

4 재산의 기대효용

재산의 기대효용[$E(U)$]을 구하면 다음과 같다.

$\rightarrow$ 기대효용 $= p \times \sqrt{w_1 - l} + (1 - p) \times \sqrt{w_1}$

$\qquad = 0.5 \times \sqrt{100} + 0.5 \times \sqrt{900}$

$\qquad = 0.5 \times 10 + 0.5 \times 30$

$\qquad = 20$원

5 확실성 등가(CE)

① 확실성 등가(CE)란 불확실한 상태에서 기대되는 효용의 기대치인 기대효용과 동일한 효용을 주는 확실한 재산의 크기를 의미한다.

② 기대효용 20과 동일한 효용을 주는 확실한 금액인 확실성 등가(CE)를 구하면 다음과 같다.

$\rightarrow 20 = \sqrt{CE}$

$\rightarrow CE = 400$

6 위험프리미엄(rp)

• 위험프리미엄은 기대소득에서 확실성 등가를 차감하여 계산된다.

• 위험프리미엄 = 기대소득 500원 - 확실성 등가 400원 = 100원

7 보험이 존재하는 경우

1. 공정한 보험료

① 기대손실액(pl)과 보험료(h)가 동일하면 공정한 보험이다.

② 기대손실액이 $pl = 400$원이므로 보험료가 400원일 때 공정한 보험이 된다.

③ 공정한 보험에 가입하면 화재발생 여부와 관계없이 재산의 크기가 항상 $(w_1 - h)$가 된다.

왜냐하면 화재가 발생하지 않을 때의 재산은 $(w_1 - h)$가 되고 화재가 발생하면 손실액 l만큼 보상금 l을 지급받기 때문에 재산이 $(w_1 - h - l + l = w_1 - h)$가 되기 때문이다.

④ 보험가입자의 효용수준은 $U(w_1 - h) = U(900원 - 400원) = U(500원) = \sqrt{500}$의 값을 갖는데 보험 가입전 기대효용 20보다 크다.

→ $\sqrt{500} >$ 기대효용 20

⑤ 따라서 보험가입자가 공정한 보험을 가입하면 효용수준이 증가한다.

⑥ 보험회사가 공정한 보험을 판매할 경우 보험료 수입액(=기대손실액 400원)과 기대보험금 지급액 $\left(\frac{1}{2} \times 800원 = 400원\right)$이 동일하므로 보험회사의 이윤은 0이 된다.

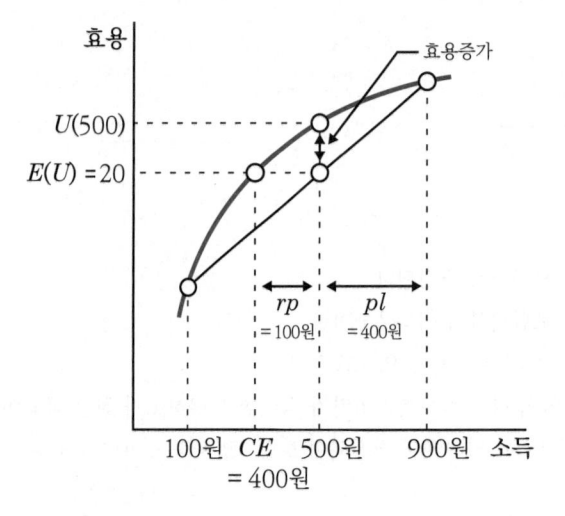

2. 최대 보험료

① 불확실한 경우에서의 효용인 기대효용 $[E(U)]$과 동일한 효용을 가져다주는 확실한 재산이 w^*이므로 w^*가 확실성등가(CE)가 된다.

즉, 기대효용 20과 동일한 효용을 가져다주는 확실한 재산이 $\sqrt{w^*} = 20 \to w^* = 400$이므로 확실성등가 ($CE$)는 400이다.

② 기대소득인 $w_1 - pl$이 확실성등가 w^*보다 크므로 그 차이가 위험프리미엄(rp)이 된다.

즉, 위험프리미엄은 $rp =$ 기대소득 − 확실성등가 $= 500원 - 400원 = 100$원이다.

③ 보험가입자가 지불할 용의가 있는 최대한의 보험료는 공정보험료(pl) + 위험프리미엄(rp)이 된다.

즉, 최대 보험료는 공정보험료 400원 + 위험프리미엄 100원 = 500원이다.

④ 최대 보험료를 내고 보험에 가입하면 화재발생 여부와 관계없이 위험기피자의 재산 크기가 w^*로 되므로 효용수준은 보험가입 이전과 동일하다.

즉, 최대 보험료를 내면 보험가입자의 재산은 화재발생여부와 관계없이

$w_1 - h - rp = 900원 - 400원 - 100원 = 400$원이 된다.

⑤ 최대 보험료를 내고 보험에 가입하면 보험 가입 시 기대효용과 보험 미가입시의 기대효용이 동일하게 된다.

보험 미가입 시 기대효용 : $0.5 \times \sqrt{900 - 800} + 0.5 \times \sqrt{900} = 5 + 15 = 20$

보험 가입 시 기대효용 : $\sqrt{900 - 500} = 20$

⑥ 보험회사는 위험프리미엄에 해당하는 이득을 얻게 된다.

보험회사가 공정한 보험을 판매한 경우에는 보험회사의 이득이 0이었으나 최대한의 보험료를 받고 보험상품을 판매하면 위험프리미엄 100원의 이득을 얻게 되는 것이다.

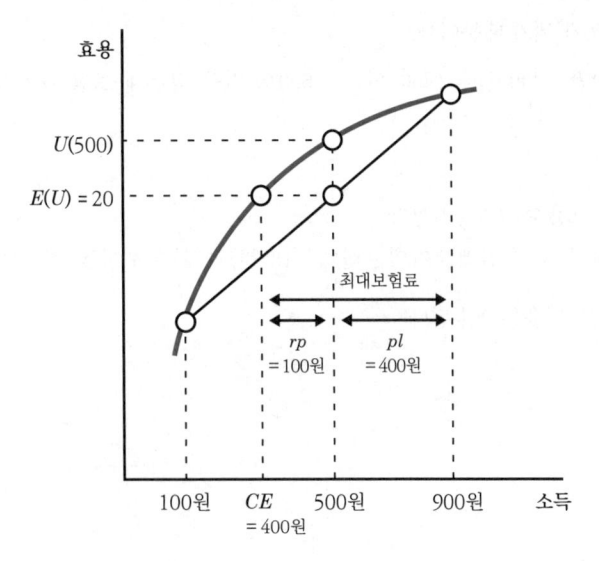

3. 실제보험료

① 실제보험료는 공정보험료와 최대보험료 사이에서 결정된다.

② 실제보험료가 공정보험료와 동일하다면 보험회사의 이득은 0이다.

따라서 보험회사는 최소한 공정보험료 이상의 금액을 받으려고 한다.

③ 최대보험료는 공정보험료와 위험프리미엄의 합으로 보험가입자가 최대한 지불하고자 하는 금액이다.

④ 따라서 실제보험료는 공정보험료와 최대보험료 사이에서 결정되며 보험가입자와 보험회사 모두 이득을 얻게 된다.

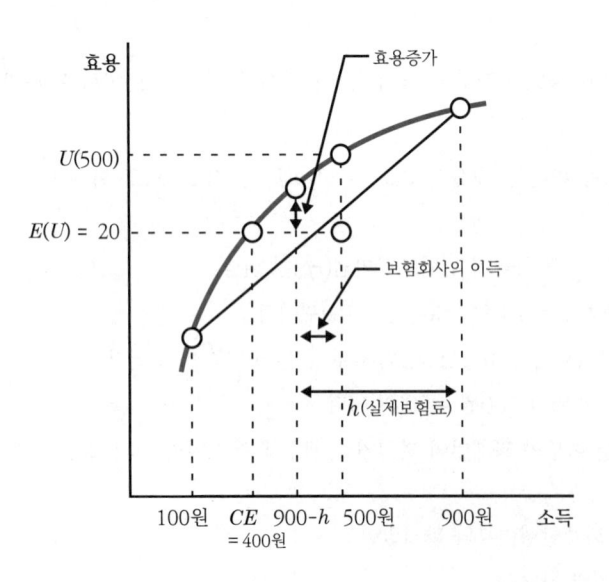

01 그림은 乙의 소득에 대한 효용을 나타낸 것이다. 이에 대한 설명으로 옳은 것은?
(2019년 국가직 9급)

풀이 날짜			
채점 결과			

① 乙은 위험회피적(risk-averse)이다.
② 乙은 위험중립적(risk-neutral)이다.
③ 乙은 소득의 증가에 따라 위험에 대한 선호가 변화한다.
④ 한계효용체감의 법칙이 乙에게는 적용되지 않는다.

02 위험회피형 투자자에 대한 설명 중 옳지 않은 것은?

풀이 날짜			
채점 결과			

① 한계효용이 체감한다.
② 위험프리미엄의 값이 (+)이다.
③ 확실성 등가의 값이 (-)이다.
④ 효용함수가 원점에 대해 오목하다.

03 다음 불확실성과 위험에 관한 설명 중 옳은 것은?

풀이 날짜			
채점 결과			

① '위험'을 사고파는 시장은 존재하지 않는다.
② 화재확률이 2천분의 1이고 재산손실이 5억 원일 경우 화재발생 시 20만 원의 보험료를 내면 5억 원의 보험금을 지급하는 경우는 공정보험이다.
③ 공정도박이란 도박에 참가한 사람이 건 금액보다 상금의 기대치가 큰 경우를 말한다.
④ 공정보험이란 프리미엄을 (보험료÷보험금)이 사고가 날 확률과 일치하는 경우를 말한다.

01
‒
- 소득이 증가할 때 효용곡선의 접선의 기울기인 한계효용이 증가하고 있다.
- 따라서 乙은 위험선호자이다.
③ 乙은 소득의 증가에 상관없이 '위험'을 선호한다.
④ 위험기피자는 한계효용체감의 법칙이 적용된다. 위험선호자는 한계효용체증의 법칙이 적용된다.

④

02
‒
- 위험프리미엄은 기댓값에서 확실성등가를 차감한 금액을 말한다.
- 위험회피자의 경우 기댓값이 확실성등가보다 크기 때문에 위험프리미엄의 값이 0보다 크다.
- 위험회피자의 경우 확실성 등가의 값이 (+)이며 위험선호자의 경우 확실성 등가의 값이 (-)이다.

③

03
‒
② 공정한 보험이란 보험료가 기대손실액과 동일한 경우를 말한다.

화재확률이 $\frac{1}{2,000}$이고 화재 시 5억 원의 손실이 발생한다면

화재로 인한 재산의 기대손실액은 $\frac{1}{2,000} \times 500,000,000 = 250,000$원이다.

따라서 화재 시 손실액 전부를 보상해주는 보험의 공정한 보험료는 25만 원이다.
③ 공정한 도박이란 도박의 참가비가 상금의 기대치와 같은 경우를 말한다.

④

01 한 소비자의 돈 m원에 대한 기대효용함수는 $U(m) = 2\sqrt{m}$이다. 한 증권이 $\frac{1}{3}$의 확률로 81원이 되고, $\frac{2}{3}$의 확률로 36원이 될 때 이 소비자의 증권에 대한 확실성등가(certainty equivalent)와 위험프리미엄(risk premium)을 바르게 짝지은 것은?

	확실성등가(원)	위험프리미엄(원)
①	14	37
②	14	2
③	49	14
④	49	2
⑤	51	14

02 당첨될 확률은 p이고 당첨되는 경우의 상금은 k원인 복권의 가격은 pk원이다. 다음 설명 중 옳은 것을 모두 고르면?

　ㄱ. 위험중립자는 이 복권을 얼마를 구입해도 효용수준이 동일하다.
　ㄴ. 위험기피자는 소득의 일부만을 복권구입에 지불한다.
　ㄷ. 위험선호자는 이 복권을 구입하지 않는다.
　ㄹ. 이 복권을 구입하는 것은 공평한 도박(fair gamble)이다.

① ㄱ, ㄹ　　　　　　　② ㄱ, ㄴ
③ ㄴ, ㄹ　　　　　　　④ ㄱ, ㄷ
⑤ ㄷ, ㄹ

03 100의 재산을 가지고 있는 A가 $\frac{2}{5}$의 확률로 주차위반에 적발되면 75의 범칙금을 내야 한다. 정부는 예산절감을 위해 단속인력을 줄이고자 하나, 이 경우 적발확률은 $\frac{1}{3}$로 낮아진다. A의 재산 w에 대한 기대효용함수가 $\sqrt{w}$일 때, 만약 정부가 A의 주차위반 행위를 이전과 같은 수준으로 유지하려면 책정해야 할 주차위반 범칙금은?

① 64
② 75
③ 84
④ 91
⑤ 96

01

- 불확실한 증권을 갖고 있을 때 자산의 기대치와 기대효용을 계산해 보면 각각 다음과 같다.

자산의 기대치 : $E(m) = \left(\frac{1}{3} \times 81\right) + \left(\frac{2}{3} \times 36\right) = 51$

기대효용 : $E(U) = \left(\frac{1}{3} \times 2\sqrt{81}\right) + \left(\frac{2}{3} \times 2\sqrt{36}\right) = 6 + 8 = 14$

- 효용함수가 $U(m) = 2\sqrt{m}$ 이므로 기대효용이 14인 불확실한 증권을 갖고 있을 때와 동일한 효용을 얻을 수 있는 확실한 금액인 확실성등가(CE)를 구하기 위해서 $2\sqrt{CE} = 14$로 두면 된다.

$\rightarrow \sqrt{CE} = 7$

확실성등가 $CE = 49$원

- 자산의 기대치가 51원이고, 확실성등가가 49원이므로 불확실한 금액을 확실한 금액으로 바꾸기 위해 포기할 용의가 있는 금액인 위험프리미엄은 2원이다.

④

02

- 문제의 복권은 공정한 복권이다.

ㄱ. 위험중립자는 공정한 복권의 경우 구입여부와 무관하게 효용수준은 동일하다.

ㄴ. 위험기피자는 공정한 복권을 구입하지 않는다. 다만, 유리한 복권의 경우에는 구입한다(물론 이 경우라도 자신의 소득 전부를 복권 구입에 사용하지는 않는다).

ㄷ. 위험 선호자는 공정한 복권은 언제나 구입한다(자신의 모든 소득을 복권 구입에 사용한다).

ㄹ. "복권당첨확률 = 복권가격/당첨금액"이면 공평한 복권이며, 이를 구입하는 것은 공평한 도박이다.

①

03

- 주차위반 적발 시 75의 범칙금을 내는 경우 기대효용을 계산하면 다음과 같다.

$\frac{2}{5} \times \sqrt{100-75} + \frac{3}{5} \times \sqrt{100}$

$= \frac{2}{5} \times 5 + \frac{3}{5} \times 10$

$= 2 + 6$

$= 8$

- 예산절감을 위해 단속인력을 줄이면 적발확률이 $\frac{1}{3}$으로 감소한다.

- 범칙금을 x만큼 내면서 이전과 동일한 기대효용을 가지려면 다음과 같은 식이 성립되어야 한다.

$8 = \frac{1}{3} \times \sqrt{100-x} + \frac{2}{3} \times \sqrt{100}$

- 양변에 3을 곱하여 정리하면 다음과 같다.

$24 = \sqrt{100-x} + 2 \times 10$

$\rightarrow 4 = \sqrt{100-x}$

$\rightarrow 16 = 100 - x$

$\rightarrow x = 84$

- 따라서 주차위반 범칙금은 84로 계산된다.

③

01 객관식 점검 문제

- 미시경제학의 경우 전범위에서 골고루 출제되고 있지만 그중에서도 소비자이론의 비중이 매우 높다.
- 무차별곡선이론에서 소비자의 효용극대화 조건과 각종 효용함수를 기반으로 한 문제들이 자주 출제된다.
- 난이도가 높거나 생소한 문제들이 출제되는 경우 해결하기가 쉽지 않다. 따라서 기본문제 위주로 풀어보고 서서히 난이도를 올려서 문제들을 풀어보는 것을 추천한다.
- 현시선호이론과 이를 응용한 문제는 생소할 수 있으므로 미리 대비를 해야 하며 2기간 모형도 계산문제나 서술문제들이 출제된다.
- 기대효용이론은 보험시장을 활용한 계산문제가 출제되므로 확실성등가, 위험프리미엄, 최대 보험료 등의 계산을 실수 없이 해보자.

02 약술 및 논술 점검 문제

- 소비자이론의 응용분야에서 사회복지지출, 2기간 모형은 논술 문제 또는 관련 모형으로 출제되기도 한다.
- 사회복지지출에서 현금보조, 현물보조, 가격보조가 무엇인지 정리해야 하며 2기간 모형을 활용한 가계채무 논점 등도 정리해 보자.
- 약술 문제로는 현시선호이론의 응용, 레온티에프 효용함수에서의 가격효과 분석 등이 나올 수 있으므로 그림을 그려 정리해 보자.
- 수요함수의 도출을 통해 해결할 수 있는 문제도 출제되니 각 효용함수별 수요함수의 도출 과정을 확인해 보자.

PART 03 소비자이론

문제 01

국제유가 급등에 대하여 정부가 다음과 같은 정책을 시행하려고 한다. 각각의 질문에 대하여 서술하라.

유가 급등에 대비하여 현금보조와 세금인하를 실시하려고 한다.

두 정책의 후생효과를 비교하라.

해설

1 사회복지정책의 유형

1. 소득보조(현금보조)

① 소득보조란 정부가 저소득층에게 일정액의 보조금을 현금으로 지급하는 방식을 말한다.

② 소득보조의 경우 수혜자의 예산선이 우측으로 평행 이동한다.

2. 현물보조

① 현물보조란 정부가 필수품이나 식료품 등을 구입해서 지급하는 것을 말한다.

② 현물보조의 경우 수혜자의 예산선이 평행 이동하지만 소득보조의 경우보다 예산영역의 크기가 다르다.

3. 가격보조

① 가격보조란 저소득층이 필수품이나 식료품 등을 구입할 때 구입 가격의 일정 비율을 보조하는 방식으로 쿠폰제 등이 이에 속한다.

② 가격보조의 경우 구입하고자 하는 재화의 가격이 저렴해지는 효과가 있으므로 예산선이 회전 이동한다.

③ 원유 구입에 대하여 세금 인하를 하면 원유의 가격이 하락하므로 가격보조와 동일한 효과를 갖는다.

2 수혜자의 입장에서 유리한 사회복지정책

① 수혜자는 다양한 재화를 구입할 수 있는 소득보조를 가장 선호한다.

② 소득보조를 받으면 반드시 필수품이나 식료품 등을 구입할 필요가 없기 때문에 다양한 재화를 구입할 수 있다.

③ 현금보조는 소비자의 선호를 왜곡하지 않기 때문에 소비자가 선호하며 그다음으로는 가격 보조인 세금 인하를 선호한다.

④ 원유 구입에 대한 현금 보조가 세금 인하보다 무차별곡선의 우측 이동이 더 크므로 수혜자의 효용 증가폭이 크다.

3 정부의 정책 목적 달성 측면에서 유리한 사회복지정책

① 정부는 저소득층이 반드시 필수품이나 식료품 등을 구입하기를 원하기 때문에 가격 보조인 세금 인하를 선호한다.

왜냐하면 쿠폰제의 경우 일정 기간 내에 해당 상품을 구입해야 하기 때문이다.

② 따라서 정부의 입장에서는 가격 보조인 세금 인하, 현금 보조 순으로 선호하게 된다.

③ 원유 구입에 대한 세금 인하가 현금 보조보다 원유의 구입량이 더 크기 때문에 정부는 세금 인하를 더 선호한다.

문제 01

소비자 갑의 한계대체율을 측정한 결과 $MRS_{XY} = \dfrac{1}{X}$(X재의 수요량에만 의존)의 관계가 성립한다면 갑의 소득 – 소비곡선은 어떤 형태를 갖겠는가?

해설

- 효용극대화 조건은 무차별곡선의 기울기와 예산선의 기울기가 동일할 때 성립한다.
- 효용극대화 조건에 의하여 다음과 같은 식이 도출된다.

$$\rightarrow MRS_{XY} = \frac{P_X}{P_Y}$$

$$\rightarrow \frac{1}{X} = \frac{P_X}{P_Y}$$

$$\rightarrow P_X X = P_Y$$

$$\rightarrow X = \frac{P_Y}{P_X}$$

- 즉, 상대가격 $\left(\dfrac{P_Y}{P_X}\right)$이 일정하므로 소득 – 소비곡선은 Y축과 평행한 수직선이 된다.

차입제약이 존재할 때와 존재하지 않을 때의 소비자의 효용 차이를 서술하시오.

해설

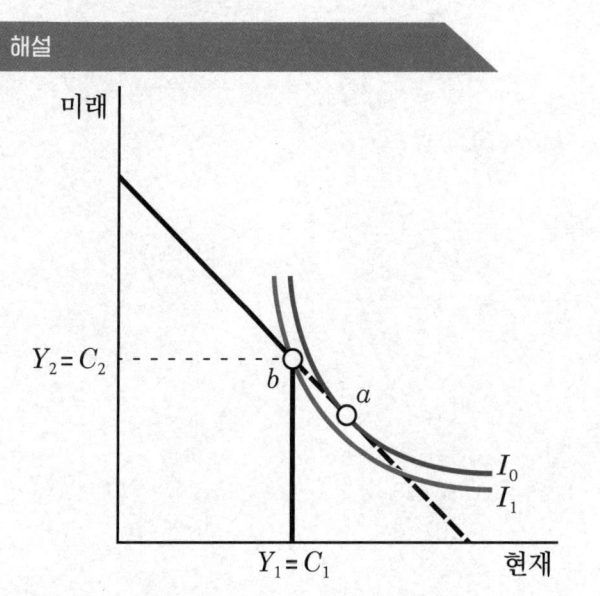

① 유동성제약이 존재하면 부존점(b)을 기준으로 예산선의 우측 영역을 선택할 수 없다.

② 부존점의 우측 영역인 점선에서 소비자가 소비할 수 있다면 해당 소비자는 차입자이며 유동성제약하에서는 차입이 불가능하다.

③ 유동성제약(차입제약)이 존재한다면 미래소득흐름 또는 항상 소득이 증가하였다 하여 즉시 현재 소비를 증가시킬 수 없게 된다.

④ 즉, 유동성 제약이 없는 경우 최적 소비점은 a가 되어 차입자의 효용은 I_0이지만, 유동성제약이 존재하게 된다면 현재 소비는 현재 소득(b) 수준에서만 가능하다.

⑤ 따라서 차입자의 효용은 유동성제약이 없을 때보다 감소하고 현재 소비는 현재 소득과 일치한다($Y_1 = C_1$).

PART

04

생산자이론

CHAPTER 10

생산이론

단원 학습 목표

- 기업의 최적화 행위를 분석하기 위해서는 기업이 직면하고 있는 제약인 생산기술을 확인해보아야 한다.
- 생산기술은 생산함수, 비용과 밀접한 관련이 있다.
- 생산함수는 생산요소의 다양한 결합과 기술을 통해 최대 생산량을 보여준다.
- 일반적으로 한 상품의 생산에 필요한 여러 생산요소 중 적어도 한 생산요소의 투입량이 고정되어 있는 기간을 '단기'라고 하고 모든 생산요소의 투입량이 변화하는 기간을 '장기'라고 한다.
- 단기에는 '한계생산체감, 수확체감'이 성립되고 장기에는 '규모보수증가, 불변, 감소'가 발생한다.

1절 생산이론의 기본 개념

01 기업

1 기업이란?

① 일정한 목적을 위하여 재화와 서비스를 생산하는 조직적인 경제단위를 말한다.

② 여러 가지 생산요소를 결합하여 재화나 서비스를 생산·판매하여 이윤을 획득하는 것을 목적으로 하는 인적 조직을 기업이라 하며, 그 사업을 운영하는 사람을 기업가, 혹은 경영자라 한다.

2 기업의 종류

① 기업의 종류에는 주식회사, 합명회사, 합자회사 등이 있다.

② 주식회사란 주주들로 조직된 유한책임회사를 말한다.

　→ 유한책임이란 투자자들이 회사의 파산 시에 자신이 출자한 부분만큼만 책임을 지는 것을 말한다.

　→ 무한책임이란 투자자들이 회사의 파산 시에 사업의 자산이 부채 변제에 부족하다면 그에 대한 모든 변제의 무를 진다.

③ 합명회사란 무한책임사원만으로 구성되는 회사를 말한다.

　→ 무한책임사원이란 회사의 채무에 관하여 회사 채권자에게 직접 · 연대 · 무한의 책임을 부담하는 사원을 말한다.

④ 합자회사는 무한책임사원과 유한책임사원이 각각 1명 이상 있어야 하며, 무한책임사원은 합명회사의 사원과 동일한 책임을 지고, 유한책임사원은 회사 채무에 있어서 회사 채권자에 대해 연대책임을 진다.

　→ 유한책임사원이란 회사의 채무에 대하여 회사 채권자에게 출자가액을 한도로 책임을 지는 사원을 말한다.

3 기업의 존재 이유

1. 거래비용 절감

① 코즈(R. Coase)와 윌리엄슨(O. Williamson)은 불확실성 아래서 거래비용을 줄이기 위하여 기업이라는 조직이 존재하게 되었다고 본다.

② 기업을 구성하고 상시 근로자를 고용함으로써 거래를 내부화하면 일일이 시장을 통하여 거래하는 것보다 거래비용을 크게 낮출 수 있으므로 기업을 조직하게 된다는 것이다.

2. 규모의 경제

① 규모의 경제란 생산수준이 높아짐에 따라 생산단가가 떨어지는 경우를 말한다.

② 기업이라는 조직이 존재하지 않고 각 개인들이 모든 상품을 소규모로 생산하는 체제에서는 기술상으로 대량생산의 이점이 있다 해도 이를 제대로 활용할 수 없을 것이다.

③ 기업 같은 조직화된 생산 활동의 주체가 대규모로 상품을 생산하는 체제를 갖춰야 규모의 경제를 충분히 활용할 수 있는 가능성이 열리게 된다.

3. 팀에 의한 생산의 이점

① 각 개인이 따로 떨어져 있는 것이 아니라 하나의 집단을 형성하여 공동으로 작업하는 것을 '팀에 의한 생산' 이라 한다.

② 팀에 의한 생산은 분업에 의한 전문화를 가능하게 만들어 효율성 향상에 기여할 수 있다.

4. 자금조달의 용이성

① 생산에 필요한 재원의 조달로서 어떤 상품을 생산할 체제를 갖추기 위해서는 공장 부지를 확보하고 기계를 설치하는 등 대규모의 투자를 해야 하고, 따라서 막대한 자금을 필요로 하게 된다.

② 필요한 자금의 규모가 워낙 커서 기업이 주식을 새로 발행하거나 회사채를 발행해 자본시장의 돈을 끌어다 쓰는 길 이외에는 마땅한 재원조달의 방법이 없다.

4 기업의 목표

① 기업의 목표는 이윤의 극대화에 있다. 이 가설은 누구나 수긍하지만 이 가설이 과연 옳은 것인가에 관해서는 반론의 여지도 많다.

② 특히 소유와 경영이 분리된 주식회사에서는 정보의 불완전성 또는 비대칭성 때문에 경영자들이 과연 주주들의 이익을 극대화하기 위하여 노력하는가, 이윤극대화보다는 오히려 자신의 평판을 위해 회사의 규모 확대와 혹은 매출액의 극대화를 꾀하는 경우가 많지 않은가 등 다양한 의문이 제기되고 있다.

5 기업의 제약

1. 생산기술상의 제약

생산기술상의 제약은 생산함수와 관련성이 있으며 또한 생산함수는 생산요소의 투입과 연관성이 있으므로 비용의 결정과 관련이 있다.

2. 시장의 제약

생산요소와 산출물은 모두 시장을 통해 판매 또는 구입이 이루어지므로 어떠한 시장이냐에 따른 제약이 존재한다.

02 생산함수

1 생산함수란?

1. 개념

① 생산함수란 투입물인 생산요소와 산출물간의 기술적인 관계를 나타내는 함수로서 일정 기간 동안 여러 사용가능한 생산요소 투입량으로부터 그 기간 동안 생산할 수 있는 최대한의 산출량을 나타낸다.

② 생산요소란 기업이 생산과정에서 생산물을 생산하기 위하여 사용하는 모든 것을 말한다.

③ 보통 생산요소를 노동·자본·토지·경영의 4가지로 구분하였는데 여기서는 토지와 경영을 무시하여 전통적인 생산함수를 나타내면 다음과 같다.

$$Q = f(L, K)$$

[Q : 산출물 또는 생산량, L : 노동량, K : 자본량]

2. 생산함수의 특징

① 기간을 명시하여 생산요소와 생산물의 관계를 나타내기 때문에 생산함수는 '유량(flow)'의 개념이다.

② 생산함수는 주어진 생산요소를 가지고 지금까지 알려진 생산기술 가운데 가장 우수한 기술을 이용하여 생산할 수 있는 최대 생산량을 보여준다. 즉 주어진 생산량을 생산하는 데에는 요소투입량을 가장 적게 사용한다는 것을 의미한다.

2 단기(short - run)와 장기(long - run)

1. 개별 기업에서의 단기와 장기

① 단기란 여러 가지 생산요소들 중 적어도 한 가지 요소의 투입량이 고정되어 있는 기간을 말한다. 생산요소들 중에서 생산시설과 공장건물 등의 자본재는 다른 요소에 비하여 투입량이나 규모를 변경하는 것이 쉽지 않다. 따라서 단기란 기업이 생산시설의 규모를 변경시킬 수 없을 만큼 짧은 기간이라고 할 수 있다.

② 장기란 모든 생산요소가 가변적으로 될 수 있는 충분히 긴 기간을 말한다.

2. 단기생산함수와 장기생산함수

① 생산함수는 크게 단기 생산함수와 장기 생산함수로 나뉜다.

② 양자의 차이는 고정요소(fixed factor)의 존재여부이다. 생산요소에는 일정 기간 동안 그 양을 변화시킬 수 있는 요소와 없는 요소가 있다.

③ 전자를 가변요소(variable factor)라 하고 후자를 고정요소(fixed factor)라 한다. 고정요소가 존재하는 경우의 생산함수가 단기 생산함수이고 고정요소가 존재하지 않는 경우의 생산함수가 장기생산함수이다.

3. 산업에서의 단기와 장기

개별 기업이 아닌 산업 전체로 볼 때 단기는 기존기업이 타 산업으로 퇴거하거나 새로운 기업이 그 산업에 진입해 오지 못할 정도로 짧은 기간을 의미하고, 장기는 모든 산업으로의 이동이 자유롭게 이루어질 수 있을 정도로 충분히 긴 기간을 의미한다.

	개별 기업	산업
단기	고정요소(자본), 가변요소(노동)	진입과 퇴거가 불가능
장기	가변요소(노동, 자본)	진입과 퇴거가 가능

2절 단기생산함수

01 기초개념

1 단기생산함수

① 단기생산함수란 자본(K)이 고정요소일 때의 생산함수로 가변요소인 노동(L)의 투입량과 생산량(Q)과의 관계를 나타낸다.

$$Q = f(L, \overline{K})$$

② 단기생산함수란 장기생산함수[$Q = f(L, K)$]에 일정한 제약을 가한 특수한 경우에 해당한다.

③ 그러므로 기술적인 측면에서 단기생산함수는 결코 장기생산함수보다 효율적일 수 없다.

2 총생산(Total Product ; TP)

① 일정 기간 동안 투입된 노동량으로 생산할 수 있는 최대한의 산출량을 나타낸다.

$$TP_L = f(L)$$

② 일반적으로 노동의 투입량이 증가하면 노동의 총생산은 증가한다.

3 평균생산(Average Product ; AP)

① 노동의 평균생산이란 가변요소인 노동 단위당 산출량을 말한다.

$$AP_L = \frac{TP_L}{L}$$

② 노동의 총생산곡선에서 원점을 연결한 직선의 기울기로 노동의 평균생산을 측정할 수 있다.

4 한계생산(Marginal Product ; MP)

① 다른 생산요소의 투입량은 고정된 상태에서 노동의 추가적인 투입에 따른 총생산량 증가분을 말한다.

$$MP_L = \frac{\triangle TP_L}{\triangle L}$$

② 만약 노동투입량이 1일 때($L = 1$) 노동의 총생산이 10이고($TP_L = 10$), 노동투입량이 2일 때($L = 2$) 노동의 총생산이 15라면($TP_L = 15$) 노동의 한계생산은 5가 된다.

$$MP_L = \frac{\triangle TP_L}{\triangle L} = \frac{5}{1} = 5$$

③ 노동의 총생산곡선의 접선의 기울기로 노동의 한계생산을 측정할 수 있다.

1 그림

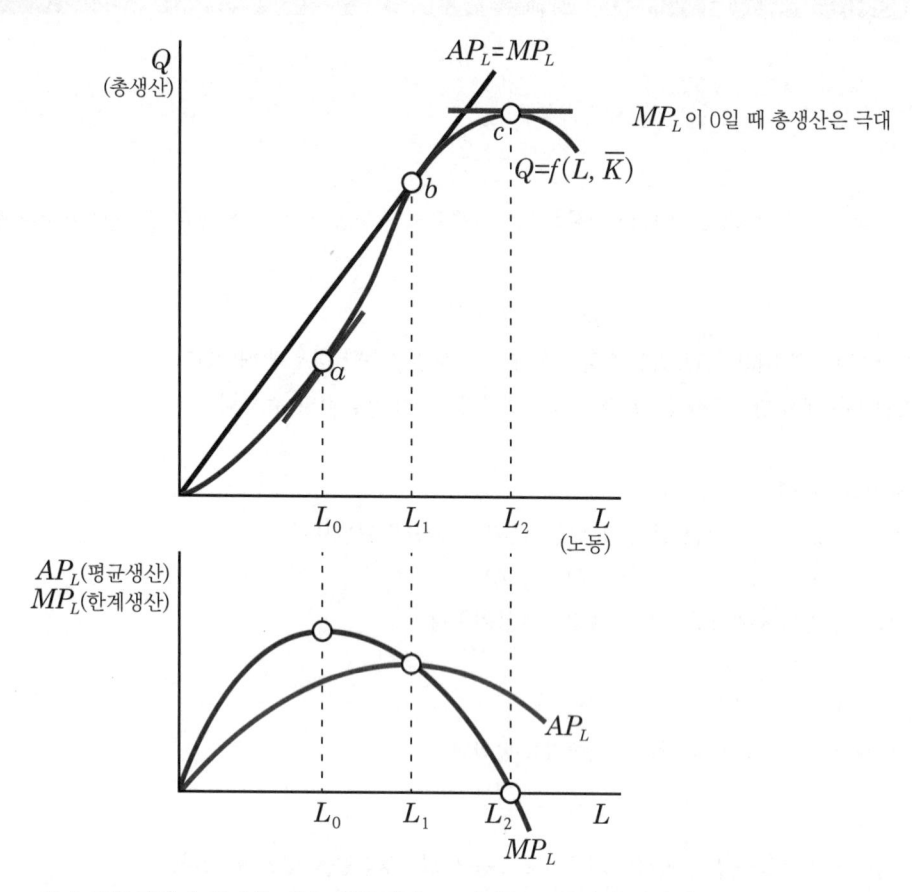

① 노동투입량이 증가할 때 노동투입량 L_0까지는 노동의 총생산이 체증적으로 증가하다가 L_0를 넘어서면 체감적으로 증가한다.

② 노동의 투입량이 L_2를 넘어서면 노동의 총생산은 감소한다.

③ 노동투입량 L_1까지는 총생산곡선에서 원점으로 연결한 기울기가 지속적으로 커지나 L_1을 넘어서면 원점으로 연결한 기울기가 감소한다. 따라서 평균생산(AP_L)곡선은 L_1까지 증가하다가 감소하는 형태로 그려진다.

④ 한계생산(MP_L)은 총생산(TP_L)곡선의 변곡점(a점)에 이를 때까지 체증하는데. 이를 수확체증 또는 한계생산체증이라 한다.

⑤ 변곡점 이후 즉, 노동투입량 L_0를 넘어서면 한계생산(MP_L)은 노동투입이 많아짐에 따라 감소하는 모습을 보이는데 이를 '수확체감의 법칙' 또는 한계생산체감의 법칙이라 한다.

→ 수확체감의 법칙이란 재화의 생산에서 다른 생산요소들의 투입은 모두 일정하게 하고 어느 1가지 요소의 투입만을 증가시킨다고 가정했을 때, 어떤 시점에서 도달하고 나면 그 이후로는 추가로 얻는 산출량이 차츰 감소하게 된다는 법칙이다. 따라서 한계생산곡선은 증가하다가 감소하는 형태로 그려진다.

2 생산과 비용의 관계

① 한계생산이 체증한다는 것은 가변요소의 추가적인 투입이 산출량을 더욱 크게 증가시킨다는 것이므로 산출물 1단위 생산에 소요되는 생산비용이 하락함을 의미한다.

② 따라서 한계생산 체증, 즉 수확체증은 비용체감이라 한다. 마찬가지로 수확체감, 즉 한계생산체감을 비용체증 이라 부르기도 한다.

3 총생산(TP_L)과 한계생산(MP_L)의 관계

① 한계생산은 총생산의 증가분($\triangle TP_L$)을 노동증가분($\triangle L$)으로 나눈 값과 같기 때문에 한계생산곡선은 총생산곡 선상의 각 점에서의 접선의 기울기로 나타낸다.

② 위의 총생산곡선 그림을 보면 변곡점 a까지는 총생산곡선의 접선의 기울기가 증가하기 때문에 한계생산은 노 동투입량 L_0까지 증가하는 모습을 보이게 된다.

③ 점 a에 이르러서는 총생산곡선의 접선의 기울기가 감소하기 시작하는데 이에 따라 노동투입량 L_0 이후에서 는 한계생산이 감소한다.

④ 따라서 총생산과 한계생산은 다음과 같은 관계가 성립된다.

→ 한계생산이 0보다 크면 총생산은 증가하고 한계생산이 0보다 작으면 총생산은 감소한다.

→ 한계생산이 0이면 총생산은 극대가 된다.

$$\cdot MP_L > 0 \leftrightarrow TP_L \text{ 증가}$$
$$\cdot MP_L = 0 \leftrightarrow TP_L \text{ 극대}$$
$$\cdot MP_L < 0 \leftrightarrow TP_L \text{ 감소}$$

4 평균생산(AP_L)과 한계생산(MP_L)의 관계

① 노동의 평균생산이란 총생산을 노동의 투입량으로 나눈 것이므로 총생산곡선 상의 한 점과 원점을 연결한 선 분의 기울기로 나타낼 수 있다.

② 평균생산곡선은 총생산곡선이 점 b에 이를 때까지 증가하다가 점 b를 지나면 점점 감소한다.

③ 점 b에서 평균생산이 극대가 되며 이 점에서 한계생산과 평균생산이 일치함을 알 수 있다.

④ 이것은 점 b에서 접선의 기울기와 원점에서 점 b를 연결한 선분의 기울기가 같음($MP_L = AP_L$)을 통해 알 수 있다.

⑤ 노동투입량이 늘어날 때 평균생산이 증가하는 영역에서 한계생산은 평균생산보다 크며 평균생산이 감소하는 영역에서 한계생산이 평균생산보다 작다.

⑥ 평균생산이 극대가 될 때 한계생산과 평균생산이 일치한다.

$$\cdot MP_L > AP_L \Leftrightarrow AP_L \text{ 증가}$$
$$\cdot MP_L < AP_L \Leftrightarrow AP_L \text{ 감소}$$
$$\cdot MP_L = AP_L \Leftrightarrow AP_L \text{ 극대}$$

개념정리   한계생산체감

• 한계생산체감의 법칙은 고정투입이 존재하는 상황에서 가변요소의 추가적인 투입으로 '단기'에서 발생하는 개념이다.

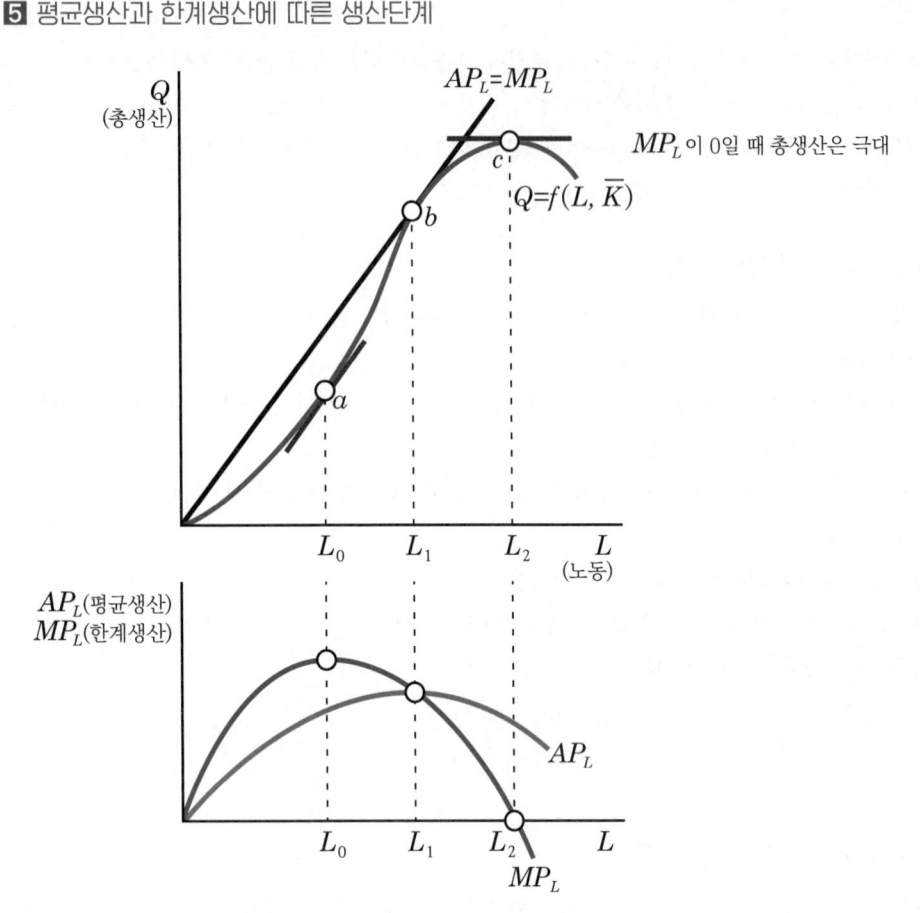

1. 제1 단계

 ① 총생산과 평균생산 모두 증가하고 한계생산이 평균생산보다 큰 단계를 말한다.

 ② 위의 그림에서 노동투입량이 L_1까지를 생산의 1단계라고 한다.

2. 제2 단계

 ① 총생산은 증가하지만 평균생산은 점점 감소하고 한계생산이 평균생산보다 작은 단계를 말한다.

 ② 위의 그림에서 노동투입량이 L_1에서 L_2까지를 생산의 2단계라고 한다.

 ③ 제2 단계에서 '수확체감의 법칙'이 성립하고 경제적인 영역으로 분석 대상이다.

3. 제3 단계

 ① 한계생산이 음(-)의 값을 가지게 되며 총생산이 감소하는 단계를 말한다.

 ② 위의 그림에서 노동투입량이 L_2를 초과하는 단계를 생산의 3단계라고 한다.

3절 장기생산함수

01 장기생산함수와 등량곡선

1 장기생산함수

① 단기 생산함수에서는 자본의 투입량이 고정되어 있다.

② 하지만 상황이 변하면 시설의 폐쇄, 신설, 확충이 있기 마련이므로 공장의 시설규모 등도 변화할 수 있다.

③ 이렇게 생산요소가 모두 가변인 경우의 생산함수, 즉 $Q = f(L, K)$로 표현되는 장기생산함수를 등량곡선 (isoquant)을 통해 살펴본다.

2 등량곡선

1. 개념

① 동일한 수준의 산출량을 생산할 수 있는 여러 가지 다른 생산요소의 조합을 나타내는 곡선을 말한다.

② 등량곡선을 장기생산함수라고 하는데 그 이유는 노동과 자본 모두 가변투입요소이기 때문이다.

③ 생산량(Q) 10을 생산하는 생산요소의 결합으로 $(L_1, K_1) = (2, 10)$, $(L_2, K_2) = (5, 5)$ 등이 있을 수 있다. 두 점인 a점과 b점을 연결하면 우하향하면서 원점에 볼록한 등량곡선이 도출된다.

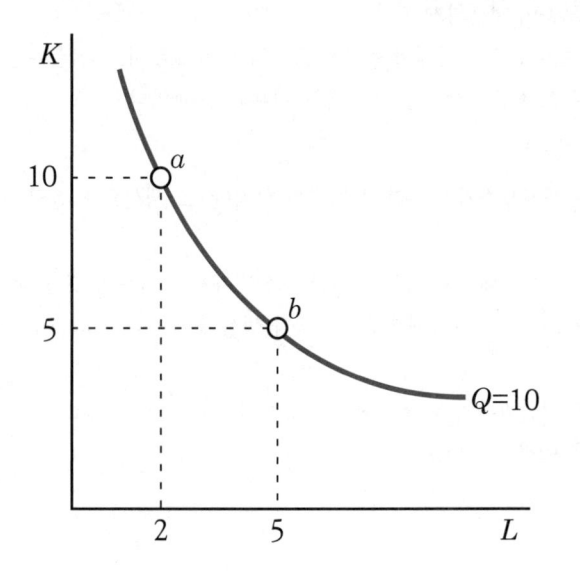

2. 성질

(1) 등량곡선은 우하향한다.

① 노동투입량이 증가할 때 생산량의 변화가 발생하지 않기 위해서는 자본투입량이 감소해야 하기 때문에 우하향의 형태를 갖는다.

② 즉, 우하향한다는 것은 생산요소가 서로 대체된다는 것을 의미한다.

(2) 원점에서 더 멀리 떨어져 있는 등량곡선일 수록 더 높은 산출량을 대표하게 된다.

   ① c 점은 a 점과 b 점에 비해 노동과 자본의 투입량이 많은 점이다.

   ② 따라서 c 점을 통과하는 등량곡선 $(Q = 20)$ 이 a 점이나 b 점을 통과하는 등량곡선 $(Q = 10)$ 보다 더 많은
      생산수준을 나타낸다.

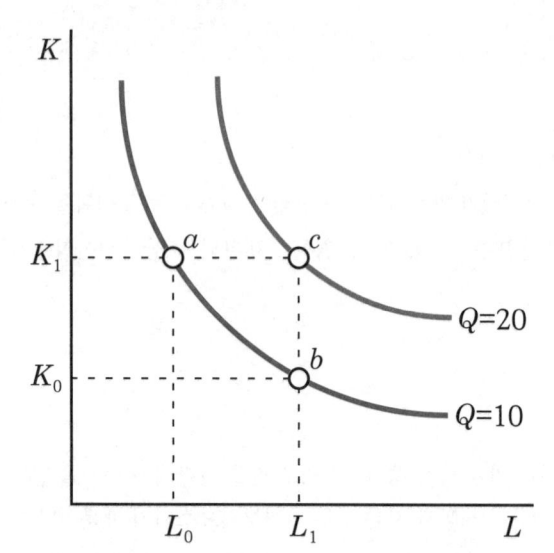

(3) 두 등량곡선은 서로 교차할 수 없다.

   ① 등량곡선이 서로 교차하면 생산의 모순이 발생하게 된다.

   ② 만일 두 개의 등량곡선이 서로 교차한다면 교차점에서 동일한 요소의 투입으로 서로 다른 수준의 생산이
      가능하다는 뜻인데 이는 기술적으로 효율적인 생산을 하고 있는 경우와 맞지 않다.

(4) 등량곡선은 원점에 대해 볼록한 모양을 갖는다.

   ① 원점에 대하여 볼록하다는 것은 두 생산요소가 서로 대체되기는 하지만, 그 생산요소 간의 대체정도가
      체감한다는 것을 의미한다.

   ② 예를 들어 동일한 양의 자동차를 생산하는데 노동자를 늘리고 생산기계를 줄이는 방법을 택하는 경우,
      노동자가 많아지고 생산기계가 적어질수록 생산기계 1대가 자동차 생산에 기여하는 상대적 중요성이 점
      차 증가한다.

   ③ 따라서 노동자 1명을 대체하기 위한 생산기계의 투입은 작아져야 한다.

   ④ 이것을 '한계기술대체율 체감의 법칙'이라고 한다.

개념정리	무차별곡선과 등량곡선의 차이점

• 무차별곡선은 주관적인 만족감인 효용을 나타내므로 서수적이지만 등량곡선은 구체적인 산출량을 나타내므로 기수적이다.

1 개념 - 등량곡선의 기울기

① 한계기술대체율($MRTS_{LK}$)이란 산출량을 동일 수준에서 유지하는 상태에서 노동 투입량이 변할 때 자본투입량의 변화분을 나타낸다. 즉, 노동투입량을 증가(감소)시킬 때 자본의 사용량을 얼마나 감소(증가)시킬 수 있는가의 정도를 측정한다.

② 한계기술대체율은 등량곡선의 기울기에 ($-$)를 붙인 것으로 노동과 자본의 한계생산의 비율과 같아진다.

$$MRTS_{LK} = -\frac{\triangle K}{\triangle L} = \frac{MP_L}{MP_K}$$

2 설명

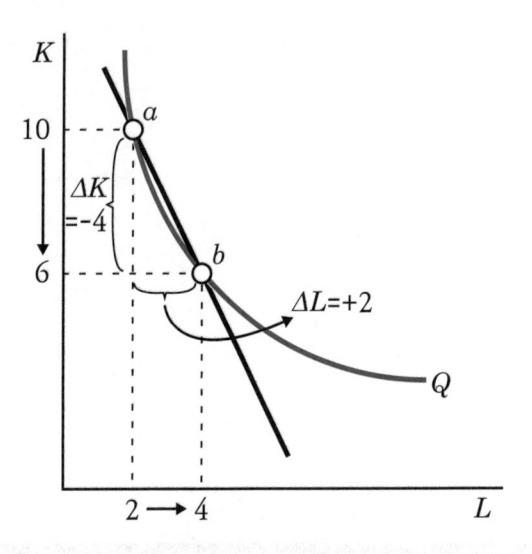

① a점과 b점을 연결한 직선의 기울기는 노동을 2단위 더 사용하고 자본을 4단위 덜 투입하더라도 생산량의 변화가 발생하지 않는다는 의미를 갖고 있다.

② 따라서 a점과 b점을 연결한 직선의 기울기인 한계기술대체율($MRTS_{LK}$)은 다음과 같다.

$$\rightarrow MRTS_{LK} = -\frac{\triangle K}{\triangle L} = -\frac{-4}{2} = \frac{4}{2} = \frac{2}{1}$$

③ 생산량을 일정하게 유지하면서 노동을 $\triangle L$ 단위 증가시키고 자본을 $\triangle K$ 단위 감소시키는 경우 $\triangle L$과 $\triangle K$의 증감에 따른 생산의 증가분, 즉 노동과 자본의 한계생산을 각각 MP_L과 MP_K 라고 하자.

④ $\triangle L$의 증가에 따른 생산증가분($\triangle L \times MP_L$)과 $\triangle K$의 감소에 따른 생산감소분($-\triangle K \times MP_K$)이 서로 같아야 생산량에 변화가 없게 되므로 다음과 같다.

$$\triangle L \times MP_L + \triangle K \times MP_K = \triangle Q = 0$$
$$\rightarrow \triangle L \times MP_L = -\triangle K \times MP_K$$
$$\rightarrow -\frac{\triangle K}{\triangle L} = \frac{MP_L}{MP_K}$$

⑤ 따라서 자본으로 표시한 노동의 한계기술대체율은 노동의 한계생산과 자본의 한계생산의 비율과 같다.

$$\rightarrow MRTS_{LK} = \frac{MP_L}{MP_K}$$

3 한계기술대체율 체감의 법칙

① 한계기술대체율 체감의 법칙이란 동일한 생산량을 유지하면서 자본을 노동으로 대체해감에 따라 등량곡선의 접선의 기울기인 한계기술대체율이 점차 감소하는 현상을 의미한다.

② 노동투입량이 증가하여 a점에서 c점으로 갈수록 한계기술대체율이 감소하며 이는 자본을 노동으로 대체하는 것이 어렵다는 것을 의미한다.

③ 또는 생산요소의 투입이 점점 감소할수록 그 상대적 중요성은 증가하고 반대로 생산요소의 투입이 점점 증가할수록 그 상대적 중요성은 감소한다는 것을 의미한다.

③ 따라서 등량곡선이 원점에 대해 볼록한 이유는 한계기술대체율이 체감하기 때문이다.

| 심화학습 | 한계생산체감과 한계기술대체율 체감 |

- 한계생산체감과 한계기술대체율 체감의 법칙 사이에는 아무런 관계가 없다는 것을 유의하여야 한다.
- 한계생산체감의 법칙은 다른 생산요소들의 투입량이 고정되었을 때 한 생산요소의 투입량이 많아질수록 그 생산요소의 한계생산이 감소한다는 것이며, 한계생산이 체감하더라도 한계기술대체율이 체감하지 않을 수 있으며 반대로 한계기술대체율이 체감하더라도 한계생산이 체감하지 않을 수 있다.

4절 동차생산함수

01 개념

① 0보다 큰 모든 t에 대해서 $f(tX, tY) = t^k f(X, Y)$가 성립하면 $f(X, Y)$를 k차 동차함수(homogeneous function of degree k)라고 부른다.

② 동차함수는 여러 형태의 함수에도 동일하게 적용된다.

③ 효용함수 $U(X, Y)$에서 $U(tX, tY) = t^k U(X, Y)$가 성립하면 $U(X, Y)$를 k차 효용함수라고 부른다.

④ k차 동차생산함수란 생산함수 $Q = f(L, K)$에서 노동(L)과 자본(K)을 각각 t배 증가시켰을 때 생산량이 t^k배만큼 증가하는 생산기술을 나타내는 함수를 말한다.

$$Q = f(L, K) \rightarrow t^k Q = f(tL, tK)$$

02 사례

▮ 생산함수

1. 생산함수가 $Q = L^\alpha K^{1-\alpha}$인 경우

노동과 자본을 각각 t배 증가시켰을 때 생산량이 t^1배만큼 증가하므로 1차 동차생산함수이다.

$$\rightarrow (tL)^\alpha (tK)^{1-\alpha} = (t^\alpha L^\alpha)(t^{1-\alpha} K^{1-\alpha}) = (t^\alpha t^{1-\alpha})(L^\alpha K^{1-\alpha}) = t^1 Q$$

2. 생산함수가 $Q = L^\alpha K^\beta$인 경우

노동과 자본을 각각 t배 증가시켰을 때 생산량이 $t^{\alpha+\beta}$배만큼 증가하므로 $(\alpha + \beta)$차 동차생산함수이다.

$$\rightarrow (tL)^\alpha (tK)^\beta = (t^\alpha L^\alpha)(t^\beta K^\beta) = (t^\alpha t^\beta)(L^\alpha K^\beta) = t^{\alpha+\beta} Q$$

3. 생산함수가 $Q = L + K$인 경우

노동과 자본을 각각 t배 증가시켰을 때 생산량이 t^1배만큼 증가하므로 1차 동차생산함수이다.

$$\rightarrow tL + tK = t(L + K) = t^1 Q$$

4. 생산함수가 $Q = \min(L, K)$인 경우

노동과 자본을 각각 t배 증가시켰을 때 생산량이 t^1배만큼 증가하므로 1차 동차생산함수이다.

$$\rightarrow \min(tL, tK) = t \min(L, K) = t^1 Q$$

2 효용함수

1. 효용함수가 $U = X^{\alpha}Y^{1-\alpha}$인 경우

$\rightarrow (tX)^{\alpha}(tY)^{1-\alpha} = (t^{\alpha}X^{\alpha})(t^{1-\alpha}Y^{1-\alpha}) = (t^{\alpha}t^{1-\alpha})(X^{\alpha}Y^{1-\alpha}) = t^{1}(X^{\alpha}Y^{1-\alpha})$

$\rightarrow$ 1차 동차효용함수

2. 효용함수가 $U = X^{\alpha}Y^{\beta}$인 경우

$\rightarrow (tX)^{\alpha}(tY)^{\beta} = (t^{\alpha}X^{\alpha})(t^{\beta}Y^{\beta}) = (t^{\alpha}t^{\beta})(X^{\alpha}Y^{\beta}) = t^{\alpha+\beta}(X^{\alpha}Y^{\beta})$

$\rightarrow (\alpha+\beta)$차 동차효용함수

3. 효용함수가 $U = X + Y$인 경우

$\rightarrow tX + tY = t(X+Y) = t^{1}(X+Y)$

$\rightarrow$ 1차 동차효용함수

4. 효용함수가 $U = \min(X, Y)$인 경우

$\rightarrow \min(tX, tY) = t\min(X, Y) = t^{1}\min(X, Y)$

$\rightarrow$ 1차 동차효용함수

---

03 특징

1 동차생산함수의 확장선

① 동차생산함수의 확장선은 원점에서 뻗어 나오는 직선이다.

② 확장선이 직선이라는 의미는 재화를 생산하는 생산요소의 결합$\left(\dfrac{K}{L}\right)$이 산출량에 관계없이 일정하다는 것을 의미한다.

③ 즉, 동일한 확장선상의 모든 등량곡선의 기울기, 즉 한계기술대체율이 같다는 것을 의미한다.

2 오일러의 정리

① 동차함수의 가장 중요한 성질은 오일러의 정리(Euler's theorem)이다.

② k차 동차생산함수일 경우 다음의 결과가 성립한다.

$$\rightarrow MP_{L} \times L + MP_{K} \times K = kf(L, K)$$

5절 다양한 생산함수와 등량곡선

01 개요

① 등량곡선은 생산기술과 관련이 있다.
② 따라서 생산기술이 특이하면 등량곡선도 특수한 형태를 갖는다.

02 두 생산요소가 완전 보완적인 경우 – 레온티에프 생산함수

1 개념

① 레온티에프 생산함수(Leontief production function) 또는 고정계수 생산함수(fixed coefficient production function)는 노동과 자본을 동시에 같은 비율로 증가시켜야만 산출량이 증가하는 생산함수이다.
② 즉, 다른 생산요소가 아무리 많이 투입되더라도 특정한 생산요소의 양이 증가하지 않는다면 생산량이 증가할 수 없는 경우에 해당된다.
③ 레온티에프 생산함수를 수식으로 나타내면 다음과 같다.

$$Q = \min(aL, bK), \, a > 0, \, b > 0$$

④ 이 형태의 생산함수는 1973년 노벨 경제학상을 수상한 경제학자 레온티에프(Wassily Leontief)가 투입 - 산출모형이라고 불리는 산업연관분석에서 사용한 생산함수의 형태로, 그의 이름을 따서 레온티에프 생산함수라고 부른다.

2 특징

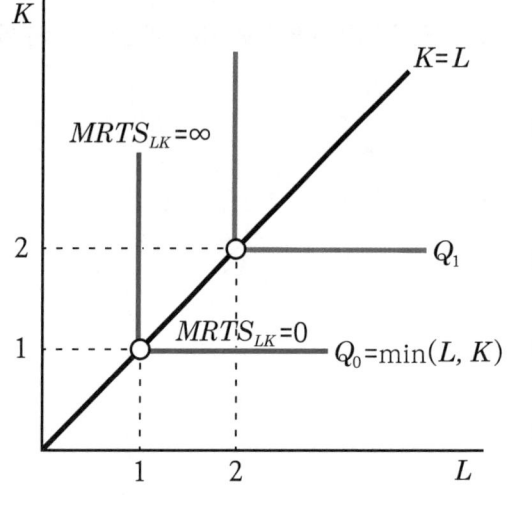

① 노동자(L) 1명이 기계(K) 1대로 한 시간에 아이스크림(Q) 1개를 생산할 수 있다면,
생산함수는 $Q = \min(L, K)$가 될 것이다.
② 예를 들어 노동자 2명이 기계 3대로 한 시간에 생산할 수 있는 아이스크림의 생산량은
$Q = \min(2, 3) = 2$가 된다.
③ 위의 사례에서는 노동 한 단위가 자본 한 단위와 결합하여 생산을 하므로 $a = b = 1$인 경우이다.
④ 따라서 두 생산요소가 완전보완관계를 갖고 있으며 노동과 자본 사이에 전혀 대체가 이루어지지 않는다.
⑤ 레온티에프 생산함수의 등량곡선은 L자형이며 $K = \dfrac{a}{b}L$선을 따라서 꺾인다.

→ 위의 경우에는 레온티에프 생산함수가 $Q = \min(L, K)$이므로 등량곡선은 $K = L$선을 따라서 꺾인 형태를 갖는다.

⑥ 한계기술대체율은 수직선 영역에서는 무한대(∞)이며 수평선 영역에서는 0의 값을 갖는다.

1 개념

① 선형생산함수(linear production function)는 노동과 자본의 대체가 완전히 자유로운 경우의 생산함수이다.

② 선형생산함수를 수식으로 나타내면 다음과 같다.

$$Q = aL + bK, \, a > 0, \, b > 0$$

2 특징

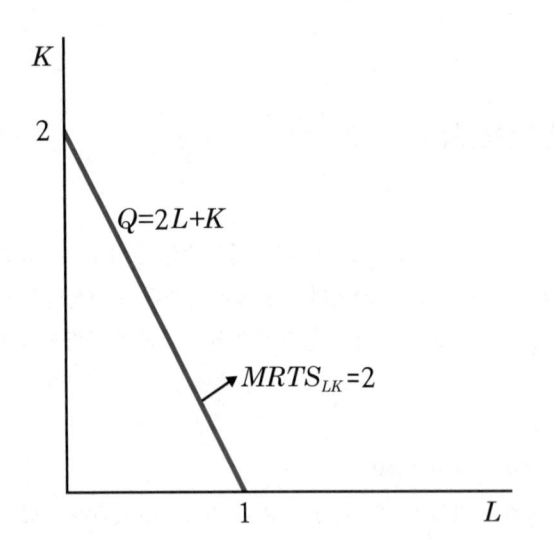

① 경찰관 1명과 무인 경찰차 2대의 순찰능력이 동일하다고 하면 경찰관 1명과 무인 경찰차 2대를 언제라도 바꿀 수 있다.

② 따라서 두 생산요소는 완전대체인 경우로 선형생산함수는 $Q = 2L + K$ 이다.

③ 노동과 자본의 한계생산은 각각 $MP_L = 2$, $MP_K = 1$ 이다. 따라서 노동과 자본의 한계생산은 일정하다.

④ 한계기술대체율은 $MRTS_{LK} = \dfrac{MP_L}{MP_K} = 2$ 로 항상 일정하므로 선형생산함수의 등량곡선은 기울기가 -2로 일정한 직선이 된다.

1 개념

미국의 경제학자 콥(Cobb)과 더글라스(Douglas)가 다음과 같은 생산함수를 처음으로 사용하여 기업의 행동을 분석하였다.

$$Q = AL^{\alpha}K^{\beta}$$

$$A > 0, \alpha > 0, \beta > 0$$

[Q : 생산량, A : 총요소생산성, L : 노동량, K : 자본량]

2 특징

1. $\alpha + \beta$차 동차생산함수

① 콥 - 더글라스 생산함수가 $Q = AL^{\alpha}K^{\beta}$인 경우 노동과 자본을 각각 t배 증가시키면 생산량이 $t^{\alpha+\beta}$배만큼 증가하므로 $(\alpha+\beta)$차 동차생산함수이다.

$$\rightarrow A(tL)^{\alpha}(tK)^{\beta} = A(t^{\alpha}L^{\alpha})(t^{\beta}K^{\beta}) = (t^{\alpha}t^{\beta})(AL^{\alpha}K^{\beta}) = t^{\alpha+\beta}Q$$

② 콥 - 더글라스 생산함수가 $Q = AL^{\alpha}K^{1-\alpha}$인 경우 노동과 자본을 각각 t배 증가시키면 생산량이 t^1배만큼 증가하므로 1차 동차생산함수이다.

$$\rightarrow A(tL)^{\alpha}(tK)^{1-\alpha} = A(t^{\alpha}L^{\alpha})(t^{1-\alpha}K^{1-\alpha}) = (t^{\alpha}t^{1-\alpha})(AL^{\alpha}K^{1-\alpha}) = t^1Q$$

2. 각 요소의 평균생산과 한계생산은 자본 - 노동비율 $\left(\dfrac{K}{L} = k\right)$만의 함수로 표시됨

① 콥 - 더글라스 생산함수가 $Q = AL^{\alpha}K^{1-\alpha}$인 경우 AP_L, AP_K, MP_L, MP_K를 구하면 다음과 같다.

② 노동의 평균생산(AP_L) : $AP_L = \dfrac{Q}{L} = \dfrac{AL^{\alpha}K^{1-\alpha}}{L} = AL^{\alpha-1}K^{1-\alpha} = A\left(\dfrac{K}{L}\right)^{1-\alpha} = Ak^{1-\alpha}$

③ 자본의 평균생산(AP_K) : $AP_K = \dfrac{Q}{K} = \dfrac{AL^{\alpha}K^{1-\alpha}}{K} = AL^{\alpha}K^{-\alpha} = A\left(\dfrac{K}{L}\right)^{-\alpha} = Ak^{-\alpha}$

④ 노동의 한계생산(MP_L) : $MP_L = \dfrac{\partial Q}{\partial L} = \alpha AL^{\alpha-1}K^{1-\alpha} = \alpha A\left(\dfrac{K}{L}\right)^{1-\alpha} = \alpha Ak^{1-\alpha}$

⑤ 자본의 한계생산(MP_K) : $MP_K = \dfrac{\partial Q}{\partial K} = (1-\alpha)AL^{\alpha}K^{-\alpha} = (1-\alpha)A\left(\dfrac{K}{L}\right)^{-\alpha} = (1-\alpha)Ak^{-\alpha}$

⑥ 각 요소의 평균생산물과 한계생산물이 자본 - 노동비율만의 함수로 표시된다는 것은 이것들이 자본과 노동에 대한 0차 동차함수라는 것을 뜻한다. 즉, 자본과 노동이 똑같은 비율로 변하면 AP와 MP는 변하지 않는다.

⑦ 미국의 경제학자 솔로우(R. Solow)는 경제성장모형에서 1차 동차 콥-더글라스 생산함수를 통해 1인당 생산을 이용하였다.

3. 오일러의 정리가 성립

① 생산함수 $Q = f(L,K)$가 k차 동차함수라면 $L \cdot MP_L + K \cdot MP_K = kf(L,K)$의 관계가 성립하는데, 이를 오일러의 정리라고 한다.

② 콥 - 더글라스 생산함수가 $Q = AL^{\alpha}K^{\beta}$인 경우 $(\alpha+\beta)Q = MP_L \cdot L + MP_K \cdot K$의 관계가 성립한다.

③ 콥 - 더글라스 생산함수가 $Q = AL^{\alpha}K^{1-\alpha}$인 1차 동차인 경우 오일러의 정리는 다음과 같이 나타낼 수 있다.

$$\rightarrow MP_L \times L + MP_K \times K = Q$$

$$MP_L = \alpha A L^{\alpha-1} K^{1-\alpha}$$

$$MP_L \times L = \alpha A L^\alpha K^{1-\alpha}$$

$$MP_K = (1-\alpha) A L^\alpha K^{-\alpha}$$

$$MP_K \times K = (1-\alpha) A L^\alpha K^{1-\alpha}$$

$$MP_L \times L + MP_K \times K = \alpha A L^\alpha K^{1-\alpha} + (1-\alpha) A L^\alpha K^{1-\alpha} = A L^\alpha K^{1-\alpha} = Q$$

④ 오일러의 정리가 의미하는 것은 생산함수가 1차 동차함수인 경우 각 생산요소에 그 요소의 한계생산물만큼 보수를 지불하면 총생산물의 과부족 없이 정확하게 완전 분배된다는 것이다. 즉, 기업의 판매수입 중에서 노동에 대한 사용대가와 자본에 대한 사용대가를 한계생산물 만큼 지불하면 기업의 이윤은 0이 된다.

⑤ 오일러의 정리는 주류경제학의 분배이론의 기초를 이루고 있다.

4. α는 노동소득분배율을, β는 자본소득분배율을 나타냄

① 한 나라의 총생산함수가 $Q = A L^\alpha K^\beta$인 경우 노동소득분배율과 자본소득분배율은 다음과 같다.

② 노동소득분배율 = 노동소득/총수입 = $\dfrac{wL}{PQ} = \dfrac{MP_L \cdot L}{Q} = \alpha$

③ 자본소득분배율 = 자본소득/총수입 = $\dfrac{rK}{PQ} = \dfrac{MP_K \cdot K}{Q} = \beta$

④ 만약 1차 동차생산함수라면 $\alpha + \beta = 1$이므로 노동소득분배율(α)과 자본소득분배율(β)의 합은 1이다.

5. α는 생산의 노동탄력성, β는 생산의 자본탄력성을 나타낸다.

① 생산의 요소탄력성은 $\dfrac{\text{생산량의 변화율}}{\text{요소량의 변화율}}$로 정의된다.

② 생산의 노동탄력성과 생산의 자본탄력성은 AP와 MP를 이용하여 다음과 같이 나타낼 수 있다.

③ 생산량의 노동탄력성 (ϵ_L) = $\dfrac{dQ}{dL} \times \dfrac{L}{Q} = \dfrac{MP_L \times L}{Q} = \dfrac{MP_L}{AP_L} = \dfrac{\alpha A L^{\alpha-1} K^\beta}{A L^{\alpha-1} K^\beta} = \alpha$

④ 생산량의 자본탄력성 (ϵ_K) = $\dfrac{dQ}{dK} \times \dfrac{K}{Q} = \dfrac{MP_K \times K}{Q} = \dfrac{MP_K}{AP_K} = \dfrac{\beta A L^\alpha K^{\beta-1}}{A L^\alpha K^{\beta-1}} = \beta$

⑤ 만약 1차 동차생산함수라면 $\alpha + \beta = 1$이므로 생산량의 요소탄력성의 합은 1이다.

6. 한계기술대체율($MRTS_{LK}$)

① 한계기술대체율은 $MRTS_{LK} = \dfrac{MP_L}{MP_K} = \dfrac{\alpha A L^{\alpha-1} K^\beta}{\beta A L^\alpha K^{\beta-1}} = \dfrac{\alpha}{\beta} \times \dfrac{K}{L}$이다.

② 노동투입량(L)을 증가시키고 자본투입량(K)을 감소시키면 한계기술대체율은 체감한다.

③ 따라서 콥 - 더글라스 생산함수의 등량곡선은 우하향하며 원점에 대하여 볼록한 형태를 갖는다.

6절 규모에 대한 수익

01 개요

① 기업이 장기적으로 생산요소의 투입량 규모를 두 배로 늘리면 생산량은 얼마나 증가시킬 수 있을까?

② 가장 쉽게 생산할 수 있는 것은 모든 생산요소의 투입량을 두 배로 증가시키면 생산량도 두 배로 증가하리라는 것이다.

③ 그러나 생산기술에 따라 투입물의 규모가 커짐으로써 작은 규모에서는 사용할 수 없었던 새로운 생산방법을 사용할 수 있기도 하고 노동과 자본의 분업이 심화되어 생산성이 향상될 수도 있어, 모든 생산요소의 투입규모가 두 배로 증가하면 생산량은 두 배 이상으로 증가할 수도 있다.

④ 이와는 반대로 모든 생산요소의 투입규모가 증가할 때 증가된 투입물을 통합하여 조정하고 조직하는데 어려움이 있을 수 있어 생산량이 두 배 이하가 될 가능성도 있다.

⑤ 이와 관련된 개념이 '규모수익'이다.

02 규모에 대한 수익(returns to scale)

1 개념

① 규모에 대한 수익이란 모든 생산요소 투입량을 동일한 비율로 변화시킬 때 생산량의 변화를 나타낸다.

② 생산요소가 노동과 자본 2 가지인 경우, 규모에 대한 수익에 관한 성질은 (L, K)를 모두 t 배만큼 같은 비율로 늘렸을 경우의 산출량인 $f(tL, tK)$와 원래 생산량의 t 배인 $tf(L, K)$의 크기에 관한 비교이다.

③ 따라서 규모에 대한 수익은 반드시 장기에 관한 성질이지 단기에서의 성질은 아니다.

2 규모수익불변(constant returns to scale ; CRS)

1. 개념

① 모든 생산요소의 투입량을 동일한 비율로 증가시킬 때 생산량이 투입량과 같은 비율로 증가하면 규모에 대한 수익불변이라고 한다.

② 즉, 규모수익불변이란 생산규모를 t 배 증가시키면 생산량이 t 배 증가하는 생산기술을 말한다.

$$\to f(tL, tK) = tf(L, K) = tQ$$

2. 그림

① 점 a는 노동 L_0와 자본 K_0를 투입하여 상품 10단위를 생산하는 요소투입점이다.

② 점 b는 노동과 자본의 투입량을 노동 $2L_0$, 자본 $2K_0$로 두 배 투입하여 상품 20단위를 생산하는 요소투입점이므로 '규모수익불변'을 나타낸다.

③ 노동과 자본의 투입량을 노동 $2L_0$, 자본 $2K_0$로 두 배 늘리더라도 요소투입비율, 즉 자본 - 노동투입비율 $\left(\dfrac{K}{L}\right)$에는 아무런 변동이 없으며, 따라서 두 배 증가한 요소투입점 b는 원점과 점 a를 연결한 직선의 연장선상에 있게 된다.

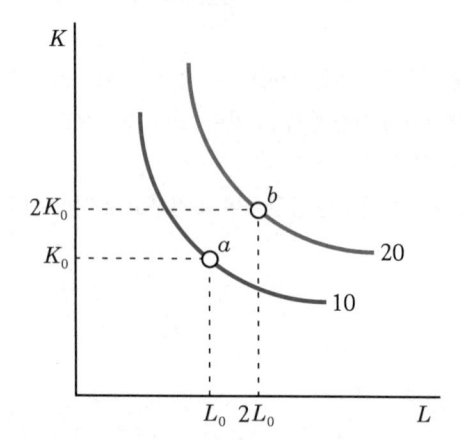

3 규모수익체증(increasing returns to scale ; IRS)

1. 개념

① 모든 생산요소의 투입량을 동일한 비율로 증가시킬 때 생산량이 더 큰 비율로 증가하면 규모수익체증이라고 한다.

② 즉, 규모수익체증이란 생산규모를 t배 증가시키면 생산량이 t배 이상 증가하는 생산기술을 말한다.

$$\to f(tL, tK) > tf(L, K) = tQ$$

③ 규모에 대한 수익체증을 규모의 경제(economies of scale)라고도 부른다.

→ 생산량이 증가할 때 평균비용이 감소하면 규모의 경제가 있다고 한다.

2. 그림

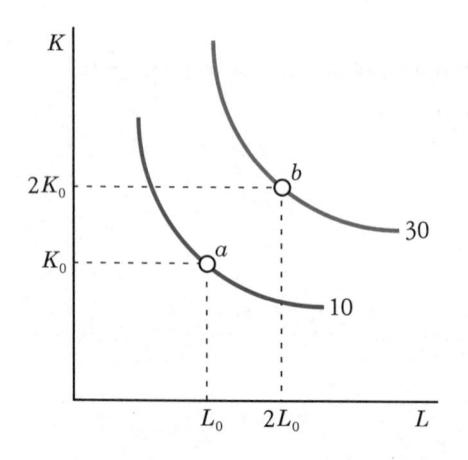

① 점 a는 노동 L_0와 자본 K_0를 투입하여 상품 10단위를 생산하는 요소투입점이다.

② 점 b는 노동과 자본의 투입량을 노동 $2L_0$, 자본 $2K_0$로 두 배 투입하여 상품 20단위 이상인 30단위를 생산하는 요소투입점이므로 '규모수익체증'을 나타낸다.

3. 규모에 대한 수익체증이 발생하는 이유

① 일반적으로 생산규모가 작은 단계에서 생산규모가 커짐에 따라 규모에 대한 수익체증이 일어나는데 그 원인은 분업에 의한 전문화, 경영의 효율성, 금전상의 이득 등이 있다.

② 분업에 따른 전문화에 따르면 생산규모가 커지면 각각의 노동자가 특수 분야의 작업에만 전적으로 종사할수 있게 되어 작업의 반복에 의해 숙련도를 높이고 이것이 작업의 효율성을 증대시킨다.

③ 경영의 효율성은 대규모 공장규모에서는 우수한 경영자를 고용해서 수많은 직원들을 더 효율적으로 관리할수 있다.

④ 또한 생산규모가 커지면 생산요소를 대량으로 구입할 수 있기 때문에 구매할인의 혜택을 얻을 수 있다.

④ 규모수익체감(decreasing returns to scale ; DRS)

1. 개념

① 모든 생산요소의 투입량을 동일한 비율로 증가시킬 때 생산량이 더 낮은 비율로 증가하면 규모수익체감이라고 한다.

② 즉, 규모수익체감이란 생산규모를 t배 증가시키면 생산량이 t배 이하로 증가하는 생산기술을 말한다.

$$\rightarrow f(tL, tK) < tf(L, K) = tQ$$

③ 규모에 대한 수익체감을 규모의 불경제(diseconomies of scale)라고도 부른다.

→ 생산량이 증가할 때 평균비용이 증가하면 규모의 불경제가 있다고 한다.

2. 그림

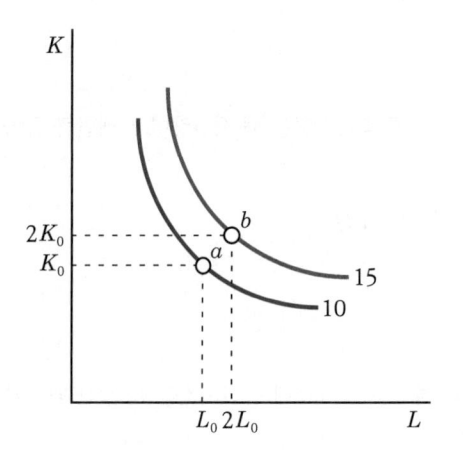

① 점 a는 노동 L_0와 자본 K_0를 투입하여 상품 10단위를 생산하는 요소투입점이다.

② 점 b는 노동과 자본의 투입량을 노동 $2L_0$, 자본 $2K_0$로 두 배 투입하여 상품 20단위 이하인 15단위를 생산하는 요소투입점이므로 '규모수익체감'을 나타낸다.

3. 규모에 대한 수익체감이 발생하는 이유

① 생산규모가 아주 커질 경우에는 규모에 대한 수익체감이 발생할 수 있는데 지나친 전문성의 문제점이 발생할수 있다.

② 예를 들어 노동의 전문성이 지나치면 단순반복적인 일로 사기저하, 인간소외 등을 초래한다.

③ 또한 생산규모가 커지면 경영면에서도 통제 및 조정이 어려워져서 비효율성이 나타난다.

03 동차생산함수와 규모에 대한 수익

1 일반적인 경우

① 생산함수 $Q = f(L, K)$가 k차 동차생산함수라면 다음의 관계가 성립한다.

$$\rightarrow f(tL, tK) = t^k f(L, K) = t^k Q$$

② $k > 1$이면 생산량이 t배보다 많이 증가하므로 규모에 대한 수익체증이다.

$$\rightarrow f(tL, tK) = t^k Q > tQ$$

③ $k = 1$이면 생산량이 t배 증가하므로 규모에 대한 수익불변이다.

$$\rightarrow f(tL, tK) = t^k Q = tQ$$

1차 동차생산함수이면 규모에 대한 수익불변과 관련이 있다.

③ $k < 1$이면 생산량이 t배보다 적게 증가하므로 규모에 대한 수익체감이다.

$$\rightarrow f(tL, tK) = t^k Q < tQ$$

2 콥 - 더글라스 생산함수

① 콥 - 더글라스 생산함수가 $Q = AL^\alpha K^\beta$인 경우 노동과 자본을 각각 t배 증가시켰을 때 생산량이 $t^{\alpha+\beta}$배만큼 증가하므로 $(\alpha + \beta)$차 동차생산함수이다.

$$\rightarrow A(tL)^\alpha (tK)^\beta = A(t^\alpha L^\alpha)(t^\beta K^\beta) = (t^\alpha t^\beta)(AL^\alpha K^\beta) = t^{\alpha+\beta} Q$$

② $\alpha + \beta > 1$인 경우 규모에 대한 수익체증이다.

③ $\alpha + \beta = 1$인 경우 규모에 대한 수익불변이다.

④ $\alpha + \beta < 1$인 경우 규모에 대한 수익체감이다.

3 선형생산함수

① 선형생산함수가 $Q = aL + bK$인 경우 노동과 자본을 각각 t배 증가시켰을 때 생산량이 t^1배만큼 증가하므로 1차 동차생산함수이다.

$$\rightarrow taL + tbK = t(aL + bK) = t^1 Q$$

② 1차 동차생산함수이므로 규모에 대한 수익불변이다.

4 레온티에프 생산함수

① 레온티에프 생산함수가 $Q = \min(aL, bK)$인 경우 노동과 자본을 각각 t배 증가시켰을 때 생산량이 t^1배만큼 증가하므로 1차 동차생산함수이다.

$$\rightarrow \min(taL, tbK) = t\min(aL, bK) = t^1 Q$$

② 1차 동차생산함수이므로 규모에 대한 수익불변이다.

04 규모에 대한 수익과 한계생산 체감과의 관계

① 규모에 대한 수익은 장기에서 성립되는 개념이고 한계생산체감은 단기에서 성립되는 개념이다.

② 따라서 한계생산체감의 법칙은 어떤 형태의 규모에 대한 수익과도 양립가능하다.

7절 등비용선

01 개념

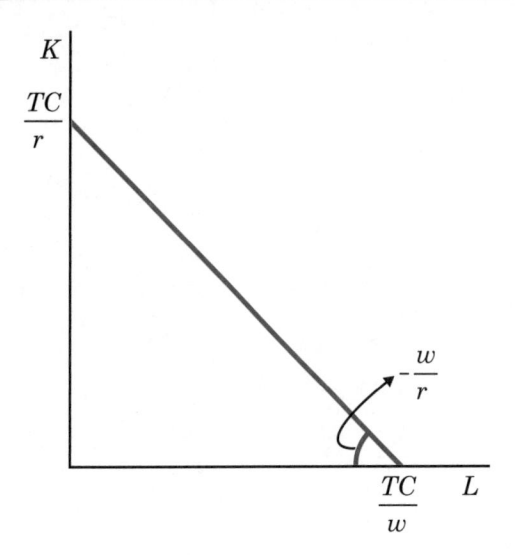

① 등비용선은 주어진 총비용으로 구입가능한 생산요소의 조합을 그림으로 나타낸 것으로 소비자이론의 예산선과 비슷한 개념이다.

② 총비용(TC)이 주어져 있을 때 요소가격이 각각 w와 r일 경우 노동(L)과 자본(K)을 구입하는데 비용 전부를 지출한다면 등비용선은 다음과 같다.

$$\to TC = wL + rK$$

③ TC(Total Cost)는 총비용, wL은 총노동비용, rK는 총자본비용이다.

[TC : 총비용, w : 노동 1단위의 가격, L : 노동투입량, r : 자본 1단위의 가격, K : 자본투입량]

④ 등비용선의 식은 $K = -\dfrac{w}{r}L + \dfrac{TC}{r}$이 되므로 세로축 절편이 $\dfrac{TC}{r}$이고 기울기가 $-\dfrac{w}{r}$인 직선이다.

→ 기울기는 요소의 상대가격으로 생산자가 시장에서 노동 1단위를 구입하기 위하여 자본을 몇 단위 포기하여야 하는가를 나타낸다.

⑤ 등비용곡선상의 모든 점에서 총비용의 크기가 동일하며 등비용곡선을 포함하여 내부에서 노동과 자본의 구입이 가능하다.

1 총비용의 변화

① 총비용이 변화하면 최대 구입 가능한 노동과 자본의 구입량이 증가하므로 등비용선이 우측으로 평행 이동한다.

② 그러나 등비용선의 기울기$\left(\dfrac{w}{r}\right)$는 변하지 않는다.

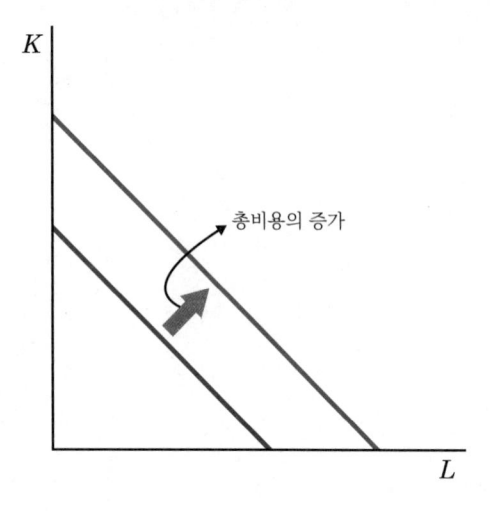

2 요소상대가격의 변화

① 요소상대가격의 변화는 등비용선의 기울기를 변화시킨다.

② 임금이 하락하면 구입 가능한 노동의 구입량이 증가하므로 등비용선이 우측으로 회전 이동한다.

③ 등비용선의 기울기$\left(\dfrac{w}{r}\right)$는 작아진다.

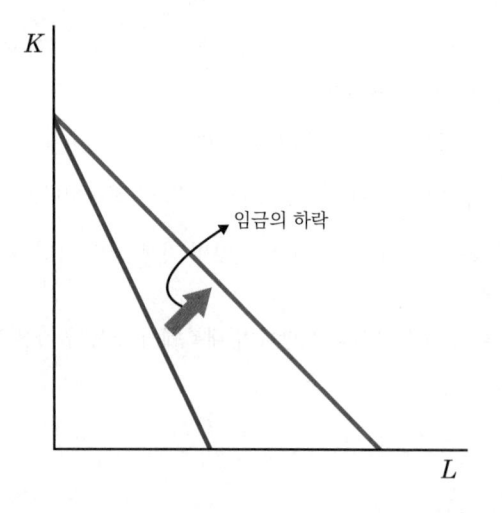

3 요소가격과 총비용이 동일한 비율로 변화하는 경우

① 요소가격과 총비용이 동일한 비율로 변화하면 등비용선은 이동하지 않는다.

② 요소가격과 총비용이 2배 증가한다면 등비용선의 함수식은 영향을 받지 않으므로 등비용선은 움직이지 않는다.

$$(2w)L + (2r)K = 2TC$$

$$\rightarrow wL + rK = TC$$

8절 생산자 균형

01 의의

① 비용극소화란 주어진 생산량을 최소비용으로 생산하는 여러 생산요소의 조합을 의미한다.

② 기업의 생산목표가 비용극소화인 이유는 이윤은 미래 실현적이지만 비용은 생산과 동시에 발생하기 때문이다.

02 비용제약 하의 산출량 극대화

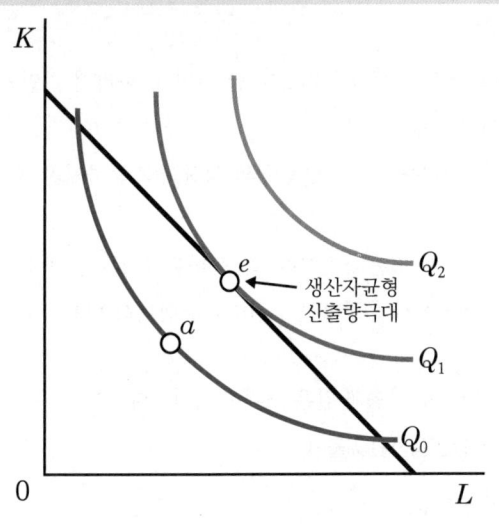

① 총비용(TC)이 고정되어 있는 경우 a 점에서 노동과 자본을 투입하면 생산량은 Q_0 가 된다.

② 생산요소 투입을 e 점으로 변화시키면 총비용은 동일하지만 생산량은 Q_1 으로 증가한다.

③ 주어진 비용제약 하에서는 생산량을 Q_2 로 늘릴 수가 없다.

④ 따라서 비용제약 하에서 등비용선과 등량곡선이 접하는 점에서 산출량이 극대화된다.

→ 등량곡선의 기울기 = 등비용선의 기울기

$$\rightarrow MRTS_{LK} = \frac{w}{r}$$

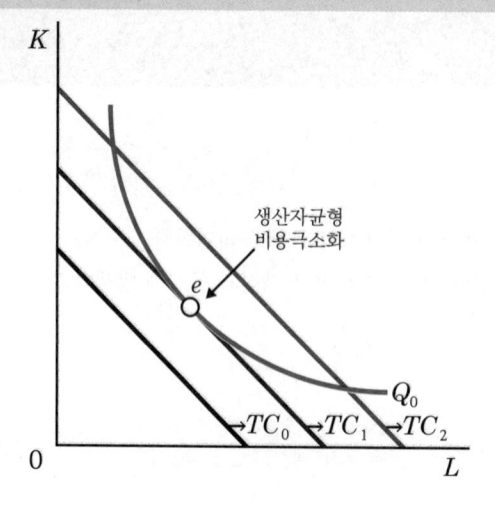

① 기업의 생산량이 Q_0로 주어져 있다면 기업은 최소의 비용으로 생산을 하고자 할 것이다. 따라서 기업의 비용 극소화는 주어진 생산량(Q_0) 하에서 비용이 가장 작은 경우 달성된다.

② TC_0의 비용으로는 Q_0만큼의 생산이 불가능하고, TC_2의 비용으로는 Q_0만큼의 생산이 가능하지만 총비용을 더 감소시킬 수 있다.

③ 따라서 주어진 생산량(Q_0)을 최소의 비용으로 생산할 수 있는 점은 e점이다. 즉, 등비용곡선은 원점 쪽으로 이동할수록 비용이 감소하므로 주어진 생산량 Q_0에서 등비용선과 등량곡선이 접하는 e점에서 비용극소화가 달성된다.

④ 생산자 균형점인 e점에서는 등량곡선과 등비용선이 접하므로 다음과 같은 조건이 성립한다.

→ 등량곡선의 기울기 = 등비용선의 기울기

$$\rightarrow MRTS_{LK} = \frac{w}{r}$$

04 결론

① 비용제약 하에서 산출량 극대화가 되는 점을 찾거나 생산량이 주어져 있는 경우 최소의 비용으로 생산할 수 있는 점을 찾거나 동일한 내용임을 알 수 있다.

② 산출량 극대 또는 비용극소화 모두 등량곡선의 기울기와 등비용선의 기울기가 일치해야 한다.

$$\rightarrow MRTS_{LK} = \frac{w}{r}$$

③ $MRTS_{LK} = \frac{MP_L}{MP_K}$인 점을 이용해 다시 쓰면 다음과 같다.

$$\rightarrow MRTS_{LK} = \frac{w}{r}$$

$$\rightarrow \frac{MP_L}{MP_K} = \frac{w}{r}$$

$$\rightarrow \frac{MP_L}{w} = \frac{MP_K}{r}$$

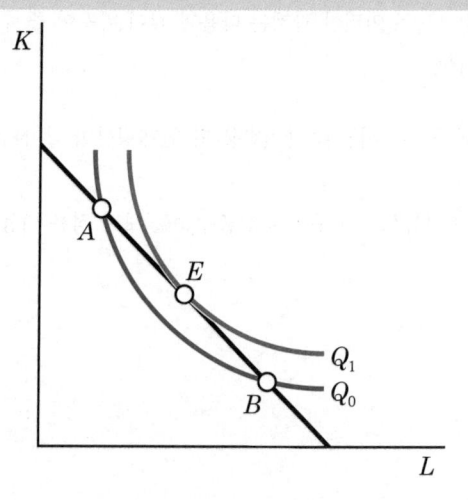

1 A점의 경우

① A점을 선택하면 Q_0의 생산량 밖에 얻을 수 없으나 E점을 선택하면 보다 많은 Q_1의 생산량을 얻을 수 있다.

② A점에서는 등량곡선의 기울기가 등비용선의 기울기보다 크므로 다음과 같은 식이 성립된다.

$$\rightarrow MRTS_{LK} > \frac{w}{r}$$

$$\rightarrow \frac{MP_L}{MP_K} > \frac{w}{r}$$

$$\rightarrow \frac{MP_L}{w} > \frac{MP_K}{r}$$

③ $\frac{MP_L}{w}$은 임금이 1원이 증가할 때 생산량이 몇 단위 증가하는 가를 나타내고, $\frac{MP_K}{r}$는 자본임대료가 1원 증가할 때 생산량이 몇 단위 증가하는 가를 나타낸다.

④ $\frac{MP_L}{w} > \frac{MP_K}{r}$이면 비용제약을 만족시키면서 생산량을 증가시킬 수 있다. 임금을 1원 늘리는 대신 자본임대료 지불액을 1원 줄여도 비용제약을 만족시키는 상황에서 이전보다 생산량은 증가한다.

⑤ 따라서 노동투입량을 늘리고 자본투입량을 감소시켜야 한다.

2 B점의 경우

① B점을 선택하면 Q_0의 생산량 밖에 얻을 수 없으나 E점을 선택하면 보다 많은 Q_1의 생산량을 얻을 수 있다.

② B점에서는 등비용선의 기울기가 등량곡선의 기울기보다 크므로 다음과 같은 식이 성립된다.

$$\rightarrow \frac{w}{r} > MRTS_{LK}$$

$$\rightarrow \frac{w}{r} > \frac{MP_L}{MP_K}$$

$$\rightarrow \frac{MP_L}{w} < \frac{MP_K}{r}$$

③ $\frac{MP_L}{w} < \frac{MP_K}{r}$이면 비용제약을 만족시키면서 생산량을 증가시킬 수 있다.

④ 자본임대료를 1원 늘리는 대신 임금 지불액을 1원 줄여도 비용제약을 만족시키는 상황에서 이전보다 생산량은 증가한다.

⑤ 따라서 자본투입량을 늘리고 노동투입량을 감소시켜야 한다.

3 한계생산물 균등의 법칙

① 한계기술대체율은 두 생산요소의 한계생산의 비율과 같으므로 이러한 관계는 다음과 같이 바꾸어 쓸 수 있다.

$$\frac{MP_L}{w} = \frac{MP_K}{r}$$

② 이는 노동구입에 사용된 단위 비용 당 한계생산과 자본구입에 사용된 단위비용 당 한계생산이 같아져야 함을 의미한다.

③ 만약 이러한 관계가 성립되지 않는다면 요소구입량을 조정함으로서 주어진 산출수준을 보다 적은 비용으로 생산할 수 있다.

1 등량곡선이 L자형인 경우

① 레온티에프 생산함수의 경우 두 생산요소가 완전보완관계이므로 L자형의 등량곡선을 갖는다.

② 레온티에프 생산함수가 $Q = \min(aL, bK)$인 경우 생산자 균형조건은 $Q = aL = bK$이다.

③ 레온티에프 생산함수는 L자형의 꺾인 점에서는 한계기술대체율을 정의할 수 없다.

④ 따라서 생산자 균형은 항상 $aL = bK \rightarrow K = \frac{a}{b}L$ 선상에서 이루어진다.

2 등량곡선이 우하향의 직선인 경우

① 선형생산함수인 경우 한계기술대체율이 일정하므로 등량곡선은 우하향의 직선 형태를 갖는다.

② 생산자균형은 등량곡선과 등비용선의 상대적인 기울기에 따라 X축에서 이루어질 수도 있고, Y축에서 이루어질 수도 있다.

③ 등량곡선과 등비용선의 기울기가 같은 경우에는 등량곡선과 등비용선이 겹치므로 등비용곡선 상의 모든 점이 생산자 균형이 된다.

④ 선형생산함수인 경우 등량곡선의 기울기인 한계기술대체율($MRTS_{LK}$)과 등비용선의 기울기인 노동의 상대가격$\left(\frac{w}{r}\right)$이 일치하지 않음에도 생산자균형이 달성된다.

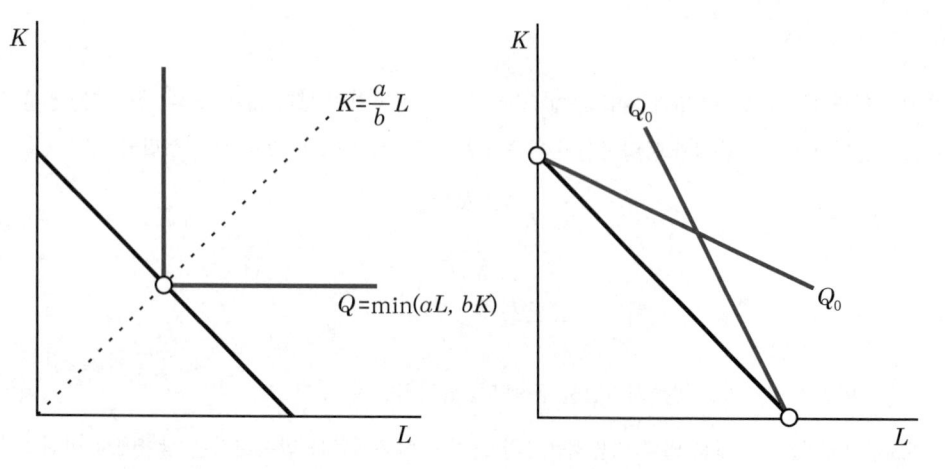

9절 대체탄력성

01 의의

① 등량곡선의 모양에 따라 생산요소간의 대체의 정도가 달라지며 동일한 등량곡선 상에 있다고 하더라도 어느 한 점에서 다른 점으로 옮겨가면 한계기술대체율($MRTS_{LK}$)과 요소투입비율의 변화가 생긴다.

② 이와 관련된 개념이 대체탄력성(σ)으로 대체탄력성은 생산과정에서 한 생산요소가 다른 생산요소로 쉽게 대체될 수 있는 정도를 나타낸다.

02 개념

① 생산요소의 대체탄력성(elasticity of factor substitution)이란 생산량을 일정하게 유지하는 상황에서 한계기술대체율($MRTS_{LK}$)이 1% 변화하는 경우에 자본 - 노동 결합비율$\left(\dfrac{K}{L}\right)$이 몇 % 변화하는가를 나타낸다.

② 대체탄력성이 크다는 것은 생산과정에서 어떤 생산요소가 다른 생산요소로 쉽게 대체될 수 있다는 것을 의미한다.

③ 생산자균형에서는 $MRTS_{LK} = \dfrac{w}{r}$ 이므로 다음과 같이 2가지 정의로 표현된다.

$$\sigma = \frac{\text{요소투입비율의 변화율}}{\text{한계기술대체율의 변화율}}$$

$$= \frac{\dfrac{\triangle\left(\dfrac{K}{L}\right)}{\left(\dfrac{K}{L}\right)}}{\dfrac{\triangle MRTS_{LK}}{MRTS_{LK}}}$$

$$= \frac{\dfrac{\triangle\left(\dfrac{K}{L}\right)}{\left(\dfrac{K}{L}\right)}}{\dfrac{\triangle\left(\dfrac{w}{r}\right)}{\left(\dfrac{w}{r}\right)}}$$

→ σ는 시그마(Sigma)로 읽음

1 대체탄력성이 1보다 작은 경우

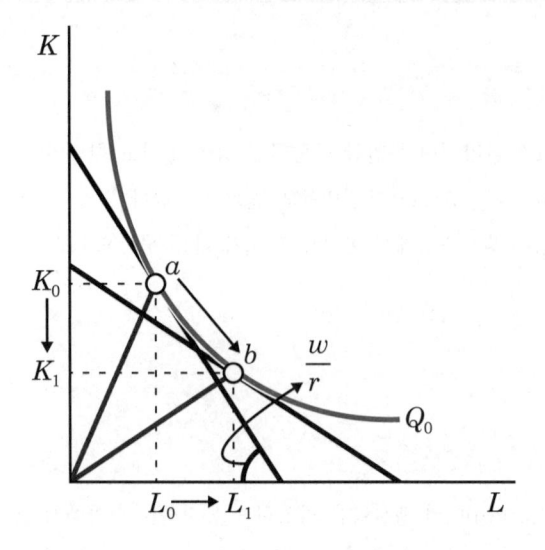

① 직선은 등비용선으로 기업의 비용제약을 나타낸다. 등비용선의 식은 $TC = wL + rK$ 으로 기울기는 $\frac{w}{r}$ 이다.

② 대체탄력성은 등비용선의 기울기인 $\frac{w}{r}$ 가 변할 때 요소결합비율 $\left(\frac{K}{L}\right)$ 이 얼마나 변하느냐로 정의된다.

③ 등량곡선 위의 a 점에서 b 점으로 이동하면 한계기술대체율은 감소하며 $\frac{K}{L}$ 의 비율도 감소한다. 따라서 대체탄력성은 양(+)의 값을 갖는다.

④ 노동의 상대가격 $\left(\frac{w}{r}\right)$ 이 작아진 경우 즉, 임금이 하락하면 자본을 노동으로 대체하려 하므로 $\frac{K}{L}$ 는 감소한다

⑤ 대체탄력성이 1보다 작다면 자본에서 노동으로 전환하기 어렵기 때문에 $\frac{K}{L}$ (원점에서 나오는 직선의 기울기)의 변화가 작다

2 대체탄력성이 1보다 큰 경우

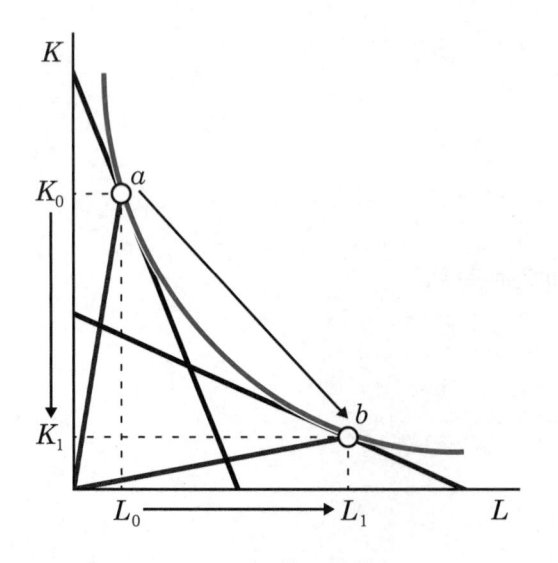

① 등량곡선 위의 a점에서 b점으로 이동하면 상대가격 $\left(\dfrac{w}{r}\right)$이 작아진다. 즉, 임금이 하락하면 자본을 노동으로 대체하려 하므로 노동투입을 늘리고 자본투입을 줄이게 된다.

② 대체탄력성이 1보다 크다면 자본에서 노동으로의 전환이 쉽기 때문에 요소결합비율인 $\dfrac{K}{L}$(원점에서 나오는 직선의 기울기)의 변화가 크다.

3 결론

① 생산요소의 대체탄력성은 동일한 생산요소 투입점에서 평가하더라도 등량곡선의 모양이 원점에 대하여 볼록할수록 낮으며 직선에 가까울수록 커진다.

② 등량곡선의 휘어짐(곡률, curvature)이 클수록 생산요소 간의 대체는 힘들어지며 대체탄력성은 작은 값을 갖는다.

→ 등량곡선의 곡률이 클수록 한계기술대체율($MRTS_{LK}$)의 변화가 크기 때문에 대체탄력성은 작아진다.

③ 등량곡선의 휘어짐이 작을수록 대체는 용이하며 대체탄력성은 큰 값을 갖는다.

04 생산함수와 대체탄력성의 크기

1 레온티에프 생산함수(대체탄력성 = 0)

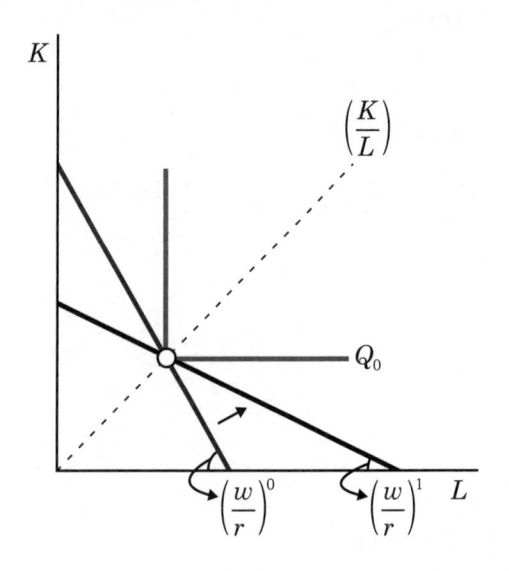

레온티에프 생산함수의 등량곡선은 한계기술대체율이 어떻게 변화하더라도 점선의 기울기인 자본-노동투입비율 $\left(\dfrac{K}{L}\right)$의 변화가 없으므로 대체탄력성이 0이다. $(\sigma = 0)$

2 콥 - 더글라스 생산함수(대체탄력성 = 1)

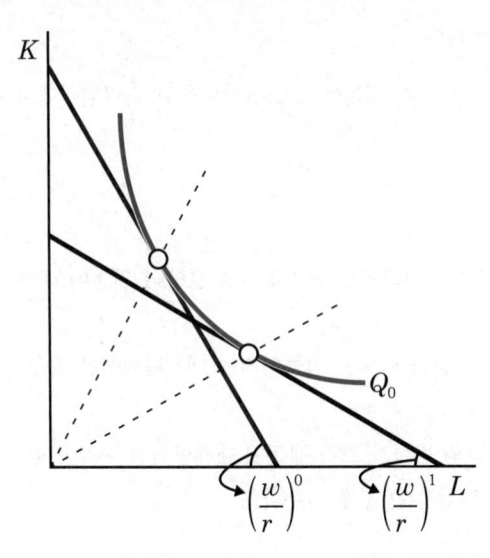

① 콥 - 더글라스 생산함수의 대체탄력성은 1이다.

② 콥 - 더글라스 생산함수가 $Q = AL^\alpha K^\beta$인 경우 한계기술대체율($MRTS_{LK}$)은 $MRTS_{LK} = \dfrac{\alpha}{\beta}\dfrac{K}{L}$이다.

③ 대체탄력성을 구하면 다음과 같다.

$$\sigma = \frac{d\left(\dfrac{K}{L}\right)}{dMRTS_{LK}} \times \frac{MRTS_{LK}}{\left(\dfrac{K}{L}\right)}$$

$$= \frac{1}{\dfrac{dMRTS_{LK}}{d\left(\dfrac{K}{L}\right)}} \times \frac{MRTS_{LK}}{\dfrac{K}{L}}$$

$$= \frac{1}{\dfrac{\alpha}{\beta}} \times \frac{\alpha}{\beta}$$

$$= \frac{\beta}{\alpha} \times \frac{\alpha}{\beta}$$

$$= 1$$

④ 따라서 콥 - 더글라스 생산함수는 생산요소간의 대체탄력성이 1이다.

3 선형생산함수($\sigma = \alpha$)

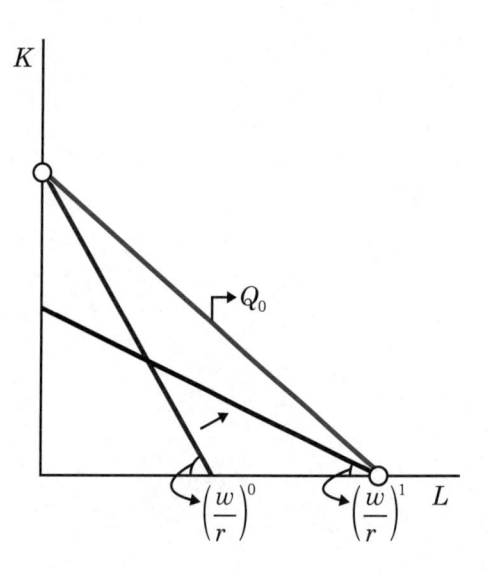

직선의 등량곡선을 갖는 선형생산함수의 경우 한계기술대체율의 변화가 없으므로 대체탄력성은 무한대(∞)가 된다.

4 CES(Constant Elasticity of Substitution, CES) 생산함수

① CES 생산함수는 다음과 같이 정의된다.

$$Q = C\left[aL^{-\rho} + (1-a)K^{-\rho}\right]^{-\frac{1}{\rho}}$$

$$C, a \text{는 상수}, \rho \geq -1$$

② CES 생산함수의 자본과 노동의 대체탄력성 σ는 $\dfrac{1}{1+\rho}$의 값을 갖는다.

③ ρ가 일정한 상수로 주어지면 요소의 대체탄력성은 일정하므로, 요소의 대체탄력성이 어떤 값을 갖는가는 ρ의 값에 의존함을 알 수 있다.

④ ρ가 -1이면 요소의 대체탄력성 $\dfrac{1}{1+\rho}$은 무한대가 되어 생산함수는 선형생산함수가 된다.

⑤ ρ가 0이면 요소의 대체탄력성 $\dfrac{1}{1+\rho}$은 1이 되어 생산함수는 콥 - 더글라스 생산함수가 된다.

⑥ ρ가 무한대이면 요소의 대체탄력성 $\dfrac{1}{1+\rho}$은 0이 되어 생산함수는 레온티에프 생산함수가 된다.

05 요소집약도(factor intensity)

1 개념

① 요소집약도란 자본량을 노동량으로 나눈 것$\left(\dfrac{K}{L}\right)$으로 1인당 자본장비율이라고도 한다.

② 상품의 생산에서 자본의 생산성이 노동의 생산성보다 높은 경우는 생산성이 높은 자본을 많이 사용하려 할 것이므로 요소집약도가 높을 것이다. 반대로 노동의 생산성이 자본의 생산성보다 높은 경우는 요소집약도가 낮을 것이다. 즉, 요소집약도의 값이 커질수록 자본집약적인 방법으로 재화를 생산하고, 반면 요소집약도의 값이 작아질수록 노동집약적인 방법으로 재화를 생산하고 있다는 것을 의미한다.

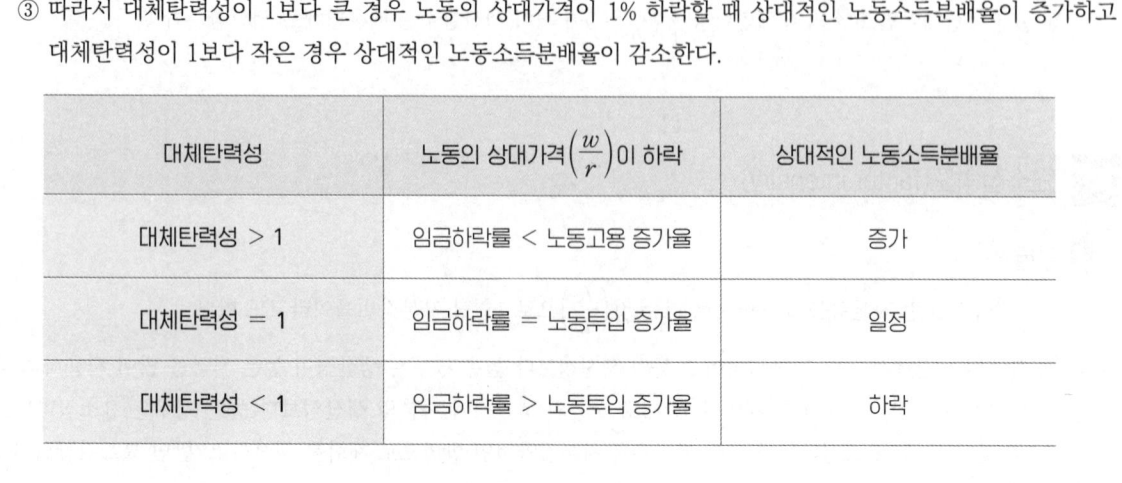

① 요소집약도는 원점과 a 점 또는 b 점을 연결한 직선의 기울기로 나타낸다.

② a 점에서의 $\left(\dfrac{K}{L}\right)^0$ 가 b 점에서의 $\left(\dfrac{K}{L}\right)^1$ 보다 더 크기 때문에 a 점이 자본집약적 생산방법을 사용하고 b 점은 노동 집약적 생산방법을 사용한다고 말할 수 있다.

---

06 대체탄력성과 소득분배

① 대체탄력성이란 요소의 상대가격 $\left(\dfrac{w}{r}\right)$ 이 변화할 때 요소집약도 $\left(\dfrac{K}{L}\right)$ 가 얼마나 변화하는지를 나타내는 지표이다.

② 대체탄력성이 1보다 크다면 노동의 상대가격 $\left(\dfrac{w}{r}\right)$ 이 1% 하락할 때 노동의 고용량이 자본의 고용량보다 상대적으로 더 크게 증가하고 대체탄력성이 1보다 작다면 노동의 고용량이 자본의 고용량보다 상대적으로 더 작게 증가한다.

③ 따라서 대체탄력성이 1보다 큰 경우 노동의 상대가격이 1% 하락할 때 상대적인 노동소득분배율이 증가하고 대체탄력성이 1보다 작은 경우 상대적인 노동소득분배율이 감소한다.

대체탄력성	노동의 상대가격 $\left(\dfrac{w}{r}\right)$ 이 하락	상대적인 노동소득분배율
대체탄력성 > 1	임금하락률 < 노동고용 증가율	증가
대체탄력성 = 1	임금하락률 = 노동투입 증가율	일정
대체탄력성 < 1	임금하락률 > 노동투입 증가율	하락

10절 생산자 균형의 이동

01 확장경로(expansion path)

1 확장경로란?

확장경로란 생산요소의 가격이 일정할 때 각 생산수준에서의 최소비용점을 연결한 곡선으로 소비자 이론에서의 소득소비곡선(ICC)과 유사한 개념이다.

2 확장경로의 형태

일반적으로 확장경로는 두 생산요소가 정상요소이면 원점을 지나는 우상향의 곡선이나 노동이 열등요소이면 좌상향으로 굴절되는 곡선일 수도 있다.

3 설명

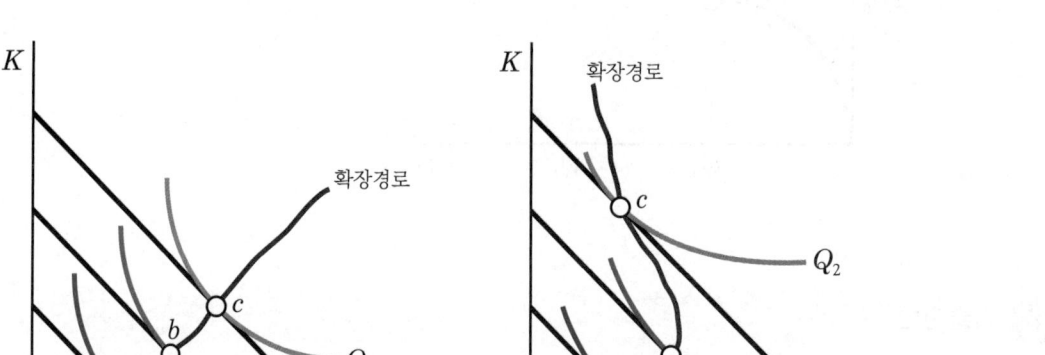

① 요소가격비가 일정할 때 Q_0를 생산하기 위한 최소비용은 등비용선과 등량곡선이 접하는 a점에서 달성된다.

② 생산량 Q_1은 b점, 생산량 Q_2는 c점이므로 a점, b점, c점을 연결하면 우상향하는 확장경로를 도출할 수 있다.

③ 확장경로는 두 생산요소가 모두 정상요소이면 원점을 지나는 우상향의 곡선이다.

④ 노동이 열등요소이면 확장경로는 우측의 그림처럼 좌상향으로 굴절되는 곡선의 형태를 갖는다. 왜냐하면 등비용선이 우측으로 이동할 때 열등요소인 노동투입량은 감소하기 때문이다.

⑤ 동조 생산함수 또는 동차 생산함수의 확장경로는 원점에서 나오는 반직선이 된다. 왜냐하면 생산량에 관계없이 자본 - 노동의 투입비율이 $\left(\dfrac{K}{L}\right)$로 언제나 일정하기 때문이다.

4 확장경로와 장기총비용곡선

① 확장경로에서 생산량이 변할 때 각 생산량에 대응하는 총비용을 연결하면 장기총비용과 생산량의 관계를 알 수 있다.

② 즉, 생산량이 Q_0에서 Q_1으로 증가할 때 이에 대응하는 비용을 연결하면 원점을 통과하는 장기총비용곡선이 도출된다.

③ 장기총비용곡선은 원점을 통과한다. 왜냐하면 장기에는 고정요소가 없어 생산량이 0일 때 총비용도 0이 되기 때문이다.

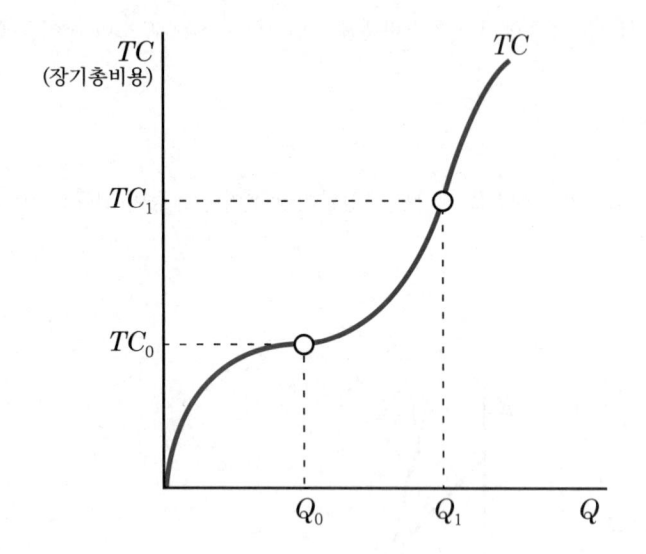

02 기술진보

1 개요

① 지금까지 우리는 기술 수준을 불변이라고 가정해왔다.

② 그러나 장기적인 관점에서 생산수준은 과학의 발달, 새로운 자원의 개발 등으로 인하여 끊임없이 변화한다.

③ 이러한 기술의 변화는 투입 요소와 생산량의 관계, 즉 생산함수를 변화시킨다.

2 기술진보란?

① 기술진보(technical progress)란 동일한 요소투입량으로 보다 많은 생산을 할 수 있거나 동일한 산출량을 보다 적은 요소투입량으로 생산할 수 있는 경우를 말한다.

② 생산함수의 상향 이동이나 등량곡선의 원점방향으로의 이동이 곧 기술진보에 해당한다.

3 단기생산함수의 이동

① 노동만이 가변생산요소이고 자본의 양은 고정되어 있는 가운데 기술진보가 있기 전의 생산함수는 TP_L^0이다.

② 기술진보가 발생하면 단기생산함수는 상향 이동하며 기술진보 이후의 단기생산함수는 TP_L^1이다.

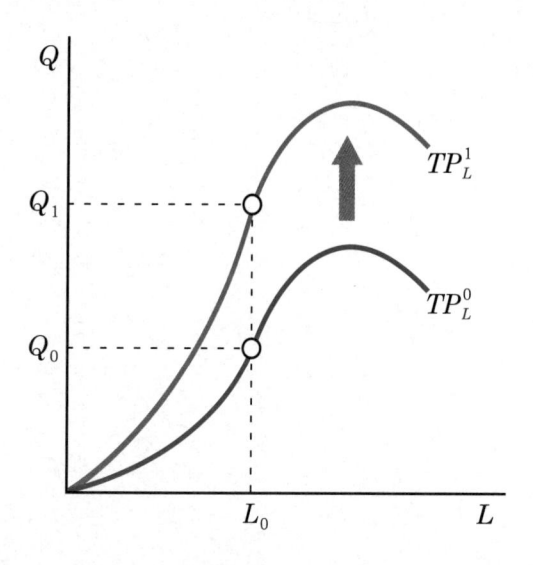

4 장기생산함수(등량곡선의 이동)

① 노동과 자본 모두 가변요소인 경우 기술진보가 발생하면 등량곡선이 원점을 향해 이동한다.

② 기술진보 이전에는 L_0의 노동과 K_0의 자본을 투입하여 최대 10단위를 생산했는데 기술진보의 결과 10단위를 생산하고자 할 때 $\overline{L_0 L_1}$만큼 노동을 감소시키거나 $\overline{K_0 K_1}$만큼 자본을 감소시켜도 된다.

③ 따라서 기술진보가 발생하면 동일한 생산량을 보다 적은 요소투입으로 생산 가능하므로 등량곡선이 원점을 향해 이동하게 된다.

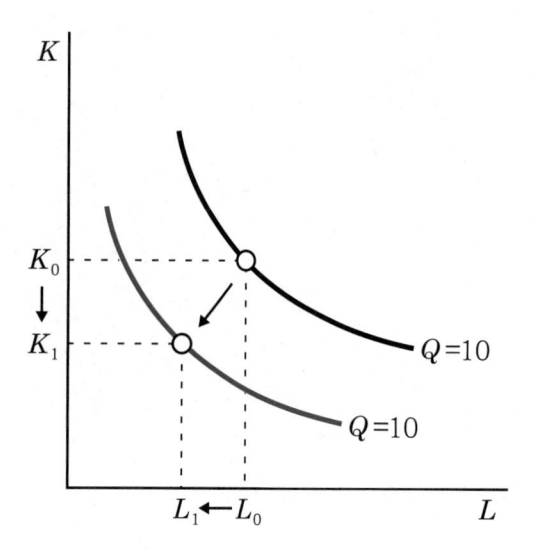

5 기술진보의 유형

1. 중립적 기술진보

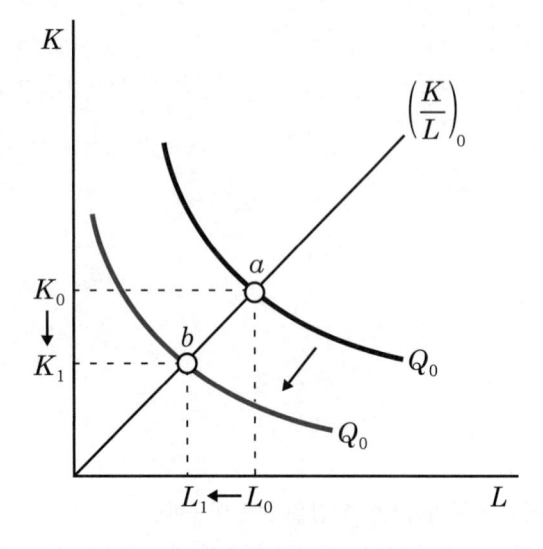

① 모든 생산요소의 생산성을 같은 비율로 증대시켜 모든 생산요소를 동일한 정도로 절약하는 기술발전을 중립적 기술진보라고 한다.

② 모든 생산요소의 한계생산이 동일한 비율로 증가한다면 등량곡선의 모양은 전혀 변하지 않는다.

③ 생산자 균형점이 a에서 b로 이동하고 자본과 노동의 투입량을 똑같은 비율로 줄이기 때문에 자본-노동비율 즉, 요소집약도 $\left(\dfrac{K}{L}\right)$는 변하지 않는다.

2. 노동절약적 기술진보(자본집약적 기술진보)

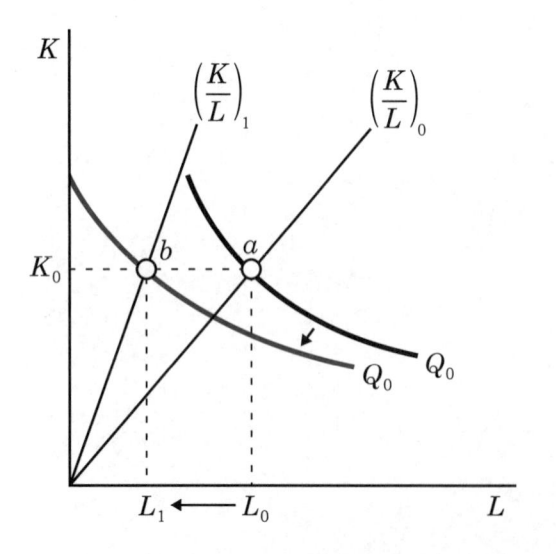

① 노동절약적 기술진보란 상대적으로 자본의 생산성을 증가시켜 자본의 사용을 늘리고 노동의 사용을 줄이는 효과를 갖는 자본집약적 생산기술의 발전을 의미한다.

② 자본의 생산성 증대로 이전과 동일한 자본과 노동투입량에서 자본의 한계생산을 증대시키는 기술진보를 말한다.

③ 생산자 균형점이 a에서 b로 이동하면 이전보다 노동을 덜 사용하게 되므로 노동절약적 기술진보라고 부르며 요소집약도$\left(\frac{K}{L}\right)$는 증가한다.

④ 이러한 기술발전은 등량곡선을 원래의 등량곡선 Q_0보다 더 수평선에 가까워진 곡선 Q_0가 되도록 한다. 왜냐하면 자본의 한계생산의 증가로 한계기술대체율이 감소하기 때문이다.

3. 자본절약적 기술진보(노동집약적 기술진보)

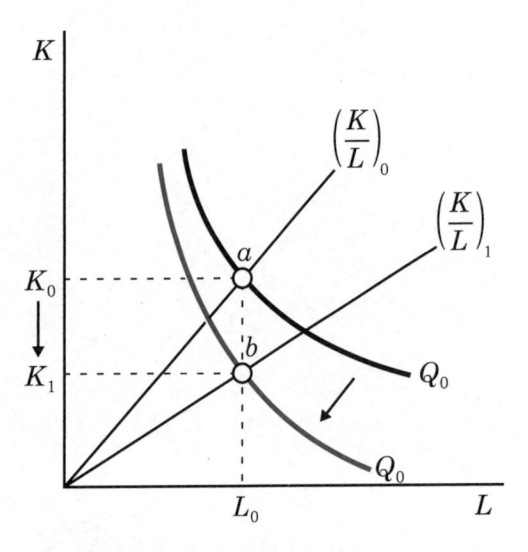

① 자본절약적 기술진보란 상대적으로 노동의 생산성을 증가시켜 노동의 사용을 늘리고 자본의 사용을 줄이는 효과를 갖는 노동집약적 생산기술의 발전을 의미한다.

② 노동의 생산성 증대로 이전과 동일한 자본과 노동투입량에서 노동의 한계생산을 증대시키는 기술진보를 말한다.

③ 생산자 균형점이 a에서 b로 이동하면 이전보다 자본을 덜 사용하게 되므로 자본절약적 기술진보라고 부르며 요소집약도$\left(\frac{K}{L}\right)$는 감소한다.

④ 이러한 기술발전은 등량곡선을 원래의 등량곡선 Q_0보다 더 수직선에 가까워진 곡선 Q_0가 되도록 한다. 왜냐하면 노동의 한계생산의 증가로 한계기술대체율이 증가하기 때문이다.

01 경제학에서 단기와 장기로 구별하는 기준은?

① 보통 1년 미만은 단기이고, 그 이상을 장기로 구분한다.
② 고정투입물이 존재하면 단기이고, 모든 투입물이 가변적이면 장기이다.
③ 모든 투입물이 고정이면 단기이고, 일부만 고정적이면 장기이다.
④ 규모의 경제가 실현되면 단기이고, 한계생산물체감법칙이 작용하면 장기이다.

풀이 날짜			
채점 결과			

02 등량곡선이 원점을 향하여 볼록한 것은 무엇 때문인가?

① 한계효용체감의 법칙 때문에
② 한계대체율체감의 법칙 때문에
③ 한계생산물체감의 법칙 때문에
④ 한계기술대체율체감의 법칙 때문에
⑤ 이상의 아무것도 아니다.

풀이 날짜			
채점 결과			

03 어떤 기업이 자본을 2단위 줄이고 노동을 1단위 증가시켜서 종전과 동일수준의 생산을 한다고 할 때, 노동과 자본 간의 한계기술대체율은 얼마인가?

① $\frac{1}{3}$ ② 1
③ 2 ④ 3.3
⑤ 4

풀이 날짜			
채점 결과			

04 일정한 요소가격비 하에서 자본금 또는 총비용을 늘리면서 산출량을 변화시킬 때 생산요소투입량이 어떻게 달라지는가를 보여주는 것은?

① 총비용곡선
② 등량곡선
③ 등비곡선
④ 총생산물곡선
⑤ 확장경로

풀이 날짜			
채점 결과			

05 다음은 소비자이론과 생산자이론에서 서로 대비되는 것을 나열한 것이다. 옳지 않은 것은?

① 가격선과 등비선
② 무차별곡선과 등량선
③ 한계효용과 한계생산
④ 효용극대화와 이윤극대화
⑤ 효용함수와 생산함수

풀이 날짜			
채점 결과			

01 · 단기란 여러 가지 생산요소들 중 적어도 한 가지 요소의 투입량이 고정되어 있는 기간을 말한다.

· 생산요소들 중에서 생산시설과 공장건물 등의 자본재는 다른 요소에 비하여 투입량이나 규모를 변경하는 것이 쉽지 않다. 따라서 단기란 기업이 생산시설의 규모를 변경시킬 수 없을 만큼 짧은 기간이라고 할 수 있다.

· 장기란 모든 생산요소가 가변적으로 될 수 있는 충분히 긴 기간을 말한다.

②

02 · 원점에 대하여 볼록하다는 것은 두 생산요소가 서로 대체되기는 하지만, 그 생산요소 간의 대체정도가 체감한다는 것을 의미한다.

· 예를 들어 동일한 양의 자동차를 생산하는데 노동자를 늘리고 생산기계를 줄이는 방법을 택하는 경우, 노동자가 많아지고 생산기계가 적어질수록 생산기계 1대가 자동차 생산에 기여하는 상대적 중요성이 점차 증가한다.

· 따라서 노동자 1명을 대체하기 위한 생산기계의 투입은 작아져야 한다.

· 이것을 '한계기술대체율 체감의 법칙'이라고 한다.

④

03 · 자본을 2단위 줄이고 노동을 1단위 증가시켜서 이전과 동일한 생산을 유지할 수 있다면 등량곡선의 기울기는 -2가 된다. $\left(\dfrac{\Delta K}{\Delta L} = \dfrac{-2}{1} = -2\right)$

· 즉, 노동 한 단위는 자본 두 단위와 같이 생산에 기여하므로 등량곡선의 기울기인 한계기술대체율은 2의 값을 갖는다.

$$\rightarrow MRTS_{LK} = \frac{MP_L}{MP_K} = 2$$

③

04 · 확장경로란 생산요소의 가격이 일정할 때 각 생산수준에서의 최소비용점을 연결한 곡선으로 소비자 이론에서의 소득소비곡선(*ICC*)과 유사한 개념이다.

· 일반적으로 확장경로는 두 생산요소가 정상요소이면 원점을 지나는 우상향의 곡선이나 노동이 열등요소이면 좌상향으로 굴절되는 곡선일 수도 있다.

⑤

05 · 소비자이론에서는 소비자균형을 통해 효용극대화를 구할 수 있다.

· 생산자이론에서는 생산자균형을 통해 비용극소화를 구할 수 있다.

· 이윤극대화는 총수입과 총비용을 통해 구할 수 있는데 총수입의 경우 완전경쟁시장, 독점시장이냐에 따라 달라질 수 있으므로 시장 조직 형태가 결정되어야 한다.

④

01 가변생산요소가 하나일 때 각 생산점 간의 관계가 옳은 것은?

 ⓐ 한계생산물이 평균생산물과 같은 점
 ⓑ 평균생산물이 극대인 점
 ⓒ 한계생산물이 영(0)인 점
 ⓓ 총생산물이 최대인 점

① (ⓐ = ⓑ) ≠ (ⓒ = ⓓ)
② (ⓐ = ⓑ = ⓒ) ≠ ⓓ
③ (ⓐ = ⓑ = ⓓ) ≠ ⓒ
④ (ⓐ = ⓒ) ≠ (ⓑ = ⓓ)
⑤ (ⓐ = ⓓ) ≠ (ⓑ = ⓒ)

풀이 날짜			
채점 결과			

02 생산자의 단기 생산 활동에 관련된 설명으로 옳은 것을 모두 고르시오.

 A. 가변요소의 투입량이 증가하면 평균생산성은 증가하다가 감소한다.
 B. 가변요소의 투입량이 증가하면 한계생산성은 증가하다가 감소한다.
 C. 수확체감의 법칙은 한계생산성이 감소하는 구간에서 성립한다.
 D. 평균생산성이 증가하는 구간에서 한계생산성은 평균생산성보다 크다.

① A, C   ② B, C
③ A, B, C, D   ④ A, D
⑤ B, C, D

풀이 날짜			
채점 결과			

03 평균생산(AP)과 한계생산(MP)의 관계를 올바르게 나타내는 것은?

① AP가 증가할 때 MP는 계속 증가한다.
② AP가 감소할 때 MP는 AP보다 크다.
③ AP가 극대일 때 MP는 AP와 같다.
④ AP가 MP와 일치할 때 산출량은 극대이다.
⑤ AP가 증가할 때 MP는 AP보다 작다.

풀이 날짜			
채점 결과			

04 처음 다섯 사람의 노동자가 작업을 할 때 1인당 평균생산량은 10단위였으나 노동자를 추가로 한 사람 더 고용함에 따라 1인당 평균생산량은 9단위로 줄어들었다. 이 경우 노동자의 한계생산량은 얼마인가?

① 1단위
② 2단위
③ 3단위
④ 4단위
⑤ 5단위

풀이 날짜			
채점 결과			

01
- 한계생산곡선과 평균생산곡선의 형태는 역 U자 형태이다.
- 한계생산은 평균생산의 극대점을 위에서 아래로 통과하므로 한계생산물과 평균생산물이 같을 때 평균생산물은 극대가 된다.
- 총생산물이 최대일 때 한계생산은 0이 된다.

①

02
- 평균생산과 한계생산 모두 역 U자 형태를 가지면 한계생산이 평균생산의 극대점을 위에서 아래로 통과한다.
- A, B 가변요소의 투입량이 증가하면 평균생산과 한계생산 모두 증가하다가 감소한다.
- C 수확체감의 법칙은 한계생산이 감소하는 경우를 말한다.
- D 평균생산이 증가하는 구간에서는 한계생산이 평균생산보다 크다.
- 평균생산이 감소하는 구간에서는 한계생산이 평균생산보다 작다.

③

03
- 평균생산곡선과 한계생산곡선 모두 역 U자 형태이며 한계생산곡선이 평균생산곡선을 위에서 아래로 관통한다.
  ① 평균생산이 증가할 때 한계생산은 증가하다가 감소한다.
  ② 평균생산이 감소할 때 한계생산은 평균생산보다 작다.
  ③ 평균생산이 극대일 때 한계생산곡선과 평균생산곡선은 교차한다.
  ④ 한계생산이 0일 때 산출량은 극대값을 갖는다.
  ⑤ 평균생산이 증가할 때 한계생산은 평균생산보다 크다.

  평균 〉 한계 ⇒ 평균이 하락
  평균 〈 한계 ⇒ 평균이 상승
  평균 = 한계 ⇒ 평균이 불변

③

04
- 노동자가 5명일 때 노동의 총생산은 5×10 = 50단위가 된다.

$$\rightarrow AP_L = \frac{TP_L}{L}$$

$$\rightarrow TP_L = L \times AP_L$$

- 노동자가 5명에서 6명으로 늘어나면 노동의 총생산은 6×9=54단위가 된다.
- 노동의 총생산이 50단위에서 54단위로 증가하였기 때문에 노동의 한계생산량은 4단위가 된다.

④

05 생산함수가 $Q = K^{\frac{1}{3}}L^{\frac{2}{3}}$ 일 때 옳은 것은?

① K와 L은 완전대체관계이다.
② K와 L의 대체탄력성은 1이다.
③ 각 생산요소의 투입량이 2배로 증가하면 생산량은 3배가 된다.
④ 노동의 한계생산물은 자본의 한계생산물보다 크다.
⑤ 규모의 불경제가 존재한다.

풀이 날짜			
채점 결과			

06 생산함수 $Q = 1.01L^{0.75}K^{0.25}$ 에 대한 다음 설명 중 옳지 않은 것은?

① 수확불변 현상이 나타난다.
② 1차동차 생산함수이다.
③ 생산의 노동탄력성은 0.75이다.
④ 각 생산요소에 그 요소의 한계생산물만큼 보수를 지불하면 노동소득과 자본소득 사이의 분배비율은 생산량과 관계없이 일정하다.
⑤ 요소사이의 대체탄력성은 1이다.

풀이 날짜			
채점 결과			

07 어떤 경제의 총생산함수가 $Y = 0.3K^{0.4}L^{0.6}$ 이라고 하자. 여기서 Y는 총생산량, L은 노동량, K는 자본량이다. 다음 설명 중 옳은 것을 모두 고른 것은?

가. 이 생산함수는 규모에 대한 보수 불변의 특성을 가지고 있다.
나. 경제성장률이 5%, 자본증가율이 3%, 노동증가율이 4%이면 총요소생산성 증가율은 1.4%이다.
다. 자본의 한계생산은 1인당자본 $\left(\dfrac{K}{L}\right)$에 비례한다.
라. 자본소득분배율과 노동소득분배율은 각각 0.4와 0.6이다.

① 가, 나
② 가, 다
③ 가, 라
④ 가, 나, 라
⑤ 가, 다, 라

풀이 날짜			
채점 결과			

05　① 선형생산함수인 경우 K와 L은 완전대체관계이다.　　　　　　　　　　　　　　　②

　　② 콥 - 더글라스 생산함수의 대체탄력성은 1이다.

　　③ 지수의 합 $\left(\dfrac{1}{3}+\dfrac{2}{3}=1\right)$이 1이므로 1차 동차생산함수이다. 1차 동차생산함수이면 규모수익불변의 성격을 갖는다. 따라서 각 생산요소의 투입량이 2배로 증가하면 생산량도 2배가 된다.

　　④ 노동의 한계생산물은 $MP_L=\dfrac{2}{3}K^{\frac{1}{3}}L^{-\frac{1}{3}}=\dfrac{2}{3}\left(\dfrac{K}{L}\right)^{\frac{1}{3}}$이다.

　　　자본의 한계생산물은 $MP_K=\dfrac{1}{3}K^{-\frac{2}{3}}L^{\frac{2}{3}}=\dfrac{1}{3}\left(\dfrac{L}{K}\right)^{\frac{2}{3}}$이다. 따라서 노동량과 자본량에 따라 노동의 한계생산물과 자본의 한계생산물이 결정된다.

　　⑤ 규모수익체감일 때 규모의 불경제가 발생하므로 규모수익불변과는 관계가 없다.

06　① 노동의 한계생산은 $MP_L=(1.01)(0.75)L^{-0.25}K^{0.25}=(1.01)(0.75)\left(\dfrac{K}{L}\right)^{0.25}$이므로, 자본($K$)이 일정할 때 노동　　①

　　　(L)이 증가하면 노동의 한계생산은 감소한다. 따라서 수확체감현상이 나타난다.

　　② 콥 - 더글라스 생산함수의 지수의 합이 1이므로 1차 동차생산함수이다.

　　③ 노동의 지수는 0.75이므로 생산의 노동탄력성은 0.75이다.

　　④ 노동의 지수는 0.75이고 자본의 지수는 0.25이므로 노동소득의 분배비율은 0.75, 자본소득의 분배비율은 0.25로 일정하다.

　　⑤ 콥 - 더글라스 생산함수의 대체탄력성은 1의 값을 갖는다.

07　가. 지수의 합이 1이므로 1차동차생산함수이며 규모수확불변의 특징을 갖고 있다.　　　　④

　　나. 총생산함수의 변화율을 구하면 다음과 같다.

$$\dfrac{\Delta Y}{Y}=\dfrac{\Delta A}{A}+0.4\dfrac{\Delta K}{K}+0.6\dfrac{\Delta L}{L}$$

$$\rightarrow 5\%=\dfrac{\Delta A}{A}+0.4\times3\%+0.6\times4\%$$

$$\rightarrow \dfrac{\Delta A}{A}=1.4\%$$

　　다. $MP_K=0.12K^{-0.6}L^{0.6}=0.12\left(\dfrac{L}{K}\right)^{0.6}$

　　　따라서 자본의 한계생산은 $\dfrac{L}{K}$에 비례한다.

　　라. 자본의 지수는 0.40이므로 자본소득분배율과 산출량의 자본탄력성은 0.40이다.

　　　노동의 지수는 0.60이므로 노동소득분배율과 산출량의 노동탄력성은 0.60이다.

08 자본과 노동을 투입해서 모니터를 생산하는 @-전자회사의 생산함수가 다음 식으로 표시된다고 가정하자.

$Q = 5\sqrt{KL}$ (단, Q는 모니터 생산량, K는 자본투입량, L은 노동투입량)

위의 생산함수에 대한 설명으로 타당하지 않은 것은?

① 수확체감의 법칙이 적용된다.
② 규모수익불변 현상이 나타난다.
③ 1차 동차함수이다.
④ 한계기술대체율은 일정하다.
⑤ 생산요소간 대체탄력성은 1이다.

풀이 날짜			
채점 결과			

09 다음 중 규모에 대한 수익체증을 나타내는 생산함수는?

① $Q = \min\left\{\dfrac{L}{2}, \dfrac{K}{4}\right\}$　　② $Q = 20L^{0.4}K^{0.6}$

③ $Q = L + 2K$　　④ $Q = (2L + K)^2$

풀이 날짜			
채점 결과			

10 삼송산업의 생산함수가 $Q = 3L^{\frac{2}{3}}K^{\frac{1}{3}}$ 으로 주어져 있다. 임금이 20원, 자본임대료가 10원, 그리고 삼송산업이 노동과 자본고용에 사용할 수 있는 총비용은 300원이다. 삼송산업의 노동고용량과 생산량은 각각 몇 단위일까?

① 노동고용량 10단위, 생산량 10단위
② 노동고용량 10단위, 생산량 20단위
③ 노동고용량 10단위, 생산량 30단위
④ 노동고용량 20단위, 생산량 20단위
⑤ 노동고용량 20단위, 생산량 30단위

풀이 날짜			
채점 결과			

08 ②, ③ 생산함수가 $Q = 5K^{\frac{1}{2}}L^{\frac{1}{2}}$이므로 1차 동차생산함수이다. 따라서 규모수익불변현상이 나타난다. ④

① $MP_L = \frac{5}{2}\left(\frac{K}{L}\right)^{\frac{1}{2}}$이므로 자본량이 일정할 때 노동의 한계생산은 체감한다.

$MP_K = \frac{5}{2}\left(\frac{L}{K}\right)^{\frac{1}{2}}$이므로 노동량이 일정할 때 자본의 한계생산은 체감한다.

④ $MRTS_{LK} = \frac{MP_L}{MP_K} = \frac{K}{L}$이므로 노동투입량이 증가하고 자본투입량이 감소할 때 한계기술대체율은 체감한다.

⑤ 콥 - 더글라스 생산함수의 대체탄력성은 1이다.

09 • 1차 동차생산함수인 경우 규모수익불변이다. ④

• 선형생산함수와 레온티에프 생산함수는 1차 동차생산함수이다.

• 콥 - 더글라스 생산함수는 지수의 합이 1인 경우 1차 동차생산함수이다.

①, ③ 레온티에프 생산함수와 선형생산함수이므로 1차 동차생산함수이다.

② 콥더글라스 생산함수의 지수의 합이 $0.4 + 0.6 = 1$이므로 1차 동차생산함수이다.

④ $(2tL + tK)^2 = t^2(2L + K)^2 = t^2Q$이므로 2차 동차생산함수이다. 따라서 규모수익체증을 나타낸다.

10 • 비용극소화 조건에서 한계기술대체율 $MRTS_{LK}$와 노동의 상대가격 $\frac{w}{r}$은 일치한다. ③

• 한계기술대체율을 구하면 다음과 같다.

$$MRTS_{LK} = \frac{MP_L}{MP_K} = \frac{2L^{-\frac{1}{3}}K^{\frac{1}{3}}}{L^{\frac{2}{3}}K^{-\frac{2}{3}}} = \frac{2K}{L}$$이 된다.

• 따라서 $MRTS_{LK} = \frac{w}{r}$

$$\rightarrow \frac{2K}{L} = \frac{20}{10}$$

$$\rightarrow L = K$$

• 등비용선은 $20L + 10K = 300$이므로 $L = K$를 대입하면

$20L + 10L = 300$

$\rightarrow 30L = 300$

$\rightarrow L = K = 10$으로 도출된다.

• 생산량은 $Q = 3L^{\frac{2}{3}}K^{\frac{1}{3}} = 3(10)^{\frac{2}{3}}(10)^{\frac{1}{3}} = 3 \times 10 = 30$이 된다.

11 사과 생산에 있어서 만약 토지 1단위의 비용이 100원이고, 노동 1단위의 비용이 500원이라면, 사과 생산자가 최소비용 상태에 있기 위해서는?

① 토지의 한계생산이 노동의 한계생산의 5배가 되도록 하여야 한다.
② 토지의 한계생산과 노동의 한계생산이 같도록 하여야 한다.
③ 노동의 한계생산이 토지의 한계생산의 5배가 되도록 하여야 한다.
④ 사용된 토지의 양이 사용된 노동의 양의 5배가 되도록 하여야 한다.
⑤ 사과의 가격을 알지 못하므로 무어라고 말할 수 없다.

| 풀이 날짜 | | | |
| 채점 결과 | | | |

12 어느 기업은 두 생산요소 A와 B를 고용하여 이윤극대화를 꾀하고 있다. 생산요소 A의 가격과 한계생산량은 각각 12원과 20단위이며 생산요소 B의 가격과 한계생산량은 각각 10원과 18단위이다. 다음 중 이 기업의 행동으로 타당한 것은?

① 생산요소 A의 고용을 늘리고 B의 고용은 줄인다.
② 생산요소 A의 고용을 줄이고 B의 고용은 늘린다.
③ 두 생산요소의 고용량을 모두 늘린다.
④ 두 생산요소의 고용량을 모두 줄인다.
⑤ 두 생산요소의 고용량을 조정하지 않는다.

13 어느 컴퓨터 소프트웨어 개발회사의 생산함수가 $Q = 2K + L$ 이다. 노동 한 단위의 가격이 10, 자본 한 단위의 가격이 30이라고 할 때 최소비용으로 300단위를 생산하기 위한 최적 자본투입량은?

① 0
② 5
③ 10
④ 30
⑤ 100

14 규모보수가 불변일 때 노동의 투입만을 증가시킬 경우 노동의 한계생산물의 변화에 관한 설명으로 옳은 것은?

① 한계생산물이 체감한다.
② 한계생산물이 불변이다.
③ 한계생산물이 0이다.
④ 한계생산물이 체증한다.
⑤ 한계생산물이 체증할 수도 있고 체감할 수도 있다.

11 · 등량곡선의 기울기인 한계기술대체율과 등비용선의 기울기인 노동의 상대가격이 일치할 때 비용극소화가 달성된다.

③

$$\rightarrow MRTS_{LK} = \frac{w}{r}$$

$$\rightarrow \frac{MP_L}{MP_K} = \frac{w}{r}$$

$$\rightarrow \frac{MP_L}{w} = \frac{MP_K}{r}$$

· 토지 1단위의 비용을 r이라 하고 노동 1단위의 비용을 w라고 하자. 비용극소화 조건은 다음과 같다.

$$MRTS_{LK} = \frac{MP_L}{MP_K} = \frac{w}{r} \Leftrightarrow \frac{MP_L}{MP_K} = 5 \text{ (단, } K \text{는 토지를 나타낸다고 하자.)}$$

· 따라서 $MP_L = 5 \times MP_K$이므로 노동의 한계생산(MP_L)이 토지의 한계생산(MP_K)보다 5배 더 커야 한다.

---

12 · 생산요소 A와 B의 1원당 한계생산은 각각 다음과 같다.

②

$$\frac{MP_A}{P_A} = \frac{20}{12}, \frac{MP_B}{P_B} = \frac{18}{10}$$

$$\frac{MP_A}{P_A} = \frac{200}{120} < \frac{MP_B}{P_B} = \frac{216}{120} \text{이므로 생산요소 B의 1원당 한계생산이 생산요소 A의 1원당 한계생산보다 크다.}$$

· 따라서 생산요소 A의 고용을 줄이고 생산요소 B의 고용을 늘려야 한다.

---

13 · 선형생산함수이므로 노동과 자본을 2 : 1로 완전대체한다.

①

· 노동을 2단위 사용하면 노동비용은 $10 \times 2 = 20$, 자본을 1단위 사용하면 자본비용은 $30 \times 1 = 30$이므로 노동만 사용한다.

· 따라서 최적의 자본투입량은 0이 된다.

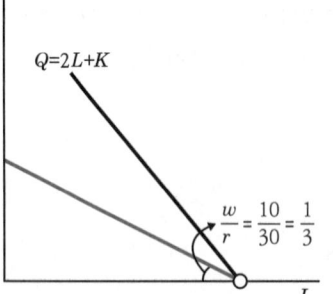

---

14 · 규모수익이 일정할 때 노동의 투입만을 증가시키면 노동의 한계생산물은 체감할 수 있다.

①

· 왜냐하면 규모수익은 장기에서 도출되는 개념이고 한계생산체감은 단기에서 도출되는 개념이기 때문이다.

· 즉, 규모수익 일정, 체증, 체감에 상관없이 노동의 한계생산은 체감할 수 있다.

15 생산요소 간 대체탄력성에 관한 기술 중 틀린 것은?

① 한계기술대체율의 변화율에 대한 요소결합비의 변화율이다.
② 콥-더글라스 생산함수의 대체탄력성은 1이다.
③ 등량곡선의 곡률이 클수록 대체탄력성이 작다.
④ 레온티에프 생산함수의 대체탄력성은 무한대이다.
⑤ 요소가격비가 요소집약도에 미치는 영향의 정도이다.

풀이 날짜			
채점 결과			

16 요소의 대체탄력성에 관한 다음 설명 중 옳지 않은 것은?

① 고정계수 생산함수 또는 레온티에프 생산함수인 경우 대체탄력성은 0이다.
② 생산요소 가격의 1%변화에 따르는 요소결합비율의 % 변화를 나타낸다.
③ 요소대체탄력성>1이면 임금이 상승할 때 (노동의 분배몫)/(자본의 분배몫)이 상승한다.
④ 생산함수가 규모에 대한 수확불변인 Cobb-Douglas생산함수인 경우 대체탄력성은 1이다.
⑤ 대체탄력성을 정의하는데 있어서는 생산량의 수준이 일정함을 전제로 한다.

풀이 날짜			
채점 결과			

17 확장선(expansion path)과 비용함수에 관한 설명으로 옳지 않은 것은?

① 확장선은 등량선과 등비용선의 접점의 궤적이다.
② 확장선은 생산량과 비용과의 관계를 내포하고 있다.
③ 요소의 절대가격이 변하더라도 상대가격이 일정하면 확장선은 변하지 않는다.
④ 요소의 상대가격이 변하면 확장선은 달라진다.
⑤ 요소의 상대가격을 일정하게 유지한 채 절대가격만 변하는 경우 비용함수는 변하지 않는다.

풀이 날짜			
채점 결과			

15 ④

- 생산요소의 대체탄력성(elasticity of factor substitution)이란 생산량을 일정하게 유지하는 상황에서 한계 기술대체율($MRTS_{LK}$)이 1% 변화하는 경우에 자본 -노동 결합비율($\frac{K}{L}$)이 몇 % 변화하는가를 나타낸다.

- 대체탄력성이 크다는 것은 생산과정에서 어떤 생산요소가 다른 생산요소로 쉽게 대체될 수 있다는 것을 의미한다.

- 생산자균형에서는 $MRTS_{LK} = \frac{w}{r}$ 이므로 다음과 같이 2가지 정의로 표현된다.

$$\sigma = \frac{요소투입비율의 변화율}{한계기술대체율의 변화율} = \frac{\dfrac{\triangle\left(\dfrac{K}{L}\right)}{\left(\dfrac{K}{L}\right)}}{\dfrac{\triangle MRTS_{LK}}{MRTS_{LK}}} = \frac{\dfrac{\triangle\left(\dfrac{K}{L}\right)}{\left(\dfrac{K}{L}\right)}}{\dfrac{\triangle\left(\dfrac{w}{r}\right)}{\left(\dfrac{w}{r}\right)}}$$

①, ⑤ 대체탄력성이란 한계기술대체율의 변화율에 대한 요소결합비($\frac{K}{L}$)의 변화율이다.

대체탄력성이란 요소가격비($\frac{w}{r}$)가 요소집약도($\frac{K}{L}$)에 미치는 영향의 정도이다.

②, ④ 콥 - 더글라스 생산함수의 대체탄력성은 1이고 레온티에프 생산함수의 대체탄력성은 0이다.

③ 등량곡선의 휘어짐(곡률, curvature)이 클수록 생산요소 간의 대체는 힘들어지며 대체탄력성은 작은 값을 갖는다.

16 ③

- 대체탄력성이 1보다 클 때 임금이 상승하면 노동감소폭이 크다.
- 따라서 노동의 분배몫이 크게 감소하기 때문에 (노동의 분배몫 / 자본의 분배몫)은 하락한다.

17 ⑤

① 확장선은 등량곡선과 등비용곡선의 접점들의 궤적이다.

② 생산량이 변하면 최소비용도 변하기 때문에 확장선은 생산량과 비용과의 관계를 나타낸다.

③ 요소의 절대가격이 변하더라도 상대가격이 일정하면 등비용선의 기울기는 변하지 않는다. 따라서 확장선은 변하지 않는다.

④ 요소의 상대가격이 변하면 등비용선의 기울기가 변하기 때문에 확장선의 형태는 달라진다.

⑤ 요소의 상대가격이 일정하더라도 절대가격이 변하면 비용함수는 변한다.

즉, 총비용 $TC = 2L + 4K$에서 $TC = 4L + 8K$로 변하면 노동의 상대가격 $\frac{w}{r} = \frac{1}{2}$로 일정하다.

그러나 비용함수식은 변한다.

18 최근 우리나라의 각 산업에서 기술진보가 급속히 진행되고 있다. 이러한 기술진보가 등량곡선에 미치는 효과를 바르게 나타낸 것은?

① 등량곡선이 원점으로부터 밖으로 이동한다.
② 등량곡선이 원점을 향하여 안으로 이동한다.
③ 등량곡선은 이동하지 않는다.
④ 등량곡선을 따라서 오른쪽 아래로 움직인다.
⑤ 등량곡선을 따라서 왼쪽 위로 움직인다.

풀이 날짜		
채점 결과		

19 두 생산요소 자본(K)과 노동(L) 중에서 "노동절약적" 기술진보가 일어났다. 이 경우 자본투입량과 노동투입량의 비율인 $\dfrac{K}{L}$는?

① 기술진보가 일어나기 전보다 작다.
② 기술진보가 일어나기 전보다 크다.
③ 기술진보가 일어나기 전과 같다.
④ 음이다.
⑤ 이상의 아무 것도 아니다.

풀이 날짜		
채점 결과		

18 • 기술진보(technical progress)란 동일한 요소투입량으로 보다 많은 생산을 할 수 있거나 동일한 산출량을 ②
보다 적은 요소투입량으로 생산할 수 있는 경우를 말한다.

• 생산함수의 상향이동이나 등량곡선의 원점방향으로의 이동이 곧 기술진보에 해당한다.

• 기술진보가 발생하면 동일한 생산량을 보다 적은 요소투입으로 생산 가능하므로 등량곡선이 원점을 향해 이
동하게 된다.

19 • 기술진보가 발생하여 자본생산성이 노동생산성보다 상대적으로 더 크게 상승하면 기업은 비용을 극소화시키 ②
는 과정에서 자본의 상대적 투입량을 더 늘린다.

• 이 경우를 노동절약적(자본집약적) 기술진보라고 한다.

• 기술진보 → MP_K 상승 → $\dfrac{MP_L}{MP_K}$ 감소 → $\dfrac{K}{L}$ 증가

비용이론

단원 학습 목표

- 기업의 생산비용은 기술 여건과 생산요소의 가격, 생산량의 크기에 따라 결정된다.
- 여기서는 기술 여건이 일정하고 생산요소의 가격이 불변인 상황에서 기술적 효율성이 달성되고 또한 비용이 가장 적게 드는 방법으로 생산이 이루어질 것이라는 전제 하에서 생산량과 생산비용 간의 관계를 살펴보기로 한다.
- 비용의 개념을 정리하고 단기비용과 장기비용의 성질을 분석한다.

1절 비용의 기초 개념

01 비용(cost)이란?

① 비용이란 재화나 서비스를 생산하는데 들어가는 대가를 말한다.

② 경제학 개념으로 쓰일 때는 어떤 하나의 상품이나 행동을 선택하면서 그 대신 다른 것을 포기할 때 그 포기한 상품 또는 행동이 가지는 대체기회의 평가량을 의미한다.

02 비용함수

① 주어진 생산량을 생산하기 위하여 필요한 최소한의 금액을 나타내는 함수를 말한다.

② 기업이 자신의 기술을 가장 효율적으로 이용하여 주어진 생산량을 생산할 때의 비용을 나타낸다.

$$TC = f(Q)$$

TC : 총비용, Q : 생산량

03 기회비용과 회계비용

1 기회비용(opportunity cost)

① 기회비용이란 그 행동을 취하기로 한 결정으로 말미암아 포기할 수밖에 없는 다른 가능성의 가치로 포기된 선택 안들 중에서 가장 가치 있는 것을 말한다. 따라서 기회비용이 없는 생산이란 있을 수 없다.

② 기회비용에는 명시적 비용(explicit cost)뿐 아니라 암묵적 비용(implicit cost)도 포함된다. 따라서 기회비용을 경제적 비용(economic cost)이라고 부른다.

③ 합리적 선택을 위해서는 기회비용이 낮은 대안을 선택해야 한다.

> 예 대학 진학 시 기회비용과 고졸 취업 시 기회비용을 비교해서 대학 진학 시 기회비용이 크다면 대학교 진학을 포기하는 것이 바람직하다.

2 회계적 비용(accounting cost) 또는 명시적 비용(explicit cost)

① 회계적 비용 또는 명시적 비용은 실제로 지출한 금액으로 회계장부에 기록되는 비용이다.

② 회계적 비용 또는 명시적 비용은 명백한 비용만을 포함한다.

3 암묵적 비용(implicit cost)

① 암묵적 비용이란 생산 활동에서 발생하였지만 실제로는 지급되지 않아 회계장부에 기록되지 않은 비용을 말한다.

② 귀속가치(imputed value)란 기업이 직접 보유하고 있는 생산요소의 가치를 말하는데 회계장부에 기록되지 않는 귀속가치가 바로 암묵적 비용이다.

③ 예를 들어 자영업자가 자신의 건물을 자신의 사업에 이용하게 되면 다른 곳에 임대하여 벌 수 있었던 임대소득을 포기한 것이므로 해당 임대소득만큼의 귀속가치가 발생하고 이것은 암묵적 비용에 해당된다.

→ 해당 임대료를 귀속임대료(imputed rent)라고 한다.

04 매몰 비용(sunk cost)

① 매몰 비용이란 일단 지출된 다음에는 어떤 방법으로도 다시 회수할 수 없는 비용을 말한다.

② 매몰 비용은 명백한 비용이기는 하지만 기회비용이 0이므로 기업의 의사결정과정에 아무런 영향도 미치지 않는다.

③ 고정 비용 중 회수 불가능하여야 매몰비용이다.

> 예 영화 티켓 구입비는 영화가 상영된 이후에는 회수가 불가능하다. 따라서 영화 티켓 구입비는 매몰 비용이므로 영화가 재미없다고 생각되면 차라리 극장을 나와서 새로운 영화를 보는 것이 바람직하다.

05 사적 비용과 사회적 비용

1 사적 비용(private cost)

사적 비용은 개별 생산자의 입장에서 본 생산비용으로 재화생산을 위하여 지출한 모든 요소의 기회비용을 말한다.

2 사회적 비용(social cost)

① 사회적 비용은 사회 전체의 입장에서 본 생산비용으로 개별 기업의 사적 비용뿐만 아니라 외부성에 따른 비용도 포함된다.

② 한 경제주체의 경제활동이 시장을 통하지 않고 다른 경제주체의 후생에 영향을 주는 것을 외부성(externality)라고 한다.

→ 공장이 오염물질을 배출하여 수질오염을 유발한다면 수질오염과 같은 공해가 외부성의 사례에 해당된다.

3 외부성의 존재가 비용에 미치는 영향

① 개별 기업은 자신들이 창출한 외부성에 대하여는 대가도 지불하지 않고 또한 보상도 받지 않으므로 오로지 사적비용만을 고려한다.

② 그러나 경제학자들은 생산 활동이 경제 전체에 미치는 영향을 고려하는 사회적 비용을 정확한 비용으로 생각한다.

③ 따라서 외부성이 존재하면 사회적 비용과 사적비용의 괴리가 발생하고 외부성이 존재하지 않으면 사회적 비용과 사적비용은 동일하다.

1 이윤이란?

① 이윤이란 총수입(Total Revenue ; TR)에서 총비용(Total Cost ; TC)을 차감한 값을 말한다.

→ 이윤 = 총수입 - 총비용

② 이윤극대화를 가져다주는 산출량이란 총수입과 총비용의 차이를 가장 크게 하는 산출량이며 이는 이윤극대화 조건에 의해 결정된다.

③ 이윤극대화 조건이란 한계수입(Marginal Revenue ; MR)과 한계비용(Marginal Cost ; MC)이 같을 때 성립된다.

2 경제적 이윤과 회계적 이윤

① 경제적 이윤이란 총수입에서 경제적비용 (명시적비용 + 암묵적비용)을 차감한 이윤이다.

② 회계적 이윤이란 총수입에서 명시적비용을 차감한 이윤이다.

③ 따라서 경제적 이윤이 0이면 반드시 회계적 이윤은 0보다 크게 된다.

3 정상이윤(normal profit)

① 총수입과 총비용이 같다면 경제적 이윤이 0이 된다.

② 경제적 이윤이 0이라면 최소한 모든 기회비용이 충당되고 있는 것을 의미하므로 이런 경우 기업은 정상이윤을 얻고 있다고 한다.

③ 경제적 이윤이 0보다 큰 경우 기업은 초정상이윤 또는 초과이윤을 얻게 된다.

고병석 경제학아카데미

비용에 대한 설명으로 옳은 것은? (지방직 2011)

① 매몰 비용은 경제적 의사결정을 하는 데 있어서 고려되어서는 안 된다.
② 공장 부지나 재판매가 가능한 생산시설을 구입하는 데 지출된 비용은 고정비용이자 매몰비용이다.
③ 평균비용곡선이 U자 형태로 되어있을 때 한계비용곡선은 평균비용곡선의 최저점을 통과할 수 없다.
④ 수입보다 비용이 커서 손실이 발생한 기업은 조업을 중단하여야 한다.

16 확인 문제 정답   ①

② 공장부지나 생산시설은 재판매가 가능하기 때문에 고정비용이지만 매몰비용은 아니다.
③ 평균비용곡선이 U자 형태인 경우 한계비용곡선은 평균비용곡선의 최저점을 통과한다. 반면 평균비용곡선이 수평선인 경우 한계비용곡선과
   평균비용곡선은 일치한다.
④ 수입보다 비용이 크다는 것은 가격이 평균비용보다 작다는 것을 의미한다. 만약 가격이 평균비용보다 작지만 단기적으로 평균가변비용보다
   크다면 고정비용의 일부분을 회수할 수 있기 때문에 조업을 중단해서는 안 된다.

2절 단기비용함수

01 의의

① 단기비용함수란 단기에서, 즉 고정투입이 존재하는 상태에서 주어진 산출량을 생산하는 데에 소요되는 최소한의 비용이 얼마인가를 나타내어 주는 함수이다.
② 단기에서는 고정투입과 가변투입이 존재하므로 비용 역시 고정비용과 가변비용으로 나누어진다.
　→ 단기는 고정요소와 가변요소 존재, 장기는 가변요소만 존재

02 단기 총비용

1 개념

① 단기총비용이란 주어진 생산시설 하에서 일정 산출량을 최소비용으로 생산하는 비용곡선을 말한다.
② 단기에서는 고정투입과 가변투입이 존재하므로 비용 역시 고정비용과 가변비용으로 나누어진다.
　→ 단기는 고정요소와 가변요소 존재, 장기는 가변요소만 존재
③ 단기총비용(Short-run Total Cost ; STC)은 총고정비용(Total Fixed Cost ; TFC)과 총가변비용(Total Variable Cost : TVC)의 합이다.

$$→ STC = TFC + TVC$$

2 의미

① 단기총비용곡선상의 모든 점은 주어진 산출량을 생산하는 최소비용수준을 나타낸다.
② 단기총비용곡선은 단기생산함수로부터 도출하기 때문에 수확체감의 법칙, 즉 비용체증현상이 나타난다.
③ 고정요소는 자본 1가지만 존재하므로 총고정비용은 다음과 같이 나타낼 수 있다.

$$→ TFC = rK$$

④ 가변요소는 노동 1가지만 존재하므로 총가변비용은 다음과 같이 나타낼 수 있다.

$$→ TVC = wL$$

3 총고정비용(Total Fixed Cost ; TFC)

① 총고정비용은 산출수준과 관계없이 일정하게 유지되는 비용으로 건물임대료, 보험료 등이 해당된다.
② 단기에 고정요소는 자본 1가지만 존재하므로 총고정비용은 다음과 같이 나타낼 수 있다.

$$→ TFC = r\overline{K}$$

〔r : 자본 1단위의 가격, K : 자본량〕

③ 총고정비용곡선은 생산량과 비용평면에서 수평선으로 나타난다. 왜냐하면 생산량(Q)이 증가하더라도 고정투입요소 $\overline{K}$ 의 양은 변함없으므로 요소가격이 r 일 경우 총고정비용곡선은 $r\overline{K}$ 수준에서 수평선의 형태를 갖기 때문이다.

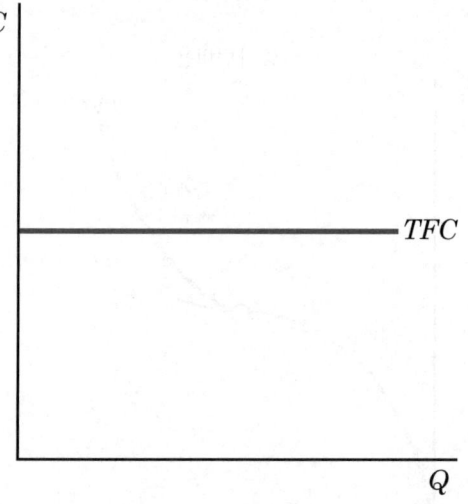

4 총가변비용(Total Variable Cost : TVC)

1. 개념

① 총가변비용은 산출량에 따라 변화하는 비용으로 인건비, 재료구입비 등이 해당된다.

② 단기에 가변요소는 노동 1가지만 존재하므로 총가변비용은 다음과 같이 나타낼 수 있다.

$$\rightarrow TVC = wL$$

〔w : 노동 1단위의 가격, L : 노동량〕

③ 총가변비용은 산출량이 증가할 때 처음에는 체감적으로 비용이 증가하다가 일정단위가 넘어서면 체증적으로 비용이 증가한다.

④ 따라서 총가변비용곡선은 아래와 같이 그려진다.

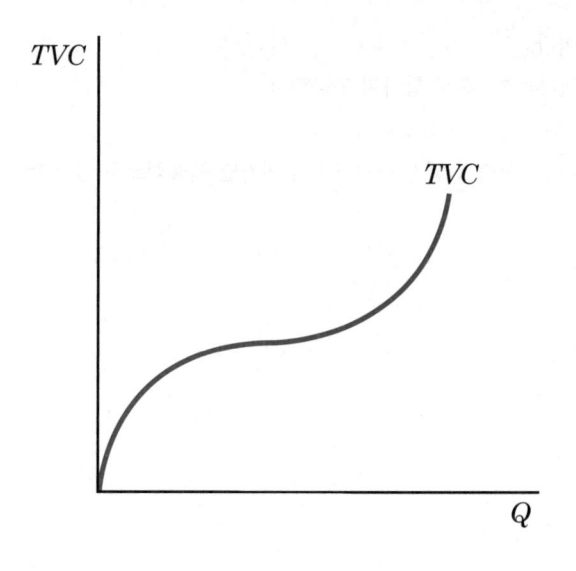

2. 총가변비용과 단기총생산과의 관계

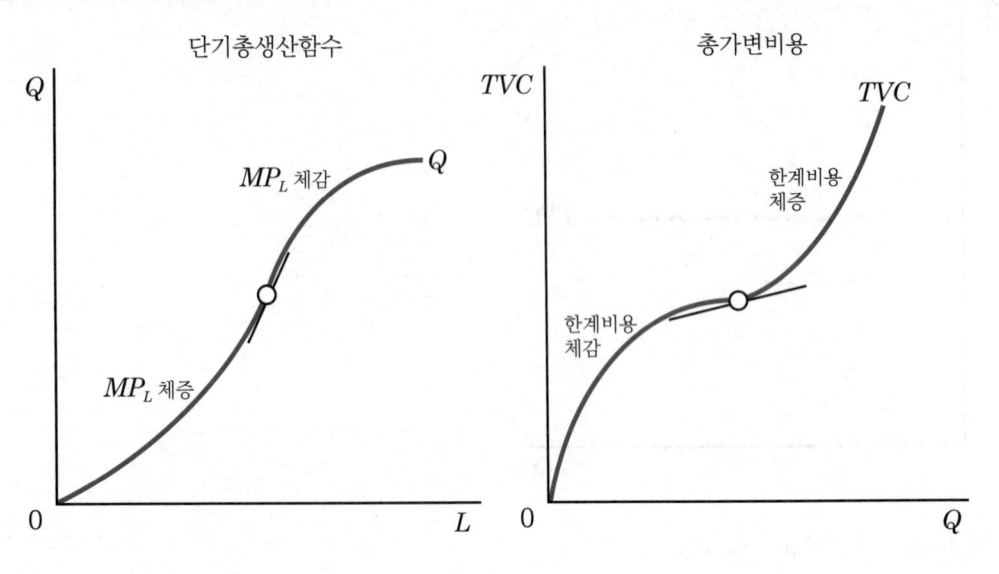

단기총생산함수 / 총가변비용

① 단기생산함수에서 노동투입량이 증가하면 처음에는 총생산이 체증적으로 증가하는데 이는 생산량 증가 시 적은 비용이 발생된다는 의미이다.

② 노동투입량이 증가하면서 일정단위를 넘어서면 총생산이 체감적으로 증가하는데 이는 생산량 증가 시 점점 더 많은 비용이 발생한다는 의미이다.

③ 따라서 노동의 한계생산이 체증하는 구간에서는 비용은 체감적으로 증가하고 노동의 한계생산이 체감하는 구간에서는 비용은 체증적으로 증가하게 된다.

④ 총가변비용(TVC)과 단기총생산은 거울속에서 본 상(mirror image)에 해당한다.

5 단기총비용의 도출

① 단기총비용은 총가변비용과 총고정비용을 합한 것이다.

② 단기총비용곡선은 총가변비용곡선과 총고정비용곡선을 수직으로 합하여 도출한다.

③ 따라서 단기총비용곡선의 기울기는 총가변비용곡선의 기울기와 동일하다.

④ 단기총비용은 생산량 증가 시 처음에는 체감적으로 증가하다가 일정 생산량이 넘어가면 체증적으로 증가한다.

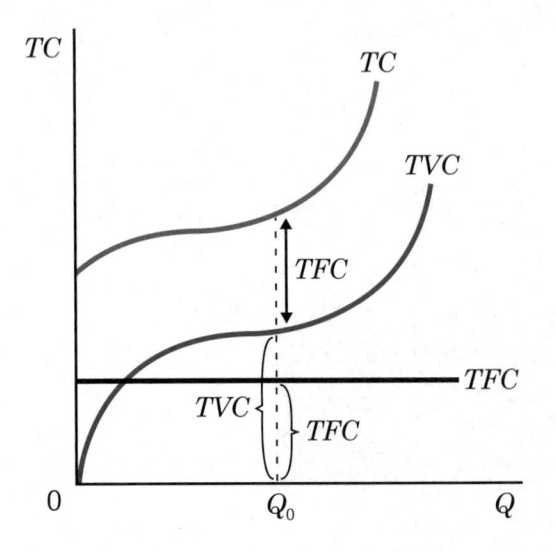

1 개념

① 단기평균비용이란 산출량 한 단위당 비용수준을 말한다.

② 단기평균비용은 단기총비용(STC)을 생산량으로 나눈 값으로 평균고정비용(AFC)과 평균가변비용(AVC)의 합으로 나타낸다.

$$AC = \frac{STC}{Q} = \frac{TFC}{Q} + \frac{TVC}{Q}$$

$$\rightarrow SAC = AFC + AVC$$

2 평균고정비용(Average Fixed Cost : AFC)

① 평균고정비용은 총고정비용(TFC)을 산출량(Q)으로 나눈 값이므로 평균고정비용곡선은 총고정비용곡선으로부터 도출된다.

$$\rightarrow AFC = \frac{TFC}{Q}$$

② 평균고정비용곡선은 총고정비용곡선에서 원점을 통과하는 직선의 기울기로 측정되므로 평균고정비용은 지속적으로 감소한다.

③ 또한 평균고정비용곡선은 $Q \times AFC = TFC$(상수)로 일정하므로 직각쌍곡선의 형태를 가진다.

    → 직각쌍곡선이란 두 개의 점근선이 직각으로 만나는 쌍곡선을 말한다.

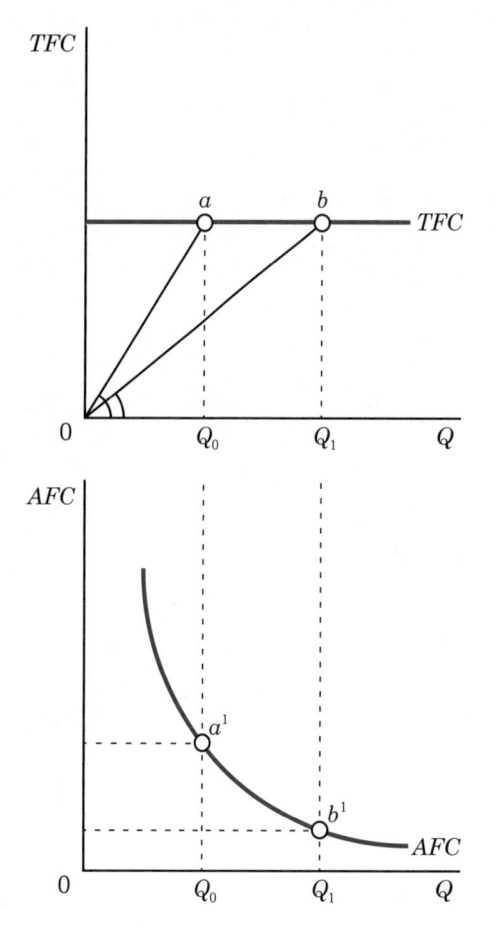

3 평균가변비용(Average Variable Cost : AVC)

① 평균가변비용은 총가변비용(TVC)을 산출량(Q)으로 나눈 값이므로 평균가변비용곡선은 총가변비용곡선으로 부터 도출된다.

$$\rightarrow AVC = \frac{TVC}{Q}$$

② 평균가변비용곡선은 총가변비용곡선에서 원점을 통과하는 직선의 기울기로 측정되므로 평균가변비용은 처음에는 감소한다가 나중에는 증가한다. 따라서 평균가변비용곡선은 U자 형태를 가진다.

③ 생산량이 증가함에 따라 평균가변비용이 점차 감소하다가 생산량 Q_1에서 극소가 된다.

④ 생산량이 Q_1을 넘어서면 생산량이 증가함에 따라 평균가변비용이 높아지며 평균가변비용(AVC)곡선은 U자 형태도 도출된다.

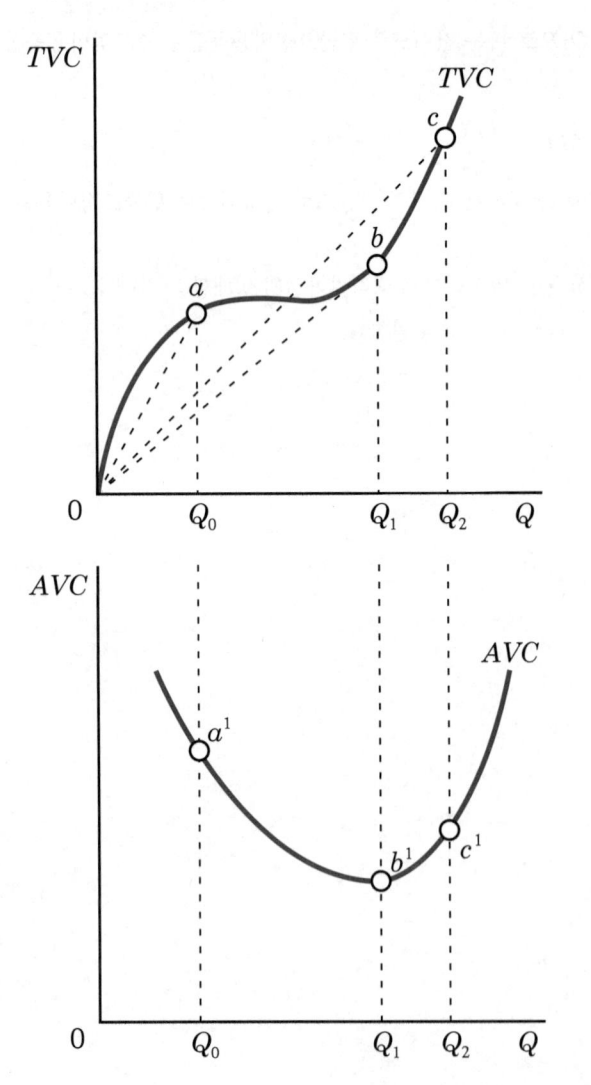

4 평균비용(Average Cost : AC)

① 평균비용(AC)은 생산량 1단위 당 비용으로서 총비용(TC)을 생산량(Q)으로 나눈 것이며 총비용곡선 상에 있는 점과 원점을 연결한 반직선의 기울기가 곧 평균비용이 된다.

② 평균비용곡선은 평균고정비용곡선과 평균가변비용곡선을 수직으로 합하여 구할 수 있다.

$$\rightarrow AC = \frac{TC}{Q} = AFC + AVC$$

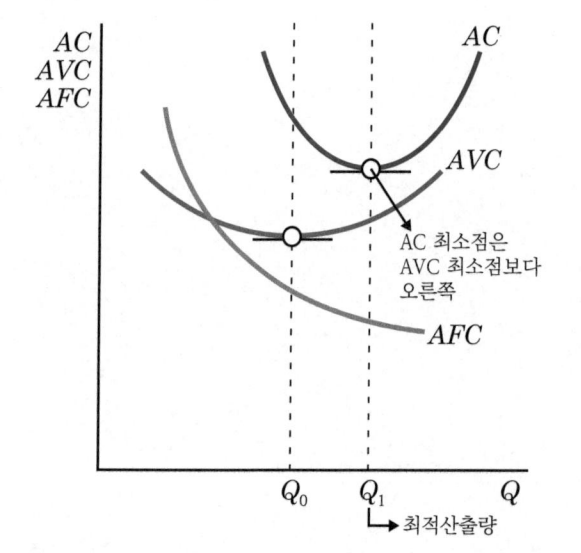

③ 평균비용도 U자 모양을 갖고 있는데 이는 낮은 수준의 산출량에서는 평균고정비용이 급격히 감소하는 것에 큰 영향을 받고, 높은 수준의 산출량에서는 평균가변비용이 체증하는 것에 비교적 큰 영향을 받고 있기 때문이다.

---

04 한계비용

1 개념

① 한계비용이란 산출량을 한 단위 더 증가시킬 때 소요되는 총비용증가분이다.

$$\rightarrow MC = \frac{\Delta TC}{\Delta Q}$$

② 한계비용곡선은 총비용곡선의 상의 각 점에 접하는 기울기로 측정되므로 처음에는 감소하다가 나중에는 증가한다. 따라서 한계비용곡선은 U자 형태를 가진다.

③ 한계비용은 총가변비용곡선 상의 각 점에 접하는 접선의 기울기로 측정할 수도 있다.

$$\rightarrow MC = \frac{\Delta TC}{\Delta Q} = \frac{\Delta TVC}{\Delta Q} + \frac{\Delta TFC}{\Delta Q} = MVC + MFC$$

[MFC : 한계고정비용, MVC : 한계가변비용]

④ 총고정비용(TFC)은 생산량의 증감에 아무런 영향을 받지 않아서 $\Delta TFC = 0$이다.

따라서 $MC = \frac{\Delta TVC}{\Delta Q} = MVC$가 성립한다.

→ 한계고정비용(MFC)은 0이므로 한계비용(MC)은 한계가변비용(MVC)을 의미한다. 즉, 한계비용은 고정비용과 관계가 없다.

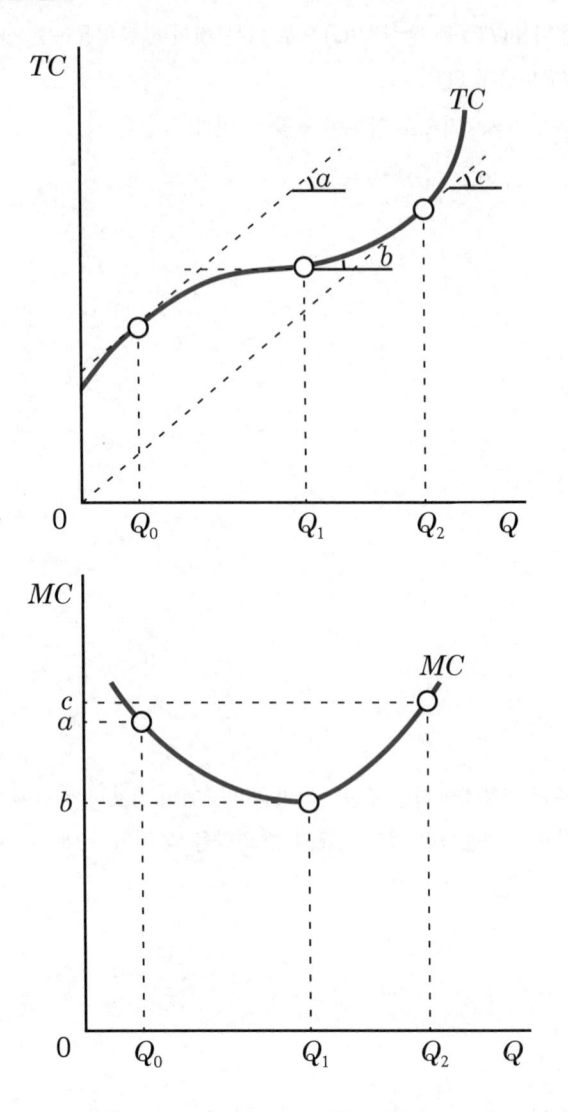

① 생산량이 Q_1에 도달할 때까지 총비용곡선의 기울기가 완만해지므로 한계비용은 작아지고 생산량 Q_1에서 총비용곡선의 접선의 기울기가 가장 작다. 따라서 한계비용(MC)곡선은 Q_1에서 최저점이 된다.

② 생산량이 Q_1을 넘어서면 한계비용이 다시 증가하므로 한계비용곡선은 U자형의 형태를 갖게 된다.

③ 생산량 Q_2수준에서는 총비용곡선에서 원점을 연결하는 직선의 기울기와 접선의 기울기가 일치하므로 평균비용과 한계비용이 일치한다.($AC = MC$)

③ 총가변비용과 한계비용

① 총가변비용을 미분하면 한계비용이 되고 한계비용의 합 즉, 적분을 구하면 총가변비용이 된다.

② 총가변비용의 접선의 기울기는 한계비용이고 한계비용곡선 하방 면적은 총가변비용이 된다.

Q	0	1	2
총고정비용(TFC)	100	100	100
총가변비용(TVC)	0	50	130
총비용(TC)	100	150	230
한계비용(MC)		50	80

③ 위의 표에서 생산량 증가 시 총가변비용의 변화분과 한계비용의 값이 동일하고 2단위 재화를 생산할 때의 총가변비용 (130)은 한계비용의 합(50+80)과 같다.

④ 따라서 총가변비용곡선의 접선의 기울기는 한계비용이 되고 한계비용곡선 하방 면적은 총비용이 아닌 총가변비용을 나타낸다.

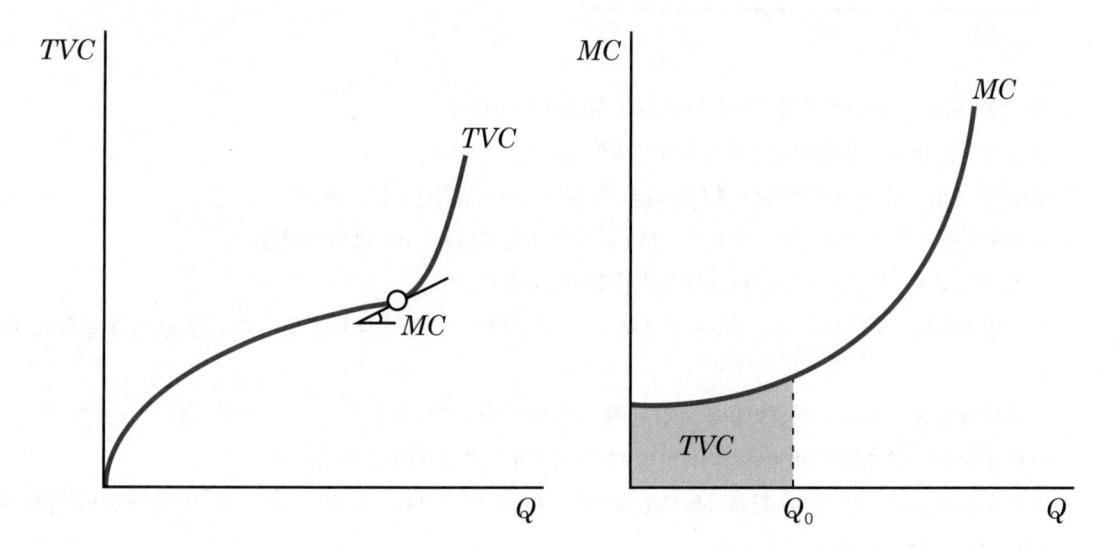

1 그림

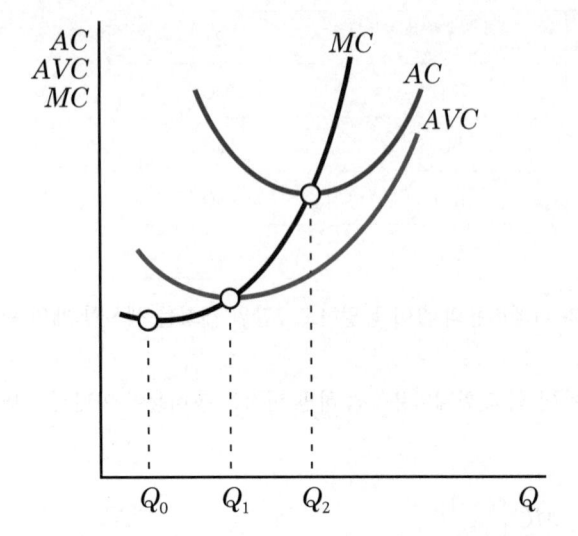

① 평균가변비용(AVC)은 항상 평균비용(AC) 하방에 위치한다.

　→ 장기에는 평균비용과 평균가변비용이 일치한다.($AC = AVC$)

② 평균비용(AC)과 평균가변비용(AVC)과의 거리는 평균고정비용(AFC)이다.

③ 생산량이 증가함에 따라 평균가변비용(AVC)은 점점 평균비용(AC)에 가까워진다.

　→ 생산량 증가 시 평균고정비용(AFC)이 감소하기 때문이다.

④ 평균가변비용(AVC)의 극소가 되는 생산량 Q_1이 평균비용(AC)의 극소가 되는 생산량 Q_2보다 왼쪽에 위치한다.

　→ 왜냐하면 고정비용이 평균비용을 계산할 때 포함되기 때문이다.

⑤ 한계비용(MC)은 평균가변비용(AVC) 및 평균비용(AC)의 최저점을 통과한다.

⑥ 평균비용(AC)이 감소할 때 한계비용(MC)은 평균비용(AC)보다 작고 평균비용(AC)이 증가할 때 한계비용(MC)은 평균비용(AC)보다 크다.

2 한계비용(MC)과 평균비용(AC)의 관계

$$\frac{dAC}{dQ} = \frac{d(TC \times Q^{-1})}{dQ} = MC \times Q^{-1} - TC \times Q^{-2} = \frac{MC \times Q - TC}{Q^2} = \frac{1}{Q}(MC - AC)$$

① $\frac{dAC}{dQ} > 0$이면 $MC > AC$이다.

따라서 생산량(Q)이 증가함에 따라 평균비용(AC)이 증가하고 있다면 한계비용(MC)이 평균비용(AC)보다 크다.

② $\frac{dAC}{dQ} = 0$이면 $MC = AC$이다.

따라서 평균비용(AC)이 극소값을 갖는 생산량에서는 한계비용(MC)과 평균비용(AC)이 같게 된다.

③ $\frac{dAC}{dQ} < 0$이면 $MC < AC$이다.

따라서 생산량(Q)이 증가함에 따라 평균비용(AC)이 감소하고 있다면, 평균비용(AC)이 한계비용(MC)보다 크다.

3 한계비용(MC)과 평균가변비용(AVC)과의 관계

$$\frac{dAVC}{dQ} = \frac{d(TVC \times Q^{-1})}{dQ} = MC \times Q^{-1} - TVC \times Q^{-2} = \frac{MC}{Q} - \frac{AVC}{Q} = \frac{1}{Q}(MC - AVC)$$

① $\frac{dAVC}{dQ} > 0$이면 $MC > AVC$이다.

따라서 생산량(Q)이 증가함에 따라 평균가변비용(AVC)이 증가하고 있다면 한계비용(MC)이 평균가변비용(AVC)보다 크다.

② $\frac{dAVC}{dQ} = 0$이면 $MC = AVC$이다.

따라서 평균가변비용(AVC)이 극소값을 갖는 생산량에서는 한계비용(MC)과 평균가변비용(AVC)이 같게 된다.

③ $\frac{dAVC}{dQ} < 0$이면 $MC < AVC$이다.

따라서 생산량(Q)이 증가함에 따라 평균가변비용(AVC)이 감소하고 있다면 평균가변비용(AVC)은 한계비용(MC)보다 크다.

06 단기에서 비용과 생산의 관계

1 의의

① 총가변비용곡선은 총생산곡선으로부터 유도되었다.

② 따라서 비용과 생산간에는 실제로 밀접한 관계를 가지고 있다.

2 평균가변비용(AVC)과 평균생산(AP_L)의 관계

① 노동만이 가변요소이고 노동고용량을 L, 노동 1단위당 지불하는 임금을 w라 하면 총가변비용(TVC)은 총임금 지불액 wL과 같다. 따라서 평균가변비용은 다음과 같이 표시된다.

$$\rightarrow AVC = \frac{TVC}{Q} = \frac{w \times L}{Q} = \frac{w}{\frac{Q}{L}} = \frac{w}{AP_L}$$

② 평균가변비용(AVC)은 노동 1단위당 임금(w)을 노동의 평균생산(AP_L)으로 나누어 얻을 수 있음을 보여준다.

③ '생산이론'에서 노동의 평균생산은 처음에는 증가하다가 최대점에 도달하고 그 이후에는 감소한다.

④ 개별 기업이 노동고용량을 변경시켜도 시장임금(w)이 변하지 않는다면 평균가변비용은 평균생산과 역의 관계에 있음을 알 수 있다.

즉, 평균생산이 증가할 때 평균가변비용은 감소하고, 평균생산이 최대일 때 평균가변비용은 최소가 되는 것이다.

3 한계비용과 한계생산의 관계

① 한계비용(MC)은 $MC = \frac{\Delta TVC}{\Delta Q}$로 표시되었다. 가변요소가 노동일 때 총가변비용은 $TVC = wL$이다.

② 따라서 주어진 시장임금 수준으로 얼마든지 노동을 고용할 수 있다면 $\Delta TVC = w\Delta L$이 된다.

따라서 한계비용을 다음과 같이 나타낼 수 있다.

$$MC = \frac{\Delta TC}{\Delta Q} = \frac{\Delta TVC}{\Delta Q} = \frac{\Delta(w \times L)}{\Delta Q} = \frac{w \times \Delta L}{\Delta Q} = \frac{w}{\frac{\Delta Q}{\Delta L}} = \frac{w}{MP_L}$$

③ 한계비용은 노동의 한계생산(MP_L)과 역의 관계이다.

④ '생산이론'에서 한계생산은 처음에는 증가하다가 최고점에 도달하고 그 이후에 감소한다.

　따라서 한계생산이 증가할 때 한계비용은 감소하고 한계생산이 최대일 때 한계비용은 최소이며, 한계생산이 감소할 때 한계비용은 증가하게 됨을 알 수 있다.

4 결론

① 한계생산과 평균생산이 일치할 때 한계비용과 평균가변비용이 일치하는 것을 알 수 있다.

② 평균생산의 극대점을 한계생산이 통과하므로 평균가변비용의 극소점을 한계비용이 통과한다.

③ 평균생산이 극대일 때 평균가변비용이 극소가 되며 한계생산이 극대일 때 한계비용이 극소가 된다.

④ U자형의 단기평균가변비용곡선은 역U자형의 평균생산곡선에서, U자형의 한계비용곡선은 역U자형의 한계생산곡선에서 도출된다는 것을 확인하였다.

⑤ 역 U자형의 평균생산곡선과 한계생산곡선은 수확체감의 법칙을 반영한다. 따라서 단기비용곡선은 단기생산함수에서 성립하는 수확체감의 법칙을 반영하고 있다는 것을 알 수 있다.

⑥ 따라서 비용이론은 생산이론과 물체의 겉과 속 또는 안과 밖처럼 따로 떼어서 생각할 수 없는 표리의 관계를 이룬다고 말한다.

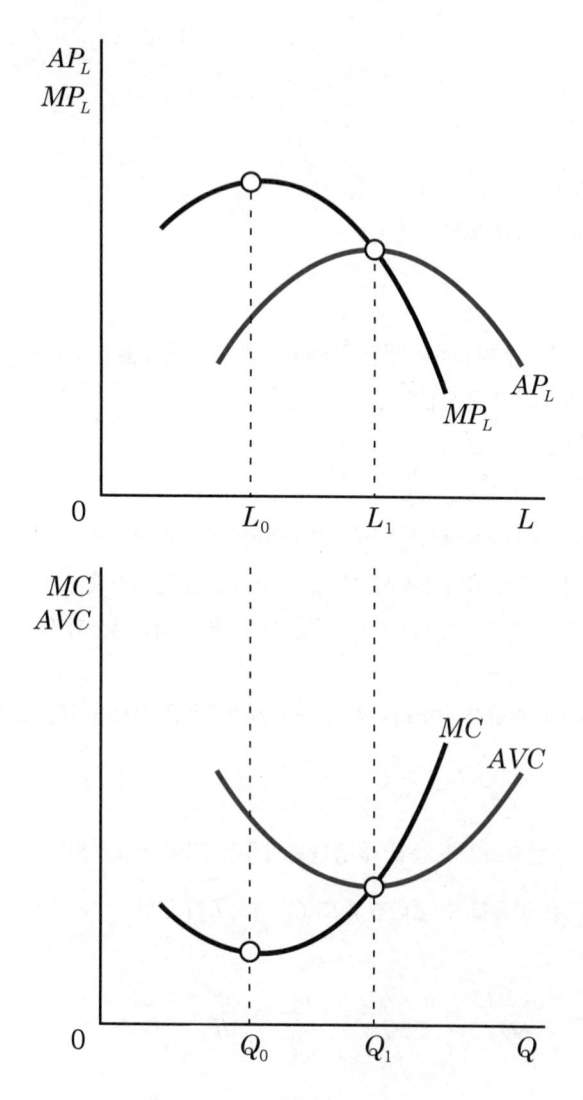

고범석 경제학아카데미

1 노동가격의 변화

① 노동가격의 하락은 상대적으로 저렴해진 생산요소의 투입을 더 많이 사용함으로 주어진 산출량을 더 낮은 비용으로 생산할 수 있게 된다.

② 노동가격의 변화는 가변비용의 변화를 발생시킴으로 한계비용곡선에 영향을 미친다.

③ 따라서 노동가격의 하락은 평균비용곡선과 한계비용곡선의 하방 이동을 가져온다.

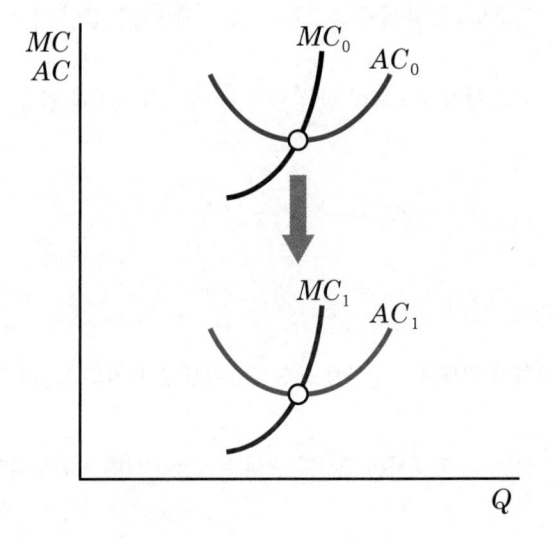

2 학습효과

① 학습효과는 생산 경험의 축적으로 생산의 효율성을 가져온다.

② 따라서 비용곡선의 하방 이동을 가져온다.

3 기술진보

① 기술진보는 동일 산출량을 더 적은 생산요소의 투입으로 가능하므로 등량곡선의 원점이동을 가져오고 생산성을 향상시킨다.

② 따라서 비용곡선의 하방 이동을 가져온다.

4 고정비용의 변화

① 임대료, 이자비용, 광고비 등 고정비용이 감소하면 한계비용에는 영향을 미치지 않고 평균비용에 영향을 가져다준다.

② 따라서 평균비용곡선만 하방이동하고 한계비용곡선은 이동하지 않는다.

3절 장기비용함수

01 개요

① 모든 생산요소의 투입량을 변동시킬 수 있을 만큼의 장기에서는 고정비용은 없으며 모든 비용이 가변비용이다.

② 생산될 상품의 양이 주어졌을 때, 장기에서는 모든 생산요소들의 양을 조절할 수 있기 때문에 비용이 극소화되도록 모든 생산요소를 적정하게 고용할 수 있다.

③ 따라서 각 생산량에서의 장기총비용은 일부 생산요소의 양이 고정되어 있는 단기총비용보다 작거나 같을 수밖에 없다.

02 단기총비용과 장기총비용과의 관계

① 자본량이 $\overline{K}$ 로 고정된 상태에서 생산량 Q_0 을 생산하기 위해서는 생산자 균형점 a 에서 L_0 만큼의 노동투입이 필요하고 총비용은 TC_0 가 된다.

② 단기에는 자본량이 변하지 않으므로 생산량 Q_1 을 생산하기 위해서는 생산자 균형은 b 점이 되며 노동투입량은 L_1, 총비용은 TC_1 이 된다.

③ 장기에는 자본량 조정이 가능하므로 비용극소화가 c 점에서 달성되며 자본투입량은 K_1, 노동투입량은 L_2, 총비용은 TC_2 가 된다.

④ 따라서 생산량 Q_0 을 생산하기 위해서는 장기와 단기의 총비용이 같지만 생산량 Q_1 을 생산하기 위해서는 단기총비용이 장기총비용보다 더 커진다.

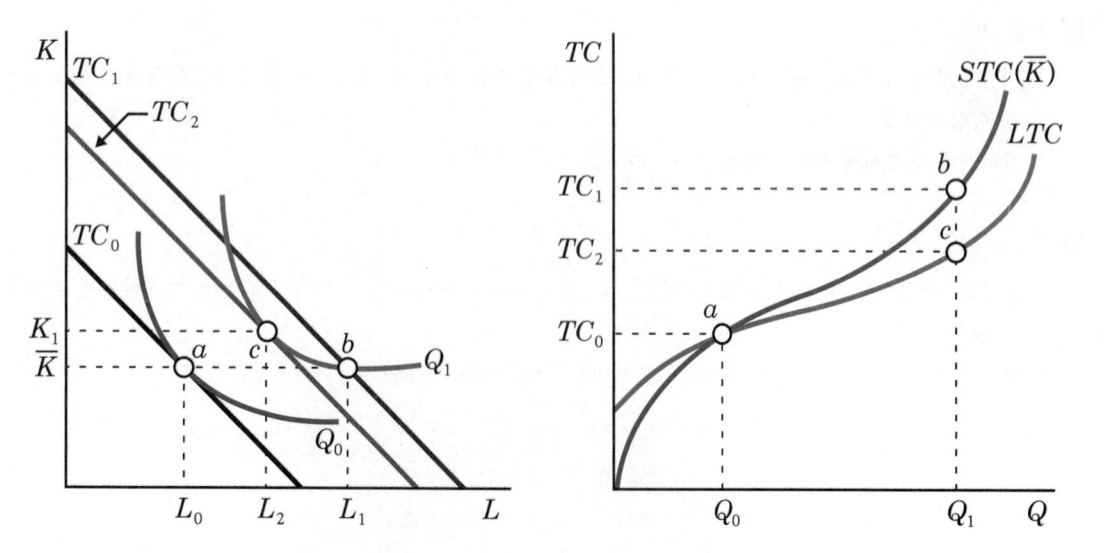

① 장기에 선택할 수 있는 자본 투입량이 K_0, K_1 2 가지뿐이라고 가정하자.

② 자본 투입량이 K_0 일 때 단기비용곡선은 STC_0 이고 자본 투입량이 K_1 일 때 단기비용곡선은 STC_1 이다.

③ 두 곡선을 비교해보면 생산량이 Q_0 이하일 경우 STC_0, Q_0 이상일 경우 STC_1 이 가장 낮게 위치한다.

④ Q_0 이하로 생산하고자 하면 STC_0 의 높이가 가장 낮으므로 K_0 을 선택해서 STC_0 을 따라서 생산하는 것이 최선이고, Q_0 이상으로 생산하고자 하면 STC_1 의 높이가 가장 낮으므로 K_1 을 선택해서 STC_1 을 따라서 생산하는 것이 최선이다.

⑤ 장기비용곡선은 선택 가능한 단기비용곡선들 중에서 가장 낮은 위치에 있는 부분만 선택하여 연결한 곡선이다. 이 곡선은 단기비용을 아래에서 감싸고 있는 모양과 같다고 하여 포락선(envelope curve)이라고 부른다.

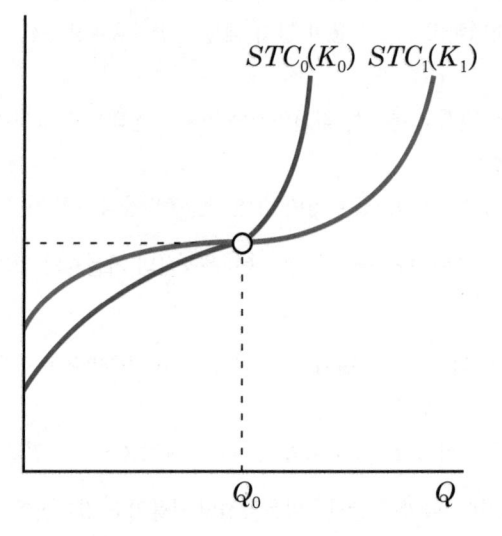

1 개요

① 규모에 대한 수익은 모든 생산요소를 동일한 비율로 증가시킬 때 생산량의 변화를 보는 것이므로 '장기'에서 발생하는 성질이다.

② 생산함수가 규모에 대한 수익에 대해서 특정한 성질을 가지면 그 특성은 장기비용에 영향을 미친다.

2 규모수익불변의 경우

① 규모수익불변의 경우 생산량을 2배 증가시키기 위해서는 노동과 자본을 각각 2배 투입해야 하며 이는 비용을 2배 증가시키게 된다.

② 생산량을 2배로 증가시킬 때 생산비용이 2배 더 늘어나므로 장기총비용곡선(LTC)은 원점을 통과하는 직선의 형태를 갖는다. 즉, 산출량과 총생산비용은 정비례하고 고정비용이 없기 때문에 장기총비용곡선은 원점을 통과하는 직선이다.

③ 장기평균비용(LAC)은 장기총비용(LTC)곡선에서 원점을 통과한 직선의 기울기로 측정되므로 장기총비용곡선의 기울기와 장기평균비용곡선의 기울기는 일치한다.

④ 예를 들어 규모수익불변에서의 장기총비용곡선의 함수식이 $LTC = 10Q$라면 장기총비용곡선의 기울기는 10이다. 또한 장기평균비용은 $LAC = \dfrac{LTC}{Q} = \dfrac{10Q}{Q} = 10$이다. 따라서 장기총비용곡선의 기울기와 장기평균비용곡선의 기울기는 같다.

⑤ 장기한계비용(LMC)은 장기총비용(LTC)곡선의 각 점에서의 기울기로 측정되므로 장기총비용곡선의 기울기와 장기한계비용곡선의 기울기는 일치한다.

⑥ 예를 들어 규모수익불변에서의 장기총비용곡선의 함수식이 $LTC = 10Q$라면 장기총비용곡선의 기울기는 10이다. 또한 장기한계비용은 $LMC = \dfrac{\Delta LTC}{\Delta Q} = 10$이다. 따라서 장기총비용곡선의 기울기와 장기한계비용곡선의 기울기는 같다.

⑦ 그러므로 규모에 대한 수익불변의 경우에는 장기평균비용(LAC)곡선과 장기한계비용(LMC)곡선은 수평선이다.

⑧ 생산량 Q_0일 때는 장기총비용곡선과 단기총비용곡선이 a점에서 접하므로 장기평균비용(LAC)곡선과 단기평균비용(SAC)곡선이 접한다.

→ 장·단기총비용곡선에서 두 비용곡선이 접점을 이루는 a점을 제외하고는 단기총비용곡선이 장기총비용곡선 위에 위치하고 있으므로 단기평균비용곡선도 장기평균비용곡선과 만나는 점을 제외하고는 항상 위에 위치하게 된다.

→ 장기평균비용곡선은 단기평균비용곡선을 아래에서 감싸고 있으므로 단기평균비용곡선의 포락선(envelope curve)이다.

⑨ 생산량 Q_0일 때는 장기총비용곡선과 단기총비용곡선이 a점에서 접하므로 장기한계비용(LMC)곡선과 단기한계비용(SMC)곡선이 교차한다.

→ 생산량 Q_0보다 큰 생산수준에서는 단기총비용곡선의 기울기가 장기총비용곡선의 기울기보다 크다.

→ 생산량 Q_0보다 작은 생산수준에서는 단기총비용곡선의 기울기가 장기총비용곡선의 기울기보다 작다.

→ 장기한계비용곡선은 단기한계비용곡선의 포락선(envelope curve)이 아니다. 즉, 장기비용곡선이 단기비용곡선의 포락선이라는 것은 총비용과 평균비용에만 해당된다.

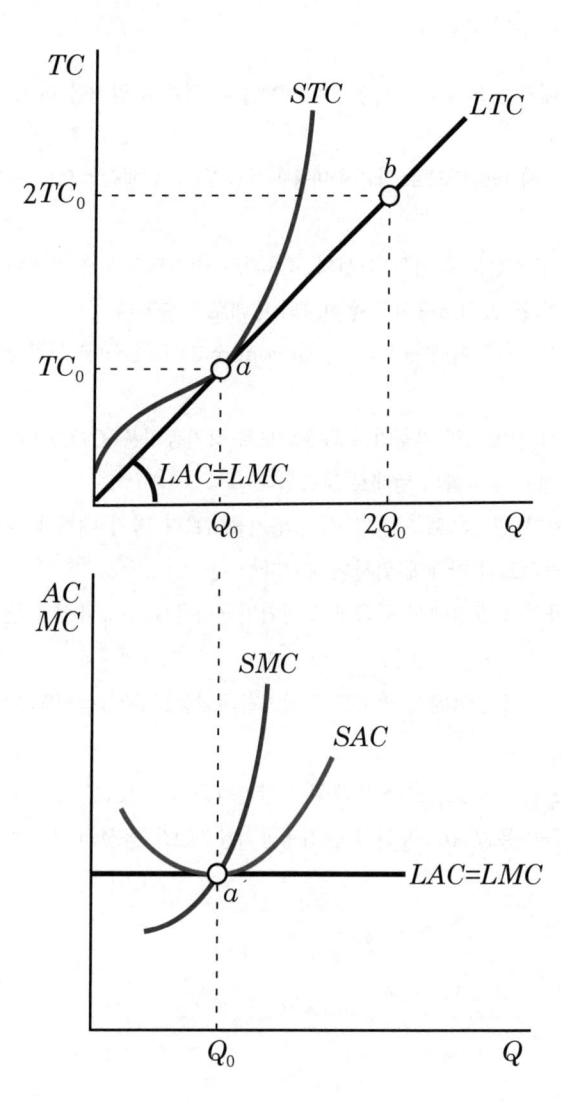

비용이론

3 규모수익체증의 경우

① 규모수익체증의 경우 생산량을 2배 증가시키기 위해서는 노동과 자본을 각각 2배보다 적게 투입해야 하며 이는 비용을 2배보다 적게 증가시킨다.

② 생산량을 2배로 증가시킬 때 생산비용이 2배보다 적게 늘어나므로 장기총비용곡선(LTC)은 체감적으로 증가하는 우상향의 곡선이 된다.

③ 장기평균비용(LAC)은 장기총비용(LTC)곡선에서 원점을 통과한 직선의 기울기로 측정되므로 장기총비용(LTC)곡선이 체감적으로 증가하는 경우 장기평균비용(LAC)곡선은 우하향의 형태로 도출된다.

→ 생산규모가 커지면서 장기평균비용이 점차 작아지는데 이때 규모의 경제(economies of scale)가 존재한다고 말한다.

④ 장기한계비용(LMC)은 장기총비용(LTC)곡선의 각 점에서의 기울기로 측정되므로 장기총비용(LTC)곡선이 체감적으로 증가하는 경우 장기한계비용(LMC)곡선은 우하향의 형태로 도출된다.

⑤ 장기총비용(LTC)곡선의 각 점에서 접선의 기울기가 원점으로 연결한 직선의 기울기보다 작기 때문에 항상 장기한계비용(LMC)곡선이 장기평균비용(LAC)곡선보다 아래에 위치해야 한다.

⑥ 생산량 Q_0일 때는 장기총비용곡선과 단기총비용곡선이 a점에서 접하므로 장기평균비용(LAC)곡선과 단기평균비용(SAC)곡선이 접한다.

⑦ 생산량 Q_0일 때는 장기총비용곡선과 단기총비용곡선이 a점에서 접하므로 장기한계비용(LMC)곡선과 단기한계비용(SMC)곡선이 교차한다.

⑧ 규모에 대한 수익체증의 경우에는 단기평균비용(SAC) 최소점보다 왼쪽에서 장기평균비용(LAC)곡선과 단기평균비용(SAC)곡선이 접한다. 따라서 장기평균비용(LAC)곡선이 단기평균비용(SAC)곡선의 최소점을 연결한 선은 아니다.

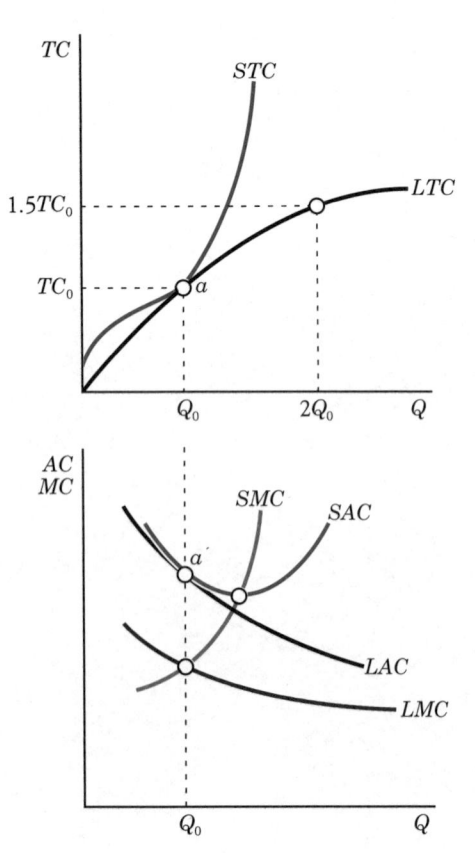

4 규모수익체감의 경우

① 규모수익체감의 경우 생산량을 2배 증가시키기 위해서는 노동과 자본을 각각 2배보다 크게 투입해야 하며 이는 비용을 2배보다 크게 증가시킨다.

② 생산량을 2배로 증가시킬 때 생산비용이 2배보다 크게 늘어나므로 장기총비용곡선(LTC)은 체증적으로 증가하는 우상향의 곡선이 된다.

③ 장기평균비용(LAC)은 장기총비용(LTC)곡선에서 원점을 통과한 직선의 기울기로 측정되므로 장기총비용(LTC)곡선이 체증적으로 증가하는 경우 장기평균비용(LAC)곡선은 우상향의 형태로 도출된다.

　→ 생산규모가 커지면서 장기평균비용이 점차 커지는데 이 때 규모의 불경제(diseconomies of scale)가 존재한다고 말한다.

④ 장기한계비용(LMC)은 장기총비용(LTC)곡선의 각 점에서의 기울기로 측정되므로 장기총비용(LTC)곡선이 체증적으로 증가하는 경우 장기한계비용(LMC)곡선은 우상향의 형태로 도출된다.

⑤ 장기총비용(LTC)곡선의 각 점에서 접선의 기울기가 원점으로 연결한 직선의 기울기보다 크기 때문에 항상 장기한계비용(LMC)곡선이 장기평균비용(LAC)곡선보다 위에 위치해야 한다.

⑥ 생산량 Q_0일 때는 장기총비용곡선과 단기총비용곡선이 a점에서 접하므로 장기평균비용(LAC)곡선과 단기평균비용(SAC)곡선이 접한다.

⑦ 생산량 Q_0일 때는 장기총비용곡선과 단기총비용곡선이 a점에서 접하므로 장기한계비용(LMC)곡선과 단기한계비용(SMC)곡선이 교차한다.

⑧ 규모에 대한 수익체감의 경우에는 단기평균비용(SAC) 최소점보다 오른쪽에서 장기평균비용(LAC)곡선과 단기평균비용(SAC)곡선이 접한다. 따라서 장기평균비용(LAC)곡선이 단기평균비용(SAC)곡선의 최소점을 연결한 선은 아니다.

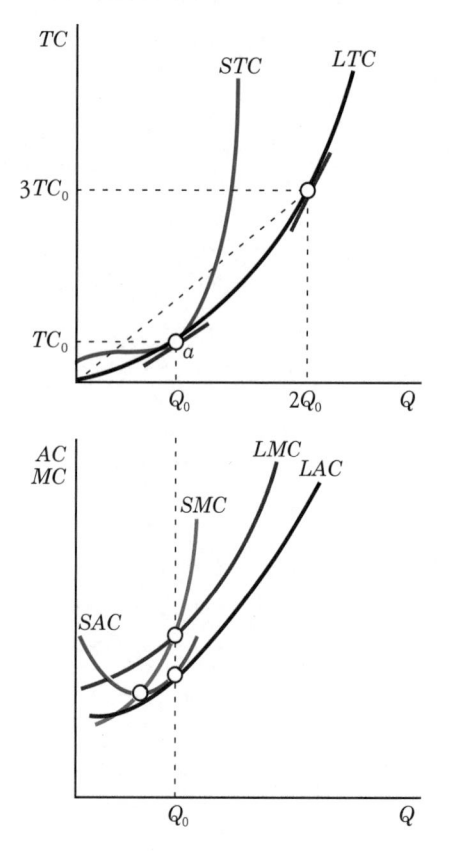

1 설명

① 단기총비용(STC)은 자본이 고정된 상태에서 비용을 최소화한 경우이나 장기총비용(LTC)은 자본 변화가 가능한 상태에서 비용을 최소화한 경우이다.

② 장기총비용곡선은 단기총비용곡선과 오직 한 점(a점, d점)을 공유하고 그 밖의 점에서는 장기총비용곡선이 항상 단기총비용곡선의 아래쪽에 있어 단기총비용곡선의 포락선(envelope curve)이 된다.

③ 설비규모가 아주 작은 수준에서 생산량이 커지면 분업 등에 의해 장기총비용이 체감적으로 증가하나 설비규모가 일정수준이 넘어서서 생산량 Q_3 이상이 되면 경영상의 비효율성 등으로 인해 장기총비용이 체증적으로 증가한다.

④ 원점을 통과해서 b점을 연결한 점선은 단기평균비용이고, 원점을 통과해서 d점을 연결한 점선은 단기평균비용이면서 장기평균비용이 된다.

⑤ 따라서 생산량 Q_3에서 단기평균비용과 장기평균비용의 크기가 일치해야 하며 d점에서 단기평균비용과 장기평균비용 모두 같은 높이로 표현된다.

⑥ 장기평균비용과 단기평균비용이 접하는 산출량 수준에서 장기한계비용과 단기한계비용과 교차한다.

⑦ 장기평균비용 최소점에서의 생산설비 규모인 SAC_1을 최적시설규모라고 한다

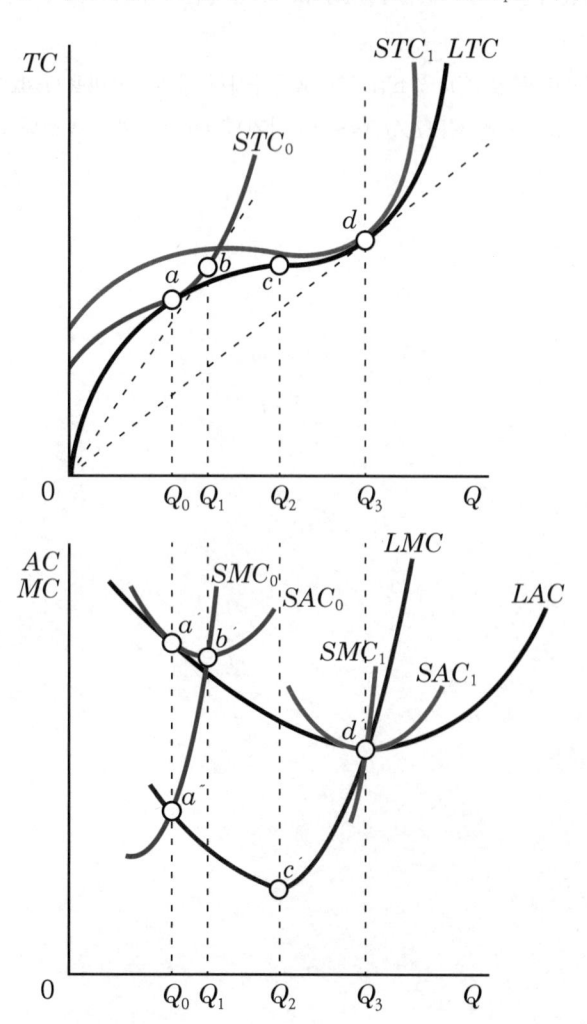

2 장기총비용과 단기총비용과의 관계

　장기총비용곡선은 단기총비용곡선의 포락선이기 때문에 단기총비용은 장기총비용보다 작을 수 없다.

3 장기평균비용과 단기평균비용과의 관계

　① 단기평균비용(SAC)은 장기평균비용(LAC)보다 작을 수 없다.

　② 장기평균비용(LAC)은 단기평균비용(SAC)의 포락선이다.

　③ 장기총비용(LTC)곡선과 단기총비용(STC)곡선이 접하는 산출량수준에서 단기평균비용(SAC)곡선과 장기
　　평균비용(LAC)곡선은 접한다.

　④ 장기평균비용(LAC)곡선 최하점 좌측에서는 단기평균비용(SAC)곡선 최하점 좌측과 장기평균비용(LAC)곡
　　선이 접하고 장기평균비용(LAC)곡선 최하점 우측에서는 단기평균비용(SAC)곡선 최하점 우측과 장기평균
　　비용(LAC)곡선이 접한다.

　⑤ 장기평균비용은 단기평균비용곡선의 최저점을 연결한 선이 아니다.

　⑥ 단기평균비용(SAC)이 U자형인 것은 수확체감 현상이, 장기평균비용(LAC)이 U자형인 것은 규모수익이 나
　　타나기 때문이다.

4 장기한계비용과 단기한계비용과의 관계

　① 장기총비용(LTC)곡선과 단기총비용(STC)곡선이 접하는 산출량수준에서 단기한계비용(SMC)곡선과 장기
　　한계비용(LMC)곡선이 교차하지만 단기한계비용(SMC)곡선의 기울기가 장기한계비용(LMC)곡선의 기울기
　　보다 가파르다.

　② 장기한계비용(LMC)은 단기한계비용(SMC)의 포락선이 아니다.

　③ 최적시설규모에서 $LAC = LMC = SAC = SMC$의 관계가 성립한다.

개념정리　　최적시설규모(optimum scale of plant)

① 장기평균비용곡선의 최저점에서의 단기평균비용곡선에 상응하는 공장규모를 최적시설규모라고 부른다.

② 또한 장기평균비용곡선이 최저가 되는 점에서의 생산수준을 장기최적생산수준이라고 부른다.

1 규모의 경제(economies of scale)

① 규모의 경제와 규모의 불경제는 산출량이 변할 때 평균비용 또는 장기평균비용이 어떻게 변하는가를 의미한다.

② 규모의 경제(economies of scale)란 생산규모가 커질 때 평균비용 또는 장기평균비용(LAC)이 감소하는 경우를 말한다. 따라서 생산량이 증가할 때 장기평균비용곡선이 우하향하는 영역을 '규모의 경제'라고 한다.

③ 규모의 경제가 발생하는 이유는 분업, 전문화, 협동의 효과로 생산성이 증가하기 때문이다. 즉, 대량생산에 따른 비용의 이점, 분업에 의한 전문화, 기술적 요인 등으로 주로 자동차 산업이나 반도체 사업에서 규모의 경제가 발생한다.

④ 규모의 불경제(diseconomies of scale)란 생산규모가 커질 때 평균비용이 증가하는 경우를 말한다. 따라서 생산량이 증가할 때 장기평균비용곡선이 우상향하는 영역을 '규모의 불경제'라고 한다.

⑤ 규모의 불경제가 발생하는 이유는 산출량이 너무 커지면 노동의 평균적인 생산성이 하락하고 경영상의 비효율이 존재하기 때문이다. 즉, 규모가 커짐으로 경영상 비효율, 의사전달의 어려움, 팀워크(team work)의 해이 등이 나타나면 '규모의 불경제'가 발생할 수 있다.

⑥ 생산규모가 커질 때 장기평균비용(LAC)이 일정한 경우를 규모수익불변(CRS)이라고 한다.

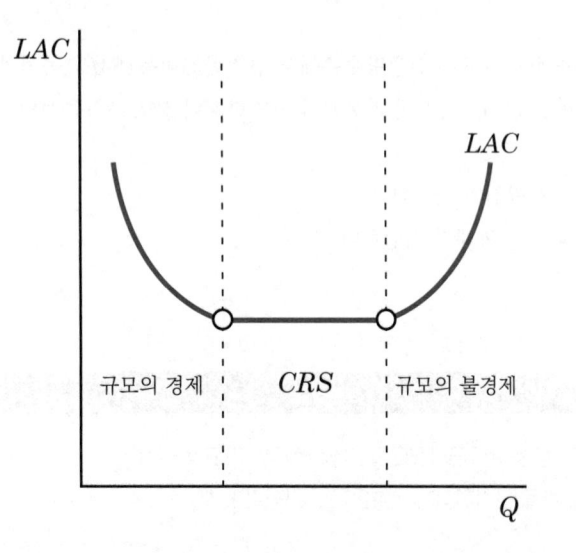

2 범위의 경제(economies of scope)

1. 개념

① 범위의 경제란 개별 기업이 단일상품을 생산하기보다 여러 상품을 동시에 생산하는 경우가 비용면에서 더 유리한 경우를 말한다.

② 기업이 제품의 범위를 확대했을 때 생산비용이 제품을 개별적으로 생산했을 때 보다 유리한 현상이 발생한다.

③ 어떤 기업이 X재만 X만큼 생산하는 경우의 생산비용이 $C(X)$, Y재만 Y만큼 생산하는 경우의 생산비용이 $C(Y)$, X재와 Y재를 각각 X, Y만큼 생산하는 경우의 생산비용을 $C(X, Y)$라 하자. 범위의 경제가 존재할 조건은 두 재화를 동시에 생산하는 경우의 생산비용이 따로 생산하는 경우의 생산비용보다 작다는 것이므로 다음과 같이 나타낼 수 있다.

$$C(X, Y) < C(X) + C(Y)$$

[C : 비용, X : X재, Y : Y재]

2. 발생 원인

① 하나의 생산시설이 여러 상품의 생산과정에서 동시에 사용될 수 있는 경우나 어떤 주산물을 생산하는 과정에서 부산물이 나오는 경우에서 범위의 경제가 발생한다.

② 예를 들어 구두제작 회사에서 핸드백을 만드는 경우, 자동차 회사에서 공동설비를 이용해 승용차, 트럭 등을 생산하는 경우 '범위의 경제'가 발생할 수 있다.

3. 결합생산물곡선(Joint Product Curve : JPC)

① 결합생산물곡선이란 경제 전체에 적용되는 생산가능곡선의 개념을 기업에 국한한 것을 말한다. 기업이 생산요소를 일정수준만큼 투입하는 경우에 기술적으로 가능한 두 재화 X, Y의 조합을 보여주는 곡선이다.

② a에 비해 b가, 그리고 b에 비해 c가 두 재화 모두를 더 많이 생산한다.

즉, X재와 Y재를 같이 생산하는 a에서 생산비용이 감소하므로 주어진 생산비용으로 생산해 낼 수 있는 각 재화의 양이 모두 증가할 수 있다.

③ 결합생산물곡선이 원점에 대해 오목해질수록 범위의 경제가 커지고 원점에 대해 볼록한 경우에는 범위의 불경제가 존재한다.

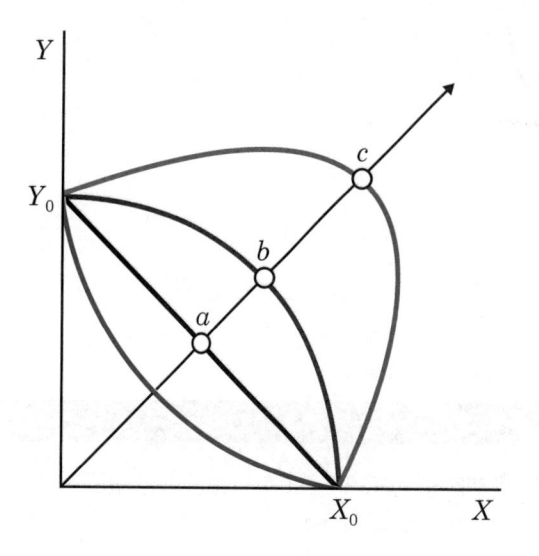

4. 범위의 경제((Economies of Scope ; ES) 측정

$$ES = \frac{C(X) + C(Y) - C(X, Y)}{C(X, Y)}$$

① ES의 값이 0보다 크면 범위의 경제, ES의 값이 0보다 작으면 범위의 불경제가 발생한다.

② ES의 값이 클수록 범위의 경제가 크다.

5. 규모의 경제와의 관계

① 범위의 경제와 규모의 경제와는 직접적인 관계가 존재하지 않는다.

② 규모의 경제가 발생하는 상황에서 범위의 경제와 불경제 모두 발생할 수 있고 규모의 불경제가 발생하는 상황에서도 범위의 경제와 불경제 모두 발생할 수 있다.

① 현실적으로 장기평균비용곡선의 형태는 U자형이 아닌 L자형이다.

② 생산수준이 낮을 때는 규모의 경제가 발생하지만 어느 정도의 생산수준이 되면 장기평균비용이 더 이상 낮아 지지 않거나 높아지지 않는 '규모수익불변'의 성격이 유지된다.

③ 장기평균비용(LAC)곡선이 L자 형태이면 단기평균비용 SAC_0 이후의 시설규모는 모두 최적시설규모이다.

④ 최적시설규모 중에서 가장 작은 시설규모인 SAC_0의 시설규모를 최소효율규모(MES)라고 한다.

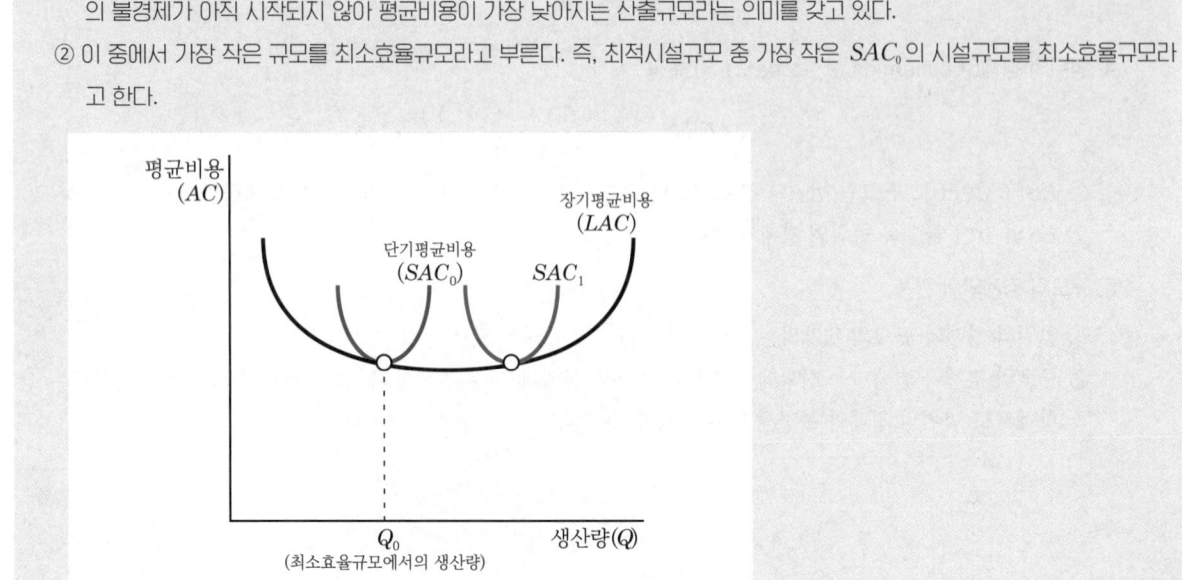

개념정리   최소효율규모(minimum efficient scale : MES)

① U자형 평균비용곡선에서 평균비용이 최저가 되는 산출량을 효율적 규모(efficient scale)라고 부른다. 효율적 규모는 규모 의 불경제가 아직 시작되지 않아 평균비용이 가장 낮아지는 산출규모라는 의미를 갖고 있다.

② 이 중에서 가장 작은 규모를 최소효율규모라고 부른다. 즉, 최적시설규모 중 가장 작은 SAC_0의 시설규모를 최소효율규모라 고 한다.

01 월 임대료가 100만 원인 약국건물을 소유한 어떤 약사가 자신의 약국에서 약사로서 일을 하여 월 매상액이 500만 원이고 총회계적 비용이 월 200만 원이다. 이 약사는 다른 약국에 고용되어 일을 한다면 월 150만 원의 보수를 받을 수 있다고 한다. 이때 이 약사가 자신의 약국에서 약사로서 일을 하며 약국을 경영할 때 경제적 이윤은 월 얼마인가? (단, 총회계적 비용에 대한 은행이자는 고려하지 않는다.)

풀이 날짜			
채점 결과			

① 30만 원
② 50만 원
③ 150만 원
④ 300만 원
⑤ 400만 원

02 생산량이 0(영)일 때의 총비용이 20만 원, 그리고 생산량이 10단위일 때의 총비용이 100만 원이라면 생산량이 10단위일 때 평균가변비용은?

풀이 날짜			
채점 결과			

① 80만 원
② 20만 원
③ 10만 원
④ 8만 원
⑤ 2만 원

03 어느 기업의 단기비용함수가 $C = 6{,}000 + 3Q^2$인 경우 생산량(Q)을 20단위로 할 때의 평균가변비용은?

풀이 날짜			
채점 결과			

① 7,200
② 1,200
③ 360
④ 60
⑤ 40

01

- 경제적 이윤은 기회비용을 반영하여 계산한다.
- 월 매상액은 500만 원이고 총회계적 비용은 월 200만 원이다.
- 월 임대료가 100만 원인 약국건물을 소유한 약사가 자신의 약국에서 약국을 운영한다면 월 임대수익 100만 원 을 포기해야 한다. 또한 약국을 직접운영하게 되면 다른 약국에 고용되어 일을 할 때 월 150만 원의 보수 도 포기해야 한다.
- 따라서 경제적 이윤은 다음과 같다.

  경제적 이윤

  = 월 매상액 500만 원-경제적 비용(명시적 비용 200만 원+암묵적 비용100만 원+150만 원)

  = 50만 원
- 경제적 이윤은 50만 원으로 계산된다.

②

02

- 생산량이 0일 때 총비용은 20만 원이므로 고정비용은 20만 원이다.
- 생산량이 10단위일 때의 총비용이 100만 원이라면 고정비용 20만 원을 차감한 80만 원은 총가변비용이 된다.
- 평균가변비용은 총가변비용을 생산량으로 나눈 값이므로 평균가변비용 $= \dfrac{80만 원}{10} = 8만 원$이다.

④

03

- 단기비용함수는 '총고정비용+총가변비용'으로 이루어진다.
- 따라서 $C = 6,000 + 3Q^2$에서 6,000은 고정비용, $3Q^2$은 가변비용을 나타낸다.
- 평균가변비용$= \dfrac{3Q^2}{Q} = 3Q$이며, 여기서 $Q = 20$이므로, 60이 답이다.

④

04 A기업의 단기 생산비용에 대한 정보는 다음 표와 같다. 괄호 안의 값의 크기를 옳게 비교한 것은?

(단, Q는 생산량, TC는 총비용, MC는 한계비용, ATC는 평균총비용, AVC는 평균가변비용, AFC는 평균고정비용, FC는 고정비용)

Q	TC	MC	ATC	AVC	AFC	FC
3	60			(ㄱ)	10	30
4		(ㄴ)	18			30
5		(ㄷ)		11		30

① ㄱ < ㄴ < ㄷ
② ㄴ < ㄱ < ㄷ
③ ㄱ < ㄷ < ㄴ
④ ㄷ < ㄴ < ㄱ
⑤ ㄷ < ㄱ < ㄴ

05 다음 비용에 관한 설명 중 옳지 않은 것은?

① 한계비용이 평균비용보다 크다면 평균비용은 증가한다.
② 한계비용과 평균비용이 교차한다면 평균비용의 최저점에서만 교차한다.
③ 평균비용이 항상 한계비용보다 크다면 평균비용은 항상 감소한다.
④ 한계비용이 증가하면 평균비용도 증가한다.
⑤ 미분가능한 가변비용함수를 미분하면 한계비용함수가 도출된다.

06 비용이론에 관한 다음 설명 중 옳지 않은 것은?

① 평균고정비용은 평균비용에서 평균가변비용을 뺀 것이다.
② 산출량과 관계없이 단기총비용은 장기총비용보다 항상 크거나 같다.
③ 한계비용곡선은 평균가변비용과 평균고정비용곡선의 최저점을 통과한다.
④ 원점에서 그은 직선이 총비용곡선과 접하는 점에서 평균비용이 최소가 된다.
⑤ 총비용곡선의 한 점에서 접선의 기울기는 한계비용을 나타낸다.

04 ㄱ. $TC = (AVC \times Q) + (AFC \times Q)$ 각 식에 Q가 3일 때의 각각의 숫자를 대입하면 AVC는 10의 결과가 나 ①
온다.

ㄴ. MC는 생산량이 1단위 증가했을 때 드는 총비용의 증가분으로 Q가 4일 때,

TC를 구해보면 $TC = ATC \times Q = 72$이다. 따라서 Q가 3에서 4로 1단위 증가했을 때 총비용은 60에서

72로 12만큼 증가하였으므로 MC는 12가 된다.

ㄷ. Q가 5일 때 총비용은 $TC = (AVC \times Q) + (AFC \times Q) = (11 \times 5) + 30 = 85$이다. 그러므로 Q가 4에서 5

로 1단위 증가함에 따라 총비용이 72에서 85로 증가하였기 때문에 MC는 13이 된다.

05 ①, ③ 한계비용과 평균비용 모두 U자형이며 평균비용의 최소점을 한계비용이 아래에서 위로 통과한다. 한계비 ④
용이 평균비용보다 크다면 평균비용은 증가하고 평균비용이 한계비용보다 크다면 평균비용은 감소한다.

② 한계비용곡선과 평균비용곡선은 평균비용의 최소점에서 교차한다.

④ 한계비용곡선은 평균비용곡선의 최소점을 통과하면서 U자 형태를 갖는다. 한계비용이 증가할 때 평균비용
은 감소하다가 증가한다.

⑤ 가변비용을 미분하면 한계비용을 구할 수 있다. 따라서 한계비용을 모두 더하면 가변비용이 된다.

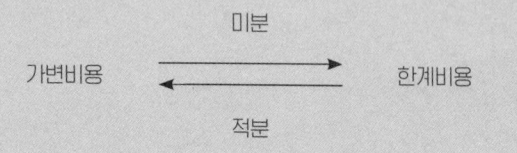

06 ① 평균비용은 평균고정비용과 평균가변비용의 합이다. 따라서 평균고정비용은 평균비용에서 평균가변비용을 ③
차감하여 구할 수 있다.

② 장기총비용곡선은 단기총비용곡선들의 포락선이므로 단기총비용이 장기총비용보다 크거나 같다.

③ 한계비용곡선은 평균가변비용과 평균비용의 최저점을 통과하면서 U자 형태의 모양을 갖고 있다.

④ 원점에서 그은 직선이 총비용곡선과 접하는 점에서 평균비용이 최소가 되면서 한계비용이 된다. 따라서 평
균비용의 최소점에서 한계비용과 평균비용은 같다.

⑤ 총비용곡선의 접선의 기울기는 한계비용을 나타낸다.

CHAPER

11 비용이론

단원 점검 기초 문제

07 기업의 장기평균비용곡선이 U자형으로 나타나는 이유는?

① 한계생산체감의 법칙
② 규모의 경제 및 불경제
③ 범위의 경제 및 불경제
④ 한계대체율체감의 법칙

풀이 날짜			
채점 결과			

08 한 기업이 여러 상품을 동시에 생산함으로써 비용상의 이점이 생기는 경우를 잘 나타내는 경제개념은?

① 규모의 경제
② 범위의 경제
③ 규모의 비경제
④ 범위의 비경제

풀이 날짜			
채점 결과			

07
- 장기평균비용곡선의 기울기는 규모보수와 관련이 있다.
- 장기평균비용곡선이 우하향하는 이유는 규모의 경제가 발생하기 때문이다.
- 장기평균비용곡선이 우상향하는 이유는 규모의 불경제가 발생하기 때문이다.

②

08
- 범위의 경제란 취급범위가 커질수록 비용이 절감되는 경우를 말한다.

②

01 다음 생산비용에 대한 설명 중 옳지 않은 것은?

① 고정비용의 크기는 한계비용의 크기에 영향을 미치지 않는다.

② 평균고정비용은 생산을 증대할수록 체감한다.

③ 고정비용이 총수입을 초과할 때는 생산을 중단하는 것이 손실을 극소화할 수 있다.

④ 고정비용의 크기는 최적생산량에 대한 기업의 의사결정에 영향을 미치지 않는다.

⑤ 총가변비용이 총수입을 초과할 때는 생산을 중단하는 것이 손실을 극소화할 수 있다.

풀이 날짜			
채점 결과			

02 여러 가지 비용곡선에 관한 설명으로 옳은 것을 모두 고른 것은?

ㄱ. 평균비용곡선은 평균가변비용곡선의 위에 위치한다.

ㄴ. 평균비용곡선이 상승할 때 한계비용곡선은 평균비용곡선 아래에 있다.

ㄷ. 평균고정비용곡선은 우하향한다.

ㄹ. 총가변비용곡선의 기울기와 총비용곡선의 기울기는 다르다.

ㅁ. 평균비용은 평균고정비용에 평균가변비용을 더한 값이다.

① ㄱ, ㄴ, ㄷ

② ㄱ, ㄷ, ㅁ

③ ㄱ, ㄹ, ㅁ

④ ㄴ, ㄷ, ㄹ

⑤ ㄴ, ㄹ, ㅁ

풀이 날짜			
채점 결과			

03 장·단기 비용곡선들에 대한 다음의 설명 중에서 옳지 않은 것은?

① 주어진 산출량에서 단기평균비용이 장기평균비용보다 적게 되는 경우는 존재하지 않는다.

② 장기한계비용곡선은 단기한계비용곡선의 포락선(envelope curve)이 아니다.

③ 단기평균비용곡선이 장기평균비용곡선에 접하는 산출량에서는 장기와 단기의 한계비용은 같다.

④ 장기평균비용곡선이 수평선의 형태를 취하는 경우, 장기평균비용곡선은 장기한계비용곡선과 완전히 일치한다.

⑤ 장기평균비용곡선이 U자 형태를 취하는 경우, 장기평균비용곡선은 단기평균비용곡선의 최저점들의 궤적이다.

풀이 날짜			
채점 결과			

01

① 가변비용의 크기가 한계비용의 크기에 영향을 미친다. 고정비용이 변하더라도 한계비용에 영향을 주지 못한다.

② 평균고정비용은 총고정비용을 생산량으로 나눈 값이므로 생산량이 증가하면 감소한다.

③, ⑤ 가변비용이 총수입을 초과하면 생산을 중단하고 총수입이 가변비용을 초과하면 손실을 보더라도 생산을 중단하지 않는다.

④ 기업은 이윤극대화에 의해 최적생산량이 결정된다. 고정비용의 크기는 한계비용에 영향을 주지 않으므로 이윤극대화 생산량에 변화를 주지 못한다.

③

02

ㄱ. ㅁ 평균비용은 평균고정비용과 평균가변비용을 더한 값이므로 평균비용곡선은 평균가변비용곡선의 위에 위치한다.

ㄴ. 한계비용곡선은 평균비용곡선의 최소점을 통과하고 한계비용곡선과 평균비용곡선 모두 U자형이다. 따라서 평균비용 상승 시 한계비용곡선은 평균비용곡선 위에 있다.

ㄷ. 평균고정비용곡선은 우하향하면서 직각쌍곡선의 형태를 갖는다.

ㄹ. 총가변비용곡선과 총비용곡선의 기울기는 모두 한계비용을 의미하므로 동일하다.

②

03

① 장기평균비용은 단기평균비용곡선들의 포락선이기 때문에 단기평균비용이 장기평균비용보다 크거나 같다.

② 장기한계비용곡선과 단기한계비용곡선은 교차하기 때문에 포락선의 관계가 아니다.

③ 단기총비용곡선과 장기총비용곡선이 접하는 산출량에서는 단기평균비용곡선과 장기평균비용곡선이 접한다. 또한 장기와 단기의 한계비용이 같기 때문에 장기한계비용곡선과 단기한계비용곡선은 서로 교차한다.

④ 장기평균비용곡선이 수평선의 형태를 갖게 되면 장기평균은 일정한 값을 갖는다. 장기평균이 일정할 때 장기한계비용도 일정한 값을 가지며 장기평균비용곡선과 장기한계비용곡선이 완전히 일치한다.

⑤ 장기평균비용곡선이 우하향하는 경우에는 단기평균비용곡선의 왼쪽에서 접하며 우상향하는 경우에는 단기평균비용곡선의 오른쪽에서 접한다. 또한 장기평균비용곡선의 최저점에서만 단기평균비용곡선의 최저점과 접한다. 따라서 장기평균비용곡선은 단기평균비용곡선의 최저점들의 궤적이 아니다.

⑤

04 장기와 단기의 비용함수에 관한 설명이다. 옳지 않은 것은?

① 단기평균비용곡선과 장기평균비용곡선이 접하는 산출량에서 단기와 장기의 한계비용곡선은 일치한다.
② 장기한계비용곡선은 단기한계비용곡선의 포락선이다.
③ 장기평균비용곡선의 최저점은 반드시 단기평균비용곡선의 최저점과 일치한다.
④ 장기평균비용곡선은 각 단기평균비용곡선의 오직 한 점만을 접하는 곡선이다.
⑤ 어떤 산출량 수준에서나 장기총비용곡선은 단기총비용곡선보다 아래에 있거나 접한다.

풀이 날짜			
채점 결과			

05 단기와 장기의 비용곡선 간 관계를 설명한 것이다. 다음 설명 중 옳지 않은 것은?

① 단기총비용곡선은 장기총비용곡선과 한 점에서만 접한다.
② 단기평균비용곡선의 최저점은 장기평균비용곡선의 최저점과 항상 일치하지는 않는다.
③ 단기와 장기의 총비용곡선이 서로 접하는 산출량 크기에서 단기와 장기의 한계비용곡선도 서로 접한다.
④ 단기와 장기의 총비용곡선이 서로 접하면 단기와 장기의 평균비용곡선도 서로 접한다.
⑤ 단기평균비용곡선은 장기평균비용곡선과 한 점에서만 접한다.

풀이 날짜			
채점 결과			

04 ①, ② 장기총비용(LTC)곡선과 단기총비용(STC)곡선이 접하는 산출량수준에서 단기한계비용(SMC)곡선과 장기한계비용(LMC)곡선이 교차하지만 단기한계비용(SMC)곡선의 기울기가 장기한계비용(LMC)곡선의 기울기보다 가파르다. 장기한계비용(LMC)은 단기한계비용(SMC))의 포락선이 아니다.

②

③ 장기평균비용(LAC)곡선 최하점 좌측에서는 단기평균비용(SAC)곡선 최하점 좌측과 장기평균비용(LAC)곡선이 접하고, 장기평균비용(LAC)곡선 최하점 우측에서는 단기평균비용(SAC)곡선 최하점 우측과 장기평균비용(LAC)곡선이 접한다. 장기평균비용의 최하점에서 단기평균비용의 최하점과 접한다.

④ 장기평균비용곡선은 단기평균비용곡선의 한 점만을 접하는 곡선이므로 장기평균비용은 단기평균비용의 포락선이다.

⑤ 장기총비용곡선은 단기총비용곡선보다 아래에 있거나 접하기 때문에 장기총비용곡선은 단기총비용곡선의 포락선이다.

05 ① 장기비용곡선은 선택 가능한 단기비용곡선들 중에서 가장 낮은 위치에 있는 부분만 선택하여 연결한 곡선이다. 이 곡선은 단기비용을 아래에서 감싸고 있는 모양과 같다고 하여 포락선(envelope curve)이라고 부른다.

③

②, ⑤ 장기평균비용은 단기평균비용곡선의 최저점을 연결한 선이 아니다. 단기평균비용곡선은 장기평균비용곡선과 한 점에서만 접하며 장기평균비용(LAC)은 단기평균비용(SAC)의 포락선이다.

③ 장기총비용(LTC)곡선과 단기총비용(STC)곡선이 접하는 산출량수준에서 단기한계비용(SMC)곡선과 장기한계비용(LMC)곡선이 교차하지만 단기한계비용(SMC)곡선의 기울기가 장기한계비용(LMC)곡선의 기울기보다 가파르다. 장기한계비용(LMC)은 단기한계비용(SMC)의 포락선이 아니다.

④ 장기총비용(LTC)곡선과 단기총비용(STC)곡선이 접하는 산출량수준에서 단기평균비용(SAC)곡선과 장기평균비용(LAC)곡선은 접한다.

01 객관식 점검 문제

- 생산자이론은 생산이론과 비용이론으로 나뉘어진다.
- 생산이론에서는 기본 개념을 확인하는 문제가 가끔 출제되며 다양한 생산함수와 관련된 내용들이 출제된다.
- 특히 콥 - 더글라스의 기본 성질을 확인하는 문제들이 출제되므로 해당 내용을 숙지해야 한다.
- 비용극소화 조건과 대체탄력성의 공식은 반드시 암기해야 한다.
- 비용함수를 구하기 위해서는 생산함수를 알아야 하므로 두 함수 간의 관계를 확인해야 한다.
- 평균비용, 평균가변비용, 한계비용간의 관계를 서술 문제로 출제하기도 하며 장기비용에서 규모수익 체증, 체감에 따른 그림 형태를 묻기도 한다.

02 약술 및 논술 점검 문제

- 생산자이론은 논술 문제로 출제되기는 어렵다.
- 약술 문제의 경우 계산 문제로 나올 수도 있고 생산함수의 성질을 물어보거나 개념정도 확인하는 선에서 출제된다.

문제 01

어떤 기업이 전력(E)과 노동(L)을 투입하여 일정한 양의 제품을 생산한다. 최근의 유가상승으로 전력 가격이 20% 상승하였음에도 불구하고 이 기업의 총비용에서 전력 요금이 차지하는 비중이 10%로 일정하게 유지된다고 한다. 생산량을 Q로 표시할 때 이 기업의 생산함수를 설명하시오. (단, 1차 동차생산함수라고 가정한다.)

해설

- 콥-더글라스 생산함수의 경우 노동과 자본의 지수값은 각각, 노동소득분배율과 자본소득분배율을 나타내므로 기업의 입장에서는 총비용 중에서 노동과 자본이 차지하는 비중으로 이해할 수 있다.
- 따라서 유가상승으로 전력 가격이 20% 상승하였음에도 불구하고 기업의 총비용에서 전력 요금이 차지하는 비중이 일정하게 유지된다는 것은 콥-더글라스 생산함수의 경우에 해당된다.

$$\rightarrow Q = E^{0.1} L^{0.9}$$

문제 02

정책금융공사

어떤 기업의 생산함수가 다음과 같다.
즉, 1단위의 생산물을 생산하는 데 자본과 노동을 각각 2단위와 1단위의 고정 비율로 투입한다.
자본 임대료가 3, 임금이 10이라 하자. 이 기업의 장기총비용함수를 구하시오.

해설

- 자본의 가격(r)은 3이고 노동의 가격(w)은 1이므로 총비용(TC)함수식은 다음과 같다.

$$\rightarrow TC = wL + rK$$
$$= 1 \times L + 3 \times K$$

- 1단위의 생산물을 생산하는 데 자본과 노동을 각각 2단위와 1단위의 고정 비율로 투입한다면 생산함수는 $Q = \min[2L, K]$이고 $Q = 2L = K$의 관계식이 성립된다.
- 따라서 장기총비용함수는 $TC = 1 \times \dfrac{Q}{2} + 3 \times Q = \dfrac{7}{2}Q$으로 도출된다.

PART

05

- 생산물시장의 형태는 완전경쟁시장과 불완전경쟁시장으로 나뉜다.
- 불완전경쟁시장은 독점시장, 독점적경쟁시장, 과점시장으로 나누어진다.
- 5편에서는 서로 다른 생산물 시장의 형태에 따라 가격과 생산량이 어떻게 결정되는지를 살펴본다.
- 완전경쟁시장의 자원배분은 효율적이고 불완전경쟁시장의 자원배분은 비효율적이다.
- 독과점기업은 비효율성을 유발하므로 시장 지배력을 약화시키고 공정경쟁을 촉진해야 한다.

- 게임이론은 전략적인 행동을 연구한다. 오늘날 게임이론은 수요 및 공급의 이론이 간과한 전략적인 행동을 명시적으로 고려하기 때문에 과점기업 간은 물론 노사 간, 정부와 민간부문 간, 국가 간 협상이나 상호 작용 등을 설명하고 그 결과를 예측하는 이론으로 활용되고 있다.

시장이론

CHAPTER 12

완전경쟁시장

단원 학습 목표

- 일반적으로 기업은 '이윤극대화'를 추구하지만 이윤 이외의 다른 목표를 추구할 가능성도 있다.

- 기업은 시장형태에 따라 가격과 생산량을 결정한다. 구체적인 시장형태는 완전경쟁시장, 독점시장, 과점시장, 독점적 경쟁시장 등이 있는데 가장 이상적인(idealistic)시장형태는 '완전경쟁시장'이고 반대쪽 극단에는 오직 한 기업만이 존재하는 '독점시장'이 있다. 완전경쟁시장에서는 기업의 수가 매우 많아서 개별 기업의 생산량 변화가 가격에 영향을 미칠 수 없다.

- 즉, 개별 기업은 시장가격에 영향을 줄 수 없는 가격수용자이다.

- 또한 완전경쟁시장에서는 생산물이 동질적이며 장기적으로 외부기업이 시장으로 진입할 수 있다.

- 그러나 현실에서는 완전경쟁시장은 존재하지 않고 기업 간 경쟁이 불완전한 시장이 대부분이다.

1절 시장의 종류와 기업의 목표

01 시장의 종류

1 기업의 수

① 시장에 존재하는 기업의 수는 시장의 종류를 구분하는 중요한 기준이 된다.

② 완전경쟁시장과 독점적 경쟁시장은 다수의 기업이 존재하고 독점시장은 오직 한 기업만 존재한다.

③ 과점시장은 소수의 기업이 상품을 판매한다는 점에서 완전경쟁시장과 독점시장의 중간 단계에 위치하고 있다.

2 개별 기업이 가격수용자(price taker)인지 가격설정자(price maker)인지 여부

① 완전경쟁시장 안에는 다수의 기업이 존재하기 때문에 개별 기업은 가격에 영향을 미칠 수 없고 시장에서 형성된 가격을 받아들일 수밖에 없는 '가격수용자(price taker)'이다.

② 독점기업은 가격에 상당한 영향력을 행사할 수 있고 과점시장과 독점적 경쟁시장에 존재하는 기업은 완전경쟁기업과 독점기업 사이의 중간 정도로 영향을 미칠 수 있다.

3 상품의 동질성

① 어떤 기업이 만드는 상품이 다른 기업과 비교해 상품의 질이 '동질'적일 수도 있고 '이질'적일 수도 있다.

② 완전경쟁시장과 독점적 경쟁시장은 다수의 기업이 존재한다는 공통점이 존재하나 제품의 차별화 현상에 의해 구분된다.

4 진입장벽(entry barrier)

① 진입장벽이란 잠재적인 경쟁상대가 시장으로 들어오는 것을 가로막는 장벽으로 진입장벽이 존재하면 시장지배력을 가질 수 있다.

② 완전경쟁시장은 일체의 진입장벽이 존재하지 않지만 독점시장이나 과점시장은 진입장벽이 존재한다.

5 비가격경쟁(non - price competition)

① 비가격경쟁이란 가격 이외의 수단에 기업 간 경쟁이 발생하는 것으로 광고, 서비스 등이 포함된다.

② 완전경쟁시장은 비가격경쟁이 존재하지 않지만 불완전경쟁시장은 비가격경쟁이 흔하게 발생한다.

시장의 형태	기업의 수	상품의 동질성	가격통제정도	진입장벽	사례
완전경쟁시장	수없이 많음	동질	없음	없음	농산물시장
독점시장	하나	동질	매우 큼	매우 높음	전기, 수도
과점시장	소수	동질 또는 이질	상당히 큼	상당히 높음	통신사, 영화관
독점적 경쟁시장	많음	이질	어느 정도 있음	없음	미용실, 커피전문점

고범석 경제학아카데미

1 개요

① 기업들은 생산기술을 사용하여 많은 이윤을 얻고자 한다.

② 기업의 목표는 이윤추구에 그치지 않고 더 나아가 이윤극대화라고 가정한다.

③ 이 가정에 대하여 많은 비판이 있는데 그 중의 하나는 기업은 이윤극대를 추구하지 않고 어느 정도 이상의 이윤을 내면 만족한다는 것이다. 이를 만족화가설(satisficing hypothesis)이라고 한다. 만족화가설은 만족스럽다고 생각하는 이윤수준을 객관적으로 제시하기 어렵다는 문제점이 있다.

④ 또 다른 하나는 기업이 매출극대화 또는 시장점유율극대화를 추구한다는 것이다. 매출극대를 추구하는 기업도 궁극적으로 이윤극대화를 효과적으로 수행하기 위해 전략적으로 그러한 단기목표를 추구한다고 볼 수 있다.

2 이윤극대화

1. 이윤이란?

① 이윤(π)은 다음과 같다.

$$이윤 = 총수입(TR) - 총비용(TC)$$

$$\pi(Q) = TR(Q) - TC(Q)$$

② 총수입(TR)은 가격과 생산량의 곱에 의해 구해지므로($TR = P \times Q$) 시장조건에 의해 결정된다.

③ 총비용(TC)은 기업의 생산기술에 의해 결정된다.

2. 이윤극대화 1계조건(필요조건)

① 이윤극대화를 가져다주는 산출량이란 총수입과 총비용의 차이를 가장 크게 하는 산출량이며 이는 이윤극대화의 1계조건에 의해 한계수입(MR)과 한계비용(MC)이 같아지게 하는 산출량으로 나타난다.

$$\frac{d\pi}{dQ} = \frac{d(TR(Q))}{dQ} - \frac{d(TC(Q))}{dQ} = 0$$

$$\rightarrow MR - MC = 0$$

$$\rightarrow 한계수입(MR) = 한계비용(MC)$$

② 기업이 생산량(Q)을 한 단위 더 늘릴 때 한계수입이 한계비용보다 크다면 총수입의 증가분이 총비용의 증가분보다 크다는 것을 나타낸다. 총수입의 증가분이 총비용의 증가분보다 크다면 추가이윤은 양(+)의 값을 갖는다. 이는 이전보다 이윤이 증가함을 의미하므로 생산을 늘려야 한다.

④ 기업이 생산량(Q)을 한 단위 더 늘릴 때 한계비용이 한계수입보다 크다면 총비용의 증가분이 총수입의 증가분보다 크다는 것을 나타낸다. 총비용의 증가분이 총수입의 증가분보다 크다면 추가이윤은 음(-)의 값을 갖는다. 이는 이전보다 이윤이 감소함을 의미하므로 생산을 줄여야 한다.

⑤ 따라서 한계수입(marginal revenue : MR)과 한계비용(marginal cost : MC)이 같아질 때 이윤이 극대화된다.

⑥ 이윤극대화의 1계조건을 충족하는 생산량이 이윤극대화가 아닌 '손실극대' 또는 '이윤극소' 생산량이 될 수 있다.

3. 이윤극대화 2계조건(충분조건)

① 생산량 Q_0와 Q_1에서 총수입곡선과 총비용곡선의 기울기가 같기 때문에 한계수입과 한계비용이 일치한다.

② 생산량 Q_0에서 $MR = MC$가 성립하지만 '손실극대'가 발생하고 있다.

즉, 이윤극대화의 1계조건을 충족하는 생산량이 이윤극대화가 아닌 '손실극대' 또는 '이윤극소' 생산량이 되는 것을 막기 위해 이윤극대화의 2계조건도 필요하다.

③ 이윤극대화의 2계조건은 이윤의 생산량에 대한 2차 미분값이 음(-)이 되는 것이다.

2차 미분값이 음(-)이면 해당생산량에서 이윤의 극댓값을 갖는다. 그러므로 이윤극대화 생산량에서 한계비용의 기울기가 한계수입의 기울기보다 커야 한다.

④ MC곡선의 기울기가 증가하는 영역에서 이윤극대화가 달성되므로 다음과 같은 식이 성립된다.

$$\rightarrow \frac{dMR}{dQ} - \frac{dMC}{dQ} < 0$$

$$\rightarrow \frac{dMR}{dQ} < \frac{dMC}{dQ}$$

→ MR곡선의 기울기 < MC곡선의 기울기

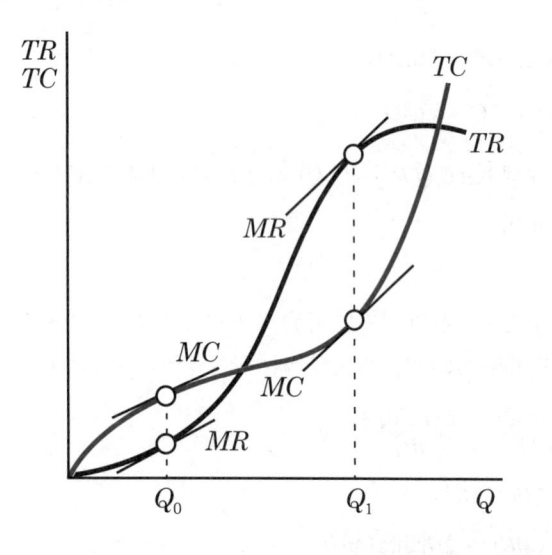

심화학습

① 생산량 Q_1의 경우 왼쪽에서는 한계수입이 한계비용보다 크고, 오른쪽에서는 한계비용이 한계수입보다 크다.

② 생산량 Q_0의 경우 왼쪽에서는 한계비용이 한계수입보다 크고, 오른쪽에서는 한계수입이 한계비용보다 크다.

③ 따라서 생산량 Q_1에서 이탈해도 Q_1으로 돌아오지만 생산량 Q_0에서는 이탈해도 Q_0로 복귀하지 못한다.

---

4. 한계점

① 기업은 이윤 이외에도 다른 생산 목적을 극대화할 수 있다. 기업은 부의 사회적 환원, 지속가능경영, 투명경영 등의 목적을 가질 수도 있다.

② 결합비용(overhead cost)이 존재할 경우 한계비용을 측정하기 어렵다. 왜냐하면 결합비용이란 여러 부문에 공동으로 부담되는 비용이기 때문이다.

③ 비대칭적 정보(불완전정보)가 존재한다면 주인 – 대리인 문제가 발생할 수 있다. 계약관계에서 권한을 위임하는 사람을 주인(principal)이라 부르고 위임받은 사람을 대리인(agent)이라고 부른다. 주인인 주주는 전문경영인에게 두둑한 봉급을 주면서 전문경영인이 주주 이윤의 극대화를 위해 최선의 노력을 기울여 줄 것을 기대하지만 대리인인 전문경영인은 주주의 이익보다 자신의 이익을 앞세우는 경우가 흔하다.

④ 이윤극대화가설은 확실성을 가정한다.

③ 매출액 극대화 가설

1. 의의

매출액 극대화 가설이란 경제 환경이 불확실할 때 기업은 단기이윤보다는 단기매출액을 극대화한다는 가설이다.

2. 매출액 극대화를 추구하는 이유

① 매출액 또는 판매수입이란 가격과 판매량의 곱$(P \times Q)$이므로 기업규모를 의미한다.

② 일반적으로 소유와 경영이 분리된 회사의 경우 기업의 경영자는 이윤극대화보다 매출액 극대화를 추구할 가능성이 높아진다. 왜냐하면 매출액이 커지면 경영자의 위신이 커지며 계약종료 후 다른 기업으로 이직할 때 좋은 연봉을 받을 수 있기 때문이다.

3. 조건 및 특징

① 매출액 극대화 조건은 한계수입이 0$(MR = 0)$이며 매출액 극대화를 추구할 때의 생산량(Q_0)이 이윤극대화를 추구할 때의 생산량(Q_1)보다 많다.

② 이윤의 크기는 이윤극대화가 매출액극대화보다 크다.

③ 매출액 극대화를 만족할 때 한계수입이 0이므로 수요의 가격탄력성이 1인 점에서 가격과 산출량을 결정한다. 한계수입을 수요의 가격탄력성(ϵ_P)과 가격(P)으로 표시하면 다음과 같기 때문이다.

$$\rightarrow MR = P \times \left(1 - \frac{1}{\epsilon_P}\right)$$

(이윤극대)(매출극대)

4 비용할증 가격설정방식(full - cost pricing or mark - up pricing)

1. 개념

① 비용할증 가격설정방식이란 단위생산비용에 적당한 비율의 마진(margin)을 얹어 가격을 설정하는 방법이다.
즉, $P = AC(1+m)(P$: 가격, AC : 평균비용, m : 마진율 또는 이윤율)이 되도록 가격을 설정한다.

② 비용할증방식은 평균비용(AC)이 가격을 결정하기 때문에 공급 측면에서의 생산비용의 크기가 가격을 결정한다.

2. 가격경직성

비용할증방식에서는 수요 측면이 고려되지 않는다. 따라서 수요의 변화가 발생해도 가격이 변하지 않는 가격경직성을 설명한다.

3. 한계

① 마진율(m)이 어떻게 결정되는지 설명할 수 없다.

② 비용할증 가격설정방식이 이윤극대화와 전혀 무관한 것이라고 보기가 어렵다.

왜냐하면 마진율(m)을 결정할 때 이윤극대화가 고려되기 때문이다.

즉, 기업이 수요함수에 대한 정확한 정보가 없더라도 불확실한 수요함수 하에서 이윤극대화를 이룰 수 있도록 마진율을 결정하는 경우라고 볼 수 있다.

2절 완전경쟁시장의 성립 조건

01 완전경쟁시장이란?

① 완전경쟁시장이라 함은 경제주체 간 전략적 행동을 통해 시장에 영향을 줄 수 없는 상황, 즉 시장가격의 결정 과정에서 누구도 능동적 영향력을 행사할 수 없는 상황을 말한다.

② 또한 어느 공급자와 수요자도 공급 및 구매량의 조절을 통해 시장가격에 영향을 줄 수 없을 정도로 시장에 많은 수의 공급자와 수요자가 있는 경우를 말한다.

③ 완전경쟁시장은 현실적으로 지배적인 시장형태이기 때문이 아니라 이상적인 시장형태로서 지향해야 할 목표이다.

02 조건

1 수많은 구매자와 판매자

① 완전경쟁시장에는 수많은 구매자와 판매자가 존재하므로 구매자와 판매자는 가격에 영향을 미칠 수 없다.

② 특히 판매자인 개별 기업은 시장에서 결정된 가격을 그대로 받아들이는 가격수용자로 행동한다.

③ 기업의 경우 상품을 생산하는 개별 기업의 공급량이 아주 적고 동일한 상품을 공급하는 기업들의 수가 많은 경우에는 개별 기업이 시장가격에 영향을 주지 못한다.

2 상품이 완전 동질적

① 시장에서 개별 기업들이 판매하는 상품의 질이 모두 동일하여야 한다는 상품의 동질성(homogeneous product)이 있어야 한다.

② 개별 기업이 생산하는 상품이 다른 기업들의 상품과 질적으로 약간의 차이만 존재하더라도 개별 기업은 그 상품에 대하여 어느 정도의 시장독점력을 행사할 수 있다.

3 진입장벽이 존재하지 않음

① 완전경쟁시장은 자원의 완전한 이동성이 보장되어 있으므로 시장에의 진입과 퇴출이 장기적으로 자유롭다.

② 기업들은 자유롭게 시장에 참여할 수 있으며 원하면 언제든지 생산을 중단할 수 있다.

③ 완전경쟁기업은 장기적으로 시장 진입과 퇴출이 가능하므로 장기이윤은 항상 0이 된다.

4 완전한 정보

① 완전경쟁시장에서는 기업이나 소비자들이 자신들이 가지고 있는 제약조건이나 시장에서 벌어지는 상황을 정확히 알고 있다는 것을 전제로 한다.

② 완전경쟁시장에서는 정보를 얻는 비용이 전혀 없다는 것을 가정하고 있다.

③ 모든 경제주체가 완전한 정보를 공유하고 있으므로 '일물일가의 법칙'이 성립된다. '일물일가의 법칙'이란 동일한 재화는 어떤 시장에서든지 가격이 같아야 한다는 법칙이다.

3절 단기균형

01 가격(P), 평균수입(AR), 한계수입(MR)과의 관계

1 의의

완전경쟁시장에서 가격수용자로서의 기업은 상품의 시장가격을 주어진 것으로 받아들이므로 상품의 시장가격은 기업이 상품을 생산하여 판매하였을 때 판매단위당 얻을 수 있는 평균수입(Average Revenue : AR)에 해당한다. 따라서 완전경쟁기업의 총수입(Total Revenue)은 결국 시장가격에 판매량을 곱한 금액이 되며 판매량에 비례하게 된다.

2 사례

가격(P)	수량(Q)	총수입(TR)	평균수입(AR)	한계수입(MR)
100	1	100	100	100
100	2	200	100	100
100	3	300	100	100
100	4	400	100	100

① 시장균형가격(P)이 100이고 개별 기업의 판매량이 Q라고 하자.
② 완전경쟁 상태에 있는 기업이 직면하는 수요곡선은 수평선으로 나타난다. 이는 개별 기업이 가격수용자여서 시장에서 형성된 가격(P = 100)을 주어진 것으로 보고 이 가격수준에서 원하는 만큼을 판매할 수 있다고 생각하기 때문이다.

3 총수입(TR)곡선

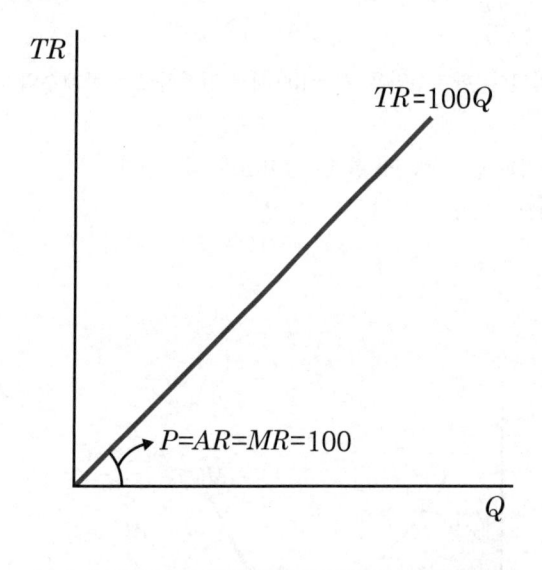

① 총수입은 가격과 판매량의 곱이므로 시장가격이 100일 때 총수입곡선의 함수식은 다음과 같다.
$$TR = P \times Q = 100Q$$

② 따라서 완전경쟁기업의 총수입곡선은 원점을 통과하는 직선의 형태를 갖는다.

③ 개별 기업들은 가격수용자이므로 판매량이 증가할수록 총수입도 비례적으로 증가한다.

4 평균수입(AR)곡선과 한계수입(MR)곡선

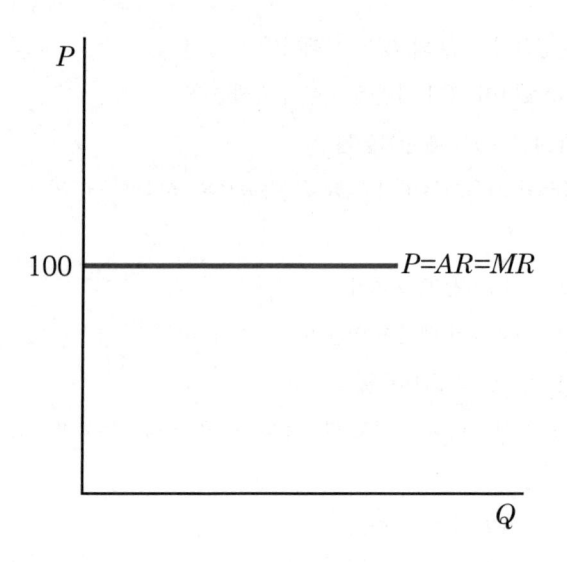

① 평균수입(Average Revenue : AR)이란 총수입을 산출량으로 나눈 값으로 시장가격과 일치한다.
$$AR = \frac{TR}{Q} = \frac{P \times Q}{Q} = P$$

② 평균수입곡선은 총수입곡선에서 원점을 통과하는 직선의 기울기로 나타낼 수 있다. 평균수입은 $P = 100$에서
일정하므로 평균수입곡선은 수평선의 형태를 갖는다.

③ 한계수입(Marginal Revenue : MR)이란 산출량을 한 단위 더 증가시킬 때 총수입의 증가분이다.

$$MR = \frac{\triangle TR}{\triangle Q}$$

④ 한계수입곡선은 총수입곡선의 접선의 기울기로 측정된다. 한계수입은 $P = 100$에서 일정하므로 한계수입곡선은 수평선의 형태를 갖는다.

⑤ 개별 기업이 직면하는 수요곡선이 수평선인 경우 가격과 평균수입 및 한계수입이 모두 같아진다.

$$\rightarrow P = AR = MR$$

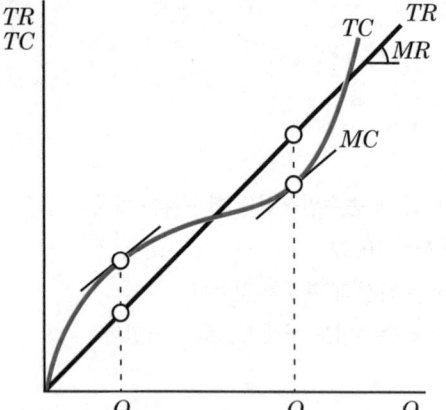 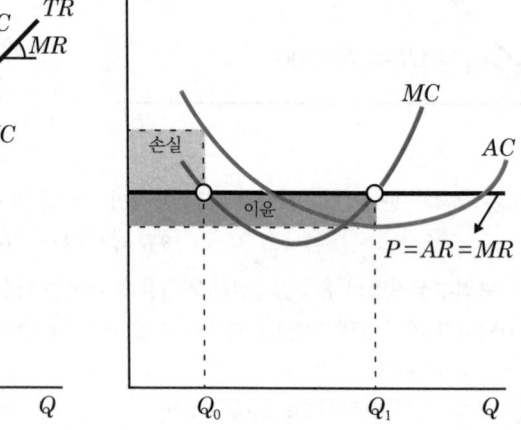

① 이윤극대화 1계조건을 만족($MR = MC$)하는 점은 생산량이 Q_0와 Q_1인 상태이다.

② 생산량 Q_0에서는 총수입($P \times Q_0$)보다 총비용($AC \times Q_0$)이 크기 때문에 손실이 발생한다.

→ 양변을 Q_0로 나누면 $AC > P$일 때 손실 발생

③ 위의 우측 그림에서는 생산량 Q_0에서 한계수입곡선의 기울기는 0이고 한계비용곡선은 우하향하고 있으므로 이윤극대화 2계조건을 만족시키지 못한다.

→ MR곡선의 기울기 $>$ MC곡선의 기울기

④ 생산량 Q_1에서 총수입($P \times Q_1$)이 총비용($AC \times Q_1$)보다 크기 때문에 이윤이 발생한다.

→ 양변을 Q_1로 나누면 $P > AC$일 때 이윤 발생

⑤ 위의 우측 그림에서는 생산량 Q_1에서 한계비용곡선은 우상향하고 있고 한계수입곡선의 기울기는 0이므로 이윤극대화 2계조건을 만족한다.

→ MC곡선의 기울기 $>$ MR곡선의 기울기

⑥ 개별 기업이 직면하는 수요곡선이 수평선인 경우 가격과 평균수입 및 한계수입이 모두 같아지며 완전경쟁기업의 이윤극대화 조건은 $P = MC$이다.

→ $P = AR = MR = MC$이므로 이윤극대화 조건은 $P = MC$

⑦ 시장수요곡선은 우하향하나 개별 기업은 가격수용자(price taker)이므로 완전경쟁기업이 직면하는 수요곡선은 수평선이다.

→ 수요의 가격탄력성은 무한대

1 조업여부의 결정

1. 손익 분기점(break - even point)

① 손익분기점이란 이윤이 0이 되는 점을 말한다.

② 가격이 평균비용(AC)보다 크다면($P>AC$) 단기적으로 이익을 얻게 되나 가격이 평균비용보다 작다면 ($P<AC$) 손실을 입게 된다. 즉, 가격이 평균비용(AC)의 최저점과 일치하는 상태가 곧 손익 분기점이다.

2. 생산 중단점(shut - down point) 또는 조업 중단점

① 생산 중단점 또는 조업 중단점이란 일시 휴업을 하는 경우로 단기에 조업을 중단하면 총고정비용만큼 손실이 발생한다.

② 기업의 조업 또는 생산 중단은 조업을 함으로써 기업이 입는 손실($TC-TR$)이 생산 중단에 따른 손실인 총고정비용(TFC)보다 더 클 때이다. 즉, $TC-TR>TFC$이면 생산을 중단한다.

$TC-TFC>TR → TVC>TR$이므로 양변을 생산량으로 나누면 평균가변비용(AVC) > 가격(P)로 바꾸어 쓸 수 있다.

③ 따라서 평균가변비용(AVC)의 최소점이 생산 중단점이 된다.

2 설명

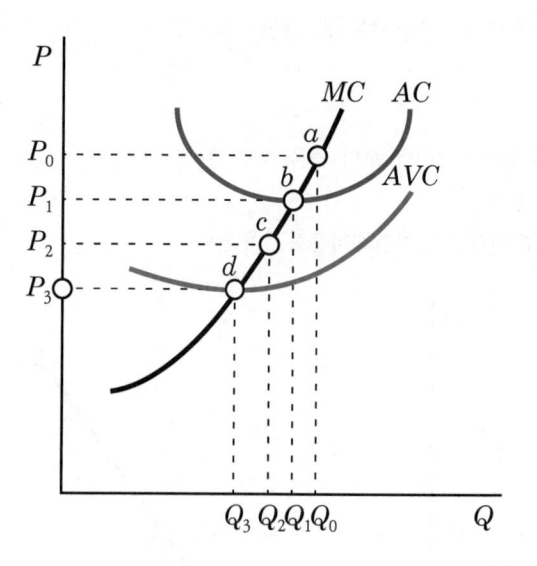

1. 가격이 P_0일 때

① 이윤극대화는 $P=MC$인 a점에서 달성되고 Q_0만큼 생산한다.

② a점에서 $P>AC$이므로 초과이윤이 발생한다.

2. 가격이 P_1일 때

① 이윤극대화는 $P=MC$인 b점에서 달성되고 Q_1만큼 생산한다.

② b점에서 $P=AC$이므로 이윤은 0이 된다. 즉, 정상이윤이 발생한다.

3. 가격이 P_2일 때

① 이윤극대화는 $P = MC$인 c점에서 달성되고 Q_2만큼 생산한다.

② c점에서 $AVC < P < AC$이므로 손실이 발생하나 생산을 하는 것이 유리하다.

③ 예를 들어 총수입이 100만 원, 총비용이 120만 원, 총고정비용 50만 원, 총가변비용이 70만 원이라고 하자. 생산을 중단하면 총고정비용 50만 원의 손실이 발생하나 생산을 하면 총비용 120만 원 - 총수입 100만 원 = 20만 원의 손실이 발생한다. 즉, 생산을 하면 총가변비용 70만 원을 전부 회수하고 총고정비용의 일부 금액을 충당할 수 있으므로 생산을 하는 것이 유리하다.

④ 또한 총고정비용이 매몰비용이라고 가정한다면 총고정비용은 경제적 의사결정시 고려할 필요가 없다. 따라서 총수입과 총가변비용을 비교하여 총수입이 총가변비용보다 크다면 손실이 발생하더라도 생산을 중단하지 않는 것이 바람직하다.

4. 가격이 P_3일 때

① 이윤극대화는 $P = MC$인 d점에서 달성되고 Q_3만큼 생산할 수도 있고 생산을 중단할 수도 있다.

② d점에서 $P = AVC$이므로 생산하든 생산을 중단하든 손실은 동일하다.

③ 예를 들어 총수입이 100만 원, 총비용이 150만 원, 총고정비용 50만 원, 총가변비용이 100만 원이라고 하자. 생산을 중단하면 총고정비용 50만 원의 손실이 발생하고 생산을 하면 총비용 150만 원 - 총수입 100만 원 = 50만 원의 손실이 발생한다. 즉, 생산을 하든 중단하든 손실금액은 동일하다.

5. 가격 $< P_3$일 때

$P < AVC$ 즉, 총수입이 총가변비용보다 작기 때문에 생산을 중단하는 것이 바람직하다.

❸ 개별 기업의 단기공급곡선

① 결국 완전경쟁상태에 있는 개별 기업은 시장가격이 평균가변비용 보다 높을 경우 생산을 계속하며 가격이 한계비용과 같아지는 수준에서 상품을 생산하여 공급한다.

② 즉, 기업의 단기공급곡선은 조업 중단점인 $P = AVC$ 이상의 단기한계비용곡선이 된다.

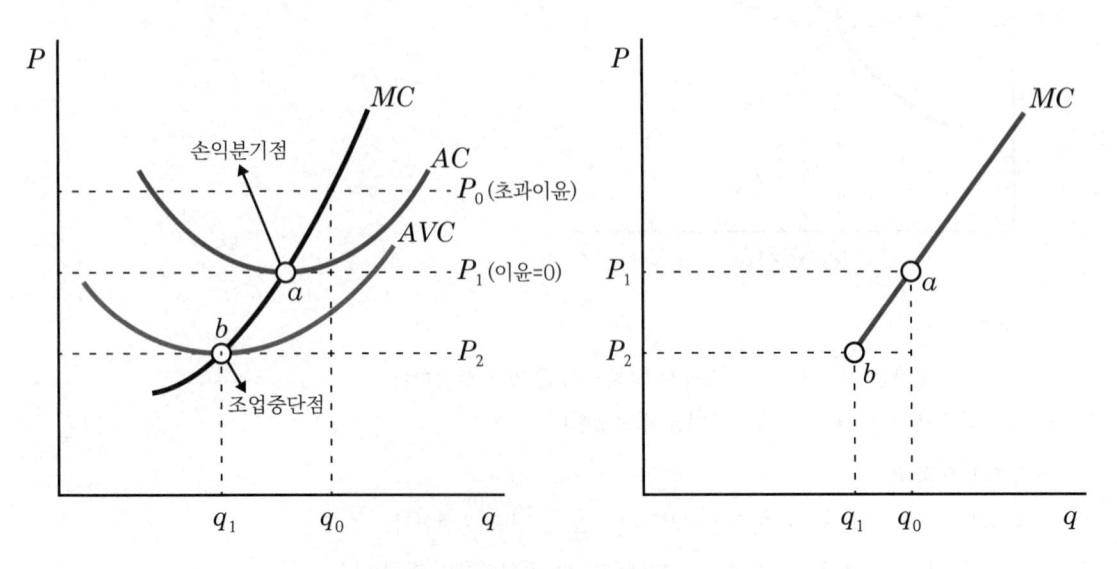

4 정리

① 가격(P) > 평균비용(AC)

　→ 초과이윤이 발생한다.

② 평균비용(AC) > 가격(P) > 평균가변비용(AVC)

　→ 손실이 발생하나 생산을 중단해서는 안 된다.

③ 평균가변비용(AVC) > 가격(P)

　→ 총가변비용이 총수입보다 커서 평균가변비용이 가격보다 크다면 조업을 중단해야 한다.

04 산업의 단기공급곡선

① 산업 전체의 단기공급곡선은 개별 기업의 산출량 변화 시 요소가격의 변화 여부에 따라 다소 달라진다.

② 완전경쟁 산업 내에서 생산활동을 하고 있는 모든 기업들의 공급곡선인 한계비용(MC)곡선이 모두 동일할 이유는 없다. 왜냐하면 기업에 따라서 다른 기업들에 비하여 보다 발전된 생산기술을 보유할 수도 있기 때문이다.

③ 요소가격에 변화가 없다면 개별 기업의 단기공급곡선들을 단순히 수평으로 합한 것이 산업 전체의 단기공급곡선이 된다.

④ 산업에서 2개의 기업이 활동하고 있다고 하자. 시장가격이 5일 때 기업 A, B의 시장공급량은 각각 1, 2가 된다. 따라서 시장가격이 5일 때의 산업 전체의 공급량은 이들을 합한 3(=1+2)가 된다. 시장가격이 10일 때 기업 A, B의 시장공급량은 각각 2, 3이 된다. 따라서 시장가격이 10일 때의 산업 전체의 공급량은 이들을 합한 5(=2+3)가 된다.

⑤ 따라서 개별 기업들의 단기공급곡선들을 수평으로 합하면 완전경쟁산업의 단기공급곡선은 $\sum MC$가 된다.

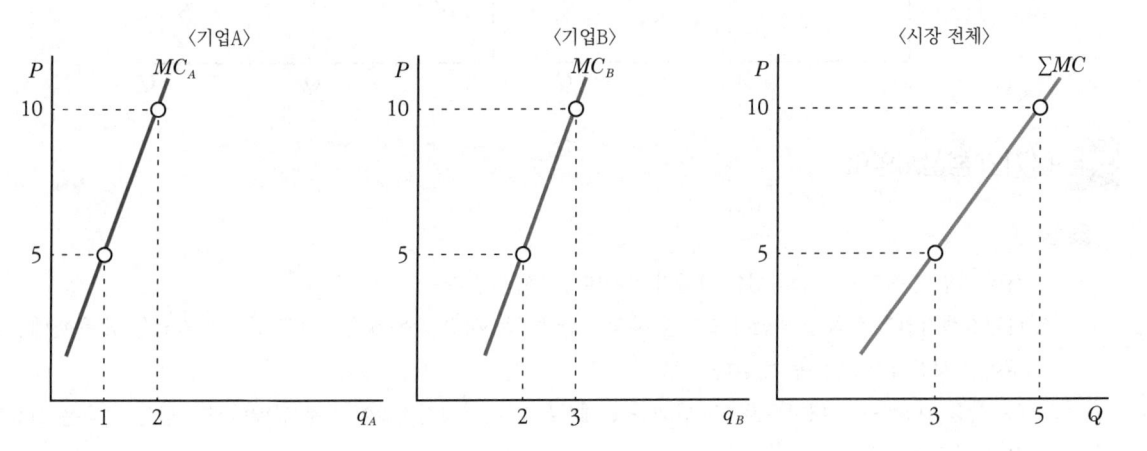

1 산업의 단기균형

① 산업의 수요와 공급이 일치하는 상태에서 산업의 단기균형이 이루어지며 균형가격(P_0)과 균형거래량(Q_0)이 결정된다.

② 이때 개별 기업은 산업에서 결정된 균형가격수준(P_0)을 주어진 것으로 보고 이윤을 극대화하기 위해 생산활동을 수행한다.

2 개별 기업의 단기균형

① 개별 기업의 이윤극대화 생산량(q_0)에서 $P = MR = MC$가 성립한다.

② 완전경쟁시장에 참여한 기업의 수는 시장의 균형산출량(Q_0)을 개별 기업의 산출량(q_0)으로 나눔으로써 구해진다.

③ 완전경쟁기업은 단기에 초과이윤을 얻을 수도 있고 손실이 발생할 수도 있다.

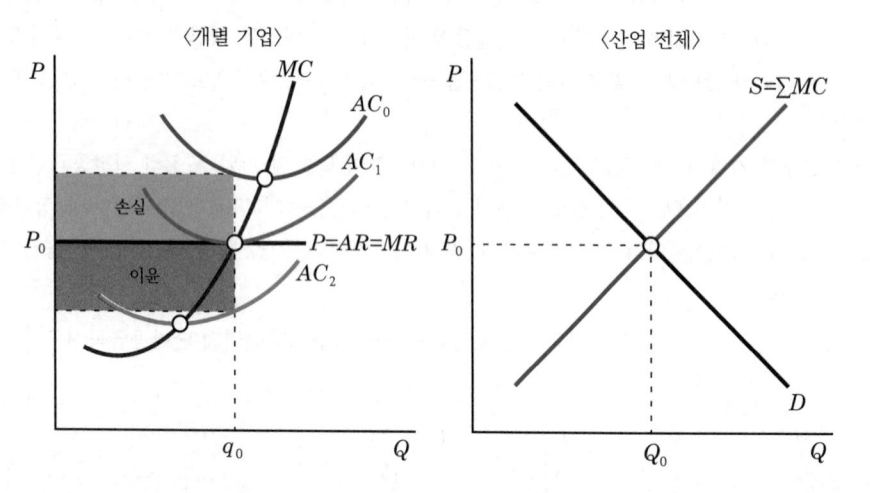

---

06 단기의 생산자잉여

1 의의

① 개별 기업의 장단기 공급곡선은 장단기 한계비용곡선과 같다.

② 완전경쟁기업이 상품을 생산하고 이를 시장에 판매하는 시장 활동에 참여하고 있다면 기업은 상품 판매단위당 주어진 시장가격(P)을 받게 된다.

즉, 상품 1단위를 판매하든지 100단위를 판매하든지 완전경쟁기업이 상품 판매단위당 받는 금액은 시장가격으로 일정하다.

2 완전경쟁시장에서의 생산자잉여

① 이윤을 극대화하려는 기업은 한계수입이 한계비용 이상인 경우에만 상품 1단위를 추가로 시장에 공급한다.

② 한계수입이 한계비용을 초과한다면 기업은 상품 1단위를 추가로 시장에 공급함으로써 한계수입에서 한계비용을 뺀 나머지만큼의 순편익을 얻으며 공급된 각 단위로부터 얻는 순편익을 모두 합한 것이 바로 생산자잉여가 된다.

즉, 추가적인 생산으로 얻는 수입인 가격과 추가적인 생산에 필요한 최소비용의 차이, 즉 $(P-MC) \times \triangle Q$는 추가적인 생산을 위하여 필요한 최소비용을 초과하는 금액이며 이 초과금액들의 합계를 생산자잉여라고 한다.

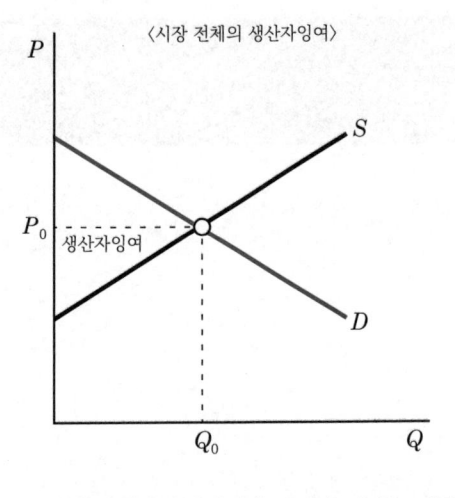

〈시장 전체의 생산자잉여〉

③ 따라서 완전경쟁시장에서 생산자 잉여는 다음과 같이 나타낼 수 있다.

$$생산자잉여 = (P_0 - MC_1) + (P_0 - MC_2) + \cdots + (P_0 - MC_Q)$$

$$= (P_0 \times Q_0) - 한계비용의 \ 합계$$

$$= 총수입 - 총가변비용$$

$$= (총수입 - 총비용) + 총고정비용$$

④ 단기에서는 생산자잉여는 고정비용과 이윤(혹은 손실)으로 구성되어 있으나 고정요소가 없는 장기에서는 이윤이 된다.

즉, 장기에는 총고정비용이 0이므로 생산자잉여와 이윤이 같아진다.

❸ 개별 기업에서의 생산자잉여

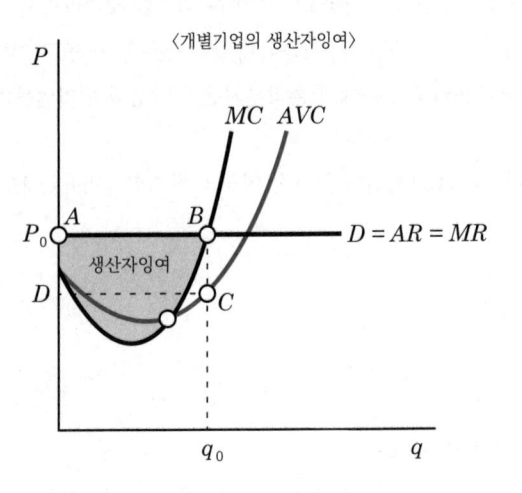

〈개별기업의 생산자잉여〉

① 재화 가격이 P_0일 때 생산자잉여는 총수입($P_0 \times q_0$)에서 총가변비용($AVC \times q_0$)을 차감한 면적으로 측정할 수 있다.

$$\rightarrow \square ABCD$$

② 또는 재화 가격이 P_0일 때 생산자잉여는 총수입에서 한계비용곡선 하방 면적을 차감함으로 측정할 수 있다. 왜냐하면 한계비용곡선 하방 면적이 단기에서 총가변비용을 나타내기 때문이다.

$$\rightarrow \sum MC = TVC$$

4절 장기균형

01 개별 기업의 장기공급곡선

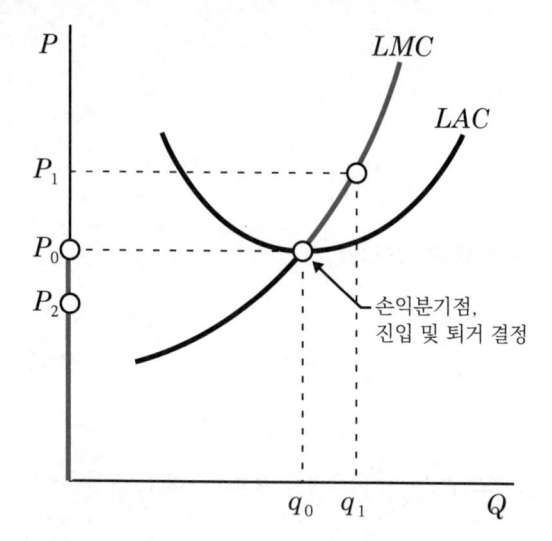

① 시장가격이 P_1 라면 개별 기업은 $P > LAC$ 이므로 이윤극대화 되는 생산량을 q_1 만큼 공급할 것이다. 초과이윤
  이 발생하면 시장으로 기업들이 진입한다.

② 시장가격이 P_0 이하라면 손실이 발생하므로 개별 기업은 생산을 중단하고 시장에서 퇴거할 것이다.

③ 완전경쟁기업은 장기적으로 초과이윤이 0이 되며 장기균형가격은 P_0, 이윤극대 생산량은 q_0 가 될 것이다.

④ 장기에는 총고정비용이 존재하지 않으므로 장기평균비용의 최소점에서 손익분기점이 달성되며 기업들의 진입
  과 퇴거가 결정된다.

⑤ 따라서 완전경쟁기업의 장기공급곡선은 장기평균비용(LAC)곡선의 최저점 이상의 장기한계비용(LMC)곡선
  이 된다.

02 장기균형

① 장기에서의 균형은 초과이윤이 존재하지 않는 상태에서 달성된다.

② 만약 초과이윤이 존재한다면 신규 기업의 진입과 기존 기업의 시설확장으로 초과이윤은 궁극적으로 사라지게
  된다.

→ 진입과 퇴거가 자유롭기 때문

만약 손실이 존재한다면 기존 기업의 일부는 산업을 떠날 것이고 이는 시장가격의 상승을 초래하여 손실이 궁

극적으로 사라지게 된다.

→ 진입과 퇴거가 자유롭기 때문

③ 대표적 기업의 장기균형생산량인 q_0에서는 초과이윤이나 손실 없이 정상이윤만을 얻는다. 정상이윤만이 보장
되는 상태에서는 기업의 진입과 퇴거가 일어날 이유가 없게 된다.

④ 장기균형에서는 다음의 관계가 성립한다.

$$P = SMC = LMC = SAC = LAC$$

⑤ 장기에서는 어떤 기업도 정상이윤 이상을 얻을 수 없으며 장기평균비용(LAC)의 최하점에서 생산하므로 재화
를 가장 낮은 비용으로 생산한다.

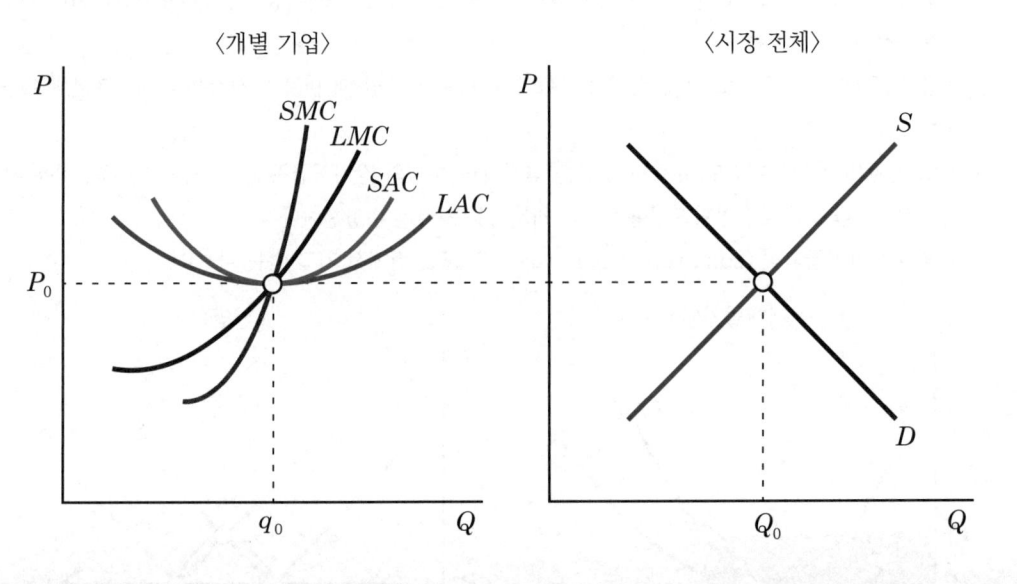

개념정리　　　정상이윤

- 정상이윤이란 경제적 이윤이 0일 때의 회계적 이윤을 말한다.
- 정상이윤은 기업가로 하여금 생산활동을 계속적으로 하도록 보장되어야 하는 최소한의 이윤을 말한다.
- 정상이윤은 비용에 포함된다.

03 산업의 장기공급곡선

1 의의

① 장기적으로 수요변화에 따른 개별 기업의 반응(시설 변화)이나 신규 기업의 진입에 따른 기업 수의 변화, 요소
가격 변화(금전적 외부성)등의 효과를 종합적으로 도출하며 일반적으로 단기공급곡선보다 완만하다.

② 산업의 장기공급곡선은 산업 전체의 산출량이 증가할 때 이 산업에서 사용하는 요소가격이 어떻게 변하느냐에
따라 달라진다.

2 비용불변산업의 경우

1. 비용불변산업이란?

① 모든 기업이 생산요소를 더 많이 고용하고자 하는 경우에도 요소가격이 변하지 않으므로 기업의 평균비용
과 한계비용에는 아무런 변화가 일어나지 않는 산업을 말한다.

② 생산요소에 대한 수요가 증가해도 그 산업에 고용되는 생산요소의 가격이 변하지 않는 산업을 비용불변산
업이라 한다.

2. 산업의 장기공급곡선 형태

① 산업에서 시장수요가 증가하면 $(D_0 \rightarrow D_1)$ 단기균형점 b에서 시장 가격은 P_1으로 상승한다.

② 단기에 가격이 상승하면 기존 기업들은 한계비용곡선을 따라 공급량을 q_1으로 결정하여 초과이윤을 얻는다.

③ 초과이윤을 얻기 위해 산업으로 새로운 기업이 진입하면 시장 공급곡선이 우측으로 이동 $(S_0 \rightarrow S_1)$하고 시장 가격은 하락한다.

④ 요소시장에서는 요소수요가 증가함에도 요소가격이 변하지 않으므로 장기평균비용곡선(LAC)과 장기한계 비용곡선(LMC)은 이동하지 않는다.

⑤ 비용불변산업의 특징으로 인해 원래의 균형가격 P_0로 회복될 때 비로소 시장은 다시 균형상태에 도달하게 된다.

⑥ 산업 전체의 장기균형점인 a점과 c점을 연결하면 수평의 장기공급곡선이 도출된다. 즉, 비용불변산업의 장기시장공급곡선은 장기평균비용곡선의 최저점을 지나는 수평선이다.

⑦ 수평의 장기공급곡선 (Long run Supply curve)의 모든 점에서 기업 수는 다르다.

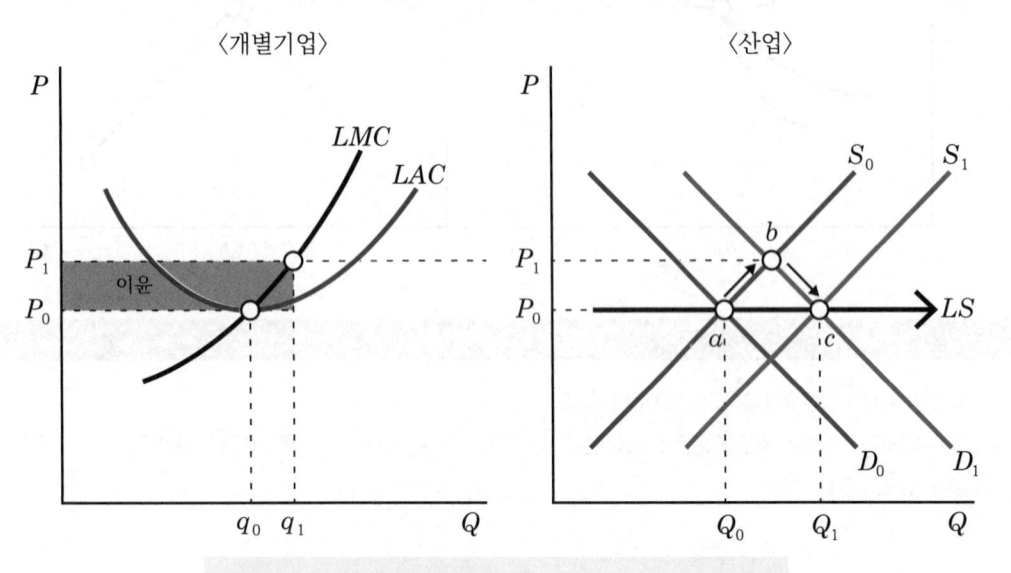

⟨개별기업⟩　　　　　⟨산업⟩

수요 증가
→ 시장가격 상승
→ 초과이윤 발생
→ 신규 기업 진입
→ 생산량의 증가로 시장공급의 증가
→ 공급곡선 우측 이동
→ 수평선의 장기공급곡선 도출

❸ 비용체증산업의 경우

1. 비용체증산업이란?

① 모든 기업들이 생산요소를 더 많이 고용하고자 하는 경우 결국 요소가격이 상승하여 기업의 평균비용과 한계비용이 전반적으로 증가하는 산업을 말한다.

건축경기 호황으로 건축자재의 가격이 올라가는 경우로 현실적으로 이런 사례는 흔히 관찰된다.

또는 산출량이 증가함에 따라 공해가 증가하면 기존 기업들의 비용이 증가할 수 있다.

고범석 경제학아카데미

② 생산요소들은 여러 산업에 의하여 공동으로 수요되는 것이 일반적이다. 만약 해당 산업이 경제 전체에서 차지하는 비중이 크다면 이 산업의 생산량 변동은 생산요소가격들의 변화를 초래하게 된다.

③ 산업 생산량의 증대가 생산요소들의 가격변화를 통하여 개별 기업의 평균비용 및 한계비용을 증가시키는 경우 산업의 장기공급곡선은 우상향하는 모양을 갖는다.

2. 산업의 장기공급곡선 형태

① 산업에서 시장수요가 증가하면($D_0 \to D_1$) 단기균형점에서 시장 가격은 P_2로 상승한다.

② 단기에 가격이 상승하면 기존 기업들은 한계비용곡선을 따라 공급량을 증가시키고 초과이윤을 얻는다.

③ 초과이윤을 얻기 위해 산업으로 새로운 기업이 진입하면 시장 공급곡선이 우측으로 이동($S_0 \to S_1$)하고 시장 가격은 하락한다.

④ 그러나 산업 생산량의 증가가 기업들의 평균 및 한계비용을 증가시킨다면 각 기업들의 평균 및 한계비용곡선들은 위로 이동하게 될 것이다.

⑤ 완전경쟁시장에서 개별 기업의 장기공급균형은 평균 및 한계비용이 증가된 상태에서의 평균비용곡선의 최저수준이 P_1과 같을 때 이루어진다.

완전경쟁시장의 장기균형은 장기평균비용의 최저점에서 이루어지므로 완전경쟁시장에서의 가격은 P_1이 된다.

⑥ 산업 전체의 장기균형점인 A점과 C점을 연결하면 우상향의 장기공급곡선이 도출된다.

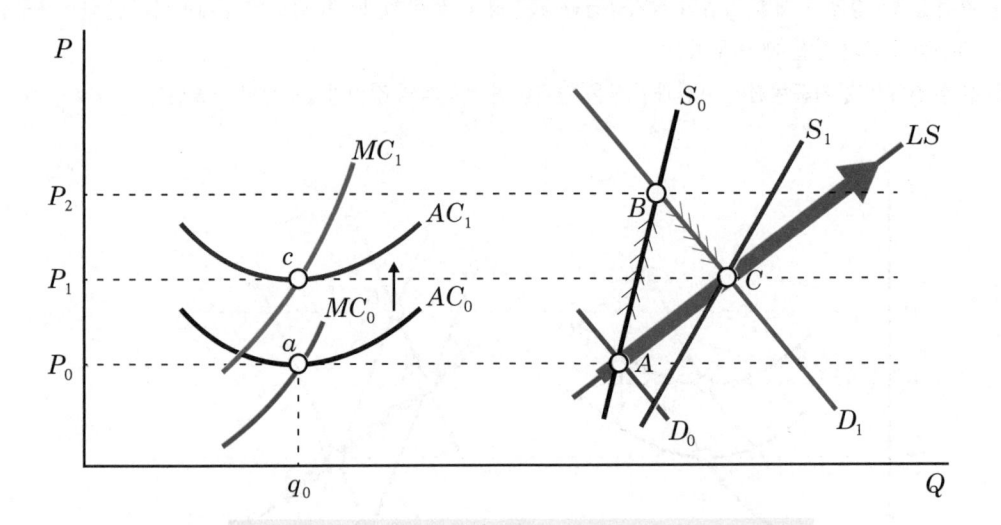

산업에서 수요 증가

→ 가격 상승

→ 초과이윤 발생

→ 산업으로 새로운 기업 진입

→ 공급 증대

→ 요소수요 증가

→ 요소가격 상승

→ 비용곡선 상방 이동

→ 우상향의 장기공급곡선

4 비용체감산업의 경우

1. 비용체감산업이란?

① 모든 기업들이 생산요소를 더 많이 고용하고자 하는 경우 요소가격이 하락하여 기업의 평균비용과 한계비용이 전반적으로 감소하는 산업을 말한다.

② 어떤 산업의 규모가 커지면서 그 산업과 관련된 교통, 통신망이 확충된다든가 금융 서비스 상의 이점이 생긴다든가 하여 비용 절감 효과를 기대할 수 있다.

2. 산업의 장기공급곡선 형태

① 산업에서 시장수요가 증가하면($D_0 \rightarrow D_1$) 단기균형점에서 시장 가격은 P_2로 상승한다.

② 단기에 가격이 상승하면 기존 기업들은 한계비용곡선을 따라 공급량을 증가시키고 초과이윤을 얻는다.

③ 초과이윤을 얻기 위해 산업으로 새로운 기업이 진입하면 시장 공급곡선이 우측으로 이동($S_0 \rightarrow S_1$)하고 시장 가격은 하락한다.

④ 그러나 산업 생산량의 증가가 기업들의 평균 및 한계비용을 감소시킨다면 각 기업들의 평균 및 한계비용곡선 들은 아래로 이동하게 될 것이다.

즉, 산업의 상품에 대한 수요가 늘어서 공급량이 증가하면 생산요소가격들이 하락하여 개별 기업들의 비용 조건이 개선된다.

⑤ 완전경쟁시장에서 개별 기업의 장기공급균형은 평균 및 한계비용이 감소된 상태에서의 평균비용곡선의 최저수준이 P_1과 같을 때 이루어진다.

⑥ 산업 전체의 장기균형점인 A점과 C점을 연결하면 우하향의 장기공급곡선이 도출된다.

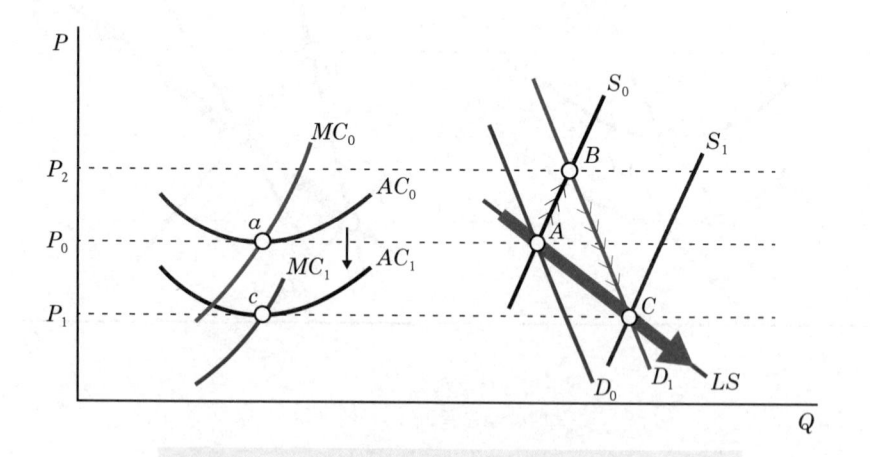

산업에서 수요 증가

→ 가격 상승

→ 초과이윤 발생

→ 산업으로 새로운 기업 진입

→ 공급 증대

→ 요소수요 증가

→ 요소가격 하락

→ 비용곡선 하방 이동

→ 우하향의 장기공급곡선

5절 완전경쟁시장의 평가

01 의의

① 같은 종류의 상품이라도 생산하는 기업들에 따라 약간의 질적 차이가 존재하게 마련이며 대부분의 시장에서 개별 기업들은 어느 정도 가격결정자로서의 역할을 하고 있다.

② 뿐만 아니라 소비자들이나 기업들은 시장에 관한 완전한 정보를 가지고 있지 못한 것이 일반적이다.

③ 그렇다면 왜 현실적으로 존재하지도 않는 완전경쟁시장에 대한 경제적 분석이 필요한가?

④ 완전경쟁시장은 불완전한 시장들을 분석하기 위한 출발점을 제공하며 또한 완전경쟁시장이 갖는 자원배분의 최적성 또는 효율성은 불완전경쟁시장에서의 자원배분의 비효율성을 가늠하는 척도로 사용할 수 있다.

02 완전경쟁시장의 장점 - 자원배분의 효율성이 달성

① 가격과 한계비용이 일치할 때 효율적인 자원배분이 달성된다.

② 시장공급곡선은 한계비용의 의미를 갖고 있기 때문에 시장수요곡선과 시장공급곡선이 만날 때 거래하면 $P = MC$가 성립된다.

③ $P = MC$에서 총잉여가 가장 크기 때문에 사회후생이 극대화된다. 완전경쟁시장의 공급곡선은 MC 곡선이며 수요곡선은 재화 한 단위의 수요 증가가 사회적 만족을 증가시키는 정도인 한계편익을 나타낸다. 완전경쟁은 한계편익 = 한계비용(MC)을 의미하는데 이는 곧 사회적 잉여 또는 총잉여가 극대화되었음을 나타낸다.

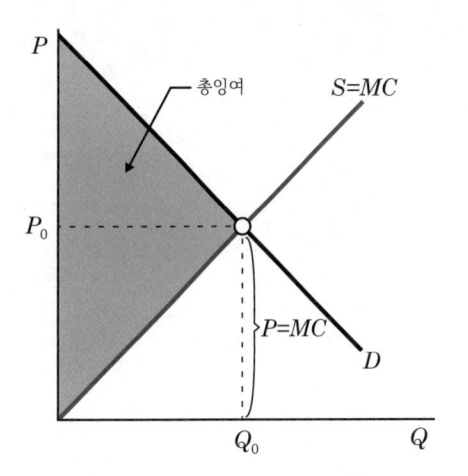

④ 모든 기업이 장기균형에서는 장기평균비용곡선(LAC)의 최저점에서 생산이 이루어진다.

모든 기업이 장기균형에서 장기평균비용곡선의 최저점에서 생산하면 X - 비효율성이 발생하지 않는다.

→ X - 비효율성이란 눈에 보이지 않는 비효율성으로 주어진 산출량을 생산하기 위해 지불해야 하는 최소비용을 초과하는 실제비용수준을 말한다.

상품의 가격을 낮출 수 있는 한 최대한 낮추어 소비자들에게 공급하기 때문에 X -비효율성이 발생하지 않는다.

⑤ 완전경쟁시장에서는 파레토효율적으로 자원을 배분한다.

⑥ 외부성이 존재하지 않는다면 완전경쟁시장에서 수요곡선은 사회적 한계편익을 나타내고 공급곡선은 사회적 한계비용을 나타낸다. 시장균형에서는 사회적 한계편익과 사회적 한계비용이 일치하므로 기업의 최적생산량은 사회적으로 바람직한 생산량과 동일하다.

① 완전경쟁시장은 소득분배의 공평성을 보장하지 못한다.

② 자원배분의 효율성을 가져다 주는 완전경쟁시장에서는 $P=MC$ 라는 효율성에 이의가 있을 수는 없으나 현실에 존재하는 소득분배의 불공평성에 대해서는 해결책을 제시할 수 없다.

완전경쟁은 이론적으로 자본주의 경제의 이상형이며 다른 시장과 비교기준이 된다는 점에서 중요하다.

01 기업의 총이윤이 최대화되기 위한 조건은?

① 한계비용보다 한계수입이 클 때
② 한계수입과 한계비용이 같을 때
③ 총비용이 최소가 될 때
④ 한계수입과 한계비용 차이가 가장 클 때

풀이 날짜			
채점 결과			

02 완전경쟁시장이 되기 위한 조건으로 적당하지 않은 것은?

① 다수의 수요자와 공급자가 존재한다.
② 산업에 대한 진입이 자유로워야 한다.
③ 경제단위는 완전한 정보를 가지고 있다.
④ 시장에 내놓은 생산품이 이질적이어야 한다.

풀이 날짜			
채점 결과			

03 일물일가(一物一價)의 법칙이 성립되는 경우에 해당되는 것은?

① 완전경쟁 아래서만
② 독점상태 아래서만
③ 과점상태 아래서만
④ 불완전경쟁 아래서만

풀이 날짜			
채점 결과			

04 개별 기업에서 수요의 가격탄력성이 가장 큰 경우는?

① 독점적 경쟁기업
② 완전경쟁기업
③ 독점기업
④ 과점기업

풀이 날짜			
채점 결과			

05 한 기업의 조업 중단점은 다음 어느 곡선의 최저점 생산량인가?

① 평균비용(AC)
② 평균가변비용(AVC)
③ 한계비용(MC)
④ 가격(P)

풀이 날짜			
채점 결과			

01 • 이윤극대화를 가져다주는 산출량이란 총수입과 총비용의 차이를 가장 크게 하는 산출량이며, 이는 이윤극대 ②
화의 1계조건에 의해 한계수입(MR)과 한계비용(MC)이 같아지게 하는 산출량으로 나타난다.

02 ① 완전경쟁시장에는 수많은 구매자와 판매자가 존재하므로 구매자와 판매자는 가격에 영향을 미칠 수 없다. ④
② 완전경쟁시장은 자원의 완전한 이동성이 보장되어 있으므로 시장에의 진입과 퇴출이 장기적으로 자유롭다.
③ 완전경쟁시장에서는 기업이나 소비자들이 자신들이 가지고 있는 제약조건이나 시장에서 벌어지는 상황을
정확히 알고 있다는 것을 전제로 한다.
④ 품질이나 디자인 등에서 다른 기업들과는 약간씩 차별화된 제품 또는 이질적인 제품을 생산하면 시장지배력
을 갖는다.

03 • '일물일가의 법칙'이란 동일한 재화는 어떤 시장에서든지 가격이 같아야 한다는 법칙이다. ①
• 모든 경제주체가 완전한 정보를 공유하고 있으므로 '일물일가의 법칙'이 성립된다.
• 완전경쟁시장의 경우 거래되는 재화의 가격은 모두 동일하다.

04 • 완전경쟁기업은 가격수용자(price setter)이므로 시장수요곡선은 우하향하나 완전경쟁기업이 직면하는 수요 ②
곡선은 수평선이다. 따라서 수요의 가격탄력성은 무한대이다.
• 수요의 가격탄력성이 작을수록 시장지배력이 존재하고 수요의 가격탄력성이 커질수록 시장지배력이 약화된다.

05 • 생산 중단점 또는 조업 중단점이란 일시 휴업을 하는 경우로 단기에 조업을 중단하면 총고정비용만큼 손실이 ②
발생한다.
• 기업의 조업 또는 생산 중단은 조업을 함으로써 기업이 입는 손실($TC-TR$)이 생산 중단에 따른 손실인 총고
정비용(TFC)보다 더 클 때이다. 즉, $TC-TR>TFC$이면 생산을 중단한다.
$TC-TFC>TR \rightarrow TVC>TR$이므로 양변을 생산량으로 나누면 평균가변비용(AVC) > 가격(P)로 바꾸
어 쓸 수 있다. 따라서 평균가변비용(AVC)의 최소점이 생산 중단점이 된다.

06 완전경쟁기업의 단기 공급곡선은?

① 한계비용곡선
② 한계비용곡선의 일부
③ 평균비용곡선의 증가하는 부분
④ 평균비용곡선

풀이 날짜			
채점 결과			

07 완전경쟁시장에서 개별 기업의 장기이윤이 0인 이유는?

① 이윤극대화를 하지 않기 때문이다.
② 비용극소화를 하지 않기 때문이다.
③ 진입과 탈퇴가 자유롭기 때문이다.
④ 효용극대화를 하지 않기 때문이다.
⑤ 기업간에 가격경쟁이 치열하기 때문이다.

풀이 날짜			
채점 결과			

08 어느 기업의 비용함수가 $TC = 2Q^2$ 이다. 완전경쟁시장에서 가격(P)이 100일 때 이 기업의 최적생산량은?

① 4
② 5
③ 10
④ 20
⑤ 25

풀이 날짜			
채점 결과			

06

- 완전 경쟁 상태에 있는 개별 기업은 시장가격이 평균가변비용 보다 높을 경우 생산을 계속하며 가격이 한계비용과 같아지는 수준에서 상품을 생산하여 공급한다. 즉, 기업의 단기공급곡선은 조업 중단점인 이상의 단기한계비용곡선이 된다.

②

07

- 장기에서의 균형은 초과이윤이 존재하지 않는 상태에서 달성된다.
- 만약 초과이윤이 존재한다면 신규 기업의 진입과 기존 기업의 시설확장으로 초과이윤은 궁극적으로 사라지게 된다.
  → 진입과 퇴거가 자유롭기 때문
- 만약 손실이 존재한다면 기존 기업의 일부는 산업을 떠날 것이고 이는 시장가격의 상승을 초래하여 손실이 궁극적으로 사라지게 된다.
  → 진입과 퇴거가 자유롭기 때문

③

08

- 완전경쟁기업의 이윤극대화 조건은 가격(P)과 한계비용(MC)이 같을 때 달성된다.
- 한계비용은 $MC = 4Q$이므로 $100 = 4Q \rightarrow Q = 25$
- 따라서 완전경쟁기업의 이윤극대화 생산량은 25개이다.

⑤

01 완전경쟁기업이 이윤을 극대화하기 위한 필요조건이 아닌 것은?

① 한계비용 = 한계수입
② 한계비용 = 생산물의 시장가격
③ 한계이윤 = 0
④ 총수입 > 총비용

풀이 날짜			
채점 결과			

02 완전경쟁시장의 어느 한 기업의 생산비용함수는 $C = \frac{1}{2}Q^2 + 6$ 이라고 한다. 여기서 Q 는 생산량이고 C 는 생산비용이다. 이 기업이 생산하는 재화의 가격이 14일 때 극대화된 이윤과 생산량은 각각 얼마인가?

① 이윤은 92, 생산량은 14
② 이윤은 182, 생산량은 14
③ 이윤은 43, 생산량은 4
④ 이윤은 52, 생산량은 4
⑤ 이윤은 182, 생산량은 4

풀이 날짜			
채점 결과			

03 다음의 표를 사용하여 질문에 답하라.

생산(개)	0	1	2	3	4	5	6	7	8	9	10
총비용(원)	10	25	36	44	51	59	69	81	95	111	129

완전경쟁기업이 단기에 생산을 하고 있고, 시장가격은 개당 12원이라고 하자.
이 기업의 생산량은?

① 4개
② 7개
③ 10개
④ 5개
⑤ 2개

풀이 날짜			
채점 결과			

04 단기에 있어서 기업의 공급곡선에 관하여 서술한 것 중 맞는 것은?

① 기업의 한계비용(MC ; Marginal Cost) 곡선 전부가 공급곡선이 된다.
② 기업의 한계비용(MC ; Marginal Cost) 곡선 중 평균가변비용(AVC ; Average Variable Cost) 곡선 위에 위치한 부분만 공급곡선이 된다.
③ 기업의 한계비용(MC ; Marginal Cost) 곡선 중 평균고정비용(AFC ; Average Fixed Cost)선 위에 위치한 부분만 공급곡선이 된다.
④ 기업의 한계비용(MC ; Marginal Cost) 곡선 중 평균비용(AC ; Average Cost) 곡선 위에 위치한 부분만 공급 곡선이 된다.
⑤ 기업의 평균비용(AC ; Average Cost) 곡선 전부가 공급곡선이 된다.

풀이 날짜			
채점 결과			

01
- 이윤이 극대화되기 위한 필요조건은 한계비용과 한계수입이 같을 때이다.
- 완전경쟁일 때는 한계수입과 가격이 일치하므로 생산물의 시장가격과 한계비용이 동일하다.
- 한계이윤은 이윤(π)의 변화분을 생산량의 변화분(Q)으로 나눈 값 $\left(\dfrac{d\pi}{dQ}\right)$이다.
- 한계이윤이 0일 때 $\left(\dfrac{d\pi}{dQ} = 0\right)$일 때 이윤극대화가 달성된다.
- 총수입이 총비용보다 크다면 이윤이 발생하지만 이윤이 극대화된다고 말할 수 없다.

④

02
- 이윤극대화 조건은 $P = MC$이다.
- 한계비용은 $MC = \dfrac{dC}{dQ} = Q$이고 가격은 14이므로 이윤극대화 생산량은 $Q = 14$이다.
- 이윤은 총수입에서 총비용을 차감한 값이므로 총수입 $P \times Q = 14 \times 14 = 196$에서

  총비용 $C = \dfrac{1}{2} \times 14^2 + 6 = 104$를 차감하여 $196 - 104 = 92$로 도출된다.

①

03
- 한계비용을 먼저 구하면 다음과 같다.

생산(개)	0	1	2	3	4	5	6	7	8	9	10
한계비용(원)	0	15	11	8	7	8	10	12	14	16	18

- 시장가격이 12원이므로 한계수입도 12원이다.
- $MR = 12$원일 때 MC가 체증하는 구간에서 만나는 7개를 생산할 때 이윤극대화가 달성된다.

②

04
- 단기에 기업은 손실이 발생되더라도 고정비용의 일부를 보전할 수 있다면 생산을 지속하는 것이 유리하다. 만약 가격(평균수입)이 평균가변비용 AVC보다 높으면 생산을 통해 발생하는 손실이 고정비용보다 적으므로 생산을 하는 것이 유리하다. 따라서 완전경쟁기업의 단기공급곡선은 평균가변비용곡선의 상방에 존재하는 한계비용곡선이다.

②

05 완전경쟁시장에서 개별 기업의 단기균형과 단기공급곡선에 대한 설명으로 옳지 않는 것을 고르면?

① 완전경쟁기업의 이윤극대화 공급량은 가격과 한계생산비가 일치하는 수준에서 결정된다.

② 가격이 평균가변비용보다 낮은 경우, 완전경쟁기업의 공급량은 0이다.

③ 완전경쟁기업의 초과이윤은 0이 된다.

④ 가격이 평균가변비용 이상인 경우 완전경쟁기업의 단기공급곡선은 한계비용곡선과 일치한다.

⑤ 시장공급곡선은 개별 기업의 단기공급곡선의 수평합으로 주어진다.

풀이날짜			
채점결과			

06 경우에 따라서 기업들은 단기적으로 조업을 중단하고 아무것도 생산하지 않는다. 다음의 설명 중에서 맞는 내용은 어느 것인가?

① 기업은 총수입이 가변비용보다 작을 때 단기적으로 조업을 중단한다.

② 기업은 제조하는 물건의 가격이 평균가변비용보다 커지면 단기적으로 조업을 중단한다.

③ 조업을 중단할 경우 기업은 단기적으로 고정비용을 지출하지 않아도 된다.

④ 조업을 중단할 경우 기업은 단기적으로 가변비용을 계속 지출하여야 한다.

⑤ 손실이 발생하더라도 손실이 총가변비용보다 작다면 생산을 하는 것이 유리하다.

풀이날짜			
채점결과			

07 공작기계를 만드는 회사가 있다. 시간당 50개를 만들 때 한계비용이 300만 원이다. 시간당 55개를 만들 때에는 한계비용이 350만 원으로 증가하며, 이는 평균가변비용과 같아진다고 하자. 이 회사의 생산비 함수에 대한 다음 설명 중 틀린 것은?

① 이 회사가 50개를 생산하고 있을 때에는 평균가변비용이 한계비용보다 더 크다.

② 생산량을 50개에서 55개로 늘릴 때에 한계비용이 상승하는 것은 한계수확체감의 법칙이 작용하기 때문이다.

③ 생산량이 55개일 때 노동의 평균생산성은 그것의 한계생산성과 같다.

④ 기계 한 대의 시장가격이 350만 원 미만으로 하락하면 조업을 중단해야 한다.

⑤ 만일 이 회사가 55개의 기계를 개당 350만 원에 판매한다면 이 회사는 손익분기점에 도달하게 된다.

풀이날짜			
채점결과			

CHAPTER 12

519

완전경쟁시장

05 ① 완전경쟁기업의 이윤극대화는 가격과 한계생산비가 일치할 때 성립된다.

② 가격이 평균가격비보다 낮거나 총수입이 총가변비용보다 낮다면 생산을 중단해야 한다.

③ 단기에서 완전경쟁기업은 손실이 발생할 수 있다.

④ 가격이 평균가변비용 이상인 경우 이윤극대화 조건하에서 생산을 하므로 가격과 한계비용이 일치하는 산출량 수준에서 생산이 이루어진다. 따라서 단기공급곡선은 한계비용곡선과 일치한다.

⑤ 시장공급곡선은 개별 기업의 단기공급곡선인 한계비용의 합이 된다.

③

06 ① 총수입이 가변비용보다 작거나 가격이 평균가변비용보다 작으면 단기적으로 조업을 중단하는 것이 합리적이다. 왜냐하면 조업을 중단할 때의 손실이 생산을 할 때의 손실보다 작기 때문이다.

② 가격이 평균가변비용보다 크면 총수입이 총가변비용보다 크다. 따라서 손실이 발생하더라도 생산을 중단하지 않는 것이 바람직하다.

③ 단기에 조업을 중단하면 고정비용만큼의 손실이 발생한다.

④ 단기에 조업을 중단하면 고정비용은 발생하나 가변비용은 발생하지 않는다.

⑤ 손실은 (총비용 - 총수입)이므로 손실이 총가변비용보다 작다면 다음과 같은 관계식이 성립된다.

　　총비용 - 총수입 〈 총가변비용

　　→ 총비용 - 총가변비용 〈 총수입

　　→ 총고정비용 〈 총수입

　　생산 중단 여부는 총수입과 총가변비용을 비교해서 의사결정을 해야 한다.

①

07 • 생산량 55개에서 $P = 350$만 원 $= MC = AVC$이 성립한다.

• 평균가변비용의 최소점에서 생산을 하고 있으므로 생산 중단점에 위치하고 있다.

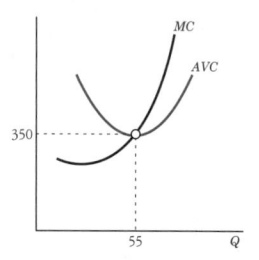

생산과 비용 사이에는 언제나 역의 관계가 성립한다.

③ 평균가변비용과 한계비용이 같을 때 노동의 평균생산과 한계생산은 같다.

④ 기계 한 대의 시장가격이 350만 원 미만으로 하락하면 평균가변비용보다 시장가격이 작기 때문에 조업을 중단해야 한다.

⑤

08 경제원론 교재시장의 수요함수는 $Q^D = 30,000 - P$, 공급함수는 $Q^S = P$로 알려져 있다. 경제원론 교재시장은 완전경쟁시장이며 개별 기업의 한계비용은 $2Q + 1,000$이다. 이윤극대화를 목적으로 하는 개별 기업의 생산량은 얼마인가?

① 15,000

② 10,000

③ 7,000

④ 5,000

⑤ 1,000

09 어느 완전경쟁시장의 시장수요곡선과 기업들의 장기평균비용곡선이 다음과 같을 때 장기균형에서 시장 내에 존재하는 기업의 수는?

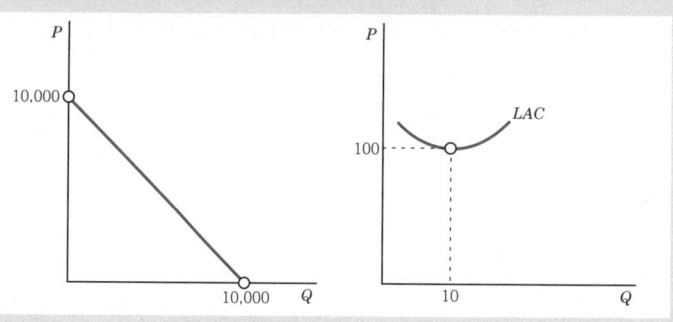

① 10

② 100

③ 990

④ 9,900

⑤ 10,000

08 • 완전경쟁시장에서는 시장수요곡선과 시장공급곡선이 만나는 점에서 균형가격과 균형거래량이 결정된다. ③

시장수요함수 $Q_D = 30,000 - P$

시장공급함수 $Q_S = P$이므로

$30,000 - P = P$
$\rightarrow 2P = 30,000$
$\rightarrow P = 15,000,\ Q = 15,000$

따라서 시장가격은 15,000, 시장거래량은 15,000이 된다.

• 개별 기업이 직면하는 수요곡선은 시장가격에서 수평선의 형태를 갖게 되고 가격과 한계수입이 같게 된다.
개별 기업의 이윤극대화는 가격과 한계비용이 일치할 때 달성되므로

$P = MC$
$\rightarrow 15,000 = 2Q + 1,000$
$\rightarrow 2Q = 14,000$
$\rightarrow Q = 7,000$

즉, 개별 기업의 이윤극대화 생산량은 7,000이 된다.

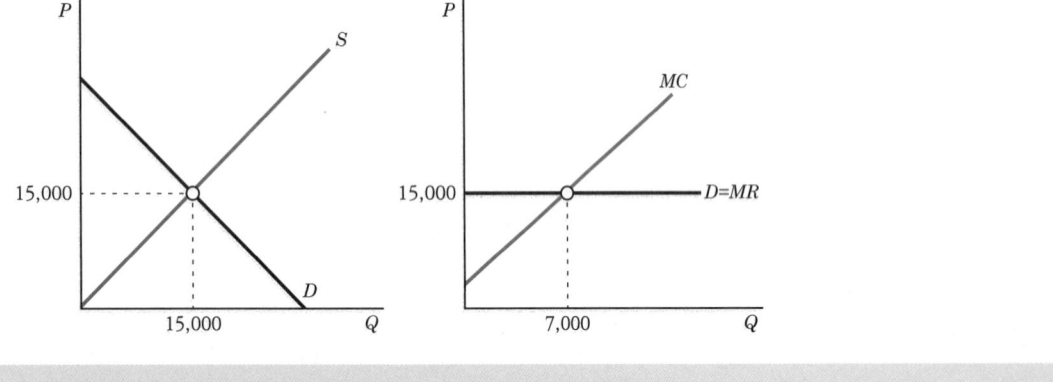

09 • 시장 수요곡선식은 $Q = 10,000 - P$이다. ③

• 장기에서 장기평균비용의 최소점에서 균형이 달성되므로 시장가격은 100이고 개별 기업의 생산량은 10이다.

• 시장가격 $P = 100$원에서 $Q = 10,000 - 100 = 9,900$이므로 시장수요량 또는 시장공급량은 $Q = 9,900$개다.

• 모든 기업이 10개씩 생산하고 있으므로, 기업의 수는 $\dfrac{9,900}{10} = 990$개이다.

10 완전경쟁시장에서 생산하고 있는 한 기업의 한계비용(MC)과 평균고정비용(AFC)이 다음과 같다. (Q는 이 기업의 생산량이다.)

$$MC = Q^2 - 5Q + 6$$

$$AFC = \frac{1}{Q}$$

풀이 날짜

채점 결과

시장균형가격이 6일 때 다음 설명 중 옳지 않은 것은?

① 평균수입은 6이다.
② 고정비용은 1이다.
③ 생산량이 증가하면 평균고정비용은 감소한다.
④ 생산량 $Q = 4$에서 이윤극대화가 달성된다.
⑤ 한계수입은 6이다.

11 완전경쟁시장에서 나타나는 특징을 설명한 것 중 가장 옳지 않은 것은?

풀이 날짜

채점 결과

① 시장균형가격이 한계비용과 일치한다.
② 장기균형에서 시장가격은 평균비용보다 약간 높은 수준에서 결정된다.
③ 장기균형에서 생산량은 평균비용이 최소화되는 수준에서 결정된다.
④ 장기균형에서 기업들은 초과이윤을 전혀 얻지 못한다.
⑤ 균형생산량은 한계비용과 한계수입이 같아지는 수준에서 결정된다.

12 완전경쟁시장에 관한 설명 중 틀린 것은?

풀이 날짜

채점 결과

① 개별 기업이 직면하는 수요는 무한탄력적이다.
② 개별 기업의 장기공급곡선은 장기평균비용의 최저점 위에 있는 장기한계비용곡선이다.
③ 단기적으로 손실을 입음에도 불구하고 조업을 계속하는 기업이 있을 수 있다.
④ 한계생산비가 생산물의 가격보다 낮으면, 이 기업은 생산량증가를 통하여 이윤을 높일 수 있다.
⑤ 대체재의 가격이 대폭 하락하면, 이 산업에 속한 기업들도 이에 대응하여 가격을 내린다.

10 ①, ⑤ 완전경쟁기업의 경우 가격과 평균수입, 한계수입 모두 동일하다. 따라서 평균수입과 한계수입은 6이다.   ④

② 총고정비용은 평균고정비용과 생산량의 곱으로 구할 수 있으므로 $AFC \times Q = 1$이다.

③ 평균고정비용은 $AFC = \frac{1}{Q}$이므로 생산량(Q)이 증가하면 감소한다.

④ 이윤극대화 1계조건은 $P = MC$에서 달성된다.

$Q^2 - 5Q + 6 = 6$

$\rightarrow Q(Q-6) = 0$

$\rightarrow Q = 0, 6$

2계조건을 검토해보면 한계수입곡선의 기울기는 0이고 한계비용곡선의 기울기는 다음과 같다.

$\frac{dMC}{dQ} = 2Q - 5$

생산량(Q)이 0일 때 한계비용곡선의 기울기는 음(-)의 값을 갖기 때문에 2계조건을 만족하지 못한다.

반면 생산량(Q)이 6일 때 한계비용곡선의 기울기가 한계수입곡선의 기울기보다 크기 때문에 2계조건을 만족한다.

따라서 생산량 $Q = 6$에서 이윤극대화가 달성된다.

11 • 완전경쟁시장에서는 잠재적 경쟁자에 의한 경쟁의 압력에 의해 장기에 정상이윤만을 얻게 된다. 완전경쟁시   ②
장의 경우 장기균형에서 $P = MR = LMC = LAC$가 성립한다.

12 ① 개별 기업이 직면하는 수요곡선은 수평선이므로 수요의 가격탄력성은 무한대이다.   ⑤

② 개별 기업은 장기평균비용곡선의 최저점에서 진입 또는 퇴거여부가 결정된다.
따라서 장기공급곡선은 장기평균비용의 최저점 위에 존재하는 장기한계비용곡선이다.

③ 단기에서는 손실이 발생할 수 있다.

④ 가격이 한계생산보다 크면 생산량 증가를 통하여 이윤을 증가시킬 수 있다.

⑤ 대체재의 가격이 하락하면 해당재화의 시장수요가 증가하므로 시장가격이 상승한다.
장기적으로 이윤 증가로 인한 기업의 진입이 증가하며 시장가격은 원래 가격으로 하락하게 된다.

13 완전경쟁시장에서 모든 기업의 비용조건이 $C = Q^3 - 6Q^2 + 18Q$로 동일한 경우, 이 산업의 장기균형가격은?

풀이 날짜			
채점 결과			

① 3

② 6

③ 9

④ 12

⑤ 15

13

- 장기균형가격은 장기평균비용의 최하점에서 달성된다.

- 장기평균비용(LAC)은 장기총비용을 생산량으로 나눈 값이므로 $LAC = \dfrac{C}{Q} = Q^2 - 6Q + 18$이 된다.

- 장기평균비용의 최하점에서는 접선의 기울기가 0이 되어야 하므로 다음과 같은 식이 성립되어야 한다.

$$\dfrac{dLAC}{dQ} = 0$$
$$\to 2Q - 6 = 0$$
$$\to Q = 3$$

- 개별 기업의 생산량은 3이며, 생산량 3을 장기평균비용의 함수식에 대입하면 $3^2 - 6 \times 3 + 18 = 9$가 되어 장기균형가격은 9이다.

독점시장

단원 학습 목표

- 완전경쟁시장과 반대의 극단에 위치하고 있는 시장이 독점시장이다.
- 독점시장은 오직 하나의 기업만이 어떤 상품의 유일한 생산자이며 판매자라는 특징을 갖는다.
- 완전경쟁기업이 직면한 수요곡선이 수평선이었던 것에 비해 독점기업이 직면하는 수요곡선은 우하향한다.
- 따라서 판매량을 증가시키려면 가격을 인하해야 한다. 또한 독점기업은 다른 기업의 시장진입을 제한할 수 있다는 점에서 완전경쟁기업과는 다르다.
- 독점기업은 이윤을 극대화하는 가격과 산출량을 동시에 결정한다. 이로 인해 독점기업은 가격수용자가 아닌 가격설정자로 행동한다는 점과 독점기업에는 공급곡선이란 개념이 존재하지 않는다는 점 등의 특징을 갖게 된다.

1절 독점의 의의

01 개념

① 독점이란 하나의 기업이 어떤 상품의 유일한 생산자이며 판매자인 경우를 말한다. 즉, 소비자들은 다수로서 개별적으로는 시장가격에 영향을 주지 못하지만, 공급기업은 하나로서 새로운 기업의 시장진입이 불가능한 시장여건을 독점이라고 한다.
② 완전경쟁시장의 반대편 극단에 있다.

02 특징

① 독점기업의 생산량은 독점시장의 생산량과 일치한다. 따라서 독점기업의 수요곡선은 우하향의 시장수요곡선에 직면하게 된다. 완전경쟁기업이 직면한 수요곡선이 수평선이었던 것에 비해 독점기업이 직면하는 수요곡선은 우하향한다.
② 따라서 독점기업이 상품의 판매량을 증가시키려면 상품의 가격을 인하해야 한다.
③ 독점시장은 기업수가 하나이면서 대체재가 존재하지 않기 때문에 시장지배력을 가진다. 따라서 독점기업은 가격설정자로 행동하면서 가격차별도 가능하다.

03 독점의 발생 원인

1 규모의 경제에 따른 자연독점
① 상품생산을 위하여 대규모의 고정자본시설이 필요한 경우 적어도 일정한 생산량까지는 생산량이 증가함에 따라 평균비용이 감소하는 규모의 경제가 존재한다.
② 대규모의 고정비용 자체도 기업들이 쉽게 시장진입을 할 수 없게 하는 현실적인 이유가 되지만 기업들의 시장진입이 가능하다고 하더라도 규모의 경제가 존재하는 시장에서는 어느 한 기업에 의한 독점이 이루어질 가능성이 높다.
③ 규모의 경제가 있는 상황에서는 시장이 어느 한 기업에 의하여 독점될 가능성이 높으며 이러한 독점유형을 자연독점이라고 한다.
④ 현실에서 자연독점이 이루어지는 사례는 상품생산을 위하여 대규모 고정비용이 들어가나 추가적인 상품생산을 위해서 들어가는 한계비용이 상대적으로 작은 수도, 전기, 가스, 전화 등을 들 수 있다.
⑤ 자연독점은 평균비용이 계속 하락함과 동시에 최소효율규모가 시장규모보다 클 경우에 발생한다.
　→ 최소효율규모란 장기평균총비용이 최저가 되는 최소한의 생산규모를 말한다.
⑥ 최소효율규모가 시장수요에 비해 매우 작다면 시장 내에 다수의 기업이 존재할 수 있다.

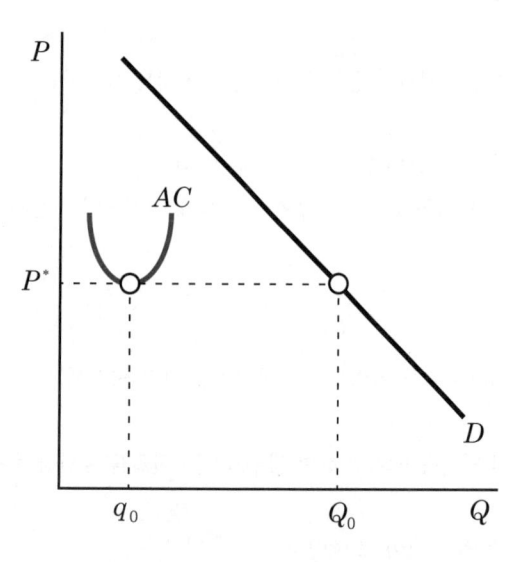

⑥ 그러나 최소효율규모가 시장수요보다 큰 경우 시장수요를 충당하기 위해 생산량을 늘리면 평균비용이 하락하기 때문에 하나의 기업만 존재해도 충분하다.

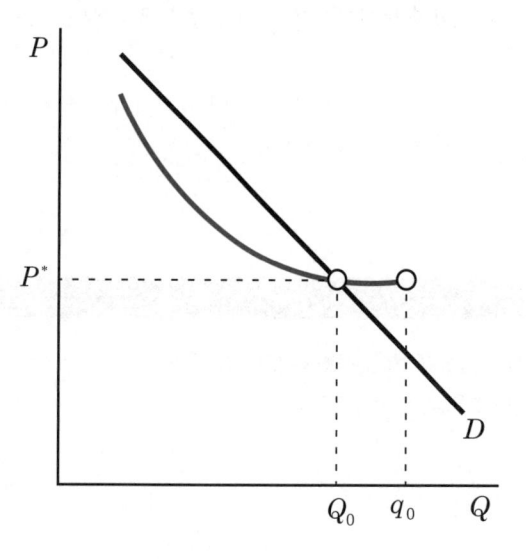

⑦ 최근 자연독점 시장은 수요자가 크게 늘어나면서(수요곡선이 우측 이동) 경쟁시장으로 바뀌는 경우도 있다.

2 생산요소의 장악

① 상품을 생산하기 위해서는 일반적으로 여러 가지 종류의 생산요소들이 필요한데 어떤 생산요소의 경우에는 그 생산요소의 투입이 없이는 상품생산 자체가 불가능한 경우도 있다. 즉, 상품을 만드는데 사용되는 원재료를 독점적으로 소유하면 독점기업이 될 수 있다.

② 남아프리카 드비어(De Beer)형제의 이름에서 유래된 드비어스(De Beer)회사는 세계 전체 다이아몬드 생산량의 80% 이상을 차지하고 있는데 이는 다이아몬드 원석의 대부분을 갖고 있기 때문이다.

③ 그러나 현실적으로 한 기업이 중요한 생산요소를 완벽하게 독점하기는 쉽지 않다.

3 면허 발급

① 어떤 종류의 서비스의 경우에는 그 질적 수준을 일정하게 유지하기 위해 국가기관이 면허를 발급하는 경우가 있다.

② 각종 자격시험에 합격한 사람만이 일정한 서비스를 공급할 수 있는 경우가 이에 해당한다.

③ 질적 수준을 일정하게 유지하기 위해 국가기관이 면허를 발급하게 되면 진입장벽이 높게 설정되어 시장지배력을 가질 수 있다.

4 정부규제

① 정부가 어떤 목적을 가지고 혹은 해당기업의 로비(lobby)로 다른 기업들의 시장진입을 막고 시장에 하나의 기업만이 활동을 하도록 하는 경우가 있다.

② 경쟁시장의 단점으로 지나친 경쟁으로 인한 생산자원의 낭비를 막기 위하여 정부가 시장진입을 제한하는 경우를 볼 수 있다.

③ 우리나라의 경우에 한국전력공사만이 전기 공급을 할 수 있는 것이 그 예이다.

5 특허권

① 정부의 특허정책(patent policy)은 기업의 연구 및 기술 개발과 혁신에 대한 유인을 주기 위해 실시되는 측면이 있다.

② 만약 한 기업이 개발한 창의적이고 효율적인 기술이 경쟁기업에게 일정한 대가 없이 알려지거나 누구나 자유롭게 사용하게 된다면 모든 기업이 기술 개발보다는 무임승차를 하려 할 것이다.

개념정리	최적시설규모(optimum scale of plant)

① 장기평균비용곡선의 최저점에서의 단기평균비용곡선에 상응하는 공장규모를 최적시설규모라고 부른다.

② 또한 장기평균비용곡선이 최저가 되는 점에서의 생산수준을 장기최적생산수준이라고 부른다.

① U자형 평균비용곡선에서 평균비용이 최저가 되는 산출량을 효율적 규모(efficient scale)라고 부른다. 효율적 규모는 규모
　의 불경제가 아직 시작되지 않아 평균비용이 가장 낮아지는 산출규모라는 의미를 갖고 있다.

② 이 중에서 가장 작은 규모를 최소효율규모라고 부른다. 즉, 최적시설규모 중 가장 작은 SAC_0의 시설규모를 최소효율규모라
　고 한다.

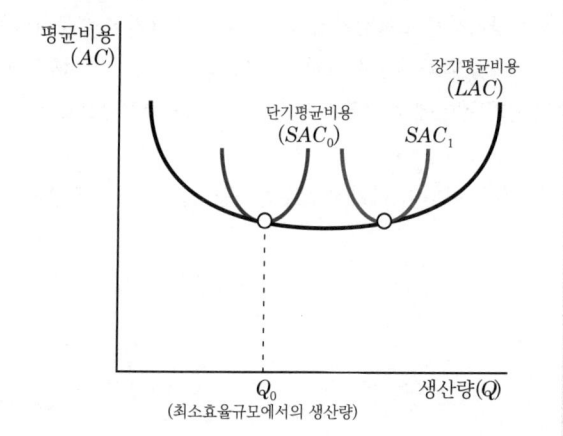

04　규모의 경제가 경쟁체제와 양립하기 어려운 이유

1 진입저지 가격 설정

기존기업은 생산량 증가로 평균비용을 낮출 수 있으므로 신규 기업의 생산비용보다 낮은 가격을 설정하면 신규
기업의 진입이 불가능하다.

2 약탈적 가격 설정

약탈적 가격 설정이란 생산량 증가로 생산단가와 가격하락을 통하여 기존경쟁기업들의 손실을 유발하여 시장으
로부터 퇴출시키려는 가격전략으로 결국 시장에 소수 또는 하나의 기업만 남는다.

2절 독점시장의 단기균형

01 의의

① 독점시장에서는 하나의 기업이 산업 전체의 수요를 독차지하므로 독점기업이 직면하는 수요곡선은 우하향한다.

② 따라서 독점기업은 우하향하는 수요곡선으로부터 한계수입곡선을 유도하여 MR(한계수입) $=$ MC(한계비용)인 점에서 생산하고 이 산출량 수준에서 수요곡선의 높이에 해당하는 만큼의 가격을 책정함으로서 이윤을 극대화한다.

③ 그러나 독점기업이라고 해서 항상 초과이윤을 얻는 것은 아니며 단기적으로 손실을 입을 가능성도 배제할 수 없다.

02 독점기업의 수요곡선

① 완전경쟁시장에서는 개별 기업이 직면하는 수요곡선은 수평선이나 독점기업은 우하향의 시장수요곡선에 직면한다. 왜냐하면 시장 전체가 독점기업의 수요이기 때문이다.

② 독점기업이 우하향의 수요곡선에 직면하고 있다는 것은 독점기업이라도 공급량과 시장가격을 동시에 마음대로 결정할 수는 없다는 것을 나타낸다.

③ 공급량(Q)을 결정하면 수요곡선을 따라 그 공급량에 해당하는 수요가격(P)이 결정되며 공급가격(P)을 결정하면 수요곡선을 따라 시장수요량(Q)이 결정되는 것이다.

④ 따라서 판매량을 늘리기 위해서는 가격을 인하해야 한다.

⑤ 또한 우하향의 시장수요곡선에 직면한다는 것은 독점기업이 시장수요에 대해 완전한 정보를 갖고 있음을 의미한다.

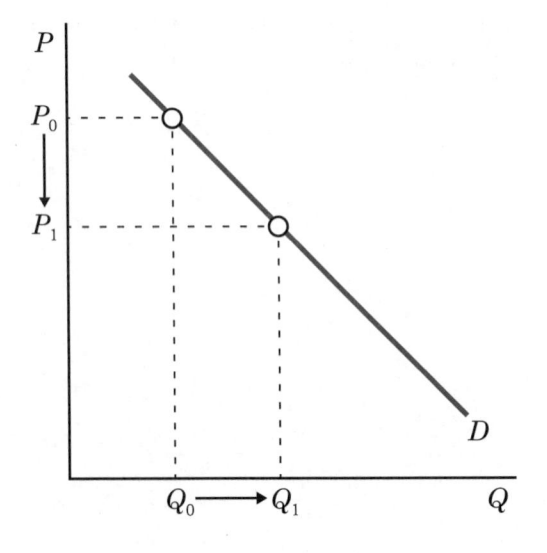

① 평균수입(AR)은 총수입(TR)을 수량으로 나눈 값이므로 가격과 동일하다. 즉, 가격은 평균수입이므로 수요곡선은 평균수입곡선이 된다.

$$AR = \frac{TR}{Q} = \frac{P \times Q}{Q} = P$$
$$\rightarrow P = AR$$

② 한계수입(MR)은 총수입의 변화를 수량의 변화로 나눈 값이므로 첫 단위를 제외하고는 가격이 항상 한계수입보다 크다. 또한 수량이 증가할수록 가격과 한계수입의 차이가 갈수록 커지므로 가격 즉 수요곡선과 한계수입곡선의 기울기를 비교하면 한계수입곡선의 기울기가 더 커야 한다.

$$\rightarrow P > MR$$

④ 따라서 독점기업의 이윤극대화 조건은 $P = AR > MR = MC$ 이다.

가격(P)	수량(Q)	총수입(TR)	평균수입(AR)	한계수입(MR)
100	1	100	100	100
90	2	180	90	80
80	3	240	80	60
70	4	280	70	40

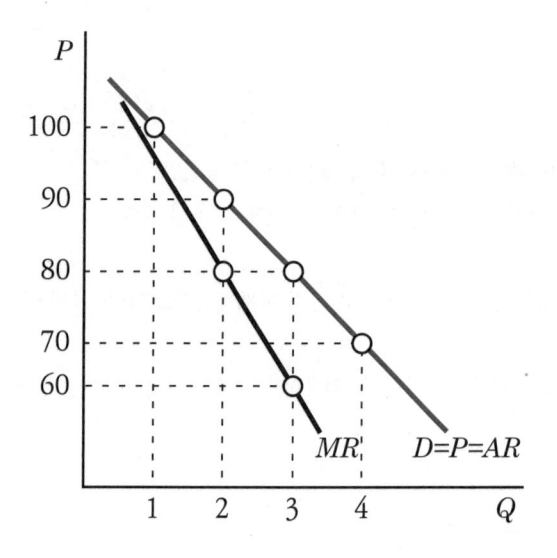

⑤ A기업의 경우 판매량을 2개에서 3개로 늘리기 위해서는 세 번째 재화에 앞의 2개까지 포함한 3개 모두 가격을 80으로 인하해야 하므로 이 경우의 총수입은 3 × 80 = 240이다.

⑥ 이때 세 번째 재화를 추가해서 판매한 결과로 얻은 총수입의 증가분인 한계수입은 60이다.

⑦ 이처럼 판매량의 증가에 따라 가격이 하락하는 경우 한계수입은 항상 평균수입인 가격보다 작다.

① 수요곡선이 $P = 80 - Q$ 라면 총수입(TR)은 $TR = P \times Q = 80Q - Q^2$ 이 된다.

② 한계수입(MR)은 $MR = \dfrac{dTR}{dQ}$ 이므로 $MR = 80 - 2Q$ 가 된다.

③ 따라서 수요곡선과 한계수입곡선을 비교하면 가격(P)축 절편이 동일하다. 또한 한계수입곡선이 수요곡선의 기울기보다 2배 더 가파른 형태를 갖는다.

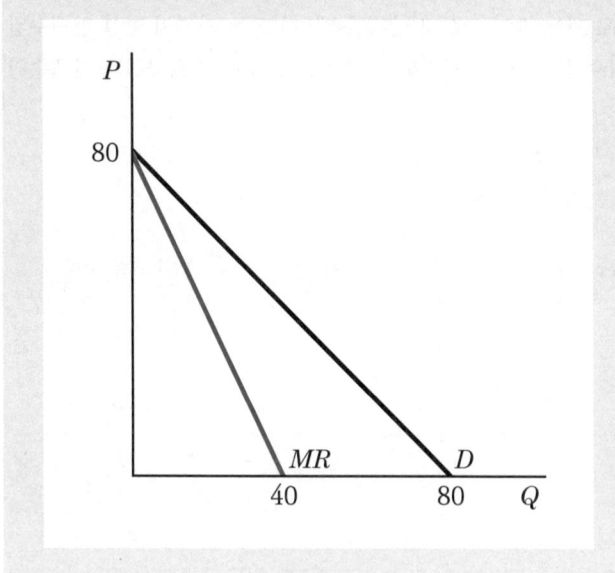

04 독점기업의 공급곡선

① 공급곡선은 $MR = MC$ 에서 결정된 산출량과 이에 대응되는 가격을 연결함으로 도출된다.

② 불완전경쟁시장은 $P > MR$ 이고 $P > MR = MC$ 이기 때문에 가격 P 와 이윤극대화조건 $MR = MC$ 에서 구해진 산출량을 대응시킬 수 없다.

③ 그러므로 불완전경쟁시장의 경우 공급곡선은 존재하지 않는다. 대신 장·단기 한계비용곡선이 장·단기 공급곡선의 역할을 대신 수행한다.

④ 또는 가격과 공급량 사이에 안정적 정(+)의 관계가 나타나지 않는다. 왜냐하면 독점기업은 가격 설정자(price setter)이기 때문이다.

05 단기균형의 도출

① 독점시장에서는 하나의 기업이 산업 전체의 수요를 독차지하므로 독점기업이 직면하는 수요곡선은 우하향한다. 즉, 수요곡선은 완전경쟁의 경우와 달리 우하향하고 있으며 한계수입곡선은 수요곡선의 아래에 있다.

② 독점기업은 우하향하는 수요곡선으로부터 한계수입곡선을 유도하여 $MR = MC$ 인 점에서 생산하고 이 산출량 수준에서 수요곡선의 높이에 해당하는 만큼의 가격을 책정함으로서 이윤을 극대화한다.

즉, 완전경쟁기업은 시장에서 형성된 가격을 주어진 것으로 받아들인 후 자신의 이윤이 극대화되도록 생산량을 설정하는 것과 비교해 독점기업은 $MR = MC$가 되도록 생산량을 결정한 다음 시장수요에 따라 판매가격을 설정한다.

③ 그러나 독점기업이라고 해서 항상 초과이윤을 얻는 것은 아니며 단기적으로 손실을 입을 가능성도 배제할 수 없다.

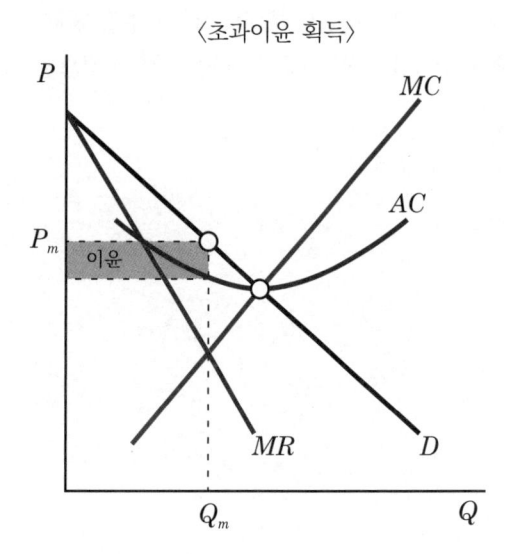

〈초과이윤 획득〉

④ 시장수요함수가 직선으로 표시될 수 있는 경우 독점기업의 이윤극대화 문제를 한계수입곡선과 한계비용곡선을 이용하여 살펴보자.

⑤ 시장수요곡선은 D이며 MR은 이 수요곡선으로부터 도출된 한계수입곡선을 나타낸다.

⑥ 독점기업의 이윤극대화는 $MR = MC$ 조건이 만족되는 생산량에서 이루어지므로 Q_m이 독점기업의 이윤극대화 공급량이 되며 시장가격은 시장수요곡선에 의하여 P_m으로 결정된다.

⑦ 이윤이 극대화될 때의 총비용은 $Q_m \times AC$이며 따라서 극대화된 이윤은 음영 부분에 해당한다.

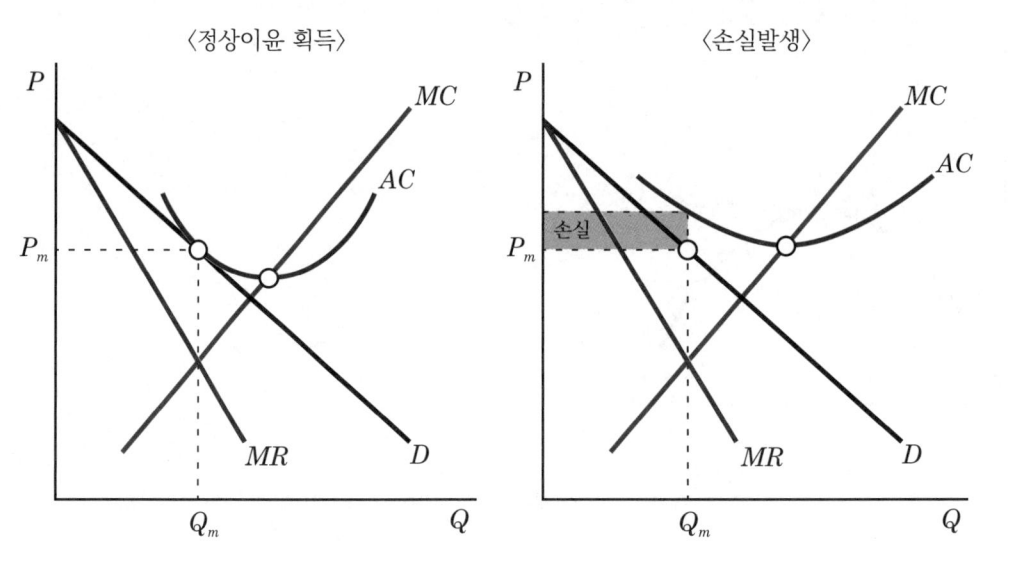

〈정상이윤 획득〉 〈손실발생〉

1 단기공급곡선이 존재하지 않음

① 독점기업의 경우 하나의 가격에 하나 이상의 공급량이, 또는 하나의 공급량에 하나 이상의 가격이 대응될 수 있다는 점에서 공급곡선이 존재하지 않는다.

② 이러한 특징은 독점기업이 가격설정자로서 가격수용자인 수요자에 대하여 자신의 독점이윤을 극대화하는 수준에서 가격과 생산량을 설정하기 때문에 발생한다. 즉, 독점기업은 시장수요에 대하여 완전한 정보를 갖고 있기 때문에 수요곡선 상의 한 점을 선택하면 된다.

2 수요의 가격탄력성이 1보다 큰 영역에서 생산활동

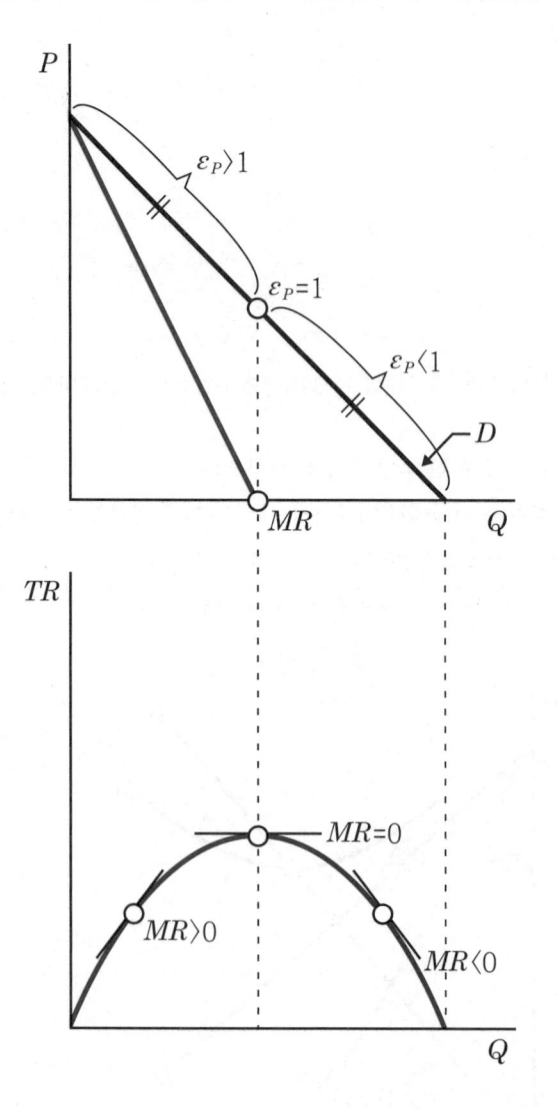

① 수요의 가격탄력성이 1보다 큰 탄력적인 구간에서는 한계수입이 0보다 커서 총수입이 증가하나 수요의 가격탄력성이 1보다 작은 비탄력적인 구간에서는 한계수입이 0보다 작아서 총수입이 감소한다.

② 따라서 독점기업은 총수입이 증가하는 영역에서 생산을 하고자 하며 그 영역은 수요곡선의 탄력적인 구간이 된다.

3 총수입이 생산량 증가에 따라 비례적으로 증가하지 않음

① 완전경쟁기업은 주어진 시장가격을 평균수입이자 한계수입으로서 주어진 것으로 받아들이나 독점의 경우에는 독점기업의 공급량에 따라 가격이 변화하게 된다.

② 완전경쟁기업의 경우에는 총수입곡선이 원점에서 출발하면서 기울기가 시장가격인 직선이어서 생산량이 증가함에 따라 총수입이 비례적으로 증가하였으나 수요의 법칙이 작용하는 우하향의 시장수요곡선에 직면하는 독점기업의 경우에는 총수입이 생산량이 증가함에 따라 비례적으로 증가하지는 않는다.

4 항상 초과이윤을 얻는 것은 아님

단기균형 하에서 독점기업은 초과이윤, 정상이윤, 손실 모두 경험이 가능하다. 즉, 개별 기업이 손실을 보는 가운데 시장균형이 성립할 수도 있다.

5 균형에서 시장가격이 한계비용보다 높음 → $P > MC$

① 완전경쟁기업의 균형에서는 한계비용이 항상 가격과 일치한다. 그러나 독점의 경우에는 기업이 $P = MC$가 될 때까지 생산을 늘리지 않고 $MR = MC$에서 생산하므로 $P > MC$의 결과가 나타난다.

② $P > MC$의 수준에서 생산된다는 것은 독점기업의 입장에서 보면 이윤극대화가 달성되었으므로 바람직한 것이지만, 사회 전체적으로 보면 사회적 잉여가 극대화된 수준에 미치지 못하기 때문에 자원배분의 효율성을 실현하지 못하는 것이 된다.

CHAPTER 13

539

독점시장

심화학습   탄력성과 한계수입과의 관계

$$MR = \frac{\Delta TR}{\Delta Q}$$

$$= P + Q\frac{\Delta P}{\Delta Q}$$

$$= P\left(1 + \frac{Q}{P}\frac{\Delta P}{\Delta Q}\right)$$

$$= P\left(1 - \frac{1}{\epsilon_P}\right)$$

(MR : 한계수입, P : 가격, Q : 수량, ϵ_P : 수요의 가격탄력성)

→ Amoroso-Robinson 공식

3절 독점시장의 장기균형

01 의의

① 일부 고정생산요소들이 존재하는 단기에서는 독점기업이 단기한계비용과 한계수입이 일치하는 생산량을 시장에 공급하면서 이윤을 극대화하지만 시간이 지남에 따라 고정생산요소들을 원하는 만큼 구입할 수 있다면 모든 생산요소를 적정하게 결합하여 단기에서보다 더 큰 이윤을 얻을 수 있다.

② 장기의 경우에도 한계수입과 한계비용이 같아지는 생산량을 공급한다는 이윤극대화 원리는 변함이 없으며 다만 단기와는 달리 모든 생산요소들의 투입량을 적절하게 조정할 수 있기 때문에 보다 낮은 평균비용으로 생산할 수 있다는 점이 다를 뿐이다.

③ 즉, 독점기업은 장기적으로 시설규모를 조정함으로서 단기에서 보다 더 큰 이윤을 얻으려 노력한다.

④ 그 결과 독점기업의 장기이윤은 일반적으로 단기이윤보다 더 크게 되며 최소한 단기이윤만큼은 얻게 된다. 이때 독점기업은 양(+)의 초과이윤을 얻게 된다.

02 장기균형의 도출

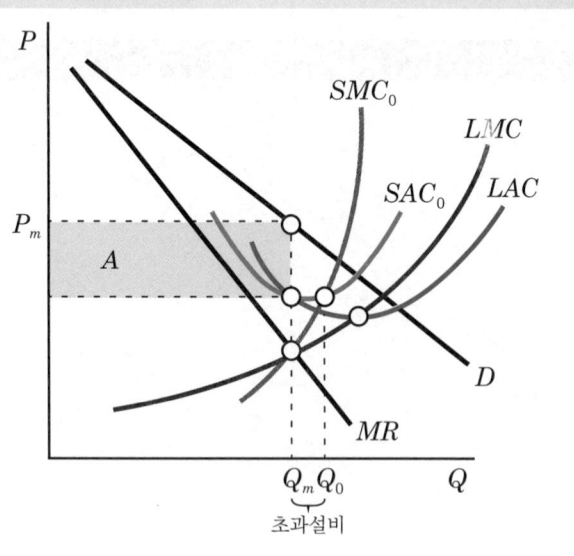

① 시장수요함수가 직선으로 표시될 수 있는 경우 독점기업의 이윤극대화 문제를 한계수입곡선과 한계비용곡선을 이용하여 살펴보자.

② 시장수요곡선은 D이며 MR은 이 수요곡선으로부터 도출된 한계수입곡선을 나타낸다.

③ 독점기업의 이윤극대화는 한계수입과 장기한계비용(LMC)이 일치하는 조건($MR = LMC$)이 만족되는 생산량에서 이루어지므로 Q_m이 독점기업의 이윤극대화 공급량이 되며 시장가격은 시장수요곡선에 의하여 P_m으로 결정된다.

④ 이윤이 극대화될 때의 총비용은 $Q_m \times LAC$이며 따라서 극대화된 이윤은 음영부분(A)에 해당한다. 즉, 독점기업의 생산량(Q_m)에서 가격이 평균비용보다 크므로 초과이윤이 발생한다.

1 $P > MC$

① 단기와 동일하게 장기균형에서 독점기업은 $P = MC$가 될 때까지 생산을 늘리지 않고 $MR = MC$에서 생산하므로 $P > MC$의 결과가 나타난다.

② $P > MC$의 수준에서 생산된다는 것은 독점기업의 입장에서 보면 이윤극대화가 달성되었으므로 바람직한 것이지만, 사회 전체적으로 보면 사회적 잉여가 극대화된 수준에 미치지 못하기 때문에 자원배분의 효율성을 실현하지 못하는 것이 된다.

2 초과설비(유휴설비) 보유

① 독점기업은 초과설비(유휴설비)를 보유한다.

② 장기균형의 상태에서 독점기업의 생산은 장기평균비용 최소점보다 왼쪽에서 이루어지고 있는데 이는 독점기업이 자신이 보유한 생산시설을 충분히 활용할 수 없다는 것을 의미한다.

개념정리   초과설비(excess capacity)

• 산출량이 평균비용을 극소로 하는 산출량보다 작은 경우를 말한다.

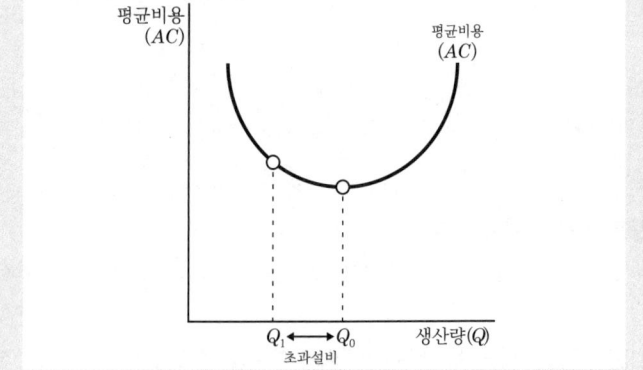

---

3 초과이윤 발생

① 완전경쟁시장의 경우는 단기에서는 초과이윤이 있을 수 있으나 장기에서는 신규 기업의 진입으로 초과이윤이 없어진다.

② 독점기업의 장기이윤은 0보다 크다. 독점시장에서는 진입장벽 때문에 단기균형에서 양의 초과이윤이 있더라도 신규 기업의 진입이 불가능하며 오히려 독점기업은 생산설비조정을 통해 장기적으로 더 큰 이윤을 얻을 수 있다.

□△○

4절 가격차별

01 의의

① 이윤을 극대화하려는 독점기업은 가격결정자로서 가능한 한 자기가 가지고 있는 시장 독점력을 최대한 활용하려 할 것이다. 소비자들이 시간적으로 혹은 공간적으로 나뉘어져 있고 나눠진 소비자들이 서로 다른 수요의 가격탄력성을 가지고 있다면 독점기업은 이들 소비자 그룹들에 동일한 가격을 부과할 이유가 없다.

② 또한 독점기업이 판매하는 공급량 각 단위마다 소비자들이 지불할 용의가 있는 최대 금액을 받아낼 수 있다면 이것 또한 독점기업이 활용하려 할 것이다.

02 개념

① 가격차별(price discrimination)이란 독점기업이 이윤극대화를 위해 동일한 상품을 여러 가지 서로 다른 가격으로 판매하는 행위를 말한다.

② 피구(A. Pigou)는 독점기업의 가격차별을 개별 상품별, 상품그룹별, 시장별로 구분하고 이를 각각 1차 가격차별, 2차 가격차별, 3차 가격차별로 구분하였다.

03 성립조건

1 소비자 그룹의 구분

① 소비자를 특성에 따라 둘 이상의 그룹으로 분리할 수 있어야 한다.

② 가장 대표적인 구분기준은 수요의 가격탄력성이다. 즉, 시장이 두 개 이상으로 분리될 수 있고 이들 시장에서 수요의 가격탄력성이 서로 달라야 한다.

③ 예를 들어 경제 관련 서적을 판매할 때 일반인과 전문가라는 두 개의 집단으로 시장을 쉽게 분리할 수 있고 경제관련 서적에 대한 수요의 가격탄력성이 서로 달라야 한다.

2 전매(resale)가 불가능

① 시장이 효과적으로 분리되어 시장 간에 재판매가 일어날 수 없어야 한다. 즉, 낮은 가격으로 상품을 구매한 사람이 높은 가격이 매겨진 시장에 이를 다시 판매할 수 있다면 독점기업의 가격차별은 성립될 수 없다.

② 따라서 전화서비스나 전기같이 소비자가 구입하자마자 소비할 수밖에 없는 상품에 가격차별이 행해지는 것이 보통이다.

3 시장분할비용이 저렴

① 가격차별에 따른 비용이 가격차별로 인한 추가적 이득보다 적어야 한다.

② 가격차별에 따른 비용이 가격차별로 인한 추가이득보다 크다면 가격차별을 하지 않는 것이 오히려 유리할 것이다.

1 개념

① 판매될 상품의 모든 단위에 대해 상이한 가격을 설정하여 소비자가 지불하고자 하는 최고가격을 받아내는 가격차별로서 완전 가격차별이라고도 한다.

② 이러한 형태의 가격차별은 독점기업이 자신의 상품에 대한 소비자의 수요패턴을 완벽하게 파악하고 있어서 각각의 소비자가 각 상품량에 대해 얼마나 높은 가격을 지불할 용의가 있는지를 잘 알고 있는 경우에나 가능하다.

2 설명

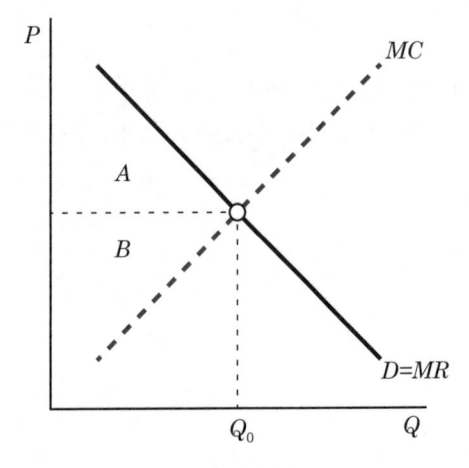

① 완전가격차별의 경우에는 상품의 각각 단위에 대해 소비자가 지불할 용의가 있는 최대한의 가격을 받아내므로 독점기업이 직면하는 수요곡선이 곧 한계수입곡선이 된다.($D = MR$)

② 따라서 독점기업은 Q_0에서 생산하는데 이 산출수준은 완전경쟁 산출량과 동일하므로 독점임에도 불구하고 자원배분이 완전경쟁시장에서와 마찬가지로 효율적이게 된다.

③ 그러나 독점기업이 소비자 잉여인 A를 독차지하게 되어 소득분배가 불공평할 수 있다.

3 특징

① 제1급 가격차별은 독점기업이 소비자들이 각 상품량을 구입하기 위하여 지불할 용의가 있는 최대 금액을 모두 받아내는 것이므로 소비자들이 시장 활동에 참여함으로써 얻을 수 있는 소비자잉여 모두를 독점기업이 차지할 수 있다. 즉, 가격차별을 실시하면 소비자잉여는 완전히 사라지고 모두 생산자 잉여가 된다.

② 산출량이 완전경쟁시장의 자원배분관리인 $P = MC$에서 결정되므로 가격차별이 없는 독점균형보다 자원배분이 효율적이다.

③ 따라서 소득분배측면에서는 가장 불공평하지만 자원배분측면에서는 효율적이므로 이율배반적인 성격을 갖고 있다.

4 한계

① 독점기업에 의한 제1급 가격차별은 아주 극단적인 경우로서 독점기업이 이러한 제1급 가격차별을 현실적으로 실시하는 데에는 많은 어려움이 있다.

② 우선 독점기업이 소비자들의 수요곡선을 정확히 알고 있어야 하며 소비자들끼리 상품을 재판매하는 것을 막을 수 있어야 하는데 이는 현실적으로 불가능한 일이라고 할 수 있다.

1 개념

① 완전가격차별이 여의치 않을 때 독점기업은 상품을 몇 개의 덩어리로 나누고 각각에 대해 서로 다른 가격을 설정하는 가격차별을 할 수도 있다. 이를 제2급 가격차별이라 한다.

② 제2급 가격차별은 일정량 이상을 구매할 때에는 일정량을 초과하는 수량에 대해서 낮은 가격을 부과하는 방법으로서 독점기업이 소비자잉여의 전부가 아니라 그 일부를 차지하는 가격차별방법이다.

③ 물건을 대량으로 구매 시 할인해주거나 전력회사에서 전력사용량에 따라 단계적으로 낮은 가격을 적용하는 것이 대표적인 2급 가격차별에 해당한다.

2 시행 이유 - 정보의 비대칭성

2급 가격차별의 한 예로 요금제도의 다양성을 들 수 있는데 이는 3급 가격차별은 독점기업이 구매자들의 특성을 알고 이들을 손쉽게 분리할 수 있음을 전제로 하지만 2급 가격차별은 그것이 불가능하고 오직 간접적인 차별만이 가능할 때 실시한다.

3 설명

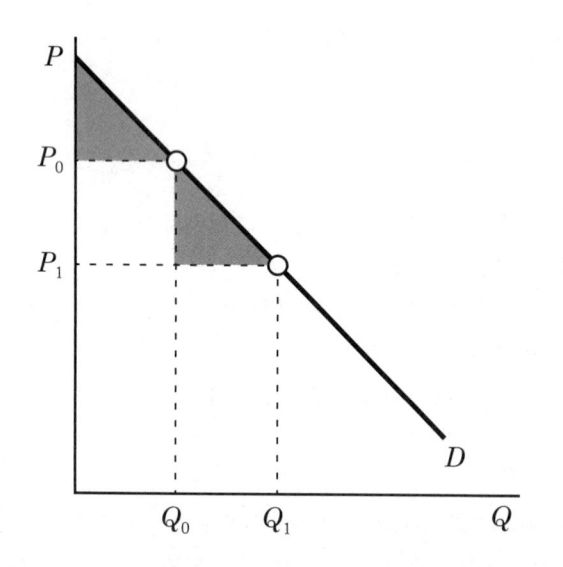

① 처음 Q_0 만큼의 재화를 구입할 때는 단위당 P_0 의 가격을 받고 소비자가 더 많은 재화를 구입해서 Q_1 만큼의 재화를 구입할 때는 Q_0 단위부터 Q_1 단위까지는 이전보다 더 낮은 P_1 의 가격을 설정한다.

② 1급 가격차별은 매 단위당 소비자가 지불할 용의가 있는 최대 금액을 독점기업이 부과하여 소비자잉여의 전부를 독점기업이 차지하는 반면에 2급 가격차별은 일정한 소비량을 넘어설 때마다 다른 가격을 적용함으로써 소비자잉여의 전부는 아니고 그 일부를 차지하게 된다.

즉, 2급 가격차별의 경우 1급 가격차별과 달리 소비자잉여가 음영 영역만큼 발생한다.

4 특징

① 2급 가격차별은 가격차별이 없는 독점균형보다 자원배분이 효율적이다.

② 2급 가격차별을 실시하면 기업의 판매수입이 증가한다.

1 개념

① 소비자를 시장별로 구분하고 각 시장에 대해 서로 다른 가격을 설정하는 가격차별이다. 즉, 특정 영화를 오전과 오후로 나뉘어 상영하거나 같은 시간대의 영화 관람에도 학생이나 노인들로 구분해서 서로 다른 가격을 설정한다.

② 따라서 구분된 시장 가운데 동일한 시장에 속하는 소비자는 모두 같은 가격으로 상품을 구입하게 된다.

③ 국내시장과 해외시장 간의 가격차별이 가장 대표적인 예이다.

2 설명

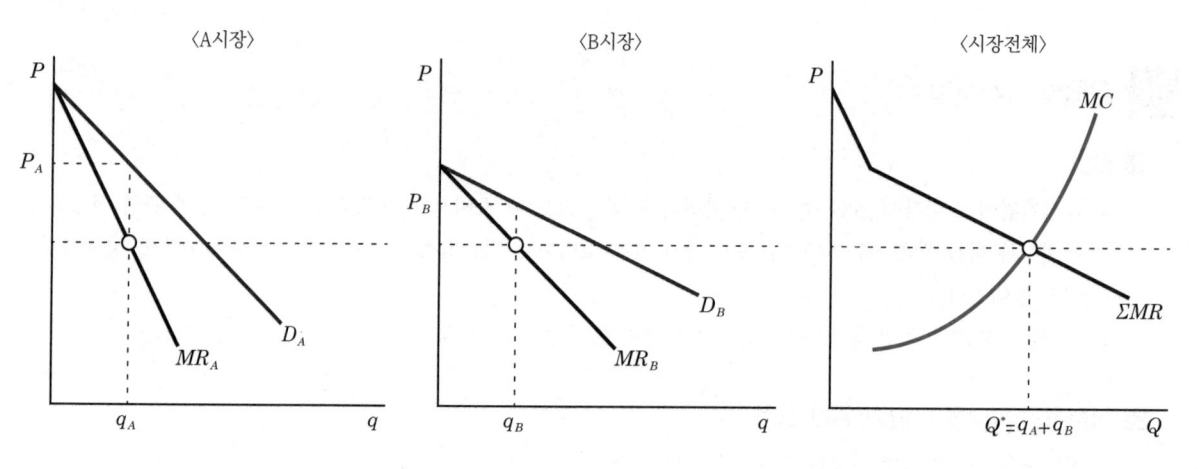

① 수요의 가격탄력성이 다른 두 시장인 A 시장과 B 시장의 수요곡선과 한계수입곡선 그리고 독점기업의 한계비용곡선이 그림과 같다고 하자.

② D_A는 A 시장의 수요곡선, D_B는 B 시장의 수요곡선으로 B 시장의 수요곡선이 보다 큰 가격탄력성을 가지고 있다.

③ 각 시장의 한계수입곡선 MR_A와 MR_B를 수평으로 합한 곡선을 $\sum MR$로 표시하자.

④ 이윤을 극대화하는 독점기업은 $MR_A = MR_B = MC$가 되는 산출량을 생산하여 각 시장에 할당한다.

⑤ 만약 $MR_A > MR_B$라면 B 시장의 공급량을 줄이고 그것을 A 시장에 공급함으로써 더 큰 수입을 올릴 수 있다. 왜냐하면 B 시장의 공급량 감소에 따른 수입 감소가 A 시장에의 공급량 증가에 따른 수입증가보다 작기 때문이다.

⑥ 따라서 가격차별을 행하는 독점기업이 이윤을 극대화하는 조건은 $MR_A = MR_B = MC$가 된다.

⑦ 시장 A와 시장 B의 한계수입곡선을 수평으로 더해 $\sum MR$을 도출한 다음 MC곡선과 만나는 점에서 이윤극대화 산출량 Q^*을 얻을 수 있다.

   각 시장에서의 한계수입과 시장 전체의 한계비용이 같도록 생산을 하면 A 시장에서는 q_A의 생산량과 P_A의 가격이 설정되고 B 시장에서는 q_B의 생산량과 P_B의 가격이 설정된다.

⑧ 따라서 $P_A > P_B$이고 수요의 가격탄력성이 낮은 시장의 가격이 높은 것을 알 수 있다. 즉, 비탄력적인 A 시장의 가격은 높게 형성되고 탄력적인 B 시장의 가격은 낮게 형성된다.

⑨ 수요의 가격탄력성이 작은 경우에는 가격이 높아도 수요량이 쉽게 줄어들지 않을 것임을 이용하여 가격을 높이는 방식으로 이윤을 극대화 시킨다.

3 이윤극대화조건 : $MR_A = MR_B$

① 제A 시장의 한계수입 : $MR_A = P_A\left(1 - \dfrac{1}{\epsilon_A}\right)$

② 제B 시장의 한계수입 : $MR_B = P_B\left(1 - \dfrac{1}{\epsilon_B}\right)$

③ $MR_A = MR_B$ 에서 $P_A\left(1 - \dfrac{1}{\epsilon_A}\right) = P_B\left(1 - \dfrac{1}{\epsilon_B}\right)$ 이 성립하므로 $\epsilon_A > \epsilon_B$ 이면 $P_A < P_B$ 가 된다.

④ 즉 수요의 가격탄력성이 큰 시장에서는 낮은 가격을, 수요의 가격탄력성이 작은 시장에서는 높은 가격을 설정한다.

---

07 장애물 가격차별

1 의의

① 독점기업이 소비자에 관한 정보를 불완전하게 갖고 있을 때 소비자 스스로 자신의 수요곡선에 관한 정보를 드러내도록 하는 장치, 즉 장애물을 통과하지 않은 소비자는 비탄력적인 소비자로 구분하여 가격을 차별화하는 시장 형태이다.

② 장애물의 예로는 쿠폰제도, 세일, 일종 서식에 따른 환불제 등이 있다.

2 이상적인 장애물이 되기 위한 조건

① 장애물을 뛰어넘는데 적당한 비용이 들어야 한다.

② 장애물이 가격탄력성이 높고 낮은 소비자를 완벽하게 갈라놓을 수 있어야 한다.

3 구체적인 예

가격의 민감성 여부를 판단하는 방법은 장애물설치를 통하여 넘어온 사람은 가격에 민감하다고 판단하여 낮은 가격을 설정하고 넘어오지 않은 사람은 가격에 민감하지 않다고 판단하여 높은 가격을 설정한다.

할인쿠폰 제도	쿠폰을 모아온 사람은 할인해 주고 그렇지 않은 사람은 비싼 가격을 받음
바겐세일 제도	입구부터 붐비는 고생을 하고서라도 가격에 민감한 사람에게는 낮은 가격에 세일을 하고 그렇지 않은 사람에게는 정상가격으로 판매

08 시점별 가격차별

1 개념

① 시장을 시점별로 구분하여 가격 차별하는 형태이다.

② 동일한 상품임에도 어떤 시점에 구입하냐에 따라 서로 다른 가격을 지불하게 하는 경우를 말한다.

즉, 동일한 상품을 처음에는 높은 가격에 판매하고 시간이 지난 후에는 낮은 가격에 판매하는 가격정책을 말한다.

2 사례

1. 전화 요금

① 심야 전화 요금이 주간 전화 요금보다 저렴한 이유는 오전-오후 업무시간대보다 심야시간이 더 탄력적이기 때문이다.

② 소비자가 인내심을 갖고 심야까지 기다리면 전화 서비스에 대해 탄력적이고 심야 전에 전화 서비스를 이용하면 비탄력적이라고 분류한다.

2. 최대부하가격 설정

① 어떤 서비스에 대한 수요량이 그것을 공급하는 시설의 용량과 거의 비슷한 수준에 도달할 때 높은 요금을 부과한다.

즉, 특정 시간대에 수요가 크게 증가하는 경우 생산능력의 한계로 인해 한계비용이 크게 증가하는 경우에 사용된다.

② 수요가 몰리는 시점에 높은 가격을 적용하면 자원의 효율적인 배분을 촉진하는 장점이 있다.

왜냐하면 수요를 분산시킴으로써 주어진 시설용량을 효과적으로 활용할 수 있기 때문이다.

09 이부가격(two-part tariff)제도

1 개념

① 일정 금액을 지불하고 특정 상품을 사용할 권리를 사게 한 다음 그것을 사는 양에 비례해 추가적인 가격을 내게 만드는 방식이다.

② 독점기업이 소비자로부터 가입비와 사용료 등 두 종류의 요금을 받고 상품을 판매하는 제도이다. 예를 들어 헬스기구들을 이용하기 위하여 먼저 스포츠 회원 가입비를 지불하고 이용기간에 따라 사용료를 달리하는 경우가 이에 속한다.

③ 가입비와 같은 상품을 구입할 권리에 지나치게 높은 금액을 부과하면 다수의 소비자들이 상품구매를 포기할 것이고 낮은 금액을 부과하면 소비자들의 상품구매량은 증가하겠지만 독점기업이 차지하는 이익은 낮아질 수 있다.

④ 이부가격제의 경우 가입비는 소비자의 잉여와 일치시키고 사용료는 한계비용과 같게 만들 때 이윤의 극대화가 가능하다.

① 순수독점의 경우 이윤극대화를 추구하면 $MR = MC$에서 균형이 달성되므로 균형가격과 균형생산량은 각각 P_M, Q_M이 된다.

② 이부가격제도를 실시하여 사용료를 한계비용과 일치하는 P_0로 낮춘다면 소비자 이용량은 Q_0가 된다.

③ 소비자 이용량 Q_0에서 소비자가 지불할 용의가 있는 금액은 수요곡선 하방 면적인 $(A + B + C)$가 되므로 $(A + B + C)$만큼의 가입비를 부과하게 된다.

④ 독점기업은 소비자잉여만큼 초과이윤을 얻게 되고 소비자잉여는 0이 된다.

⑤ 이용량 Q_0에서 가격과 한계비용이 일치하므로 자원배분의 효율성이 달성된다.

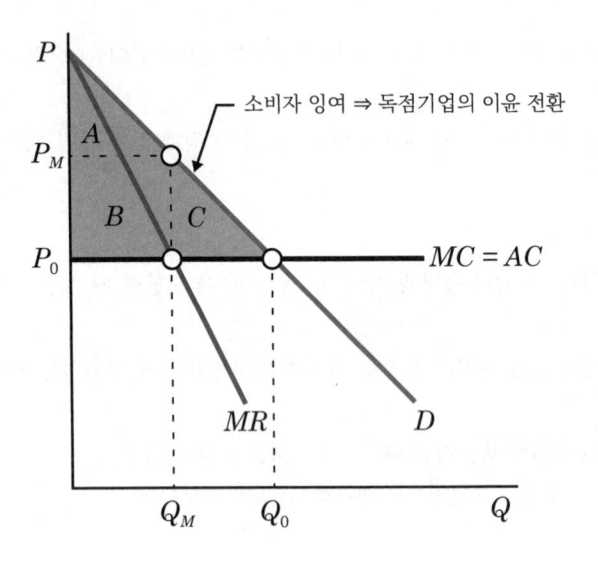

10 묶어팔기(bundling)

① 개념

① 여러 상품을 한꺼번에 묶어 파는 판매전략이다.

② 햄버거가게에서 세트(set)를 판매하거나 여행사에서 패키지 상품을 판매하는 것도 묶어팔기의 유형에 속한다.

② 종류

① 혼합묶어팔기란 상품을 묶어 팔기도 하고 따로 팔기도 하는 것을 말한다.

② 순수묶어팔기란 상품을 묶음으로만 팔고 개별적으로는 전혀 팔지 않는 경우를 말한다.

제품을 묶어서만 판매하는 순수묶어팔기는 끼워팔기(tying)의 일반적인 형태이다.

③ 설명

	디지털 카메라	스마트폰
소비자 1	125	90
소비자 2	50	110

① 두 명의 소비자 1, 2가 디지털 카메라와 스마트폰에 관심이 있는데 그들의 지불의사가 위와 같이 추정되었다고 하자.

② 디지털 카메라와 스마트 폰을 따로 판매하는 경우에는 디지털 카메라와 스마트폰에 책정할 수 있는 최대가격은 각각 125, 90이 된다.

따라서 해당기업의 총수입은 $125 \times 1 + 90 \times 2 = 305$가 된다.

③ 그러나 묶어파는 경우 소비자 1과 소비자 2가 묶음에 대해 지불할 용의가 있는 최대가격은 각각 $125 + 90 = 215$, $50 + 110 = 160$이므로 두 재화를 160의 가격으로 묶어 팔면 총수입은 $160 \times 2 = 320$이 된다.

4 조건

① 소비자 1과 소비자 2의 수요 사이에 음(-)의 상관관계가 있을 때 독점기업은 묶어팔기를 통해 이윤을 증가시킬 수 있다.

즉, 소비자 1이 디지털 카메라에 더 높은 가격을 지불할 용의가 있고 소비자 2가 스마트폰에 더 높은 가격을 지불할 용의가 있는 경우 음(-)의 상관관계가 있다고 한다.

② 만약 소비자 1이 디지털 카메라와 스마트폰 모두 더 높은 가격을 지불할 용의가 있다면 이는 양(+)의 상관관계가 있다고 말하고 독점기업은 묶어팔기를 통해 이윤을 증가시킬 수 없다.

5 평가

① 생산자가 상품을 묶어 팔기 때문에 효율성을 제고할 수 있다.

② 소비자의 거래비용이나 탐색비용을 줄일 수 있다.

③ 생산자가 상품을 유통하는데 지불하는 비용도 줄일 수 있다.

11 가격차별의 평가

1 장점

① 효율성의 측면에서는 가격차별에 따른 산출량수준이 독점의 경우보다 최소한 같거나 더 커진다. 즉, 가격차별에 따른 생산량 증가로 자원배분의 비효율성이 상당부분 해소될 수 있다.

② 공평성의 측면에서는 소비계층의 확대가 발생하며 저소득층의 소비가 늘어날 수 있는 가능성이 있다. 즉, 3급 가격차별의 경우 가격차별은 가격탄력성이 큰 소비자 그룹에 대해서는 낮은 가격을 책정하는 형태로 이루어지는데 빈곤하여 가격탄력성이 높게 된 것이라면 이들에게 상대적으로 유리하게 소득이 재분배되는 효과가 있다.

2 단점

① 효율성의 측면에서는 소비자별로 한계편익이 달라지므로 효율적 자원배분이 달성되지 않는다.

② 공평성의 측면에서는 소비자잉여의 상당부분이 독점적 이윤으로 귀속되어 불공평하다.

③ 소비자 차별대우에 따른 불쾌감을 초래할 수 있다.

5절 다공장 독점

01 개념

다공장독점이란 하나의 기업이 여러 개의 공장을 운영하여 시장 전체를 지배하는 시장 형태를 의미한다.

02 설명

① 독점기업이 제1, 제2공장을 갖고 있다고 하자.

② 각 공장은 한계비용(MC)곡선을 가지고 있으며 제2공장이 제1공장보다 현대적 설비를 갖추고 있기 때문에 한계비용이 낮은 경우를 보여주고 있다.

③ 독점기업은 생산량을 한 단위 늘리고자 할 때 한계수입(MR)과 한계비용(MC)을 비교해 한계수입이 한계비용을 초과하는 한 계속 생산을 늘릴 것이다.

④ 이때 두 공장 가운데 한계비용이 낮은 공장에서부터 생산을 늘리기 시작할 것이다.

⑤ 예를 들어 현재 한 단위를 더 판매할 때 한계수입이 10이고 한 단위 추가 생산에 따른 한계비용이 $MC_1 = 8$이고 $MC_2 = 7$이라면 제2공장에서 생산을 하는 것이 유리하다. 제2공장에서 생산을 계속 늘려 한계비용이 8을 초과하게 된다면 이제는 제1공장에서 생산하는 것이 유리하다.

⑥ 이런 과정을 반복하면 결국 두 공장의 MC가 MR과 일치할 때까지 생산하는 것이 이윤을 극대화한다는 것을 알 수 있다.

⑦ 따라서 이 경우 독점기업의 균형 조건은 다음과 같다.

$$\rightarrow MR = MC_1 = MC_2$$

03 그림

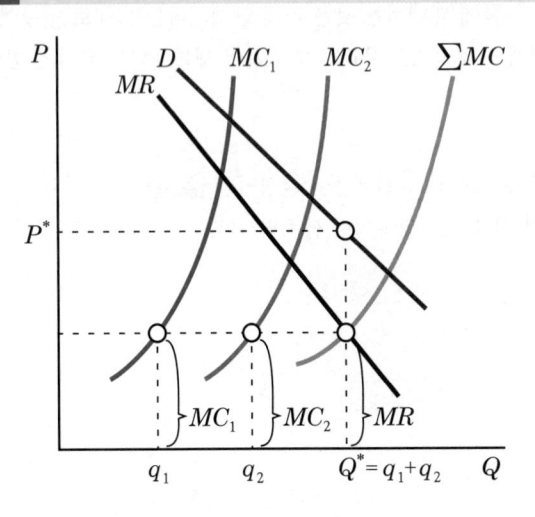

① 독점기업의 입장에서 제1공장과 제2공장의 비용은 해당기업의 비용이므로 각 공장의 한계비용을 수평으로 합하여 한계수입과 일치하는 점에서 생산량(Q^*)과 가격(P^*)을 결정한다.

$$\rightarrow MR = \sum MC$$

② 독점기업은 총생산량 중에서 각 공장에서의 한계비용이 같도록 생산량을 할당하면 이윤 극대화를 달성할 수 있다.

즉, 각 공장의 한계비용을 감안해 총생산량(Q^*)을 q_1과 q_2씩 할당함으로써 이윤을 극대화할 수 있다.

③ 그림에서 q_1이 q_2보다 적은 이유는 제1공장의 비용조건이 제2공장보다 열등하기 때문이다.

6절 독점시장에 대한 평가

01 의의

① 독점의 후생평가로 독점규제의 정당성을 확인할 수 있다.

② 독점이 오히려 효율적인 경우는 규모의 경제를 가지며 자연독점화 하는 산업이다.

③ 독점이 바람직하지 않다고 말하는 것은 경쟁적인 기업들에 의해서 공급될 수 있는 재화나 서비스가 독점기업에 의해서 공급되는 경우이다.

02 완전경쟁시장과 독점시장의 비교

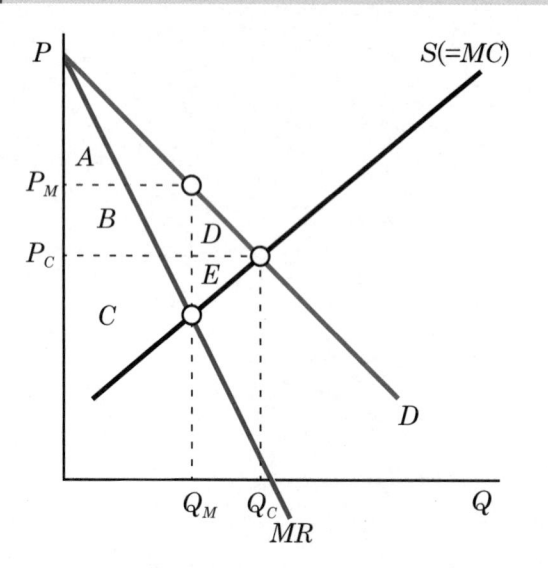

① 완전경쟁일 경우 시장균형은 수요곡선 D와 공급곡선 S가 교차하는 점에서 달성되며 균형가격은 P_C, 균형수급량은 Q_C이다.

② 만약 해당 산업이 독점기업에 의하여 지배되면 균형은 한계비용과 한계수입이 같아지는 점에서 결정되고 균형가격은 P_M, 균형수급량은 Q_M이다.

③ 따라서 독점기업은 완전경쟁기업보다 생산량이 적고 독점기업의 생산물 가격은 완전경쟁기업의 생산물 가격보다 높다.

④ 완전경쟁시장에서 독점시장으로 바뀌면 소비자잉여는 $(B+D)$만큼, 생산자잉여는 E만큼 감소하여 사회적 잉여는 $(D+E)$만큼 사라진다.

⑤ 이는 독점으로 인한 사회적 순손실이며 이를 자중손실이라고 한다.

	완전경쟁	독점	변화
소비자 잉여	A+B+D	A	-B-D
생산자 잉여	C+E	B+C	B-E
사회적 잉여	A+B+C+D+E	A+B+C	-D-E

03 자원배분의 비효율성

1 사회적 후생손실

독점시장의 경우 $P>MR=MC$이므로 완전경쟁보다 생산량이 적고 가격은 높게 설정된다. 따라서 사회적 후생손실(자중손실)이 발생한다.

2 X - 비효율성 발생

① X - 비효율성이란 눈에 보이지 않는 비효율성으로 비용 상승의 원인이 된다. 라이벤스타인(H. Leibenstein)에 따르면 독점기업은 경쟁압력이 없기 때문에 X - 효율성을 추구할 동기가 없다고 주장한다. X - 비효율성은 주어진 산출량을 생산하기 위하여 지불해야 하는 최소비용을 초과하는 실제비용수준을 말한다.
② 독점의 장기균형에서는 장기평균비용곡선의 최저점에서 생산하지 않으므로 상품이 최소의 평균비용으로 생산되지 못하고 있다.
③ 독점시장에서는 진입장벽 때문에 더욱 효율적인 생산이 가능한 기업이 등장할 수 없다.

04 소득분배의 측면

① 소비자 잉여를 독점이윤으로 전환시킴에 따라 소득분배의 불평등이 초래되거나 부의 편중을 심화시킬 수 있다. 즉, 독점으로 인하여 소비자로부터 독점기업에게로 실질소득이 재분배되며 현실적으로 이러한 실질소득의 재분배가 독점기업에 대하여 갖는 나쁜 이미지를 형성하는데 중요한 작용을 할 수 있다.
② 또한 초과이윤의 존재와 경제력 집중으로 인해 소득불평등이 심화될 수 있다.
③ 독점기업은 상품의 가격을 올려 선택의 자유를 제한한다.

05 기술혁신

① 독점기업이 새로운 발견과 발명을 촉진하여 생산방법의 효율화를 이룩할 수도 있다.
② 슘페터(J. Schumpeter)에 따르면 완전경쟁시장에서는 이윤이 없지만 독점에서는 초과이윤이 발생하므로 과감한 연구개발을 할 능력이 있다고 주장한다. 즉, 독점의 경우에는 경쟁상대가 없으므로 새로운 발명이나 초과이윤을 연구개발 등에 투자할 유인이 크다.
③ 반면 독점은 경쟁유인이 없으므로 진입장벽에 안주, 기술개발을 할 동기가 없다고 주장하는 견해도 존재한다.
④ 따라서 독점이 연구개발을 위하여 바람직하다거나 또는 바람직하지 않다고 일률적으로 말할 수 없다.

1 의의

① 완전경쟁시장의 균형에서는 $P = MC$가 성립하는 반면 독점시장의 균형에서는 $P > MC$가 성립한다.

② 시장균형에서 가격과 한계비용이 일치하지 않는다는 것은 사회적으로 비효율이 존재한다는 것을 의미한다.

③ 시장지배력이 있는 기업이 존재하는 경우에는 가격과 한계비용이 일치하지 않는다.

④ 따라서 P와 MC간의 격차는 독점기업의 시장지배력의 크기를 측정하는 지표로서 사회적 비효율의 정도를 파악하는데 이용할 수 있다.

2 개념

독점도란 공급자가 어느 정도 시장지배력을 행사할 수 있느냐를 나타내는 양적인 지표를 말한다.

3 러너의 독점도

① 러너(A. Lerner)는 가격이 한계비용을 초과할수록 독점의 정도가 크다는 것을 고려해서 지표를 만들었다.

$$\rightarrow L = \frac{P - MC}{P}$$

[P : 가격, MC : 한계비용]

② 완전경쟁기업의 경우 $P = MC$이므로 독점도는 0의 값을 갖게 된다.

4 힉스의 독점도

① 힉스(J. Hicks)는 수요의 가격탄력성이 클수록 완전경쟁시장에 가깝다는 사실에 착안하여 독점도를 만들었다.

$$\rightarrow H = \frac{1}{\epsilon_P}$$

(ϵ_P : 수요의 가격탄력성)

② 완전경쟁기업의 경우 개별 기업의 수요곡선이 수평선이므로 수요의 가격탄력성이 무한대가 되며 따라서 힉스의 독점도에 따르면 0의 값을 갖게 된다.

③ $MR = MC$에서 이윤극대화가 달성되고 있으므로 러너의 독점도를 다음과 같이 변형할 수 있다.

$$L = \frac{P - MC}{P} = \frac{P - MR}{P} = \frac{P - P\left(1 - \frac{1}{\epsilon_P}\right)}{P} = \frac{1}{\epsilon_P}$$

④ 따라서 러너의 독점도와 힉스의 독점도는 동일하다.

5 허쉬먼(Herschman) - 허핀달(Herfindahl) 지수

① 산업에서의 시장 집중정도를 측정하는 방법 중 하나로 매출액이 가장 큰 기업에서 작은 기업 순으로 배열한 뒤 상위 50개 기업에 대한 각각의 시장점유율을 각각의 %로 구하고 이들 점유율의 제곱을 모두 합산한 것이다.

$$\rightarrow HH = \sum_{i=1}^{n} S_i^2$$

[단 n은 기업 수, S_i는 i기업의 시장점유율]

② HH의 값이 클수록 산업의 집중률은 심해진다.

7절 독점규제

01 의의

① 독점시장은 사회적 관점에서 비효율적이면서 소득불평등을 조장한다. 즉, 상품의 공급독점은 완전경쟁시장과 비교하여 볼 때 실질소득의 재분배와 자중손실을 발생시킬 수 있다.
② 이러한 문제점 때문에 각국은 독점을 규제하고 각종 공익사업들을 국가가 소유 및 경영하기도 한다.
③ 경제적 효율성을 달성하기 위한 최선의 방법은 시장진입장벽을 없애고 시장에 경쟁을 도입하는 것이다.
④ 그러나 독점이 이러한 정치경제적인 이유가 아닌 생산기술상의 특징이나 생산요소의 독점의 결과로 나타났다면 정부가 시장진입을 막지 않는다고 하더라도 시장에 경쟁이 도입되기 어렵다.

02 독점기업의 국유화

① 민간이 소유한 독점기업을 규제하는 대신 정부가 독점기업을 소유하는 것으로 전화, 상수도, 전력, 철도, 우편 배달 서비스 등의 분야에서 많이 행해지고 있다.
② 정부가 독점기업의 소유주가 되는 경우를 공기업이라고 한다.
③ 정부가 기업을 운영하면 사회적 관점에서 바람직한 생산량과 가격을 결정할 수 있으나 공기업의 경우도 비효율성을 유발할 수 있으며 이를 정부실패라고 한다.

03 경쟁체제의 도입

1 의의

① 독점시장에 경쟁체제를 도입함으로써 정부개입에 따른 문제점을 해결할 수 있다.
② 그러나 독점기업 중 상당수의 기업이 자연독점의 성격을 갖고 있으므로 경쟁체제의 성립은 생산의 비효율성을 유발할 수 있다.

2 설명

① 자연독점의 경우 현재 10개 생산에 따른 장기평균비용은 5가 든다.

② 그러나 정부가 경쟁체제를 도입하여 기업을 분할하면 개별 기업의 생산량이 감소할 수 있다.

③ 개별 기업의 생산량이 5로 감소한다면 장기평균비용은 10으로 급격히 증가한다.

④ 따라서 자연독점의 경우 경쟁체재를 도입하면 비용 증가로 인한 기업의 비효율성이 발생할 수 있다.

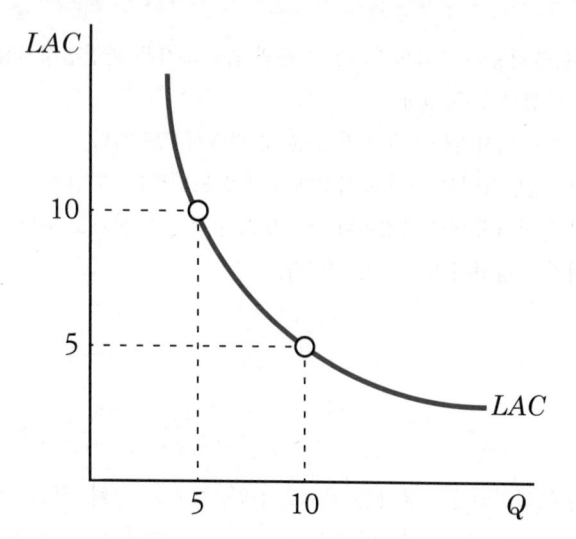

04 가격규제

1 의의

① 정부가 시장 진입을 막지 않더라도 발생하는 독점을 규제하기 위하여 정부가 주로 사용하는 정책은 가격규제이다.

② 정부에 의한 가격규제는 독점기업의 한계생산비용과 수요가격이 일치하는 수준을 최고가격으로 정함으로써 독점기업의 생산수준이 완전경쟁상태에 있을 경우의 생산수준과 같도록 유도하는 것이다.

2 한계비용(MC) 가격설정

1. 개념

① 한계비용 가격설정 방식이란 수요곡선과 한계비용(MC)곡선이 만나는 점에서 형성되는 가격으로 통제하는 방식을 말한다.

② 정부가 독점기업이 생산한 재화를 일정 가격 이상으로 거래하는 것을 규제하는 정책이다.

③ 자연독점의 경우 한계비용 가격을 설정하면 기업이 손실을 볼 수 있다.

2. 설명

① 독점기업이 직면하고 있는 시장수요곡선은 D이고 정부의 가격규제가 없다면 독점기업은 생산량 Q_M을 가격 P_M에 판매하여 이윤을 극대화하게 된다.

② 정부가 독점규제를 위하여 최고가격제를 실시하여 독점기업이 받을 수 있는 최고가격을 한계비용곡선과 수요곡선이 만나는 수준인 P_C로 한다면 독점기업이 직면하고 있는 시장수요곡선은 P_CeD가 됨으로써 Q_C까지는 독점기업이 받을 수 있는 최고가격인 P_C이상을 받을 수 없으며 Q_C이상인 경우에는 시장수요곡선을 따라 시장가격이 결정된다.

③ 이 경우 독점기업이 정부규제로 인하여 직면하고 있는 한계수입곡선은 시장수요곡선 $P_C e D$로부터 도출된다. 즉, Q_C까지는 수평선의 $P_C e$이고 Q_C이상인 경우에는 한계수입(MR)곡선이 된다.

④ 정부가 개입하여 독점기업이 생산하는 제품에 대해 완전경쟁시장에서와 마찬가지로 $D = MC$인 수준의 가격 P_C를 최고가격으로 설정하여 독점을 규제하면 독점기업의 생산량은 완전경쟁의 경우와 마찬가지로 Q_C가 된다.

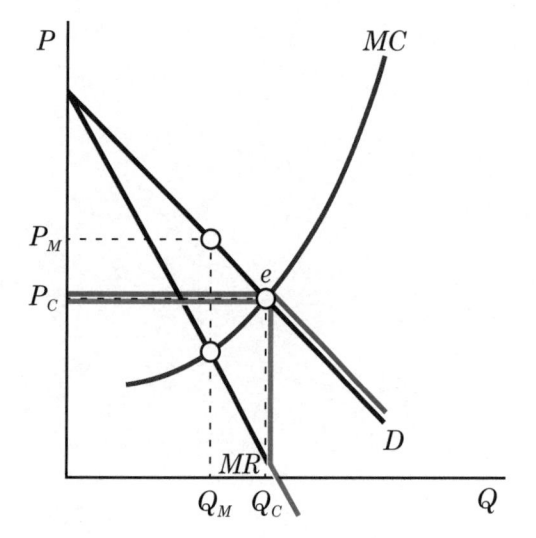

3. 한계

① 정부가 독점기업의 한계비용곡선을 정확하게 알 수 없다.

② 또한 자연독점산업의 경우 최고가격을 설정하면 기업이 손실을 볼 수 있다.

❸ 자연독점에 대한 가격규제

1. 의의

① 독점을 규제하기 위한 정부의 최고가격제를 실시하기 위해서는 그 독점기업이 시장에서 생산 활동을 지속할 수 있도록 최소한의 보상이 있어야 한다.

② 만약 독점기업의 생산량에서 평균비용이 최고가격보다 높다면 독점기업은 손실을 보게 되어 독점기업이 생산 활동을 중단할 가능성도 있다.

③ 독점에 대한 규제도 중요하지만 적어도 기업이 시장에서 생산 활동을 지속할 수 있도록 하는 것이 더 중요하다고 할 수 있다.

④ 독점기업이 적어도 손실을 낳지 않고 시장에서 생산 활동을 지속할 수 있도록 하는 최고가격제로서 시장수요가격을 한계비용이 아니라 평균비용에 일치시키는 방법이 사용되기도 한다.

2. 자연독점의 경우

① 규모의 경제로 인하여 생산량 증대에 따라 평균비용이 하락하는 자연독점의 경우에는 한계비용이 평균비용보다 작기 때문에 한계비용과 시장수요곡선이 일치하는 점에서의 가격결정은 독점기업에게 손실을 안겨주게 된다.

② 기업에게 손실을 전가할 수는 없으므로 기업에게 손실을 입지 않게 하면서 독점기업의 산출량을 늘리는 방법으로 평균비용(AC) 가격 설정 방식이 있다.

3. 설명

① 한계비용에 의한 최고가격의 설정은 생산량 Q_0를 가격 P_0에 판매하도록 하나 Q_0에서 평균비용(AC)이 가격 P_0보다 크므로 $(AC-P_0) \times Q_0$만큼의 손실이 발생한다.

② 시장수요가 변동하지 않는 한 궁극적으로 독점기업이 시장에서 생산 활동을 중단할 수밖에 없게 된다.

③ 정부는 상품이 시장에 공급되도록 적어도 가격이 평균비용이 되도록 최고가격을 결정하게 되고 이를 '평균비용' 가격설정 방식이라고 한다.

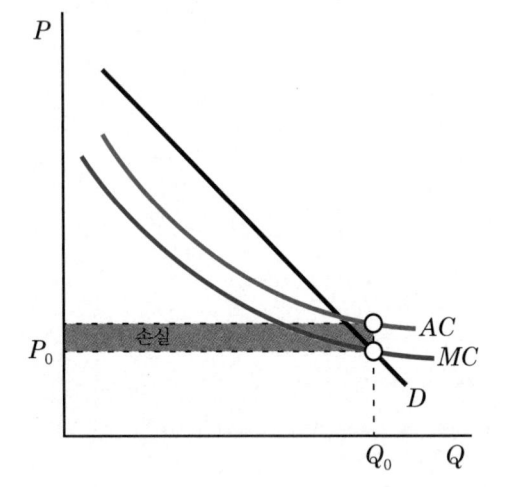

4. 평균비용가격설정 방식(full cost pricing)

① 평균비용(AC)곡선과 수요곡선이 교차하는 점을 찾고 이때의 수요곡선 높이에 해당하는 가격(P_0)을 최고가격으로 설정하는 방식이다.

② 이 경우 독점기업으로 하여금 최소한 손실을 입지 않게 하면서 가능한 한 많은 상품을 낮은 가격으로 공급할 수 있다.

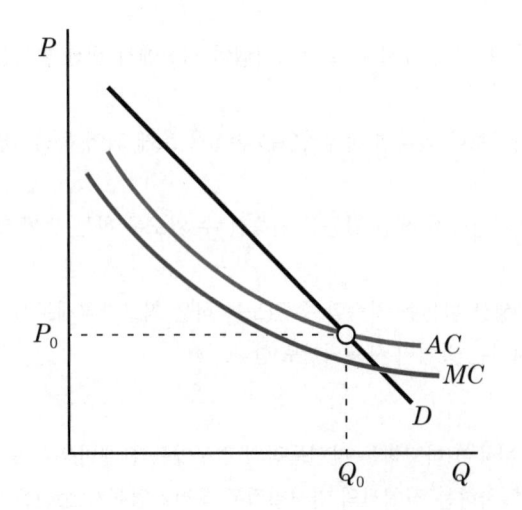

③ 그러나 생산량 Q_0는 수요곡선과 한계비용곡선이 만나는 효율적인 생산량 수준에 미달하므로 비효율성이 발생한다. 즉, 평균비용가격설정에서 독점기업이 선택한 산출량이 한계비용 가격설정의 경우와 같이 이상적일 수는 없다.

1 의의

① 조세에 의한 규제란 정책당국이 독점기업에 조세를 부과하여 이윤을 세금으로 환수하는 규제방식을 말한다.

② 독점규제를 위한 조세의 종류로는 종량세, 정액세, 이윤세 등을 들 수 있다.

2 종량세

1. 개념

① 정부가 독점기업의 재화판매량에 과세하는 방식으로 기업의 입장에서는 가변비용이 증가한다.

② 독점기업의 이윤은 다음과 같이 변화한다.

$$\pi = TR - TC - tQ$$

〔π : 이윤, TR : 총수입, TC : 총비용, t : 세율〕

③ 따라서 이윤극대화 조건은 $MR = MC + t$(종량세)가 된다.

2. 설명

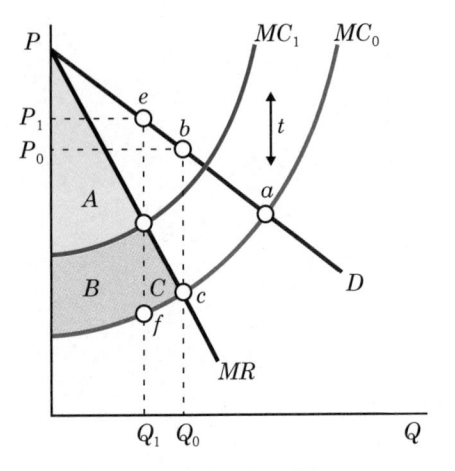

① 종량세(t)를 부과하면 한계비용곡선이 MC_0에서 MC_1으로 종량세(t)만큼 상방 이동한다.($MC_0 \rightarrow MC_1$)

② 한계비용곡선의 상방 이동은 가격 상승($P_0 \rightarrow P_1$)과 거래량 감소($Q_0 \rightarrow Q_1$)를 가져온다.

독점화되면서 생산량이 감소하고 가격은 상승하였는데 종량세 부과로 또 다시 생산량이 감소하고 가격은 상승하게 되는 것이다.

③ 소비자 가격의 상승은 종량세의 일부가 소비자에게 전가되는 것을 의미한다.

→ 수요곡선이 비교적 탄력적이면 단위당 t원의 조세가 부과되는 경우 독점가격은 t원 이하로 상승하지만 수요곡선이 비탄력적인 경우에는 가격이 t원 이상 상승할 수 있다.

④ 종량세로 인한 사회적 후생손실은 $\triangle abc$에서 $\triangle aef$로 증가한다.

이것은 종량세가 독점시장의 비효율을 더 악화시킬 수 있음을 의미한다.

⑤ 종량세 부과 이전의 독점기업의 이윤은 $(A + B + C)$이다.

→ Q_0까지 생산할 때 MC곡선에 둘러싸인 부분의 면적은 총가변비용에 해당하고 MR곡선에 의해 둘러싸인 부분의 면적은 총수입을 나타낸다. 따라서 이들 간의 차이인 $(A + B + C)$는 독점기업의 이윤을 나타낸다.

⑥ 종량세 부과 이후의 독점기업의 이윤은 A로 감소하여 독점기업의 이윤은 $(B + C)$만큼 감소한다.

3 정액세(lump - sum tax)와 이윤세(profit tax)

1. 정액세란?

① 정액세란 정부가 독점기업에게 일정금액의 조세를 부과하는 방식이다.

② 정부가 독점기업에게 정액세(t)를 부과하면 총비용과 평균비용은 증가하지만 한계비용은 변하지 않는다. 왜냐하면 정액세 부과는 고정비용을 증가시키기 때문이다.

③ 따라서 조세부과 전과 조세부과 후의 이윤극대화 조건은 변하지 않는다.

2. 이윤세란?

① 정부가 독점기업의 독점이윤에 과세하는 방식이다.

② 이윤세를 부과하면 다음과 같다.

$$\pi = TR - TC - t(TR - TC)$$
$$\quad = (1-t)(TR - TC)$$

$$\frac{\partial \pi}{\partial Q} = (1-t)(MR - MC) = 0$$

③ 따라서 균형조건은 $MR = MC$가 된다.

3. 설명

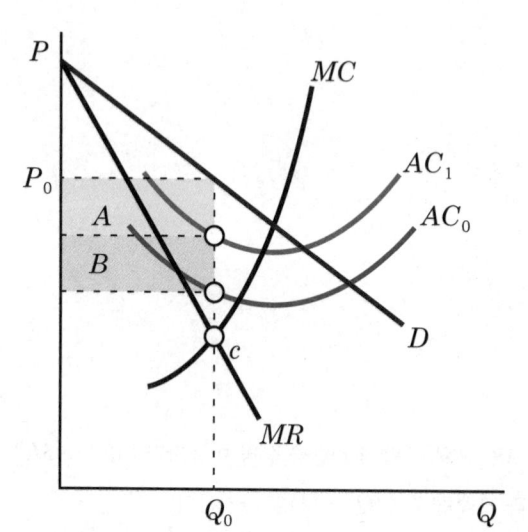

① 정액세와 이윤세 모두 한계비용의 변화없이 평균비용을 AC_0에서 AC_1으로 증가시키기 때문에 이윤극대화 생산량과 가격은 각각 Q_0, P_0로 변하지 않는다.

② 정부가 정액세와 이윤세를 부과하면 독점기업의 이윤은 $(A+B)$에서 A로 감소한다.

1. 수요곡선의 형태가 우하향의 직선이면서 한계비용이 일정할 때의 조세 부과

① 조세 부과 전의 가격과 생산량은 각각 P_0, Q_0이다.

② 단위당 T원의 종량세가 부과되면 수평의 한계비용곡선이 T만큼 상방으로 이동하므로 조세 부과 후의 가격과 생산량은 각각 P_1, Q_1이 된다.

③ 수요곡선의 기울기는 $\dfrac{\Delta P}{\Delta Q}$이고 한계수입곡선의 기울기는 $\dfrac{T}{\Delta Q}$인데, 수요곡선이 우하향의 직선일 때는 한계수입곡선의 기울기가 수요곡선의 기울기의 2배이다. 따라서 다음의 관계식이 성립한다.

$$2 \times \frac{\Delta P}{\Delta Q} = \frac{T}{\Delta Q}$$

$$\rightarrow 2\Delta P = T$$

$$\rightarrow \Delta P = \frac{1}{2}T$$

④ 그러므로 수요곡선의 형태가 우하향의 직선이면서 한계비용이 일정한 경우에는 종량세가 부과될 경우 소비자에게 단위당 조세액의 절반만큼 전가된다.

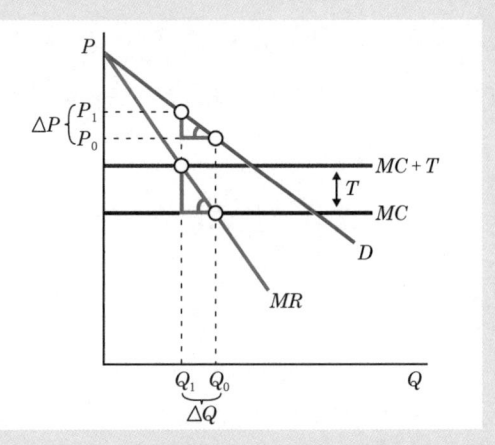

2. 수요의 가격탄력성이 1보다 크면서 일정하고 한계비용이 일정할 때의 조세 부과

① 독점기업의 이윤극대화 조건은 $MR = MC$이고 $MR = P\left(1 - \dfrac{1}{\epsilon_P}\right)$이므로 다음과 같다.

$$P\left(1 - \frac{1}{\epsilon_P}\right) = MR$$

$$\rightarrow P = \frac{1}{\left(1 - \dfrac{1}{\epsilon_P}\right)} \times MC$$

② 만약 단위당 T원의 조세가 부과되면 한계비용은 $(MC + T)$가 되므로 이윤극대화가 성립할 때의 가격은 다음과 같다.

$$P = \frac{1}{\left(1 - \dfrac{1}{\epsilon_P}\right)} \times (MC + T)$$

$$\rightarrow P = \frac{1}{\left(1 - \dfrac{1}{\epsilon_P}\right)} \times MC + \frac{1}{\left(1 - \dfrac{1}{\epsilon_P}\right)} \times T$$

③ 위의 식에서 수요의 가격탄력성(ϵ_P)이 1보다 크면 조세부과 후 가격은 단위당 조세액보다 더 크게 소비자에게 전가됨을 알 수 있다.

01 규모의 경제에 대한 설명으로 옳지 않은 것은? (2019년 신한은행)

① 자연독점이 생기는 원인이다.
② 규모가 커질수록 생산단가가 낮아진다.
③ 분업에 따른 전문화로 생길 수 있는 현상이다.
④ 생산물의 종류가 많을수록 비용이 낮아진다.

풀이 날짜			
채점 결과			

02 독점기업에 대한 설명 중 틀린 것은?

① 우하향하는 수요곡선에 직면한다.
② 시장지배력이 있다.
③ 수요의 가격탄력도가 1보다 작은 곳에서 생산한다.
④ 후생손실이 발생한다.

풀이 날짜			
채점 결과			

03 단기의 독점기업에 대한 설명 중 옳지 않은 것은?

① 균형은 한계비용과 한계수입이 일치하는 곳에서 이루어진다.
② 제품 공급량과 제품 가격을 동시에 자기가 원하는 수준으로 결정할 수 있다.
③ 손실을 입을 수도 있다.
④ 첫 단위 제품을 제외하고는 항상 가격이 한계수입보다 크다.

풀이 날짜			
채점 결과			

01

- '규모의 경제(economies of scale)'는 산출량이 증가함에 따라 생산단가(장기 평균총비용)가 하락하는 현상이다. 생산량이 늘어나면 분업이나 기술적 요인으로 생산단가가 낮아질 수 있다. 자연독점은 시장 전체 수요를 여러 생산자가 나눠 생산하기보다 한 생산자가 맡아 생산할 때 더 적은 비용으로 생산할 수 있는 시장이다. 규모의 경제는 자연독점이 생기는 원인이다. 한 제품을 생산할 때보다 여러 제품을 한꺼번에 생산할 때 생산비용이 적게 드는 것은 '범위의 경제'다.

④

02

① 완전경쟁시장에서는 개별 기업이 직면하는 수요곡선은 수평선이나 독점기업은 우하향의 시장수요곡선에 직면한다. 왜냐하면 시장 전체가 독점기업의 수요이기 때문이다.

② 독점시장은 기업 수가 하나이면서 대체재가 존재하지 않기 때문에 시장지배력을 가진다. 따라서 독점기업은 가격설정자로 행동하면서 가격차별도 가능하다.

③ 독점기업의 경우 항상 수요의 가격탄력성이 1보다 큰 영역에서만 재화를 생산한다. 수요의 가격탄력성이 1보다 큰 탄력적인 구간에서는 한계수입이 0보다 커서 총수입이 증가하나, 수요의 가격탄력성이 1보다 작은 비탄력적인 구간에서는 한계수입이 0보다 작아서 총수입이 감소한다. 따라서 독점기업은 총수입이 증가하는 영역에서 생산을 하고자 하며 그 영역은 수요곡선의 탄력적인 구간이 된다.

④ 완전경쟁기업의 균형에서는 한계비용이 항상 가격과 일치한다. 그러나 독점의 경우에는 기업이 $P = MC$가 될 때까지 생산을 늘리지 않고 $MR = MC$에서 생산하므로 $P > MC$의 결과가 나타난다. $P > MC$의 수준에서 생산된다는 것은 독점기업의 입장에서 보면 이윤극대화가 달성되었으므로 바람직한 것이지만, 사회 전체적으로 보면 사회적 잉여가 극대화된 수준에 미치지 못하기 때문에 자원배분의 효율성을 실현하지 못하는 것이 된다.

③

03

① 한계비용과 한계수입이 일치할 때 이윤극대화가 달성되므로 이윤극대화에서 독점기업의 단기균형이 달성된다.

② 독점기업이 우하향의 수요곡선에 직면하고 있다는 것은 독점기업이라도 공급량과 시장가격을 동시에 마음대로 결정할 수는 없다는 것을 나타낸다. 공급량(Q)을 결정하면 수요곡선을 따라 그 공급량에 해당하는 수요가격(P)이 결정되며 공급가격(P)을 결정하면 수요곡선을 따라 시장수요량(Q)이 결정되는 것이다. 따라서 판매량을 늘리기 위해서는 가격을 인하해야 한다.

③ 단기균형 하에서 독점기업은 초과이윤, 정상이윤, 손실 모두 경험이 가능하다.

④ 첫 단위의 경우 수량 1개를 생산하면 총수입이 100이므로 한계수입과 가격이 100으로 일치한다. 첫 단위 제품을 제외하고는 항상 가격(P)이 한계수입(MR)보다 크다.

②

가격(P)	수량(Q)	총수입(TR)	평균수입(AR)	한계수입(MR)
100	1	100	100	100
90	2	180	90	80
80	3	240	80	60
70	4	280	70	40

04 다음 중 가격차별 행동으로 보기 어려운 것은?

풀이 날짜			
채점 결과			

① 수출품의 가격과 내수품의 가격을 다르게 책정

② 물건을 대량으로 구매 시 할인

③ 전력회사에서 전력사용량에 따라 단계적으로 낮은 가격 적용

④ 노인들에게 극장표 할인

⑤ 선착순 판매

05 가격차별화가 실시되는 시장에서 나타나는 현상이 아닌 것은?

풀이 날짜			
채점 결과			

① 두 시장의 수요탄력성의 차이

② 두 시장에 판매되는 재화의 질적 차이

③ 두 시장이 상호 분리될 수 있는 진입 여건

④ 두 시장 간의 상호 재판매가 불가능한 조건

06 자정을 넘어서면 버스 요금은 일정액의 할증료가 추가되고 있다. 이것이 버스 운수업자들에게 바람직한 정책으로 받아들여지고 있는 이유로서 타당한 것은?

풀이 날짜			
채점 결과			

① 자정을 넘긴 버스 승객의 버스 승차에 대한 수요의 가격탄력성은 비탄력적이다.

② 자정을 넘긴 버스 승객의 버스 승차에 대한 수요의 가격탄력성은 탄력적이다.

③ 자정을 넘긴 버스 승객의 버스 승차에 대한 수요의 가격탄력성은 단위탄력적이다.

④ 자정을 넘으면 버스 승객의 버스 승차에 대한 수요와 공급이 모두 동시에 줄어든다.

⑤ ②와 ④

04
- 가격차별(price discrimination)이란 독점기업이 이윤극대화를 위해 동일한 상품을 여러 가지 서로 다른 가격으로 판매하는 행위를 말한다.
- 선착순 판매는 가격상한제로 인한 초과수요상태에서 자원을 배분하는 비시장적 자원배분 방법 중 하나이다.
① 수출품과 내수품은 국내와 외국 간 수요의 가격탄력성이 상이하기 때문에 서로 다른 가격을 책정한다.
②, ③ 제2급 가격차별은 일정량 이상을 구매할 때에는 일정량을 초과하는 수량에 대해서 낮은 가격을 부과하는 방법으로서 물건을 대량으로 구매할 때 낮은 가격을 책정하거나 전력회사에서 전력사용량에 따라 단계적으로 낮은 가격을 적용하는 것이 이에 속한다.
④ 3급 가격차별은 소비자를 시장별로 구분하고 각 시장에 대해 서로 다른 가격을 설정하는 가격차별이다. 즉, 특정영화를 오전과 오후로 나누어 상영하거나 같은 시간대의 영화 관람에도 학생이나 노인들로 구분해서 서로 다른 가격을 설정한다.

⑤

05
- 가격차별(price discrimination)이란 독점기업이 이윤극대화를 위해 동일한 상품을 여러 가지 서로 다른 가격으로 판매하는 행위를 말한다.
- 두 시장에 판매되는 재화의 질적 차이가 존재하면 가격차별에 해당되지 않는다.
- 가격차별의 성립조건은 다음과 같다.
  시장이 두 개 이상으로 분리될 수 있고 이들 시장에서 수요의 가격탄력성이 서로 달라야 한다.
  시장이 효과적으로 분리되어 시장 간에 재판매가 일어날 수 없어야 한다.
  가격차별에 따른 비용이 가격차별로 인한 추가적 이득보다 적어야 한다.

②

06
- 3급 가격차별은 소비자를 시장별로 구분하고 각 시장에 대해 서로 다른 가격을 설정하는 가격차별이다.
- 구분된 시장 가운데 동일한 시장에 속하는 소비자는 모두 같은 가격으로 상품을 구입하게 된다.
- 수요의 가격탄력성이 낮은 시장에 높은 가격을 설정하고 수요의 가격탄력성이 높은 시장에 낮은 가격을 설정하면 독점기업의 이윤은 커진다.
- 자정을 넘긴 버스 승객의 버스 승차에 대한 수요의 가격탄력성은 비탄력적이므로 높은 가격을 설정해야 한다.

①

01 생산비가 0인 독점기업이 있다. 이 기업은 언제 이윤이 극대화 되는가?

① 수요의 가격탄력성이 1일 때
② 수요의 가격탄력성이 0일 때
③ 가격이 0일 때
④ 총수입이 극대화 될 때
⑤ ①과 ④

풀이 날짜		
채점 결과		

02 우하향하는 한계수입곡선과 우상향하는 한계비용곡선을 갖는 독점기업이 있다. 현재 이 기업의 한계수입이 한계비용보다 크다면 이윤을 극대화하기 위해서 이 기업은 어떻게 해야 하는가?

① 산출량을 늘리고 가격을 올려야 한다.
② 산출량을 늘리고 가격을 낮춰야 한다.
③ 산출량을 줄이고 가격을 올려야 한다.
④ 산출량을 줄이고 가격을 낮춰야 한다.
⑤ 변화시킬 필요가 없다.

풀이 날짜		
채점 결과		

03 독점에 관한 다음 설명 중 옳지 않은 것은?

① 독점기업이라고 해서 항상 초과이윤을 얻는 것은 아니다.
② 독점기업의 수요곡선은 그 산업의 수요곡선을 의미한다.
③ 독점기업의 공급곡선의 기울기는 독점력이 높을수록 커진다.
④ 독점기업이 장기균형에서 초과이윤을 얻기 위해서는 새로운 기업의 진입이 제한 되어야 한다.
⑤ 독점기업이 총수입극대화를 추구하면 생산량은 한계수입이 0인 점에서 결정된다.

풀이 날짜		
채점 결과		

04 독점에 대한 다음의 설명 중 틀린 것은?

① 어떤 재화를 독점 하에서 생산하는 경우 완전경쟁 하에서 생산하는 경우보다 생산 량이 적다.
② 독점기업의 초과이윤은 장기에도 없어지지 않는다.
③ 독점기업의 공급곡선은 존재하지 않는다.
④ 독점기업의 균형생산량은 한계수입과 한계비용이 일치하는 수준에서 결정된다.
⑤ 독점기업의 균형에서는 생산물의 가격이 한계비용보다 낮다.

풀이 날짜		
채점 결과		

01 ● 한계비용과 한계수입이 동일할 때 독점기업의 이윤극대화가 달성된다.
⑤

  ● 생산비가 0이면 한계비용도 0이므로 한계비용 = 한계수입 = 0 일 때 이윤극대화가 달성된다.

  ● 아모르조 - 로빈슨(Amoroso-Robinson) 공식에 따르면 $MR = P\left(1 - \dfrac{1}{\epsilon_P}\right)$의 관계가 성립되므로 한계수입이 0이면 수요의 가격탄력성도 1이다.

  ● 또한 총수입이 극대일 때 한계수입은 0의 값을 갖는다.

---

02 ● 한계수입이 한계비용이 크다면 산출량을 늘려야 이전보다 더 큰 이윤을 얻는다.
②

  ● 우하향하는 시장수요곡선에 직면하고 있는 독점기업이 산출량을 늘리면 가격은 하락한다.

  ● 반대로 한계비용이 한계수입보다 크다면 산출량을 줄여야 이전보다 이윤이 증가한다.

  ● 우하향하는 시장수요곡선에 직면하고 있는 독점기업이 산출량을 줄이면 가격은 상승한다.

---

03 ① 단기균형 하에서 독점기업은 초과이윤, 정상이윤, 손실 모두 경험이 가능하다. 즉, 개별 기업이 손실을 보는
③ 가운데 시장균형이 성립할 수도 있다.

  ② 완전경쟁시장에서는 개별 기업이 직면하는 수요곡선은 수평선이나 독점기업은 우하향의 시장수요곡선에 직면한다. 왜냐하면 시장 전체가 독점기업의 수요이기 때문이다.

  ③ 독점기업의 경우 하나의 가격에 하나 이상의 공급량이, 또는 하나의 공급량에 하나 이상의 가격이 대응될 수 있다는 점에서 공급곡선이 존재하지 않는다.

  ④ 독점시장에서는 진입장벽 때문에 단기균형에서 양의 초과이윤이 있더라도 신규 기업의 진입이 불가능하며 오히려 독점기업은 생산설비조정을 통해 장기적으로 더 큰 이윤을 얻을 수 있다.

  ⑤ 총수입극대는 한계수입이 0일 때 달성된다. 아모르조-로빈슨(Amoroso-Robinson) 공식에 따르면

  $MR = P\left(1 - \dfrac{1}{\epsilon_P}\right)$의 관계가 성립되므로 한계수입이 0이면 수요의 가격탄력성도 1이다.

---

04 ① 독점기업은 완전경쟁기업보다 생산량이 적고 독점기업의 생산물 가격은 완전경쟁기업의 생산물 가격보다
⑤ 높다.

  ② 독점시장에서는 진입장벽 때문에 단기균형에서 양의 초과이윤이 있더라도 신규 기업의 진입이 불가능하며 오히려 독점기업은 생산설비조정을 통해 장기적으로 더 큰 이윤을 얻을 수 있다.

  ③ 독점기업의 경우 하나의 가격에 하나 이상의 공급량이, 또는 하나의 공급량에 하나 이상의 가격이 대응될 수 있다는 점에서 공급곡선이 존재하지 않는다.

  ④ 독점기업의 이윤극대화는 $MR = MC$조건이 만족되는 생산량에서 이루어진다.

  ⑤ 완전경쟁기업의 균형에서는 한계비용이 항상 가격과 일치한다. 그러나 독점의 경우에는 기업이 $P = MC$가 될 때까지 생산을 늘리지 않고 $MR = MC$에서 생산하므로 $P > MC$의 결과가 나타난다.

05 독점시장에 대한 설명으로 가장 옳지 않은 것은?

① 독점시장의 균형에서 비효율적인 자원배분이 발생할 수 있다.

② 특허권이나 저작권 제도는 독점기업을 출현하게 하는 원인 중 하나이다.

③ 독점기업이 직면하는 시장수요함수가 $Q = 1 - 2P$라면,

한계수입은 $MR = \frac{1}{2} - Q$이다.

④ 독점기업은 장기와 단기에 항상 초과이윤을 얻는다.

⑤ 어떤 생산량 수준에서 한계수입이 한계비용보다 더 작다면 독점기업은 생산량을
줄여야 이윤극대화를 달성할 수 있다.

풀이 날짜			
채점 결과			

06 독점기업이 생산하는 재화인 X에 대한 시장수요가 $X = 100 - P$이고, 이 기업의 비용함수가 $C = 10X + 5$일 때, 이 기업의 이윤극대화 독점가격은 얼마인가?

① 10

② 20

③ 45

④ 50

⑤ 55

풀이 날짜			
채점 결과			

07 어떤 독점기업이 직면하는 수요곡선이 $P = 200 - Q$(여기서 P는 가격, Q는 수요량)라는 식으로 나타나고, 한계비용은 생산량과 관계없이 6이라고 하자. 이때 수입 원자재의 가격이 하락하여 한계비용이 4로 감소하였다면, 이윤극대화 산출량은 한계비용이 하락하기 전에 비하여 어떻게 변화하겠는가?

① 불변이다.

② 1단위 증가한다.

③ 2단위 증가한다.

④ 3단위 증가한다.

⑤ 4단위 증가한다.

풀이 날짜			
채점 결과			

05 • 독점시장의 균형조건은 $P > MR = MC$이며, $P > MC$이기에 자중손실이 나타난다.

   ④

• 독점기업은 시장조건에 따라 단기손실이 발생할 수 있으나 장기에는 항상 0 이상의 이윤을 얻는다. 한계수입 곡선은 수요곡선보다 기울기가 2배이며 Y절편은 동일하게 그려진다.

06 • 독점기업의 이윤극대화 조건은 $MR = MC$이다.

   ⑤

• 독점기업의 시장수요는 $X = 100 - P$이므로 $P = 100 - X$로 나타낼 수 있다.

• 시장수요함수를 통해 총수입(TR)은 $P \times X = 100X - X^2$이 된다.

• 한계수입(MR)은 $\dfrac{dTR}{dX} = 100 - 2X$가 되며 한계비용($MC$)은 $MC = \dfrac{dC}{dX} = 10$이 되어, 이윤극대화 생산량과 가격은 다음과 같이 도출된다.

$MR = MC$
$\rightarrow 100 - 2X = 10$
$\rightarrow 2X = 90$
$\rightarrow X = 45,\ P = 55$

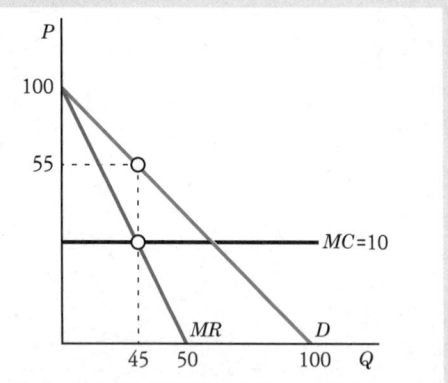

07 • $MR = 200 - 2Q$, $MC = 6$일 때 이윤극대화 산출량은 다음과 같다.

   ②

$200 - 2Q = 6$
$\rightarrow 2Q = 194$
$\rightarrow Q = 97$

• 한계비용이 4로 감소하면 이윤극대화 산출량은 다음과 같다.

$200 - 2Q = 4$
$\rightarrow 2Q = 196$
$\rightarrow Q = 98$

• 따라서 이윤극대화 산출량이 97에서 98로 1단위 증가한다.

08 가격차별에 대한 설명으로 옳지 않은 것은?

① 수요자의 지불용의에 따라 다른 값을 부과한다.
② 가격차별을 통하여 독점기업은 이윤을 증가시킨다.
③ 가격차별을 하면 소비자잉여가 감소한다.
④ 완전가격차별을 하는 경우에는 경제적 순손실이 가장 크다.
⑤ 가격차별을 하는 경우에는 판매량이 감소하지 않는다.

풀이 날짜			
채점 결과			

09 가격차별(Price Discrimination)에 관한 다음 설명 중 옳은 것은?

① 1급(First-degree) 가격차별과 완전(Perfect)가격차별은 서로 다른 개념이다.
② 2급(second-degree) 가격차별의 경우, 어느 두 구매자가 서로 상당히 다른 양을 산다하더라도 그들이 지불하는 단위당 가격은 항상 동일하다.
③ 3급(Third-degree) 가격차별의 경우, 한 구매자가 지불하는 단위당 가격은 그가 얼마를 사느냐에 따라 언제나 달라진다.
④ 3급 가격차별의 경우, 수요의 가격탄력성이 높은 소비자는 수요의 가격탄력성이 낮은 소비자에 비해 더 낮은 가격을 지불한다.
⑤ 1급 가격차별의 경우, 그 시장에서 발생하는 소비자잉여는 극대화되지만 생산자 잉여는 항상 0이 된다.

풀이 날짜			
채점 결과			

10 독점기업이 가격차별을 실시하여 이윤극대화를 추구할 경우 다음 설명 중 가장 옳지 않은 것은?

① 수요의 소득탄력성과 가격탄력성에 따라 가격을 차별한다.
② 수요가 가격에 탄력적인 고객에게는 가격을 낮춰 수익을 증가시킨다.
③ 가격탄력성이 높은 수요자는 가격이 인상되면 수요량을 대폭 감소시킨다.
④ 수요가 가격에 비탄력적인 고객에게는 가격을 높여 수익을 증가시킨다.
⑤ 가격변동에 상관없이 독점자가 공급하는 상품에 애착을 갖고 구매하는 소비자에게는 높은 가격을 받고, 그렇지 않은 소비자에게는 낮은 가격을 받는 역설적인 현상이라 할 수 있다.

풀이 날짜			
채점 결과			

11 A 자동차 회사는 동일한 자동차를 내수용과 수출용으로 구분하여 판매하고 있다. 해외시장수요의 가격탄력성은 4이고 국내시장수요의 가격탄력성은 2라고 하자. 국내 가격이 1,200만 원이라면 해외시장에는 얼마에 팔아야 이윤극대화를 달성할 수 있을까? (단, 환율과 수송비등 기타 관련 비용을 무시함)

① 1,000만 원
② 800만 원
③ 900만 원
④ 700만 원
⑤ 국내시장과 같은 가격인 1,200만 원

풀이 날짜			
채점 결과			

08
① 독점기업이 판매하는 공급량 각 단위마다 소비자들이 지불할 용의가 있는 최대 금액을 받아낼 수 있다면 독   ④
점기업은 서로 다른 가격을 책정한다.

④ 제1급 가격차별은 독점기업이 소비자들이 각 상품량을 구입하기 위하여 지불할 용의가 있는 최대 금액을 모
두 받아내는 것이므로 소비자들이 시장 활동에 참여함으로써 얻을 수 있는 소비자잉여 모두를 독점기업이
차지할 수 있다. 즉, 가격차별을 실시하면 소비자잉여는 완전히 사라지고 모두 생산자 잉여가 된다. 산출량
이 완전경쟁시장의 자원배분관리인 $P = MC$에서 결정되므로 가격차별이 없는 독점균형보다 자원배분이
효율적이다.

09
- 1급 가격차별을 완전가격차별이라고도 한다. 1급 가격차별이 이루어지는 경우 소비자잉여가 전부 생산자에   ④
게로 이전되므로 소비자잉여는 0이 된다.
- 2급 가격차별은 상품단위를 블록단위로 구분하여 구입량이 많아질수록 점점 더 낮은 가격을 부과하는 것을
말한다.
- ③은 2급 가격차별에 대한 설명이다.
- 3급 가격차별은 수요의 가격탄력성을 기준으로 시장을 구분한다.

10
① 소비자를 특성에 따라 둘 이상의 그룹으로 분리할 수 있어야 한다. 가장 대표적인 구분기준은 수요의 가격탄   ①
력성이다. 즉, 시장이 두 개 이상으로 분리될 수 있고 이들 시장에서 수요의 가격탄력성이 서로 달라야 한다.
②, ③ 비탄력적인 시장의 가격은 높게 형성되고 탄력적인 시장의 가격은 낮게 형성된다.

- 수요의 가격탄력성이 작은 경우에는 가격이 높아도 수요량이 쉽게 줄어들지 않을 것임을 이용하여 가격을 높
이는 방식으로 이윤을 극대화 시킨다.

11
- 가격차별을 행하는 독점기업이 이윤을 극대화하는 조건은 $MR_A = MR_B = MC$가 된다.   ②

$MR_A = MR_B$에서 $P_A\left(1 - \dfrac{1}{\epsilon_A}\right) = P_B\left(1 - \dfrac{1}{\epsilon_B}\right)$이 성립한다.

$MR = P\left(1 - \dfrac{1}{\epsilon_P}\right)$이므로 국내시장의 경우 국내가격이 1,200만 원이고 국내시장수요의 가격탄력성이 2이므로

$1,200\left(1 - \dfrac{1}{2}\right) = 600$이 된다.

- 해외시장의 경우 해외가격이 x이고 해외시장수요의 가격탄력성이 4이므로 $x\left(1 - \dfrac{1}{4}\right) = 600$이 되어야 한다.

해외가격은 $\dfrac{3}{4} \times x = 600 \rightarrow x = 600 \times \dfrac{4}{3} = 800$이므로 해외 판매가격은 800만 원이다.

12 어떤 독점기업이 판매지역을 A, B 두 지역으로 나누어 가격차별화를 실시하고
  있다. 두 지역의 수요함수는 다음과 같다.

$$Q_A = 100 - P_A$$

$$Q_B = 100 - 2P_B$$

이 기업의 비용함수는 $TC = 20Q + 30$이라고 하자. 다음 중 사실이 아닌 것은?

① 지역 A에는 가격 $P_A = 60$에 $Q_A = 40$을 판매한다.

② 지역 B에는 지역 A보다 적은 물량을 더 비싼 가격에 판매한다.

③ 이 독점기업의 이윤은 2,020이다.

④ 이 독점기업의 비용은 1,430이다.

⑤ 지역 B에서의 수익은 1,050이다.

풀이 날짜			
채점 결과			

13 어떤 독점기업이 두 개의 공장에서 생산하고 있고, 각 공장의 비용함수는 다음과
  같다. 이 기업의 이윤을 극대화하는 생산량이 20이라고 할 때 각 공장의 생산량은?

제1공장 : $TC_1 = 60Q_1 + Q_1^2$

제2공장 : $TC_2 = 10Q_2 + 2Q_2^2$

① $Q_1 = 0, Q_2 = 20$

② $Q_1 = 5, Q_2 = 15$

③ $Q_1 = 10, Q_2 = 10$

④ $Q_1 = 15, Q_2 = 5$

풀이 날짜			
채점 결과			

12 • 가격 차별 이윤극대화 조건은 $MR_A = MR_B = MC$이다. 또한 총비용은 $TC = 20Q + 30$이므로 한계비용 ②
(MC)은 20이다.

• 지역 A의 한계수입(MR_A)은

$P_A = 100 - Q_A$

$\rightarrow MR_A = 100 - 2Q_A$

이므로 A지역의 이윤극대화 가격과 생산량은 다음과 같다.

$100 - 2Q_A = 20$

$\rightarrow Q_A = 40, \ P_A = 60$

• 지역 B의 한계수입(MR_B)은

$P_B = 50 - \dfrac{1}{2}Q_B$

$\rightarrow MR_B = 50 - Q_B$

이므로 B지역의 이윤극대화 가격과 생산량은 다음과 같다.

$50 - Q_B = 20$

$\rightarrow Q_B = 30, \ P_B = 35$

• 따라서 지역 B는 지역 A보다 적은 물량을 더 낮은 가격에 판매하고 있다.

• 해당 독점기업의 판매수입은 A지역에서 $60 \times 40 = 2,400$, B지역에서 $35 \times 30 = 1,050$이므로 총 3,450이고
비용은 $20 \times 70 + 30 = 1,430$이므로 이윤은 2,020이다.

13 • 다공장독점의 이윤극대화 생산량 결정조건은 $MR = MC_1 = MC_2$이다. ②

• 제1공장의 총비용 $TC_1 = 60Q_1 + Q_1^2$에서 한계비용 $MC_1 = \dfrac{dTC_1}{dQ_1} = 60 + 2Q_1$이 도출되고 제2공장의 총비용

$TC_2 = 10Q_2 + 2Q_2^2$에서 한계비용 $MC_2 = \dfrac{dTC_2}{dQ_2} = 10 + 4Q_2$가 도출된다.

• 따라서 $MC_1 = MC_2$는 $60 + 2Q_1 = 10 + 4Q_2$가 된다.

$60 + 2Q_1 = 10 + 4Q$

$\rightarrow 2Q_1 = 4Q_2 - 50$

$\rightarrow Q_1 = 2Q_2 - 25$

$Q_1 + Q_2 = 20$에 대입하면

$2Q_2 - 25 + Q_2 = 20$

$\rightarrow 3Q_2 = 45$

$\rightarrow Q_2 = 15, \ Q_1 = 5$

• 따라서 제1공장의 생산량은 5이고, 제2공장의 생산량은 15이다.

14 완전경쟁기업과 독점기업의 기본적인 차이는 무엇인가?

풀이 날짜			
채점 결과			

① 완전경쟁기업은 어떤 주어진 가격으로 그가 원하는 만큼 판매할 수 있는데 반해, 독점기업은 판매량을 증가시키려면 그 가격을 인하하지 않으면 안 된다.

② 독점기업은 그에게 초과이윤을 가져오는 가격을 항상 요구할 수 있는데 비해, 완전경쟁기업은 그런 이윤을 결코 얻을 수 없다.

③ 독점기업이 직면하고 있는 수요곡선의 가격탄력성은 완전경쟁기업이 직면하고 있는 것보다 크다.

④ 독점기업은 이윤극대화를 추구하는데 비해, 완전경쟁기업은 가격과 평균비용의 일치를 추구한다.

⑤ 독점기업이 책정하는 가격은 한계비용보다 높은데 반해, 완전경쟁의 경우는 오히려 한계비용보다 낮다.

15 어떤 재화의 시장수요곡선이 $D = 60 - P$ 이고 이 시장은 1개의 독점기업에 의하여 지배되고 있다. 한편 이 독점기업의 비용함수가 $C = \dfrac{X^2}{2}$ 라면 독점에 따른 사회적 후생손실의 크기는?

풀이 날짜			
채점 결과			

① 60

② 80

③ 100

④ 120

⑤ 140

14 ① 완전경쟁기업은 가격수용자이므로 시장에서 결정된 가격으로 마음껏 판매할 수 있다. 독점기업은 우하향하는 시장수요곡선에 직면하므로 판매량을 증가시키려면 가격을 인하할 수밖에 없다. ①

② 완전경쟁기업은 단기에 초과이윤을 얻을 수 있다.

③ 완전경쟁기업의 수요곡선은 수평선이므로 수요의 가격탄력성은 무한대의 값을 갖는다.

④ 독점기업과 완전경쟁기업 모두 이윤극대화를 추구한다.

⑤ 독점기업이 책정하는 가격은 한계비용보다 높고 완전경쟁기업이 책정하는 가격은 한계비용과 같다.

15 • 비용함수를 통해 한계비용을 구하면 $\frac{dC}{dX} = X$ 이므로 시장수요곡선과 한계비용곡선이 교차할 때 완전경쟁시장균형이 달성된다. ③

$$60 - X = X$$
$$\rightarrow 2X = 60$$
$$\rightarrow P = 30, X = 30$$

따라서 완전경쟁시장에서의 균형생산량은 30이다. 생산량 X를 Q로 놓고 분석하자.

• 시장수요곡선을 통해 한계수입곡선을 도출하면 다음과 같다.

$$P = 60 - Q$$
$$\rightarrow TR = P \times Q = 60Q - Q^2$$
$$\rightarrow MR = \frac{dTR}{dQ} = 60 - 2Q$$

• 독점시장의 경우 이윤극대화 생산량은 한계수입과 한계비용이 동일할 때 달성되므로

$$60 - 2Q = Q^a$$
$$\rightarrow 3Q = 60$$
$$\rightarrow Q = 20$$

따라서 독점시장에서 이윤극대화 생산량은 20이 된다.

• 사회적 후생손실의 면적은 음영 영역이다.

생산량 20에서 수요곡선까지의 높이인 가격 P는 $60 - P = 20 \rightarrow P = 40$이고

한계수입곡선(MR)까지의 높이는 20이다.

따라서 사회적 후생손실의 크기는

삼각형 면적인 $\frac{1}{2} \times 20 \times 10 = 100$이다.

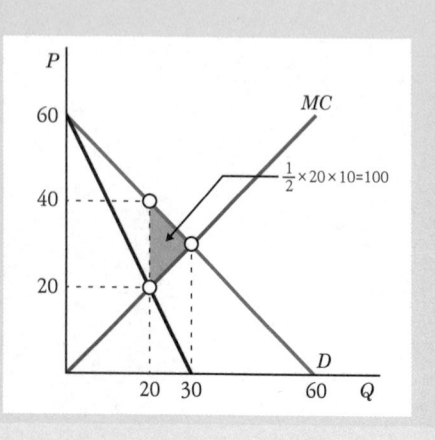

16 X-비효율성과 관련이 없는 것은?

① 책임소재의 명확성이 결여될 때 X-비효율성이 감소한다.
② Leibenstein이 제시한 개념이다.
③ 인센티브 제도가 잘 정립될수록 X-비효율성이 감소한다.
④ 도덕적 해이가 가능한 상황일수록 X-비효율성이 증대한다.
⑤ 노동자분만 아니라 경영자 측에서도 발생할 수 있다.

풀이날짜			
채점결과			

17 독점규제를 위한 한계비용가격설정이 현실적으로 적용되기 어려운 이유로 가장 타당한 것은?

① 독점기업이 가격차별을 실시하기 때문에
② 한계비용가격설정이 독점의 X-비효율성을 증대시키기 때문에
③ 한계비용가격설정을 실시해도 독점에 의한 사회적 후생손실이 줄지 않기 때문에
④ 독점기업은 한계비용으로 가격을 설정해도 독점이윤이 발생되기 때문에
⑤ 규모의 경제가 존재하는 자연독점의 경우 한계비용으로 가격을 설정하면 손실이 발생하기 때문에

풀이날짜			
채점결과			

18 평균비용곡선이 우하향하는 산업에서 단기적으로 옳지 않은 것은?

① 규모의 경제로 인해 자연독점이 발생한다.
② 경쟁도입이 사회적으로 비효율성을 증대시킨다.
③ 한계비용이 평균비용보다 낮다.
④ 자연독점에 대한 규제 방안으로는 한계비용가격정책이 가장 바람직하다.
⑤ 시장가격기구에 의해서는 자원의 최적배분이 달성되지 못한다.

풀이날짜			
채점결과			

19 자연독점에 대한 설명으로 가장 적절한 것은?

① 생산량이 증가할수록 자연독점기업의 평균비용은 증가한다.
② 자연독점기업이 부과할 가격을 한계비용과 일치하도록 규제한다면, 이 독점기업은 양(+)의 이윤을 얻고, 경제적 효율성을 달성한다.
③ 자연독점기업이 부과할 가격을 평균비용과 일치하도록 규제한다면, 이 독점기업의 이윤은 영이 되고, 자원 배분의 비효율성이 초래된다.
④ 자연독점기업이란 생산에 필요한 자연자원을 독점하는 기업을 말한다.
⑤ 규제완화정책으로 자연독점시장에 여러 기업이 진입하여 서로 경쟁하도록 하면 개별 기업의 평균비용은 하락하게 된다.

풀이날짜			
채점결과			

고범석 경제학아카데미

16

- X-비효율성이란 눈에 보이지 않는 비효율성으로 비용 상승의 원인이 된다.
- 라이벤스타인(H. Leibenstein)에 따르면 독점기업은 경쟁압력이 없기 때문에 X-효율성을 추구할 동기가 없다고 주장한다.
- X-비효율성은 주어진 산출량을 생산하기 위하여 지불해야 하는 최소비용을 초과하는 실제비용수준을 말한다.
- 책임소재의 명확성이 결여되면 눈에 보이지 않는 비효율성이 이전보다 더 커진다.

①

17

- 한계비용가격설정 방식이란 수요곡선과 한계비용(MC)곡선이 만나는 점에서 형성되는 가격으로 통제하는 방식을 말한다.
- 규모의 경제로 인하여 생산량 증대에 따라 평균비용이 하락하는 자연독점의 경우에는 한계비용이 평균비용보다 작기 때문에 한계비용과 시장수요곡선이 일치하는 점에서의 가격결정은 독점기업에게 손실을 안겨주게 된다.

⑤

18

①, ③ 규모의 경제가 있는 상황에서는 시장이 어느 한 기업에 의하여 독점될 가능성이 높으며 이러한 독점유형을 자연독점이라고 한다. 규모의 경제가 존재하면 한계비용이 평균비용보다 낮다.

② 자연독점산업에서 경쟁체제를 도입하게 되면 기업의 비용이 증가하므로 효율성이 감소될 수 있다.

④ 규모의 경제로 인하여 생산량 증대에 따라 평균비용이 하락하는 자연독점의 경우에는 한계비용이 평균비용보다 작기 때문에 한계비용과 시장수요곡선이 일치하는 점에서의 가격결정은 독점기업에게 손실을 안겨주게 된다.

④

19

- 가격을 평균비용에 일치시키면 정상이윤을 확보하나 초과이윤은 영(0)이 된다. 그리고 재화생산량은 사회적 최적수준에 미치지 못하여 자원의 효율적 배분은 이루어질 수 없다.

①, ④ 자연독점은 규모의 경제가 원인이며 규모의 경제가 존재하는 경우 산출량이 증가할수록 평균비용은 감소한다. 자연독점(natural monopoly)은 단일 공급자를 통한 재화의 생산 및 공급이 최대 효율을 나타내는 경우 발생하는 경제 현상을 말한다.

② 가격이 한계비용에 일치하도록 규제하면 재화생산수준은 최적이 되나, 생산기술의 특성상 한계비용이 평균비용에 미치지 못하므로($MC < AC$) 기업은 손실을 본다.

③

20 수요함수가 $P = 120 - Q$, 비용함수가 $TC = 100 + Q^2$ 으로 주어져 있다. 단위
당 20원씩의 물품세가 부과될 때 가격(P)을 구하시오

풀이 날짜			
채점 결과			

① $P = 50$

② $P = 70$

③ $P = 80$

④ $P = 95$

20 • 단위당 20원씩의 물품세가 부과되면 한계비용이 20원만큼 증가한다.

④

• 한계비용(MC)은 다음과 같다.

$$MC = \frac{dTC}{dQ} = 2Q$$

• 단위당 20원씩의 물품세를 부과하면 한계비용은 $MC = 2Q$에서 $MC = 2Q + 20$으로 증가한다.

• 수요함수를 통해 한계수입을 구하면 다음과 같다.

$$P = 120 - Q$$

$$\rightarrow TR = P \times Q = 120Q - Q^2$$

$$\rightarrow MR = \frac{dTR}{dQ} = 120 - 2Q$$

• 한계수입은 $MR = 120 - 2Q$이므로 이윤극대화 생산량은 한계수입과 한계비용이 동일할 때 달성된다.

$$\rightarrow 120 - 2Q = 2Q + 20$$

$$\rightarrow 4Q = 100$$

$$\rightarrow Q = 25, P = 95$$

따라서 단위당 20원씩의 물품세가 부과될 때 가격은 95이다.

CHAPTER 14

독점적 경쟁시장

단원 학습 목표

- 독점적 경쟁시장은 진입과 탈퇴가 자유스럽다는 점에서는 완전경쟁시장과 유사하지만 기업이 수요 자에 대해 지배력을 행사하고 가격을 설정한다는 점에서는 독점기업과 유사하다.
- 따라서 독점적 경쟁시장에 대한 이론은 완전경쟁이론과 독점이론의 응용이라고 볼 수 있다.
- 독점적 경쟁시장의 가격은 완전경쟁시장의 가격보다는 높고 희소한 자원을 비효율적으로 배분한다.
- 시장의 진입과 탈퇴가 자유롭고 이탈비용이 거의 없다.

1절 독점적 경쟁시장의 개요

01 의의

1 개념

독점적 경쟁시장이란 완전경쟁 요소와 독점의 요소가 혼합된 시장형태를 의미한다.

2 완전경쟁시장과 비교

독점적 경쟁시장은 기업의 규모가 서로 비슷하고 다수이며, 또한 신규 기업의 진입과 탈퇴가 서로 자유롭기 때문에 완전경쟁시장과 유사하다.

3 독점시장과 비교

① 독점기업처럼 강력하지는 않지만 어느 정도의 공급량을 조절하여 시장가격을 조정할 수 있는 시장지배력을 갖는다.
② 독점의 경우 특정기업이 선도자로 나설 수 있지만 독점적 경쟁시장은 몇 개의 기업이나 특정상표가 시장을 지배하는 일은 발생하지 않는다.

02 특징

1 다수의 기업

시장 내에 완전경쟁보다는 적지만 다수의 기업(판매자)이 존재하므로 개별 기업은 독립적으로 행동한다.

2 자유로운 진입과 퇴거

완전경쟁과 같이 진입과 퇴거가 자유로워서 장기에는 정상이윤만 획득한다.

3 제품의 차별화

① 독점적 경쟁기업은 품질이나 디자인 등에서 다른 기업들과는 약간씩 차별화된 제품을 생산하므로 약간의 시장지배력을 갖는다. 즉, 수요곡선이 우하향한다.
② 각 기업의 상품은 다른 기업의 상품과 상당히 밀접한 대체성을 가지고 있다. 따라서 독과점에 비해 상대적으로 수요탄력성이 크고 완만한 수요곡선을 갖는다.
③ 개별 기업들이 질적으로 완전히 동일하지는 않으나 소비면에서 유사한 대체재들을 공급하면서 개별 기업들이 나름대로 자기가 생산하는 차별화된 제품에 대하여 어느 정도의 독점력을 행사할 수 있으나 다수의 잠재적 경쟁기업들이 존재하기 때문에 장기적으로 독점적 경쟁이윤을 얻지 못한다.

4 비가격경쟁이 존재

서로 비슷한 재화를 생산하므로 판매량의 증대를 위하여 제품 가격보다는 품질 개선이나 광고 등의 비가격경쟁을 하나 과점보다는 매우 약하다.

03 대표적인 산업

① 독점적 경쟁의 예로 외식산업, 커피전문점, 화장품 산업 , 편의점 등이 있다.
② 주변에는 무수히 많은 식당들이 있어서 서로 손님을 유치하기 위해 경쟁하고 있으나 어느 식당도 음식 맛이 똑같은 경우는 없다.

2절 독점적 경쟁시장의 장기 및 단기균형

01 독점적 경쟁의 단기균형

1 개별 기업이 직면하는 수요곡선

독점적 경쟁기업은 제품의 차별화로 약간의 시장지배력을 가지므로 수요곡선이 우하향 하나 다수의 대체재가 존재하므로 독점보다는 탄력적인 즉 완만한 형태를 취한다.

2 단기균형의 특징

① 개별 기업은 우하향하는 수요곡선에 직면하게 되며 한계수입과 한계비용이 일치하는 생산량(Q_0)에서 이윤을 극대화하게 된다.

② 개별 기업은 생산량이 모두 판매될 수 있는 가격(P_0)을 설정한다.

③ 생산량과 가격에서 개별 기업의 이윤은 해당 기업의 평균비용곡선을 통해 알 수 있으므로 점선 사이의 면적은 이윤 또는 손실을 나타낸다.

③ 독점의 단기균형과 수요곡선이 탄력적인 것만 차이 날 뿐 공급곡선이 존재하지 않는 것과 수요의 크기에 따라 초과이윤을 얻을 수도 정상이윤을 볼 수도 손실을 입을 수도 있다는 면에서 독점과 같다.

④ 즉, 독점적 경쟁의 단기균형은 독점기업의 단기균형과 같다.

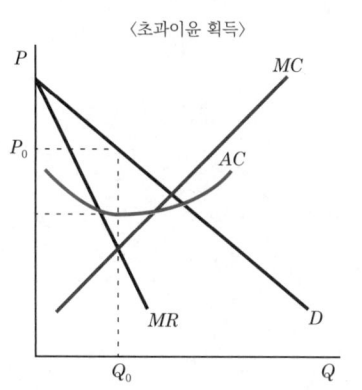
〈초과이윤 획득〉

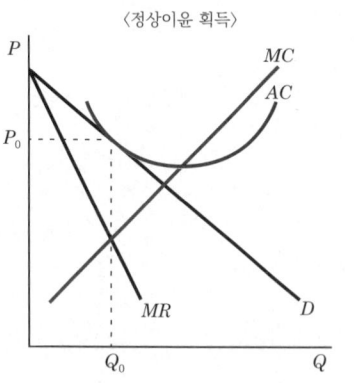
〈정상이윤 획득〉

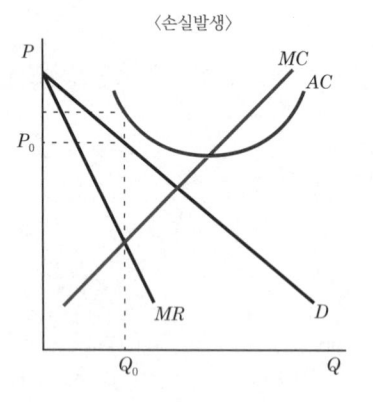
〈손실발생〉

02 독점적 경쟁의 장기균형

1 장기균형의 조정 과정

① 독점적 경쟁의 장기균형은 진입장벽이 존재하지 않으므로 완전경쟁의 요소가 크게 나타나 초과이윤이 발생하면 새로운 기업이 진입하여 기업이 직면하는 수요곡선이 하방으로 이동한다. 따라서 개별 기업의 이윤은 감소한다.

② 반면 손실이 발생하면 기존기업이 퇴거하여 수요곡선이 상방으로 이동한다. 따라서 개별 기업의 손실은 감소한다.

③ 결국 장기적으로 시장에서 활동하는 모든 기업들의 이윤은 0이 되어 정상이윤만 얻게 된다.

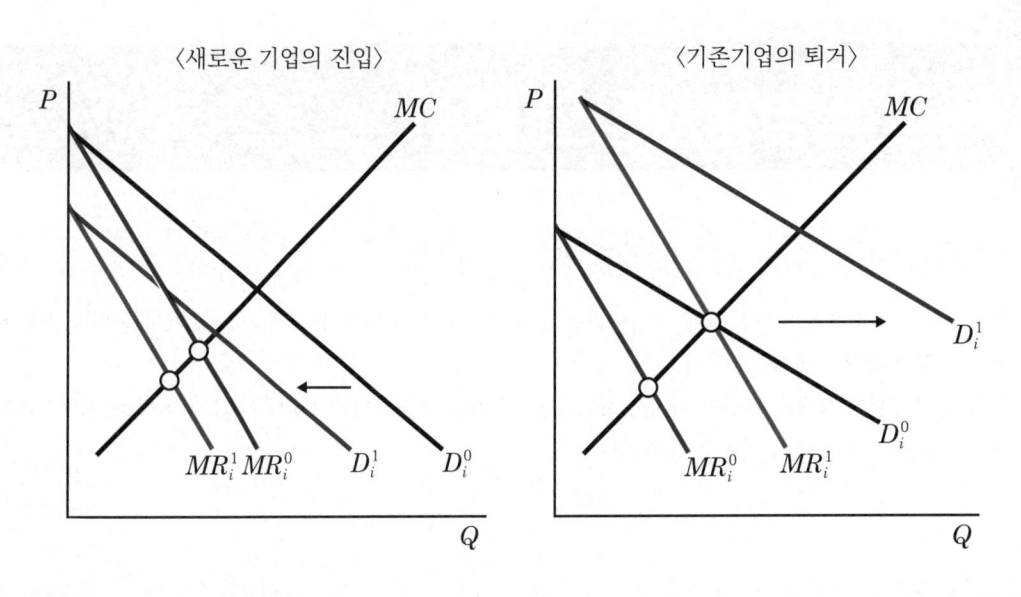

〈새로운 기업의 진입〉 〈기존기업의 퇴거〉

2 장기균형

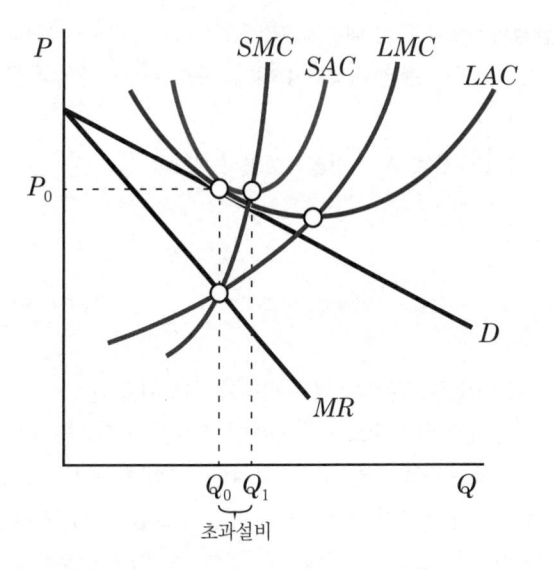

① 독점적 경쟁시장내의 개별 기업들은 다른 기업들과는 차별화된 제품을 공급하기 때문에 개별기업들이 직면하는 수요곡선은 우하향하고 장기균형에서 독점적 경쟁기업이 부과하는 가격은 독점기업과 마찬가지로 한계비용보다 크다($P > MC$).

② 양(+)의 이윤을 얻는 한 새로운 기업들이 시장에 진입하므로 장기적으로 가격은 평균비용($P = AC$)과 일치하게 된다.

③ 즉, 독점적 경쟁시장에서의 장기균형은 개별 기업들의 평균비용곡선이 자기가 직면한 수요곡선과 접하는 점에서 이루어지는 특징을 가지고 있다.

④ 시장에 관계없이 항상 이윤극대화 조건을 만족하는 조건인 $MR = SMC = LMC$인 점에서 장기균형이 이루어지고 이때 산출량은 Q_0이고 가격은 P_0가 된다.

⑤ 이때 정상이윤만 얻게 되므로 장기균형에서는 $P = LAC = SAC$가 성립한다.

⑥ 수요곡선과 평균비용곡선이 접하는 생산수준(Q_0)에서 한계수입곡선과 한계비용곡선은 반드시 교차한다.

3절 독점적 경쟁시장의 평가

01 제품차별화

① 상품차별화는 소비자의 다양한 욕구 부응이라는 긍정적인 측면이 있는 동시에 약간의 차이를 위해 자원을 낭비하는 부정적 측면도 있다.

② 독점적 경쟁시장이 경제적 후생에 미치는 효과 중에서 가장 긍정적이면서 중요한 효과가 바로 소비자들이 소비할 수 있는 상품의 다양성이라고 할 수 있다.

02 비효율적인 자원배분

① 균형상태에서 선택한 산출량의 수준에서 가격이 한계비용보다 높기 때문에($P > MC$) 비효율적으로 자원을 배분하고 있다. 만약 차별화된 상품들이 서로 크게 다르지 않아 좋은 대체재가 될 수 있으면 수요곡선은 이전보다 완만해지고 비효율성의 정도는 크게 줄어들게 된다.

② 또한 생산량이 장기평균 비용 최소점에서 생산되지 않기 때문에 X - 비효율성이 존재한다.

03 비가격경쟁

① 제품의 질이 차별적이기 때문에 제품의 질을 부각하기 위해 광고투입에 많은 비용이 들게 된다.

② 독점적 경쟁기업의 자사제품에 대한 광고는 기업이 직면하고 있는 수요를 가능한 한 크게 하여 수요를 비탄력적으로 만들려는 노력의 일환으로 볼 수 있으며 이러한 노력은 결국 개별 기업의 독점력을 강화시키려는 것이다.

③ 또한 개별 기업들이 생산하는 제품들이 이름만 다를 뿐 내용면에서 거의 차이가 없는데도 불구하고 지나친 광고경쟁을 통하여 자원을 낭비한다면 사회적으로 자원이 비효율적으로 사용되는 것이므로 사회적 후생을 감소시키는 것으로 볼 수 있다.

04 유휴시설의 존재

① 독점적 경쟁의 장기균형에서 산출량은 완전경쟁의 최적 산출량보다 적으므로 유휴시설이 존재한다. 독점적 경쟁기업들이 장기균형에서 장기평균비용이 최소가 되는 최소효율규모의 생산량보다 적게 생산한다는 것이다.

② 즉, 장기균형의 상태에서 지나치게 많은 기업들이 생산 활동을 하고 있기 때문에 개별 기업의 시장점유율이 하락하게 되고 그 결과 개별 기업은 자신이 보유한 생산시설을 충분히 활용할 수 없다는 것을 의미한다.

③ 독점적 경쟁의 유휴시설은 독점보다는 작다.

① 독점적 경쟁이 기술혁신에 관한 유인을 마련해주는가 하는 면에서는 부정적이다.

② 기술혁신에 필요한 재원으로서의 초과이윤은 단기에 그쳐서 독점에서와 같은 방대한 자금과 연구진을 장기적으로 활용할 수 없다.

③ 한편 비가격경쟁으로 품질이 개선되지만 이는 겉치레적인 개량에 그치고 실질적인 기술혁신에 이르지는 못하는 경우가 많다.

심화학습   독점적 경쟁의 초과설비

① 초과설비는 수요곡선과 단기평균비용곡선이 접하는 점에서의 생산량과 단기평균비용곡선의 최소점에서의 생산량과의 차이로 측정된다.

② 수요곡선이 완만해질수록 초과설비가 감소하므로 수요의 가격탄력성이 커질수록 초과설비는 작아진다.

③ 따라서 완전경쟁기업의 경우 초과설비가 발생하지 않고 독점기업의 경우 초과설비가 가장 크다.

01
완전경쟁시장과 독점적 경쟁시장 사이의 가장 중요한 차이점은?

풀이 날짜			
채점 결과			

① 시장에서 기업이 발휘할 수 있는 가격에 대한 통제의 정도
② 시장에 관한 정보의 소유정도
③ 기업이 판매하는 재화의 동질성 여부
④ 시장에서 신규 기업의 진입 및 기존 기업의 퇴거가능성
⑤ 시장에 참여하는 기업의 수

02
독점적 경쟁시장의 특징이 아닌 것은?

풀이 날짜			
채점 결과			

① 제품이 차별화되어 있다.
② 개별 기업이 직면하는 수요곡선은 우하향한다.
③ 장기이윤은 0이다.
④ 장기적으로 진입장벽이 없다.
⑤ 수요자는 가격순응자이다.

01

• 독점적 경쟁기업은 품질이나 디자인 등에서 다른 기업들과는 약간씩 차별화된 제품을 생산하므로 약간의 시장지배력을 갖는다. 즉, 수요곡선이 우하향한다.

• 완전경쟁시장은 개별 기업들이 판매하는 상품의 질이 모두 동일하여야 한다는 상품의 동질성(homogeneous product)이 있어야 한다.

• 개별 기업이 생산하는 상품이 다른 기업들의 상품과 질적으로 약간의 차이만 존재하더라도 개별 기업은 그 상품에 대하여 어느 정도의 시장독점력을 행사할 수 있다.

• 상품의 이질성 또는 제품의 차별화가 클수록 시장지배력이 강화된다.

③

02

• 독점적경쟁시장 내에 완전경쟁보다는 적지만 다수의 기업(판매자)이 존재하므로 개별 기업은 독립적으로 행동한다. 또한 완전경쟁과 같이 진입과 퇴거가 자유로워서 장기에는 정상이윤만 획득한다.

• 독점적 경쟁기업은 품질이나 디자인 등에서 다른 기업들과는 약간씩 차별화된 제품을 생산하므로 약간의 시장지배력을 갖는다. 즉, 수요곡선이 우하향한다.

• 독점적경쟁기업은 서로 비슷한 재화를 생산하므로 판매량의 증대를 위하여 제품 가격보다는 품질 개선이나 광고 등의 비가격경쟁을 하나 과점보다는 매우 약하다.

• 완전경쟁기업의 경우에만 가격순응자이며 불완전경쟁기업의 경우는 가격설정자이다.

• 수요자는 모든 시장에서 가격순응자이다.

⑤

01 독점적 경쟁시장에 관한 설명으로 옳지 않은 것은?

① 독점적 경쟁시장은 차별화된 상품을 판매하는 다수의 기업이 존재한다.
② 독점적 경쟁시장에 참여한 균형상태에서 항상 잉여생산능력을 보유한다.
③ 가격은 언제나 수요곡선의 탄력적인 부분에서 결정된다.
④ 독점적 경쟁시장에서의 균형은 한계비용과 한계수입이 일치하는 점에서 결정되지 않는다.
⑤ 독점적 경쟁시장에서의 가격은 완전경쟁보다 높고 산출량은 완전경쟁보다 적다.

풀이 날짜			
채점 결과			

02 독점적 경쟁의 장기균형에 관한 설명으로 옳지 않은 것은?

① 개별 기업이 직면하는 수요곡선은 우하향한다.
② 광고 등에 의한 차별화 전략이 지속된다.
③ 개별 기업은 과잉설비를 갖게 된다.
④ 독점이윤이 존재한다.
⑤ 한계생산비와 한계수입이 일치한다.

풀이 날짜			
채점 결과			

03 시장의 진입, 퇴거장벽이 없는 독점적 경쟁시장의 장기균형에서 기업은?

① 장기평균비용의 최저점에서 생산한다.
② 장기평균비용이 감소하는 부분에서 생산한다.
③ 장기평균비용이 증가하는 부분에서 생산한다.
④ 유휴생산설비가 존재하지 않는 부분에서 생산한다.
⑤ 일률적으로 말할 수 없다.

풀이 날짜			
채점 결과			

04 독점적 경쟁의 장기균형에 대한 설명으로 가장 옳지 않은 것은?

① 개별 기업이 직면하는 수요곡선은 우하향한다.
② 한계수입곡선은 수평선으로 그 자체가 시장가격을 의미한다.
③ 광고 및 애프터서비스 등을 통해 차별화 전략을 추진한다.
④ 진입과 퇴출이 자유로우며 초과설비가 존재한다.

풀이 날짜			
채점 결과			

01

① 독점적 경쟁기업은 품질이나 디자인 등에서 다른 기업들과는 약간씩 차별화된 제품을 생산하므로 약간의 시장지배력을 갖는다. 즉, 수요곡선이 우하향한다.

② 독점적 경쟁의 장기균형에서 산출량은 완전경쟁의 최적 산출량보다 적으므로 유휴시설 또는 잉여생산능력이 존재한다. 독점적 경쟁기업들이 장기균형에서 장기평균비용이 최소가 되는 최소효율규모의 생산량보다 적게 생산한다는 것이다.

③ 불완전경쟁기업이 우하향의 수요곡선에 직면하면 수요곡선의 탄력적인 부분에서 가격이 결정된다. 왜냐하면 수요곡선의 탄력적인 구간에서 총수입이 증가하기 때문이다.

④ 시장에 존재하는 모든 기업은 이윤극대화를 추구한다. 따라서 한계비용과 한계수입이 일치하는 점에서 최적의 생산량을 결정한다.

⑤ 독점적 경쟁시장에서의 가격은 완전경쟁보다 높고 독점시장보다 낮다. 독점적 경쟁시장의 산출량은 완전경쟁보다 적고 독점시장보다 많다.

④

02

① 독점적 경쟁기업은 품질이나 디자인 등에서 다른 기업들과는 약간씩 차별화된 제품을 생산하므로 약간의 시장지배력을 갖는다. 즉, 수요곡선이 우하향한다.

② 서로 비슷한 재화를 생산하므로 판매량의 증대를 위하여 제품가격보다는 품질개선이나 광고 등의 비가격경쟁을 하나 과점보다는 매우 약하다.

③ 독점적 경쟁의 장기균형에서 산출량은 완전경쟁의 최적 산출량보다 적으므로 유휴시설 또는 잉여생산능력이 존재한다. 독점적 경쟁기업들이 장기균형에서 장기평균비용이 최소가 되는 최소효율규모의 생산량보다 적게 생산한다는 것이다.

④ 장기에서는 자유로운 진입과 퇴거가 가능하므로 독점적 경쟁이윤은 0이 된다.

⑤ 시장에 존재하는 모든 기업은 이윤극대화를 추구한다. 따라서 한계비용과 한계수입이 일치하는 점에서 최적의 생산량을 결정한다.

④

03

• 독점적 경쟁시장에서의 장기균형은 개별 기업들의 평균비용곡선이 자기가 직면한 우하향의 수요곡선과 접하는 점에서 이루어지는 특징을 가지고 있다.

• 시장에 관계없이 항상 이윤극대화 조건을 만족하는 조건인 $MR = SMC = LMC$인 점에서 장기균형이 이루어지고 정상이윤만을 얻게 되므로 장기균형에서는 $P = LAC = SAC$가 성립한다.

• 장기평균비용이 감소하는 부분에서 생산하므로 초과시설이 존재한다.

②

04

① 독점적 경쟁기업은 품질이나 디자인 등에서 다른 기업들과는 약간씩 차별화된 제품을 생산하므로 약간의 시장지배력을 갖는다. 즉, 수요곡선이 우하향한다.

② 우하향의 수요곡선에 직면하므로 한계수입곡선은 수요곡선의 하방에 위치하며 우하향의 형태를 가진다. 수요곡선에서 시장가격이 결정되며 장기균형에서 한계수입은 시장가격보다 낮다.

③ 서로 비슷한 재화를 생산하므로 판매량의 증대를 위하여 제품가격보다는 품질개선이나 광고 등의 비가격경쟁을 하나 과점보다는 매우 약하다.

④ 장기에서는 자유로운 진입과 퇴거가 가능하므로 독점적 경쟁이윤은 0이 되고 독점적 경쟁의 장기균형에서 산출량은 완전경쟁의 최적 산출량보다 적으므로 유휴시설 또는 잉여생산능력이 존재한다.

②

과점시장

단원 학습 목표

- 과점시장은 소수의 공급자가 존재하며 현실에서 보는 시장형태 중 가장 흔하게 볼 수 있다.
- 완전경쟁이나 독점 및 독점적 경쟁의 경우에는 대표적 기업의 행동을 분석해서 이론적으로 일관된 가설을 세울 수 있었는데 반하여 과점시장에서는 일관된 일반이론을 확립하기가 쉽지 않다.
- 가장 중요한 이유는 과점시장에서 기업의 행동이 경쟁상대의 반응에 따라 좌우되기 때문이다.
- 과점의 경우에는 시장에 상호인식 가능한 소수의 기업만이 존재하므로 기업 간에 상호의존성이 존재한다.
- 과점기업들 사이에 협조관계가 있는 것으로 보느냐 아니면 없는 것으로 보느냐에 따라 여러 유형의 과점시장모형이 존재한다.

1절 과점시장의 개요

01 과점의 개념

① 과점(oligopoly)이란 소수의 대기업이 시장수요의 대부분을 공급하는 시장형태를 의미한다.
② 어떤 기업도 의사결정과정에서 다른 기업의 반응을 명시적으로 고려해야 할 정도로 소수의 기업이 존재하는 경우를 말한다.
③ 개별 기업의 가격 및 생산에 관한 결정은 다른 기업들의 가격과 생산에 직접적인 영향을 미치게 되며, 과점 하에서 개별 기업이 이윤극대화를 위한 적정생산수준을 결정함에 있어 1차적으로 고려하여야 할 전략적 요소는 다른 기업들이 그 결정에 어떻게 반응할 것인가에 관한 예측이다.
④ 단 두 개의 기업만이 존재하는 경우를 복점(duopoly)이라고 한다.

02 과점의 특징

1 기업 간의 상호의존성

① 과점에서의 기업은 소수이므로 개별 기업이 시장에 차지하는 비중이 매우 높다.
② 따라서 한 기업의 생산량과 가격의 변화는 다른 기업의 이윤에 매우 큰 영향을 미친다.

2 비가격경쟁

과점기업들의 가격경쟁은 모두 이윤이 낮아지므로 광고나 상품 차별화 등의 치열한 비가격경쟁을 한다.

3 비경쟁행위

과점기업들은 자신의 이윤극대화를 위하여 담합이나 카르텔(cartel), 트러스트(trust) 등의 비경쟁행위를 하려는 경향이 강하다.

4 진입장벽

① 과점은 독점보다는 낮지만 높은 진입장벽이 존재한다.
② 이러한 진입장벽은 독점의 경우와 마찬가지로 규모의 경제, 생산요소의 독점, 정부의 인·허가나 특허권 등에 의한 것 외에 기존 기업들은 다음과 같은 전략적인 진입장벽을 쌓는다.

진입저지 가격 설정	새로운 기업이 진입하면 기존 기업은 가격을 낮추어 손실을 보게 함으로써 진입을 저지한다.
광고	광고 활동으로 인한 인지도를 높인다.
다양한 재화 생산	기존 기업들은 수많은 차별화된 재화를 생산하여 소비자의 기호를 충족시키어 새로운 기업이 진입할 여지를 차단한다.

5 전략적 행동

① 과점시장에서는 개별 기업이 적정한 의사결정을 시도함에 있어 경쟁기업들의 반응과 그에 대한 대응전략이 각기 중요한 기준과 내용이 된다.

② 즉, 다른 기업들의 반응을 고려하는 가운데 자신에게 최선의 행동을 선택한다.

03 순수과점과 차별과점

① 순수과점(pure oligopoly)이란 과점시장에서 거래되는 상품의 질이 동일한 경우이며 차별과점 (differentiated oligopoly)이란 과점시장에서 거래되는 상품의 질이 약간 차이가 있는 경우를 말한다.

② 순수과점의 경우에는 기업 간의 경쟁이 주로 가격경쟁 및 제품차별화 이외의 비가격경쟁을 통하여 이루어지나, 차별과점의 경우에는 기업들의 경쟁이 주로 형태와 품질의 차별화경쟁, 광고경쟁, 기타의 비가격경쟁(예를 들어 물품의 무료배송 등)등의 형태로 이루어진다.

04 대표적인 산업

대표적으로 자동차 산업, 교복산업, 정유사, 소주회사, 통신업체 등이 있으며 각 업체들은 광고 등 비가격경쟁을 통하여 시장점유율을 높이고 있다.

05 다양한 과점모형

1 의의

① 과점시장 안의 기업들 사이에는 강한 상호의존성이 있어서 각 기업은 경쟁기업이 어떤 반응을 보일 것이라고 보는지에 따라 선택을 달리해야 하는 전략적 상황에 직면하여 있음으로 과점시장의 일반화된 모형은 없다.

② 단지 제한된 조건하의 이론인 굴절수요곡선이론, 카르텔이론, 가격선도이론 등이 있고 전략적 상황 하에서 과점의 행동을 연구하는 게임이론이 있다.

2 독자적 행동모형(비협조모형)

1. 종류

① 기업들이 독자적인 행동을 한다고 가정하는 경우로 각 기업은 상대방의 반응에 대해 생산량 또는 가격에 대해 추측을 하고 이것에 기초해 자신의 최적 선택을 한다.

② 게임이론 등장 이전의 과점이론으로 굴절수요곡선모형이 있다.

③ 경쟁 방식에 따라서 수량으로 경쟁하는 꾸르노 모형(cournot model)과 가격으로 경쟁하는 베르뜨랑 모형 (bertand model)으로 나뉜다.

④ 기업들이 순차적으로 선택을 하는 경우를 스타겔버그 모형(stackelberg model)이라고 부른다.

2. 특징

꾸르노 모형, 슈타겔버그 모형, 베르뜨랑 모형은 과점시장의 균형에 이르는 과정을 분석하는 모형이고 굴절수요곡선 모형은 과점시장 균형의 특징을 보여준다.

❸ 담합모형(협조모형)

① 암묵적 담합모형은 경쟁기업들이 공동으로 이윤을 극대화하도록 노력하고 있지만 완전한 담합에까지는 이르지 않는다고 가정하며 가격선도모형이 있다.

② 명시적 담합모형은 완전한 담합이 이루어진다고 보는 카르텔(cartel) 모형으로 과점시장 안의 기업들이 하나의 거대한 독점기업처럼 행동하는 것으로 간주한다.

2절 독자적 행동모형 – 산출량 결정모형

01 산출량 결정모형

① 산출량 결정모형이란 다른 기업의 생산량이 고정되어 있다고 가정하는 모형이다.

② 기업 1이 산출량을 변화시키더라도 기업 2의 산출량이 고정되어 있다면 산출량의 추측된 변화$\left(\dfrac{\triangle q_2}{\triangle q_1}\right)$는 0이

된다.(q_1 : 기업 1의 생산량, q_2 : 기업 2의 생산량)

02 꾸르노 – 내쉬모형

1 기본 가정

① 과점자는 경쟁자의 산출량 q_2가 주어진 것으로 보고 자신의 이윤극대화 산출량 q_1을 결정하며 경쟁자는 과점자의 산출량 q_1을 주어진 것으로 보고 자신의 이윤극대화 산출량을 결정한다.

$$\rightarrow \frac{\triangle q_2}{\triangle q_1} = 0$$

② 두 기업은 모두 추종자이다.

즉 과점기업은 동시에 생산량을 결정하기 때문에 선도자의 이득이 없다.

③ 동질적인 상품을 시장에 공급한다.

④ 어떤 기업의 시장진입도 완전 봉쇄되어 있다.

2 반응곡선

① 반응곡선이란 경쟁기업의 각 산출량에 대해 과점기업의 최적대응을 모아 하나의 궤적을 만든 것이다.

② 또는 경쟁자가 산출량을 변화시킬 때 과점자의 이윤을 극대화하는 산출량수준을 연결한 곡선이다.

③ 시장수요함수가 $Q = 40 - P(Q = q_A + q_B)$이고 한계비용이 0이라고 하자. 기업 B의 생산량이 0이라면$(q_B = 0)$ 기업 A가 직면하는 수요곡선은 시장수요곡선이 되므로 기업 A의 이윤극대화 생산량은 $MR = MC$에서 결정된다.

③ 기업 A의 한계수입은 $MR = 40 - 2q_A$이고 한계비용은 0이므로 기업 A의 이윤극대화 생산량은 20으로 도출된다.

$$\rightarrow 40 - 2q_A = 0$$
$$\rightarrow 2q_A = 40$$
$$\rightarrow q_A = 20$$

④ 기업 B의 생산량이 20이라면$(q_B = 20)$ 기업 A가 직면하는 수요곡선은 기업 B의 수요를 차감한 나머지가 되므로 $q_A = 20 - P$가 된다. 따라서 기업 A의 이윤극대화 생산량은 10이 된다.

$$\rightarrow 20 - 2q_A = 0$$
$$\rightarrow 2q_A = 20$$
$$\rightarrow q_A = 10$$

⑤ 기업 B의 생산량이 40이라면($q_B = 40$) 기업 A의 수요는 존재하지 않으므로 기업 A는 생산을 할 필요가 없게 된다.

⑥ 이와 같은 방법으로 구한 것이 기업 A의 반응곡선이며 기업 B의 반응곡선도 동일한 방법으로 도출 가능하다.

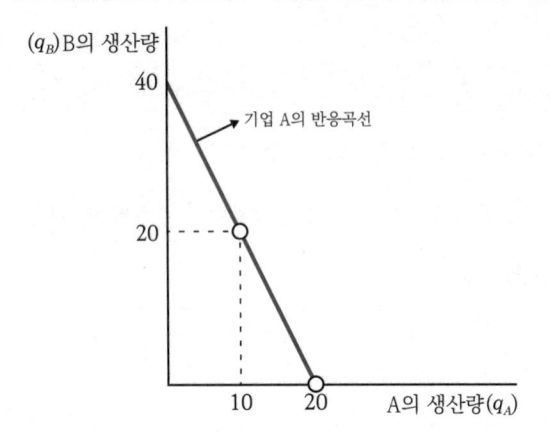

3 꾸르노 – 내쉬균형

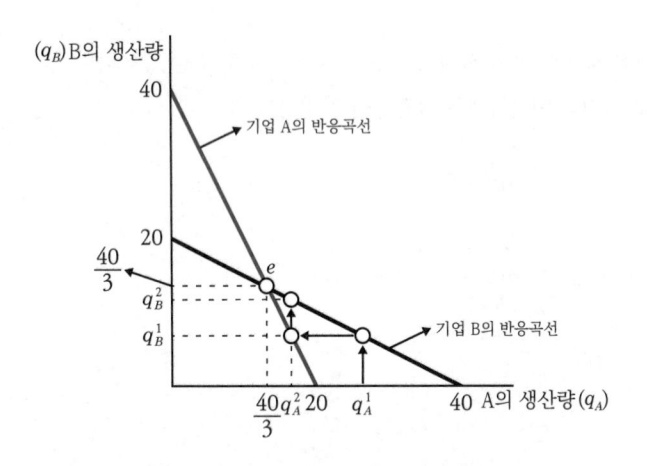

① 기업 A가 q_A^1만큼 생산을 한다면 기업 B는 추종자이므로 생산량을 q_B^1로 결정한다.

② 기업 B가 생산량을 q_B^1로 정한다면 기업 A는 추종자이므로 생산량을 q_A^2로 결정한다.

③ 이러한 조정과정으로 통해 두 기업의 반응곡선이 교차하는 e점에서 꾸르노 – 내쉬균형이 결정된다.

④ 꾸르노 – 내쉬균형이란 과점기업과 경쟁기업이 모두 동시에 이윤을 극대화하는 산출량수준을 말하고 기업의 수가 점점 증가한다면 꾸르노 균형은 경쟁시장의 균형으로 수렴한다.

⑤ 꾸르노 – 내쉬균형에서는 각 기업은 완전경쟁기업의 이윤극대화 산출량의 $\frac{2}{3}$ 수준에서 생산을 한다.

03 슈타겔버그 모형

1 의의

① 슈타겔버그 모형은 두 기업 중 하나 또는 둘 모두가 산출량에 대해 선도자의 역할을 하는 모형으로 기업들은 차례로 전략을 선택, 즉 어느 한 기업이 생산량을 결정하면 다른 기업은 그것을 인지한 다음 자신의 생산량을 결정한다.

② 슈타겔버그(H. Stackelberg)는 두 기업 중 어느 한 기업이 선도자가 되고 다른 기업은 추종자가 됨으로써 추종자는 꾸르노 모형에서와 같이 상대방의 생산량을 불변인 것으로 보고 자기의 이윤극대화 생산량을 결정하는데 비하여 선도자는 상대방의 반응을 고려하여 이윤극대화 생산량을 결정하는 복점 모형을 제시하였다.

2 한 기업이 선도자인 경우

① 선도자는 추종자의 반응곡선을 알고 있고 이에 가장 유리한 선택을 하려고 하며, 추종자는 반응곡선에 따라 수동적인 결정을 한다.

② 어느 한 기업이 선도자로 행동하면 선도자의 이윤은 증가하는 반면, 추종자로 남아있는 기업의 이윤은 감소한다.

③ 즉, 기업 A가 선도자로 행동하면 기업 A의 균형생산량은 q_A^1이 되고 이윤은 이전보다 증가하며, 추종자인 기업 B는 균형생산량이 q_B^1이 되어 이윤이 이전보다 감소한다.

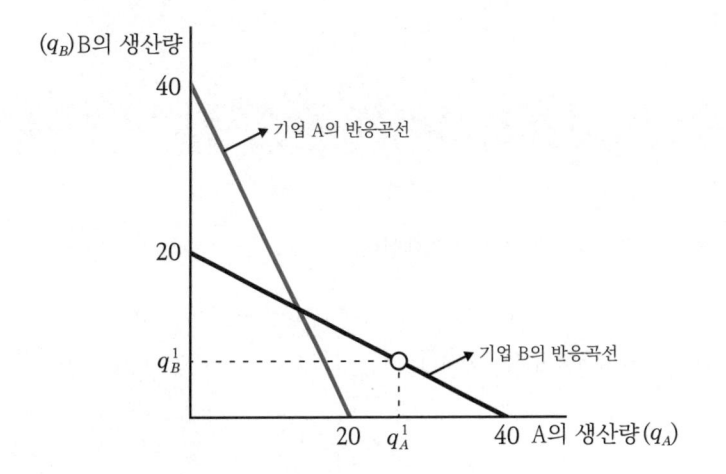

3 슈타겔버그 불균형(전쟁상태)

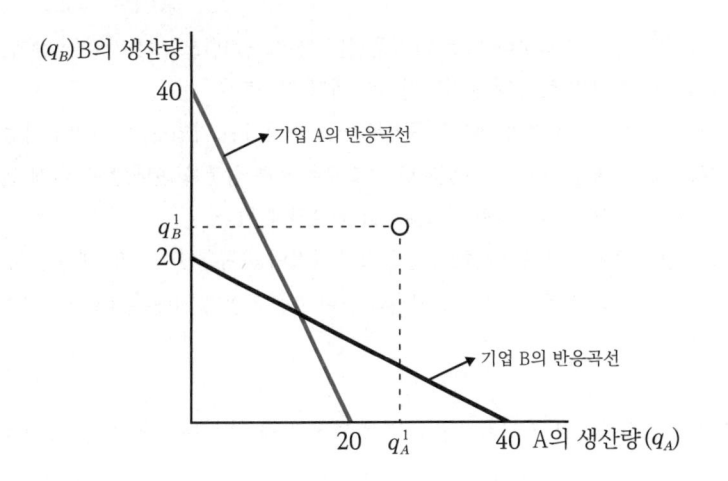

① 두 기업 모두가 선도자로서 행동할 때 슈타겔버그 불균형이 발생한다.

② 어느 기업이 선도자인지가 분명하지 않은 경우에 스타겔버그 모형의 두 기업들은 모두 선도자가 되려 하는 경쟁적 상태를 슈타겔버그 전쟁상태(Stackelberg Warfare)라고 부른다.

3절 독자적 행동모형 – 가격 결정모형

01 가격 결정모형

① 가격 결정모형이란 다른 기업의 가격이 고정되어 있다고 가정하는 모형이다.

② 기업 1이 가격을 변화시키더라도 기업 2의 가격이 고정되어 있다면 가격의 추측된 변화$\left(\dfrac{\triangle p_2}{\triangle p_1} \right)$는 0이 된다.

(p_1 : 기업 1의 가격, p_2 : 기업 2의 가격)

02 베르뜨랑 모형

1 의의

① 각 기업은 경쟁기업이 현재의 가격을 그대로 유지할 것으로 기대한다.

$$\to \frac{\triangle P_2}{\triangle P_1} = 0$$

② 베르뜨랑 모형은 동질적 과점과 차별적 과점 2가지가 존재한다.

2 동질적 과점의 경우

① 베르뜨랑은 기업이 다른 기업의 생산량보다는 상품가격이 고정된 것으로 간주하여 이윤극대화 생산량을 결정하게 된다고 주장하였다.

② 따라서 베르뜨랑 모형에서는 각 기업이 다른 기업보다 낮은 가격을 설정하려 노력함으로써 기업들 간에는 가격 인하 경쟁이 존재하게 되며 궁극적으로 가격은 가장 경쟁적인 수준까지 인하된다.

③ 소비자들이 조금이라도 낮은 가격을 부과하는 기업의 제품을 구입한다고 가정하면 기업 1의 가격이 기업 2의 가격보다 낮을 경우, 기업 1은 시장수요 전체를 판매할 수 있지만 기업 2는 전혀 상품을 판매할 수 없게 된다.

④ 두 기업이 동일한 가격을 부과할 경우에는 각각 절반씩의 시장수요를 점유하게 된다.

⑤ 제품의 질이 동질적이고 한계비용과 평균비용이 같고 일정하다면 동질적 과점의 균형은 $P = MC$에서 달성된다.

⑥ 동질적 과점의 경우 각 기업의 이윤은 0이 되며 완전경쟁시장에서와 같이 효율적인 자원배분이 이루어진다.

3 차별적 과점의 경우

① 제품의 질이 이질적이고 한계비용이 일정하다고 가정한다면 차별적 과점의 균형에서는 가격이 한계비용보다 높게 된다.

② 두 기업의 반응곡선의 함수식이 다음과 같다고 하자.

$$기업 1 : P_1 = \frac{1}{2}P_2 + 60$$

$$기업 2 : P_2 = \frac{1}{2}P_1 + 60$$

③ 두 기업의 반응곡선이 아래 그림과 같이 주어져 있을 때 기업 1이 P_1^0의 가격을 결정하면 기업 2는 P_2^0의 가격을 결정한다.

④ 기업 2가 P_2^0의 가격을 선택한다면 기업 1의 이윤극대화 가격은 P_1^1이 된다.

⑤ 이와 같은 조정과정을 거쳐 결국 균형은 두 기업의 반응곡선이 교차하는 점에서 이루어지며 두 기업의 가격은 각각 120으로 결정된다.

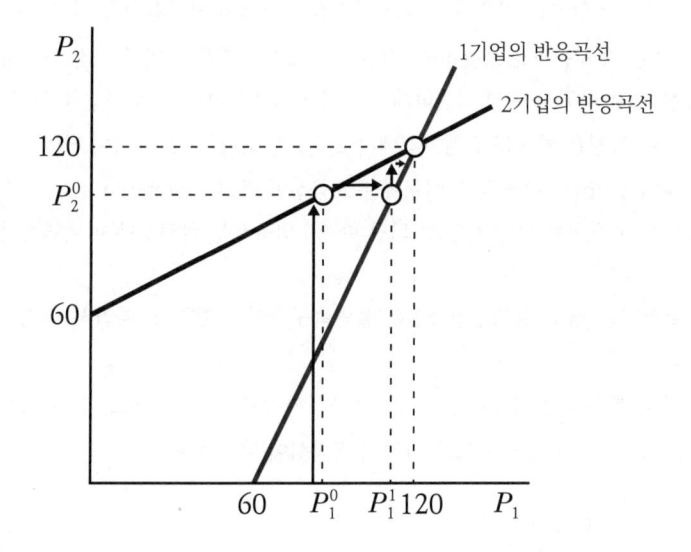

03 굴절수요곡선모형

1 의의

① 스위지(P. Sweezy)에 따르면 과점시장안의 경쟁기업들 간 아무런 담합이나 협조가 이루어지지 않는 상황에서 가격의 안정성이 나타날 수 있다고 주장한다.

② 굴절수요곡선 모형은 과점시장 균형의 특징을 설명하는 모형이다. 즉, 독과점시장에서 자주 관찰되는 현상 중 하나는 가격이 경직적이라는 것이다.

2 (비관적인) 굴절수요곡선모형

1. 가정

① 과점기업(1기업)이 가격을 인상하면 경쟁기업(2기업)은 가격을 그대로 유지하고 과점기업이 가격을 인하하면 경쟁기업도 가격을 인하한다고 가정한다.

$$\frac{\triangle P_2}{\triangle P_1} = 0\,(\triangle P_1 > 0)$$

$$\frac{\triangle P_2}{\triangle P_1} = 1\,(\triangle P_1 < 0)$$

② 어느 기업이 가격을 인상하는 경우 이 기업의 시장점유율은 크게 하락하게 되며, 가격을 인하한다 하더라도 여타 기업들의 가격 인하 경쟁을 유발함으로써 이 기업의 시장점유율은 결코 증대될 수 없다고 본다.

2. 설명

① 개별 기업이 처음에 이루고 있는 균형점이 e 라고 하자.

② 만약 해당 기업이 가격을 P_0 수준 이하로 인하하면 다른 기업들 역시 가격을 인하하기 때문에 이 기업의 제품에 대한 수요의 증대 정도는 여타 기업들이 가격을 인하하지 않은 경우보다 적게 되게 마련이다. 이는 개별 기업이 P_0 보다 낮은 가격 범위 내에서는 매우 비탄력적인 수요곡선에 직면하고 있음을 뜻한다.

③ 개별 기업이 P_0 수준 이상으로 가격을 인상하는 경우에는 다른 기업들은 일체의 가격인상을 시도하지 않을 것이기 때문에 해당 기업 제품에 대한 수요량의 감소는 다른 기업들이 가격을 따라서 인상할 경우에 비하여 매우 클 것이다. 이는 P_0 보다 높은 가격 범위 내에서 직면하게 되는 수요곡선은 매우 탄력적임을 의미한다.

④ 결국 개별 기업이 직면하게 되는 수요곡선은 처음의 균형가격에서 굴절되는 aeD 수요곡선이 된다.

→ 가격의 추측된 변화가 비대칭성(asymmetry)을 갖기 때문에 수요곡선에 굴절이 발생한다.

⑤ 기대의 비대칭성 때문에 수요곡선이 굴절하는 모양을 갖게 되면 한계수입곡선은 굴절점에서 비연속적이게 된다.

⑥ 그림에서 수요곡선이 e 점에서 굴절되는 경우 한계수입곡선은 불연속구간이 존재한다. 따라서 한계수입곡선은 $abcMR$ 의 형태를 갖게 된다.

⑦ 한계비용곡선이 bc 의 불연속구간을 통과하는 경우에는 한계비용곡선이 MC_0 와 MC_1 으로 상하방으로 이동하더라도 생산량과 가격은 P_0 와 Q_0 로 변하지 않으므로 가격의 경직성이 나타난다.

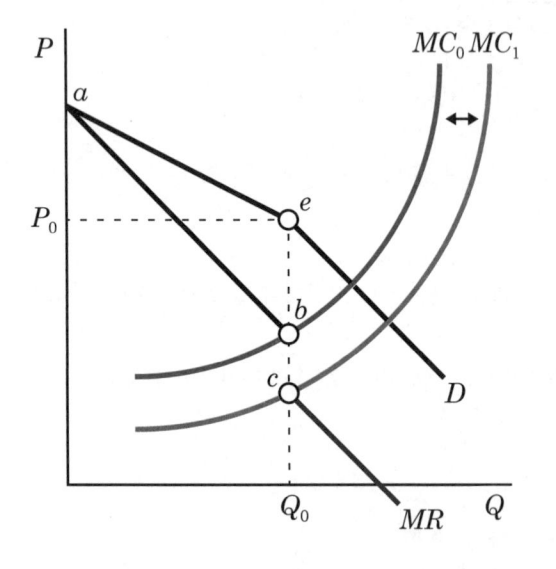

3 평가

① 굴절수요곡선모형에서는 기업들이 스스로 상호 간 가격경쟁을 회피할 정도로 합리적이기 때문에 가격경쟁보다는 제품의 차별화 경쟁과 그에 따른 광고 경쟁 및 각종 서비스 경쟁 등 주로 비가격경쟁을 시도하게 된다.

② 실증분석에 따르면 과점시장에서 조업하는 기업들은 경쟁기업의 가격 인하뿐 아니라 가격 인상에도 반응하는 경향이 있다.

③ 최초의 균형상태인 굴절점 e 가 어떻게 결정되는지 알 수 없다.

4절 협조모형

01 개요

① 비협조적 과점으로 인한 손실을 피하기 위하여 과점기업들은 담합을 통해 협조적 관계를 갖고자 한다.

② 담합은 기업들이 논의를 거쳐서 가격, 산출량 등에 관하여 명시적으로 합의하는 명시적 담합과 논의 과정 없이 가격, 산출량 등에 관하여 암묵적 공감대가 형성되는 암묵적 담합으로 나뉠 수 있다.

02 암묵적 협조모형

1 의의

① 가격선도모형(price leadership model)이란 과점기업들이 암묵적인 상호협조 관계를 통해 공동의 이익을 추구하는 경우를 의미한다. 즉, 가격을 신호로 하는 아주 약한 형태의 담합을 의미한다.

② 시장을 선도하는 어떤 기업이 먼저 가격을 공포하면 다른 기업들이 이것을 협조적으로 행동하기를 원하는 신호로 해석해서 서로 보조를 맞추게 된다.

 ⓔ 한 은행의 이자율 공표에 따른 시장이자율의 결정, 최저가격 보증제 전략

 → 최저가격 보증제란 예를 들어 '우리 상점에서 구매한 것과 동일한 제품에 대하여 우리보다 더 저렴한 다른 상점의 가격 견적서를 가져올 경우 차액의 두 배를 돌려 주겠다'는 내용의 광고전략

③ 어떤 기업이 가격을 선도하느냐에 따라 다양한 모형이 존재한다.

2 지배적 기업모형

1. 가정

① 지배적 기업(dominant firm)이 가격을 선도하는 것으로 가정한다.

② 하나의 지배적 기업과 다수의 군소기업(또는 중소기업)이 혼재하는 시장을 고려한다.

 지배적 기업은 시설 규모 면에서 다른 기업들에 비하여 월등한 대기업이며, 그에 따라 이 기업의 비용 조건 또한 다른 기업들에 비하여 월등히 유리하다. 반면에 다른 군소 기업들은 시설 규모와 생산비 조건 면에서 매우 유사한 중소기업들이다.

③ 지배적 기업은 중소기업이 팔려고 하는 생산량을 허용하고 나머지 생산량을 지배적 기업이 공급한다.

 즉, 지배적 기업은 중소기업들이 팔고 싶은 만큼 모두 팔게 한 후 시장 수요의 나머지 부분만을 채우면서 이윤극대화를 시도한다고 가정한다.

2. 균형

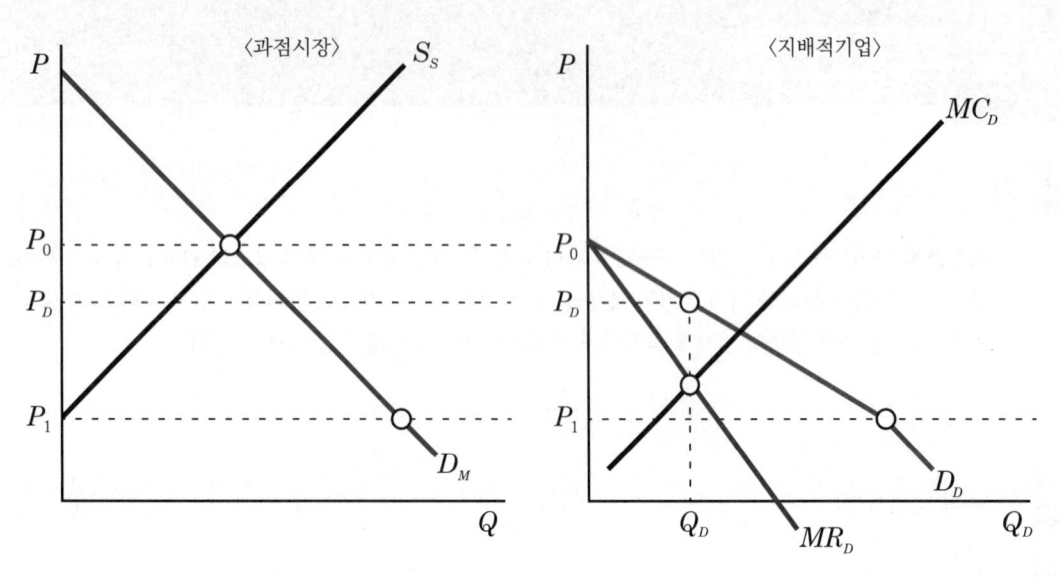

① 어떤 과점시장의 시장수요곡선(D_M)과 중소기업 전체의 공급곡선(S_S)이 존재할 때 시장수요곡선에서 중소기업의 공급곡선을 수평방향으로 빼면 중소기업이 팔고난 나머지 시장 수요만을 채우는 지배적 기업의 수요곡선(D_D)을 도출할 수 있다.

② P_1보다 낮은 가격에서는 중소기업들이 공급하려는 양이 0이어서 시장수요곡선이 지배적 기업의 수요곡선이 되고 굴절된 형태로 그려진다.

③ 지배적 기업의 한계수입곡선은 MR_D가 되고 한계수입곡선과 한계비용곡선이 만나는 수준에서 이윤극대화 산출량(Q_D)과 가격(P_D)이 도출된다.

3. 정책적 시사점

기업을 통제하기 위해서는 지배적 기업을 통제하는 것이 더욱 효율적이다.

3 효율적 기업에 의한 선도모형

1. 효율적 기업이란?

효율적 기업이란 타 기업보다 비용이 낮은 기업으로 비용조건이 유리하다.

2. 균형

① 효율적 기업은 비용이 낮으므로 경쟁기업보다 가격이 낮게 설정된다.

② 그러면 경쟁기업은 효율적기업의 가격책정에 맞춰갈 수밖에 없게 된다.

3. 베르뜨랑 모형과의 비교

① 두 기업의 비용조건이 다를 때 두 기업이 협조를 하지 않는 베르뜨랑 모형에서는 비용조건이 불리한 기업은 생산을 하지 못하며, 비용 조건이 유리한 기업이 시장을 독차지하여 내쉬균형을 이룬다.

② 두 기업이 암묵적 합의를 하면 두 기업 모두 시장에서 일정량을 생산하므로 비용 조건이 유리한 기업은 독점자로 행동하는 경우보다 더 낮은 수준의 이윤을 얻게 된다.

1 카르텔의 개념 및 형성동기

① 카르텔(cartel)이란 과점기업들이 공동이윤을 극대화하기 위해 공식적 담합행위를 하는 것을 말한다.

담합(collusion)이란 기업들이 가격이나 생산량을 결정함에 있어서 상의하여 공동보조를 취하는 것을 말한다.

② 즉, 카르텔이란 과점기업들이 담합을 통하여 경쟁을 줄여 이윤을 증가시키고 신규 기업의 진입을 저지하기 위하여 마치 독점기업처럼 행동하는 것으로 다공장 독점과 같다.

2 카르텔의 이윤극대화 조건

1. 설명

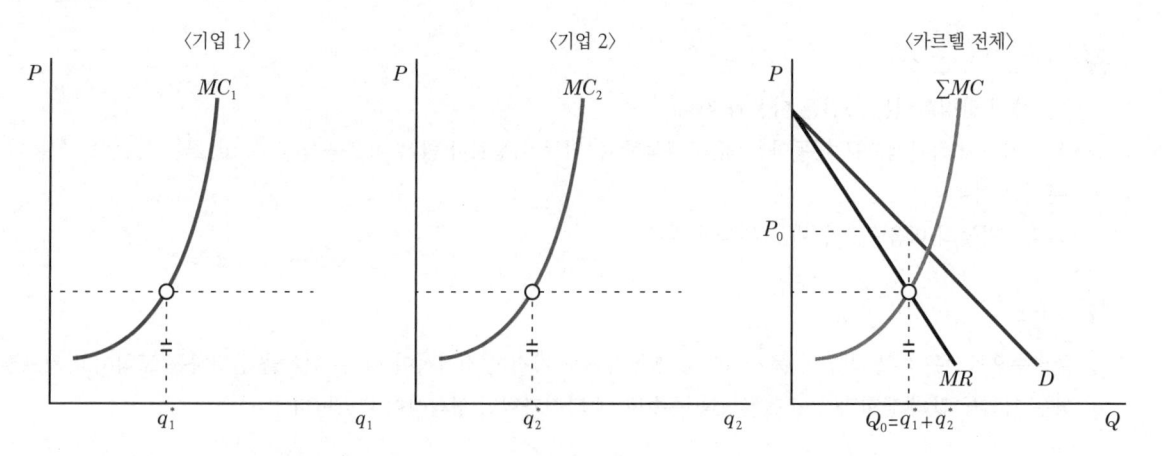

① 기업 1과 기업 2의 MC곡선을 수평으로 합하면 카르텔 전체의 MC곡선이 도출된다($\sum MC$).

② 과점시장의 시장수요곡선 D에서 한계수입곡선(MR)을 도출할 수 있다.

한계수입곡선과 한계비용곡선이 교차하는 생산량의 수준 Q_0에서 카르텔의 이윤이 극대화된다.

즉, $MR = \sum MC$에서 카르텔 전체의 생산량이 결정되며 그 생산량을 각 기업에게 배분한다.

③ 카르텔은 전체 생산량을 Q_0수준에 고정시키고 단위당 가격 P_0로 유지하기 위해 카르텔에 가입한 각 기업에게 $MC_1 = MC_2$가 되도록 할당한다.

④ 여러 개의 공장을 갖고 있는 독점기업이 최소의 비용으로 생산하기 위해 모든 공장의 한계비용을 동일하게 만드는 것과 같은 이치라고 볼 수 있다.

2. 균형조건

① 시장균형은 $MR = \sum MC$이고, 개별 기업의 균형은 $MR = MC_1$, $MR = MC_2$이다.

② 따라서 카르텔의 이윤극대화 조건은 다음과 같다.

$$MC_1 = MC_2 = MR$$

3 카르텔의 효과

① 과점기업 간의 경쟁을 줄이고 새로운 기업의 진입을 저지한다.

② 독점기업과 같이 행동하므로 대규모 생산에 따른 비용절감효과가 있다.

③ 독점의 폐해인 소득분배측면에서의 불공평성과 후생손실이 발생한다.

4 카르텔의 불안정성

일반적으로 카르텔이 형성되면 이전보다 이윤이 증가하나 한 기업이 카르텔을 위반하면 이윤이 대폭 증가할 가능성이 있어 카르텔은 항상 붕괴하려는 소지를 갖고 있다.

5 카르텔의 위반유인

카르텔의 위반유인은 다음과 같은 경우 더 크게 작용한다.

- 회원기업수가 많아 개별 기업의 행동을 적발하기 힘들 때
- 독자적 행동에 대한 신속한 보복이 힘들 때 또는 위반기업에 대한 제재 조치가 미약한 경우
- 상품이 차별적이어서 가격 차이가 품질차이인지를 판단하기 힘들 때
- 경기가 침체되어 이윤 저하가 심각할 때

6 카르텔의 안정 조건

카르텔이 안정화되는 조건은 다음과 같다.

- 과점기업이 독자적으로 행동하는 경우 예상할 수 있는 이윤보다 많은 이윤을 얻을 수 있도록 카르텔의 이윤이 배분되는 경우
- 과점기업들의 비용구조가 매우 유사한 경우

7 굴절수요곡선과의 비교

굴절수요곡선은 개별 기업이 독자적으로 행동함에도 가격이 경직적이 될 수 있음을 설명하는 모형이고 카르텔모형은 기업들 간의 담합과 카르텔협정을 준수할 때 과점가격의 경직성이 나타난다.

5절 과점기업의 기타 행동원리

01 경합시장이론

1 의의

보몰(W. Baumal)과 윌릭(R. Willig) 등은 일정 조건하에서 외형적으로 독·과점시장이라 하더라도 완전경쟁시장과 같은 결과를 가져오는 경합시장모형을 제시하였다.

2 경합 시장이란?

① 경합시장이란 그 시장으로 자유롭게 진입할 수 있고 매몰비용 없이 탈퇴할 수 있는 시장을 말한다.

② 즉, 시장에 있는 기업들이 경쟁기업처럼 행동할 정도로 새로운 기업들의 진입에 의한 경쟁 위협이 충분한 시장을 '경합 시장'이라 한다.

3 시장 조건

① 기존 기업의 생산기술과 시장수요는 잠재적 진입자도 얼마든지 향유 가능하다.

② 잠재적 진입자의 시장 진입은 가격 변화에 의해 위협받지 않는다.

③ 산업 내의 기업들은 '치고 빠지는'(hit and run)식의 진입 위협에 노출되어 있다.

4 설명

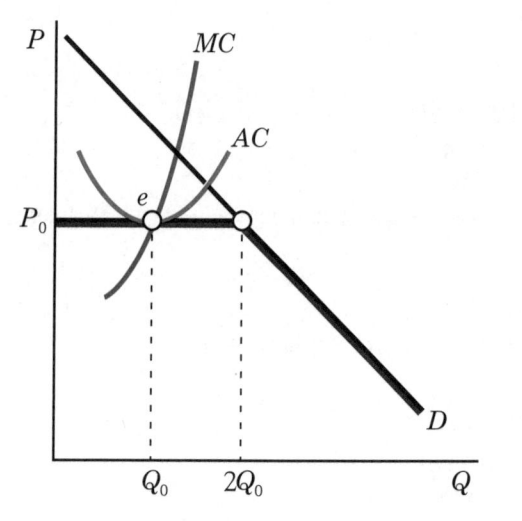

① 경합시장에서의 수요곡선이 D이고 두 개의 기업이 존재한다고 가정하자.

② 각 기업이 Q_0만큼을 생산해 P_0의 가격에 판매하고 있다면 시장 전체의 생산량은 $2Q_0$가 된다.

③ 개별 기업이 직면하게 되는 수요곡선은 수평선과 나머지 부분의 시장수요곡선을 이은 것이 된다.

　이런 형태를 갖는 이유는 수많은 잠재적 진입자들이 존재하고 있어 P_0이상의 가격을 받을 수 없기 때문이다.

④ 개별 기업의 이윤은 e에서 극대화되며, 평균비용곡선의 최저점에서 생산이 이루어지고 있어 이윤은 0이다.

⑤ 또한 가격(P)과 한계비용(MC)이 동일하다는 것도 확인할 수 있다. → $P = MC$

5 전통적 시장이론과의 비교

전통적 시장이론은 기업수가 중요한 분석도구이나 경합시장이론은 자유로운 진입과 탈퇴, 매몰비용 등이 중요하다.

6 진입저지가격이론과의 비교

진입저지가격이론은 독과점기업이 산업 외부의 진입저지를 위하여 극대이윤을 포기하고 평균비용을 약간 상회하는 수준에서 가격을 설정하지만 경합시장이론은 평균비용의 최소점에서 가격을 설정하므로 정상이윤만 획득한다.

---

02 비용할증 가격설정방식(full – cost pricing or mark – up pricing)

1 개념

① 단위생산비용(AC)에 적당한 비율의 마진(margin)을 얹어 가격을 설정하는 방법을 비용할증 가격설정방식이라 한다.

$$\rightarrow P = AC(1+m)$$

m은 평균비용에 부가하는 경영자가 정하는 적정하다고 생각하는 이윤율을 말한다.

② 단위생산비용(AC)이 가격을 결정하기 때문에 공급 측면인 생산비용의 크기에 의해서 가격이 결정된다.

2 가격경직성

① 비용할증방식에서 수요 측면이 제외되어 수요의 변화에도 불구하고 가격이 변하지 않는 가격경직성을 설명한다.

② 바꾸어 말하면 이윤극대화를 시도할 때 반드시 고려해야 할 수요 측 요인을 고려하지 않는다는 한계점을 갖고 있다.

3 의미

① 위의 식을 m에 대한 표현으로 고쳐 다음과 같이 나타낼 수 있다.

$$\rightarrow m = \frac{P-AC}{AC}$$

② 기업이 정상적인 생산수준으로 고려하고 있는 것은 장기평균비용이 최저가 되는 수준이므로 한계비용과 평균비용이 동일한 값을 갖는다.

$$\rightarrow AC = MC$$

③ 기업이 이윤극대화의 목표를 갖고 있다면 마진율의 식을 다음과 같이 변형할 수 있다.

$$\rightarrow m = \frac{P-MC}{MC}$$

$$\rightarrow m = \frac{P-MR}{MR}$$

④ 가격과 한계수입간에는 $MR = P \times \left(1 - \frac{1}{e_p}\right)$이라는 관계가 성립되므로 위의 식을 정리하면 다음과 같은 결과를 얻는다.

$$\rightarrow m = \frac{1}{e_p - 1}$$

예를 들어 수요의 가격탄력성(e_p)이 2라면 50%의 마진율로 이윤을 극대화할 수 있다.

⑤ 이윤을 극대화하려고 하는 기업이라면 수요의 가격탄력성과 반비례하도록 마진율을 결정하며 수요 측의 상황이 가격설정과정에 반영될 수도 있다.

4 한계

① 마진율(m)이 어떻게 결정되는지 설명할 수 없다.

② X - 비효율성이 발생한다.

　　X - 비효율성으로 비용이 상승하면 가격인상을 통해 즉시 반영할 수 있기 때문이다.

6절 과점시장의 평가

01 유휴설비의 존재

과점기업에서는 독점적경쟁에서와 같이 조업률이 적정수준에 미달하기 때문에 잉여생산능력 또는 유휴설비가 존재한다.

02 과점기업의 이윤

과점기업은 신규 기업의 진입을 저지할 수 있는 장벽을 마련해야 하며 이를 위해서 보통 이윤극대화를 할 수 있는 적정 수준 이하의 가격을 책정하기 때문에 독점보다 이윤이 작다.

03 가격과 생산량

① 완전담합의 경우 독점의 경우와 동일하므로 가격은 한계생산비용보다 높고 생산량은 완전경쟁에 비하여 적다.
② 차별과점의 경우 가격은 한계생산비용보다 높고 생산량은 완전경쟁에 비하여 적다.

04 비가격경쟁

① 과점시장에서는 가격경쟁보다도 비가격경쟁이 일반적이다.
② 차별적 과점의 경우 각 과점기업이 시장점유율을 늘리기 위하여 많은 광고나 선전을 하는데 이러한 비가격경쟁이 자원의 낭비를 유발할 수 있다.

15 과점시장

01 과점시장에 대한 다음 설명 중 옳은 것은?

① 과점시장에서는 무수히 많은 기업들이 자신의 이윤극대화를 위하여 경쟁하고 있으며, 개별 기업들은 모두 가격수용자이다.

② 진입장벽이 거의 없기 때문에 신규 기업의 진입이 매우 용이하다.

③ 과점시장에 속한 기업들은 모두 동질적인 상품만 생산한다.

④ 과점시장에서 기업들의 담합은 그들이 생산하는 상품의 가격을 하락시키므로 정부는 과점기업들의 담합을 유도해야 한다.

⑤ 과점시장에서 각 기업이 책정하는 가격은 서로 다를 수 있다.

풀이 날짜		
채점 결과		

02 과점기업에서 가격을 현행가격보다 높이면 자기상품에 대한 수요가 많이 감소하고 낮추더라도 수요는 증가하지 않는다는 형태의 개별수요곡선은?

① 수요희귀곡선

② 관리가격곡선

③ 굴절수요곡선

④ 균형희귀곡선

풀이 날짜		
채점 결과		

03 과점시장에서 굴절수요곡선이 존재하게 되는 기본적인 이유는?

① 수요가 가격 하락보다는 가격 상승에 덜 탄력적으로 반응

② 수요가 가격 하락보다는 가격 상승에 더 비탄력적으로 반응

③ 수요가 가격 하락보다는 가격 상승에 더 탄력적으로 반응

④ 수요가 가격 상승보다는 가격 하락에 더 탄력적으로 반응

⑤ 수요가 낮은 가격에서는 탄력적, 높은 가격에서는 비탄력적으로 가격 변화에 반응

풀이 날짜		
채점 결과		

01 ① 과점시장에 존재하는 기업은 가격설정자이다.

⑤

   ② 과점시장은 규모의 경제, 생산요소의 독점, 차별화된 재화 등을 통해 진입장벽을 구축한다.

   ③ 과점시장에 속한 기업이 판매하는 재화는 동질적이거나 이질적이다. 동질적인 경우를 순수과점이라고 하고 이질적 또는 차별적인 경우를 차별과점이라고 한다.

   ④ 과점기업은 더 큰 이윤을 얻기 위해서 담합을 통해 가격 인상을 추구한다. 따라서 정부는 담합을 규제할 필요가 있다.

   ⑤ 과점기업이 생산하는 제품이 이질적이라면 제품의 가격이 서로 다를 수 있다.

02 • 굴절수요곡선모형은 과점기업이 가격을 인상하면 경쟁기업은 가격을 그대로 유지하고 과점기업이 가격을 인하하면 경쟁기업도 가격을 인하한다고 가정한다.

③

   • 굴절수요곡선모형에서는 기업들이 스스로 상호 간 가격경쟁을 회피할 정도로 합리적이기 때문에 가격경쟁보다는 제품의 차별화경쟁과 그에 따른 광고 경쟁 및 각종 서비스 경쟁 등 주로 비가격경쟁을 시도하게 된다.

03 • 수요곡선이 굴절되는 이유는 다른 기업이 가격을 인상할 때 경쟁기업이 인상하지 않고 다른 기업이 가격을 인하할 때 경쟁기업이 가격을 같이 인하하기 때문이다.

③

   • 어느 기업이 가격을 인상하는 경우 이 기업의 시장점유율은 크게 하락하게 되며, 가격을 인하한다 하더라도 여타 기업들의 가격인하경쟁을 유발함으로써 이 기업의 시장점유율은 결코 증대될 수 없다고 본다.

01 상품시장과 경쟁에 대한 설명으로 가장 옳지 않은 것은?

① 최소효율규모(minimum efficient scale)란 평균비용곡선의 최저점이 나타나는 생산 수준이다.

② 꾸르노경쟁(Cournot competition)에서는 각 기업이 상대방의 현재가격을 주어진 것으로 보고 자신의 가격을 결정하는 방식으로 경쟁한다.

③ 부당염매행위(predatory pricing)는 일시적 출혈을 감수하면서 가격을 낮춰 경쟁기업을 몰아내는 전략이다.

④ 자연독점(natural monopoly)은 규모의 경제가 현저해 두 개 이상의 기업이 살아남기 어려워 형성된 독점체계이다.

풀이 날짜			
채점 결과			

02 두 개의 동일한 기업이 조업하며 시장수요함수가 $P = 12 - Q$인 산업이 있다. 두 기업의 생산 활동에는 생산비가 전혀 들지 않는다고 하자. 꾸르노-내쉬균형에서 가격은 얼마로 형성되겠는가?

① 0

② 3

③ 4

④ 6

⑤ 12

풀이 날짜			
채점 결과			

03 어떤 산업의 수요함수가 $P = 90 - Q$이고 기업 1의 한계비용(MC_1)과 기업 2의 한계비용(MC_2)이 $MC_1 = MC_2 = 30$일 때, 꾸르노균형에서의 두 기업의 생산량 합계는 얼마인가?

① 10

② 20

③ 30

④ 40

⑤ 50

풀이 날짜			
채점 결과			

04 어떤 상품에 대한 수요함수는 $P = 20 - Q$이다. 이 상품생산의 한계비용은 8원이고 규모에 대한 보수 불변을 가진다. 이 산업의 독점 생산량, 꾸르노복점의 총생산량, 그리고 슈타켈버그모형의 선도기업 또는 추종기업의 생산량은 각각 얼마인가?

① 독점=6, 꾸르노복점=8, 슈타겔버그 선도기업=6

② 독점=8, 꾸르노복점=8, 슈타겔버그 선도기업=6

③ 독점=6, 꾸르노복점=6, 슈타겔버그 선도기업=3

④ 독점=6, 꾸르노복점=8, 슈타겔버그 선도기업=3

풀이 날짜			
채점 결과			

01

① 최소효율규모(minimum efficient scale : MES)란 U자형 평균비용곡선에서 평균비용이 최저가 되는 산출량을 효율적 규모(efficient scale)라고 부른다. 효율적 규모는 규모의 불경제가 아직 시작되지 않아 평균비용이 가장 낮아지는 산출규모라는 의미를 갖고 있다.

② 꾸르노 경쟁의 경우 각 기업이 상대방의 생산량을 주어진 것으로 보고 자신의 생산량을 결정한다. 각 기업이 상대방의 현재가격을 주어진 것으로 보고 자신의 가격을 결정하는 방식은 '가격결정모형'으로 베르뜨랑 모형 등이 있다.

④ 자연독점이란 규모의 경제하에서 자연스럽게 시장구조가 독점화되는 경우를 말한다.

②

02

- 두 기업의 생산비 구조가 동일하다는 가정하에서 꾸르노-내쉬균형에서의 생산량은 완전경쟁시장에서의 생산량의 $\frac{2}{3}$가 된다.

- 완전경쟁시장에서의 균형생산량은 $P = MC$에 달성되는데 생산비가 전혀 들지 않는다고 가정하였으므로 한계비용(MC)은 0이다.

- $12 - Q = 0 \rightarrow Q = 12$이므로 꾸르노-내쉬균형에서의 생산량은 $12 \times \frac{2}{3} = 8$이 되며, 가격은 $P = 12 - 8 = 4$이다.

③

03

- 꾸르노 균형에서의 생산량은 완전경쟁에서의 이윤극대화 생산량의 $\frac{2}{3}$가 된다.

- 완전경쟁에서의 이윤극대화 조건은 $P = MC$이므로, $90 - Q = 30 \rightarrow Q = 60$으로 도출된다.

- 따라서 꾸르노 균형에서의 생산량은 $\frac{2}{3} \times 60 = 40$개가 된다.

④

04

01. 독점 생산량

$P = 20 - Q$에서 $TR = P \times Q = 20Q - Q^2$이 도출되고 $MR = \dfrac{dTR}{dQ} = 20 - 2Q$를 얻는다.

독점기업의 이윤극대화 생산량은 $MR = MC$에서 결정되므로 $20 - 2Q = 8$에서 $Q = 6$이 된다.

①

04 02. 꾸르노복점

①

기업 1의 생산량을 Q_1, 기업 2의 생산량을 Q_2라고 하면 시장수요함수는 $P = 20 - (Q_1 + Q_2)$가 된다.

(1) 추종기업 1의 반응곡선

$$TR = P \times Q_1$$
$$= [20 - (Q_1 + Q_2)] \times Q_1$$
$$= 20Q_1 - Q_1^2 - Q_1Q_2$$

$$MR = \frac{dTR}{dQ_1} = 20 - 2Q_1 - Q_2$$

$$MC = 8$$
$$MR = MC$$
$$20 - 2Q_1 - Q_2 = 8$$
$$Q_1 = 6 - 0.5Q_2 : \text{기업 1의 반응곡선}$$

(2) 추종기업 2의 반응곡선

$$Q_2 = 6 - 0.5Q_1 : \text{기업 2의 반응곡선}$$

(3) 꾸르노복점의 총생산량

기업 1과 기업 2의 반응곡선을 그림으로 그리면 다음과 같다.

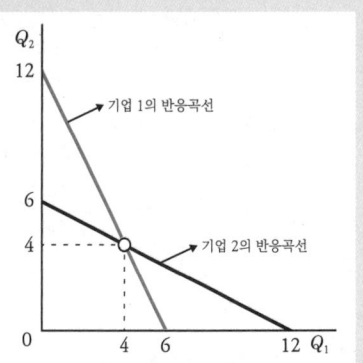

두 기업의 반응곡선의 교차점에서 꾸르노균형이 달성되므로 두 기업의 반응곡선을 연립해야 한다.

$$Q_1 = 6 - \frac{1}{2}\left(6 - \frac{1}{2}Q_1\right)$$

$$\rightarrow Q_1 = 6 - 3 + \frac{1}{4}Q_1$$

$$\rightarrow \frac{3}{4}Q_1 = 3$$

$$\rightarrow Q_1 = Q_2 = 4$$

두 기업의 생산량은 각각 4이므로, 복점시장 전체의 총생산량은 4+4=8이 된다.

03. 슈타켈버그 균형점

① 선도기업의 생산량은 꾸르노균형점에서의 개별 기업의 생산량(4)보다는 많고 시장 전체의 총생산량(8) 보다는 적다.

② 추종기업의 생산량은 꾸르노균형점에서의 개별 기업의 생산량(4)보다 적다.

04

③ 기업 1이 선도자, 기업 2가 추종자라고 하자. 기업 2의 반응곡선은 $Q_2 = 6 - 0.5Q_1$이므로 해당 식을 기업 1의 총수입에 대입하면 다음과 같다.

$$TR = P \times Q_1$$
$$= [20 - (Q_1 + Q_2)] \times Q_1$$
$$= \left[20 - \left(Q_1 + 6 - \frac{1}{2} Q_1 \right) \right] \times Q_1$$
$$= \left[14 - \frac{1}{2} Q_1 \right] \times Q_1$$
$$= 14 Q_1 - \frac{1}{2} Q_1^2$$

$$MR = \frac{dTR}{dQ_1} = 14 - Q_1 \text{이므로}$$

$$MR = MC$$
$$\rightarrow 14 - Q_1 = 8$$
$$\rightarrow Q_1 = 6$$

05 어떤 시장에서 두 기업만이 동질적 제품을 생산하여 판매한다고 하자. 두 기업이 한계비용(MC)과 평균비용(AC)은 모두 4로 일정하다. 시장에는 100명의 소비자가 있는데 각 소비자는 조금이라도 낮은 가격을 부과하는 기업으로부터 제품을 한 개씩 구입한다. 각 기업은 공정거래법 때문에 가격을 10 이상으로 책정할 수 없다. 이 시장에서 균형가격과 이윤은 얼마가 될까? 단, 두 기업 간의 담합은 없다고 가정한다.

풀이 날짜			
채점 결과			

① 두 기업은 모두 최고 가격인 10을 부과하며 각 기업의 이윤은 300이다.

② 두 기업은 모두 최고 가격과 한계비용의 중간인 7을 부과하며 각 기업의 이윤은 150이다.

③ 두 기업은 모두 한계비용과 같은 4를 부과하며 이윤은 0이다.

④ 한 기업은 한계비용과 같은 4를 부과하여 이윤은 0이고 다른 기업은 덤핑가격은 2를 부과 200만큼 손해를 본다.

⑤ 최고가격과 한계비용 사이의 어떠한 가격을 부과해도 상관없으며 이윤은 결정되지 않는다.

06 굴절수요곡선 이론의 내용과 부합되지 않는 사항은?

풀이 날짜			
채점 결과			

① 과점시장에서 기업들이 가격경쟁을 기피하게 되는 이유를 설명하고 있다.

② 스위지(Sweezy)가 제시한 이론이다.

③ 기업의 이윤극대화 조건인 한계비용=한계수입 조건을 이 이론에서도 이용하고 있다.

④ 과점시장에서 과당 광고 경쟁이 발생할 수 있는 가능성을 유추할 수 있다.

⑤ 과점시장에서 기업들이 가격경쟁보다는 품질 개선 경쟁을 할 수밖에 없는 이유를 설명하고 있다.

05 ③

- 베르뜨랑 모형을 응용한 것이다.
- 서로 가격을 낮게 책정하여 시장에서 독점적 지위를 차지하려는 경쟁이 완전경쟁처럼 무이윤이 될 때까지 지속된다.
- 제품의 질이 동질적이고 한계비용과 평균비용이 같고 일정하다면 동질적 과점의 균형은 $P = MC$에서 달성된다.
- 동질적 과점의 경우 각 기업의 이윤은 0이 되며 완전경쟁시장에서와 같이 효율적인 자원배분이 이루어진다.
  → $P = AC = MC = 4$

06 ⑤

- 굴절수요곡선 이론은 과점시장안의 경쟁기업들 간 아무런 담합이나 협조가 이루어지지 않는 상황에서 가격의 안정성이 나타날 수 있음을 보여주는 모형이다.
- 과점기업이 가격을 인상하면 경쟁기업은 가격을 그대로 유지하고 과점기업이 가격을 인하하면 경쟁기업도 가격을 인하한다고 가정한다.
- 기대의 비대칭성 때문에 수요곡선이 굴절하는 모양을 갖게 되면 한계수입곡선은 굴절점에서 비연속적이게 된다.
- 굴절수요곡선모형에서는 기업들이 스스로 상호간 가격경쟁을 회피할 정도로 합리적이기 때문에 가격경쟁보다는 제품의 차별화경쟁과 그에 따른 광고경쟁 및 각종 서비스 경쟁 등 주로 비가격경쟁을 시도하게 된다.

CHAPTER 16

게임이론

단원 학습 목표

- 게임이론이란 각 의사결정자가 상호연관성을 인식하면서 어떻게 최적의 의사결정을 하는가를 분석 하려는 것으로 과점시장과 관련이 있다.

- 과점시장에서는 공급자의 수가 서로의 존재와 상호연관성을 명백히 인식할 수 있을 정도로 소수이므 로 대부분의 현상을 게임이론으로 분석할 수 있다.

- 게임은 경기자의 수, 전략의 종류, 보수의 구조, 게임에 관한 정보 등의 차이에 따라 여러 유형으로 구 분될 수 있다.

- 게임을 진행방법에 따라 동시게임과 순차게임으로 구분하여 어떠한 결과가 균형으로 나타날 수 있는 지 살펴보기로 하겠다.

1절 게임이론의 개요

01 의의

1 개념

① 게임이론이란 게임이 있는 상황에서 어떻게 합리적으로 전략적인 행동을 취해야 하는 것인가를 연구하는 학문이다. 즉, 게임이론이란 두 명 이상의 사람들이 상호연관관계를 통하여 자신의 이익을 추구하고 있으나 어느 누구도 그 결과를 마음대로 좌우할 수 없는 경쟁적 상황, 즉 게임적 상황을 주로 분석하는 이론이다.

② 게임이 있는 상황이란 상호 간의 행동이 서로 영향을 주는 관계를 의미한다.

2 역사

① 게임이론의 시초는 1944년 프린스턴대학의 폰 노이만 (von Neuman)과 모겐스턴(Morgenstern)이 저술한 '게임과 경제행동이론'에서 찾을 수 있다. 이 책에서 경제학의 많은 분야를 게임이론으로 접근하였고 또한 기대효용이론을 분석하였다.

② 1950년에는 내쉬(Nash)가 협조·비협조적 모형을 발표하였다.

③ 1960년대에는 하샤니(Harsany)가 부분게임 완전균형이라는 균형개념을 도입하였다.

3 게임의 구성요소

1. 경기자(player)

① 게임에 참여하는 경제주체로 기업이나 개인을 들 수 있다.

② 경기자는 게임에 참가하여 게임의 규칙에 따라 자신의 목적을 이루기 위한 의사결정을 한다.

2. 전략(strategy)

① 전략이란 경기자가 선택할 수 있는 가능한 행동을 말한다.

② 각 경기자가 다수의 전략들 중에서 한 가지를 선택하면 게임은 종료되어 하나의 결과가 결정되며 이외에 다른 경기자들이 선택한 전략에도 의존하게 된다.

3. 보수(pay - off)

보수란 각 경기자가 얻게 되는 대가로 게임의 결과에 대해 각 경기자들이 얼마만큼의 만족을 느끼는지 혹은 얼마만큼의 이득을 얻게 되는지를 나타낸다.

4. 규칙(rule)

규칙이란 경기자들이 준수해야 하는 준칙을 말한다.

5. 보수행렬(pay - off matrix)

보수행렬이란 모든 보수의 수치를 표에 체계적으로 정리해 놓은 것을 말한다.

1 협조적 게임과 비협조적 게임

1. 협조적 게임

① 협조적 게임이란 구속력 있는 협약을 체결할 수 있는 게임을 말한다.

② 협조적 게임에서는 경기자 사이의 대화 혹은 협상을 통해 미리 구속력 있는 계약을 체결할 수 있다.

2. 비협조적 게임

① 비협조적 게임이란 구속력 있는 협약을 체결할 수 없는 게임을 말한다.

② 게임의 진행과정에서 경기자 사이의 대화나 협상의 여지가 없기 때문에 게임의 결과를 놓고 미리 구속력 있는 계약을 맺을 수 없다.

2 영합 게임과 비영합 게임

1. 영합 게임(zero sum game)

어떤 전략을 선택하는지에 관계없이 경기자의 보수의 합이 항상 0이 되는 경우를 말한다.

2. 비영합 게임(non - zero sum game)

어떤 전략을 선택하는지에 관계없이 경기자의 보수의 합이 항상 0이 되지 않는 경우를 말한다.

3 정합 게임과 비정합 게임

1. 정합 게임(constant - sum game)

경기자들이 얻는 보수의 합이 항상 일정한 숫자가 되는 경우로서 정합 게임의 특수한 경우가 영합 게임이 된다.

2. 비정합 게임

경기자들이 얻는 보수의 합이 항상 일정한 숫자가 되지 않는 경우를 말한다.

4 완전정보 게임과 불완전정보 게임

1. 완전정보 게임

모든 정보를 알고 시작하는 게임을 말하며 대신 경기자가 실제로 어떤 전략을 선택할지는 알 수가 없다.

2. 불완전정보 게임

정보 중에서 적어도 하나는 모르는 경우의 게임을 말하며 일반적으로 상대 경기자의 보수를 모른다고 가정한다.

5 일회성 게임과 다단계 게임

1. 일회성 게임

각 경기자들이 한 번 전략을 선택한 후 게임이 끝나는 경우를 말한다.

2. 다단계 게임

동일 게임을 여러 번 반복해서 하는 경우를 말한다.

6 전략형 게임과 확장형 게임

1. 전략형 게임

① 일회성 게임 분석에 적합한 형태로서 게임의 결과로 각 경기자들이 얻는 보수로 구성된다.

② 이는 전략 중심의 게임 형태로 주로 보수 행렬을 사용한다.

2. 확장형 게임

다단계 게임 분석에 적합한 형태로서 게임의 진행과정이 표시되며 주로 게임트리(game tree)를 사용한다.

7 동시 게임과 순차 게임

1. 동시 게임(simultaneous - move game)

모든 경기자가 동시에 전략을 선택하는 게임을 말한다.

2. 순차 게임(sequential - move game)

한 경기자가 먼저 행동한 다음에 다른 경기자가 행동하는 방식의 게임을 말한다.

2절 게임의 균형

01 게임의 균형이란?

① 경기자가 자신의 전략을 독자적으로 변경시킴으로써 자신의 보수를 증가시킬 가능성이 없는 상태를 말한다.

② 즉, 게임의 균형이란 각 경기자들이 선택한 전략에 의해 어떤 결과가 나왔을 때 모든 경기자가 이에 만족하고 더 이상 전략을 변화시킬 필요가 없는 상황을 말한다.

02 우월전략균형

1 개념

상대방이 어떤 전략을 선택하는지에 관계없이 자신의 보수를 더 크게 해주는 전략을 우월전략(dominant strategy)이라 하며 이러한 우월전략의 짝을 우월전략균형(dominant strategy equilibrium)이라 한다.

2 설명

		기업 B	
		b_1	b_2
기업 A	a_1	(10, 10)	(30, 5)
	a_2	(5, 30)	(20, 20)

① 어느 지역에서 시장에서의 우위를 놓고 치열한 경쟁을 벌이고 있는 두 기업 A와 B가 있다고 하자. 두 기업은 시장을 장악하기 위하여 어느 전략을 선택할지 고민하고 있다.

② 기업 A와 B가 각각 a_1과 b_1의 전략을 선택하면 이윤은 각각 10, 10이며 두 기업이 각각 a_2와 b_2의 전략을 선택하면 이윤은 각각 20, 20이라고 하자.

③ 만일 기업 B가 b_2의 전략을 선택하고 기업 A가 a_1의 전략을 선택하면 이윤은 각각 30, 5이고 기업 A가 a_2의 전략을 선택하고 기업 B가 b_1의 전략을 선택하면 이윤은 각각 5, 30이라고 가정하자.

④ 두 기업은 사전에 아무런 의논 없이 두 가지 중 하나의 전략을 동시에 선택한다면 이 상황은 전형적인 동시게임이 된다.

⑤ 이 게임에서는 $(a_1, b_1), (a_1, b_2), (a_2, b_1), (a_2, b_2)$의 네 가지 결과가 가능하며 이윤을 게임의 보수라고 할 때 결과별로 두 경기자에게 귀속되는 보수는 위와 같은 보수행렬로 표시될 수 있다.

⑥ 기업 A의 입장에서 상대방이 b_1의 전략을 선택하든지 아니면 b_2의 전략을 선택하든지 상관없이 a_1의 전략을 선택할 때의 이윤이 a_2의 전략을 선택할 때의 이윤보다 크다.

⑦ 따라서 a_1의 전략은 기업 B의 어떤 전략에 대해서도 가장 높은 보수를 얻을 수 있는 최선의 반응이다.

⑧ 마찬가지로 기업 B도 기업 A의 선택에 관계없이 b_1의 전략을 선택할 것이므로 두 기업 모두 (a_1, b_1)의 전략을 선택해서 10, 10의 이윤을 얻는 것이 게임의 균형이 된다. 상대방의 어떤 전략에 대해서도 최선의 반응이 되는 전략을 우월전략이라고 하며, 모든 경기자가 우월전략을 지니고 있는 게임에서 각 경기자가 자신의 우월전략을 선택한 상태를 우월전략균형이라고 한다.

⑨ 즉, 기업 A의 우월전략은 a_1이고 마찬가지로 기업 B의 우월전략은 b_1이다. 각 경기자가 모두 우월전략을 갖고 있으므로 우월전략균형은 (a_1, b_1)이다.

3 특징

① 다수의 내쉬균형이 존재하는 경우 만일 우월전략이 존재한다면 의미있는 유일한 균형은 우월전략균형이 되므로 다수균형이 없어진다.

② 과점기업에 처해있는 상황을 제대로 반영하지 못한다.

③ 우월전략이 항상 존재하는 것은 아니다.

④ 우월전략균형은 모든 참가자에게 우월전략이 있어야 한다.

⑤ 우월전략균형은 파레토효율성을 보장하지 못한다.

심화학습   강우월전략과 약우월전략

1. 개념

① 강우월전략이란 상대방의 모든 전략에 대해 본인의 전략 가운데 가장 높은 보수를 얻을 수 있는 전략을 말한다.

상대방이 어떠한 전략을 선택하든지 상관없이 내 자신의 전략 중에서 가장 높은 보수를 가져다 주는 전략을 '강우월전략'이라고 부른다.

→ 어떤 전략이 강열등전략이라는 것은 상대방이 어떠한 전략을 택하든지 상관없이 해당 전략보다 더 높은 보수를 가져다주는 대안전략이 존재함을 뜻한다.

② 약우월전략이란 상대방의 모든 전략에 대해 본인의 전략이 다른 전략과 비교해 더 높거나 동일한 보수를 얻을 수 있는 전략을 말한다.

2. 사례

기업 A / 기업 B	b_1	b_2
a_1	(1, 1)	(0, 0)
a_2	(0, 0)	(0, 0)

① 기업 A는 기업 B의 전략과 관계없이 전략 a_1을 선택할 때의 보수가 더 크거나 같으므로 a_1이 약우월전략이다.

② 기업 B는 기업 A의 전략과 관계없이 전략 b_1을 선택할 때의 보수가 더 크거나 같으므로 b_1이 약우월전략이다.

1 개념

① 각 경기자가 상대방의 전략을 주어진 것으로 보고 자신에게 최적인 전략을 선택할 때 이 최적전략의 짝을 내쉬 (Nash)균형이라 한다.

② 따라서 내쉬(Nash)균형은 자신의 전략이 상대방의 모든 전략에 대해서가 아니라 상대방의 최적전략에 대해서 만 최적이면 된다는 성격을 가진다.

2 내쉬균형의 사례

1. 2 × 2 모형

		기업 B	
		b_1	b_2
기업 A	a_1	(11, 9)	(7, 7)
	a_2	(7, 7)	(9, 11)

① 기업 A의 입장에서 상대방이 b_1의 전략을 선택하면 a_1의 전략을 선택할 때의 이윤(11)이 a_2의 전략을 선택 할 때의 이윤(7)보다 크다. 상대방이 b_2의 전략을 선택하면 a_2의 전략을 선택할 때의 이윤(9)이 a_1의 전략 을 선택할 때의 이윤(7)보다 크다.

② 기업 B의 입장에서 상대방이 a_1의 전략을 선택하면 b_1의 전략을 선택할 때의 이윤(9)이 b_2의 전략을 선택 할 때의 이윤(7)보다 크다. 상대방이 a_2의 전략을 선택하면 b_2의 전략을 선택할 때의 이윤(11)이 b_1의 전략 을 선택할 때의 이윤(9)보다 크다.

③ 따라서 기업 A와 기업 B 모두 우월전략이 존재하지 않는다.

④ 기업 A가 a_1의 전략을 선택하면 기업 B는 b_1의 전략을 선택하고, 기업 B가 b_1의 전략을 선택하면 기업 A는 a_1의 전략을 선택한다. 또한 기업 A가 a_2의 전략을 선택하면 기업 B는 b_2의 전략을 선택하고, 기업 B가 b_2의 전략을 선택하면 기업 A는 a_2의 전략을 선택한다.

⑤ 위의 경우 내쉬균형은 $(a_1, b_1), (a_2, b_2)$ 2개 존재한다.

2. 3 × 3 모형

		기업 B		
		b_1	b_2	b_3
기업 A	a_1	(4, 3)	(5, 1)	(6, 2)
	a_2	(2, 1)	(8, 4)	(3, 6)
	a_3	(3, 0)	(9, 6)	(2, 8)

① 두 기업 모두 우월전략이 존재하지 않는다.

② 기업 A가 a_1의 전략을 선택하면 기업 B는 b_1의 전략을 선택하고 기업 B가 b_1의 전략을 선택하면 기업 A는 a_1 의 전략을 선택한다.

③ 위의 경우 내쉬균형은 (a_1, b_1) 1개 존재한다.

3. 1명의 경기자에게만 우월전략이 존재하는 경우

		기업 B	
		가격 유지	가격 인하
기업 A	가격 유지	(10, 4)	(5, 6)
	가격 인하	(12, 3)	(7, 2)

① 기업 A만 '가격 인하'라는 우월전략을 갖고 있다.

② 기업 B는 기업 A의 행동을 추측해서 자신의 전략을 정할 수밖에 없으며, 기업 A가 가격의 인하라는 우월전략을 선택한다고 예상하므로 기업 B는 자신의 최적전략이 현재의 가격을 유지하는 것이라고 판단한다.

③ 즉, 기업 B는 기업 A의 열등전략인 '가격 유지'를 삭제하고 남은 보수행렬에서 자신의 최적전략을 선택하는 것이다.

④ 따라서 기업 A가 '가격 인하'의 전략을 선택하고 기업 B는 '가격 유지'의 전략을 선택하는 (가격 인하, 가격 유지)이 게임의 최종적 결과이며 그 결과에서 두 기업은 각각 12와 3의 이윤을 얻는다.

3 특징

① 내쉬(Nash)균형은 우월전략균형을 포함한다. 따라서 우월전략균형이면 내쉬(Nash)균형이지만 내쉬(Nash)균형이라고 해서 항상 우월전략균형이지 않는다.

② 내쉬균형은 반드시 파레토효율적인 성격을 갖지 않는다.

③ 순수전략인 경우 내쉬(Nash)균형은 존재하지 않을 수도 있으며 균형의 유일성도 보장되지 못한다. 그러나 여러 전략을 적절히 혼합해서 사용하는 혼합전략을 사용한다면 내쉬(Nash)균형은 반드시 존재한다.

④ 내쉬균형은 복수로 존재할 수 있다.

⑤ 내쉬균형은 게임의 순서를 고려하지 않기 때문에 순차게임의 균형을 설명하지 못한다.

04 혼합전략 내쉬균형

1 순수전략과 혼합전략

① 순수전략이란 각 경기자가 하나의 전략을 선택하는 경우를 말한다.

② 혼합전략이란 각 경기자가 자신의 순수전략들에 대해 확률을 부여하는 전략을 말한다.

　즉 순수전략이 두 개 밖에 없더라도 부여할 수 있는 확률분포가 많으므로 가능한 혼합전략은 무수히 많게 된다.

2 혼합전략 내쉬균형

경기자가 어떤 전략을 선택하든 자신이 얻을 수 있는 기대보수에 아무런 변화가 없는 경우를 혼합전략 내쉬균형이라 한다.

3 사례

		경기자 B	
		홀	짝
경기자 A	홀	(-1, 1)	(1, -1)
	짝	(1, -1)	(-1, 1)

① 경기자 A는 여러 개의 동전을 자기 손 안에 감추고 경기자 B는 감추어진 동전의 숫자가 홀수인지 짝수인지에 관한 추측을 말한다.

② 경기자 B의 공표 후 경기자 A는 손을 펴서 경기자 B의 추측이 맞았는지 혹은 틀렸는지를 보여 주어야 한다.

③ 만일 경기자 B의 추측이 적중하면 경기자 A는 경기자 B에게 1만 원을 지불하여야 하고 경기자 B의 추측이 틀렸다면 경기자 B가 경기자 A에게 1만 원을 주어야 한다.

④ 순수전략으로는 내쉬균형이 존재하지 않는다.

⑤ 혼합전략을 취할 때 경기자 A의 혼합전략으로 전략 '홀'을 택할 확률이 p, 전략 '짝'을 택할 확률이 $1-p$라 가정하자.

또한 경기자 B는 혼합전략으로 전략 '홀'을 택할 확률이 q, 전략 '짝'을 택할 확률이 $1-q$라 가정하자.

⑥ 경기자 B의 기대효용을 계산해보면 다음과 같다.

'홀' 선택의 경우 기대효용 : $p \times 1 + (1-p) \times -1 = 2p-1$

'짝' 선택의 경우 기대효용 : $p \times -1 + (1-p) \times 1 = -2p+1$

두 개의 기대효용이 같아지도록 p의 확률을 계산하면

$2p-1 = -2p+1$

$\rightarrow 4p = 2$

$\rightarrow p = \dfrac{1}{2}$

이다.

⑦ 경기자 A의 기대효용을 계산해보면 다음과 같다.

'홀' 선택의 경우 기대효용 : $q \times -1 + (1-q) \times 1 = -2q+1$

'짝' 선택의 경우 기대효용 : $q \times 1 + (1-q) \times -1 = 2q-1$

두 개의 기대효용이 같아지도록 q의 확률을 계산하면

$-2q+1 = 2q-1$

$\rightarrow 4q = 2$

$\rightarrow q = \dfrac{1}{2}$

이다.

1 개념

① 예상되는 보수 중에서 가장 낮은 보수의 전략을 제거하는 전략을 최소극대화의 전략이라 한다.

② 경기자가 자신의 각 전략에 대해서 최악의 상황이 발생했을 경우에 얻을 수 있는 보수를 구하고 이들 중에서 극대값이 보장되는 전략을 선택하는 것을 최소극대화 전략이라고 한다.

2 사례

		기업 B	
		b_1	b_2
기업 A	a_1	(9, 6)	(-18, 2)
	a_2	(2, 5)	(3, 1)

① 기업 B의 우월전략은 b_1이므로 이를 아는 기업 A는 상대방이 이 전략을 선택하리라고 기대하고 a_1을 선택한다. 따라서 두 기업은 각각 a_1과 b_1의 전략을 선택하는 (a_1, b_1)이 내쉬균형이다.

② 만약 기업 B가 전략 b_2를 선택하면 기업 A는 -18이라는 엄청난 적자를 보게 된다.

③ 기업 A가 상대기업의 합리성에 의심을 갖게 된다면 전략 a_2를 선택하게 된다.

④ 즉, 기업 A는 최악의 결과를 예방하기 위하여 전략 a_2를 선택하게 되고 이때의 균형은 (a_2, b_1)이 된다.

3 시사점

① 최소극대화 전략은 경기자의 위험기피적이며 보수적인 태도를 나타내고 있다.

② 최소극대화 전략균형이 게임의 균형과 일치한다는 보장이 없다. 즉, 최소극대화 전략에 의한 균형은 상대방의 비합리적 행동으로 치명적인 손해를 입을 수도 있는 전략적 상황에 처한 경기자의 조심스러운 행동을 설명할 수는 있지만 균형으로서의 안정성은 결여되어 있다.

③ 모든 경기자가 우월전략을 지니고 있다면 최소극대화전략에 의한 균형은 내쉬균형과 일치한다.

3절 게임이론의 응용

01 용의자의 딜레마(prisoner's dilemma) 게임

1 상황

① 용의자 A와 B가 있다.

② 공범으로 보이는 두 용의자는 심문받기 때문에 서로 의사전달, 즉 협조가 불가능하다. 즉, 각각 용의자를 취조실에 격리한 상태에서 형사가 심문을 한다.

③ 용의자가 택할 수 있는 전략은 용의점에 대한 부인과 자백이다.

2 설명

		용의자 B	
		자백	부인
용의자 A	자백	(3, 3)	(0, 10)
	부인	(10, 0)	(1, 1)

① 두 용의자가 모두 범행을 자백할 경우 이들은 각각 징역 3년씩의 실형을 선고받는다.

② 두 용의자가 끝까지 범행을 부인할 경우 이들은 증거불충분으로 각각 1년씩의 징역을 선고받는다.

③ 그런데, 한 명은 범행을 부인하고 다른 한 명은 범행을 자백할 경우 범행을 부인한 용의자는 위증죄가 추가되어 징역 10년을 선고받았으나 범행을 자백한 용의자는 정상이 참작되어서 집행유예를 언도받는다.

④ 용의자 B가 자백을 한다고 가정할 때 용의자 A가 자백을 하면 용의자 A는 3년의 징역을 선고받고 부인하면 10년의 형량을 선고받는다.

⑤ 그러므로 용의자 B가 '자백'이라는 전략을 택한다면 용의자 A도 전략 '자백'을 선택하는 것이 최선이다. 반대로 용의자 B가 범행을 부인하면 용의자 A는 자백하는 것이 최선이다.

⑥ 용의자 A는 공범인 용의자 B가 자백을 할지 혹은 끝까지 범행을 부인하고 의리를 지키는지 알 수 없지만 둘 중 어느 경우이든 상관없이 용의자 A에게 있어서 자백은 부인보다 항상 높은 보수를 낳는 전략이다.

⑦ 결국 두 용의자 A, B 모두 범행 일체를 자백하는 것이 우월전략이다.

⑧ 따라서 우월전략균형은 용의자 A, B가 자백하는 (3년, 3년)이 된다. 즉, 용의자의 딜레마 게임에서 균형은 두 용의자 모두 (자백, 자백)하는 것이 우월전략균형이고 이는 곧 Nash균형이기도 하다.

⑨ 각자 개별적으로 최선을 다했음에도 두 용의자 모두에게 불리한 결과가 발생하였으므로 합리성의 모순이다.

⑩ 파레토(Pareto) 열등한 균형이 되는 이유는 협조가 불가능하고, 게임이 단 한번으로 끝나고 반복되지 않기 때문이다.

⑪ 서로 협조하여 혐의를 부인한다면 형량이 줄어드는 파레토개선이 발생한다.

3 시사점

① 우월전략균형의 고전적인 예이다.

② 용의자의 딜레마 게임은 경제주체가 각자 자신의 개인이익을 극대화함으로써 달성되는 균형상태의 자원배분이 사회적으로는 비효율적일 수 있다는 평범한 진리를 잘 표현하고 있다.

③ 일회성 게임이 아닌 무한 반복 게임이라면 서로 혐의를 부인하는 상호협조하는 전략을 취하게 된다.

④ 현실에서 용의자의 딜레마 게임으로 묘사될 수 있는 현상은 수없이 많다.

---

02 카르텔 모형

1 상황

카르텔에 속해있는 기업 A와 B는 카르텔 협정을 준수하는 전략과 위반하는 전략 2가지 중 하나를 선택할 수 있다.

2 설명

		기업 B	
		협정준수	협정위반
기업 A	협정준수	(8, 8)	(1, 10)
	협정위반	(10, 1)	(4, 4)

① 모형에서 각 기업은 카르텔 협정을 위반하는 것이 우월전략이므로 우월전략균형은 (협정위반, 협정위반)이다.

② 두 기업이 모두 우월전략을 채택하게 되면 카르텔 자체가 와해될 것이므로 용의자 딜레마 게임의 틀을 빌어 카르텔의 본질적인 취약성을 설명할 수 있다.

다른 기업들은 협정을 준수하는데 자신만 위반하면 이윤이 매우 커지고 상대방의 이윤은 아주 작아진다거나, 모두 위반할 때에 비해 모두 준수할 때의 이윤이 더 크다는 점 등에서 용의자의 딜레마게임의 성격을 그대로 갖고 있다.

③ 기업은 계속해서 영업을 해야 하므로 카르텔에 속한 기업들은 일종의 반복게임을 하고 있는 셈이므로 카르텔 협정을 위반해 일시적으로 이득을 얻을 수 있다 하더라도 곧 다른 기업의 보복을 받아 더 큰 손해를 입을 수 있다.

④ 바로 이와 같은 이유 때문에 카르텔이 비교적 오랜 기간 동안 유지되기도 한다.

03 성의 대결(battle of sexs) 게임

1 상황

① 어떤 연인이 주말에 데이트하고자 한다.

② 여자는 음악연주회에 가고 싶어하고 남자는 농구경기를 보고 싶어한다.

③ 같이 가는 것이 따로 가는 것보다 더 행복하다.

2 설명

		여	
		농구	음악회
남	농구	(7, 4)	(0, 0)
	음악회	(0, 0)	(4, 7)

① 남녀가 저녁에 데이트를 하면서 즐거운 시간을 갖고자 한다.

② 시간을 보낼 수 있는 장소는 2군데로 하나는 농구장이고 다른 하나는 음악회이다.

③ 남자는 혼자 농구를 보러 가는 것보다 여자와 음악회를 보는 것을 선호한다.

④ 여자도 혼자 음악회를 보는 것보다 남자와 농구장을 가기를 선호한다.

⑤ 현재 남자와 여자의 우월전략은 존재하지 않는다.

⑥ 다른 사람의 선택에 대해서 각 사람은 다른 사람의 선택과 동일한 선택을 하는 것이 최적의 선택이다.

  즉, 남자가 농구경기를 선택하면 여자도 농구경기를 선택하고 여자가 음악회를 선택하면 남자도 음악회를 선택하는 것이 최선의 선택이 된다.

⑦ 따라서 내쉬균형은 (농구, 농구), (음악회, 음악회)로 복수균형이 된다.

3 실제도달균형 - 주도권과 확약(commitment)

① 실제로 두 가지 균형 중에서 어떤 것을 택하느냐 문제가 있다.

② 먼저 협상의 주도권이 누구에게 있느냐에 따라 균형이 결정될 수 있다.

③ 또한 자신의 주장을 확약함으로 균형이 결정될 수 있다.

  → 확약이라 함은 자기의 최종 주장을 밝히는 것으로 자기가 선택한 전략을 끝까지 고수하겠다는 것을 말한다.

④ 신뢰성 있는 확약이어야 상대방 경기자가 이 확약을 인정할 것이다.

  즉 전투에서 배수의 진을 치게 되면 상대방에게 여기가 최후의 결전이라는 것을 나타낼 수 있는 것일 것이다.

1 상황

① 치킨(chicken)은 겁쟁이라는 의미를 갖고 있다.

② 두 사람 갑과 을은 서로 외나무다리에서 만나서 한 쪽이 피하면 겁쟁이가 되는 게임이다.

2 설명

		을	
		T	W
갑	T	(-5, -5)	(4, 1)
	W	(1, 4)	(0, 0)

① 두 사람의 선택은 '강한 전략' 또는 '약한 전략' 두 가지이다.

② T(tough)는 '강한 전략'으로 외나무다리를 먼저 건너가는 전략이고 W(weak)는 '약한 전략'으로 외나무다리를 상대방이 건너가도록 양보하는 전략을 말한다.

한 사람이 계속 돌진하고 다른 사람이 멈추면, 멈춘 사람은 겁쟁이(chicken)가 된다.

둘 다 계속 돌진하여 외나무 다리를 건너고자 한다면 두 사람 모두에게 치명적인 결과를 초래한다.

둘이 동시에 멈추면 서로의 생명은 보존할 수있고 둘 다 같이 멈추었기 때문에 겁쟁이라는 소리는 듣지 않는다.

③ 현재 우월전략과 우월전략균형은 존재하지 않는다.

④ 위의 사례에서는 복수의 내쉬균형이 존재한다.

→ (W ,T) , (T, W)

즉 상대방이 건너가고자 하면 양보하고 본인이 강하게 건너가겠다고 의사전달하면 상대방이 양보하는 전략이 내쉬균형이 된다.

□▲○

4절 반복 게임(repeated game)

01 의의

① 이전까지는 비협조적 게임이 단지 한 번만 이루어지는 경우를 살펴보았다. 이것을 일회성 게임(one-shot game)이라고 한다.
② 현실적으로는 비협조적인 게임은 일회에 그치지 않고 여러 번 반복해서 이루어지는 경우가 일반적이다.
③ 반복 게임이란 동일한 게임을 여러 번 또는 무한히 반복하는 게임을 말한다.

02 일회성 게임과의 비교

1 보복 가능성
일회성 게임은 경기자의 비협조전략에 대해 보복할 수 없지만 반복 게임은 다음 기에 보복할 수 있으며 이것이 게임결과에 큰 영향을 준다.

2 보수의 차이
일회성 게임은 1기에 보수가 결정되지만 반복 게임은 매기마다 보상을 얻게 되고 이를 누적적으로 더한 최종보수를 고려하게 된다.

3 대응
반복 게임은 일회성 게임과 달리 매기마다 전기에 행한 상대 경기자의 전략을 보고 대응할 수 있다.

03 반복 게임의 종류

1 유한 반복 게임
유한 반복 게임이란 반복 게임이 일정 기간 반복하는 것을 말한다.

2 무한 반복 게임
무한 반복 게임이란 반복 게임이 영원히 계속하는 경우를 말한다.

04 유한 반복 게임과 역진귀납법

① 반복이 5기간인 유한 반복 게임을 한다고 가정해보자.

② 5기간에 게임이 종료된다는 것을 경기자가 안다면 서로 비협조하므로 이기적인 전략을 취할 것이다.
왜냐하면 5기간 이후에는 더 이상의 보복가능성이 없기 때문이다.

③ 이제 4기간을 보면 5기간에 비협조 전략을 선택할 것이라는 것을 알기 때문에 비협조 전략을 취하게 된다.

④ 결론적으로 유한 반복 게임에서는 균형이 각 경기자의 비협조 전략이 되고 이는 일회성 게임에서의 내쉬균형과 같게 된다.

⑤ 이와 같이 역진귀납(backward induction)을 계속 적용해나가면 결국 첫 번째 게임에서도 두 경기자 모두 비협조 전략을 선택할 것이라는 결론에 이른다.

05 무한 반복 게임과 잔혹 처벌 전략 그리고 팃-포-탯(tit - for - tat) 전략

① 무한 반복 게임의 경우 잔혹 처벌 전략을 취할 수 있다.
잔혹 처벌 전략(trigger strategy)이란 경기자들이 위반하지 않는 한 계속 협조 전략을 택하지만 위반하면 영원히 비협조 전략을 선택하는 것을 말한다.

② 또한 팃-포-탯 전략 즉 '눈에는 눈, 이에는 이'전략을 취할 수도 있다.
즉 초기에는 협조하다가 다음 기에 경기자가 전기의 경기자의 전략을 선택하여 대응하는 전략을 말한다.

5절 순차 게임

01 의의

① 순차 게임이란 경기자들이 순서에 맞추어 행동을 취해나가는 형식의 게임을 말한다.

   즉, 순차 게임이란 두 경기자가 동시에 행동을 취하는 동시게임과 달리 한 경기자 A가 먼저 행동을 취한 다음 다른 경기자 B가 이것을 보고 나중에 행동을 취하는 게임이다.

② 따라서 순차 게임에서는 경기자 B가 경기자 A의 선택에 따라 조건부 전략을 수립할 수 있다.

③ 순차 게임은 누가 언제 어떤 순서로 선택하는지를 보여 주는 완전정보 게임이고 전략형 게임은 순서가 없는 불완전 정보 게임이다.

02 정규형과 전개형

1 정규형(normal form)

정규형은 경기자들이 전략을 동시에 선택하는 경우를 표현할 수 있으며 게임의 결과를 보수행렬로 나타낸다.

2 전개형(extensive form)

① 전개형은 경기자들이 취한 전략을 보고 다시 전략을 선택하는 게임을 말하며 게임의 결과를 게임 나무(game tree)로 나타낸다.

② 게임이 진행되어 가는 경로를 묘사한 것이 마치 누워있는 나무의 모습과 비슷하다 하여 게임 나무라는 이름이 붙여졌다.

03 전개형의 구성요소

① 전개형은 경기자, 결정마디(decision node), 이동순서, 이동 완결 후 보수, 전략 선택 시 경기자들이 얻는 정보 등으로 이루어진다.

② '결정마디'란 게임나무에서 각 단계에서의 선택을 굵은 점으로 표시하고 있는 것을 말한다.

04 완전정보 하의 순차 게임

1 의의

① 완전정보라 함은 경기자의 전략선택을 알고 있어 정보집합이 하나의 결정마디로 구성되어 있는 경우를 말한다.

② 불완전정보라 함은 경기자의 전략선택을 모르고 있어 복수의 결정마디로 구성되어 있는 경우를 말한다.

❷ 사례 - 신뢰할 수 없는 위협의 경우

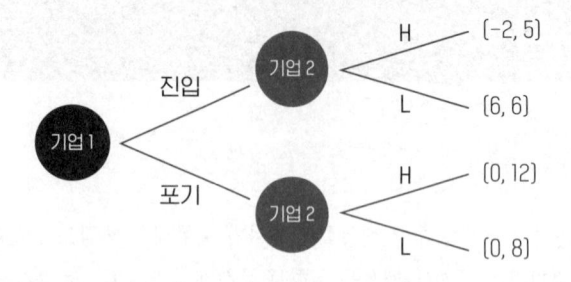

① 현재 과점시장에서 기존에 영업하고 있는 기업 2와 신규로 진입하고자 하는 기업 1이 있다고 하자.

② 기업 1은 진입 여부가 전략이 되고 기업 2는 산출량 대응으로 기업 1의 진입을 위협하는 전략을 취하고자 한다.

③ 기업 1이 진입하면 기업 2는 낮은 산출량(L)으로 대응하는 것이 최선의 전략이고 기업 1이 진입을 포기하면 기업 2는 높은 산출량(H)으로 대응하는 것이 최선의 전략이 된다.

　기업 1이 이미 진입해 들어왔다면 기업 2로서는 낮은 산출량으로 대응하는 것이 더 낫다. 높은 산출량을 선택해 진입에 대해 강하게 대응하면 기업 1에게 손해를 입힐 수는 있어도 자신의 이윤도 줄어드는 손해를 감수해야 하기 때문이다.

　기업 1이 진입을 포기한 경우에는 높은 산출량을 선택하는 것이 더 낫다. 높은 산출량을 선택할 때의 이윤은 12가 되어 낮은 산출량을 선택할 때의 8보다 더 크기 때문이다.

④ 그러나 기업 1의 경우에는 자신보다 뒤에 행동을 취하는 상대방이 무슨 전략을 쓰느냐에 따라 전략이 달라져야 하기 때문에 최선의 전략이라고 부를 수 있는 것이 존재하지 않는다.

　위와 같은 예상하에서 기업 1은 당연히 진입하기로 결정할 것이다. 그러므로 기업 1은 진입하고 기업 2는 낮은 산출량으로 대응해 두 기업 모두 6의 이윤을 얻는 것이 균형이 될 수 있다.

⑤ 기업 2가 내리는 결정이 무엇일지를 고려하고 이로부터 기업 1이 어떤 전략을 선택할지를 살피는 과정을 거쳐 균형을 찾아냈다.

　균형을 찾는 과정은 순차 게임의 진행과는 반대방향 즉 마지막 단계에서 거꾸로 거슬러 올라가는 방식으로 균형을 찾을 수 있다.

　→ 역진 귀납법(backward induction)

⑥ 순차 게임에서 의미 있는 균형은 내쉬조건 뿐 아니라 신뢰성 조건이라는 추가적인 조건도 충족할 수 있어야 한다.

⑦ 내쉬조건이란 상대방이 현재의 전략을 그래도 유지한다고 할 때 자신만 일방적으로 전략을 바꿈으로써 이득을 볼 수 없다는 조건을 말한다.

　내쉬조건에 해당하는 경우는 기업 1이 진입하는 전략을 선택하고 기업 2는 낮은 산출량으로 대응하는 전략을 선택할 때와 기업 1이 포기하는 전략을 선택하고 기업 2는 높은 산출량으로 대응하는 전략을 선택하는 2 가지가 존재한다.

⑧ 신뢰성 조건이란 자신의 행동이 신뢰할 수 있는 위협(credible threat)이 되는 조건을 말한다.

　즉, 자신이 행한 위협대로 일관성 있게 실천에 옮기는 것이 실제로도 언제나 자신에게 이득이 될 수 있을 때를 말한다.

　기업 2가 기업 1이 진입하지 못하도록 무조건 높은 산출량으로 대응할 것이라고 위협할 수 있는데 기업 1은 이 위협에 별 신뢰성이 없다는 것을 잘 알고 있다.

⑨ 내쉬조건이 충족되는 두 개의 전략의 짝 중에서 기업 1이 진입하는 전략을 선택하고 기업 2는 조건부 전략인 낮은 산출량(L)을 선택하는 것만이 순차 게임의 균형이 된다.

⑩ 내쉬조건과 신뢰성 조건을 동시에 만족시키는 전략의 짝을 완전균형(perfect equilibrium)이라고 부른다.

3 사례 – 신뢰할 수 있는 위협의 경우

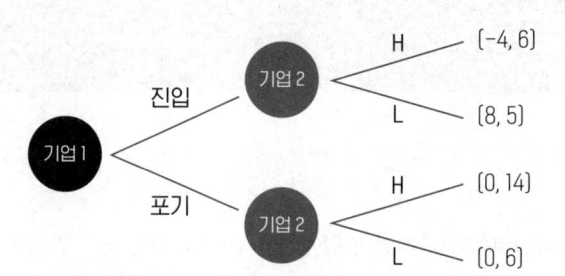

① 기업 1이 진입해도 기업 2는 높은 산출량(H)으로 대응하고 기업 2가 진입을 포기해도 높은 산출량(H)으로 대응하는 것이 최선의 전략이 된다.

② 따라서 기존 기업인 기업 2의 기업 1에 대한 위협은 신뢰할 수밖에 없다.

4 신뢰성 있는 위협이 되기 위한 조치

① 기존 기업인 기업 2의 최고경영자가 생산책임자에게 무조건 높은 산출량으로 대응하라는 공약(commitment)을 기업 내외에 공포한다.

② 기존 기업인 기업 2의 생산시설을 확장하거나 연구개발투자에 막대한 예산을 투입한다면 신규 기업인 기업 1은 위협을 신뢰할 수밖에 없게 된다.

③ 이러한 행동은 자신의 행동을 일정방법으로 제약함으로써 다른 기업의 행동에 제약을 가하고 궁극적으로는 자신에게 유리한 결과를 얻을 수 있다.

6절 경매이론

01 개요

① 경매이론은 불완전정보하에서의 전략적인 행위에 대한 연구로 최근 많은 관심을 끌고 있다.

② 농산물 및 수산물, 주식, 부동산 등 수많은 상품들이 경매에 의해 교환되고 있어 현실경제에서 상당한 중요성을 갖고 있다.

③ 경매를 통해 거래가 이루어지는 상품에는 기준가치가 존재하지 않는데 당일 잡은 생선의 경우 그 당시의 특정한 수급조건에 의해 가격이 결정될 수밖에 없다.

④ 또한 정부의 구매사업처럼 본질상 경매 제도를 이용하는 것이 더 적절할 수도 있다.
   왜냐하면 문제의 소지가 발생할 수 있기 때문이다.

02 경매의 여러 방식

1 공개경매(open-outcry bidding) 방식

① 참가자 모두가 모인 자리에서 공개적으로 경매가 진행되는 경우로 일반적인 경매방식이다.

② 공개경매 방식은 영국식 경매와 네덜란드 경매로 나누어진다.

③ 영국식 경매(English auction)는 부르는 가격을 계속 올려가다가 더 이상 높은 가격을 부르는 사람이 없으면 그 가격에서 거래가 이루어지는 방식으로 가장 전형적인 경매 방식이다.
   골동품이나 예술작품의 거래에 주로 사용된다.

④ 네덜란드식 경매는 경매인이 가장 높은 가격을 부르기 시작해 매입하는 사람이 나서지 않으면 가격을 차츰 내려가는 방식으로 진행된다.
   짧은 시간 안에 경매가 끝날 수 있기 때문에 꽃이나 생선 거래에 주로 사용된다.

2 입찰제(sealed bid) 방식

① 각 경매 참가자가 자신이 지불할 용의가 있는 금액을 봉투에 넣고 봉해진 상태로 제출하는 경매 방식이다.

② 입찰제 방식은 최고가격 입찰제와 제2가격 입찰제로 나누어진다.

③ 최고가격 입찰제(first-price sealed-bid auction)는 가장 높은 가격을 적은 사람이 경매에서 이기게 되며 그 사람은 자신이 적은 금액을 지불해야 하는 방식이다.
   정부가 소유한 재산의 공매나 정부구매사업에 주로 사용된다.

④ 제2가격 입찰제(second-price sealed bid auction)은 경매에서 이긴 사람이 자신이 써낸 금액을 지불하는 것이 아니고 그 다음으로 높이 써낸 금액을 지불하는 방식이다.

03 승자의 저주(winner's curse)

① 승자의 저주란 경쟁에서는 승리했지만 승리를 위해 과도한 비용을 지출함으로써 오히려 위험에 빠지거나 손실이 유발되는 경우를 말한다.

② 승자의 저주는 1960년대 미국의 해양 석유 채굴권 경매에서 과도하게 달아오른 경매 분위기로 인해 낙찰가가 실제 가치보다 과도하게 결정된 사례에서 유래했다.

③ 경매 참가자들은 이를 알고 자신이 평가한 금액보다 더 낮은 금액을 써낼 수밖에 없게 되는데 이렇게 되면 경매를 주관하는 업체는 수입이 적어지게 된다.

④ 경매 참가자들로 하여금 평가금액을 깎지 않고 그대로 써내도록 유도할 수 있는 방법을 찾으려고 노력했고 이 문제에 대한 해결책으로 등장한 것이 바로 '제2가격 입찰제'이다.

01 게임이론에 대한 다음의 서술 중 옳지 않은 것은?

① 지배적 전략이란 어떤 전략을 선택하더라도 자신에게 가장 최선인 전략을 의미하는데 현실적으로 모든 과점기업이 지배적 전략을 가지고 있는 경우는 흔하지 않다.

② 내쉬균형은 두 개 이상 존재할 수 있으며 파레토 최적배분을 달성하는 상태이다.

③ 게임의 보수를 모두 2배 늘리더라도 게임의 균형은 불변이다.

④ 최소극대화전략은 상대방 기업의 합리성에 의구심을 가지고 있을 때 선택하는 전략이다.

⑤ 죄수의 딜레마 게임에서 이 게임이 무한히 계속되는 반복게임이라면 두 범인이 모두 자백하는 것이 지배적 전략이 되지 않을 수도 있다.

02 용의자의 딜레마와 관련한 다음 설명 중 틀린 것은?

① 시장실패의 한 유형으로 해석할 수 있다.

② 균형이 유일하다.

③ 카르텔의 성공하기 어려운 이유와 관련된다.

④ 균형전략이 상대방의 전략선택에 의존하지 않는다.

⑤ 게임을 반복해도 협조하지 않는다.

01 ① 지배적 전략 또는 우월전략이란 상대방이 어떤 전략을 선택하는지에 관계없이 자신의 보수를 더 크게 해주는 전략을 말한다. 일반적으로 우월전략이 항상 존재하는 것은 아니기 때문에 과점기업이 처해있는 상황을 제대로 반영하지 못한다.

② 각 경기자가 상대방의 전략을 주어진 것으로 보고 자신에게 최적인 전략을 선택할 때 이 최적전략의 짝을 내쉬(Nash) 균형이라 한다. 내쉬균형은 두 개 이상 존재할 수 있으나 항상 파레토 최적배분을 달성하는 것은 아니다.

③ 게임의 보수를 일률적으로 2배 늘리더라도 경기자에게 유리한 전략이 변하지 않기 때문에 게임의 균형도 바뀌지 않는다.

④ 경기자가 자신의 각 전략에 대해서 최악의 상황이 발생했을 경우에 얻을 수 있는 보수를 구하고 이들 중에서 극대값이 보장되는 전략을 선택하는 것을 최소극대화 전략이라고 한다. 최소극대화 전략은 경기자의 위험기피적이며 보수적인 태도를 나타내고 있다.

⑤ 일회성게임이 아닌 무한반복게임이라면 서로 혐의를 부인하는 상호협조하는 전략을 취하게 된다.

②

02 • 용의자의 딜레마 게임에서의 균형은 두 용의자 모두 (자백, 자백)하는 것이 우월전략균형이고 이는 곧 Nash 균형이기도 한다.

• 각자 개별적으로 최선을 다했음에도 두 용의자 모두에게 불리한 결과가 발생하였으므로 합리성의 모순이다.

• 파레토(Pareto) 열등한 균형이 되는 이유는 협조가 불가능하고, 게임이 단 한번으로 끝나고 반복되지 않기 때문이다. 서로 협조하여 혐의를 부인한다면 형량이 줄어드는 파레토개선이 발생한다.

① 용의자의 딜레마 게임은 경제주체가 각자 자신의 개인이익을 극대화함으로써 달성되는 균형상태의 자원배분이 사회적으로는 비효율적일 수 있다는 평범한 진리를 잘 표현하고 있다. 즉, 시장실패의 유형으로 볼 수 있다.

② 용의자의 딜레마 게임에서 균형은 두 용의자 모두 (자백, 자백)하는 것이 우월전략균형이고 균형은 유일하다.

③ 현실에서 용의자의 딜레마 게임으로 묘사될 수 있는 현상은 수없이 많은데 그 중 하나가 카르텔 모형이다. 모형에서 각 기업은 카르텔 협정을 위반하는 것이 우월전략이므로 우월전략균형은 (협정위반, 협정위반)이다. 두 기업이 모두 우월전략을 채택하게 되면 카르텔 자체가 와해될 것이므로 용의자 딜레마 게임의 틀을 빌어 카르텔의 본질적인 취약성을 설명할 수 있다.

④ 용의자의 딜레마모형은 우월전략균형의 고전적인 예이다. 경기자 모두 우월전략을 가지고 있다.

⑤ 일회성게임이 아닌 무한반복게임이라면 서로 혐의를 부인하는 상호 협조하는 전략을 취하게 된다.

⑤

03 A사와 B사가 경쟁하는 과점시장이 있다고 하자. 두 회사의 전략과 그에 따른 이윤이 아래의 표와 같다고 할 때, 우월전략균형에 대해 다음 중 사실인 것은? (괄호 안의 첫 번째 숫자는 A사의 이윤, 두 번째 숫자는 B사의 이윤을 나타낸다.)

		A사	
		전략 1	전략 2
B사	전략 1	(100, 200)	(200, 40)
	전략 2	(20, 300)	(50, 100)

① A사는 전략 1, B사는 전략 2를 택한다.

② A사는 전략 2, B사는 전략 1을 택한다.

③ A, B사 모두 전략 1을 택한다.

④ A, B사 모두 전략 2를 택한다.

⑤ 어떤 전략을 택할지 알 수 없다.

04 삼성과 LG가 전자제품의 광고여부를 결정하려 한다. 두 기업의 광고게임을 표로 나타내면 다음과 같다. 내쉬(Nash)균형에서의 삼성의 이윤은? (괄호 안의 첫 번째 숫자는 삼성의 이윤, 두 번째 숫자는 LG의 이윤을 나타낸다.)

		LG	
		광고를 함	광고를 하지 않음
삼성	광고를 함	(65, 50)	(275, 25)
	광고를 하지 않음	(35, 250)	(135, 85)

① 35

② 65

③ 100

④ 135

⑤ 275

05 두 기업 A, B의 가격 전략 UA, LA, UB, LB가 결과하는 이윤의 보수행렬이 다음과 같이 주어질 때 기업들이 도달하는 내쉬(Nash)균형 보수는?

기업 A \ 기업 B	UB	LB
UA	(3, 3)	(-2, 4)
LA	(4, -2)	(1, 1)

① (3, 3)

② (-2, 4)

③ (4, -2)

④ (1, 1)

⑤ (4, 4)

03

- A사가 전략 1을 선택하면 B사는 전략 2를 선택한다. 왜냐하면 전략 1을 선택할 때의 이윤 200보다 전략 2를 선택할 때의 이윤인 300이 크기 때문이다.
- A사가 전략 2를 선택하면 B사는 전략 2를 선택한다. 왜냐하면 전략 1을 선택할 때의 이윤 40보다 전략 2를 선택할 때의 이윤인 100이 크기 때문이다.
- 따라서 B사는 우월전략인 전략 2를 선택한다. 마찬가지로 A사도 우월전략인 전략 2를 선택한다.
- 두 기업은 모두 우월전략인 전략인 전략2를 선택하므로 우월전략균형은 (전략 2, 전략 2)이다.

④

04

- LG가 광고를 하면 삼성은 광고를 한다. 왜냐하면 광고를 할 때의 이윤인 65가 광고를 하지 않을 때의 이윤인 35보다 크기 때문이다.
- LG가 광고를 하지 않으면 삼성은 광고를 한다. 왜냐하면 광고를 할 때의 이윤인 275가 광고를 하지 않을 때의 이윤인 135보다 크기 때문이다.
- 삼성의 우월전략은 '광고를 함'이며 마찬가지로 LG도 광고를 하는 것이 우월전략이다.
- 두 기업 모두 우월전략을 갖고 있으므로 우월전략균형이 존재한다.
- 우월전략균형은 두 기업 모두 '광고를 함'의 전략을 취하는 것이므로 두 기업의 이윤은 (65, 50)이 된다.
- 우월전략균형은 내쉬균형이므로 내쉬균형에서의 삼성은 '65'의 이윤을 얻는다.

②

05

- 기업 A : 기업 B가 UB를 선택하면 LA를 선택, LB를 선택하면 LA를 선택

  항상 전략 LA가 유리하므로 LA가 우월전략이다.
- 기업 B : 기업 A가 UA를 선택하면 LB를 선택, LA를 선택하면 LB를 선택

  항상 전략 LB가 유리하므로 LB가 우월전략이다.
- 서로 우월전략을 선택하므로, 균형은 (1, 1)이고, 이 균형에서 아무도 전략을 바꿀 동기가 없으므로 내쉬 균형이 된다.

④

06 회사 측과 노조 간의 대립관계를 게임이론의 틀에서 생각해 보기로 하자. 노조 측은 즉시 파업을 강행하는 전략이나 자신의 요구를 일부 양보하고 작업을 계속하는 전략을 선택할 수 있으며, 회사 측은 노조 측에 맞서 직장 폐쇄를 결정하는 전략이나 노조 측의 요구를 어느 정도 수용하는 전략을 선택할 수 있다. 이 게임은 일회에 한해서 동시에 행해지고, 노조 측과 회사 측이 얻는 순이득(Pay-off)이 아래 표와 같다고 할 때 (단, 왼쪽 값은 노조 측, 오른쪽 값은 회사 측의 순이득을 나타냄) 다음 설명 중에서 옳은 것은?

구분		회사 측	
		직장 폐쇄	요구 수용
노조 측	파업	-3, -3	10, -5
	작업 계속	-5, 10	8, 8

① 회사 측의 우월전략(Dominant Strategy)은 노조 측의 요구를 수용하는 것이다.

② 이 게임의 내쉬균형은 파레토 최적이 효율적이다.

③ 이 게임의 내쉬균형은 노사측이 모두 손실을 입는 것으로 끝나게 된다.

④ 노조 측은 우월전략을 가지지 않고 회사 측의 전략에 따라 다르게 반응한다.

⑤ 게임 결과 노사 어느 한 편만이 손해 보는 내쉬균형이 존재한다.

06 ③

- 우월전략이란 상대방의 전략에 상관없이 자신의 전략 중 자신의 보수를 극대화하는 전략을 말한다. 회사 측이 '직장 폐쇄' 전략을 추구하는 경우 노조 측은 작업 계속(-5)보다 파업(-3)을 선택하는 것이 유리하고, 회사 측이 요구 수용 전략을 추구하는 경우에도 노조 측은 작업 계속(8)보다 파업(10)을 선택하는 것이 유리하다. 따라서 노조에게 있어서 우월전략은 파업이다. 기업의 경우 우월전략은 직장 폐쇄가 우월전략이다. 우월전략 균형은 우월전략의 조합이며 이러한 우월전략은 내쉬균형이다. 설문에서 우월전략 균형인 동시에 내쉬균형은 (파업, 직장 폐쇄)이다.

01 복점(duopoly)시장에서 기업 A와 B는 각각 1, 2, 3의 생산량 결정 전략을 갖고 있다. 성과보수행렬(payoff matrix)이 다음과 같을 때 내쉬균형은?
(단, 게임은 일회성이며, 보수행렬 내 괄호 안 왼쪽은 A, 오른쪽은 B의 보수이다.)

		B		
		전략 1	전략 2	전략 3
	전략 1	(7, 7)	(5, 8)	(4, 9)
A	전략 2	(8, 5)	(6, 6)	(3, 4)
	전략 3	(9, 4)	(4, 3)	(0, 0)

① (7, 7), (6, 6), (0, 0)
② (7, 7), (5, 8), (9, 4)
③ (8, 5), (6, 6), (3, 4)
④ (9, 4), (5, 8), (0, 0)
⑤ (9, 4), (6, 6), (4, 9)

02 다음의 전략형 게임(strategic form game)에서 α에 따라 甲과 乙의 전략 및 균형이 달라진다. 이에 관한 설명으로 옳지 않은 것은?
(단, 보수 행렬의 괄호 안 첫 번째 보수는 甲, 두 번째 보수는 乙의 것이다.)

		乙	
		Left	Right
甲	Up	$(5-\alpha, 1)$	$(2, 2)$
	Down	$(3, 3)$	$(1, \alpha-1)$

① $\alpha < 2$이면, 전략 Up은 甲의 우월전략이다.
② $\alpha > 4$이면, 전략 Right는 乙의 우월전략이다.
③ $2 < \alpha < 4$이면, (Down, Left)는 유일한 내쉬균형이다.
④ $\alpha < 2$이면, (Up, Right)는 유일한 내쉬균형이다.
⑤ $\alpha > 4$이면, (Up, Right)는 유일한 내쉬균형이다.

03 경매(auction)에 관한 설명으로 가장 옳은 것은?

① 경매는 상대방의 입찰금액을 모르는 상황에서 자신의 입찰금액을 정해야 하므로 게임이론으로 연구하기 적합하지 않다.
② 예술품 경매로 유명한 소더비와 크리스티에서는 입찰제(sealed bid) 방식의 경매를 실시한다.
③ 제2가격 입찰제(second - price auction)는 두 번째로 높은 가격을 제시한 사람에게도 기회를 주는 경매 방식이다.
④ 승자의 불행(winner's curse)은 경매의 승자가 실제 가치보다 더 높은 금액을 지불하는 경향을 뜻한다.

01 • 기업 A와 B 모두 우월전략을 갖고 있지 않다.

⑤

• 기업 A가 전략 1을 선택하면 기업 B는 전략 3을 선택한다. 기업 B가 전략 3을 선택하면 기업 A는 전략 1을 선택하므로 (4, 9)는 내쉬균형이다.

• 기업 A가 전략 2를 선택하면 기업 B는 전략 2를 선택한다. 기업 B가 전략 2를 선택하면 기업 A는 전략 2를 선택하므로 (6, 6)는 내쉬균형이다.

• 기업 A가 전략 3을 선택하면 기업 B는 전략 1을 선택한다. 기업 B가 전략 1을 선택하면 기업 A는 전략 3을 선택하므로 (9, 4)는 내쉬균형이다.

02 • ①, ④ 갑의 우월전략이 Up이 되기 위해서는 $5-\alpha > 3$이 되어야 하므로 $\alpha < 2$의 조건을 만족해야 한다.

③

$\alpha < 2$이면 갑의 우월전략은 Up이므로 유일한 내쉬균형은 (Up, Right)이다.

• ②, ⑤ 을의 우월전략이 Right가 되기 위해서는 $\alpha-1 > 3$이 되어야 하므로 $\alpha > 4$의 조건을 만족해야 한다.

$\alpha > 4$이면 을의 우월전략은 Right이므로 유일한 내쉬균형은 (Up, Right) 이다.

• ③ $2 < \alpha < 4$이면, 갑과 을 모두 우월전략을 갖고 있지 않다.

03 ① 경매 이론은 불완전정보하에서의 전략적인 행위에 대한 연구이므로 게임이론으로 연구할 수 있는 영역이다.

④

② 예술품 경매로 유명한 소더비와 크리스티에서는 공개 경매 방식을 실시한다.

공개 경매 방식이란 참가자 모두가 모인 자리에서 공개적으로 경매가 진행되는 것으로 일반적인 경매 방식이다.

③ 제2가격 입찰제(second-price sealed bid auction)는 경매에서 이긴 사람이 자신이 써낸 금액을 지불하는 것이 아니고 그다음으로 높이 써낸 금액을 지불하는 방식이다.

두 번째로 높은 가격을 제시한 사람에게는 기회를 제공하지 않는다.

01 객관식 점검 문제

PART 출제경향

- 시장이론은 완전경쟁시장, 독점시장, 독점적경쟁시장, 과점, 게임이론으로 나누어진다.
- 가장 기본시장은 완전경쟁시장이며 완전경쟁시장과 극단에 있는 시장이 독점시장이다.
- 이윤극대화 조건, 장단기 균형 등 두 시장의 차이점을 잘 정리해야 한다.
- 과점시장은 꾸르노모형, 슈타겔버그모형, 베르뜨랑 모형의 계산문제가 빈출되므로 한번에 실수없이 푸는 연습을 해보자.
- 요즘 각광받는 분야가 게임이론이다. 게임이론은 다양한 모형으로 나뉘어 있으므로 좀 더 심도 있게 공부하는 것을 추천한다.

02 약술 및 논술 점검 문제

PART 출제경향

- 완전경쟁시장, 독점시장, 과점시장 등의 특징을 묻는 약술 유형이 나오니 각 시장에 대한 특징을 암기해야 한다.
- 독점시장의 경우 자원배분의 비효율성으로 인한 폐해를 줄이기 위한 대책 등을 정리해야 한다.
- 즉, 독점시장 규제에 대해서 묻는 약술 및 논술 유형이 출제될 수 있다.
- 또한 과점시장은 게임이론과 연관시켜 약술 및 논술 문제가 출제될 수 있으며 계산 문제를 통해 개념을 물을 수도 있다.
- 게임이론은 게임이론의 응용 파트에 담겨진 의미를 묻는 약술 유형도 출제될 수 있다.

코트라

최근 독점에 대해서 일반인들의 비판적인 견해가 많으며 각 나라에서는 반독점법 등을 통해 독점을 엄격히 규제하고 있다. 독점의 원인을 간결하게 서술하고 독점의 경제적 영향을 사회적 비용의 관점에서 서술하라.

해설

■ 독점의 발생 원인

1. 독점 시장이란?

유일한 판매자가 가격 설정자 역할을 하고 수많은 구매자들이 모두 가격 수용자인 시장을 말한다.

2. 발생 원인

(1) 규모의 경제에 따른 자연독점

① 규모의 경제란 산출량이 증가할수록 평균비용이 감소하는 것을 의미한다. 규모의 경제가 존재하면 주어진 산출량을 한 기업이 모두 생산하는 것이 적어도 비용 측면에서는 효율적이다.

② 규모의 경제가 강하게 존재하는 경우 시장이 자연스럽게 한 기업이 모든 산출량을 생산하는 독점의 시장구조를 가지게 되는 경우가 많은데 이를 자연독점이라고 부른다.

③ 전통적으로 네트워크 산업의 경우 초기 망투자 비용이 매우 크므로 규모의 경제가 크게 존재한다.

④ 통신, 전력, 철도, 수도 등과 같은 네트워크 산업들이 많은 나라에서 국가 독점이나 또는 규제를 받는 민간 독점의 시장구조를 가진 이유가 바로 규모의 경제를 활용하기 위해서이다.

(2) 정부의 인허가(특허권, 전매권)

한 기업이 법적으로 보호받을 권리를 정부로부터 얻게 되면 그 기업은 적어도 일정 기간 동안에는 독점적 권리를 보장받는다.

(3) 생산요소 장악

특정 재화를 생산하는데 필수부가결한 생산요소에 대한 독점적 지배를 할 수 있으면 그 생산요소를 이용하여 생산하는 재화 또한 독점할 수 있다.

② 독점의 경제적 영향 - 사회적 비용의 관점

1. 자원배분의 비효율성

① 가격이 한계비용보다 크기 때문에($P > MR = MC$) 완전경쟁보다 생산량이 적고 가격은 높게 설정된다. 또한 사회적 후생손실(자중손실)이 발생한다.

② X - 비효율성이 존재한다.

X - 비효율성이란 눈에 보이지 않는 비효율성으로 비용 상승의 원인이 된다.

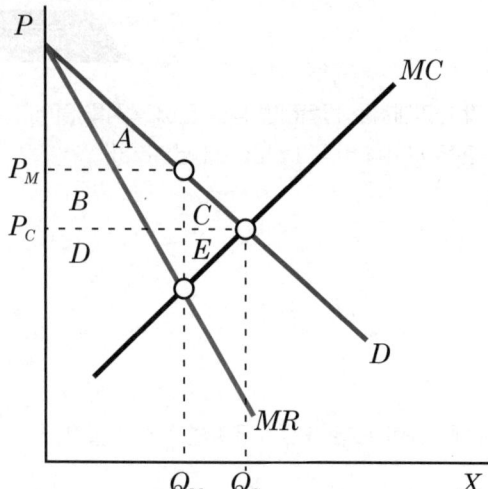

① 완전경쟁시장의 경우 한계비용곡선과 시장수요곡선이 만나는 점에서 균형이 달성된다.

② 즉 Q_C만큼이 P_C의 가격으로 거래됨으로써 총잉여가 극대화된다.

③ 독점기업은 이윤극대화를 위해 공급량은 Q_M으로 줄이고 가격은 P_M으로 인상한다.

④ 그 결과 소비자잉여는 삼각형 A의 면적으로 감소하고 생산자잉여는 사각형 $(B+D)$의 면적으로 변하게 된다.

⑤ 독점으로 인한 비효율의 크기, 즉 독점의 자중손실을 나타내는 삼각형$(C+E)$의 면적을 그 크기를 추정한 경제학자의 이름을 따서 '하버거의 삼각형'이라고도 부른다.

	완전경쟁	독점	변화
소비자 잉여	$A+B+C$	A	$-B-C$
생산자 잉여	$D+E$	$B+D$	$B-E$
사회적 잉여	$A+B+C+D+E$	$A+B+D$	$-C-E$

3. 소득분배의 측면

① 생산물시장이 완전경쟁에서 독점으로 변하면서 사각형 B 면적만큼의 소비자잉여가 독점기업에게 이전되는데 이는 시장 거래로부터 발생하는 순편익이 소비자로부터 독점기업에게 재분배된다는 것을 의미한다.

② 소비자 잉여를 독점이윤으로 전환시킴에 따라 소득분배의 불평등이 초래될 수 있는데 독점기업에 속해있는 사람들의 소득이 소비자들보다 높다면 독점으로 인해 분배구조의 불공평은 증가할 것이며, 이는 자중손실과 함께 독점의 사회적 비용이라고 할 수 있다.

문제 01

고정비용이 전부 매몰비용일 경우 생산 중단점과 고정비용이 전부 매몰비용이 아닐 경우 생산 중단점을 비교하시오.

해설

- 고정비용이 전부 매몰비용이라면 경제적 의사결정 시 고려할 필요가 없으므로 가변비용만 고려하면 된다. 따라서 총수입이 총가변비용보다 크면 생산을 계속할 수 있으며 그러한 이유로 생산 중단점은 평균가변비용곡선의 최저점이 된다.
- 그러나 고정비용이 전부 회수 가능하다면 총수입이 총비용보다 크면 생산을 계속해야 하며 따라서 생산 중단점은 평균비용곡선의 최저점이 된다.

문제 02

독점적 경쟁기업의 수요곡선과 독점기업의 수요곡선을 비교하시오.

해설

- 독점기업과 독점적경쟁기업의 수요곡선은 모두 우하향한다.
- 그러나 독점기업의 수요곡선의 기울기가 독점적 경쟁기업의 수요곡선보다 가파른데 그 이유는 시장 지배력이 더 크기 때문이다.
- 또한 독점기업의 수요곡선은 시장수요곡선이나 독점적 경쟁기업의 수요곡선은 개별기업의 수요곡선이다.
- 독점적 경쟁시장은 진입장벽이 거의 없으므로 초과이윤이 발생하면 기업의 진입이 발생하고 이는 독점적 경쟁기업의 시장점유율 하락을 가져온다.
- 따라서 독점적 경쟁기업의 이윤이 0이 될 때까지 해당 기업의 수요곡선은 좌측으로 이동하게 된다.

수입자유화를 통하여 독점을 규제할 때 소비자 잉여, 생산자 잉여, 총잉여의 변화를 논하시오.

해설

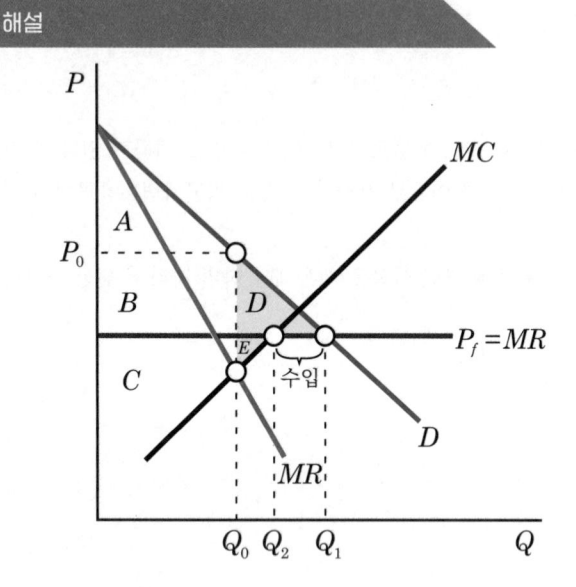

1. 독점의 경우

이윤극대화는 한계수입(MR)곡선과 한계비용(MC)곡선이 만나는 점에서 달성되므로 이윤극대화 가격과 수량은 각각 P_0, Q_0이다.

2. 자유무역

① 현재 국제시장이 완전경쟁시장이라고 가정하면 수입자유화 시 국내독점시장은 국제시장에서 결정된 가격(P_f)을 수용하는 가격수용자가 된다.

② 국제시장에서 결정된 가격을 수용하면 가격과 한계수입은 동일하다.

$$\rightarrow P_f = MR$$

③ 국제가격 P_f이 국내독점가격 P_0보다 낮은 경우 시장수요량은 Q_1이므로 Q_2만큼 독점기업이 생산하고 $\overline{Q_1 Q_2}$만큼 외국에서 수입하게 된다.

3. 자유무역의 이득

① 자유무역을 실시하면 소비자잉여, 생산자잉여, 총잉여의 변화는 다음과 같다.

	독점	자유무역
소비자 잉여	A	$A+B+D$
생산자 잉여	$B+C$	$C+E$
사회적 잉여	$A+B+C$	$A+B+C+D+E$

② 총잉여는 $(A+B+C)$에서 $(A+B+C+D+E)$로 변하므로 $(D+E)$만큼 증가한다.

PART

06

- 생산물의 가격은 생산물 공급과 생산물 수요에 의해 결정된다.
- 생산요소의 가격 역시 공급과 수요에 의해 결정되며 생산요소라고 해서 일반적인 상품과 다른 과정을 통해 그 가격이 결정되는 것은 아니다.
- 다만 생산요소의 경우에는 수요와 공급의 내용이 생산물의 경우와 다르다.
- 생산요소에 대한 수요는 기업의 이윤극대화와 밀접하게 관련되는 것으로 모든 생산요소에 대해 동일한 원칙이 적용된다.
- 생산요소의 경우도 생산물과 마찬가지로 그것이 거래되고 있는 시장과 그것에 의해 생산되는 상품의 시장이 어떤 경쟁 형태를 갖고 있냐에 따라 분석의 내용이 달라진다.

- 소득분배는 기능별 소득분배와 계층별 소득분배가 있다.
- 기능별 소득분배는 각 생산요소가 벌어들이는 요소소득의 크기를 살펴보는 것이고 계층별 소득분배는 가구의 총소득이 어떻게 분배되어 있는지를 보는 것이다.

생산요소시장과
소득분배이론

CHAPTER 17

완전경쟁 요소시장

단원 학습 목표

- 생산물을 생산하기 위해서는 생산요소인 노동 · 자본 · 토지 등을 사용해야 한다.
- 생산요소시장에서 생산요소의 수요와 공급에 의해 생산요소의 가격과 거래량이 결정된다. 또한 생산 요소의 가격과 거래량이 결정되면 해당 생산요소의 소유자가 받는 소득총액이 결정된다. 즉, 노동시 장에서 노동의 가격인 임금과 고용량이 결정되면 노동 소유자인 가계의 노동소득이 결정된다는 것이 다. 따라서 생산요소 시장 이론은 소득분배이론으로 연결된다.
- 생산요소에 대한 수요는 생산물 수요에 의해 영향을 받기 때문에 '파생수요'라고 하며 이는 생산요소 시장 분석 시 생산물시장을 고려해야 한다는 의미를 갖는다.
- 생산요소시장이 완전경쟁인 경우 생산요소의 가격과 고용량은 '기업의 이윤극대화'와 '가계의 효용 극대화'에 의해 결정된다.

1절 완전경쟁 요소시장이론의 개요

01 개요

① 생산요소의 가격결정은 생산요소시장에서의 시장수요곡선과 시장공급곡선의 균형에서 결정된다.
② 그런데 생산요소시장은 생산물시장에 의해 영향을 받는다는 특징이 있다.

02 파생수요[derived demand]

① 생산요소에 대한 수요는 생산물에 대한 수요에서 파생되어 나오는 파생수요로서의 성격을 갖고 있다. 즉, 생산요소에 대한 수요는 생산물에 대한 수요 및 기업의 이윤극대화 과정을 통해서 결정된다.
→ 빵에 대한 수요 증가가 생산요소인 밀가루에 대한 수요 증가로 연결
② 생산요소의 가격 하락이 생산요소에 대한 수요량을 증가시키는 이유는 다음과 같다.
• 첫째, 주어진 양의 상품을 생산하고자 할 때 상대적으로 값싼 생산요소를 사용해 생산비용을 줄일 수 있기 때문이다.
• 둘째, 생산비용의 하락이 더 많은 상품생산을 가져와 생산요소에 대한 수요를 증가시키기 때문이다.

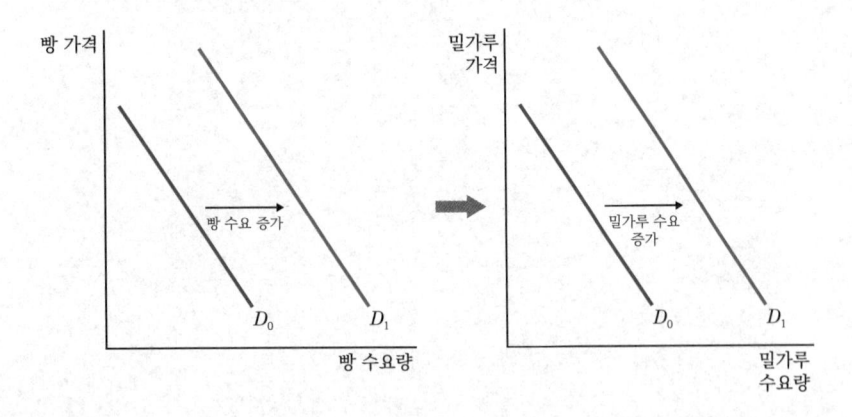

03 생산물시장과 생산요소시장과의 관계

① 생산요소시장도 상품시장과 마찬가지로 수요자와 공급자가 독점력을 행사하는지의 여부에 따라 시장의 결과가 달라진다.
② 또한 생산요소시장이 상품시장의 파생적 시장이라는 측면에서 상품시장의 경쟁성 여부에 따라 생산요소시장에서의 수요와 공급이 영향을 받게 되는 특징을 가지고 있다.
• 완전경쟁 생산물시장과 완전경쟁 생산요소시장 - 기본 형태
• 완전경쟁 생산물시장과 불완전경쟁 생산요소시장 - 비현실적
• 불완전경쟁 생산물시장과 완전경쟁 생산요소시장
• 불완전경쟁 생산물시장과 불완전경쟁 생산요소시장 - 수요독점, 공급독점, 쌍방독점

2절 노동시장에서의 기업의 이윤극대화 원리

01 의의

① 가장 대표적인 생산요소시장으로서 노동시장의 수요 및 공급의 결정요인을 살펴보고 노동의 가격인 임금의 결정 원리와 임금격차의 원인에 대해 살펴보고자 한다.

② 기업의 이윤극대화 원리는 기업이 어떤 유형의 상품시장에서 생산 활동을 하든지 한계수입과 한계비용을 일치시키는 생산량을 결정하는 것이다.

③ 이윤극대화 공급량이 결정되면 이를 생산하기 위한 생산요소들의 투입량을 결정하여야 한다.

02 한계수입생산(MRP_L)

1 개념

① 한계수입생산(Marginal Revenue Product of Labor ; MRP_L)은 노동을 추가적으로 투입함으로써 얻을 수 있는 추가적인 수입을 나타낸다.

② 노동의 한계수입생산은 한계수입(MR)과 노동의 한계생산물(MP_L)을 곱한 것으로 나타낼 수 있다.

$$\rightarrow MRP_L = \frac{\Delta TR}{\Delta L} = \frac{\Delta Q}{\Delta L} \times \frac{\Delta TR}{\Delta Q} = MP_L \times MR$$

③ 예를 들어 노동자를 10명에서 11명으로 1명 더 채용할 때 $MP_L = 10$, $MR = 5$라면, 노동자 1명을 추가로 고용할 때의 총수입의 증가분은 $MRP_L = MP_L \times MR = 10 \times 5 = 50$으로 계산된다.

2 형태

① 한계수입생산은 한계생산체감의 법칙에 의해 노동고용량이 증가하면 우하향의 형태로 도출된다.

② 즉, 노동 투입 증가 시 노동의 한계생산(MP_L)이 체감하므로 한계수입생산(MRP_L)곡선은 우하향의 형태를 갖게 된다.

3 생산물 시장이 완전경쟁인 경우

① 기업이 공급활동을 하고 있는 상품시장이 완전경쟁시장이라면 이 상품시장에서 활동하는 기업들은 상품의 시장가격을 주어진 것으로 받아들이기 때문에 상품시장에서 결정된 상품의 시장가격이 곧 한계수입이자 평균수입이 된다. 즉, 기업의 한계수입(MR)은 상품의 시장가격(P)과 같다.

② 따라서 노동의 추가적인 투입으로 얻을 수 있는 총수입의 증가액은 다음과 같이 표시할 수 있으며 노동의 한계생산물에 상품의 시장가격이 곱해지므로 이때의 한계수입생산물을 한계생산물가치(Value of Marginal Product of Labor ; VMP_L)라고 부른다.

$$\rightarrow MRP_L = MR \times MP_L = P \times MP_L = VMP_L$$

③ 생산물시장이 완전경쟁인 경우 한계수입생산과 한계생산물가치가 동일하다.

$$\rightarrow MRP_L = VMP_L$$

④ 한계생산물가치곡선이 우하향하는 이유는 자본량이 고정되어 있는 상황에서 노동투입량을 증가시킴에 따라 노동의 한계생산물이 감소한다고 가정하였기 때문이다. 즉, 노동의 한계생산체감의 법칙이 작용한다면 노동투입량이 증가함에 따라 한계생산물이 감소하게 되고 따라서 한계생산물가치도 감소하게 된다.

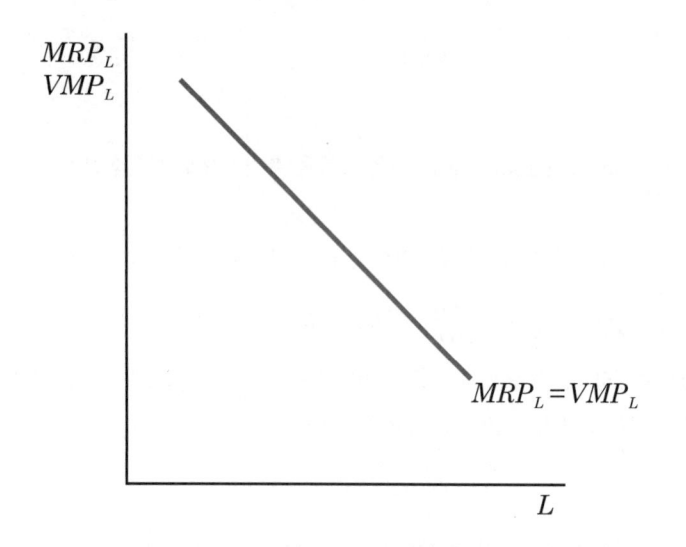

4 생산물 시장이 독점인 경우

① 기업이 공급활동을 하고 있는 상품시장이 독점시장이라면 독점기업의 한계수입은 기업이 직면하고 있는 시장수요로부터 도출되며 독점기업의 한계수입은 시장가격보다 작다. 즉, 생산물 시장이 독점인 경우 $P > MR$의 관계식이 성립된다.

② 따라서 생산물시장이 완전경쟁인 경우와 달리 한계수입생산물가치(VMP_L)가 한계수입생산(MRP_L)보다 크다.

$$\rightarrow VMP_L > MRP_L$$

③ 노동의 한계수입생산물(MRP_L)은 MR과 MP_L의 곱으로 구성되어 있다. MP_L은 노동의 한계생산체감을 반영하여 노동이 증가할 때 감소하며 독점기업의 경우 MR은 산출량이 증가할 때 감소한다고 가정한다. 한계수입곡선은 시장수요곡선보다 아래에 위치하므로 한계수입은 항상 산출물가격보다 작기 때문에 MRP_L곡선은 VMP_L곡선보다 아래에 위치하고 더 가파른 형태가 되어야 한다.

즉, MRP_L곡선이 VMP_L곡선보다 기울기가 큰 이유는 독점시장이므로 한계생산(MP_L)뿐만 아니라 한계수입(MR)도 체감하기 때문이다.

03 한계요소비용(MFC_L)

1 개념

① 한계요소비용(Marginal Factor Cost of Labor ; MFC_L)은 노동을 추가로 고용하는데 드는 비용을 말한다.

② 노동의 한계요소비용은 한계비용(MC)과 노동의 한계생산물(MP_L)을 곱한 것으로 나타낼 수 있다.

$$\rightarrow MFC_L$$
$$= \frac{\triangle TC}{\triangle L}$$
$$= \frac{\triangle Q}{\triangle L} \times \frac{\triangle TC}{\triangle Q}$$
$$= MP_L \times MC$$

③ 예를 들어 노동자를 10명에서 11명으로 1명 더 채용할 때 $MP_L = 10$, $MC = 10$라면 노동자 1명을 추가로 고용할 때의 총비용 증가분은

$$\rightarrow MFC_L$$
$$= MP_L \times MC$$
$$= 10 \times 10$$
$$= 100$$

100으로 계산된다.

2 노동시장이 완전경쟁인 경우

1. 총요소비용(TFC_L)

① 노동시장이 완전경쟁이라면 개별 기업은 가격수용자이므로 개별 기업의 입장에서 볼 때 노동가격은 고정되어 있다.

② 개별 기업의 입장에서 노동에 대한 총요소비용은 한명당 임금(w)×노동고용량(L)이 되며 임금(w)은 상수로 고정된 값이다.

$$\rightarrow TFC_L = w \times L$$

③ 시장임금(w)이 5라면 노동의 총요소비용(TFC_L)의 함수식은 $TFC_L = 5L$이며 원점을 통과하는 우상향 직선의 형태를 갖는다.

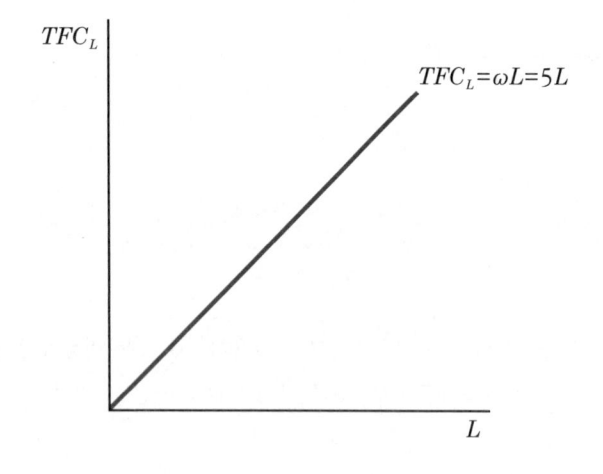

2. 평균요소비용(AFC_L)

① 노동의 평균요소비용(AFC_L : Average Factor Cost)은 노동을 고용하는데 들어가는 단위당 평균비용으로 노동의 총요소비용을 노동고용량으로 나눈 값이다.

$$\rightarrow AFC_L = \frac{TFC_L}{L} = \frac{wL}{L} = w$$

② 노동의 평균요소비용은 임금과 같다.

3. 한계요소비용(MFC_L)

① 노동의 한계요소비용(MFC_L : Marginal Factor Cost)은 노동을 추가로 고용하는데 드는 비용으로 생산요소인 노동의 총요소비용의 변화분을 노동고용량의 변화분으로 나눈 값이다.

한계요소비용은 생산이론에서의 한계비용 개념과 유사하다. 즉, 한계비용은 상품을 추가 생산할 때 기업이 지출하는 비용의 변화분이고 한계요소비용은 노동을 추가 투입할 때 기업이 지출하는 비용의 변화분이다.

$$\rightarrow MFC_L = \frac{\Delta TFC_L}{\Delta L} = \frac{w\Delta L}{\Delta L} = w$$

② 노동의 한계요소비용은 총노동비용을 노동량으로 미분한 개념으로 임금과 같다.

③ 개별 기업은 노동시장에서 결정된 임금을 수용하므로 주어진 임금에서 노동을 고용하게 되며 개별 기업이 직면하는 노동공급곡선은 수평선이 된다.

④ 즉, 노동시장에서 임금이 결정되면 개별 기업은 주어진 임금으로 노동을 마음껏 고용할 수 있다.

⑤ 시장임금이 5일 때 평균요소비용(AFC_L)과 한계요소비용(MFC_L)은 임금과 동일한 값을 갖게 된다.

$$\rightarrow w = AFC_L = MFC_L$$

임금률(w)	노동고용량(L)	총요소비용	평균요소비용	한계요소비용
5	1	5	5	5
5	2	10	5	5
5	3	15	5	5
5	4	20	5	5

04 노동시장에서의 기업의 이윤극대화 조건

1 가정

① 생산물시장과 노동시장 모두 완전경쟁시장이라고 하자.

② 생산물시장이 완전경쟁인 경우 한계수입생산물과 한계생산물가치가 동일하다.

$$\rightarrow MRP_L = VMP_L$$

③ 노동시장이 완전경쟁인 경우 노동의 한계요소비용은 임금과 동일하다.

$$\rightarrow MFC_L = w$$

2 노동시장에서의 기업의 이윤극대화

① 완전경쟁 노동시장에서는 기업이 주어진 노동의 시장가격에서 얼마든지 노동을 구입할 수 있기 때문에 노동을 추가적으로 구입하기 위하여 지불해야 하는 비용은 노동의 시장가격 w_0로 고정되어 있다. 즉, 노동의 시장가격이 노동투입에 따른 한계요소비용이면서 평균요소비용이다.

② 노동투입량이 L_0일 경우 기업은 한계수입생산만큼 한계수입을 얻고 노동의 가격인 임금(w_0)만큼 한계비용이 발생한다. 즉, 노동의 한계수입생산(MRP_L)이 노동의 한계요소비용(MFC_L)보다 크다면 노동을 더 고용함으로로 기업의 이윤을 증가시킬 수 있다.

③ 노동투입량이 L_1일 경우 노동의 가격인 임금(w_0)이 한계수입생산보다 크기 때문에 기업은 노동투입을 줄이고 자 할 것이다. 즉, 노동의 한계요소비용(MFC_L)이 한계수입생산(MRP_L)보다 크다면 노동의 고용량을 줄일 때 이윤을 늘릴 수 있다.

④ 따라서 이윤을 극대화하기 위해서는 노동의 추가적인 투입이 가져오는 비용의 증가인 임금(w)이 노동의 추가 적인 투입으로 얻을 수 있는 수입의 증가(MRP_L)와 같아질 때까지 노동투입량을 증가 또는 감소시켜야 한다는 것이다.

현재 노동투입량에서 노동가격이 한계수입생산물보다 작다면 노동을 추가적으로 투입함으로써 이윤을 늘릴 수 있으며 반대로 노동의 가격이 한계수입생산물보다 크다면 노동투입량을 줄임으로써 이윤을 늘릴 수 있다.

$$\to MRP_L = MFC_L$$
$$\to MR \times MP_L = MC \times MP_L$$
$$\to MR = MC$$

⑤ 위의 식을 노동투입에서의 이윤극대화 조건이라고 할 수 있다.

⑥ 결국 한계수입생산과 한계요소비용이 일치할 때 생산요소 시장에서의 이윤극대화가 달성된다. 생산요소시장 에서의 이윤극대화 원리와 생산물시장에서의 이윤극대화 원리는 동일하게 된다. 즉, 기업이 생산요소의 고용 량을 얼마로 결정할지는 이윤극대화와 관계가 있다.

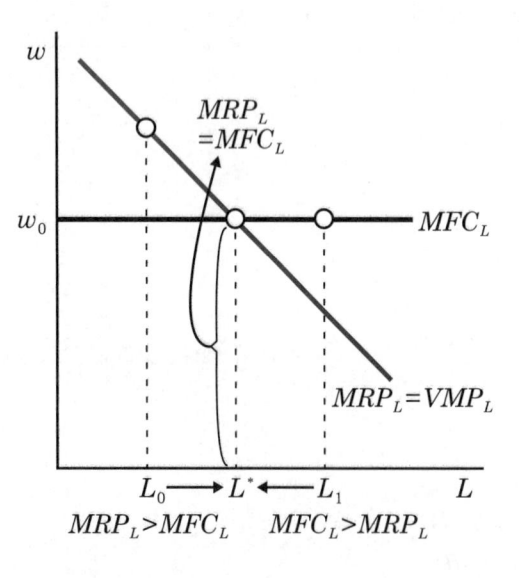

05 완전경쟁기업의 노동수요

1 완전경쟁기업의 노동수요곡선

① 우하향하는 한계생산물가치곡선이 주어진 경우 이윤을 극대화하는 기업은 완전경쟁 노동시장에서 형성된 노 동가격과 한계생산물가치가 일치하도록 노동투입량을 결정하게 된다.

② 그림에서 노동의 가격이 w_0이면 한계생산물가치가 w_0와 같게 되도록 L^*의 노동량을 구입하며 노동의 가격 이 하락하면 한계생산물가치곡선을 따라 이전보다 늘어난 노동량을 구입하고자 할 것이다.

③ 따라서 상품 및 노동시장 모두 완전경쟁적이라면 기업의 한계생산물가치(VMP_L)곡선이 기업의 노동수요곡선 이 된다.

2 노동의 수요 및 수요량 결정요인

① 생산물의 가격을 상승시키는 요인이나 노동의 한계생산물을 증가시키는 요인들(기술진보나 자본량의 변화)은 한계생산물가치를 증가시킨다.

② 한계생산물가치를 증가시킨다는 것은 VMP_L 곡선이 위로 이동한다는 것을 의미한다.

③ 따라서 노동의 수요곡선이 오른쪽으로 이동하는 것으로 볼 수 있다.

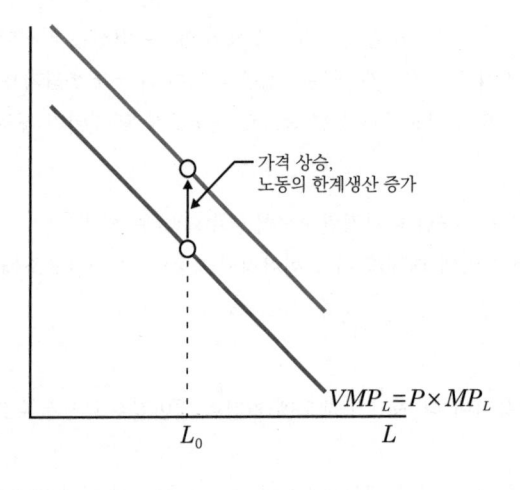

④ 반면 생산요소의 가격인 임금이 변화하면 한계생산물가치(VMP_L) 곡선을 따라 이동하므로 노동수요량이 변화한다. 노동의 가격인 임금(w)이 하락하면($w_0 \rightarrow w_1$) 노동수요곡선을 따라 노동수요량이 증가한다($L_0 \rightarrow L_1$).

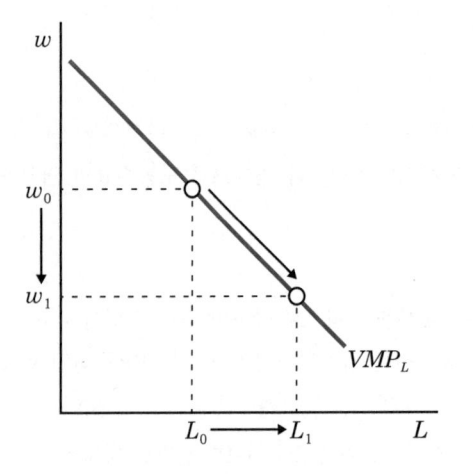

원인	결과
생산물의 가격(P) 상승	노동수요 증가
생산물의 가격(P) 하락	노동수요 감소
노동의 한계생산물(MP_L) 상승	노동수요 증가
노동의 한계생산물(MP_L) 하락	노동수요 감소
임금(w) 상승	노동수요량 감소
임금(w) 하락	노동수요량 증가

3 노동수요의 임금탄력성 결정요인

1. 다른 생산요소의 대체가능성

① 노동에 대한 수요의 가격탄력성은 그것이 다른 생산요소에 의해 대체되는 것이 쉬우면 쉬울수록 더 커진다.

② 노동의 가격이 조금만 올라도 즉각 다른 생산요소로 대체하게 되어 수요량이 급격히 줄어들 것이기 때문이다.

2. 재화에 대한 수요의 가격탄력성

① 노동에 의해 생산되는 재화에 대한 수요의 가격탄력성이 클수록 노동수요의 임금탄력성은 커진다.

② 노동의 가격이 올라가면 이에 따라 상품의 가격도 올라가게 되는데 상품 가격이 약간만 올라가도 상품에 대한 수요가 급격히 줄어든다면 노동에 대한 수요도 마찬가지로 큰 폭으로 줄어들게 될 것이기 때문이다.

3. 다른 생산요소 공급의 가격탄력성

① 노동에 대한 수요의 임금탄력성은 다른 생산요소 공급의 가격탄력성이 클수록 더욱 커진다.

② 다른 생산요소의 공급이 탄력적일수록 요소 사이의 대체가 더욱 쉬워지기 때문에 그 생산요소에 대한 수요가 가격 변화에 더욱 민감해지는 것이다.

4. 고려되는 기간의 길이

① 장기로 갈수록 가격 변화에 대한 기업의 적응력이 더 커지기 때문에 기간이 길어질수록 노동수요의 임금탄력성은 커진다.

② 생산요소의 가격이 상승하면 이를 대체할 수 있는 다른 생산요소들에 대한 수요량이 증가하나 단기적으로 다른 생산요소들을 구입하기 어려울 수가 있으며 생산시설들이 가격이 상승한 생산요소를 투입하기에 알맞도록 만들어져 있다면 가격이 상승한 생산요소의 투입량을 단기적으로 크게 줄이는 것은 어렵다.

③ 따라서 장기에서 요소수요의 가격탄력성이 크게 나타난다.

5. 한계생산물의 체감속도

① 한계생산물이 천천히 체감할수록 노동수요곡선이 완만해지므로 노동수요의 임금탄력성은 커진다.

② 한계생산물이 급격하게 체감하면 노동수요곡선의 기울기가 이전보다 커지므로 노동수요의 임금탄력성은 작아진다.

6. 완전경쟁산업의 노동수요

① 완전경쟁산업의 노동수요곡선은 개별 기업의 노동수요곡선을 수평으로 합하여 구할 수 있다.

② 생산물시장이 완전경쟁이면 완전경쟁산업의 노동수요곡선은 완전경쟁기업의 노동수요곡선인 한계생산물가치(VMP_L)곡선의 수평합인 $\sum VMP_L$로 도출된다.

③ 일반적으로 완전경쟁산업의 노동수요곡선은 완전경쟁기업의 노동수요곡선보다 완만한 형태를 갖는다.

④ 만약 생산요소의 가격이 변화할 때 상품의 가격도 변화하게 되면 각 기업의 수요곡선을 수평으로 더하여 도출할 수 없다.

왜냐하면 임금의 하락으로 시장 내의 모든 기업들이 노동에 대한 수요를 증가시키면 생산량이 증가하게 된다. 이는 상품의 가격하락으로 연결되어 개별 기업의 한계생산물가치 곡선을 하방으로 이동시키기 때문이다.

3절 노동자의 노동공급곡선

01 의의

① 생산요소의 공급은 생산요소마다 각기 다른 과정을 통해 결정되어 다양한 형태를 가질 수 있다.

② 토지의 경우 토지공급이 완전 비탄력적이어서 공급곡선이 수직선이 되며 어떤 경우에는 생산요소공급곡선이 후방굴절의 형태로 나올 수 있다.

③ 개인의 노동공급에서 흔히 관찰될 수 있는 특징이 있는데 그 특징이 바로 개인의 노동공급곡선이 후방굴절 (backward bending)한다는 것이다.

④ 일반적으로 시간당 지급되는 임금이 낮은 상태에서 임금이 상승하면 더 많은 노동서비스를 제공하려는 반면에 임금이 어느 정도 높은 상태에서 임금이 더 오르면 노동 서비스 공급량을 줄이고 여가를 즐기려는 현상을 목격할 수 있다. 이러한 경우 노동자의 노동공급곡선은 후방굴절하게 된다.

02 개별노동자의 노동공급곡선

1 개요

① 노동을 공급하는 목적은 노동을 통해 획득한 노동소득으로 각종 재화와 서비스를 소비하여 만족 또는 효용을 얻고자 하는 것이다.

② 그런데 노동공급에도 대가가 따르기 마련인데 그 이유는 시간이라는 희소한 자원의 제약 하에서 행동할 수밖에 없기 때문이다.

③ 여가는 노동자가 공급할 수 있는 최대의 노동량에서 노동공급량을 제외한 나머지이므로 시간제약 하에서 노동공급량을 늘리면 여가는 감소할 수밖에 없다.

④ 노동자는 일정시간을 노동과 여가에 적절히 배분하여 효용을 극대화하고자 한다.

2 예산선

① 예를 들어 노동자가 하루 24시간 중에서 마음대로 처리할 수 있는 가용시간이 15시간으로 주어져 있다고 가정하자.

② 이 노동자는 15시간의 일부는 여가로 쓰고 나머지 시간은 노동을 한다.

③ 시간당 임금(w)이 1,000원으로 주어져 있고 이 노동자의 노동소득을 M이라고 하면 이 노동자의 예산선은 다음과 같은 식으로 도출된다.

$$\rightarrow M = (15 - H)w_0$$
$$\rightarrow M + w_0 H = 15w_0$$

[H : 여가, M : 소득, w_0 : 시간당 임금]

④ 예산선은 기울기가 $-w_0$이고 수직축 위의 절편은 $15w_0 = 15 \times 1,000 = 15,000$인 선분이 된다.

⑤ 만약 이 노동자가 가용시간의 전부를 노동에 사용한다면($H = 0$) 노동소득 M은 $15w_0$가 된다. 반대로 노동을 전혀 하지 않고 가용시간 전부를 여가로 쓴다면($15 = H$) 노동소득은 0이 된다.

⑥ 위의 식은 일정한 시간제약 하에서 노동자가 선택할 수 있는 여가와 노동소득의 조합들을 제시해 준다. 따라서 해당 식을 노동자의 예산선으로 해석할 수 있다.

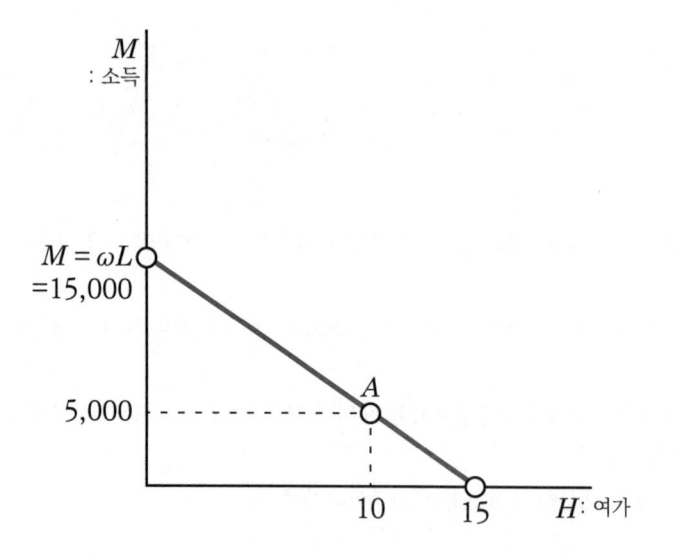

⑦ 수평축 절편 15는 15시간을 여가활동만 하고 노동을 하지 않는 경우로 노동소득은 0이 되는 것을 나타낸다.

⑧ 수직축 절편은 15시간 모두를 노동으로 공급할 경우 얻을 수 있는 최대한의 소득을 나타내며 시간당 임금(w_0)이 1,000원일 때 노동소득은 $1,000 \times 15 = 15,000$이 된다.

⑨ 예산선 위의 A점은 가용시간 15시간 중에서 10시간을 여가활동, 나머지 5시간은 노동을 하는 경우로 노동소득은 $1,000 \times 5 = 5,000$이 된다.

3 무차별곡선

① 노동자의 효용을 극대화하는 노동공급량을 결정하기 위하여 소비자이론에서 사용한 무차별곡선을 이용할 수 있다.

② 여가와 소득은 모두 노동자에게 양(+)의 만족을 준다. 즉, 여가와 소득은 한계효용이 0보다 큰 일반적인 재화이다.

③ 따라서 동일한 만족을 주는 여가와 소득의 조합을 연결한 노동자의 무차별곡선은 우하향하며 원점에 대하여 볼록한 형태를 갖는다.

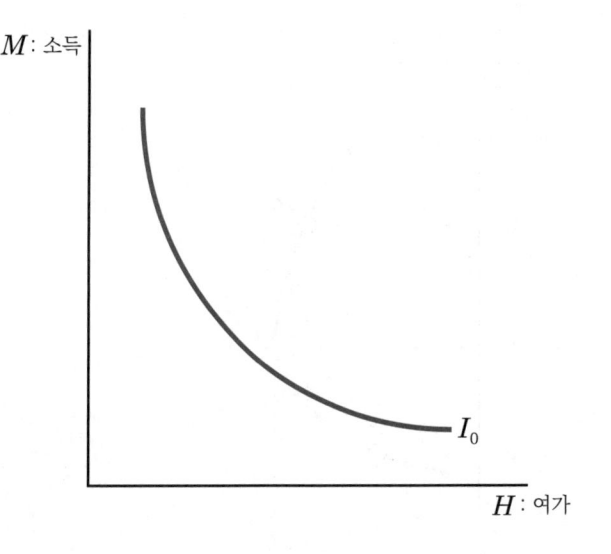

4 노동자의 효용극대화

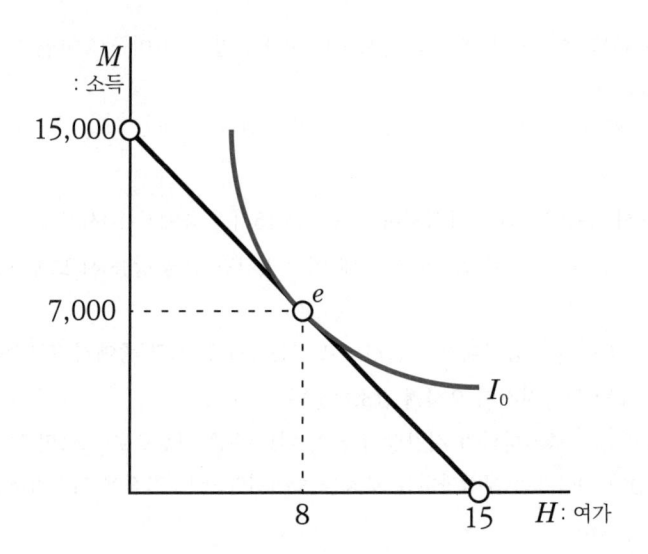

① 노동자의 효용극대화는 예산선과 무차별곡선이 접하는 e 점에서 달성된다.

② 15시간의 가용시간 중 8시간의 여가를 선택했다는 것은 15시간 – 8시간 = 7시간을 노동으로 공급하기로 결정하고 임금소득 $1,000 \times 7 = 7,000$ 을 얻는다는 것을 뜻한다.

③ 노동자는 예산선과 무차별곡선이 접하는 점에서 노동의 공급량을 결정한다. 즉, 예산선의 기울기인 임금(w)과 무차별곡선의 기울기인 한계대체율$(MRS_{H,M})$이 일치할 때 효용극대화가 달성된다.

$$\rightarrow MRS_{H,M} = w$$

$$\rightarrow \frac{MU_H}{MU_M} = w$$

1. 설명

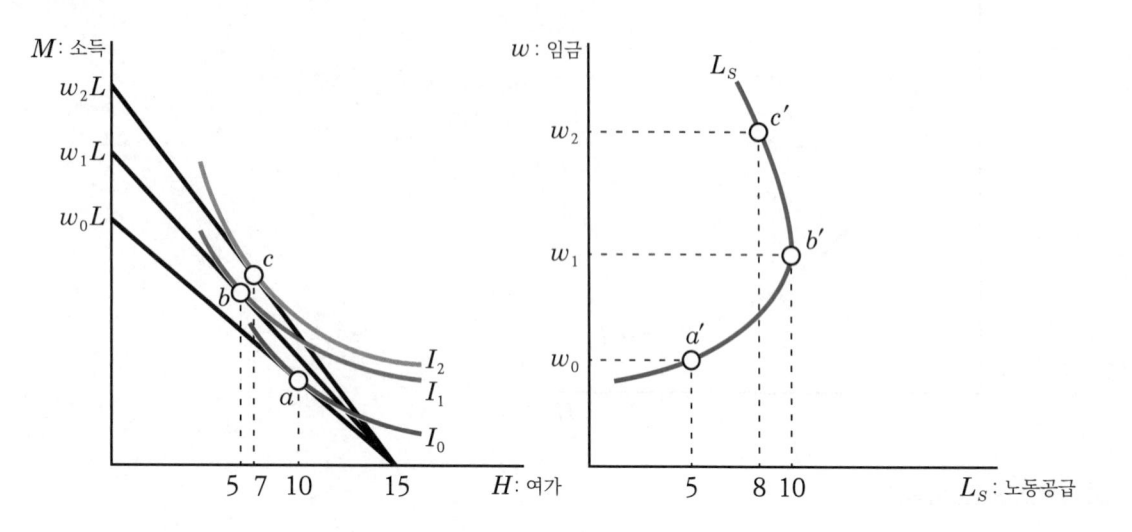

① 예산선의 기울기는 시간당 임금(w)에 음(-)의 부호를 붙인 것과 같으므로 시간당 임금(w)이 상승하면 예산선은 이전보다 더욱 가파른 기울기를 갖는다.

② 시간당 임금이 w_0일 때 a점에서 효용극대화가 달성되며 가용시간 15시간 중에서 5시간을 노동으로 공급하기로 결정하고 있다.

③ 시간당 임금이 w_1으로 상승하면 b점에서 효용극대화가 달성되며 가용시간 15시간 중에서 10시간을 노동으로 공급하기로 결정한다. 즉, b점이 a점보다 왼쪽에 위치해 있는데 이는 시간당 임금 상승 시 노동공급시간을 증가시켰다는 것을 뜻한다.

④ 그러나 시간당 임금이 w_2로 상승하면 c점에서 효용극대화가 달성되고 가용시간 15시간 중에서 8시간을 노동으로 공급하기로 결정한다. 즉, b점보다 노동시간이 오히려 감소하였다.

⑤ 시간당 임금이 상승하면 처음에는 노동공급이 증가하다가 시간당 임금이 어느 수준 이상으로 오르면 노동공급이 감소하게 된다. 즉, 노동공급곡선이 처음에는 우상향하는 모양을 보이지만 어느 지점에 이르러서는 왼쪽으로 휘어지고 있음을 볼 수 있다.

⑥ 따라서 개별노동자의 노동공급곡선은 후방굴절형(backward bending)의 형태로 도출된다. 노동의 경우에서 이와 같은 모양을 갖는 공급곡선을 보게 될 가능성이 큰 데는 다음과 같은 이유가 있다.

03 노동공급의 대체효과와 소득효과

1 개요

① 개별노동자의 노동공급곡선이 후방굴절하게 되는 배경에는 소비자이론에서 배운 바 있는 대체효과와 소득효과가 작용하고 있다.

② 노동자가 노동서비스를 1시간 제공할 수 있음에도 불구하고 이 시간을 여가로 보낸다면 1시간에 대한 임금을 포기하게 된다.

③ 여가는 노동서비스에 대한 대가인 임금이라는 기회비용을 치루어야 즐길 수 있는 것이므로 임금은 여가의 가격이라고 볼 수 있다.

2 대체효과

① 임금 상승은 여가의 가격이 상승한다는 것을 의미하며 여가를 소비하는 노동자는 여가가격의 상승으로 여가를 줄이고 노동공급을 늘리고자 한다. 이것을 대체효과라고 한다.

② 즉, 임금의 상승은 여가의 기회비용을 상승시켜서 여가를 덜 소비하고 노동을 더 많이 공급하는 대체효과를 발생시킨다.

3 소득효과

① 임금의 상승은 이전보다 더 많은 소득을 올릴 수 있는 기회를 제공해주기도 한다. 이전과 동일한 시간의 노동만 하더라도 노동자의 소득이 더 커질 수 있기 때문이다.

② 이로 인해 발생한 소득효과는 정상재의 일종인 여가의 소비를 늘리는 결과를 가져오고 이에 따라 노동시간은 감소하게 된다.

③ 만약 여가가 정상재가 아닌 열등재라면 소득효과는 여가의 소비를 줄이고 노동시간을 늘리는 효과를 가져 온다.

4 결론

① 임금 상승에 따른 노동공급량 변화는 대체효과와 소득효과의 상대적 크기에 의해 결정된다.

② 일반적으로 임금이 낮은 상태에서 임금이 상승하면 대체효과가 소득효과를 압도하여 전체적으로 노동공급이 증가한다.

③ 그러나 임금이 상당히 높은 수준에서 상승하면 노동공급이 감소한다. 일반적으로 소득이 많아지면 노동시간을 줄이고 취미활동과 같은 여가활동을 하고자 할 것이다.

④ 임금이 상승할 때 여가가 열등재라면 대체효과와 소득효과 모두 여가소비를 줄이고 노동시간을 늘리는 효과를 가져 온다. 따라서 노동공급곡선은 우상향의 형태가 되며 후방 굴절될 수 없다.

심화학습   근로소득세와 노동공급

① 근로소득세가 부과되면 세후 실질임금은 감소한다.

$$w \rightarrow (1-t)w \ (w : 실질임금, \ t : 근로소득세율)$$

② 세후 실질임금의 하락은 여가의 상대가격 하락 또는 여가의 기회비용 감소를 유발하므로 대체효과에 따르면 여가소비는 증가하고 노동공급은 감소한다.

③ 세후 실질임금의 하락은 노동자의 실질소득을 감소시키므로 소득효과를 발생시킨다.

④ 여가가 정상재인 경우 실질소득이 감소하면 여가소비는 감소하고 노동공급은 증가하는 반면 여가가 열등재인 경우 실질소득의 감소는 여가소비 증가, 노동공급 감소를 가져온다.

⑤ 따라서 근로소득세의 부과에 따른 노동시간의 증감여부는 대체효과와 소득효과의 크기에 의해 결정된다.

1 시장노동공급곡선의 도출

① 노동의 시장공급곡선은 개별노동공급자들의 노동공급곡선을 수평으로 합함으로써 구할 수 있다.

② 노동 공급자에 따라 낮은 임금수준에서 후방굴절하는 노동공급곡선도 있을 수 있으며 아무리 임금수준이 높아도 후방굴절하지 않고 우상향하는 노동공급곡선도 있을 수 있다.

③ 이렇게 다양한 개별 노동 공급자들의 노동공급곡선들을 수평으로 합함으로써 노동의 시장공급곡선을 얻을 수 있다.

2 이동 요인

1. 다른 노동시장의 변화

① 노동시장의 노동 공급은 다른 노동시장의 변화에도 영향을 받는다.

② 예를 들어 건설업 노동자들의 임금이 갑자기 오르면 다른 기업의 노동자들 중 일부가 건설업에서 일하고 싶어 할 것이고 다른 기업에 대한 노동 공급은 감소할 것이다.

2. 이민

① 국가 간 노동자의 이동은 노동 공급에 큰 영향을 미치게 된다.

② 한국으로 이민하는 사람이 증가하면 한국 내 노동 공급은 증가하지만 이민자 본국의 노동 공급은 감소한다.

3. 의식의 변화

① 여성들의 경제활동참가에 대한 의식이 증가하면 노동 공급의 증가로 나타나게 된다.

② 과거에 비해 여성들의 일에 대한 태도의 변화가 노동 공급에 영향을 주게 된다.

4절 노동시장의 균형

01 개요

① 노동시장의 균형은 생산물시장의 경우와 동일하게 수요곡선과 공급곡선이 교차하는 점에서 이루어진다.

② 생산물시장과 노동시장이 완전경쟁시장이라고 가정하자.

02 균형임금과 균형고용량

1 개요

① 시장의 노동공급곡선과 노동수요곡선이 만나는 점에서 균형임금이 결정되고 개별 기업은 주어진 임금 하에서 노동을 고용한다.

② 시장임금과 한계생산물가치곡선이 교차하는 점에서 개별 기업은 노동고용을 결정한다.

2 설명

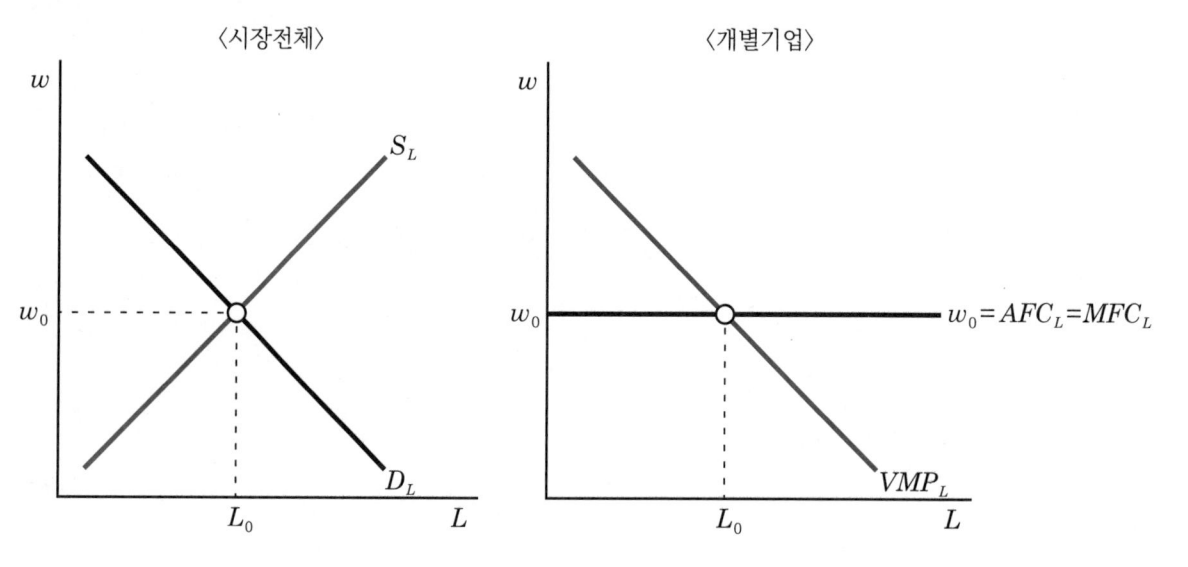

① 노동수요곡선이 D_L, 그리고 노동공급곡선이 S_L로 주어지면 두 곡선이 교차하는 점에서의 가격과 고용량인 w_0와 L_0가 각각 균형가격과 균형고용량이 된다.

② 노동시장에서 이와 같은 균형가격이 결정되면 완전경쟁하의 개별 기업은 이 가격에서 원하는 대로 얼마든지 많은 양의 노동을 고용할 수 있다.

③ 따라서 이 기업이 직면하는 노동의 공급곡선은 w_0의 높이를 갖는 수평선이 된다.

④ 개별 기업은 시장임금 w_0에서 L_0만큼의 노동을 고용하고 있다.

⑤ 생산물 시장이 완전경쟁시장이면 개별 기업의 노동수요곡선은 한계생산물가치(VMP_L)곡선이다.

3 신고전학파의 한계생산성이론

① L_0 만큼의 노동을 고용하고 있는 기업이 노동에 대해 지불하는 가격 w_0 는 이 고용수준에서의 수요곡선의 높이와 일치하고 있으므로 w_0 는 노동의 한계생산가치와 같다고 말할 수 있다.

② 각 생산요소는 생산에 기여한 가치만큼 대가를 받게 된다는 게 한계생산성이론이다.

$$\rightarrow w = VMP_L = P \times MP_L$$

$$\rightarrow MP_L = \frac{W}{P}$$

③ 즉, 실질임금 $\left(\dfrac{W}{P}\right)$ 은 노동의 한계생산 (MP_L) 과 일치하게 된다.

개념정리	신고전학파(neoclassical economics)

• 좁은 의미로는 19세기 말의 제본스(S. Jevons), 왈라스(L. Walras) 등의 경제학자들과 20세기의 마샬(A. Marshall) 등을 포함하는 신고전학파 경제학자들을 가리킨다.

• 넓게는 주류경제학을 포함하는 의미로 사용된다.

01 노동의 한계수입생산물은 노동의 한계생산물에 어떤 것을 곱하는가?

풀이 날짜			
채점 결과			

① 노동의 가격

② 재화의 생산비

③ 자본의 가격

④ 재화의 판매량

⑤ 재화의 한계수입

02 요소의 한계수입생산물 MRP 와 한계생산물가치 VMP 의 관계가 바르게 표현 된 것은?

풀이 날짜			
채점 결과			

① 생산물시장의 형태와 관계없이 항상 $MRP > VMP$

② 생산물시장이 완전하면 $MRP = VMP$, 불완전하면 $MRP > VMP$

③ 생산물시장이 완전하면 $MRP = VMP$, 불완전하면 $MRP < VMP$

④ 생산물시장이 완전하면 $MRP > VMP$, 불완전하면 $MRP < VMP$

⑤ 생산물시장의 형태와 관계없이 항상 $MRP = VMP$

01 • 노동의 한계수입생산물이란 노동 한 단위 추가에 따른 수입의 증가분을 말한다. ⑤

‒ • 한계수입생산물은 재화의 한계수입과 노동의 한계생산을 곱하여 도출한다.

$$\rightarrow MRP_L = MR \times MP_L$$

02 • 한계수입생산물이란 생산요소 한 단위 추가에 따른 수입의 증가분을 말한다. ③

‒ $$\rightarrow MRP = MR \times MP$$

• 한계생산물가치란 한계생산에 재화의 가격을 곱한 것을 말한다.

$$\rightarrow VMP_L = P \times MP_L$$

• 상품시장이 경쟁적이면 $P = MR$이므로 한계수입생산은 $MRP = P \times MP$로 바꾸어 쓸 수 있다.

• 생산물시장이 완전경쟁인 경우 한계수입생산을 한계생산가치라고 부르기도 한다.

• 상품시장이 불완전경쟁이면 $P > MR$이므로 $VMP_L > MRP_L$이다

01 다음 설명 중 옳은 것은?

① 한계수입생산물이란 생산요소 한 단위를 더 투입할 때 발생하는 총수입의 변화분을 말한다.

② 한계수입생산물이란 생산요소 한 단위를 더 투입할 때 발생하는 한계수입(Marginal Revenue)의 변화분을 말한다.

③ 완전경쟁시장으로 진입하려는 새로운 기업들은 기존기업들의 전략적 진입저지에 직면한다.

④ 독점기업은 단기에서든 장기에서든 항상 양의(+) 이윤만을 낸다.

⑤ 완전경쟁시장의 장기균형에서는 모든 기업들이 0의 이윤을 내고 있기 때문에 기업들이 그 산업을 떠나려 한다.

풀이 날짜			
채점 결과			

02 노동시장과 자본시장에서 기업이 완전경쟁기업일 때, 기업의 이윤극대화조건으로서 옳은 것은? (단, MRP는 한계수입생산, P는 요소가격, L은 노동, K는 자본을 의미)

① $MRP_L < P_L,\ MRP_K > P_K$

② $MRP_L < P_L,\ MRP_K < P_K$

③ $MRP_L > P_L,\ MRP_K < P_K$

④ $MRP_L = P_L,\ MRP_K = P_K$

풀이 날짜			
채점 결과			

03 생산물시장과 생산요소시장이 완전경쟁적이라고 하자. 노동의 한계생산물이 20, 생산물의 가격이 20, 임금이 300이라고 하자. 단기 이윤을 극대화하기 위한 기업의 행동 중 옳은것은?

① 노동의 고용을 늘린다.

② 노동의 고용을 줄인다.

③ 노동의 고용을 현행수준으로 유지한다.

④ 자본의 고용을 늘린다.

⑤ 자본의 고용을 늘리고 노동의 고용을 줄인다.

풀이 날짜			
채점 결과			

01

①, ② 한계수입생산물이란 생산요소 한 단위 추가에 따른 총수입의 증가분을 말한다.

$$\rightarrow MRP = \frac{\Delta TR}{\Delta L} = MR \times MP$$

③ 완전경쟁의 경우에는 진입장벽이 존재하지 않아 기업의 진입과 퇴출이 자유롭다.

④ 독점기업은 단기에는 초과이윤을 얻을 수 있고, 손실을 볼 수도 있으나 장기에는 진입장벽이 존재하기 때문에 0 이상의 이윤을 얻는다.

⑤ 완전경쟁의 경우 장기에 초과이윤은 0이지만 여전히 정상이윤은 존재한다. 정상이윤이 존재하므로 장기에도 조업을 지속한다.

①

02

• 요소의 한계수입생산물(MRP)과 요소의 한계요소비용(MFC)이 동일할 때 기업의 이윤극대화 요소고용조건이 달성된다.

$$\rightarrow MRP = MFC$$

• 노동시장이 완전경쟁기업이라면 노동의 한계수입생산과 노동의 가격(P_L)이 동일할 때 이윤극대화가 달성된다.

$$\rightarrow MRP_L = P_L$$

• 자본시장이 완전경쟁기업이라면 자본의 한계수입생산과 자본의 가격(P_K)이 동일할 때 이윤극대화가 달성된다.

$$\rightarrow MRP_K = P_K$$

④

03

• 노동시장이 완전경쟁기업이라면 노동의 한계수입생산과 노동의 가격(P_L)이 동일할 때 이윤극대화가 달성된다.

$\rightarrow MRP_L = P_L$

• 노동의 한계수입생산물은 재화의 한계수입과 노동의 한계생산을 곱하여 도출한다.

$\rightarrow MRP_L = MR \times MP_L$

• 상품시장이 경쟁적이면 $P = MR$이므로 한계수입생산은 $MRP = P \times MP$로 바꾸어 쓸 수 있다.

• 생산물시장이 완전경쟁인 경우 한계수입생산을 한계생산가치라고 부르기도 한다.

• 노동의 한계생산물(MP_L)이 20이고 생산물의 가격(P)이 20이므로 노동의 한계생산가치는 $P \times MP_L = 20 \times 20 = 400$이다.

• 노동의 가격인 임금(w)이 300이므로 노동의 한계생산가치가 임금보다 크다.

• 따라서 $VMP_L > w$인 경우 노동투입을 늘릴 때 기업의 이윤이 증가한다.

①

04 김씨는 햄버거 가게를 운영중이다. 이 가게는 경쟁시장에서 햄버거를 2,000원에 판매하고 있고 18명을 고용하고 있으며, 시간당 6,000원을 임금으로 지급하면서 이윤을 극대화하고 있다. 만일 햄버거 가격이 3,000원으로 오른다면 현재의 고용수준에서 노동의 한계생산물가치는 시간당 ⓐ가 될 것이다. 따라서 이 가게의 노동투입량은 ⓑ일 것이다. ⓐ, ⓑ에 들어갈 내용으로 가장 적당한 것은?

	풀이 날짜		
	채점 결과		

	ⓐ	ⓑ
①	9,000원	증가할
②	18,000원	증가할
③	9,000원	감소할
④	9,000원	변하지 않을
⑤	18,000원	변하지 않을

05 다음 중 생산요소 노동의 수요곡선을 이동시키는 요인이 아닌 것은?

	풀이 날짜		
	채점 결과		

① 노동의 생산성 증가
② 노동의 가격 하락
③ 노동의 대체 요소인 자본의 가격 상승
④ 노동의 대체 요소인 자본의 생산성 향상
⑤ 노동을 투입하여 생산하는 산출물 가격의 상승

06 생산요소시장에 관한 다음 설명 중 옳지 않은 것은?

	풀이 날짜		
	채점 결과		

① 완전경쟁시장에서 노동에 대한 단기수요는 $VMP_L = w$에서 결정된다.
② 여타조건이 일정할 때 임금이 하락하면 노동에 대한 수요는 단기보다 장기에서 더 크게 나타난다.
③ 불완전경쟁시장에서는 $MRP_L > VMP_L$이다.
④ 독점시장에서 노동에 대한 단기수요는 $MRP_L = w$에서 결정된다.

04

• 한계생산물가치란 노동의 한계생산에 재화의 가격을 곱한 것을 말한다. ①

$$\rightarrow VMP_L = P \times MP_L$$

• 이윤극대화가 달성될 때 시간당 임금과 한계생산물가치가 동일하다. 따라서 시간당 임금이 6,000원이므로 한계생산물가치도 6,0000이다.

• 한계생산물가치는 가격과 한계생산물의 곱이므로 햄버거 가격이 2,000원일 때 노동의 한계생산물(MP_L)이 3이어야 한다. 왜냐하면 한계생산물가치 6,000원 = 햄버거 가격 2,000원 × 노동의 한계생산이기 때문이다.

• 햄버거 가격이 3,000원으로 오르면 노동의 한계생산이 3일 때 한계생산물가치는 9,000원(3×3,000)이 된다.

• 한계생산물가치 9,000원이 시간당 임금 6,000원보다 크므로 노동투입량은 증가할 것이다.

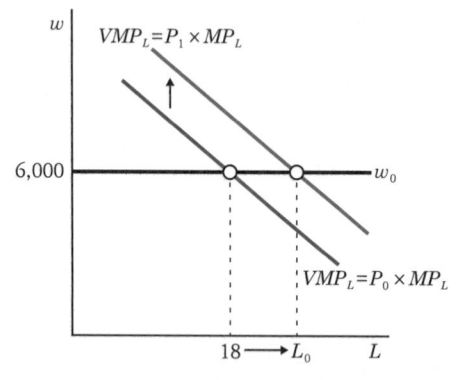

05

• 임금의 상승이나 하락에 따른 노동수요의 감소 또는 증가가 노동수요곡선 상의 움직임으로 나타난다. ②

• 임금이 아닌 다른 요인의 변화가 노동수요의 증가 또는 감소를 가져온다면 이것은 노동수요곡선 자체의 이동으로 나타난다. 예를 들어 기술진보의 결과 새롭고 더 좋아진 기계와 장비가 개발되면 노동자들은 더 높은 생산성을 갖추게 된다. 그 결과 노동수요곡선은 우측으로 이동한다.

• 기술진보, 숙련도, 또는 인적자본의 증가, 상품 가격의 변화, 다른 생산요소 투입량의 변화, 시장 참여 기업 수의 증가 등이 발생하면 노동수요곡선 자체가 이동한다.

06

① 완전경쟁시장에서 기업의 이윤극대화 조건은 $VMP_L = w$이다. 임금이 변할 때 VMP_L곡선에서 이윤극대화 ③ 노동고용량이 결정되므로 노동에 대한 단기수요는 $VMP_L = w$에서 결정된다.

② 노동을 비롯한 생산요소에 대한 장기수요는 단기수요보다 항상 더 탄력적이다. 생산요소의 가격이 상승하면 이를 대체할 수 있는 다른 생산요소들에 대한 수요량이 증가하나 단기적으로 다른 생산요소들을 구입하기 어려울 수가 있으며 생산시설들이 가격이 상승한 생산요소를 투입하기에 알맞도록 만들어져 있다면 가격이 상승한 생산요소의 투입량을 단기적으로 크게 줄이는 것은 어렵다. 따라서 장기에서 요소수요의 가격탄력성이 크게 나타난다.

③ 불완전경쟁시장에서는 $P > MR$이므로 한계생산물가치(VMP_L)가 한계수입생산(MRP_L)보다 크다. 왜냐하면 한계생산물가치는 가격과 한계생산의 곱이고 한계수입생산은 한계수입과 한계생산의 곱이기 때문이다.

④ 노동의 한계수입생산물(MRP_L)과 노동의 한계요소비용(MFC_L)이 동일할 때 기업의 이윤극대화 노동고용조건이 달성된다.

$$\rightarrow MRP_L = MFC_L$$

생산물시장이 독점시장이나 노동시장이 완전경쟁인 경우 $MFC_L = w$이므로 이윤극대화 노동고용량은 $MRP_L = w$에서 결정된다. 따라서 독점시장에서 노동에 대한 단기수요는 $MRP_L = w$에서 결정된다.

07 생산물시장에서의 독점인 어떤 기업이 완전경쟁인 요소시장에서 활동하고 있다면 이 기업에 대한 다음 서술 중 옳은 것은?

① 한계수입생산물보다 높은 요소가격을 지불한다.
② 한계수입생산물보다 낮은 요소가격을 지불한다.
③ 한계생산물가치보다 높은 요소가격을 지불한다.
④ 한계생산물가치보다 낮은 요소가격을 지불한다.
⑤ 한계생산물가치와 동일한 요소가격을 지불한다.

풀이 날짜			
채점 결과			

08 임금 상승에 따라 후방굴절하는 구간에서의 노동공급곡선에 대한 설명 중 옳은 것은? (단, 여가는 소득효과가 양(+)인 정상재이다.)

① 여가가 정상재이기 때문에 항상 후방굴절한다.
② 대체효과와 소득효과의 크기와는 관계없다.
③ 여가에 대한 대체효과의 크기가 소득효과의 크기보다 크다.
④ 여가에 대한 대체효과의 크기가 소득효과의 크기와 같다.
⑤ 여가에 대한 대체효과의 크기가 소득효과의 크기보다 작다.

풀이 날짜			
채점 결과			

09 만일 여가가 열등재라면 개인의 노동공급곡선의 형태는?

① 후방굴절한다.
② 완전비탄력적이다.
③ 완전탄력적이다.
④ 우상향한다.
⑤ 우하향한다.

풀이 날짜			
채점 결과			

07 • 독점시장에서는 $P > MR$이므로 한계생산물가치(VMP_L)가 한계수입생산(MRP_L)보다 크다. 왜냐하면 한계생
산물가치는 가격과 한계생산의 곱이고 한계수입생산은 한계수입과 한계생산의 곱이기 때문이다.

④

• 노동의 한계수입생산물(MRP_L)과 노동의 한계요소비용(MFC_L)이 동일할 때 기업의 이윤극대화 노동고용조
건이 달성된다.

$$\rightarrow MRP_L = MFC_L$$

• 완전경쟁요소시장이라면 노동의 한계요소비용과 노동의 가격이 일치한다. 따라서 생산물시장이 독점이라면
$VMP_L > MRP_L = MFC_L = w$이므로 이 기업은 한계생산물가치보다 낮은 요소가격(w)을 지불한다.

08 • 임금이 상승하는 경우 대체효과는 여가의 기회비용을 상승시켜 노동의 공급을 증가시킨다. 그러나 소득효과
는 여가가 정상재이므로 소득이 증가함에 따라 여가의 소비를 늘리고 노동의 공급을 감소시킨다. 노동공급곡
선이 후방굴절하는 영역에서는 임금 상승에 따른 대체효과의 크기보다 소득효과의 크기가 커서 임금이 상승
함에 따라 노동의 공급이 감소하는 경우이다.

⑤

09 • 임금상승 시 대체효과에 의하면 여가의 기회비용이 증가하므로 여가가 감소하고 노동이 증가한다.

④

• 소득효과에 의하면 소득이 증가하므로 여가가 열등재일 때 여가가 감소하고 노동이 증가한다.

• 따라서 개인의 노동공급곡선의 형태는 항상 우상향하게 된다.

불완전경쟁 요소시장

단원 학습 목표

• 요소시장 또는 노동시장이 불완전경쟁인 경우 요소시장에서 균형가격과 고용은 어떻게 결정되는지 확인해 보자.

• 이런 경우에도 기본적으로 기업의 이윤극대화 과정을 통해서 요소에 대한 수요가 결정되고 가계의 효용극대화 원리에 의해서 요소에 대한 공급이 결정됨으로써 요소시장의 균형이 결정되는 원리에는 변화가 없다.

1절 노동시장에서의 수요독점(monopsony)

01 의의

① 지금까지는 노동시장이 완전경쟁적이어서 노동의 수요자들인 기업들이 노동가격에 영향을 줄 수 없으며 다만 주어진 것으로 받아들이는 것으로 가정하였다.

② 그러나 생산요소에 따라서는 어느 특정기업에 의해서만 수요되는 경우가 있다. 예를 들어 특정 기업이 생산하는 자동차에만 사용되는 부품이 있으며 이 부품을 생산하는 하청업체들이 있다면 이들 하청업체들이 생산하는 부품들은 특정기업에 의해서만 수요된다.

③ 또한 어느 특정산업이 독점화되어 있고 이 산업에 고용된 노동이 산업들 사이의 이동에 있어 큰 비용이 들거나 지역적으로 큰 제약이 있다면 그 기업에 고용된 노동은 그 독점기업에 의해서만 수요된다.

02 수요독점이란?

① 수요독점이란 생산요소공급자가 공급하는 생산요소를 오직 하나의 기업만이 수요하는 시장형태를 말한다.

② 여러 기업들이 생산하는 재화를 중간재로 사용하는 기업이 유일하게 존재하거나 사람들이 보유한 어떤 특수한 노동서비스를 구입하는 유일한 기업이 있다면 해당 기업은 수요독점기업으로 행동하게 된다.

03 수요독점의 발생원인

1 지역적 여건

① 특정지역에 생산요소를 수요하는 기업이 유일하고 생산요소의 이동성이 낮은 경우 수요독점이 될 가능성이 있다.

② 이동성이 아주 작은 경우에는 그 기업이 독점적 수요자의 위치를 이용하여 임금의 결정과정에서 유리한 고지를 점할 수 있다.

2 전문성

① 생산요소가 전문화되어 있어 특정 기업에 의해 고용될 때만 그 가치가 발휘될 수 있고 다른 곳에서는 거의 쓸모없는 경우가 있다.

② 그런데 전문화된 생산요소를 고용하는 산업이 독점화되어 오직 하나의 기업만 존재하고 있으면 그 생산요소에 대한 수요도 독점화되는 결과가 나타난다.

① 개별 기업이 직면하는 노동공급곡선은 우상향하는 산업 전체의 노동공급곡선으로 수요독점기업이 노동고용을 위해서는 더 높은 임금을 지불할 수밖에 없게 된다.

② 노동의 시장공급곡선은 노동수요를 독점하고 있는 기업의 입장에서는 평균요소비용곡선에 해당한다.

③ 예를 들어 노동을 5단위 구입하려면 단위당 5만 원을 지불하여 총 25만 원의 노동비용이 필요하다고 하자.
1단위 더 구입하여 6단위를 구입한다면 노동공급량이 증가하기 때문에 이전보다 더 높은 노동가격을 지불해야 한다.
6단위를 구입할 때 노동가격이 6만 원이라면 이미 고용된 5단위에 5만 원, 추가적인 1단위에 6만 원을 지급하는 것이 아니라 이미 고용된 5단위에도 1만 원이 오른 6만 원의 단위가격을 지불하여야 하기 때문에 총노동비용은 36만 원으로 증가한다.

④ 노동 5단위 구입 시 평균요소비용은 $\frac{25}{5} = 5$만 원이고, 노동 6단위 구입 시 평균요소비용은 $\frac{36}{6} = 6$만원이므로 단위당 노동가격과 평균요소비용은 동일한 값을 갖는다. 따라서 노동의 시장공급곡선은 평균요소비용곡선과 동일하다.

⑤ 노동 5단위 구입 시 총노동비용은 25만 원이고 노동 6단위 구입 시 총노동비용은 36만 원이므로 노동 1단위 더 구입 시 한계요소비용은 36만 원 - 25만 원 = 11만 원이다.

⑥ 따라서 한계요소비용(MFC_L)곡선이 노동공급곡선($S_L = AFC_L$)보다 상방에 위치하게 된다.

■ 이윤극대화 조건

① 수요독점된 노동을 추가적으로 구입함으로써 얻을 수 있는 수입인 한계수입생산물(MRP_L)이 노동의 추가적인 구입에 따르는 비용인 한계요소비용(MFC_L)보다 크다면 노동의 수요량을 증대시킬 것이며 반대로 비용이 수입보다 크다면 노동의 수요량을 줄일 것이다.

② 만약 노동이 기업에 의하여 수요독점되어 있다면 이 기업의 적정한 노동수요량은 한계수입생산물과 한계요소비용이 일치하는 점에서 결정된다.

$$한계수입생산 = 한계요소비용$$
$$\rightarrow MRP_L = MFC_L$$

■ 설명

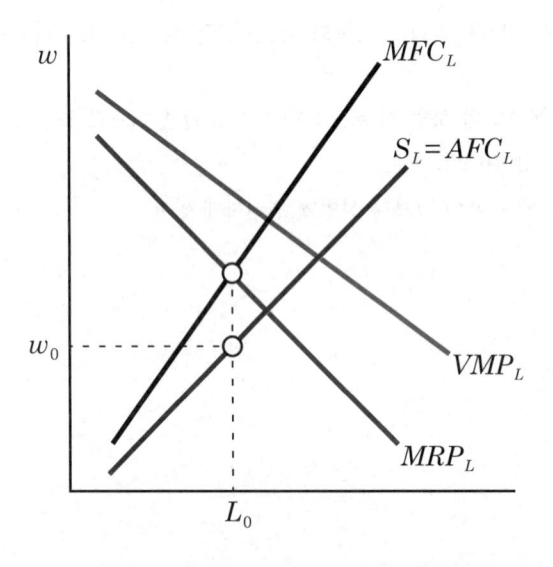

① 생산물시장은 불완전경쟁이라고 가정하면 노동의 한계생산물가치가 노동의 한계수입생산물보다 크다.

$$\rightarrow VMP_L > MRP_L$$

② 노동수요독점기업의 적정요소수요량은 한계수입생산물곡선과 한계요소비용곡선이 만나는 점에서 L_0로 결정된다.

③ 수요독점기업의 입장에서 한계수입생산물곡선과 한계요소비용이 만나는 노동수요량 L_0보다 더 많이 고용한다면 한계요소비용이 한계수입생산물보다 커지므로 이윤이 줄어들게 되며 L_0보다 적게 고용하고 있다면 한계수입생산물이 한계요소비용보다 크므로 고용을 늘림으로써 이윤을 증가시킬 수 있다.

④ 수요독점기업의 적정고용량 L_0에서 수요독점기업이 지불하는 노동가격은 노동공급곡선에 의하여 w_0가 된다. 즉, 균형고용량은 $MRP_L = MFC_L$에서 결정되지만 균형가격은 수요독점기업이 직면하는 노동공급곡선인 $S_L = AFC_L$에서 결정된다.

② 따라서 $MRP_L = MFC_L > w = AFC_L$의 관계가 성립된다.

1 개념

생산요소시장이 수요독점시장으로 바뀜에 따라 생산요소공급자가 적게 받게 되는 소득의 크기를 수요독점적 착취라 한다.

2 설명

① 수요독점기업이 지불하는 임금(w_0)은 노동의 한계수입생산보다 적게 되므로 수요독점적 착취가 발생하게 된다.

② 한계수입생산(MRP_L)과 한계요소비용(MFC_L)이 일치하는 점에서 이윤극대화 고용량과 임금이 각각 L_0, w_0로 결정된다. 즉, 수요독점기업의 적정고용량 L_0에서 수요독점기업의 한계요소비용과 한계수입생산물은 w_2이나 수요독점기업이 지불하는 노동가격은 노동공급곡선에 의하여 w_0가 된다.

③ 한계수입생산물곡선은 노동이 수요독점되지 않았다면 기업이 지불하는 수요가격을 나타낸다. 따라서 w_2는 수요독점되지 않았다면 L_0를 구입하기 위하여 지불되는 노동가격에 해당한다. 즉, 수요독점되지 않았다면 L_0를 구입하는데 $w_2 L_0$의 비용을 지불하였겠지만 수요독점으로 인하여 노동구입가격은 노동의 공급곡선에 의하여 w_0가 되기 때문에 $w_0 L_0$만을 지불하게 된다.

④ 따라서 수요독점으로 인하여 $(w_2 - w_0) \times L_0$만큼을 지불하지 않으며 이 부분은 노동시장이 수요독점되지 않았다면 노동에게 지불될 금액으로서 이를 수요독점기업에 의한 수요독점적 착취라고 한다.

⑤ 완전경쟁시장이라면 시장노동수요곡선인 MRP_L과 시장공급곡선인 AFC_L이 만나는 점에서 이윤극대화 고용량과 임금(w_1)이 결정된다.

⑥ 따라서 노동자의 경우 완전경쟁시장의 경우보다 임금이 하락하므로 수요독점적 착취($w_1 - w_0$)가 발생하고 고용량이 감소하므로 비효율성이 발생한다.

1. 독점시장

① 개별 기업이 직면하는 수요곡선은 우하향하는 시장수요곡선으로 독점기업은 생산을 증가시키기 위해서 가격을 인하할 수 밖에 없다. 따라서 한계수입(MR)곡선은 수요곡선 하방에 위치하게 된다.

② 공급곡선이 존재하지 않는다.

③ 완전경쟁시장에서의 균형보다 거래량이 적기 때문에 삼각형 면적의 사회후생손실이 발생한다.

④ $P > MR = MC \rightarrow P > MC$

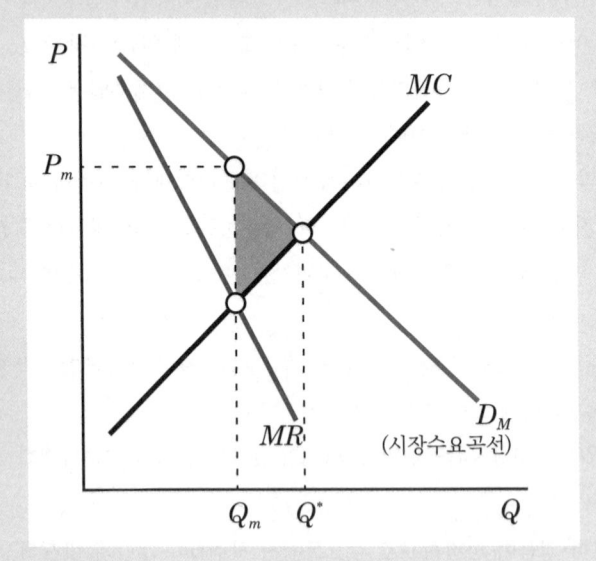

2. 수요독점시장

① 개별 기업이 직면하는 노동공급곡선은 우상향하는 시장노동공급곡선으로 수요독점기업은 노동고용을 증가시키기 위해서는 임금을 인상할 수밖에 없다. 따라서 한계요소비용(MFC_L)곡선은 노동공급곡선 상방에 위치하게 된다.

② 노동수요곡선이 존재하지 않는다.

③ 완전경쟁시장에서의 균형보다 노동고용량이 적기 때문에 삼각형 면적의 사회후생손실이 발생한다.

④ $MRP_L = MFC_L > w \rightarrow MRP_L > w$

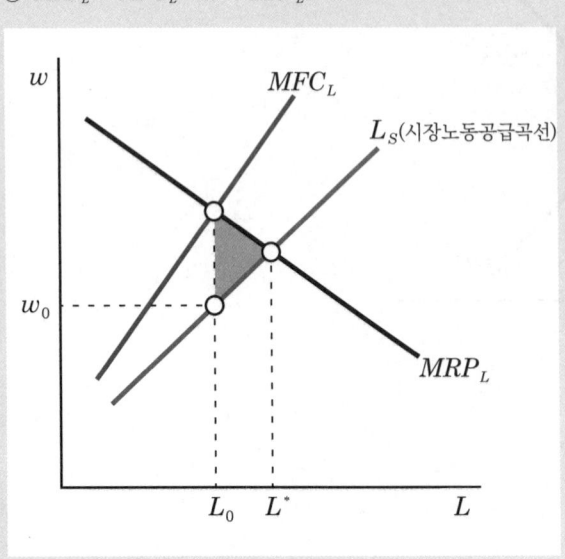

1 의의

① 일반적으로 최저임금제를 실시하면 미숙련노동자의 실업이 발생할 수 있다. 즉, 완전경쟁노동시장에서 균형임금보다 높은 최저임금제를 실시하면 실업이 발생한다는 것을 알 수 있다.

② 그러나 실증연구에 의하면 최저임금제도의 실시가 오히려 미숙련노동자들의 고용을 증진시킬 수도 있음이 밝혀졌는데 이는 생산요소시장이 수요독점인 경우 그러한 결과를 도출할 수 있다.

③ 수요독점시장에서의 최저임금제는 최저임금의 수준에 따라 실업이 발생할 수도 있으며 반대로 최저임금제 실시 이전보다 고용량이 더 늘어날 수도 있다.

2 설명

① 최저임금제가 실시되지 않는다면 수요독점기업은 L_0의 노동을 구입하고 w_0의 임금을 지급함으로써 이윤을 극대화하게 된다.

② 최저임금을 w_1으로 정하면 w_1보다 낮은 임금률을 주지 못하므로 수평선의 w_1이 노동공급곡선이 된다.

③ 노동공급곡선을 따라 기업이 지불하여야 하는 평균임금이 최저임금인 w_1보다 크면 구속력이 없어지므로 우상향의 노동공급곡선에 직면한다.

④ 이 노동공급곡선에서 한계요소비용곡선을 도출하면 그림에 파란색으로 나타낸 것과 같은 모양이 된다. 노동공급곡선이 수평을 유지하는 선분의 구간에서는 이것이 바로 한계요소비용곡선이 된다.

⑤ 파란색의 한계요소비용곡선과 한계수입생산물곡선이 만나는 점에서 L_1을 고용하게 되며 $\overline{L_0 L_1}$ 만큼의 고용량 증가가 발생한다.

CHAPTER 18

699

불완전경쟁 요소시장

2절 생산요소시장의 공급독점

01 의의

1 개념

생산요소시장에서 공급독점이란 생산요소를 공급하는 생산요소 공급자가 유일한 경우를 말한다.

2 사례

① 여러 기업들이 원료로 사용하는 것을 어떤 기업이 독점으로 공급하는 경우
② 노동자들이 노동조합을 결성하여 기업의 사용자 측과 임금협상을 하는 경우

02 노동조합

1 노동조합의 목표

① 노동은 고용주가 수요독점자가 되어 노동자의 임금을 착취할 가능성이 많다. 이것을 막기 위해 대부분의 경우 노동조합의 결성이 인정된다.
② 노동조합이 결성되면 노동자 개개인이 의사결정을 하는 것이 아니고 노동자 전체가 단체로서 고용주와 상대하여 의사결정을 하게 되므로 노동조합이 노동의 공급독점권을 가지게 된다.
③ 노동조합이 추구하는 목표는 임금소득의 증가, 작업 조건의 개선, 고용안정의 세 가지로 요약할 수 있다.

2 임금소득의 증가

① 노동조합은 노동의 독점적 공급자 역할을 담당하기 때문에 우하향의 시장노동수요곡선에 직면하게 된다.
② 노동조합이 임금소득의 증가를 위해 임금률 상승을 추구하면$(w_0 \rightarrow w_1)$ 노동고용이 감소$(L_0 \rightarrow L_1)$하게 된다.
③ 따라서 노동조합이 임금소득의 증가와 고용안정이라는 두 가지 목표를 동시에 달성하는 것은 어렵다.

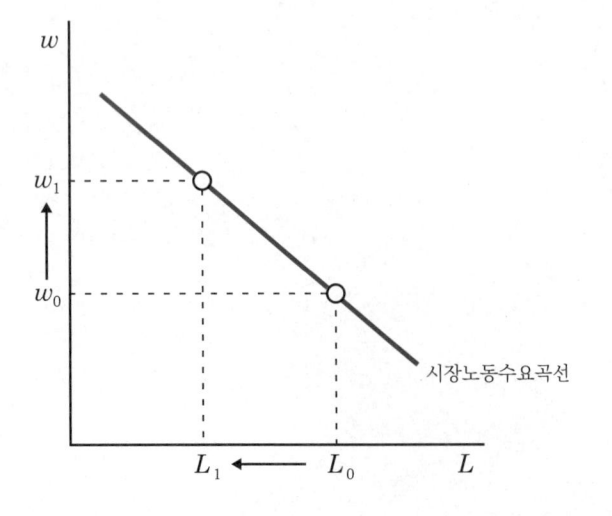

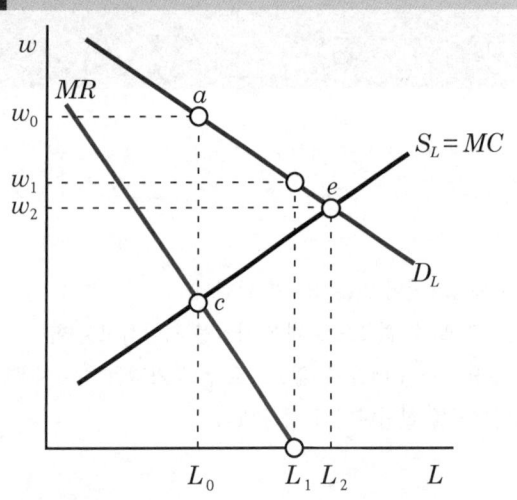

1 그림 설명

① 공급독점자인 노동조합은 자신이 직면하는 시장수요곡선(D_L)으로부터 한계수입(MR)곡선을 도출한다.

한계수입곡선의 의미는 노동조합에서 노동 한 단위를 기업에 추가로 공급하는 경우 노동조합의 관점에서 추가되는 수입을 의미한다.

② 노동의 공급곡선(S_L)은 개별노동자들이 노동을 공급하는데 따른 기회비용을 나타내는 개별공급곡선을 수평으로 합하여 구한 것이다. 따라서 공급곡선은 한계비용(MC)곡선이다.

2 잉여극대화

① 노동조합의 경우 '이윤극대화'라는 표현 대신 '잉여극대화'라는 표현이 보다 적합한데 노동조합은 조합원들의 잉여를 극대화하는 것을 목적으로 하기 때문이다.

② 노동조합은 조합원들의 노동 투입에 따른 수입과 노동의 기회비용의 차이 즉 잉여를 극대화하고자 한다.

③ 노동조합의 입장에서 잉여극대화는 한계비용곡선과 한계수입곡선이 교차하는 상태에서 시장균형이 성립한다.

④ 따라서 균형고용량은 L_0가 되고 노동조합이 받고자 하는 임금은 노동수요곡선에서 결정되므로 균형임금은 w_0이다.

⑤ 만약 노동조합이 이와 같이 행동한다면 노동시장이 경쟁적인 e점에 비해 $\triangle aeb$만큼의 사회적 후생손실이 발생하게 된다.

3 총수입극대화

① 조합원들의 합의로 조합원들의 총수입을 극대화하고자 한다면 $MR = 0$에서 균형이 결정된다.

② 고용량은 한계수입이 0이 되는 L_1이 될 것이고 임금은 w_1이 된다.

4 고용수준의 극대화

① 노동조합이 조합원들의 고용수준을 극대화하고자 한다면 이전보다 임금이 낮아지더라도 고용량 증가를 선호한다.

② 고용수준의 극대화는 노동의 시장수요곡선과 시장공급곡선이 만나는 점에서 결정된다.

$$\rightarrow S_L(MC) = D_L(MRP_L)$$

③ 고용수준의 극대화를 추구하면 모든 조합원들이 전부 고용되는 L_2에서 균형고용량이 결정되고 균형임금은 w_2이다.

3절 쌍방독점

01 의의

1 개념

① 쌍방독점이란 생산요소시장의 수요자와 공급자가 모두 독점화되어 있는 경우를 말한다.

② 생산요소 수요자는 자신 이외에 다른 소비자에게 생산자가 팔 수 없으므로 낮은 가격을 지불하고자 한다.

　생산요소 공급자는 자신 이외에는 다른 기업으로부터 수요자가 구매할 수 없으므로 높은 가격을 받고자 한다.

③ 일반적으로 쌍방독점의 경우 시장균형이 어떻게 결정되는지를 설명하기가 쉽지 않다.

2 사례

① 사용자들이 단결해 교섭단체를 구성하고 노동자들이 노동조합을 결성하여 협상하는 경우

② 노동자들이 산업별 노조조합을 결성하거나 프로야구선수들이 선수협의회를 결성하는 것은 공급 독점적 지위를 누림으로 수요독점적 착취를 해소하고자 하는 이유 때문이다.

3 그림 설명

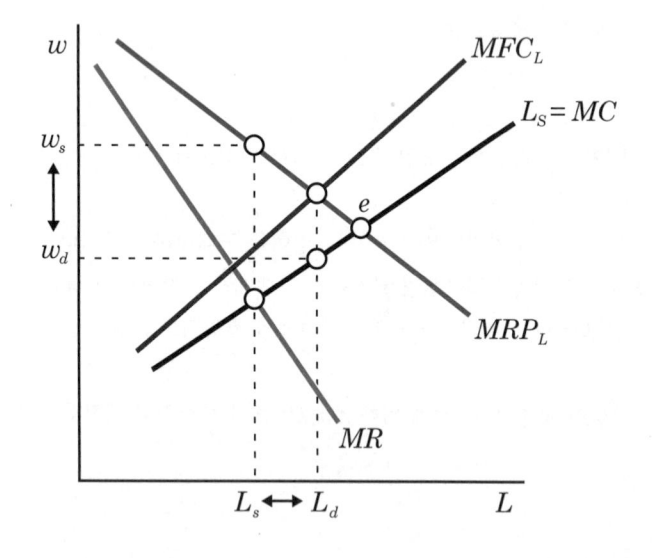

① 수요자가 생산물시장에서 독점이지만 노동시장에서 가격수용자일 경우 MRP_L곡선이 노동에 대한 수요곡선이 된다.

② 생산자가 독점일 경우 MRP_L곡선으로부터 한계수입(MR)곡선을 도출해서 한계수입과 한계비용이 일치하는 수준에서 노동을 L_s만큼 공급하고 노동가격인 임금을 w_s만큼 요구한다.

③ 생산자가 노동시장에서 가격수용자이고 수요자가 수요독점이면 생산자의 한계비용(MC)곡선이 공급곡선이 된다.

④ 수요독점은 공급곡선으로부터 한계요소비용(MFC_L)곡선을 도출해서 한계요소비용과 한계수입생산(MRP_L)이 일치하는 수준에서 노동을 L_d만큼 고용하고 임금은 w_d만큼 지급하고자 한다.

⑤ 그러므로 쌍방독점의 경우 노동가격은 w_d와 w_s사이에, 노동고용량은 L_s와 L_d사이에 있을 것이다.

⑥ 일반적으로 쌍방독점의 경우 공급독점은 공급독점대로, 수요독점은 수요독점대로 자신들의 독점력을 행사하려고 하므로 시장에서 어떤 결과가 발생하리라고 정확하게 예측하기가 어렵다.

⑦ 즉, 생산요소수요자는 더 낮은 임금을 지불하고자 하고 생산요소공급자는 더 높은 임금을 얻고자 하므로 생산요소수요자와 공급자의 교섭능력 또는 협상력에 의해 균형임금과 균형고용량이 결정될 수 있다.

4 공동이윤의 극대화(combined profit)

① 생산요소 수요자와 공급자가 모두 자신에게 유리한 상황만을 고집하기는 쉽지 않다.

서로 협조해 공동의 이익을 극대화하기로 한다면 대립하기보다 두 주체 모두에게 더 이득이 되는 해결방안을 찾을 수 있다.

즉, 생산요소수요자와 공급자가 서로 협조해 공동의 이익을 극대화 할 수 있다.

② 공동이윤을 극대화하는 생산수준은 한계수입생산곡선과 한계비용곡선이 교차하는 수준인 e점에서 달성된다.

즉, $MRP_L = MC$가 만나는 수준에서의 노동고용량이 된다.

③ e점에서의 노동고용량보다 더 적은 고용량에서는 한계수입생산이 한계비용보다 더 크므로($MRP_L > MC$) 생산요소를 더 고용하여 이윤을 증가시킬 수 있다.

④ e점에서의 노동고용량보다 더 많은 고용량에서는 한계비용이 한계수입생산보다 더 크므로($MRP_L < MC$) 생산요소 고용을 줄여 이윤의 극대화를 달성할 수 있다.

⑤ 공동의 이윤은 극대화 되었으나 그것을 둘 사이에서 어떤 비율로 나누어야 하느냐의 문제는 여전히 존재한다.

CHAPER

18 불완전경쟁 요소시장

단원 점검 기초 문제

01 수요독점 노동시장에서 기업이 이윤을 극대화하기 위한 조건은? (단, 상품시장은 독점이고 생산에서 자본은 고정되어 있다.)

풀이 날짜			
채점 결과			

① 한계비용과 임금이 일치
② 한계비용과 평균수입이 일치
③ 노동의 한계생산물가치(value of marginal product of labor)와 임금이 일치
④ 노동의 한계생산물가치와 한계노동비용(marginal labor cost)이 일치
⑤ 노동의 한계수입생산(marginal revenue product)과 한계노동비용이 일치

02 생산요소의 수요독점에 대한 설명으로 옳지 않은 것은?

풀이 날짜			
채점 결과			

① 요소시장에서 수요독점기업은 우상향하는 요소공급곡선에 직면한다.
② 한계요소비용곡선은 공급곡선 위쪽에 위치한다.
③ 한계요소비용과 한계수입생산이 일치하는 수준에서 수요독점기업의 요소수요량이 결정된다.
④ 한계요소비용과 한계수입생산이 일치하는 수준에서 수요독점기업의 요소가격이 결정된다.
⑤ 생산요소 균형가격은 그 생산요소의 한계수입생산보다 낮다.

03 생산물시장이 불완전경쟁이고 노동시장이 수요독점일 때, 다음 그림의 형태로 나타난 노동시장에 있어서 결정되는 생산요소인 임금의 가격은?

풀이 날짜			
채점 결과			

① OA
② OB
③ OC
④ OE
⑤ OG

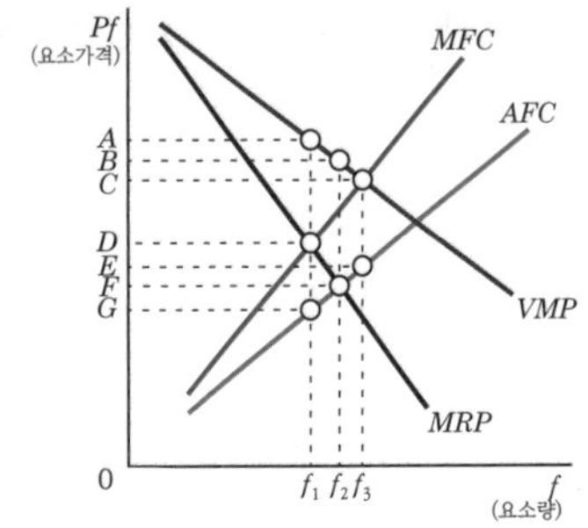

01 • 수요독점 노동시장은 노동의 한계수입생산(MRP_L)과 한계노동비용(MFC_L)이 일치할 때 이윤극대화가 달성   ⑤
된다.

  • 노동의 한계수입생산과 한계노동비용이
임금보다 높기 때문에($MRP_L = MFC_L > w_0$)
'수요독점적 착취'가 발생한다.

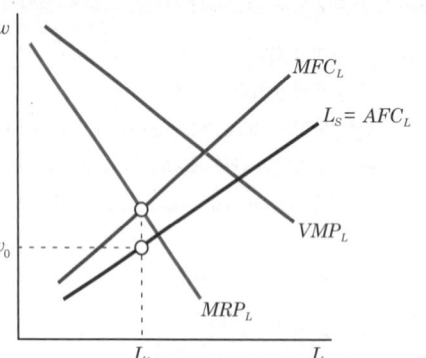

02 • 요소시장에서 수요를 독점하는 경우 기업이 인식하는 공급곡선은 시장공급곡선과 일치한다.   ④

  • 기업이 인식하는 공급곡선이 우상향한다는 의미는 기업이 생산요소를 한 단위 추가 구입하는 경우 지불해야
하는 한계요소비용곡선이 요소공급곡선의 상방에 존재함을 의미한다.

  • 요소수요독점자는 한계수입곡선(MRP_L)이 한계요소비용곡선(MFC_L)과 일치하는 점에서 고용 수준을 결정하
고 결정된 고용 수준에 해당하는 요소공급곡선상의
점에서 요소가격을 지불한다.

  • 요소가격은 한계요소비용과 한계수입생산이
일치하는 수준과 노동공급곡선이 만나는 곳에서
결정된다.

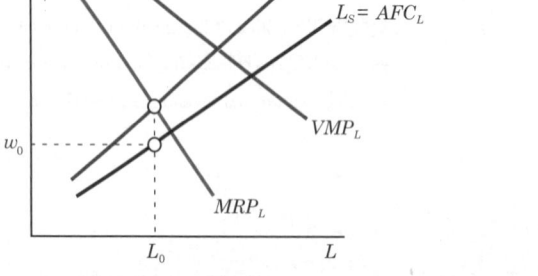

03 • 이윤극대화균형은 $MRP = MFC$인 D점에서 달성되고, f_1을 고용한다.   ⑤

  • 현재 시장노동공급곡선은 AFC이므로 최저수준의 임금 G를 기업은 제시할 것이다.

  • 따라서 수요독점시장에서의 노동고용량은 f_1이고 임금은 G이므로 $((D - G) \times f_1)$만큼의 수요독점적 착취가
발생한다.

04 생산물시장에 독점이 성립되었고, 그 독점기업이 생산요소시장에서도 독점적 수
요자일 경우, 기업의 이윤극대화 가정 하에서 다음 중 어떤 관계가 성립하는가?

① 생산요소의 한계생산물가치와 한계수입생산이 같다.
② 생산요소의 한계생산물가치와 한계요소비용이 같다.
③ 생산요소의 한계수입생산과 한계요소비용이 같다.
④ 한계요소비용과 요소가격이 같다.
⑤ 생산요소의 한계생산물가치와 요소가격이 같다.

풀이 날짜			
채점 결과			

05 생산물시장에서 독점이면서 노동시장에서 수요독점인 기업이 있다. 이 기업이
속한 노동시장의 균형에 대한 설명으로 옳은 것은?

① 노동의 한계생산물 가치와 임금이 일치하도록 고용이 결정된다.
② 노동의 한계생산물 가치와 한계요소비용이 일치하도록 고용이 결정된다.
③ 노동의 한계수입생산과 임금이 일치하도록 고용이 결정된다.
④ 노동의 한계수입생산과 한계요소비용이 일치하도록 고용이 결정된다.

풀이 날짜			
채점 결과			

04 • 불완전경쟁시장에서는 $P > MR$이므로 한계생산물가치(VMP_L)가 한계수입생산(MRP_L)보다 크다.

     • 왜냐하면 한계생산물가치는 가격과 한계생산의 곱이고 한계수입생산은 한계수입과 한계생산의 곱이기 때문이다.

     • 수요독점의 경우 이윤극대화는 $MRP_L = MFC_L$에서 성립된다.

     • 따라서 수요독점시장에서는 한계생산물가치 > 한계수입생산 = 한계요소비용 > 요소가격의 관계가 성립된다.

③

05 • 생산물시장에서 독점인 경우 MRP_L곡선이 노동수요곡선의 역할을 한다.

     • 요소시장에서 수요를 독점하는 경우 기업이 인식하는 공급곡선은 시장공급곡선과 일치한다. 기업이 인식하는 공급곡선이 우상향한다는 의미는 기업이 생산요소를 한 단위 추가 구입하는 경우 지불해야 하는 한계요소비용곡선이 요소공급곡선의 상방에 존재함을 의미한다. 요소수요독점자는 한계수입곡선(MRP_L)이 한계요소비용곡선(MFC_L)과 일치하는 점에서 고용수준을 결정하고 결정된 고용수준에 해당하는 요소공급곡선상의 점에서 요소가격을 지불한다.

④

01 A기업은 노동시장에서 수요독점자이다. 다음 설명 중 옳지 않은 것은?
(단, A기업은 생산물시장에서 가격수용자이다.)

풀이 날짜			
채점 결과			

① 균형에서 임금은 한계요소비용(marginal factor cost) 보다 낮다.
② 균형에서 노동의 한계생산가치(VMP_L)와 한계요소비용이 같다.
③ 한계요소비용곡선은 노동공급곡선의 아래쪽에 위치한다.
④ 균형에서 완전경쟁인 노동시장에 비해 노동의 고용량이 더 적어진다.
⑤ 균형에서 완전경쟁인 노동시장에 비해 노동의 가격이 더 낮아진다.

02 다음 표에 나타난 A기업의 노동공급(근로시간), 시간당 임금 및 한계수입생산에 관한 설명으로 옳은 것은?

풀이 날짜			
채점 결과			

노동공급	시간당 임금	한계수입생산
5	6	-
6	8	50
7	10	36
8	12	26
9	14	14
10	16	2

① 노동공급이 6에서 7로 증가할 때 한계노동비용은 22이다.
② 이윤을 극대화할 때 노동공급은 9이다.
③ 노동공급이 6에서 7로 증가할 때 임금탄력성은 0.5이다.
④ 이윤을 극대화할 때 한계노동비용은 28이다.

03 물류회사 甲은 A지역 내에서 근로자에 대한 수요독점자이다. 다음과 같은 식이 주어졌을 때 이윤극대화를 추구하는 甲이 책정하는 임금은? (단, 노동공급은 완전경쟁적이며, w는 임금, L은 노동량이다.)

풀이 날짜			
채점 결과			

A지역의 노동공급곡선: $w = 800 + 10L$
노동의 한계수입생산: $MRP_L = 2{,}000 - 10L$

① 800
② 1,000
③ 1,200
④ 1,400
⑤ 1,600

01 • 수요독점 노동시장은 노동의 한계수입생산(MRP_L)과 한계노동비용(MFC_L)이 일치할 때 균형이 달성된다.   ③

① 균형에서 임금은 노동의 한계수입생산과 한계요소비용보다 낮다.

② 생산물시장은 완전경쟁이므로 노동의 한계생산물가치와 한계요소비용은 동일하다.

③ 수요독점기업은 우상향의 노동공급곡선에 직면하므로 한계요소비용곡선이 요소공급곡선의 상방에 위치한다.

④ 완전경쟁 노동시장은 한계생산물가치와 시장노동공급곡선이 동일할 때 균형이 달성된다.

   따라서 수요독점시장에서의 균형은 완전경쟁인 노동시장에 비해 노동의 고용량이 더 적다.

⑤ 완전경쟁 노동시장은 한계생산물가치와 시장노동공급곡선이 동일할 때 균형이 달성된다.

   따라서 수요독점시장에서의 균형은 완전경쟁인 노동시장에 비해 임금이 더 낮다.

02 ① 노동공급이 6일 때 총노동비용은 6×8=480이고 노동공급이 7일 때 총노동비용은 7×10=700이다.   ①

   따라서 노동공급이 6에서 7로 증가할 때 한계노동비용은 220이다.

②, ④ 이윤극대화는 한계노동비용과 한계수입생산이 일치할 때 달성된다.

   노동공급이 8일 때 한계노동비용과 한계수입생산이 26으로 일치하므로 이윤극대화 노동고용량은 8이다.

③ 임금이 2 증가 시 노동공급이 1만큼 증가한다.

   따라서 노동공급의 임금탄력성은 $\dfrac{\triangle L^s}{\triangle w} \times \dfrac{w}{L^s} = \dfrac{1}{2} \times \dfrac{8}{6} = \dfrac{2}{3} = 0.67$이다.

03 • 노동공급곡선은 $w = 800 + 10L$이므로 노동의 총요소비용(TFC_L)은 $TFC_L = w \times L = 800L + 10L^2$이다.   ③

• 한계비용곡선(MFC_L)은 $MFC_L = \dfrac{dTFC_L}{dL} = 800 + 20L$이므로 한계수입생산과 연립하면 이윤극대화 노동고용량은 $L = 40$이 된다.

   → $800 + 20L = 2,000 - 10L$

   → $30L = 1,200$

   → $L = 40$

• 노동고용량 40을 노동공급곡선에 대입하면 임금은 1,200이 도출된다.

   → $w = 800 + 10 \times 40 = 1,200$

CHAPTER 19

소득분배이론

단원 학습 목표

- 소득분배는 기능별 소득분배와 계층별 소득분배로 나눌 수 있다.
- 기능별 소득분배는 생산과정에서 각 생산요소가 벌어들이는 노동소득 · 자본소득의 크기를 살펴보는 것이다.
- 계층별 소득분배는 소득의 원천과는 상관없이 총소득이 어떻게 분배되어 있는지를 분석한다.
- 계층별 소득분배를 측정하는데 있어 다양한 소득불평등도 지수를 사용하게 된다.

1절 개요

01 의의

① 소득분배이론은 기능별 소득분배이론과 계층별 소득분배이론으로 구분된다.
② 기능별 소득분배이론은 생산요소의 소유자에 대한 보수가 어떻게 결정되는가에 대한 이론이며, 계층별 소득분배이론은 동일 생산요소 소유자 내에서 소득계층 분류에 대한 이론이다.

02 기능별 소득분배이론

기능별 소득분배이론은 토지시장에서 지대이론, 노동시장에서 임금결정이론, 자본서비스 시장에서 투자이론 등으로 분류할 수 있다.

03 계층별 소득분배이론

계층별 소득분배이론은 계층별 소득분배를 측정하기 위한 소득분배 불평등도 지수와 원인과 해결책 등으로 분류할 수 있다.

2절 기능별 소득분배 : 지대 · 임금 · 이자 · 이윤

01 전통적 지대이론

1 토지(land)

① 토지는 천연자원을 대표하는 개념으로 광물, 석유 등이 포함된다. 천연자원 또는 자연자원은 자연적으로 주어지는 것을 말한다.

② 토지사용의 대가로 지주는 지대를 얻게 된다.

2 지대

① 지대(rent)란 토지와 같이 공급이 완전히 고정된 생산요소에 대한 대가를 의미한다. 즉, 기업이 생산을 위해 자연자원을 사용한 대가로 자원의 소유자에게 지불하는 비용이다.

② 지대는 토지사용에 대한 대가로 제한하지 않고 공급이 고정된 생산요소에 대한 보수로 파악할 수 있다.

3 지대의 결정

① 토지처럼 생산요소가 완전히 고정되면 생산요소의 공급곡선이 아래의 그림처럼 수직선의 형태를 갖는다. 따라서 지대는 수요 측 원인에 의하여 결정된다.

② 토지에 대하여 조세를 부과하면 토지공급이 완전 비탄력적이기 때문에 자원배분의 왜곡이 발생하지 않는다. 또한 토지소유자가 조세를 전부 부담할 수밖에 없어 불로소득인 지대에만 조세를 부과하자고 헨리 조지(H. George)가 '토지단일세론'을 주장하였다.

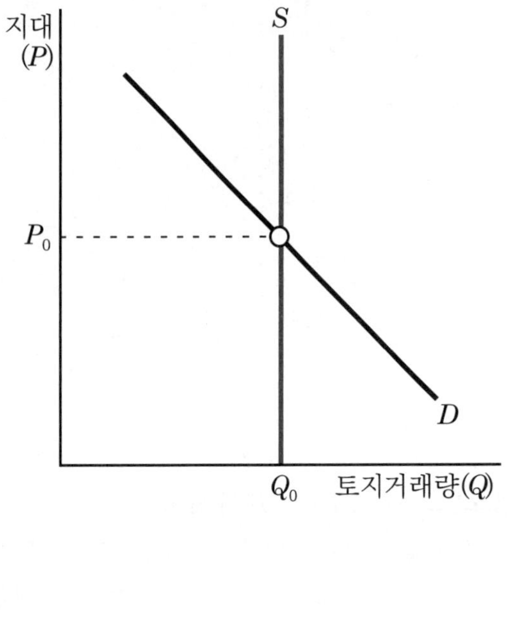

4 차액지대설과 절대지대설

1. 차액지대설 - 리카도(D. Ricardo)

① 토지의 비옥도·위치와 수확체감의 법칙으로 인한 생산의 차이에서 지대가 발생한다는 리카도의 학설이다.

② 이때 열등지에 대한 우량지의 초과 이윤만큼 지대로 지급되므로 최열등지에는 지대가 발생하지 않는다.

2. 절대지대설 - 마르크스(K. Marx)

① 모든 토지가 사유화되어 있는 자본주의 사회에서는 최열등지라 할지라도 지대를 강요하기 때문에 토지의 생산성에 관계없이 사적 소유에 지대가 존재한다는 마르크스의 학설이다.

② 이것은 어떠한 토지에 대해서도 지급되므로 일반지대 또는 한계지대라고도 한다.

02 경제적 지대와 전용수입(이전수입)

1 경제적 지대(economic rent)

① 생산요소의 기회비용 또는 전용수입을 초과해 추가로 지불되는 보수를 말한다.

② 생산요소의 공급이 가격에 대해 비탄력적이기 때문에 추가로 발생하는 소득을 의미한다.

2 전용수입 또는 이전수입(transfer earnings)

생산요소의 공급이 이루어지도록 하기 위해서 지급해야 하는 최소한의 금액 또는 생산요소의 기회비용을 의미한다.

3 설명

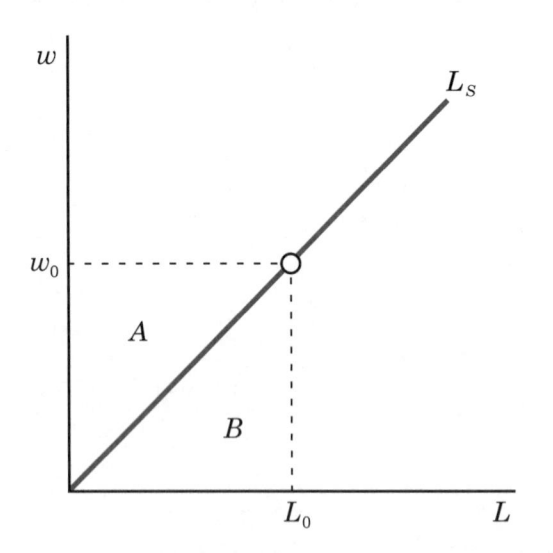

① 노동의 균형가격과 균형고용량이 각각 w_0, L_0 라면 노동소득은 $w_0 L_0 (A+B)$ 가 된다.

② 노동소득 중 노동 공급자의 기회비용은 삼각형 B 가 되며 B 가 전용수입 또는 이전수입이다. 즉, L_0 만큼의 노동공급이 이루어지도록 하기 위해서 최소한 지급해야 하는 금액은 노동공급곡선 하방 면적으로 측정되며 이는 노동자 입장에서 최소한 받아야 하는 금액으로 기회비용의 의미가 있다.

③ 또한 전용수입을 초과하는 부분인 삼각형 A 가 경제적 지대에 해당되는데 이는 노동공급자 입장에서 기회비용을 초과하는 금액이므로 노동공급자의 잉여에 속한다.

4 생산요소의 공급이 완전비탄력적이 되는 경우

　① 생산요소의 공급이 완전비탄력적이 된다면 생산요소 공급곡선은 수직선의 형태를 갖는다.

　② 생산요소 공급곡선이 수직선이라면 경제적 지대의 면적은 커지는 반면 전용수입의 면적은 0이다.

　③ 요소공급이 완전비탄력적이라는 것은 다른 용도에 사용할 여지가 없음을 의미하며 기회비용은 0이 된다.

　④ 기회비용이 0임에도 불구하고 공급이 제한되어 있다는 이유 때문에 그 요소에 일정한 수입이 귀속된다.

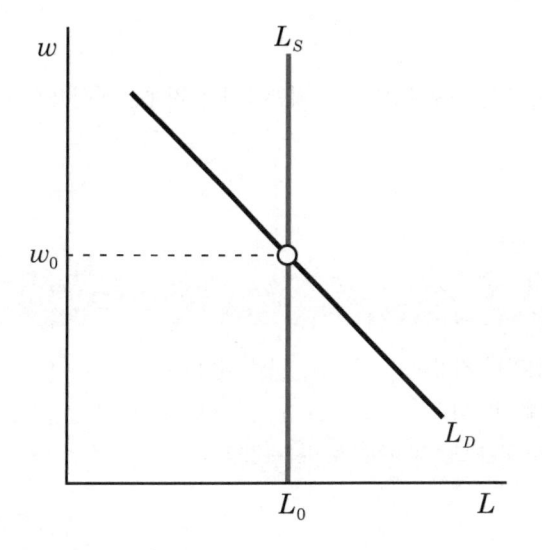

5 생산요소의 공급이 완전탄력적이 되는 경우

　① 생산요소의 공급이 완전 탄력적이라면 생산요소의 공급곡선은 수평선이다.

　② 생산요소의 공급곡선이 수평선이라면 경제적 지대는 0이고 전용수입은 커지게 된다.

　③ 그 요소를 현재의 용도 이외에 다른 용도에도 사용할 수 있음을 의미하며 다른 용도에 고용되어 있는 요소가 해당 산업으로 공급된 것임을 알 수 있다.

　④ 따라서 생산요소 공급에 따른 보수 전부가 기회비용이 된다.

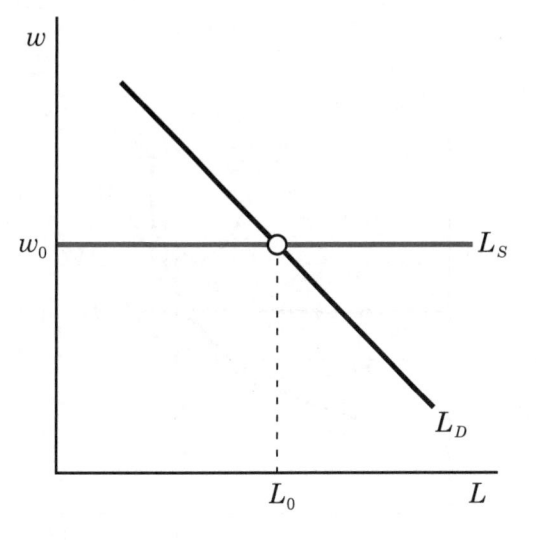

6 경제적 지대의 사례

① 유명 탤런트나 운동선수들이 얻는 엄청난 소득은 다른 분야에는 사용할 수 없는 희소한 능력 때문에 발생하는 경제적 지대이다.

② 변호사나 공인회계사들이 고소득자인 이유는 생산요소 공급이 제한적이기 때문에 발생하는 경제적 지대 때문이다.

7 전통적 지대와 경제적 지대와의 관계

전통적인 지대는 생산요소의 공급이 완전히 고정되어 있는 경우에만 적용되지만 경제적 지대는 생산요소의 공급 탄력성에 따라 신축적으로 적용될 수 있다.

03 지대추구 행위(rent seeking behavior)

① 고정된 생산요소로부터 발생하는 경제적 지대를 얻거나 지키려고 노력하는 것을 의미한다.

② 이익집단들이 국회에 로비(lobby)하는 경우가 이에 해당된다.

> 예 변호사 협회가 사법시험 합격자 수를 제한하기 위하여 국회 사법 위원회에 로비하는 경우

04 준지대(quasi - rent)

1 개념

준지대란 공장시설처럼 단기적으로 공급이 고정된 생산요소에 대한 대가를 말한다.

준지대 = 총수입(TR) – 총가변비용(TVC) = 초과이윤(또는 손실) + 총고정비용

2 설명

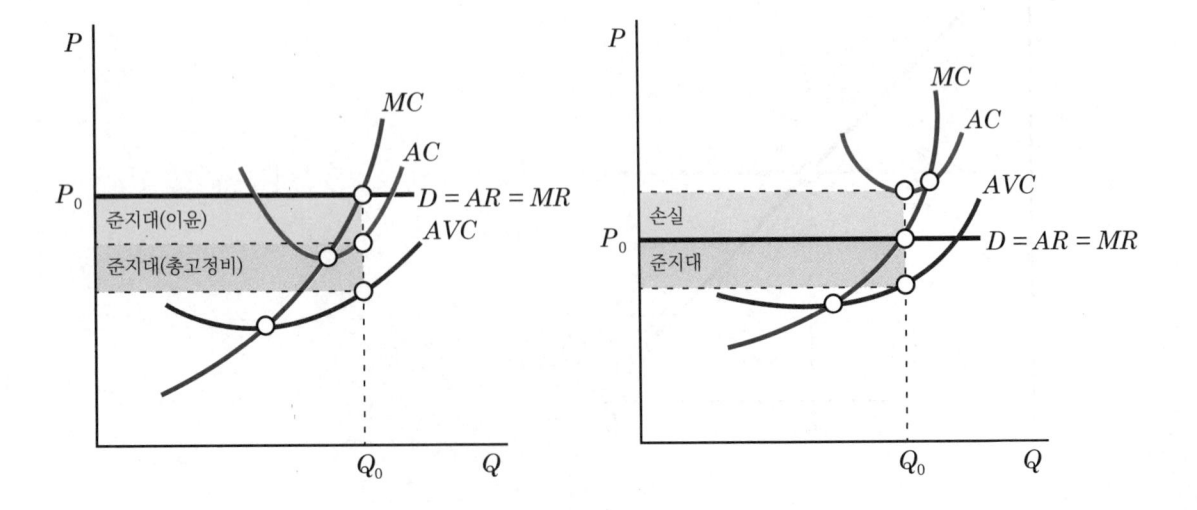

① 준지대에 초과이윤 또는 손실이 포함되는 이유는 다음과 같다.

　단기에는 고정요소의 존재로 진입이나 퇴거가 어렵기 때문에 초과이윤 또는 손실이 발생할 수 있기 때문이다.

② 준지대는 음(-)의 값을 갖지는 않는다.

　준지대가 음(-)의 값을 갖는다면 기업은 영업을 하지 않는 것이 낫기 때문이다.

3 경제적 지대와 준지대의 비교

1. 공통점

총수입 가운데 어떤 요소에 지불되는 기회비용을 공제한 수입을 말한다.

2. 차이점

① 경제적 지대는 요소시장 전체의 관점에서 어떤 생산요소에게 귀속되는 수입 가운데 기회비용을 제외한 수입이고 준지대는 개별 기업의 관점에서 기업의 수입 가운데 가변요소에 대한 기회비용을 제외한 수입이다.

② 경제적 지대는 생산요소의 공급자에게 귀속되는 수입이고 준지대는 생산요소를 고용해서 이윤을 추가하는 기업의 경우 이윤의 성격과 관련되어 있다.

③ 경제적 지대는 요소의 공급곡선의 형태와 밀접하게 관련되어 있지만 준지대는 기업의 비용곡선 및 생산물의 가격과 밀접하게 관련되어 있다.

3절 자본시장

01 개념

1 개념

자본재란 건물, 공장시설, 기계 등과 같은 형태를 가진 자산을 말하며 저량(stock) 개념이다.

2 자본 서비스

① 자본 서비스란 자본재에서 나오는 서비스(service)를 말하며 기업이 자본재를 구입함으로 간접적으로 자본 서비스를 구입하는 성격을 갖는다.

② 즉, 생산과정에서 직접 투입되는 것은 자본재 그 자체가 아니라 그것에서 나오는 서비스, 즉 자본 서비스 (capital service)라고 할 수 있다.

③ 자본 서비스는 유량(flow)개념이다.

02 자본재를 이용하는 방법

① 자본재를 이용하는 방법으로는 자본재시장에서 구입하는 경우와 자본재의 임대시장을 이용하는 방법이 있다.

② 자본재의 임대시장에서 필요한 만큼의 자본서비스를 추가로 구입하거나 새로운 자본재를 구입해 이로부터 필요한 자본 서비스를 얻을 수 있다.

03 자본 서비스에 대한 수요

1 의의

기업이 자본재 한 단위를 P_K에 구입하여 사용하는 경우 자본재로부터 나오는 자본 서비스에 대해서는 얼마의 가격을 지불할지 알아보자.

2 자본 서비스의 가격

① 자본재를 보유하거나 임대해 줄때의 기회비용을 생각해보면 자본재의 감가상각(depreciation)과 자본재의 구입에 따른 이자비용(interest)의 상실로 나눌 수 있다.

② 자본재는 속성상 그 가치가 하락하게 되므로 자본재의 소유자는 새것으로 대체해야 하는 감가상각비용이 발생한다.

③ 자본재를 구입하는 데는 막대한 자금이 소요되는 것이 보통이며, 따라서 이것에 대한 금리가 자본재 임대업의 비용 중 큰 몫을 차지하게 된다.

④ 한 기간 동안 감가상각되는 부분은 자본재 가격의 일정부분 d이고 실질이자율이 r로 주어져 있다고 가정한다면 P_K의 가격을 갖는 자본재 1단위를 보유, 임대해 주는 것과 관련돼 소요되는 기간당 기회비용은 다음과 같다.

$$\rightarrow P_K d + P_K r = P_K(d+r)$$

⑤ 따라서 자본재 한 단위의 임대료(v)가 다음과 같이 결정된다.

$$\rightarrow v = P_K(d+r)$$

04 자본재에 대한 수요 – 투자 이론

1 개요

① 자본재에 대한 수요, 즉 투자수요는 자본 서비스에 대한 수요와 성격이 매우 다르다.
② 자본재에 대한 수요의 특징은 일단 구입하면 오랜 기간에 걸쳐 계속 사용할 수 있다는 관점에서 수요를 결정한다는 사실이다.

2 현재가치법(present value criterion)

① 예상 투자 수익의 흐름을 일정한 할인율에 의해 현재가치로 바꿔 그 기계의 구입 비용과 비교하여 기계를 구입해야 할지 판단한다.
② 수익의 현재가치가 기계를 사는데 드는 비용보다 크면 순현재가치가 0보다 크므로 자본재를 구입하게 되고 반대로 기계를 사는데 드는 비용이 수익의 현재가치보다 크면 순현재가치가 0보다 작으므로 자본재의 구입을 포기하게 된다.

3 내부수익률법(internal rate of return criterion)

① 자본재 구입을 통한 기대수익률을 구하여 이자율과 비교하여 투자여부를 결정한다.
② 자본재 구입을 통한 기대수익률인 내부수익률이 기회비용인 이자율보다 크면 그것에 투자하고 반대의 경우면 투자하지 않는 결정을 내린다.
③ 자본재를 구입하는 것과 관련된 기회비용은 그 구입비용을 다른 곳에 투자했으면 얻었을 수익률을 의미하며 그것은 이자율(r)로 주어진다.

4절 계층별 소득분배이론

01 의의

계층별 소득분배이론은 소득분배가 사회계층간에 공평하게 분배되어 있는지를 연구하는 이론으로 소득이 균등하게 분배되어 있을 때 공평하다고 가정한다.

02 소득분배 불평등과 임금격차의 발생 원인

1 소득분배 불균등의 요인

① 개인별로 신체적 특성, 지성, 성격, 성취욕, 건강상태 등 여러 가지 측면이 서로 다르기 때문에 소득격차가 발생한다.

② 개인별로 교육 · 훈련 및 기회에 차이가 있기 때문에 소득격차가 발생한다.

③ 개인별로 부모로부터 상속받은 재산이 서로 다르기 때문에 개인 간의 소득격차가 발생한다.

④ 국가 간 사회제도 · 경제 체제 · 경제 정책 등 차이가 존재하면 소득격차가 발생한다.

⑤ 성별 · 지연 · 혈연 · 학벌 · 인종 등에 따른 차별이 개인간의 소득격차를 발생시키기도 한다.

⑥ 행운이나 불운과 같은 우연적인 요소에 의해 소득격차가 생길 수 있다.

2 임금격차의 발생 요인

① 직업에 따라 작업조건이 다르기 때문에 임금격차가 발생한다.

② 작업조건이 열악하기 때문에 발생하는 임금격차를 보상격차(compensating differentials)라고 한다.

③ 인적자본(human capital)의 차이에 따라 임금격차가 발생할 수 있다. 인적자본이란 교육 · 훈련 등을 통해 축적된 지식이나 기술을 말한다. 일반적으로 인적자본이 높을수록 생산성이 높고 임금수준도 높다.

④ 개인의 능력과 노력 정도에 차이가 있기 때문에 임금격차가 발생한다.

⑤ 노동시장에 대한 정보가 불완전하면 임금격차가 발생한다. 노동조건 · 임금수준 · 개별 노동자의 숙련도 등과 같은 시장정보를 완전하게 알 수 없기 때문에 동일한 일을 하면서도 서로 다른 임금을 받는 경우가 있게 된다.

⑥ 노동의 이동성이 완전하지 못하여 임금격차가 발생한다.

⑦ 사회경제적인 차별(socio-economic discrimination) 때문에 임금격차가 발생한다. 미국의 경우 인종차별에 따른 임금격차가 존재한다. 우리나라의 경우 성별과 관련한 차별대우가 나타나고 있다. 동일한 일을 하고 있으면서도 여성은 남성에 비하여 낮은 수준의 임금을 받고 있다.

⑧ 노조의 존재가 임금격차를 유발할 수 있다. 대기업 근로자는 강력한 노조 덕분에 중소영세기업 근로자와 비정규직에 비해 높은 임금을 받는다.

03 소득분배 불평등도 지수

1 로렌츠 곡선

1. 개념

로렌츠곡선이란 계층별 소득분포 자료에서 인구의 누적점유율과 소득의 누적 점유율 사이의 대응 관계를 그림으로 나타낸 것을 말한다.

2. 설명

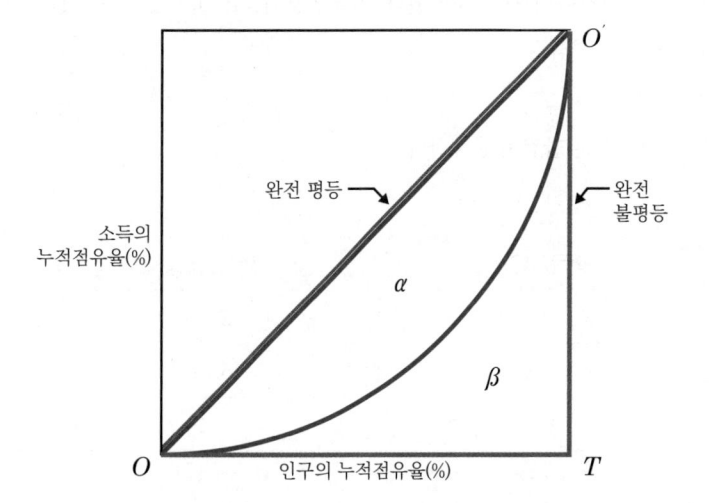

① 소득분배가 완전히 평등하다면 로렌츠 곡선은 원점을 통과하는 OO' 선이 된다.(45도선)

② 소득분배가 완전히 불평등하다면 로렌츠 곡선은 OTO' 로 도출된다.

③ 소득분배가 평등해 질수록 로렌츠 곡선은 대각선에 가까워진다.

3. 특징

① 로렌츠 곡선이 서로 교차할 경우에는 소득분배상태를 비교할 수 없다.

② 로렌츠 곡선은 서수적인 성격을 가지고 있다. 즉, 로렌츠 곡선을 통하여 소득분배를 비교할 수 있으나 얼마나 차이가 있는지는 비교할 수 없다.

2 지니계수

1. 개념

로렌츠 곡선이 나타내는 소득분배 상태를 하나의 숫자로 나타낸 것을 말한다.

$$지니계수 = \frac{\alpha}{\alpha + \beta}$$

2. 측정치

① 소득분배가 완전히 평등하다면 $\alpha = 0$이 되어 지니계수는 0이 된다.

② 소득분배가 완전히 불평등하면 $\beta = 0$이 되어 지니계수는 1이 된다.

③ 따라서 지니계수는 0과 1사이의 값을 가지며 그 값이 작을수록 소득분배가 평등하다.

3. 특징

지니계수는 전 계층의 소득분배상태를 하나의 숫자로 나타내므로 기수적 성격을 갖고 있다.

3 십분위분배율

1. 개념

최하위(저소득층) 40%의 소득점유율을 최상위(고소득층) 20%의 소득점유율로 나눈 값을 말한다.

$$십분위분배율 = \frac{저소득층 \ 40\%의 \ 소득점유율}{고소득층 \ 20\%의 \ 소득점유율}$$

2. 측정치

① 소득분배가 완전히 균등하면 10분위분배율의 값은 2가 된다.

② 소득분배가 완전히 불균등하면 10분위분배율의 값은 0이 된다. 십분위분배율은 0과 2사이의 값을 가지며 값이 커질수록 소득분배의 균등성이 높아진다.

3. 특징

십분위분배율은 특정소득 계층만을 나타낸다는 단점이 존재한다.

4. 사례

소득분위	소득점유율	누적비율
1분위	2.1	2.1
2분위	4.3	6.4
3분위	6.0	12.4
4분위	7.3	19.8
5분위	8.5	28.3
6분위	9.8	38.1
7분위	11.1	49.2
8분위	12.9	62.0
9분위	15.5	77.6
10분위	22.4	100.0

〈자료 : 통계청 가구동향조사〉

① 제1분위는 가장 가난한 10%의 사람을 뜻하고 제10분위는 가장 부유한 10%를 뜻한다.

② 가장 못사는 40%의 사람들이 차지하는 소득의 비율은 19.8%이고 가장 잘사는 20%의 사람들이 차지하는 소득의 비율은 38%이다.

③ 따라서 십분위분배율은 $\frac{19.8\%}{38\%} = 0.52$ 가 된다.

4 오분위 분배율

1. 개념

최상위(고소득층) 20%의 소득점유율을 최하위(저소득층) 20%의 소득점유율로 나눈 값을 말한다.

$$오분위 \ 분배율 = \frac{고소득층 \ 20\%의 \ 소득점유율}{저소득층 \ 20\%의 \ 소득점유율}$$

2. 측정치

① 소득분배가 완전히 균등하면 5분위 분배율의 값은 1이 된다.

② 소득분배가 완전히 불균등하면 5분위 분배율의 값은 무한대가 된다.

③ 오분위분배율은 1과 무한대의 값을 가지며 값이 작을수록 소득분배의 균등성이 높아진다.

3. 특징

오분위 분배율은 경제 전체의 소득분배는 파악하지 못하고 특정 소득 계층만을 나타낸다는 단점이 존재한다.

5 애킨슨 지수

1. 개념

① 현재의 평균소득($\overline{Y}$)과 균등분배 대등소득(Y_e)을 이용하여 소득분배 상태를 측정한다.

$$A = 1 - \frac{Y_e}{\overline{Y}} \quad [Y_e : \text{균등분배대등소득}, \ \overline{Y} : \text{평균소득}]$$

② 애킨슨 지수는 사회가 상대적으로 소득분배의 불평등을 얼마나 회피하는가를 나타내는 상대적 불평등기피도가 균등분배대등소득을 통해 명시적으로 불평등지수에 도입된다.

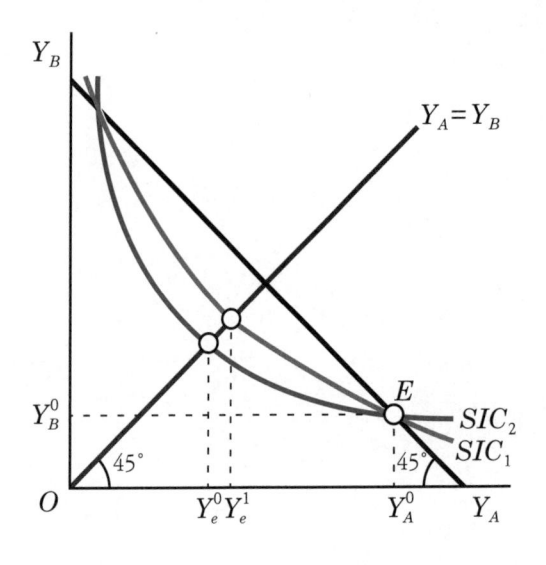

2. 평균소득

① E점에서 소득분배가 이루어지고 있다면 개인 A의 소득은 Y_A^0, 개인 B의 소득은 Y_B^0이고 사회후생은 SIC_1이다.

② E점을 지나는 우하향하는 선분에서 소득분배가 이루어지고 있다면 사회전체의 총소득은 $Y_A^0 + Y_B^0$로 일정하다.

③ 따라서 평균소득은 $\overline{Y} = \dfrac{Y_A^0 + Y_B^0}{2}$가 된다.

3. 균등분배대등소득

① 균등분배대등소득이란 현재의 사회후생과 동일한 후생을 가져다주는 완전히 평등할 때의 평균소득을 말한다.

② 원점을 통과하는 45도 선상의 모든 점은 $Y_A = Y_B$이므로 소득분배가 완전히 평등하다.

③ 사회무차별곡선 SIC_1에서 최초의 소득분배점인 E점과 45도 선상의 한 점은 사회후생이 동일하므로 균등분배대등소득은 Y_e^1으로 측정된다

④ 사회무차별곡선이 원점에 대해 더 볼록한 SIC_2에서는 균등분배대등소득이 Y_e^0가 된다.

⑤ 따라서 평등성에 대한 선호가 커질수록 균등분배대등소득은 작아지고 애킨슨 지수의 값은 커진다.

4. 균등분배대등소득의 사례

만약 한국의 1인당 평균소득이 월 50만 원이라고 하자. 그런데 한국의 가치판단 아래서 모든 사람이 1인당 월 40만 원으로 균등하게 분배된다면 현재와 똑같은 사회후생을 가져온다고 할 때 균등분배대등소득은 40만 원이 된다.

5. 측정치

① 현실 상태에 만족하면 평균소득이 균등분배대등소득이 되므로($Y_e = \overline{Y}$) 애킨슨 지수의 값은 0이 된다.

② 애킨슨 지수의 값의 범위는 $0 \leqq A \leqq 1$이 되며 그 값이 작을수록 소득분배가 평등하다.

③ 즉, 평등성에 대한 선호가 증가하면 균등분배대등소득(Y_e)은 작아지며 따라서 애킨슨 지수의 값은 1에 가까워진다.

5절 소득재분배정책의 사례

01 일반적인 조세제도

① 누진적인 조세구조를 통해 부유층과 빈곤층사이에 존재하는 가처분소득의 격차를 줄인다. 즉, 상대적인 소득 격차만 축소시킨다.

② 가처분소득의 격차가 전반적으로 줄어들 수는 있지만, 빈곤층에게 직접적인 도움을 주는 효과는 없다.

③ 다만, 조세수입이 정부지출로 전환되는 과정에서 빈곤층에 더욱 많은 혜택이 들어가는 시책에 중점을 둠으로써 직접적인 도움이 아닌 간접적인 도움으로 빈곤층에게 소득이전효과가 있다.

02 사회복지제도

1 분류

사회복지제도는 크게 보아 기여원칙에 의해서 운영되고 있는 사회보험제도와 비기여 원칙에 의해 운영되는 공공부조프로그램의 두 유형으로 구성된다.

2 사회보험제도

① 국민을 대상으로 노령화 · 질병 · 실업 등으로 인하여 활동 능력의 상실과 소득 감소가 발생하였을 때 이를 보장하는 제도를 말한다.

② 사회보험의 재원은 보험 가입자 및 사용자가 부담하고, 자격요건을 구비한 모든 사람에게 급부지급한다.

3 공공부조프로그램

① 생계유지가 곤란한 극빈계층의 최저생활보장 및 자립기반 조성을 위한 생활보호 · 의료보호 등이 포함된다.

② 일반 조세를 그 재원으로 하며, 자산심사 등을 통하여 필요성을 입증한 사람들에 한하여 급부를 지급한다.

03 부의 소득세제

1 도입 배경

① 사회보장제도의 불합리성 때문에 사회보장제도의 개혁이 거론될 때마다 고려되는 제도이다.

② 현재의 제도 하에서는 많은 사람들이 소득세와 사회보장세의 납세자인 동시에 사회보장 급부의 수혜자이다. 따라서 같은 개인에 대해 급부를 주고 또다시 세금으로 거두어들인다는 것은 비효율적이다.

2 기본 개념

① 면세점 이상의 소득자에 대해서는 정상적으로 소득세를 과세하지만, 면세점 이하의 소득자에 대해서는 음(-)의 세율을 적용하여 계산한 금액을 정부에서 지원하는 제도를 말한다.

② 이 제도는 누진적인 소득세제의 논리적 연장이라고 볼 수 있으며, 소득세와 사회보장세를 통합한 것이다.

3 특징

① 부의 소득세제의 경우 공공부조 프로그램과는 달리 사회의 온정에 의존하는 것이 아니라 누구나 필요할 때 일종의 권리에 의해 정부로부터 돈을 받는 형식을 취하고 있다. 즉 소득이 높으면 조세 납부의 의무가 생기는 것과 마찬가지로 소득이 낮으면 돈을 받을 수 있는 권리가 생긴다고 말할 수 있기 때문이다.

② 단 한 번의 자산심사에 의해 고소득자의 조세와 저소득자의 사회보장급여가 결정된다.

4 구체적 운용방식

① 모든 사람에게 최소한으로 보장되는 소득이란 의미를 갖는 기초수당(M)이 정해진다.

② 어떤 한계세율의 구조를 선택함으로써 개인이 스스로 벌어들인 소득이 늘어날 때 얼마만큼씩 지급액을 줄일 것인가가 결정된다. 이 한계세율은 그 비율로 지급액이 줄어드는 것을 뜻하며 편의상 한 수준으로 주어져 있는 선형(linear)의 세율구조를 상정한다.

③ 저소득자가 받게 될 보조금(S)은 $S = M - tY$ 이다.

(Y : 납세자가 스스로 번 소득, t : 세율, M : 기초수당, S : 보조금)

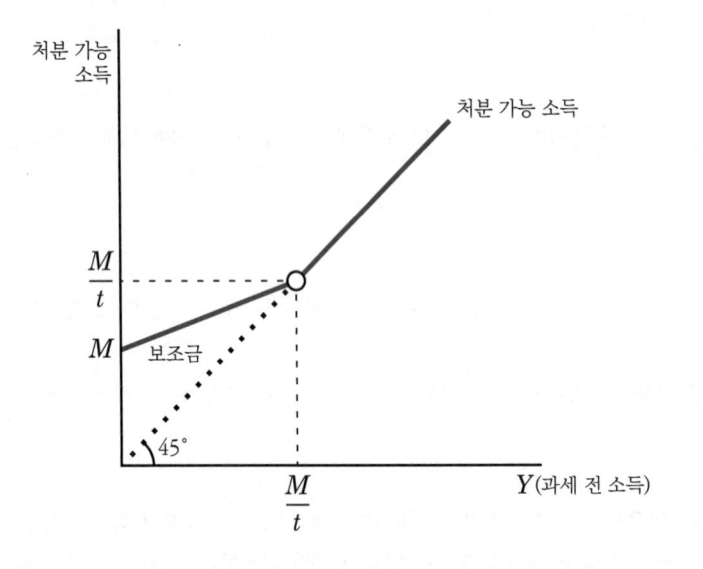

④ 과세전 소득이 0이면 M 원의 보조금이 지급된다.

$$Y = 0 \rightarrow S = M$$

⑤ 과세전 소득이 $\dfrac{M}{t}$ 이면 보조금과 납세액 모두 0이 된다.

⑥ 과세전 소득이 $\dfrac{M}{t}$ 보다 크면 보조금은 0보다 작으므로 납세액이 0보다 커진다.

① 쿠즈네츠의 U자 가설은 역U자 가설이라고도 한다. 이는 경제발전단계와 소득분배 균등 정도의 상관관계를 설명한 이론이다.

② 경제발전 초기에는 분배의 불균등이 심화되나 경제발전의 성숙단계에 이르러서는 불균등이 완화되는 것을 말한다.

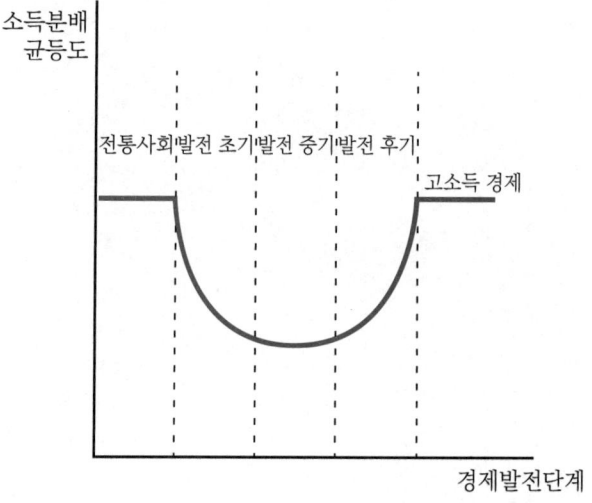

01 소득불평등 지수에 해당하지 않는 것은? (2019년 NH 농협은행)

① 십분위분배율

② 지니계수

③ 오분위 분배율

④ 엥겔지수

02 다음 그림을 보고 지니계수에 대한 설명 중 틀린 것은? (기업은행)

① 지니계수는 $\dfrac{\alpha}{\alpha+\beta}$ 이다.

② 지니계수는 기수적이다.

③ 지니계수의 로렌츠곡선의 단점을 보완하기 위하여 만들어졌다.

④ 지니계수는 0~1의 값을 가지며 값이 클수록 평등하다.

03 로렌츠곡선에 대한 설명으로 옳지 않은 것은?

① 소득의 불평등 정도를 측정하는 방법이다.

② 소득의 누적 점유율과 인구의 누적 점유율 간의 관계이다.

③ 지니 집중계수는 로렌츠곡선의 단점을 보완한다.

④ 로렌츠곡선은 가치판단을 전제하는 측정 방법이다.

01 • 엥겔지수는 가계의 소비지출 중에서 식료품비가 차지하는 비중을 뜻한다. 독일의 통계학자 엥겔이 연구를 통해 가계 소득이 높아질수록 식료품비 비중이 감소한다는 가계 소비의 특징을 발견했다. 이를 엥겔법칙이라고 부른다.

④

02 • 지니계수는 로렌츠곡선의 서수성을 보완하기 위하여 만들어졌으며 0과 1사이의 값을 가진다.
• 지니계수는 값이 작아질수록 평등하다.
• 로렌츠곡선이 대각선으로 이동할수록 α의 면적이 작아지고 지니계수의 값은 0에 가까워진다.

④

03 • 로렌츠곡선이란 계층별 소득분포 자료에서 인구의 누적 점유율과 소득의 누적 점유율 사이의 대응 관계를 그림으로 나타낸 것을 말한다.
• 로렌츠 곡선은 서수적인 성격을 가지고 있다. 즉, 로렌츠 곡선을 통하여 소득분배를 비교할 수 있으나 얼마나 차이가 있는지는 비교할 수 없다.
• 지니계수는 전 계층의 소득분배 상태를 하나의 숫자로 나타내므로 기수적 성격을 갖고 있다.
• 애킨슨 지수는 사회가 상대적으로 소득분배의 불평등을 얼마나 회피하는가를 나타내는 상대적 불평등 기피도가 명시적으로 불평등지수에 도입된다. 소득불평등도 지수 중 가치판단을 전제하는 측정 방법은 애킨슨 지수이다.

④

04 소득불평등도지표의 하나로 저소득층과 고소득층간의 소득분배를 나타내는 것은?

① 로렌츠곡선
② 지니계수
③ 앳킨슨지수
④ 십분위분배율

풀이 날짜			
채점 결과			

05 지니계수의 값을 낮추기 위한 방법이 아닌 것은? (2019년 신한은행)

① 소득세율 인상
② 저소득층에 대한 사회복지지출 증대
③ 소득세의 최고세율 기준소득 상향 조정
④ 최저임금 인상

풀이 날짜			
채점 결과			

06 다음의 서술 중 옳지 않은 것은?

① 로렌츠곡선이 대각선에 가까울수록 지니계수는 작아진다.
② 지니계수는 0과 1사이의 값을 취하며 그 값이 클수록 소득불평등도가 높다.
③ 10분위분배율의 값이 0에 가까울수록 소득분배는 불평등하다.
④ 누진세 등은 지니계수를 크게 한다.

풀이 날짜			
채점 결과			

04
- 십분위분배율이란 최하위 40%의 소득점유율을 최상위 20%의 소득점유율로 나눈 값을 말한다. 0과 2의 값을 가지며 그 값이 클수록 소득분배가 평등해진다.
- 지니계수는 전 계층의 소득분배 상태를 하나의 숫자로 나타내므로 특정 소득 계층을 분석하지 못한다는 단점이 있는 반면 십분위분배율은 특정 소득 계층만을 나타낸다는 단점이 있다.

④

05
- 지니계수는 0과 1 사이의 값을 가지며 값이 작아질수록 소득분배는 평등해진다.
- 소득세의 최고세율 기준소득이 상향 조정되면 이전보다 고소득 계층의 분류 기준이 완화되므로 소득분배는 악화된다.

③

06
- 누진세란 소득금액이 커질수록 높은 세율을 적용하도록 정한 세금으로 과세물건의 수량이나 화폐액이 증가함에 따라 점차 높은 세율이 적용되는 조세를 말한다.
- 누진세는 경제력의 격차를 야기시키는 소득 간 불평등을 보정하기 위한 것으로 고소득자에게는 높은 세금을, 저소득자에게는 낮은 세금을 거두자는 의도에서 능력에 따른 부담을 원칙으로 하여 실시되었다.
- 누진세를 실시하면 소득분배가 평등해지므로 지니계수의 값이 작아진다.

④

01 다음 중 경제지대를 가장 잘 설명해 주고 있는 것은?

① 경제지대는 생산 요소를 현재의 용도에 그대로 사용하도록 하기 위해 지불해야만 되는 대가이다.

② 경제지대는 리카도(Ricardo)의 토지에 대한 대가인 지대와 항상 동일한 개념이다.

③ 경제지대는 공급곡선이 수평인 경우에 존재하지 않는다.

④ 경제지대는 공급곡선이 수직인 경우에 존재하지 않는다.

⑤ 경제지대는 요소의 공급이 비탄력적일수록 적어진다.

풀이 날짜			
채점 결과			

02 경제지대에 관한 다음의 서술 중 가장 옳지 않은 것은?

① 경제지대는 이전수입을 초과하는 요소수입이다.

② 경제지대는 공급량이 제한될 경우에 발생한다.

③ 경제지대는 생산자잉여를 구성한다.

④ 어떤 생산요소의 경제지대가 0이면 그 요소는 기존의 용도에 사용되지 않는다.

⑤ 정부가 인허가를 통해 특정기업에 독점영업권을 부여하는 경우 비생산적인 지대 추구행위를 유발할 수 있다.

풀이 날짜			
채점 결과			

03 다음 중 경제지대에 대한 설명으로 옳은 것은?

① 지대추구행위는 효율성과 형평성을 제고하므로 사회복지를 증진시킨다.

② 지대추구행위는 수요 측면의 확대를 도모하는 행위를 말한다.

③ 공급곡선이 수직선에 가까울수록 경제지대는 줄어든다.

④ 일반적으로 이전수입이 커지면 경제지대도 증가한다.

⑤ 생산요소시장이 완전 경쟁적이면 경제지대는 발생하지 않는다.

풀이 날짜			
채점 결과			

01

- 경제적 지대(economic rent)란 생산요소의 기회비용 또는 전용수입을 초과해 추가로 지불되는 보수를 말한다.   ③
- 생산요소의 공급이 가격에 대해 비탄력적이기 때문에 추가로 발생하는 소득을 의미한다.

① 전용수입 또는 이전수입 (transfer earnings)이란 생산요소의 공급이 이루어지도록 하기 위해서 지급해야 하는 최소한의 금액 또는 생산요소의 기회비용을 의미한다.

② 차액지대설이란 토지의 비옥도·위치와 수확 체감의 법칙으로 인한 생산의 차이에서 지대가 발생한다는 리카도의 학설이다. 이때 열등지에 대한 우량지의 초과 이윤만큼 지대로 지급되므로 최열등지에는 지대가 발생하지 않는다.

③, ④, ⑤ 경제적 지대는 공급탄력성이 작을수록 커진다. 따라서 공급곡선이 수평인 경우에는 경제적 지대가 발생하지 않고 공급곡선이 수직인 경우에는 이전수입의 면적은 0이 되고 요소소득 전부가 경제적 지대가 된다.

02

① 경제적 지대(economic rent)란 생산요소의 기회비용 또는 전용수입을 초과해 추가로 지불되는 보수를 말한다.   ④

② 생산요소의 공급이 가격에 대해 비탄력적이기 때문에 또는 공급량이 제한되는 경우 추가로 발생하는 소득을 의미한다.

③ 경제적 지대는 A의 면적이므로 생산자잉여를 구성한다고 볼 수 있다.

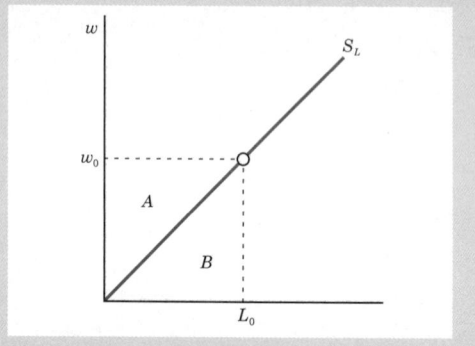

④ 경제적 지대가 0이라 하더라도 요소소득 전부가 이전수입이 된다. 이전수입이 존재하면 그 요소는 기존 용도에 사용된다. 그 요소를 현재의 용도 이외에 다른 용도에도 사용할 수 있음을 의미하며 다른 용도에 고용되어 있는 요소가 해당 산업으로 공급된 것임을 알 수 있다. 따라서 생산요소 공급에 따른 보수 전부가 기회비용이 된다.

⑤ 지대추구행위(rent seeking behavior)란 고정된 생산요소로부터 발생하는 경제적 지대를 얻거나 지키려고 노력하는 것을 의미한다. 이익집단들이 국회에 로비(lobby)하는 경우가 이에 해당된다.

03

①, ② 지대추구 행위(rent seeking behavior)란 고정된 생산요소로부터 발생하는 경제적 지대를 얻거나 지키려고 노력하는 것을 의미한다. 이익집단들이 국회에 로비(lobby)하는 경우가 이에 해당된다. 지대추구 행위로 이익집단들은 이득을 얻을 수 있으나 공급의 제한으로 소비자는 피해를 입을 수 있다. 따라서 효율성의 저하가 발생한다.   ⑤

③ 공급곡선이 비탄력적일수록 또는 수직에 가까울수록 경제적 지대는 커지고 이전수입은 줄어든다.

④ 요소소득이 일정할 때 이전수입이 커지면 경제적 지대는 감소한다.

⑤ 생산요소 시장이 완전경쟁적이면 공급의 가격탄력성이 완전탄력이 되므로 경제적 지대는 0이 된다.

04 지대, 경제적 지대 및 준지대를 설명 중 옳지 않은 것은?

① 리카르도(D. Ricardo)에 따르면, 쌀값이 비싸지면 그 쌀을 생산하는 토지의 지대도 높아진다.

② 경제적 지대는 토지분만 아니라 공급량이 제한된 노동, 기계설비 등 모든 종류의 시장에서 나타날 수 있다.

③ 생산요소가 받는 보수 중에서 경제적 지대가 차지하는 비중은, 수요가 일정할 때, 공급곡선이 탄력적일수록 작아진다.

④ 마샬(A. Marshall)의 준지대는 장기에 소멸되어 존재하지 않는다.

⑤ 준지대는 산출량의 크기와는 관계없이 총고정비용보다 크다.

풀이 날짜			
채점 결과			

05 지니계수에 대한 설명으로 옳지 않은 것은?

① 소득분배의 불평등정도를 나타낸다.

② 0에서 1사이의 값을 가진다.

③ 0에 가까울수록 소득분배가 균등하다.

④ 로렌츠곡선으로부터 계산할 수 있다.

⑤ 경제성장률과 항상 반비례의 관계를 갖는다.

풀이 날짜			
채점 결과			

06 한 나라 국민의 50%에 해당하는 사람들의 소득이 전혀 없고 나머지 50%에 해당하는 사람들에게는 모두 100만 원씩의 소득이 있다면 지니계수의 값은?

① 0

② 1

③ 1/2

④ 1/3

⑤ 1/5

풀이 날짜			
채점 결과			

04

① 쌀 가격이 비싸지면 생산량 증가로 생산요소의 수요가 증가한다.
  따라서 쌀을 생산하는 토지의 지대도 높아진다.

② 경제적 지대는 생산요소의 공급이 제한된 경우에 나타날 수 있다.

③ 경제적 지대는 공급곡선이 탄력적인 경우 작아지고 비탄력적인 경우 커진다.

④ 마샬의 준지대는 고정생산요소에 대한 대가이므로 장기에는 존재하지 않는다.

⑤ 준지대는 총수입에서 총가변비용을 차감해서 구한다.
  준지대 = 총수입 - 총가변비용 = (총수입-총비용) + 총고정비용
  총수입이 총비용보다 크다면 준지대가 총고정비용보다 클 수 있으나 총비용이 총수입보다 큰 손실이 발생하
  면 총고정비용이 준지대보다 클 수 있다.

⑤

05

• 지니계수는 로렌츠 곡선이 나타내는 소득분배 상태를 하나의 숫자로 나타낸 것을 말한다.

• 지니계수는 0과 1사이의 값을 가지며 그 값이 작을수록 소득분배가 평등하다.

• 지니계수는 전 계층의 소득분배상태를 하나의 숫자로 나타내므로 기수적 성격을 갖고 있다.

• 경제가 성장하는 과정에서 소득분배가 악화될 수 있다. 즉, 일반적으로 성장과 분배는 역관계이므로 경제성장
  률이 증가할수록 지니계수의 값은 이전보다 커지게 된다.

⑤

06

• 한 나라 국민의 50%에 해당하는 사람들만 모두 100만 원씩의 소득이 있다면 인구누적점유율 50%를 기준으
  로 다음과 같은 로렌츠곡선이 그려질 수 있다.

③

• 지니계수의 값은 $\dfrac{\alpha}{\alpha+\beta}$ 이므로 $\dfrac{1}{2}$ 의 값을 갖는다.

07 소득분배의 불평등도를 측정하는 지표들에 대한 설명 중 옳은 것을 모두 고르면?

<table>
<tr><td>풀이
날짜</td><td></td><td></td><td></td></tr>
<tr><td>채점
결과</td><td></td><td></td><td></td></tr>
</table>

A. 로렌츠(Lorenz) 곡선은 한 국가의 모든 가계를 가장 저소득층부터 배열했을 경우의 누적 인구 비율과 누적 소득의 점유비율을 그래프로 그린 것이다.

B. 지니(Gini) 계수는 0에 가까울수록 불평등의 정도가 심한 것으로 평가된다.

C. 두 국가의 로렌츠곡선이 서로 다르더라도 지니계수가 동일해질 수도 있기 때문에 추가적으로 십분위분배율이나 빈곤 지수들이 이용된다.

① A
② A, B
③ B, C
④ A, C
⑤ A, B, C

08 다음의 소득분배에 관련된 설명 중 가장 옳지 않은 것은?

<table>
<tr><td>풀이
날짜</td><td></td><td></td><td></td></tr>
<tr><td>채점
결과</td><td></td><td></td><td></td></tr>
</table>

① 10분위분배율의 값이 클수록 소득분배가 더 불균등하다는 것을 의미한다.
② 지니계수가 높을수록 소득분배가 더 불균등하다는 것을 의미한다.
③ 소득분배의 불균등도가 높을수록 로렌츠곡선은 대각선의 아래로 더 늘어지는 형태가 된다.
④ 지니계수는 기수적인 평가방법이다.
⑤ 엣킨슨지수가 높을수록 소득분배가 더 불균등하다는 것을 의미한다.

09 소득불평등도를 분석하는 방법에 대한 설명으로 가장 옳지 않은 것은?

<table>
<tr><td>풀이
날짜</td><td></td><td></td><td></td></tr>
<tr><td>채점
결과</td><td></td><td></td><td></td></tr>
</table>

① 로렌츠곡선은 저소득자로부터 누적가계들이 전체소득의 몇 %를 차지하는가를 나타내는 곡선이다.
② 로렌츠곡선이 대각선에 가까울수록 평등한 소득분배에 접근하게 된다.
③ 지니계수는 대각선과 로렌츠곡선 사이의 면적을 대각선 아래 삼각형의 면적으로 나눈 비율이다.
④ 로렌츠곡선은 서수적 평가 방법이고 지니계수는 기수적 평가 방법이다.
⑤ 로렌츠곡선은 서로 교차하지 않는다.

07 A : 로렌츠곡선이란 계층별 소득분포 자료에서 인구의 누적점유율과 소득의 누적점유율 사이의 대응 관계를 그림으로 나타낸 것을 말한다.

　　　B : 지니계수란 로렌츠 곡선이 나타내는 소득분배 상태를 하나의 숫자로 나타낸 것을 말한다. 지니계수가 0이면 완전평등한 상태이고, 1이면 완전불평등한 상태이다.

　　　C : 지니계수는 로렌츠 곡선의 면적 비율로 구하기 때문에 두 국가의 로렌츠곡선이 서로 다르더라도 지니계수가 동일해질 수도 있다.

④

08 ① 십분위분배율은 최하위(저소득층) 40%의 소득점유율을 최상위(고소득층) 20%의 소득점유율로 나눈 값을 말한다. 십분위분배율은 0과 2사이의 값을 가지며 값이 커질수록 소득분배의 균등성이 높아진다.

　　② 지니계수는 0과 1사이의 값을 가지며 그 값이 작을수록 소득분배가 평등하다.

　　③ 소득분배가 평등해질수록 로렌츠 곡선은 대각선에 가까워지고 소득분배의 불균등도가 높을수록 대각선의 아래로 더 늘어지는 형태가 된다.

　　④ 지니계수는 전 계층의 소득분배 상태를 하나의 숫자로 나타내므로 기수적 성격을 갖고 있다.

　　⑤ 애킨슨 지수의 값의 범위는 $0 \leq A \leq 1$이 되며 그 값이 작을수록 소득분배가 평등하다. 즉, 평등성에 대한 선호가 증가하면 균등분배대등소득(Y_e)는 작아지며 따라서 애킨슨 지수의 값은 1에 가까워진다.

①

09 • 로렌츠곡선이란 계층별 소득분포 자료에서 인구의 누적점유율과 소득의 누적 점유율 사이의 대응 관계를 그림으로 나타낸 것을 말한다. 소득분배가 평등해질수록 로렌츠 곡선은 대각선에 가까워진다.

　　• 지니계수는 로렌츠 곡선이 나타내는 소득분배 상태를 하나의 숫자로 나타낸 것을 말하며 0과 1사이의 값을 가진다.

　　• 로렌츠 곡선은 서수적인 성격을 가지고 있다. 즉, 로렌츠 곡선을 통하여 소득분배를 비교할 수 있으나 얼마나 차이가 있는지는 비교할 수 없다.

　　• 지니계수는 전 계층의 소득분배 상태를 하나의 숫자로 나타내므로 기수적 성격을 갖고 있다.

　　• 로렌츠곡선은 서로 교차할 수 있으며 서로 교차할 경우에는 소득분배 상태를 비교할 수 없다.

⑤

10 다음 중 쿠츠네츠의 역 U자가설에 대한 설명으로 옳은 것은?

① 경제성장 초기 단계에서는 농촌인구가 도시로 유입되면서 불평등 정도가 신속히 개선된다.

② 경제성장 초기에는 저소득층 인구 비중이 급격히 커지지만 소득분배 상태에는 별다른 영향을 미치지 않는다.

③ 경제발전의 초기 단계에서는 소득분배의 불균등이 심화되지만 경제발전 후기 단계로 감에 따라 소득분배 불균등도가 완화된다.

④ 경제성장의 성숙기에는 소수 부유층들이 자본축적을 주도하게 됨에 따라 경제력 집중현 상이 나타나고 불평등 상태가 심화된다.

⑤ 이 가설은 지속적으로 경제성장을 추구할 경우 불평등 분배구조가 결코 개선될 수 없음을 의미한다.

풀이 날짜			
채점 결과			

10
- 쿠츠네츠의 U자 가설이란 소득분배 균등도와 경제발전 단계와의 관계를 나타낸다.

③

- 반면 역U자 가설이란 소득분배 불균등도와 경제발전 단계와의 관계를 나타낸다.
- 쿠즈네츠의 U자 가설은 역U자 가설이라고도 한다. 이는 경제발전 단계와 소득분배 균등정도의 상관관계를 설명한 이론이다.
- 경제발전 초기에는 분배의 불균등이 심화되나 경제발전의 성숙단계에 이르러서는 불균등이 완화되는 것을 말한다.

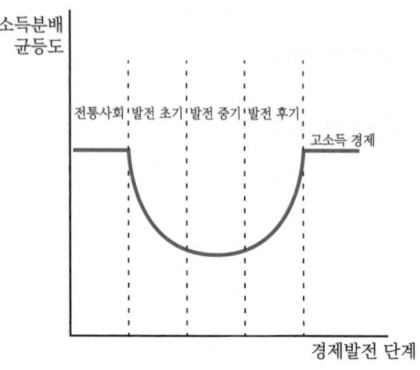

01 객관식 점검 문제

PART 출제경향

- 생산요소시장분야는 수험생들이 많이 어려워하는 영역이다.
- 해당 분야는 시장이론과 비교해서 이해하면 좀 더 쉬워질 수 있는 영역이니 인내심을 갖고 공부해 보자.
- 무엇보다 노동시장에서의 수요 및 공급결정원리에 해당하는 이윤극대화 및 효용극대화에 대한 그림 및 계산 문제를 정리해야 한다.
- 수요독점시장은 빈출되는 영역이므로 그림을 그려가면서 정확하게 이해해야 한다.
- 소득분배이론 중에서 난이도가 있는 분야는 애킨슨 지수에 대한 부분이고 해당 지수는 뒤에 나오는 사회후생함수와 연결시켜 공부할 필요가 있다.

02 약술 및 논술 점검 문제

PART 출제경향

- 국가는 소득분배에 대해 많은 고민을 하고 있으며 이와 관련한 다양한 정책도 실시하고 있다.
- 소득양극화, 소득불평등에 대한 개념 및 해결책 등은 기본적으로 정리해야 할 주제이다.
- 수요독점과 관련한 계산문제를 약술로 물어볼 수 있으며 서로 다른 소득불평등지수를 비교하는 유형도 출제될 수 있다.

문제 01

소득양극화의 발생 원인과 해결책을 제시하시오.

해설

1 소득양극화란?

1. 소득양극화의 정의

① 소득양극화란 '중간 소득계층이 줄어들면서 소득분포가 양 극단으로 쏠리는 현상'을 의미한다.

② 따라서 보통 중간 소득계층의 인구비중을 기준으로 추계하거나, 중간계층과 타계층의 소득격차를 추정하여 소득양극화 정도를 진단할 수 있다.

③ 이 때, 중산층을 어떻게 정의하느냐에 따라 중산층 비중의 감소 여부와 양극화 심화 여부에 대한 분석이 달라지기도 하지만 보통 중위소득값을 기준으로 50% ~ 150%까지를 중산층으로 규정할 수 있다.

2. 소득양극화와 소득불균형의 차이점

① 소득양극화란 중산층의 감소에 따라 소득 상위계층과 하위계층이 분포의 양 극단으로 이동되는 현상을 지칭하는데 반해, 소득불균형은 소득분위별 분배상황이 균형분포(uniform distribution)을 이루지 못한 현상을 의미한다.

② 소득양극화는 Wolfson지수와 ER지수, 소득불균형은 지니계수와 10분위분배율 등이 대표적인 측정지표로서 활용된다.

③ 이처럼 소득양극화와 소득불균등의 정의 및 측정방법이 다르기 때문에 두 현상은 다른 방향으로 진행될 수 있다. 즉, 소득불균등 수준이 양호하더라도 소득양극화는 심각할 수 있으며, 역으로 소득불균등이 심각하더라도 소득양극화는 양호할 수 있다.

2 소득양극화의 원인

1. 외환위기 이후 대기업에 편중된 구조조정 추진

외환위기 이후 일부 대기업과 여타 기업 간의 생존역량 확보를 위한 노력이 양분되면서 이것이 소득양극화의 원인이 되었다.

외환위기 당시 강도 높은 구조조정을 통하여 살아남은 대기업은 체질개선을 통해 한 단계 높은 수준으로 도약했으나 일부 대기업과 다수의 중견·중소기업은 상대적으로 자체적인 생존역량 확보 노력이 미흡했다.

특히 한계 중소기업은 정부 지원의 지속으로 구조조정이 지연되면서 경쟁력이 약화되었다. 신용보증기금 및 기술신용보증기금의 중소기업 신용보증 규모가 외환위기 이전의 10조 원에서 2003년 50조 원으로 5배 이상 증가한 바 있다. 이런 체질개선 노력에서의 차이가 혁신 능력의 격차를 유발하면서 결과적으로 수익성의 차이로 나타나고 있다. 매출액 경상이익률 기준으로 보면, 외환위기와 더불어 대기업은 손실을 보았지만 2002년부터 순이익으로 반전되면서 중소기업과 그 격차가 확대되었다. 이런 기업 간 실적 격차가 결국 소속 임직원들의 임금격차 확대로 연결되는 한편, 우수인력의 중소기업 기피가 심화되면서 중소기업의 역량이 저하되었다. 대기업과 중소기업의 연결고리 역할을 하는 중견기업이 성장 동력을 계속적으로 잃어가는 상황 또한 양극화를 가속화시키는 원인으로 작용하고 있다.

외환위기 이후 구조조정과 투자 부진으로 대기업 출현이 억제되고 중견기업의 수가 감소했다. 반면 창업이 급증하면서 소기업이 크게 늘어났지만 신규 고용 창출에 대한 기여가 미흡하다는 평가다. 중소기업이 중견기업으로, 다시 중견기업에서 대기업으로 크는 산업 생태계 성장판이 닫혀가고 있다.

중견기업이 우수한 고용 창출 능력을 갖추고 있음에도 불구하고 그 숫자가 점차 적어져 소득 양극화가 확대되고 있다.

2. IMF적 처방에 기인한 관계지향형 금융 시스템 약화와 중소기업 자금난 심화

외환 위기 이후 시장지향형 금융 시스템을 급속히 도입하면서 은행의 기업 대출 비중이 하락하는 등 관계지향형 금융이 약화되었다. 즉, 은행이 기업에 대한 자금공급 기능보다는 은행 자체의 수익성과 건전성 제고를 강조하면서 은행과 기업 간의 관계지향형 금융기능이 약화 된 것이다. 그 결과 은행의 이익규모는 크게 증가했지만 외환위기 이전에 70% 이상을 유지했던 기업대출 비중은 하락했다.

특히 은행의 기업대출 축소는 관계지향형 금융 의존도가 큰 중소기업에 영향을 미치고 있다. 직접금융을 통한 자금조달이 어려운 중소기업에 은행대출 축소는 큰 부담으로 작용하고 있다. 금융이 필요한 자금을 기업에 제때 수혈해 주지 못해 기업의 투자와 고용이 줄면서 소득 양극화를 구축하고 있다.

3. 실업자, 자영업자, 비정규직 증가

글로벌 경제 위기의 후폭풍으로 기업들의 생산, 투자 활동이 크게 위축되면서 정규직 일자리를 찾지 못한 구직자가 구직을 포기하거나 비정규직 시장으로 몰리고 있다. 또한 실업자와 퇴직자는 난립 양상을 보이고 있는 자영업에 뛰어들면서 고용시장의 악순환 구조가 빠르게 고착되고 있다.

고용의 질이 악화되면서 일본식 디플레이션과 내수위축의 우려가 확대되고 소득양극화에 따른 사회갈등에 대한 가능성이 제기되고 있다.

경제위기가 장기화되면서 신규고용이 점차 하락하면서 전일제로 일하는 건설현장 일용직, 식당 종업원이나 학원 강사 등을 포함한 사실상 비정규직도 증가하고 있는 점 또한 고용의 전체적인 질을 악화시키고 있다.

미국이 양적완화카드의 근처에 손을 뻗도록 했던 원인이 8%를 넘는 실업률과 고용의 질이었다는 점을 감안할 때, 고용의 양적 질적 신장이 경제의 장기적 안정을 도모하는 가장 중요한 조건임은 분명하다.

4. 가계부채 심화

가계부채가 소득양극화를 확대시키는 이유는 가계부채의 잠재 위험으로 4대 취약계층이 지목되고 있기 때문이다. 저소득층·저신용자와 금융권 대출이 3건 이상인 다중채무자, 생계형 자영업자, 하우스 푸어 등이다.

만약 경제여건이 악화될 경우 양극화 확대를 넘어서서 서민경제의 기반이 붕괴될 수 있는 한국경제의 뇌관으로까지 거론되고 있다. 수출, 투자, 소비 등 경제 전반적 상황이 모두 하방압력에서 벗어나지 못하고 있는 가운데 가계소득이 늘지 않고 있는 상황 또한 가계부채 증가 압력을 심화시키고 있다.

다중채무자의 연체율도 빠르게 증가하고 있다. 다중채무자의 다수가 자영업자, 50세 이상 고령자로 이루어져 있어 코로나 위기와 국내 내수산업 침체 등으로 국내 경제가 급속히 악화될 경우 채무불이행자로 전락할 가능성이 가장 높다.

자영업자도 양극화 현상이 심화되고 있다. 중상위 자영업자는 빚을 제대로 갚고 있는 반면 서민업자 일수록 빚을 갚지 못하는 비율이 높아지고 있다.

가계부채 증가와 흔들리는 서민금융을 해결할 수 있는 방법이 소득 증가 외에는 없는데 경기가 전반적으로 침체되어 있어 이 또한 쉽지 않은 상황이다.

5. 세계화(Globalization)

세계화로 인해 거리가 축소되고 상호 의존이 심화되었고, 상호작용으로 세계는 하나의 이웃으로 단일화 되어가고 있다. 국가 간 무역이 활발해짐에 따라 우리나라의 산업에서 취약한 부분은 값싼 외국산에 밀려 빛을 발하지 못할 수도 있다. 미국, EU 와의 FTA체결로 무역교류가 더 활발해져 문제가 더욱 중요하다는 것을 나타낸다. 각국의 기업들은 국내에서 뿐만 아니라 세계적인 기업들과 경쟁을 하게 된다. 이 치열한 경쟁 속에서 살아남은 강한 기업들은 대기업으로 살아남지만 나머지 기업들은 대부분 파산하거나 붕괴된다. 한 예로 IT산업에서 애플과 삼성의 높은 점유율로 판매가 부진했던 노키아가 핀란드 내 마지막 공장인 살로(Salo) 공장을 폐쇄하여 780명 직원이 해고되었다.

6. 사회복지 정책의 실패

정부는 그동안 꾸준히 사회보장제도를 확대해 왔다. 특히 1970년대에 의료보험을 도입하고 점차 적용범위를 확대하여 1980년대 말에 전 국민에게 의료보험을 적용하였던 것은 중요한 업적으로 꼽힌다. 의료보험은 1999년에 건강보험으로 바뀌었는데, 현재 실질적으로 모든 국민이 건강보험에 가입되어 있다.

이처럼 제도가 확대되면서 복지지출이 급증하고 있다. 이 가운데 사회보호지출과 보건지출이 각각 절반정도를 차지하고 있다.

복지 지출이 증가함에 따라 전체 재정지출이 빠르게 증가하고 있다. 이러한 지출 증가를 뒷받침하기 위한 국민 부담도 늘어나고 있다.

7. 통화량의 증가

무분별한 통화증가가 소득불평등을 야기 할 수 있다고 강조한 미제스의 이론에 따라 물가 변동이 없는 상태에서 중앙은행의 통화정책에 의해 통화량이 증가하면 새로 유입된 통화를 일찍 손에 넣은 사람의 실질 구매력은 증가하지만, 통화증가로 인해 물가가 오른 후 새로 유입된 통화를 입수한 사람의 실질구매력은 상대적으로 하락한다. 즉 새로 유입된 화폐를 일찍 손에 넣는 사람과 나중에 접근하는 사람 간에 소득격차가 발생한다. 상식적으로 생각해 볼 때 새로운 화폐를 먼저 입수할 수 있는 사람은 서민들보다는 정부와 연관돼있는 금융기관과 기업들이다. 실제로 소득양극화와 관계있는 지수들이 통화량과 강한 상관관계를 보인다.

3 소득양극화의 해결책

1. 소득양극화 해결의 키포인트는 '경기요인'과 '고용의 질'

삼성경제연구소가 실증분석 결과를 토대로 소득양극화와 가장 큰 인과관계를 보이는 것은 분배구조의 문제보다는 결국 수출, 내수 등 경기요인인 것으로 나타났다. 경제성장률이 1%p 증가할 때, 소득양극화 지수는 0.57%p 감소한다고 한다. 즉, 경제성장률 하락과 수출과 내수의 부진 등 경기요인이 소득양극화와 가장 큰 인과관계가 있다는 것이다. 그 다음으로 영향을 미치는 변수는 노동시장이다. 자영업자와 비정규직이 계속적으로 확대됨에 따라 저소득층과 중간소득계층의 소득 상승률이 저하되고 있어 계층 간 소득격차를 확대하고 있기 때문이다. 따라서 양극화 해소를 위해서는 추가적인 성장세 회복과 더불어 고용의 질 개선, 금융기관 중개기능 강화 등이 요구된다.

2. 수출 품목 다변화를 통한 수출과 내수의 선순환 고리 강화의 필요성

수출이 부품, 설비의 수입의존도가 높은 IT 산업 위주로 재편되면서, 수출 증가가 국내 부가가치 및 고용 창출로 연결되지 못하고 있다. 수출의 국내 부가가치 유발계수는 지속적으로 하락하고 있다. 수출 10억 원 당 고용유발 효과도 점차 하락하고 있는 추세다. 문제는 IT 산업 위주의 수출품목뿐만 아니라 국내 부품 소재 산업이 취약한 데다 이들과 대기업 간의 미약한 관계로 인한 tickle-down effect가 발휘되지 못하고 있다는 것이다. 한국은 경제 전체에서 수출이 점하는 비중이 56%에 달하기 때문에 이러한 경제 선순환 고리의 단절은 지속적인 성장을 저해해 소득양극화를 심화시킬 수 있다. 따라서 수출품목 다변화를 통해 IT 위주의 수출구조에서 탈피하고 중소기업과 대기업이 상생할 수 있는 선순환 구조를 마련할 필요가 있다.

3. 소규모 개방경제인 한국의 특성을 감안한 신규 시장 개척과 정책지원 필요

수출이 내수로 연결되는 연결고리가 점차 약화되고 있다고 하더라도 소규모 개방형 경제로서 한국 GDP에서 차지하는 수출 공헌도가 56%에 달하는 만큼, 수출의 확대가 경제성장에 미치는 영향력은 크다. 따라서 수출 시장 판로를 마련해 기업들의 경쟁력을 확보할 필요가 있다. EU, 중국, 미국 등 주요 교역대상국의 경제 상황이 좋지 않고, 주요 신흥국 시장의 경기 상황이 밝지 만은 않지만 여전히 중동 및 동남아를 중심으로 신흥국의 인프라 및 건설 수요가 크다. 특히 인도네시아를 포함한 동남아 등지에서 친환경 인프라에 대한 수요가 큰 상황이기 때문에 우수한 기술력을 가진 중소기업들의 수출 판로 모색을 위한 정책적 지원을 마련해 줄 필요가 있다.

보증 기관과 정책금융기관 등이 자금력과 담보력이 부족하더라도 양호한 사업성을 가지고 있는 기업들에 대해 융자지원을 확대한다면 기업의 수출 동력 확보, 투자 및 고용 개선, 소득 개선을 통한 양극화 해소 및 경기 안정이라는 선순환 구조가 마련될 수 있다.

4. 공정거래 원칙의 확고한 정립

최근 공정, 경제민주화, 동반성장 등의 문제가 제기되고 있다. 이는 개방화나 기술 변화에 따른 산업구조 변화 등에 대하여 정부가 어떠한 정책을 견지하느냐에 따라 소득불평등도에 미치는 영향이 달라질 수 있기 때문이다. 따라서 공정한 시장경쟁에 대한 정부의 올바른 판단과 역할이 중요해지고 있음을 시사한다.

5. 성장잠재력 회복을 위한 건실한 유효수요 확대

소득불균등 완화보다는 소득 양극화 심화 방지 및 해소가 더욱 시급한 문제이기 때문에 '분배구조 개선'보다는 '중산층 복원'에 초점을 맞춘 정책이 필요하다. 구체적으로 "더 좋은 더 많은" 일자리 창출을 위한 다양한 전략 산업군을 육성하여 중산층 복원과 연결하여 '중산층'의 하위계층으로의 탈락을 방지하고, 중산층을 확대하는 데 초점을 맞추어야 하겠다. 더불어 고용 규모를 늘리는 것뿐만 아니라 숙련된 노동력에 부합되는 '양질'의 일자리를 창출하는 데에도 중점을 맞추어 따라서 기업들의 투자와 창업활동을 통해 적극적으로 일자리 창출을 할 수 있도록 사회적 분위기와 여건을 조성하여 고용 창출을 통한 소득증대를 유도해야 한다.

6. 취약계층에 대한 사회적 책임을 강화

취약계층이 '빈곤의 함정' 즉, 빈곤의 대물림 현상이 구조화되는 것을 방지하기 위해 '교육 기회 확충, 사회 안정망 내실화 등으로 동등한 기회 보장'의 틀을 제도적으로 마련하여야 한다.

문제 01

A국의 총생산함수는 $Y = 20\sqrt{L}$, 노동공급함수는 $w = \sqrt{L}$라고 할 때, 노동시장에서의 균형노동량(L^*)은? (단, Y는 총생산, w는 실질임금, L은 노동량이며, 상품시장과 노동시장은 완전경쟁시장이다.)

해설

- 노동의 한계생산(MP_L)을 구하면 다음과 같다.

$$\rightarrow MP_L = \frac{dY}{dL} = 10L^{-\frac{1}{2}}$$

- 노동시장에서 이윤극대화 노동고용량은 노동의 한계생산과 실질임금이 일치할 때 결정된다.

- 따라서 $10L^{-\frac{1}{2}} = \sqrt{L}$

$$\rightarrow 100L^{-1} = L$$
$$\rightarrow L^2 = 100$$
$$\rightarrow L = 10$$

문제 02

소득이 Y_1, Y_2인 두 사람으로 구성된 사회의 사회후생함수가 $W = Y_1 Y_2$라고 하자.
이 두 사람의 소득이 각각 $Y_1 = 9$, $Y_2 = 1$이라고 할 때 애킨슨 지수를 구하면 얼마인가?

해설

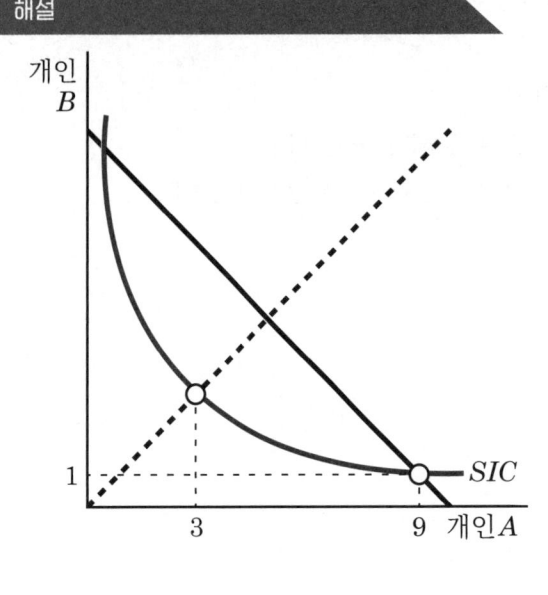

- 평균소득은 $\frac{Y_1 + Y_2}{2} = \frac{9+1}{2} = 5$이고
  A의 소득이 9, B의 소득이 1일 때
  사회후생은 $W = Y_1 \times Y_2 = 9 \times 1 = 9$이다.

- A와 B의 소득이 모두 3일 때 사회후생이 9가 되므로 균등분배대등소득은 3이다.

- 따라서 애킨슨 지수의 값은 $A = 1 - \frac{3}{5} = 0.4$가 된다.

PART

07

PART GUIDE

- 이전까지는 각 시장을 따로 분석하는 부분균형에 입각하여 논의를 전개해왔다.
- 그러나 경제 전체적으로 자원배분이 효율적인지 아닌지를 살펴보기 위해서는 모든 시장을 상호 연관적으로 분석하는 일반균형으로 접근해야 한다.
- 일반균형분석은 사회후생과 자원배분의 효율성을 분석하게 해준다.
- 경제학에서 자원배분의 효율성에 관한 기준으로 즐겨 쓰는 개념은 파레토최적성이다.
- 일반균형분석을 통하여 모든 시장이 완전경쟁시장이면 자원배분이 효율적이라는 것을 살펴본다.

일반균형이론과 후생경제학

일반균형이론과 후생경제학

단원 학습 목표

- 지금까지 한 시장을 경제의 다른 부분과 분리시켜 독립적으로 다루는 부분균형분석의 틀안에서 진행되어 왔다. 그러나 실제로 여러 시장들이 밀접한 상호 연관관계를 맺고 있는 것을 볼 수 있다. 그러므로 현실성 있는 경제분석이 이루어지기 위해서는 각 시장 사이에 존재하는 상호 연관관계를 명백히 감안하는 일반균형분석의 틀을 사용해야 한다.

- 후생경제학 이론은 어떤 경제의 상태가 사회적 관점에서 볼 때 얼마나 바람직한 것인지 알아내는데 관심의 초점을 맞추고 있다.

- 후생경제학은 실증적 분석의 영역과 더불어 특정한 가치판단이 고려된 규범적 분석을 동시에 고려한다.

1절 일반균형이론

01 개요

1 부분균형분석(partial equlibrium analysis)

① 부분균형분석이란 '다른 모든 것은 일정하다'는 가정 하에 특정시장만을 분석한다.

② 특정시장만을 분석하므로 분석이 간편하지만 정확성이 떨어진다는 단점이 있다. 즉, 어떤 개별부문의 특징적인 현상을 단순·명료하게 분석하는 데 유용한 방법이나 다른 부문과의 상호연관관계를 고려하지 않기 때문에 잘못된 결론에 도달할 수 있다.

2 일반균형분석(general equlibrium analysis)과 일반균형

1. 일반균형분석

① 일반균형분석이란 특정 시장과 다른 시장이 서로 영향을 주고받는 것을 분석한다. 즉, 개별 시장의 가격 및 거래량을 따로 떼어내어 보지 않고 다른 부문과의 상호의존관계를 감안하여 모든 시장과 연관시켜 보는 분석방법이다.

② 정책 변화와 같은 외부 충격의 효과를 제대로 평가하기 위해서는 일반균형분석의 관점에서 접근하여야 한다.

③ 일반균형분석은 어느 특정 시장에 관한 한정적인 문제를 분석하기에는 적당하지 않다.

2. 일반균형(general equlibrium)

연관 시장 간에 동시에 균형이 성립되는 것을 일반균형이라 한다. 즉, 일반균형이란 시장수요량과 시장공급량이 일치하는 시장균형이 이루어진 상황을 말한다.

3. 일반균형의 조건

① 모든 소비자는 주어진 예산 제약 하에서 효용이 극대화 되도록 생산물을 수요하고 생산요소를 공급한다.

② 모든 기업은 주어진 비용 하에서 이윤이 극대화되도록 생산물을 공급하고 생산요소를 수요한다.

③ 주어진 가격체계 하에서 모든 생산물시장과 생산요소 시장에서의 수요량과 공급량이 일치한다. 즉, 모든 생산물시장과 생산요소시장이 균형을 이룬다.

4. 의미

① 일반균형 조건이 만족되면 현 상태에서 어떠한 경제주체도 다른 상태로 변화하려 하지 않는다.

② 또한 가격도 현재 수준에서 유지되며 어떤 교란요인이 존재하지 않는 한 현 상태가 그대로 유지된다.

③ 경쟁상황에서 일반균형은 각 경제주체의 사익추구가 시장 기능에 의하여 조화를 이룬다는 것을 의미한다.

02 순수교환경제의 일반균형과 왈라스법칙

1 의의

① 일반균형의 개념과 성격을 보다 단순한 상황에서 이해하기 위해서 생산은 이루어지지 않고 교환만이 이루어지는 순수교환경제의 일반균형을 먼저 살펴보고 그 다음으로 교환 및 생산이 모두 이루어지는 경우의 일반균형을 살펴보기로 하자.

② 교환경제란 상품의 공급은 주어져 있는 상황에서 소비만 이루어지는 경제를 말한다.

③ 소비자가 2명이고 이들이 가지고 있는 상품의 종류가 2개인 교환경제에서 소비자들이 시장에서 자빌적이고 자유로운 교환을 하며 시장가격을 주어진 것으로 받아들이는 가격순응자인 상황을 생각해보자.

2 에지워스 상자

1. 에지워스 상자(Edgeworth box)란?

에지워스 상자란 경제 내에 모든 실현 가능한 자원배분을 나타내주는 상자를 말한다.

2. 기본 용어

(1) 초기부존자원(initial endowment)

초기부존자원이란 경제주체가 원래부터 가지고 있는 재화를 말한다.

(2) 총 부존자원 (total endowment)

① 총 부존자원이란 경제주체가 가지고 있는 초기부존자원의 합을 말한다.

② A, B의 소비자가 있고 재화의 종류는 X, Y가 있다면 초기부존자원이 A에게는 X_A, Y_A, B에게는 X_B, Y_B가 있다

③ 따라서 X재와 Y재의 총부존자원은 각각 $X = X_A + X_B$, $Y = Y_A + Y_B$ 이다.

(3) 배분(allocation)

배분이란 재화가 경제주체에게 나누어져 있는 상태를 말한다.

(4) 실현가능배분(feasible allocation)

① 실현가능배분이란 경제주체에게 배분된 각 재화의 합이 재화의 총 부존량을 초과하지 않는 배분을 말한다.

② X재의 총부존량은 $\overline{X}$이고 Y재의 총부존량은 $\overline{Y}$라면 실현가능배분은 다음과 같이 나타낼 수 있다.

$$\overline{X} \geq X_A + X_B \ , \ \overline{Y} \geq Y_A + Y_B$$

3. 에지워스 상자의 도출

① 에지워스 상자는 경제 내에 존재하는 재화의 총 부존량에 의해 크기가 결정된다.

② 에지워스 상자 도형의 가로 너비는 두 소비자의 X재 부존량의 합이고 세로 높이는 두 소비자의 Y재 부존량의 합이다.

③ 에지워스 상자 도형 내에 각 점은 X재와 Y재의 총부존량을 두 소비자 사이에 배분한 상태를 나타내는 배분점이며 점 I는 각 소비자의 공통된 초기부존점이다.

1. 탐색과정이란?

탐색과정이란 경제주체가 시장이 초과공급 상태이면 가격을 내리고 초과수요상태이면 가격을 올려 일반균형에 이르는 과정을 일컫는다.

2. 가정 : 2×2×2 모형

소비자가 $2(A, B)$, 재화가 $2(X, Y)$, 생산요소가 $2(L, K)$ 있다고 가정한다.

3. 설명

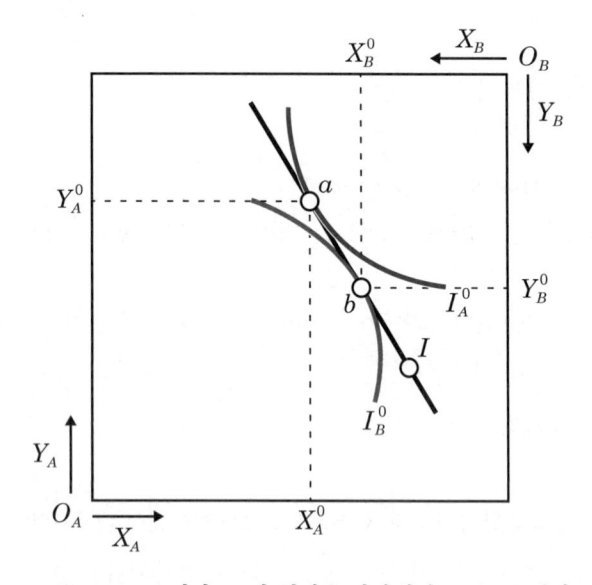

① O_A는 소비자 A의 원점을 나타내며 O_B는 소비자 B의 원점을 나타낸다. 현재 X, Y재의 총 부존량이 정해져 있고 I점이 초기 부존점이라고 하자.

② I점에서 I점을 지나는 직선은 X재의 상대가격 $\dfrac{P_X}{P_Y}$를 나타낸다.

③ 소비자 A의 원점이 O_A이므로 소비자 A의 선호체계를 나타내는 무차별곡선은 O_A에 대해 볼록하면서 우하향하는 모양을 가지고 있으며 O_A에서 멀어질수록 높은 효용수준을 나타내고 있다.

④ 소비자 B의 원점은 O_B이므로 원점 O_B에 대하여 볼록하면서 우하향하는 모양의 무차별곡선을 가지고 있다.

⑤ 상품 X가 상품 Y보다 상대적으로 매우 비싼 경우에는 상대가격이 $\dfrac{P_X}{P_Y}$로 매우 높은 경우가 된다.

⑥ 주어진 가격 하에서 개인 A의 효용극대화 소비점은 a이고 개인 B의 효용극대화 소비점은 b이다.

⑦ 상품 X의 시장수요$(X_A^0 + X_B^0)$는 수평축의 길이에 해당하는 시장공급량보다 적으며, 상품 Y의 시장수요 $(Y_A^0 + Y_B^0)$는 수직축의 길이에 해당하는 시장공급량을 초과함을 알 수 있다. 즉, X재는 초과공급, Y재는 초과수요 상태에 있다.

⑧ 따라서 Y재의 가격 P_Y는 상승하고 X재의 가격 P_X는 하락해서 X재의 상대가격 $\dfrac{P_X}{P_Y}$는 하락한다.

⑨ 이런 탐색과정은 각 재화에 대한 초과수요가 0이 될 때까지 계속되며 초과수요가 0이 될 때 교환의 일반균형을 이루게 된다.

4 왈라스의 법칙(Walras' Law)

1. 개념

왈라스의 법칙이란 어떤 가격 체계 하에서도 모든 가격에서 각 재화에 대한 초과수요의 시장가치의 합이 항상 0이 되는 것을 말한다.

$$P_X Z^X(P) + P_Y Z^Y(P) = 0$$

〔P_X : X재 1단위당 가격, Z^X : X재의 초과수요, P_Y : Y재 1단위당 가격, Z^Y : Y재의 초과수요〕

2. 의미

① 개별적인 재화시장에서는 수요와 공급의 가치가 일치하지 않을 수 있다. 즉, 균형가격체계가 아닌 임의의 가격체계에서 각 시장의 초과수요량이 0이 된다는 보장은 없다.

② 만약 재화시장이 n개 존재할 때 $(n-1)$개 재화시장에서 초과수요가 0이라면 나머지 1개 시장의 초과수요도 0이 될 수밖에 없다. 즉, n개 시장 중 $(n-1)$개 시장이 균형을 이룬다면 나머지 1개 시장은 자동적으로 균형을 이룬다는 것이다.

$$P_1 Z_1(P) + P_2 Z_2(P) + \cdots P_{n-1} Z_{n-1}(P) = 0$$
$$\rightarrow P_n Z_n(P) = 0$$

③ 경제주체들이 금융자산을 화폐 또는 채권으로 보유한다고 가정하자. 왈라스 법칙에 의해서 화폐시장이 균형이면 자동적으로 채권시장도 균형이다.

개념정리	세이의 법칙

① 공급이 수요를 창출한다는 법칙으로 경제 전반에 걸쳐서 과잉생산은 있을 수 없다는 학설이다. 재화 및 서비스의 생산자들이 요소소유자들에게 지불한 총액은 재화 및 서비스의 생산액과 동일하므로 요소소유자들이 받은 소득을 모두 소비하면 생산된 모든 재화와 서비스를 구매하기에 충분하다는 것이다.

② 공급 측면이 국민소득의 결정에 주도적인 역할을 한다는 고전학파의 대표적인 명제이다.

③ 1930년대 대공황은 전반적인 과잉생산이라고 해석한 케인스는 '세이의 법칙'을 부정하고 수요 측면이 국민소득의 결정에 주도적인 역할을 한다는 명제를 제시하였다.

2절 후생경제학

01 개요

1 후생경제학의 개념

① 후생경제학은 어떤 경제 상태가 사회적 관점에서 바람직한지에 대한 연구를 하는 학문이다.

② 또는 다수의 경제 상태 중에서 가장 바람직한 경제 상태를 선택하고 그 상태로 접근하도록 후생정책을 실시하는 것에 대한 학문을 말한다.

2 사회후생

① 사회후생을 판단하는 기준으로 '효율성'과 '공평성'이 존재한다.

② 효율성 기준은 파레토효율성에 의해 판단 가능하고 공평성 기준은 사회후생 함수에 의해 판단 가능하다.

③ 따라서 후생경제학은 실증경제학과 규범경제학의 영역을 포함한다.

3 후생경제학의 궁극적인 한계

경제주체들이 느끼는 효용은 주관적이기 때문에 서로 비교하기 어렵다는 한계가 있다.

02 파레토효율성

1 파레토 효율성(파레토 최적)

1. 의의

① 자원배분의 효율성을 판단하기 위한 가장 객관적인 기준이다.

② 사회후생을 판단하기 위한 필요조건이다.

2. 개념

① 파레토효율성이란 어느 한 사람의 효용증가를 위해서는 반드시 다른 사람의 효용 감소를 유발할 수밖에 없는 상태를 말한다.

② 또는 더 이상의 파레토개선이 없는 상태, 즉 모두에게 이득이 되는 변화를 만들어 낼 수 없는 상태를 말한다.

2 파레토 개선

① 파레토 개선이란 다른 소비자의 효용 감소 없이 한 사람의 효용 증가를 가져올 수 있는 경우를 말한다.

② A의 상황을 B의 상황보다 더 선호한다면 A의 상황을 파레토 우위라 하고 B의 상황을 파레토 열위라 하며 B의 상황에서 A의 상황으로 이동하는 것을 파레토 개선이라 한다.

B [파레토 열위]　　→　　A [파레토 우위]

파레토 개선

③ 생산의 파레토효율성

1. 개념

① 생산의 파레토 효율성이란 생산경제에서 재화를 생산하기 위해 사용된 생산요소의 조합의 효율성을 말한다.

② 생산자가 어느 한 재화의 생산을 증가시키기 위해서 반드시 다른 한 재화의 생산 감소를 가져올 수밖에 없는 상태를 말한다.

2. 생산의 파레토효율성 조건

(1) 가정

① 2개의 상품 X, Y재가 존재한다.

② 각 상품은 생산요소 노동(L)과 자본(K)을 투입하여 생산되며 상품 X를 생산하는데 투입되는 노동과 자본의 양을 각각 L_X, K_X라고 표시하고 상품 Y를 생산하는데 투입되는 노동과 자본의 양을 각각 L_Y, K_Y라고 하자.

③ 노동과 자본의 고정된 공급량을 가로와 세로의 크기로 하는 생산과 관련된 에지워스 상자를 그릴 수 있으며 상자의 모서리인 점 O_X는 산업 X의 원점을, 점 O_Y는 산업 Y의 원점을 각기 나타내고 있다.

④ 자원배분점이 상자의 오른쪽 위로 올라갈수록 X재의 생산은 증가하고 Y재의 생산은 감소한다. 반대로 자원배분점이 상자의 왼쪽 아래로 내려올수록 X재의 생산은 감소하고 Y재의 생산은 증가한다.

⑤ 에지워스 상자 내의 점 a는 부존점(endowment point)을 나타내고 있다.

(2) 초기 부존점

① 초기 부존점이 a점이라면 a점에서 X재의 등량곡선 접선의 기울기가 Y재의 등량곡선 접선의 기울기보다 크다.

$$\rightarrow MRTS_{LK}^{X} > MRTS_{LK}^{Y}$$

② X재와 Y재의 등량곡선 사이에 있는 볼록렌즈처럼 생긴 음영부분은 a점보다 X재와 Y재를 더 나은 상태에 있게 해줄 수 있는 배분점을 나타낸다.

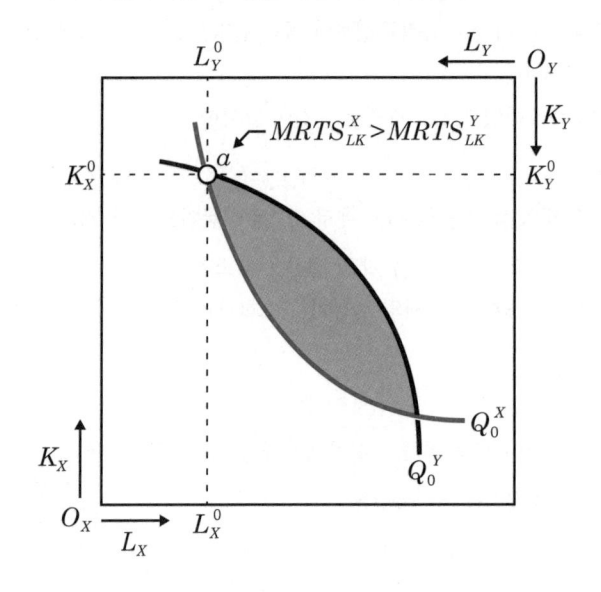

(3) 설명

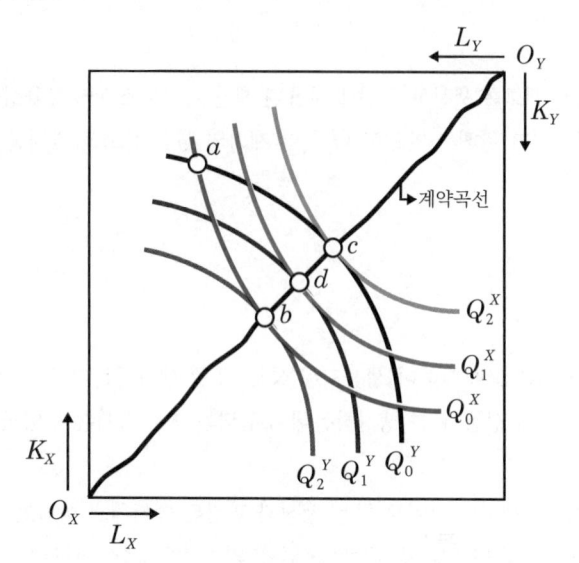

가. a점에서 b점으로 이동하는 경우

   ① a점에서 b점으로 이동하면 X재의 등량곡선 상에서 이동하므로 X재의 생산은 변하지 않는다.

   ② Y재의 등량곡선은 Q_0^Y에서 Q_2^Y로 이동하므로 Y재의 생산은 증가한다.

   ③ 따라서 X재의 생산은 감소하지 않으면서 Y재의 생산이 증가하였으므로 파레토 개선이 발생한다.

나. a점에서 c점으로 가는 경우

   ① a점에서 c점으로 이동하면 Y재의 등량곡선상에서 이동하므로 Y재의 생산은 변하지 않는다.

   ② X재의 등량곡선은 Q_0^X에서 Q_2^X로 이동하므로 X재의 생산은 증가한다.

   ③ 따라서 Y재의 생산은 감소하지 않으면서 X재의 생산이 증가하였으므로 파레토 개선이 발생한다.

다. a점에서 d점으로 이동하는 경우

   ① X재와 Y재의 등량곡선이 점 a를 지나는 등량곡선보다 각각 원점으로부터 위쪽에 위치하게 되므로 두 재화의 생산수준은 증가하게 된다.

   ② 따라서 두 재화 모두의 생산이 증가하였으므로 파레토 개선이 발생한다.

라. b점에서 c점으로 이동하는 경우

   ① b점에서 c점으로 이동하면 X재의 등량곡선은 Q_0^X에서 Q_2^X로 이동하므로 X재의 생산은 증가한다.

   ② Y재의 등량곡선은 Q_2^Y에서 Q_0^Y로 이동하므로 Y재의 생산은 감소한다.

   ③ 따라서 X재의 생산이 증가하기 위해서는 Y재의 생산이 감소하므로 b점에서는 파레토 효율성이 달성된다.

(4) 생산의 파레토 효율성 조건

   ① b, d, c점에서는 두 재화의 등량곡선이 서로 접하므로 한계기술대체율이 일치한다.

$$\rightarrow MRTS_{LK}^X = MRTS_{LK}^Y$$

   ② 이처럼 두 재화의 등량곡선이 서로 접하는 경우에는 다른 어떤 점으로 이동하더라도 최소한 한 재화의 생산을 감소시키지 않고는 다른 재화의 생산을 증가시키는 것이 불가능하다.

   ③ a점에서는 두 소비자의 한계기술대체율이 일치하지 않으므로 $\left(MRTS_{LK}^X \neq MRTS_{LK}^Y\right)$ 생산의 파레토 효율성을 만족시키지 못한다.

3. 계약곡선(contract curve)

① 에지워스 상자내의 곡선 $O_X bdc O_Y$는 X, Y 두 재화의 등량곡선들이 상호 접하는 점들의 궤적을 나타내고 있다.

② 곡선 $O_X bdc O_Y$ 상의 모든 점에서는 X 재의 한계기술대체율($MRTS_{LK}^X$)과 Y 재의 한계기술대체율($MRTS_{LK}^Y$)이 일치한다.

③ 등량곡선이 접하는 점들을 연결한 선을 계약곡선이라고 한다.

④ 생산이 계약곡선상의 한 점에서 이루어지고 있는 경우 한 상품의 생산량을 증가시키기 위해서는 다른 상품의 생산량을 반드시 감소시켜야만 하므로 이 곡선상에서는 생산에서의 파레토 효율성 조건이 충족되고 있다.

4. 생산가능곡선(production possibility curve)

① 요소공간의 계약곡선을 생산공간으로 옮기게 되면 우하향하는 곡선을 그릴 수 있는데 이것을 생산가능곡선이라 한다.

② 생산가능곡선이란 한 나라의 경제가 주어진 생산요소와 생산기술을 사용하여 최대한 생산할 수 있는 재화의 조합을 나타내는 곡선으로 생산가능곡선상의 점들은 계약곡선과 직접적으로 대응되기 때문에 파레토 효율적이 된다.

③ 에지워스 상자의 계약곡선과 일대일 대응하는 생산가능곡선을 나타내고 있다. 계약곡선상의 점 a에서 X 재와 Y 재는 각각 Q_0^X, Q_1^Y 만큼 생산되고 이는 생산공간의 a'에 대응한다. 마찬가지 논리로 에지워스 상자에서 점 b에 대응하는 생산가능곡선의 점은 b'이다. 두 점 a', b'은 모두 생산가능곡선상에 위치하는데 이는 두 요소를 파레토효율적으로 배분하여 생산한 생산량들의 집합이다. 생산가능곡선 안의 점은 노동과 자본을 두 재화에 재배치함으로써 두 산업에서 더 많은 생산량을 생산할 수 있는 가능성이 존재하므로 비효율적이다.

④ 생산가능곡선이 매끄러운 이유는 생산의 기수적 성질 때문이다.

일반균형이론과 후생경제학

4 소비의 파레토효율성

1. 개념

① 소비의 파레토효율성이란 교환경제에서 효용을 극대화하기 위한 재화의 최적 배분을 의미한다.

② 어느 한 사람의 효용증가를 위해서는 반드시 다른 사람의 효용감소를 가져올 수밖에 없는 상태를 말한다.

2. 소비의 파레토효율성 조건

(1) 가정

① 2명의 소비자 A, B 및 2개의 상품 X, Y재가 존재한다.

② 초기에 소비자 A는 (X_A^0, Y_A^0)의 상품묶음을 가지고 있고 소비자 B는 (X_B^0, Y_B^0)의 상품묶음을 가지고 있다고 하자.

③ 에지워스 상자내의 점 a는 부존점(endowment point)을 나타내고 있다.

④ 소비자 A의 원점은 O_A이고 소비자 B의 원점은 O_B이므로 자원배분점이 상자의 오른쪽 위로 올라갈수록 소비자 A의 효용은 높아지는 반면 소비자 B의 효용은 낮아진다. 반대로 자원배분점이 상자의 왼쪽 아래로 내려올수록 소비자 A의 효용은 낮아지고 동시에 소비자 B의 효용은 높아진다.

(2) 초기 부존점

① 초기 부존점이 a점이라면 a점에서 소비자 A의 무차별곡선 접선의 기울기가 소비자 B의 무차별곡선 접선의 기울기보다 크다.

$$\rightarrow MRS_{XY}^A > MRS_{XY}^B$$

② 소비자 A와 B의 무차별곡선 사이에 있는 볼록렌즈처럼 생긴 음영부분은 a점보다 두 소비자를 더 나은 상태에 있게 해줄 수 있는 배분점을 나타낸다.

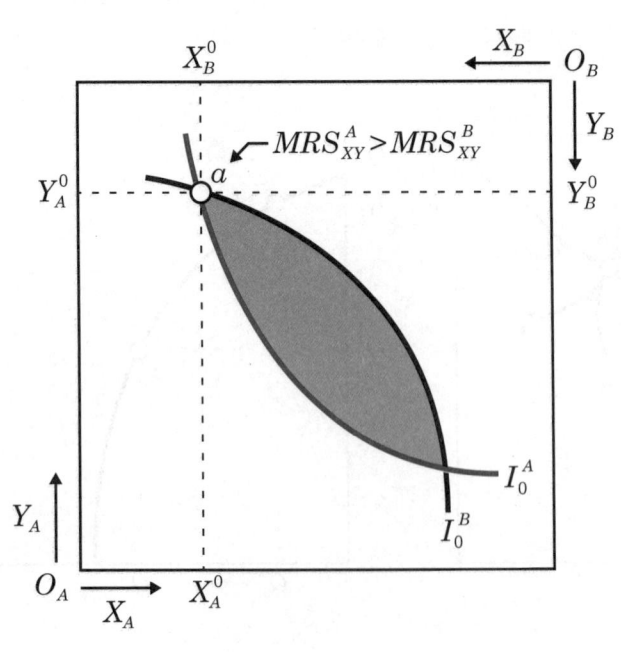

(3) 설명

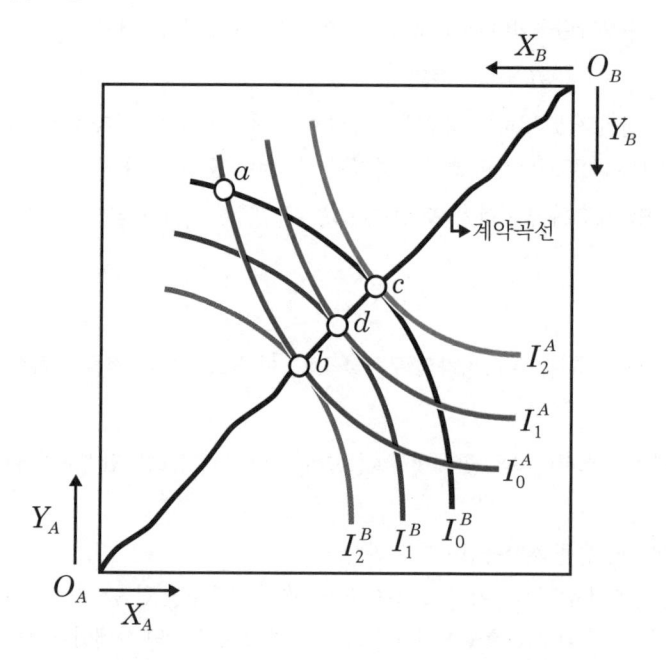

가. a점에서 b점으로 이동하는 경우

① a점에서 b점으로 이동하면 소비자 A의 무차별곡선상에서 이동하므로 소비자 A의 효용은 변하지 않는다.

② 소비자 B는 무차별곡선이 I_0^B에서 I_2^B로 이동하므로 효용이 증가한다.

③ 따라서 구성원 누구의 후생도 감소하지 않으면서 최소한 1명의 후생이 증가하였으므로 파레토 개선이 발생한다.

나. a점에서 c점으로 가는 경우

① a점에서 c점으로 이동하면 소비자 B의 무차별곡선상에서 이동하므로 소비자 B의 효용은 변하지 않는다.

② 소비자 A는 무차별곡선이 I_0^A에서 I_2^A로 이동하므로 효용이 증가한다.

③ 따라서 구성원 누구의 후생도 감소하지 않으면서 최소한 1명의 후생이 증가하였으므로 파레토 개선이 발생한다.

다. a점에서 d점으로 이동하는 경우

① 두 소비자의 무차별곡선이 점 a를 지나는 무차별곡선보다 각각 원점으로부터 위쪽에 위치하게 되므로 두 소비자의 효용수준은 증가하게 된다.

② 따라서 구성원 모두의 후생이 증가하였으므로 파레토 개선이 발생한다.

라. b점에서 c점으로 이동하는 경우

① b점에서 c점으로 이동하면 소비자 A의 무차별곡선이 I_0^A에서 I_2^A로 이동하므로 소비자 A의 효용은 증가한다.

② 소비자 B의 무차별곡선은 I_2^B에서 I_0^B로 이동하므로 소비자 B의 효용은 감소한다.

③ 따라서 어느 한 사람의 효용이 증가하기 위해서는 반드시 다른 사람의 효용이 감소하므로 b점에서는 파레토 효율성이 달성된다.

(4) 소비의 파레토 효율성 조건

 ① b, d, c 점에서는 두 소비자의 무차별곡선이 서로 접하므로 한계대체율이 일치한다.

$$\rightarrow MRS_{XY}^{A} = MRS_{XY}^{B}$$

 ② 이처럼 두 소비자의 무차별곡선이 서로 접하는 경우에는 다른 어떤 점으로 이동하더라도 최소한 한 소비
  자의 효용을 감소시키지 않고는 다른 소비자의 효용을 증가시키는 것이 불가능하다.

 ③ a 점에서는 두 소비자의 한계대체율이 일치하지 않으므로 $(MRS_{XY}^{A} \neq MRS_{XY}^{B})$ 소비의 파레토 효율성을
  만족시키지 못한다.

3. 계약곡선(contract curve)

 ① 에지워스 상자내의 곡선 $O_A bdc O_B$ 는 A, B 두 소비자의 무차별곡선들이 상호 접하는 점들의 궤적을 나타내
  고 있다.

 ② 곡선 $O_A bdc O_B$ 상의 모든 점에서는 소비자 A의 한계대체율(MRS_{XY}^{A})과 소비자 B의 한계대체율(MRS_{XY}^{B})
  이 일치한다.

 ③ 무차별곡선이 접하는 점들을 연결한 선을 계약곡선이라고 한다.

 ④ 계약곡선상에서는 파레토 효율성조건을 만족시키고 있으나 소득분배의 공평성을 만족시키지 못한다. 예를
  들어 O_B 점도 계약곡선 상에 있으므로 파레토 효율적이지만 소비자 B의 효용은 0인 상태이다. 즉, 소비자 B
  의 입장에서는 소득분배가 불공평하다.

4. 효용가능곡선(utility possibility curve)

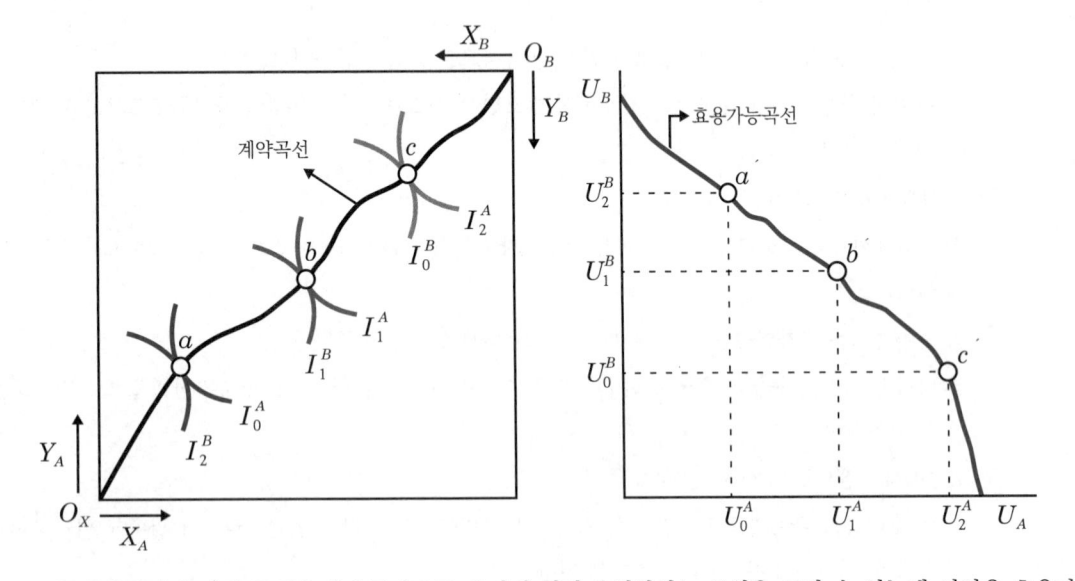

 ① 재화공간의 계약 곡선을 효용공간으로 옮기게 되면 우하향하는 곡선을 그릴 수 있는데 이것을 효용가능곡
  선이라 한다.

 ② 효용가능곡선이란 생산요소와 재화가 주어져 있을 때 효율적 배분에 의하여 경제주체들이 얻을 수 있는 최
  대한의 효용수준의 조합을 연결한 곡선을 말한다.

 ③ 에지워스 상자의 계약곡선과 일대일 대응하는 효용가능곡선을 나타내고 있다.

  자원배분점이 a 이면 소비자 A는 U_0^A 의 효용수준을 누리고 소비자 B는 U_2^B 의 효용수준을 누리게 되는데

  이는 효용가능곡선의 a' 에 대응한다.

마찬가지 논리로 에지워스 상자에서 점 b와 점 c에 대응하는 효용가능곡선의 점은 각각 b' 및 c'이다.

세 점 a', b', c'은 모두 효용가능곡선상에 위치하는데, 이는 이 자원배분점들이 파레토 최적을 만족하므로 두 소비자의 효용을 모두 증가시킬 수 있는 방법이 없기 때문이다.

④ 효용가능곡선이 매끄러운 형태를 갖지 않는 이유는 효용의 서수적 성질 때문이다.

⑤ 효용가능곡선은 무수히 많이 존재하는데 그 이유는 생산가능곡선의 한 점에 대해 하나의 효용가능곡선이 대응되기 때문이다.

5 산출물 구성의 파레토효율성 또는 종합적 파레토효율성

1. 개념

① 생산과 교환에 존재하는 무한히 많은 파레토 효율적 자원배분 중 교환의 파레토 효율적 자원배분을 유일하게 만들 수 있는 것을 산출물 구성의 파레토 효율성이다.

② 즉, 산출물 구성의 파레토효율성은 생산과 교환경제에서 생산의 파레토효율성과 소비의 파레토 효율성이 동시에 만족되는 배분상태를 말한다.

2. 산출물 구성의 파레토 효율성 조건

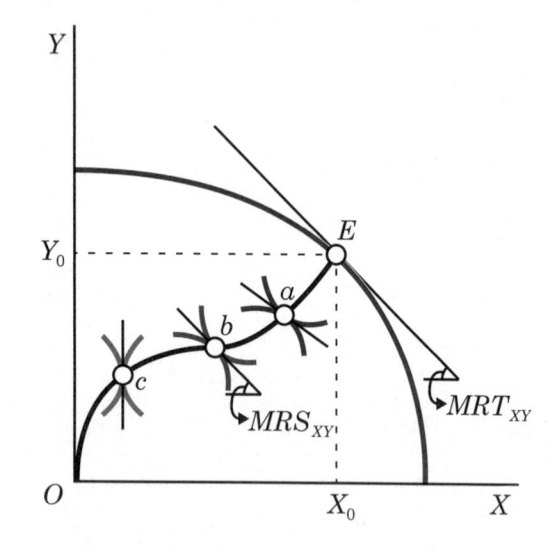

① 생산의 파레토 효율성을 만족시키는 임의의 X재와 Y재의 결합은 생산가능곡선 위의 임의의 한 점으로 나타나므로 생산가능곡선 위의 임의의 점 E가 있다고 가정하자.

② 이 경우 주어진 X재와 Y재의 초기부존량에서 계약곡선 위의 모든 점들은 교환의 파레토 효율성을 만족시키는 자원배분이 된다.

③ 교환의 파레토 효율성이 충족되면 두 소비자의 무차별곡선이 서로 접하므로 $MRS_{XY}^{A} = MRS_{XY}^{B}$가 성립한다. 생산가능곡선 위의 어느 한 점에서의 접선의 기울기는 한계변환율 MRT_{XY}이다.

④ MRT_{XY}는 주어진 생산요소를 가장 효율적으로 이용할 때 X재의 산출량을 한 단위 증가시키기 위해 감소시켜야 하는 Y재의 양을 나타낸다.

⑤ 이 경우 산출물 구성의 파레토 효율성을 이루는 조건은 다음과 같다.

$$MRS_{XY} = MRT_{XY}$$

산출물 구성의 파레토효율성은 소비자가 교환하고자 하는 재화 X, Y재의 교환비율과 생산재화의 구성비율이 같다는 것을 의미한다.

⑥ 만약 $MRT_{XY} = 3$이고 $MRS_{XY} = 1$이라면 어떻게 될까?

생산자는 X재를 1단위 감소시키면 Y재를 3단위 생산할 수 있다. 또한 소비자는 X재 1단위와 Y재 1단위가 무차별하다. 따라서 X재를 1단위 감소시켜서 Y재 생산을 3단위 늘린다면 소비자는 Y재 2단위를 추가적으로 소비할 수 있어 효용이 증가하게 된다.

Y재의 생산 증가로 Y재의 가격 P_Y는 하락하고 Y재의 한계비용 MC_Y는 증가한다.

또한 X재의 생산 감소로 X재의 가격 P_X는 상승하고 X재의 한계비용 MC_X는 감소한다.

따라서 $MRT_{XY} > MRS_{XY} \rightarrow MRT_{XY} = MRS_{XY}$가 된다.

왜냐하면 $MRT_{XY} = \dfrac{MC_X}{MC_Y}$이고 $MRS_{XY} = \dfrac{P_X}{P_Y}$이기 때문이다.

⑦ 왼쪽의 그림에서 산출물 구성의 파레토 효율성을 만족시키는 경우는 계약곡선 위의 b점 뿐이다.

⑧ E점은 생산가능곡선 위의 한 점이므로 생산의 파레토 효율성을 만족시키며 b점은 계약곡선 위의 한 점이므로 교환의 파레토 효율성도 만족시킨다.

⑨ 또한 E점 및 b점에 의해 나타나는 자원배분은 생산, 교환 및 산출물 구성의 파레토 효율성을 모두 만족시키는 자원배분이다.

3. 효용가능경계(utility possibilities frontier)

① 계약곡선이 나타내는 소비자 A 및 B의 효용수준 U_A 및 U_B를 효용평면에 그린 것이 효용가능곡선이다.

② 효용가능곡선 위의 모든 점이 생산 및 교환의 파레토 효율성을 만족시키지만, 생산, 교환 및 산출물 구성의 파레토 효율성을 만족시키는 점은 a 또는 b에 대응하는 점 하나만 존재한다.

③ 에지워스 상자의 크기와 형태는 생산가능곡선 위의 어느 점을 잡는가에 따라 달라지며, 이에 따라 계약곡선의 형태도 달라진다. 계약곡선의 형태가 달라지면 이에 기초해 얻는 효용가능곡선의 형태도 달라진다. 즉, 생산가능곡선 위의 한 점과 하나의 효용가능곡선은 일대일로 대응된다.

④ 각각의 효용가능곡선에서 생산, 교환 및 산출물 구성의 파레토 효율성을 만족시키는 자원배분은 한 점씩만 존재한다.

⑤ 이러한 점들을 연결한 선을 효용가능경계 또는 대효용가능곡선이라 한다. 즉, 생산가능곡선상의 모든 점에서 효용가능곡선을 도출할 수 있는데 무수히 많은 효용가능 곡선들을 감싸는 포락선을 효용가능경계라고 부른다.

⑥ 효용가능경계의 내부점은 생산과 소비의 파레토효율성을 만족시키지만 산출물 구성의 파레토 효율성은 만족시키지 못한다.

6 파레토 효율성의 특징

① 파레토 효율성은 사회의 후생평가기준으로 자원배분의 효율성을 판단하기 위한 객관적인 기준이다.

② 파레토 효율성을 만족하는 상태는 무수히 많다.

③ 파레토 효율적인 자원배분 간에 파레토 우위를 비교할 수는 없다.

7 파레토 효율성의 한계

① 파레토 효율성은 가치판단과 무관한 개념으로 사회후생극대화를 위한 필요조건이다.

② 파레토 효율성을 만족하는 자원배분상태는 무수히 많으므로 어떠한 자원배분상태를 선택하느냐에 문제가 있다.

③ 파레토 효율성은 소득분배의 공평성을 만족시키지 못한다.

03 완전경쟁과 파레토효율성

1 의의

완전경쟁시장 하에서 파레토효율성 조건을 만족시킨다는 것을 입증하고자 한다.

2 후생경제학의 제1정리

1. 개념

① 후생경제의 제1정리란 "모든 소비자의 선호체계가 강단조성을 갖고 경제 안에 시장실패 요인이 존재하지 않는다면 일반경쟁균형의 배분은 파레토 효율적이다"라는 것이다.

② 즉, 완전경쟁 하에서 완비된 시장을 가지고 있는 시장경제의 일반균형은 항상 파레토 최적을 만족한다.

2. 설명

(1) 가정

2개의 생산요소(자본 K 와 노동 L), 2개의 재화(상품 X 와 상품 Y), 그리고 2명의 소비자(A와 B)만이 존재한다.

(2) 생산의 파레토효율성

① 완전경쟁시장에서 생산자는 생산요소가격(노동의 가격은 w, 자본의 가격은 r)을 수용하게 되므로 어떤 생산자도 요소의 상대가격이 일치하게 된다.

$$\left(\frac{w}{r}\right)^X = \left(\frac{w}{r}\right)^Y$$

② 그런데 각 생산자는 비용극소화를 추구하므로 다음과 같은 조건을 만족하게 된다.

$$MRTS_{LK}^X = \left(\frac{w}{r}\right)^X, MRTS_{LK}^Y = \left(\frac{w}{r}\right)^Y$$

③ 따라서 완전경쟁시장에서는 $MRTS_{LK}^X = MRTS_{LK}^Y$ 가 성립되므로 생산의 파레토효율성 조건을 만족하게 된다.

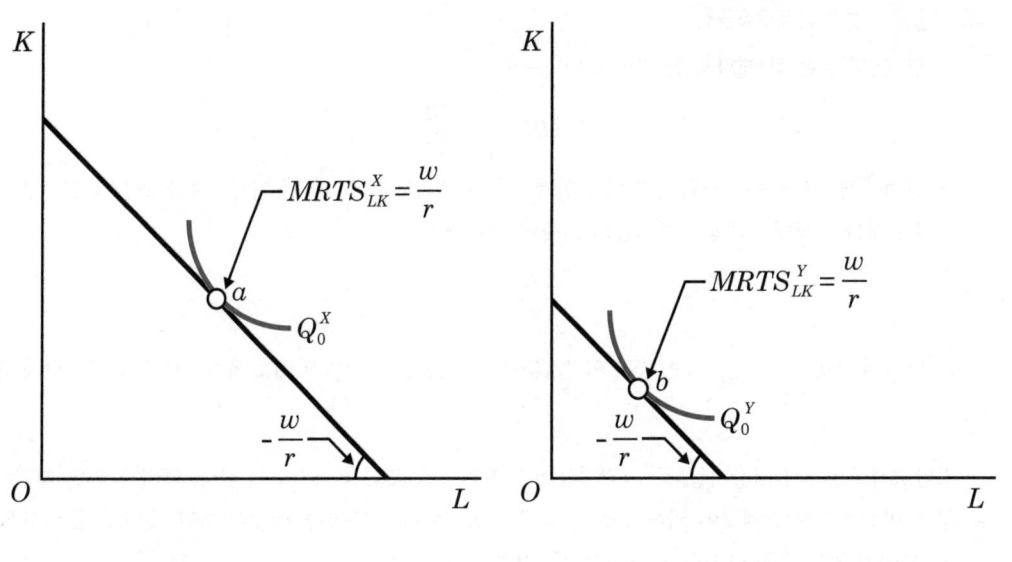

(3) 소비의 파레토효율성

　① 완전경쟁시장에서 소비자는 가격수용자이므로 어떠한 소비자도 재화의 상대 가격이 일치하게 된다.

$$\left(\frac{P_X}{P_Y}\right)^A = \left(\frac{P_X}{P_Y}\right)^B$$

　② 그런데 각 소비자는 효용극대화를 추구하므로 다음과 같은 조건을 만족하게 된다.

$$MRS_{XY}^A = \left(\frac{P_X}{P_Y}\right)^A, \ MRS_{XY}^B = \left(\frac{P_X}{P_Y}\right)^B$$

　③ 따라서 완전경쟁시장에서는 $MRS_{XY}^A = MRS_{XY}^B$ 가 성립되므로 소비의 파레토효율성을 만족시킨다.

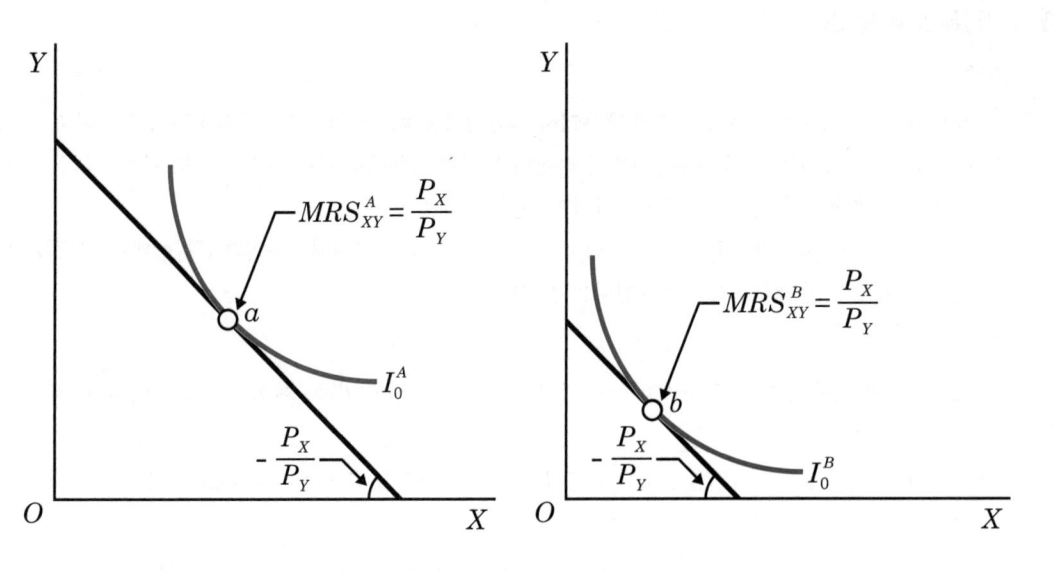

(4) 산출물 구성의 파레토효율성

① 한계변환율은 각 재화의 한계비용의 비율이다.

$$MRT_{XY} = \frac{MC_X}{MC_Y}$$

② 완전경쟁시장에서는 재화의 가격과 한계비용이 같으므로(왜냐하면 이윤극대화 조건이 $P = MC$ 이기 때문) 재화의 상대가격과 한계비용의 비율이 같게 된다.

$$\frac{P_X}{P_Y} = \frac{MC_X}{MC_Y}$$

③ 따라서 $MRT_{XY} = \frac{P_X}{P_Y} = MRS_{XY}$ 이 성립되므로 산출물 구성의 파레토 효율성조건을 만족하게 된다.

3. 의미

① 일반경쟁균형에서 시장기능, 즉 가격기능이 경제활동의 조화를 가져오게 한다. 다시 말하면 개인의 사익추구가 이상적인 시장제도에 의하여 공익 극대로 연결된다는 것이다. 이것은 아담 스미스(A. Smith)가 제시한 '보이지 않는 손(invisible hand)'을 설명한다.

② 제1정리는 시장 기능에 대한 신뢰를 정당화 하고 있다.

③ 시장실패란 제1정리가 성립하지 않은 상태를 말한다.

4. 한계

① 현실 세계에서는 이상정인 시장제도는 존재하지 않는다.

② 파레토 효율적인 자원배분은 공평성의 기준을 만족하지 못한다.

③ 파레토 효율적인 자원배분은 무수히 많으므로 후생경제의 제1정리로 최선의 배분을 선택하기는 어렵다.

3 후생경제의 제2정리

1. 개념

① 제1정리와 반대로 파레토 효율적인 배분에서 일반경쟁균형의 가격체계가 존재하는지 질문해 볼 수 있다.

② 후생경제의 제2정리란 "초기부존자원이 적절히 분배된 상태에서 모든 사람의 선호 체계가 강볼록성을 가지면 파레토 효율적인 배분은 일반경쟁균형이 된다"는 것이다.

③ 제2정리는 1정리와 반대로 임의의 파레토 효율적 혹은 최적 자원배분을 일반균형상태가 되도록 만들어 주는 가격체계 및 재배분정책이 존재한다는 것이다.

2. 설명

① 초기부존점이 점 a 라면 두 소비자 간의 자발적 교환에 의하여 일반균형이 달성될 것이며 이 자원배분은 파레토 최적이다.

② 사회 또는 정부가 자원배분점 a 보다는 더 평등하면서 여전히 효율적인 자원배분상태 e 를 달성하기 원한다고 하자.

③ 그런데 초기부존점 a 로부터 목표로 하는 자원배분점 e 로 곧바로 옮겨 주는 정책은 여러 가지 제약으로 인하여 사용될 수 없다고 가정하자.

④ 정부가 경제주체들이 가지고 있는 초기부존점만을 재분배한 다음 이후의 모든 자원배분은 자유로운 시장기능에 맡겨둘 경우 경제는 일반균형가격 $\left(\frac{P_X}{P_Y}\right)^*$ 하에서 일반균형 자원배분상태 e 를 달성하게 된다.

고범석 경제학아카데미

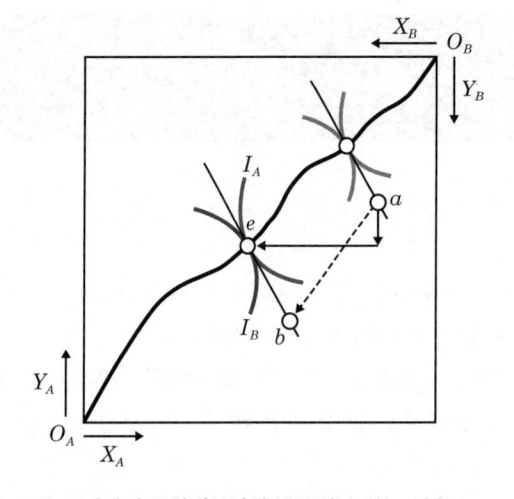

3. 모든 소비자의 무차별곡선이 볼록해야 하는 이유

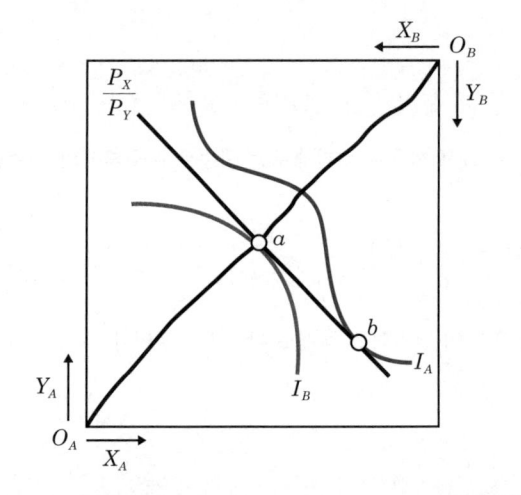

① 소비자 A의 무차별곡선이 볼록하지 않은 경우 후생경제의 제2정리가 성립하지 않을 수 있다.

② 자원배분 a의 달성을 목표로 하는 정부가 재분배정책을 통하여 초기부존점을 직선인 $\left(\dfrac{P_X}{P_Y}\right)$로 옮겼다고 하자.

③ 재분배 후 두 무차별곡선이 접하는 점 a에서의 한계대체율에 해당하는 상대가격체계 하에서 소비자 B는 점 a를 선택하겠지만 소비자 A는 점 b를 선택할 것이므로 정부가 재분배정책의 목표로 삼았던 자원배분점 a는 일반균형으로서 달성될 수 없다.

④ 이러한 문제가 발생하는 이유는 소비자 A의 무차별곡선이 원점에 대하여 볼록하지 않다는 데 있다.

4. 제2정리의 의미

① 정부가 초기부존자원의 적절한 분배를 통해 소득분배의 공평성 달성이 가능하다.

② 정부의 소득재분배 정책은 현금 이전에 국한해야 하며 가격체계에 손질을 가해서는 안된다.

③ 정부의 소득재분배 정책 이후 가격기능에 의해 효율적인 자원배분이 가능하다.

5. 한계

① 정부의 가치판단에 의해서 파레토 최적이 선정된다.

② 초기부존자원을 재분배하는 방법이 많으므로 재분배 방법의 객관적인 기준이 없다.

③ 정부는 정확한 정보를 가지고 있지 않기 때문에 정액세 또는 현금이전을 통한 배분은 한계가 있다.

④ 현실적으로 정부의 개입이 가격체계를 통해서 이루어지므로 가격체계의 왜곡 문제를 야기한다.

□△○

3절 사회후생함수

01 의의

① 파레토 효율적인 점들이 무수히 많으므로 사회적으로 바람직한 점을 선택하기 위해 또 하나의 조건이 필요한데 이는 생산된 재화가 어떻게 분배되어야 하는지에 대한 가치판단과 관련이 있다.
② 사회후생함수는 사회구성원들의 가치판단을 반영한다는데 중요성을 가진다. 즉, 어떠한 자원배분이 사회적으로 바람직한가를 판별하기 위하여 개별구성원들의 다양한 선호체계를 종합하여 하나의 단일화된 사회적 선호체계로 나타내는 것이 필요하다.

02 사회후생함수(social welfare function)란?

① 사회후생함수란 사회구성원들의 선호를 집약하여 사회적 선호로 나타내주는 함수로 사회후생의 수준을 함수값으로 나타내준다.

$$사회후생 \ SW = f(U_A, U_B)$$

U_A와 U_B는 두 소비자의 효용수준을 나타낸다.
② 즉, 사회후생함수란 개별구성원들의 효용수준을 종합하여 단일화된 체계로 나타내는 것이다.

03 사회무차별곡선(social indifference curve)

사회적으로 동일한 효용을 가져다주는 사회구성원들의 효용의 조합을 연결한 선을 사회무차별곡선이라 한다.
즉, 소비자의 무차별곡선과 매우 유사한 논리로 사회무차별곡선을 사회후생함수로부터 도출하여 그릴 수 있다.

04 공리주의 사회후생함수

1 개념

① 공리주의(utilitarianism)란 18세기 말과 19세기의 영국 철학자이자 경제학자 제러미 벤담과 존 스튜어트 밀에서 비롯된 윤리학으로 최대 다수의 최대 행복을 추구함으로써 이기적 쾌락과 사회 전체의 행복을 조화시키려는 사상을 말한다.
② 공리주의 사회후생함수는 사회구성원들의 효용을 단순히 더함으로써 사회전체의 효용이 결정된다.

$$→ SW = U_A + U_B$$

③ 사회후생함수는 효용수준이 어떻게 배분되는가에 상관없이 단지 그 합에 의해서만 결정된다. 이는 공리주의자들이 소득분배에는 전혀 관심이 없음을 의미하기도 한다. 예를 들어 구성원 A의 효용수준이 9이고 구성원 B의 효용수준이 1이 되도록 해주는 자원배분은 각 구성원이 5씩의 효용수준을 누리도록 해주는 자원배분과 똑같은 정도로 바람직하다고 보는 것이다.

② 사회무차별곡선의 형태

① 공리주의 사회후생함수의 무차별곡선은 우하향의 직선으로 도출된다.

② 사회후생함수가 $U_B = -U_A + SW$ 로 정리되기 때문에 사회무차별곡선은 기울기가 -1인 직선이다.

③ 사회구성원인 A, B가 고소득자든 저소득자든 가중치는 1로 동일한 비중을 둔다.

$$\rightarrow SW = 1 \times U_A + 1 \times U_B$$

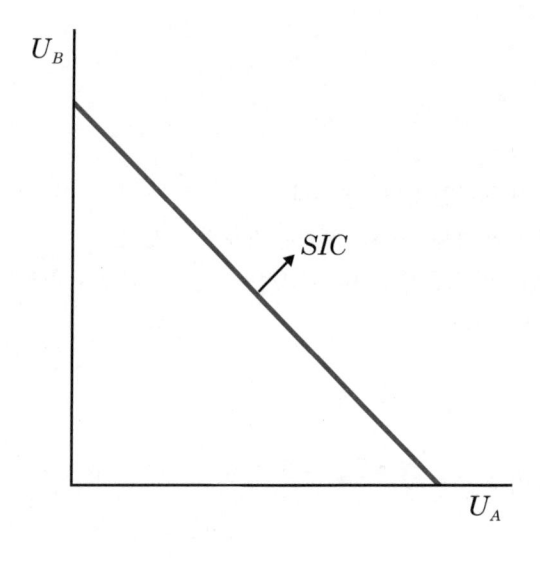

05 평등주의(egalitarian) 사회후생함수

① 개념

① 평등주의 사회후생함수는 높은 효용수준을 누리고 있는 사회구성원의 효용에는 작은 가중치를 부여하고 낮은 효용수준을 누리고 있는 사회구성원의 효용에는 큰 가중치를 부여하여 사회후생을 평가한다.

② 즉, 저소득층에 대해서는 높은 가중치를, 고소득층에 대해서는 보다 낮은 가중치를 부여하는 사회후생함수이다.

$$\rightarrow SW = U_A \times U_B$$

③ 공리주의적 개념 하에서 구성원 A가 9의 효용을 누리고 구성원 B가 1의 효용을 누릴 경우 사회후생은 각자가 5씩의 효용을 누릴 경우의 사회후생과 차이가 없었다. 그러나 평등주의적 철학 하에서는 전자의 자원배분으로부터 얻는 사회후생이 9단위에 불과한데 반하여 후자의 자원배분으로부터 얻는 사회후생은 25단위에 달한다. 즉, 각 구성원이 가능하면 공평하게 분배하는 것이 극단적으로 분배하는 것보다 사회적으로 우월하다는 가치판단에 근거하는 것이다.

2 사회무차별곡선의 형태

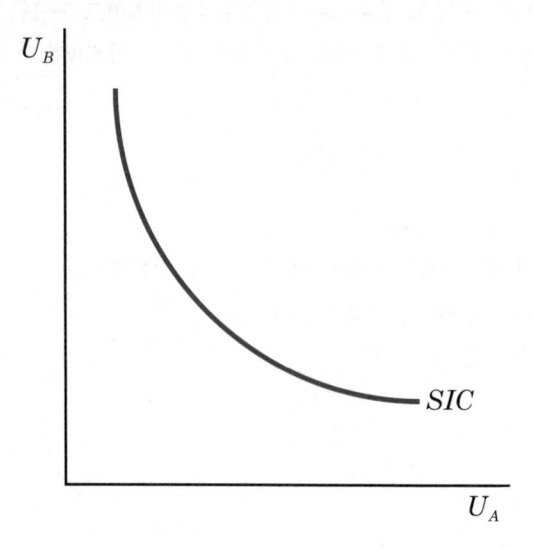

① 평등주의 사회후생함수의 무차별곡선은 원점에 대해 볼록한 형태를 갖는다.

② 사회무차별곡선을 따라 우하향으로 내려갈수록 곡선의 기울기가 완만해지는 것을 알 수 있다.

③ 사회무차별곡선의 기울기가 감소하는 것은, 구성원 A의 효용이 증가하고 구성원 B의 효용이 감소함에 따라 구성원 A의 사회적 중요도가 상대적으로 감소함을 의미한다.

06 진보주의(liberalism) 또는 롤즈주의 사회후생함수

1 개념

① 진보주의는 미국의 철학자 존 롤즈가 주장한 견해로 가장 불우한 사람에게 가장 큰 혜택이 돌아가도록 하는 것이 분배의 정의가 된다.

② 롤즈의 정의론은 제1원칙과 제2원칙으로 나뉜다.

③ 제1원칙은 평등의 원칙으로 소수의 희생 강요는 용납이 불가하며 정의에 의해 보장된 기본권리는 양보가 불가하다.

④ 제2원칙은 차등의 원리와 기회균등의 원리로 구분된다. 차등의 원리란 재산과 권력의 불평등이 허용되는 바 그 불평등을 보상할만한 이득을 가져오는 경우에 국한된다. 기회균등의 원리란 우대받는 직책이나 지위는 모두에게 개방해야 하며 교육의 기회가 보장되면 재능에 따른 불평등은 인정된다.

⑤ 진보주의는 최빈민층에 최대의 분배 몫이 돌아가야 한다는 최소극대화의 원칙(maxmin principle)을 따른다. 즉, 사회후생은 저소득층의 효용에 의하여 결정된다.

$$\rightarrow SW = \min(U_A, U_B)$$

⑥ 이는 누구든지 극빈층으로 전락될 수 있기 때문에 극빈층의 효용을 증가시키기 위해 사회안전망을 구축해야 함을 의미한다.

⑦ 사회후생이 증가하기 위해서는 저소득층의 효용이 증가해야 하므로 극단적인 평등주의라고도 한다.

2 사회무차별곡선의 형태

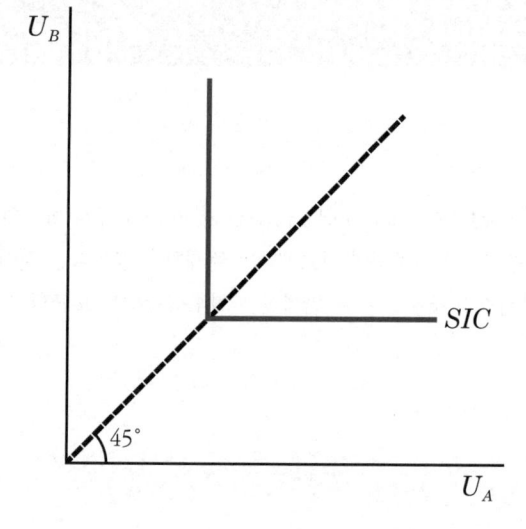

① 롤즈주의 사회후생함수의 사회무차별곡선은 L자형이다.
② 한 사람의 효용 증가만으로는 사회후생이 증가하지 않음을 보여준다.

개념정리	자유주의(libertariarism)

① 노직(R. Nozick)의 자유주의는 국가 또는 사회가 사회구성원들의 소득을 재분배할 권리가 없다고 주장한다.
② 왜냐하면 소득의 크기가 중요한 것이 아니라 소득을 얻는 과정이 중요하기 때문이다.

07 결론

사회무차별곡선의 형태는 소득분배에 대한 가치판단에 따라 달라지며 소득분배의 형평성을 강조하면 사회무차별 곡선의 형태는 L자형에 가까워진다.

4절 애로우의 불가능성정리

01 의의

① 미국의 경제학자 애로우(K. Arrow)가 1951년 논문 'Social Choice and Individual Values'에서 발표한 정리로 사회의 후생수준을 적절하게 평가할 수 있는 바람직하고 민주적인 선호체계가 존재하지 않는다는 것이다.

② 애로우 (K. Arrow)는 일정 조건 즉, 민주적이면서 합리적인 조건을 갖춘 완벽한 사회후생함수를 도출할 수 없음을 증명하였다.

02 조건

1 완비성과 이행성

① 완비성은 두 사회상태 X와 Y 중에서 어떤 상태가 더 선호되는지를 항상 판단할 수 있어야 한다. 즉, 사회의 여러 상태 중에서 어느 것이 더 좋고 어느 것이 더 나쁜가를 항상 판단할 수 있어야 한다.

② 이행성은 X, Y, Z라는 사회 상태에 대해 X를 Y보다 더 선호하고 Y를 Z보다 더 선호한다면 X를 Z보다 더 선호해야 한다는 것을 말한다.

2 파레토원칙

① 임의의 두 사회 상태 X와 Y에 대하여 모든 사회구성원이 X를 Y보다 선호한다면 사회 전체적으로도 X가 Y보다 선호되어야 한다. 또는 X라는 상태에서 Y라는 상태로 변할 때 사회구성원 중 최소한 1인이 X를 Y보다 선호하고 그 1인을 제외한 다른 모든 구성원이 X와 Y에 대하여 무차별하다면 사회적 순위는 X가 Y보다 선호되어야 한다.

② '만장일치의 법칙'이라고도 한다.

3 비독재성

사회 선호는 사회구성원 전체의 선호에 의해서 결정되어야 하며, 어느 한 사회구성원(독재자)의 선호가 사회 선호를 결정해서는 안 된다.

4 무관한 선택대상으로부터의 독립성

① 사회상태를 비교할 때 이 사회상태와 관련 없는 제3의 선택가능성은 아무런 영향을 주지 못한다는 의미이다.

② 임의의 두 사회상태 X와 Y에 대한 사회적 선호는 제3의 사회상태 Z에 대한 개인들의 선호와는 관계없이 오직 X와 Y에 대한 개인들의 선호에 의하여 결정되어야 한다. 즉, 상이한 정책대안 간에 상호의존성이 없어야 한다. 예를 들어 정책순위가 A, B, C, D일 때 어떤 이유로 C라는 대안이 제거되더라도 정책순위는 A, B, D이어야 한다.

5 보편성

각 구성원의 선호에 관한 아무런 사전적 제한이 없다.

① 애로우(K. Arrow)에 따르면 완비성과 이행성, 파레토 원칙, 독립성, 보편성 조건을 만족시키면 반드시 비독재성의 조건을 만족시킬 수 없으므로 5가지 조건을 모두 만족시키는 합리적이면서 민주적인 사회후생함수는 도출할 수 없다는 것이다.

② 애로우의 뒤를 이어 나온 연구들은 앞의 다섯 개의 조건 가운데 상대적으로 덜 중요한 하나나 둘을 포기할 경우 나머지 조건을 충족시키는 사회후생함수가 존재할 수 있음을 입증하고 있다.

③ 특히, 독립성 조건은 실제 경제주체들의 의사결정에서 자주 위배되므로 현실성에 의문이 있는 조건이다.

5절 사회후생의 극대화

01 사회후생극대화란?

① 사회후생이 극대화가 된다는 것은 자원배분이 효율적이면서 공평한 상태를 의미한다. '효율적인 자원배분'은 효용가능곡선상의 자원배분이어야 함을 의미하며, '사회후생의 극대화 여부'는 사회후생함수로 측정된다.

② 사회후생은 파레토 효율성 조건을 만족시키는 효용가능경계와 소득분배에 대한 가치판단을 나타내는 사회무차별곡선이 접하는 점에서 극대화된다.

02 설명

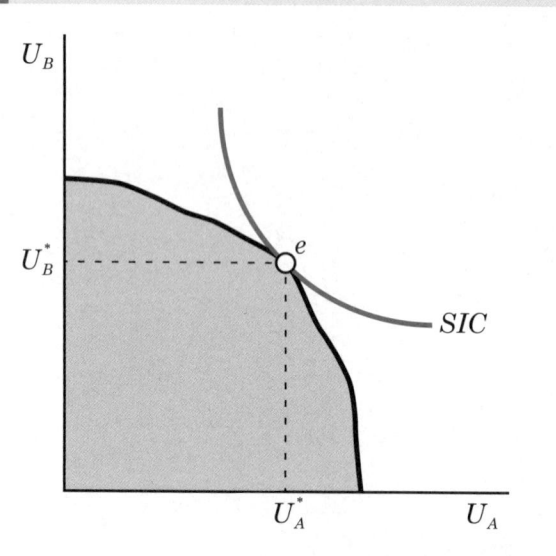

① 효용가능경계에서는 자원배분이 효율적이므로 자원배분이 효율적인 점들은 무수히 존재한다.

② 평등주의 사회후생함수를 도입하면 원점에 대하여 볼록한 형태의 사회무차별곡선(SIC)이 도출된다.

③ 효용가능경계와 사회적 무차별곡선이 접하는 e점에서 사회후생이 극대화 된다.

④ 사회후생 극대화점에서 개인 A와 개인 B가 누리는 효용수준은 각각 U_A^*와 U_B^*이다.

03 사회후생극대화의 정리

① 사회후생을 극대화 하는 점은 유일하다(e 점).

② 파레토 효율적인 자원배분이 반드시 사회후생을 극대화하지는 못한다. 따라서 파레토 효율성 기준은 사회후생 극대화의 필요조건이 된다.

③ 사회후생이 극대화 될 때 반드시 파레토 효율적인 자원배분이 이루어진다.

04 사회후생극대화의 한계

① 사회후생함수를 도출하지 못하면 사회후생극대점을 구할 수 없다. 그런데 애로우(K. Arrow)의 불가능성정리에 의하면 일정 조건을 모두 만족시키는 사회후생함수는 결코 도출할 수 없음이 증명되었다.

② 사회후생함수는 주관적 가치판단에 의하여 다양한 형태를 가지게 되므로 사회후생극대점들이 가치판단에 따라 다르게 도출된다.

05 차선의 정리

1 의의

① 립시(R. Lipsey)와 랭카스터(K. Lancaster)는 파레토 효율성 조건이 모두 만족되지 못하는 상태에서 효율성 조건을 가능한 한 많이 만족하는 것이 차선의 방안이 아니라는 것을 증명하였다.

② 즉, 일부분에서 효율성을 만족시킬 수 없는 경우 나머지 부문에서 효율성 조건을 만족시킨다고 하여서 사회후생이 증대되는 것은 아니라는 것이다.

2 설명

① 현재 e 점에서 사회후생함수와 생산가능곡선이 접하므로 사회후생이 극대화되고 있는 상태이다.

② 그런데 사회 내의 제약이 존재하여 선분 바깥쪽에 있는 상품의 조합은 선택할 수 없다고 가정하자. 주어진 제약 하에서 사회후생을 극대화하기 위해서는 선분 상의 점 b가 선택되어야 할 것이며 자원배분 b를 차선책이라 부른다.

③ 생산가능곡선상에 위치한 a점의 경우 생산의 파레토 효율성 조건을 만족하는 점인데 생산가능곡선 위에 있지 않은 b점에서의 사회후생이 더 크다는 것을 알 수 있다. 즉, 차선책 점 b에서 사회적으로 사회무차별곡선 SIC_2가 나타내는 후생수준이 자원배분점 a를 통과하는 사회무차별곡이 나타내는 후생수준보다 더 높기 때문이다.

④ 즉 모든 조건을 만족시키지 못할 때 생산의 파레토 효율성 조건을 포기하는 것이 사회후생의 증가를 유발할 수 있다.

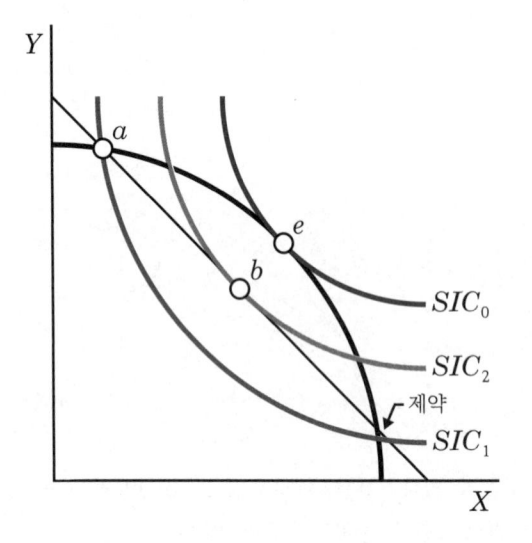

3 의미

① 여러 시장들은 서로 밀접하게 관련되어 있기 때문에 이들 간의 상호작용 관계를 충분히 고려한 정책만이 경제 전반의 효율성을 제고할 수 있다.

② 최선의 배분이 불가능한 경우 차선의 배분을 추구하는 기준을 제시하였다. 예를 들어 경제에 10가지 왜곡 상태가 있을 때 왜곡 상태 10가지 중 9개를 제거한 후의 사회후생이 10개의 왜곡 상태 하에서의 사회후생보다 더 크다는 보장이 없다는 것이다.

③ 효율성과 관련된 직관이 틀릴 수 있음을 시사한다.

④ 시장실패를 치유하기 위한 정부의 점진적인 정책은 사회후생의 악화를 초래할 수 있다. 즉, 차선의 이론은 조세제도, 금융, 수출보조금 등 여러 가지 경제개혁 조치를 추진할 때 특정 부문이나 특정 산업에서의 시장실패만을 시정하려는 점진적인 접근법(piecemeal approach)에 근본적인 한계가 있음을 시사하고 있다.

01 왈라스의 법칙에 관한 다음 설명 중 가장 옳지 않은 것은?

① 한 개의 시장에서 수요와 공급이 일치하면 나머지 시장에서 초과수요가치의 합은 0이다.

② 모든 시장에서 초과수요의 가치의 합은 0이다.

③ 일반균형에 관한 법칙이다.

④ 왈라스법칙이 성립하면 개별적인 시장에서 초과수요는 존재하지 않는다.

풀이 날짜			
채점 결과			

02 한 사회 내의 어떤 사람의 후생을 감소시키지 않고서는 다른 사람의 후생을 증가시킬 수 없는 배분 상태를 가리키는 것은?

① 세이의 법칙

② 파레토최적

③ 쿠즈네츠의 U자가설

④ 그레샴의 법칙

풀이 날짜			
채점 결과			

03 생산경제에서 파레토 최적이 달성되기 위한 조건을 모두 고르면?

ⓐ 소비자들의 한계대체율이 모두 동일하다.

ⓑ 생산자들의 한계기술대체율이 모두 동일하다.

ⓒ 한계변환율과 소비자들의 한계대체율이 일치한다.

ⓓ 한계변환율과 생산자들의 한계기술대체율이 일치한다.

① ⓐ, ⓑ

② ⓐ, ⓑ, ⓒ

③ ⓐ, ⓑ, ⓓ

④ ⓐ, ⓒ, ⓓ

⑤ ⓐ, ⓑ, ⓒ, ⓓ

풀이 날짜			
채점 결과			

01 • 왈라스의 법칙이란 어떤 가격체계 하에서도 모든 가격에서 각 재화에 대한 초과수요의 시장가치의 합이 항상 ④
― 0이 되는 것을 말한다.

• 개별적인 재화시장에서는 수요와 공급의 가치가 일치하지 않을 수 있다.

• 즉, 균형가격체계가 아닌 임의의 가격체계에서 각 시장의 초과수요량이 0이 된다는 보장은 없다.

02 • 파레토효율성이란 어느 한 사람의 효용 증가를 위해서는 반드시 다른 사람의 효용 감소를 유발할 수밖에 없는 ②
― 상태를 말한다. 또는 더 이상의 파레토개선이 없는 상태, 즉 모두에게 이득이 되는 변화를 만들어 낼 수 없는 상태를 말한다.

① 세이의 법칙이란 공급이 수요를 창출한다는 법칙으로 경제전반에 걸쳐서 과잉생산은 있을 수 없다는 학설이다.

③ 쿠즈네츠의 U자가설은 역U자가설이라고도 한다. 이는 경제발전단계와 소득분배균등정도의 상관관계를 설명한 이론이다. 경제발전 초기에는 분배의 불균등이 심화되나 경제발전의 성숙단계에 이르러서는 불균등이 완화되는 것을 말한다.

④ 그레샴의 법칙은 소재의 가치가 서로 다른 화폐가 동일한 명목 가치를 가진 화폐로 통용되면 소재 가치가 높은 화폐(양화)는 유통시장에서 사라지고 소재 가치가 낮은 화폐(악화)만 유통되는 것을 뜻한다.

03 • 파레토 최적조건은 다음과 같다. ②
―
• 소비의 파레토 최적 : 한계대체율(MRS) 일치 $- MRS_{X,Y}^{A} = MRS_{X,Y}^{B}$

• 생산의 파레토 최적 : 한계기술대체율($MRTS$) 일치 $- MRTS_{L,K}^{X} = MRTS_{L,K}^{Y}$

• 산출물구성의 파레토 최적 : 한계대체율 = 한계변환율 $\rightarrow MRS_{XY} = MRT_{XY}$

01 일반균형에 관한 다음 설명 중 가장 옳지 않은 것은?

풀이 날짜			
채점 결과			

① 볼록성의 공리가 전제되어야 성립할 수 있다.

② 세이(Say)의 법칙은 개인의 초과수요 가치의 합이 영(0)임을 나타낸다.

③ 왈라스(Walras)의 법칙은 시장의 초과수요 가치의 합이 영(0)임을 나타낸다.

④ 개인들의 최적화 행위가 반드시 전제되어야 할 필요는 없다.

02 파레토 최적상태에 대한 설명으로 옳은 것은?

풀이 날짜			
채점 결과			

① 다른 사람의 희생 없이도 어느 한 사람의 효용을 증가시킬 수 있다.

② 어느 한 사람의 효용이 증가한다면 필연적으로 다른 사람의 효용의 감소가 따른다.

③ 사회적으로 최적의 상태에 이르기 위한 필요충분조건이다.

④ 모든 사람의 효용을 현재보다 증가시킬 수 있다.

⑤ 계획경제 하에서는 파레토최적이 존재하지 않는다.

03 다음 설명 중 옳은 것은?

풀이 날짜			
채점 결과			

① 후생경제학의 제1정리에 의하면, 경쟁시장의 균형(competitive equilibrium)에서 모든 구성원들은 항상 동일한 양의 교환의 이득을 얻는다.

② 후생경제학의 제1정리는 분배문제만을 언급하고 있다.

③ 왈라스법칙은 총초과수요액(value of aggregate excess demand)이 0보다 크다는 것을 말하고 있다.

④ 에지워스 상자(Edgeworth box) 내의 계약곡선(contract curve)은 두 재화 모두를 상대적으로 많이 가지고 있는 소비자의 무차별곡선들 중에서 정한다.

⑤ 에지워스 상자의 가로 및 세로는 두 소비자가 가지고 있는 각 재화의 초기부존량 의 합에 의해 각각 결정된다.

01 ① 볼록성의 공리란 소비자가 다양한 재화 소비를 선호하는 경우를 의미하고 무차별곡선이 원점에 대해 볼록하 ④
다. 무차별곡선이 원점에 대해 볼록해야 후생경제학의 제1정리 및 제2정리가 성립한다.

② 세이의 법칙이란 공급이 수요를 창출하는 경우를 말한다. 세이의 법칙을 만족할 때 개인의 초과수요 가치의
합이 0이 된다.

③ 왈라스의 법칙이란 어떤 가격체계 하에서도 모든 가격에서 각 재화에 대한 초과수요의 시장가치의 합이 항
상 0이 되는 것을 말한다.

④ 2인-2재화-순수 교환의 경우 하나의 교환비율인 상대가격이 결정된다.

⑤ 일반균형이론에서 모든 소비자는 주어진 예산제약 하에서 효용이 극대화 되도록 생산물을 수요하고 생산요
소를 공급하므로 개인들의 최적화 행위는 반드시 전제되어 있어야 한다.

02 • 파레토효율성 또는 파레토 최적이란 어느 한 사람의 효용 증가를 위해서는 반드시 다른 사람의 효용 감소를 ②
유발할 수밖에 없는 상태를 말한다. 또는 더 이상의 파레토개선이 없는 상태, 즉 모두에게 이득이 되는 변화를
만들어 낼 수 없는 상태를 말한다.

①, ④ 파레토 개선이란 다른 소비자의 효용 감소 없이 한 사람의 효용 증가를 가져올 수 있는 경우를 말한다.

③ 자원배분의 효율성을 판단하기 위한 가장 객관적인 기준이면서 사회후생을 판단하기 위한 필요조건이다.

⑤ 계획경제 하에서도 파레토 최적이 존재할 수 있다. 즉, 어떠한 경제체제에서도 파레토 최적은 존재할 수 있다.

03 ① 후생경제 제1정리는 완전경쟁시장에서 경제주체들이 교환의 이득을 얻는다는 것을 설명하나 동일하게 이득 ⑤
을 얻는다고 말할 수 없다.

② 후생경제 제1정리는 시장기구가 경제활동의 조화를 가져오게 한다는 것으로 파레토효율적인 자원배분은 언
급하나 공평한 소득분배를 설명하지는 않는다.

③ 왈라스법칙은 어떤 가격체계 하에서도 각 재화에 대한 초과수요의 시장가치의 합은 항상 0이 되는 것을 말
한다.

④ 에지워스 상자 내의 계약곡선은 파레토효율성을 만족하는 점들을 연결한 선을 말한다.

⑤ 에지워스 상자란 경제 내에 실현 가능한 자원배분을 나타내 주는 상자로 두 소비자가 가지고 있는 재화의 초
기부존량의 합에 의해 크기가 결정된다.

04 한계대체율(MRS_{XY}) < 한계변환율(MRT_{XY})일 때 사회후생을 증가시키려면?

① 두 재화의 생산을 모두 줄여야 한다.

② X 재를 더 생산하고 Y 재를 덜 생산해야 한다.

③ X 재를 덜 생산하고 Y 재를 더 생산해야 한다.

④ 희소자원을 더 효율적으로 사용하기 위해 두 재화의 가격을 인상해야 한다.

⑤ 희소자원을 더 효율적으로 사용하기 위해 두 재화의 가격을 인하해야 한다.

풀이 날짜			
채점 결과			

05 부자인 A와 가난한 사람인 B만으로 구성된 초미니 국가가 있다고 가정하자. 사회적 후생함수를 SW 라고 하고 개인의 후생수준을 각각 U^A 와 U^B 라고 할 때 다음 설명 중 가장 옳지 않은 것은?

① 벤담(Bentham)류의 공리주의적 기준에 의하면 $SW = U^A + U^B$ 로 표시할 수 있다.

② 공리주의적 후생수준은 U^B 가 감소되어도 사회적인 후생의 합인 SW 가 증가되면 사회적 후생은 개선된 것으로 본다.

③ 평등주의적 기준에 따르면 소득재분배를 통하여 사회후생을 증가시킬 수 있다고 본다.

④ 롤즈(Rawls)적인 기준에 따르면 U^B 수준의 개선 없이도 사회적 후생의 증진이 가능하다.

⑤ 롤즈의 기준에 따르면 $SW = \min(U^A, U^B)$ 로 표시되며, 이 경우 사회무차별 곡선은 L자형이 될 것이다.

풀이 날짜			
채점 결과			

06 원점에 대해 볼록한 사회무차별곡선의 성격으로 가장 타당한 것은?

① 효율성을 중시한다.

② 형평성을 중시한다.

③ 경쟁을 중시한다.

④ 소비자의 다양성을 중시한다.

⑤ 효용함수가 오목함수임을 뜻한다.

풀이 날짜			
채점 결과			

04 ③

- $MRS_{XY} < MRT_{XY}$

$$\rightarrow \frac{MU_X}{MU_Y} < \frac{MC_X}{MC_Y}$$

$$\rightarrow \frac{MU_X}{MC_X} < \frac{MU_Y}{MC_Y}$$

- 생산비 1원당 Y재의 한계효용이 X재보다 크므로 Y재 생산을 늘리고 X재 생산을 감소시켜야 한다.
- 만약 $MRT_{XY} = 3$이고 $MRS_{XY} = 1$이라면 어떻게 될까? 생산자는 X재를 1단위 감소시키면 Y재를 3단위 생산할 수 있다. 또한 소비자는 X재 1단위와 Y재 1단위가 무차별하다.
- 따라서 X재를 1단위 감소시켜서 Y재 생산을 3단위 늘린다면 소비자는 Y재 2단위를 추가적으로 소비할 수 있어 효용이 증가하게 된다.
- Y재의 생산 증가로 Y재의 가격 P_Y는 하락하고 Y재의 한계비용 MC_Y는 증가한다. 또한 X재의 생산 감소로 X재의 가격 P_X는 상승하고 X재의 한계비용 MC_X는 감소한다.
- 따라서 $MRT_{XY} > MRS_{XY} \rightarrow MRT_{XY} = MRS_{XY}$가 된다.

05 ④

- 공리주의 사회후생함수는 사회구성원들의 효용을 단순히 더함으로써 사회전체의 효용이 결정된다.
$$\rightarrow SW = U_A + U_B$$
- 평등주의 사회후생함수는 높은 효용수준을 누리고 있는 사회구성원의 효용에는 작은 가중치를 부여하고 낮은 효용수준을 누리고 있는 사회구성원의 효용에는 큰 가중치를 부여하여 사회후생을 평가한다. 즉, 저소득층에 대해서는 높은 가중치를, 고소득층에 대해서는 보다 낮은 가중치를 부여하는 사회후생함수이다.
$$\rightarrow SW = U_A \times U_B$$
- 진보주의 또는 롤즈주의는 최빈민층에 최대의 분배 몫이 돌아가야 한다는 최소극대화의 원칙(maxmin principle)을 따른다. 즉, 사회후생은 저소득층의 효용에 의하여 결정된다.
$$\rightarrow SW = \min(U_A, U_B)$$
- 따라서 롤즈주의에 의하면 사회후생이 증가하기 위해서는 저소득자의 후생이 증가하여야만 한다.

06 ②

- 원점에 대해 볼록할수록 형평성을 중시하게 되며 롤즈주의 사회무차별곡선은 극단적인 형평성을 가지게 된다.
- 사회무차별곡선의 형태는 소득분배에 대한 가치판단에 따라 달라지며 소득분배의 형평성을 강조하면 사회무차별곡선의 형태는 L자형에 가까워진다.

고범석 경제학아카데미

07 애로우(K. Arrow)가 주장한 사회선택의 규칙이 합리적이기 위한 요건이 아닌 것은?

① 무관한 선택대상으로부터 독립성
② 파레토원칙
③ 비독재성
④ 선호의 제한성

풀이 날짜			
채점 결과			

08 애로우(Arrow)가 제시한 바람직한 집단적 의사결정제도가 갖추어야 할 조건으로 옳지 않은 것은?

① 어느 대안도 다른 어떤 대안과 비교하여 더 좋은지 더 나쁜지 혹은 동일한지가 구별될 수 있어야 한다.
② X 와 Y 라는 두 대안 중 집단의 구성원 전부가 X 를 더 선호한다면 채택된 집단적 의사결정 방식의 결과도 역시 X 를 Y 보다 더 선호하는 결과를 가져와야 한다.
③ 집단이 X 와 Z 를 비교하여 선호를 바꾸었다면 집단이 X 와 Y 를 비교하여 결정한 선호 또한 변경될 수 있어야 한다.
④ 어느 한 개인의 선호가 집단 전체의 선호가 되어서는 안된다.
⑤ 구성원 중 누구도 자기가 속한 집단의 집단적 의사결정 과정에서 선호가 제약을 받아서는 안된다.

풀이 날짜			
채점 결과			

07

- 미국의 경제학자 애로우(K. Arrow)가 1951년 논문 'Social Choice and Individual Values'에서 발표한 정리로 사회의 후생수준을 적절하게 평가할 수 있는 바람직하고 민주적인 선호체계가 존재하지 않는다는 것이다.
- 애로우(K. Arrow)는 일정 조건 즉, 민주적이면서 합리적인 조건을 갖춘 완벽한 사회후생함수를 도출할 수 없음을 증명하였다.

① 사회상태를 비교할 때 이 사회상태와 관련 없는 제3의 선택가능성은 아무런 영향을 주지 못한다는 의미이다.

② 임의의 두 사회 상태 X와 Y에 대하여 모든 사회구성원이 X를 Y보다 선호한다면 사회 전체적으로도 X가 Y보다 선호되어야 한다.

③ 사회선호는 사회구성원전체의 선호에 의해서 결정되어야 하며, 어느 한 사회구성원(독재자)의 선호가 사회선호를 결정해서는 안 된다.

④ 선호가 보편적이어야 한다. '선호의 보편성'이란 개인들이 어떠한 선호를 갖고 있더라도 사회선호를 도출할 수 있어야 한다는 것을 의미한다. 즉, 각 구성원의 선호에 관한 아무런 사전적 제한이 없다.

④

08

① 완비성은 두 사회상태 X와 Y 중에서 어떤 상태가 더 선호되는지를 항상 판단할 수 있어야 한다. 즉, 사회의 여러 상태 중에서 어느 것이 더 좋고 어느 것이 더 나쁜가를 항상 판단할 수 있어야 한다.

② 이행성은 X, Y, Z라는 사회 상태에 대해 X를 Y보다 더 선호하고 Y를 Z보다 더 선호한다면, X를 Z보다 더 선호해야 한다는 것을 말한다.

③ ③의 경우 무관한 선택 대상으로부터의 독립성 조건에 위배된다. 사회상태를 비교할 때 이 사회상태와 관련 없는 제3의 선택 가능성은 아무런 영향을 주지 못한다는 의미이다. 임의의 두 사회상태 X와 Y에 대한 사회적 선호는 제3의 사회상태 Z에 대한 개인들의 선호와는 관계없이 오직 X와 Y에 대한 개인들의 선호에 의하여 결정되어야 한다.

④ 비독재성은 사회선호는 사회구성원 전체의 선호에 의해서 결정되어야 하며, 어느 한 사회구성원(독재자)의 선호가 사회선호를 결정해서는 안 된다.

⑤ 보편성의 조건에 따르면 각 구성원의 선호에 관한 아무런 사전적 제한이 없어야 한다.

③

01   객관식 점검 문제

PART 출제경향

- 일반균형이론의 경우 에지워스 상자부터 도출하는 것이 기본이다.
- 소비자가 갖고 있는 재화의 부존량을 통해 상자의 크기를 도출해야 하며 이로부터 파레토 효율성이 달성되고 있는지 확인해야 한다.
- 파레토효율성의 개념과 조건을 물어보는 경우는 기본이며 각 사회후생함수로부터 후생극대화를 찾아야 한다.
- 또한 애로우의 불가능성정리에서 사회후생함수가 갖추어야 할 조건을 물어보기도 하며 차선의 정리와 관련하여 그 의미를 묻기도 한다.

02   약술 및 논술 점검 문제

PART 출제경향

- 파레토 효율성의 개념이나 소비의 파레토효율성, 생산의 파레토효율성, 종합적 파레토효율성 등을 설명해야 하는 유형도 출제된다.
- 후생경제학의 제1정리나 제2정리에 대해서도 약술로 출제되므로 서로 개념을 비교해서 정리해야 한다.
- 애로우의 불가능성정리가 무엇인지 출제되기도 하며 차선의 정리 자체를 물어보는 약술도 출제된다.

문제 01

예금보험공사

사회후생함수와 사회무차별곡선에 대하여 설명하고 여러 가지 사회후생함수에 대하여 논하시오.

해설

1 사회후생함수(social welfare function)란?

① 사회후생함수란 사회구성원들의 선호를 집약하여 사회적 선호로 나타내주는 함수로 사회후생의 수준을 함수 값으로 나타내준다.

$$사회후생 \ SW = f(U_A, U_B)$$

U_A와 U_B는 두 소비자의 효용수준을 나타낸다.

② 즉, 사회후생함수란 개별구성원들의 효용 수준을 종합하여 단일화된 체계로 나타내는 것이다.

2 사회무차별곡선(social indifference curve)

사회적으로 동일한 효용을 가져다주는 사회구성원들의 효용의 조합을 연결한 선을 사회무차별곡선이라 한다.

즉, 소비자의 무차별곡선과 매우 유사한 논리로 사회무차별곡선을 사회후생함수로부터 도출하여 그릴 수 있다.

3 공리주의 사회후생함수

1. 개념

① 공리주의(utilitarianism)란 18세기 말과 19세기의 영국 철학자이자 경제학자 제러미 벤담과 존 스튜어트 밀에서 비롯된 윤리학으로 최대 다수의 최대 행복을 추구함으로써 이기적 쾌락과 사회 전체의 행복을 조화시키려는 사상을 말한다.

② 공리주의 사회후생함수는 사회구성원들의 효용을 단순히 더함으로써 사회 전체의 효용이 결정된다.

$$\rightarrow SW = U_A + U_B$$

③ 사회후생함수는 효용수준이 어떻게 배분되는가에 상관없이 단지 그 합에 의해서만 결정된다.

이는 공리주의자들이 소득분배에는 전혀 관심이 없음을 의미하기도 한다.

예를 들어 구성원 A의 효용수준이 9이고 구성원 B의 효용수준이 1이 되도록 해주는 자원배분은 각 구성원이 5씩의 효용수준을 누리도록 해주는 자원배분과 똑같은 정도로 바람직하다고 보는 것이다.

2. 사회무차별곡선의 형태

① 공리주의 사회후생함수의 무차별곡선은 우하향의 직선으로 도출된다.

② 사회후생함수가 $U_B = -U_A + SW$로 정리되기 때문에 사회무차별곡선은 기울기가 -1인 직선이다.

③ 사회구성원인 A, B가 고소득자든 저소득자든 가중치는 1로 동일한 비중을 둔다.

$$\rightarrow SW = 1 \times U_A + 1 \times U_B$$

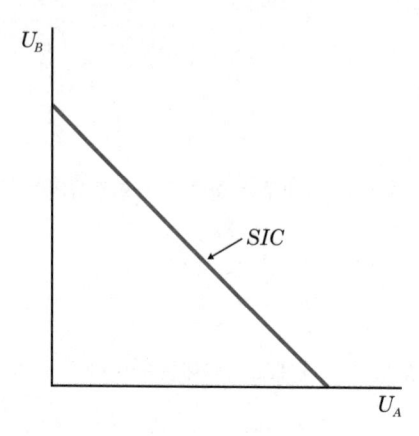

4 평등주의(egalitarian) 사회후생함수

1. 개념

① 평등주의 사회후생함수는 높은 효용수준을 누리고 있는 사회구성원의 효용에는 작은 가중치를 부여하고 낮은 효용수준을 누리고 있는 사회구성원의 효용에는 큰 가중치를 부여하여 사회후생을 평가한다.

② 즉, 저소득층에 대해서는 높은 가중치를, 고소득층에 대해서는 보다 낮은 가중치를 부여하는 사회후생함수이다.

$$\rightarrow SW = U^A \times U^B$$

③ 공리주의적 개념 하에서 구성원 A가 9의 효용을 누리고 구성원 B가 1의 효용을 누릴 경우 사회후생은 각자가 5씩의 효용을 누릴 경우의 사회후생과 차이가 없었다.

그러나 평등주의적 철학 하에서는 전자의 자원 배분으로부터 얻는 사회후생이 9단위에 불과한데 반하여 후자의 자원배분으로부터 얻는 사회후생은 25단위에 달한다.

즉, 각 구성원이 가능하면 공평하게 분배하는 것이 극단적으로 분배하는 것보다 사회적으로 우월하다는 가치판단에 근거하는 것이다.

2. 사회무차별곡선의 형태

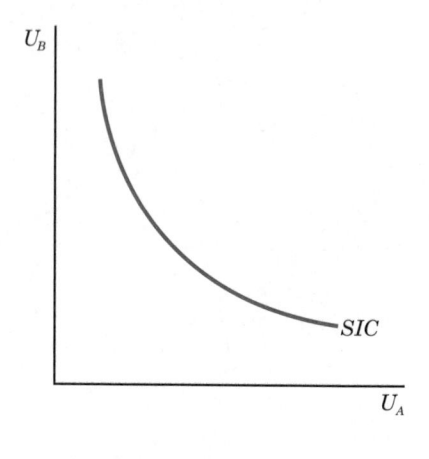

고범석 경제학아카데미

① 평등주의 사회후생함수의 무차별곡선은 원점에 대해 볼록한 형태를 갖는다.

② 사회무차별곡선을 따라 우하향으로 내려갈수록 곡선의 기울기가 완만해지는 것을 알 수 있다.

③ 사회무차별곡선의 기울기가 감소하는 것은, 구성원 A의 효용이 증가하고 구성원 B의 효용이 감소함에 따라 구성원 A의 사회적 중요도가 상대적으로 감소함을 의미한다.

5 진보주의(liberalism) 또는 롤즈주의 사회후생함수

1. 개념

① 진보주의는 미국의 철학자 존 롤즈가 주장한 견해로 가장 불우한 사람에게 가장 큰 혜택이 돌아가도록 하는 것이 분배의 정의가 된다.

② 롤즈의 정의론은 제1원칙과 제2원칙으로 나뉜다.

③ 제1원칙은 평등의 원칙으로 소수의 희생 강요는 용납이 불가하며 정의에 의해 보장된 기본권리는 양보가 불가하다.

④ 제2원칙은 차등의 원리와 기회균등의 원리로 구분된다.

차등의 원리란 재산과 권력의 불평등이 허용되는 바 그 불평등을 보상할만한 이득을 가져오는 경우에 국한된다.

기회균등의 원리란 우대받는 직책이나 지위는 모두에게 개방해야 하며 교육의 기회가 보장되면 재능에 따른 불평등은 인정된다.

⑤ 진보주의는 최빈민층에 최대의 분배몫이 돌아가야 한다는 최소극대화의 원칙(maxmin principle)을 따른다. 즉, 사회후생은 저소득층의 효용에 의하여 결정된다.

$$\rightarrow SW = \min(U_A, U_B)$$

⑥ 이는 누구든지 극빈층으로 전락될 수 있기 때문에 극빈층의 효용을 증가시키기 위해 사회안전망을 구축해야 함을 의미한다.

⑦ 사회후생이 증가하기 위해서는 저소득층의 효용이 증가해야 하므로 극단적인 평등주의라고도 한다.

2. 사회무차별곡선의 형태

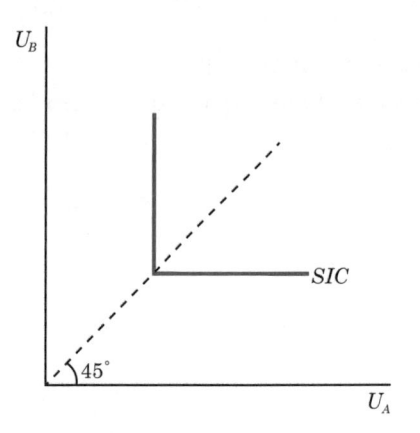

① 롤즈주의 사회후생함수의 사회무차별곡선은 L자형이다.

② 한 사람의 효용 증가만으로는 사회후생이 증가하지 않음을 보여준다.

문제 01

파레토 최적에 대해 설명하라.

해설

① 파레토 최적이란 파레토 효율성(pareto efficiency)이라고도 하는데 자원배분의 효율성을 판단하기 위한 가장 객관적인 기준을 말한다.

② 파레토 최적이란 어느 한 사람의 효용이 증가하기 위해서는 반드시 다른 사람의 효용이 감소해야 하는 경우를 말하며 더 이상의 개선이 불가능한 상태이다.

문제 02

파레토 효율성의 한계를 서술하시오.

해설

① 파레토 효율성은 가치판단과 무관한 개념으로 사회후생 극대화를 위한 필요조건이다.

② 파레토 효율성을 만족하는 자원배분 상태는 무수히 많으므로 어떠한 자원배분 상태를 선택하느냐에 문제가 있다.

③ 파레토 효율성은 소득분배의 공평성을 만족시키지 못한다.

PART

08

시장실패이론과 정보경제학

CHAPTER 21

시장실패이론

단원 학습 목표

- 자원배분의 효율성에 관한 기준으로 사용하는 개념은 '파레토효율성'이다.
- 경제 내에 존재하는 모든 시장이 완전경쟁시장이라면 파레토 효율적이다.
- 그러나 현실적으로 모든 시장이 완전경쟁시장이지 않으므로 자원배분이 효율적이지 못하다.
- 이러한 '시장실패' 때문에 정부 개입의 당위성이 발생한다. 그러나 정부의 시장개입 역시 정부실패를 유발할 수 있다.
- 시장실패를 가져오는 원인으로는 공공재, 외부성, 불완전 정보 등이 있다.
- 공공재는 일반적인 재화나 서비스와 다른 특징을 갖고 있기 때문에 시장의 자율적인 배분이 제대로 이루어지지 못한다.
- 또한 환경오염과 같은 외부성도 시장실패의 원인이 되는데 이에 대한 대책이 어떤 것이 있는지 분석한다.
- 정보가 제대로 갖추어지지 못한 상황에서는 역선택과 도덕적 해이의 현상이 발생한다.

□▲○

1절 시장실패와 정부실패

01 시장실패

1 개념

① 시장실패란 시장기구가 자원을 효율적으로 배분하는 데 실패하게 되는 현상을 말한다.

② 또는 시장실패란 파레토 최적의 자원배분을 달성하지 못하는 상태를 말한다.

③ 넓은 의미의 시장실패란 시장기구가 비효율성과 불공평성을 동시에 갖는 경우를 말한다.

2 시장실패의 발생 원인

① 미시적 실패 요인으로는 불완전경쟁, 공공재, 외부성, 정보 비대칭, 불공평한 소득분배 등이 있고 거시적 실패 요인으로는 물가 상승, 실업, 국제수지불균형 등이 있다.

② 시장의 불완전성(market imperfection)은 시장이 완전경쟁이 아닌 상태를 의미하며 독점이나 과점시장 등이 존재할 때이다.

③ 시장의 불완비성(market imcompleteness)이란 민간 주체가 필요로 하는 재화나 서비스 거래 시장이 제대로 갖추어져 있지 않은 상태로 외부성, 공공재, 불확실성, 불완전 정보 등이 이에 속한다.

④ 완전경쟁시장임에도 소득분배의 불공평성이 존재하면 시장실패가 발생할 수 있다.

⑤ 인플레이션이 발생하거나 실업률이 증가하면 경제의 불안정이 커져 시장실패가 발생할 수 있다.

02 시장실패와 정부의 개입

1 의의

① 시장실패가 발생하면 정부의 적절한 개입을 통하여 효율성을 제고시킬 수 있다.

② 그러나 오히려 정부의 개입이 더 큰 비효율성을 유발할 수 있기 때문에 정부는 시장실패가 존재할 때 효율성이 제고된다는 조건 하에서만 개입하여여 한다.

③ 따라서 시장실패의 존재는 정부 개입의 필요조건이 된다.

2 정부실패란?

① 정부실패란 시장실패를 치유하기 위한 정부의 개입이 더 큰 비효율성을 유발하는 현상을 말한다.

② 정부실패란 시장실패를 교정하기 위한 정부의 시장개입이 오히려 바람직스럽지 못한 결과를 초래하는 경우를 말한다.

3 정부실패의 발생 원인

1. 수입과 비용의 분리

① 조세는 정부의 주된 수입인데 이는 공공서비스를 생산하는데 소요되는 비용과 직접적으로 연계되어 있지 않은 것이 보통이다.

② 따라서 공공부문의 수입과 비용의 분리는 공공서비스의 생산과정에서 비효율성 발생의 원천이 된다.

2. 불완전한 정보

정부의 경우도 정책을 수립하고 시행하기 위하여 정보가 필요한데 정부의 정보 수집 능력이나 비용 지출에 한계가 있기 때문에 정보의 제한에 의한 정부실패가 발생할 수 있다.

3. 민간부문에 대한 통제 불가능성

정부가 정책을 실시할 경우 민간 주체들이 정부 기대와 다른 반응이 나올 수 있으므로 원래 의도한 정책 효과를 가져오지 않을 수 있다.

4. 분배적 불공평

① 정책이 이루어지기 위해서는 정책결정자나 집행자가 권한을 가지게 되는데 그 과정에서 부정과 비리가 행해지거나 교묘하게 특정 집단이나 사람에게 이익을 가져다줄 수 있다.

② 즉, 특수 이익집단의 로비(lobby)에 의해 다른 결정이 내려질 수 있다.

5. 내부성

정부 조직의 목표는 사회적 목표나 공익과 무관하게 사익적인 경우가 많다.

6. 정책시차의 가변성

정부 정책의 시차가 가변적이기 때문에 원하는 시점에 정책 효과가 발생하지 않을 수도 있다.

2절 공공재

01 개념

1 일반적 정의
공공재란 생산되는 즉시 그 집단의 모든 성원에 의해 소비의 혜택이 공유될 수 있는 재화 및 서비스를 말한다.

2 비용의 관점에서 본 정의
① 한계비용(공공재를 이용하는 사람들에게 추가적인 서비스를 제공할 때마다 소요되는 비용)이 0이거나 거의 0에 가까운 재화를 말한다.
② 일반적으로 한계비용이 거의 0에 가까운 재화는 사기업에 의해 생산되어 시장에 공급되기 어렵기 때문에 공공재로 분류되어 사기업에 의해서가 아니라 다른 방법으로 공급될 수밖에 없다.

3 현대적 의미
공공재란 과거와 같이 오직 정부에 의해서 공급되어야 하는 재화라기보다는 사람들이 어떤 방법으로든 그 효율적인 공급방법을 찾아야 하는 특별한 성격의 재화를 말한다.

02 공공재의 특성

1 비경합성(non - rivalry)
① 어떤 개인의 재화나 서비스 소비가 다른 개인의 소비 가능성을 감소시키지 않는 것을 말한다.
② 따라서 한계비용이 0이므로 가격을 설정하는 것이 바람직하지 않다.

2 비배제성(non - excludability)
① 일단 공공재의 공급이 이루어지고 나면 생산비를 부담하지 않는 개인이라고 할지라도 소비에서 배제할 수 없는 특성을 의미한다.
② 따라서 무임승차자 문제가 발생하고 가격을 설정하는 것이 불가능하다.

03 공공재의 종류

1 순수 공공재(pure public goods)
순수 공공재란 비경합성과 배제불가능성의 성질을 모두 가지고 있는 경우를 말한다.

2 비순수 공공재(impure public goods)
① 비경합성과 배제불가능성의 특징 중 하나만 만족하는 경우 비순수 공공재라고 한다.

② 공동소유의 어장은 비배제성은 만족하지만 경합적이고, 한산한 유료도로는 비경합성은 만족하지만 배제성의 특징을 갖고 있기 때문에 비순수 공공재에 속한다.

		배제성	
		가능	불가능
경합성	있음	사적재 (아이스크림, 옷 등)	공유지 (공동소유의 어장)
	없음	비순수 공공재 (한산한 유료도로 등)	공공재 (국방, 치안 등)

04 무임승차자(free - rider)의 문제

■1 개념

① 무임승차자의 문제(free rider problem)란 타인에 의해 공급된 공공재를 비용 지불 없이 사용하려고 하는 경향 때문에 나오는 문제를 말한다.

② 개인들이 공공재 생산비는 부담하지 않으면서 생산이 이루어지면 최대한 이용하려는 행태를 말하며 공공재의 과소공급 현상이 발생한다.

■2 발생 원인

① 무임승차자의 문제가 발생하는 이유는 공공재의 비배제성 때문이다.

② 왜냐하면 공공재의 특성상 사용 대가를 내지 않더라도 사용을 못 하도록 규제하지 못하기 때문이다.

■3 설명

① A, B 두 경기자가 있고 현재 마을에 댐을 건설하려고 한다고 하자.

② 댐 건설비용은 120만 원이 들고 댐이 건설되면 두 경기자가 얻는 편익은 각각 90만 원을 얻는다고 하자.

③ 두 경기자 모두 건설에 찬성하면 각 경기자의 순편익은 90만 원 - 60만 원 = 30만 원이다.

④ 한 경기자만 찬성하면 찬성한 경기자의 순편익은 90만 원 - 120만 원 = -30만 원이고,
반대한 경기자의 순편익은 90만 원 - 0원 = 90만 원이다.

⑤ 따라서 다음과 같은 보수행렬을 얻을 수 있다.

		B	
		찬성	반대
A	찬성	(30, 30)	(-30, 90)
	반대	(90, -30)	(0, 0)

⑥ 우월전략균형은 (반대, 반대)가 되며 공공재의 과소공급현상이 발생한다.

1 사용재(private goods)의 경우

① 개인 A와 B가 있다면 개별수요곡선은 각각 D_A, D_B이다.

② 사용재의 경우 시장수요곡선은 개별수요곡선의 수평 합으로 도출된다.

③ 시장수요곡선 D_M과 시장공급곡선 S가 만나는 점에서 시장균형가격 P^*와 시장균형생산량 Q^*가 결정된다. 즉, 시장수요곡선과 시장공급곡선이 만나는 점에서 재화가격이 결정되면 개인 A와 B는 각각 q_A, q_B만큼의 재화를 P^*의 가격으로 구입한다.

→ 소비자들은 사용재 사용 시 동일가격 P^*를 지불하지만 소비량은 서로 다르다.

④ 균형점에서 공급곡선의 높이와 개별수요곡선의 높이가 같으므로 사용재의 적정공급조건은 다음과 같다.

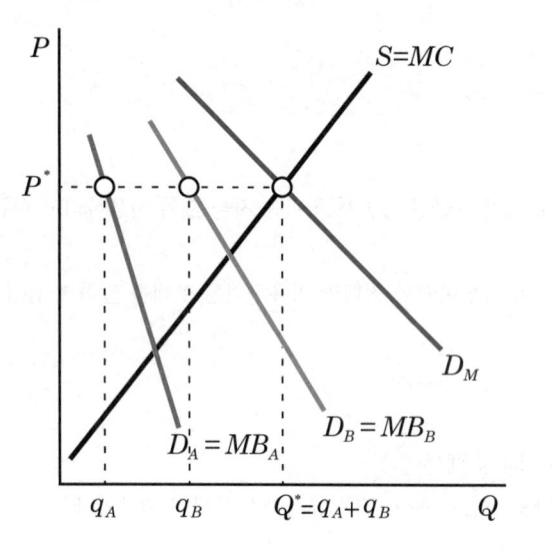

$$MB_A = MB_B = MC \text{ 또는 } MRS^A = MRS^B = MRT$$

〔MB : 한계편익, MC : 한계비용, MRS : 한계대체율, MRT : 한계변환율, A : 소비자 A, B : 소비자 B〕

2 공공재의 적정 공급

① 공공재의 경우 개인의 선호가 시장에 정확히 표출되지 않는다. 왜냐하면 비용을 지불하지 않더라도 공공재를 사용할 수 있기 때문이다.

② 따라서 공공재에 대한 개인의 진정한 선호를 안다는 가정 하에서 즉 개별수요곡선이 도출된다는 가정 하에서 분석한다.

③ 공공재의 경우 사용재와 달리 시장수요곡선은 개별수요곡선의 수직 합으로 도출한다. 왜냐하면 공공재는 경제주체의 소비량이 동일하기 때문이다.

④ 시장수요곡선과 시장공급곡선이 만나는 점에서 공공재의 최적생산량이 결정되면 개인 A는 P_A, 개인 B는 P_B의 가격을 지불하고자 한다.

→ 소비자들은 공공재 사용 시 소비량은 Q^*로 동일하지만 지불가격은 상이하다.

⑤ 공공재에 대한 개인의 수요곡선의 높이는 한계편익(MB)을 나타내므로 다음과 같은 조건이 성립된다.

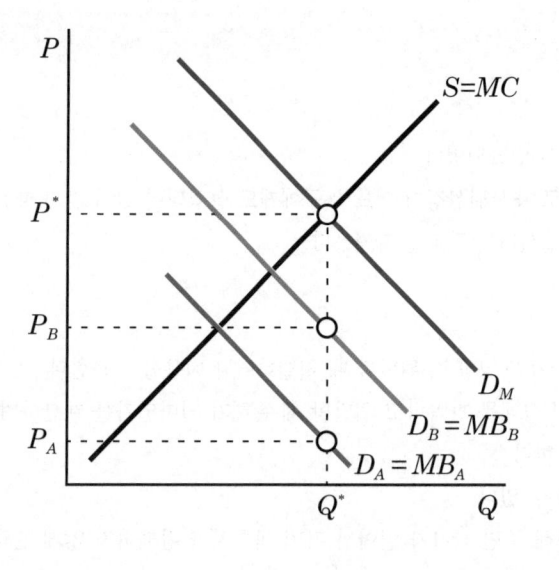

$$MB_A + MB_B = MC \text{ 또는 } MRS^A + MRS^B = MRT$$

〔MB : 한계편익, MC : 한계비용, MRS : 한계대체율, MRT : 한계변환율, A : 소비자 A, B : 소비자 B〕

③ 공공재의 효율적인 공급조건의 검토

① 재화는 X재인 공공재, Y재인 사용재가 있고 두 명의 소비자 A, B가 있다고 가정하자.

② 한계대체율의 합($MRS^A_{XY} + MRS^B_{XY}$)은 공공재 한 단위를 더 소비하는 대가로 두 사람이 기꺼이 포기하고자 하는 Y재의 양 또는 두 사람이 공공재인 X재 한 단위 추가소비에 부여하는 가치, 즉 사회적 한계편익(SMB)을 사용재인 Y재의 양으로 나타낸 것을 의미한다.

③ 한계변환율(MRT_{XY})은 X재를 한 단위 더 생산할 때 사회적으로 포기해야 하는 Y재의 양으로서 X재 생산의 사회적 한계비용(SMC)을 의미한다.

④ 한계대체율의 합($MRS^A + MRS^B$: SMB)과 한계변환율(MRT_{XY} : SMC)이 일치할 때 공공재를 포함하고 있는 경제 전반에서 파레토 최적의 자원배분이 실현됨을 의미한다.

06 공유지의 비극 [tragedy of commons]

1 개념

① 미국의 미생물학자인 하딘 (G. Hardin)의 논문에서 언급되었다.

② 공유지란 경합성과 비배제성의 성격을 가진 재화로 재산권설정이 어느 누구에게도 설정되어 있지 않기 때문에 경제주체의 과도한 공유지 사용이 사회후생을 감소시키는 결과를 가져온다.

2 해결책

① 누가 언제 얼마나 공유지를 이용할 수 있는지를 국가가 정하고, 위반할 때 처벌하거나 비용을 부과한다.

이 방법이 잘 작동하기 위해서는 국가가 공유지의 상태를 파악하고 위반할 때 손해가 얼마인가를 계산하며 위반행위를 지속적으로 감시하고 적발할 수 있어야 한다.

② 소유권의 확립을 통해 과도한 공유지 사용을 줄일 수 있다.

목초지를 각 축산농가에 할당하여 소유권을 인정해 주면 각자가 알아서 자기 목초지가 황폐하지 않게 관리할 수 있을 것이다. 이 방법은 물이나 수산자원과 같은 많은 공유자원의 경우 따로 분리할 수 없어 소유권을 확정하기 어렵다는 문제점을 가진다.

07 공공재의 과소공급에 대한 해결책

공공재는 정부에 의해 적절히 공급할 수밖에 없으며 공공재의 비용 부담 또는 가격도 정부 또는 지방자치단체의 강제력에 의한 징수에 의존할 수밖에 없다.

3절 외부성

01 외부성의 개념과 유형

1 개념

① 어떤 행위가 제3자에게 의도하지 않은 혜택이나 손해를 가져다주면서 이에 대한 대가를 받지도 지불하지도 않을 때 외부성이 창출된다.

② 사회적인 관점에서는 어떤 성격의 외부성이든 간에 모두 바람직하지 않은 결과를 초래한다.

2 외부효과의 영향

1. 소비의 외부효과

외부한계편익(EMB)이란 추가 소비에 따라 가격을 지불하지 않은 다른 사람들이 느끼는 편익을 말한다.

2. 생산의 외부효과

외부한계비용(EMC)이란 추가 생산에 따라 사회적으로 부담하는 비용을 말한다.

3 외부성의 유형

1. 외부경제와 외부불경제

① 외부경제란 상대방에게 혜택을 주는 외부성으로 고속도로, 개인에 의해 잘 가꾸어진 아름다운 공원 등을 사례로 들 수 있다.

② 외부불경제란 영향을 받는 상대방에게 해를 입히는 외부성으로 환경오염 등이 속한다.

2. 생산의 외부성

(1) 개념

생산외부성은 재화의 생산과정에서 발생하는 외부성을 의미하며 사회적 한계비용(SMC)과 사적 한계비용(PMC)의 차이가 발생한다.($SMC \neq PMC$)

(2) 생산의 외부불경제

1) 개념

① 생산의 외부불경제는 어떤 경제주체의 생산활동이 다른 경제주체의 생산비용을 증가시키는 것을 말한다.

② 생산의 외부불경제는 SMC가 PMC보다 커지며($SMC > PMC$), 과다생산이 발생한다.

예 연탄공장과 세탁소

2) 설명

① 재화의 생산량이 증가할수록 외부한계비용(External Marginal Cost ; EMC)가 증가한다.

② 사회적 한계비용(Social Marginal Cost ; SMC)은 기업의 사적인 한계비용(Private Marginal Cost ; PMC)과 외부한계비용을 수직으로 합하여 도출된다.

$$→ SMC = PMC + EMC$$

(3) 생산의 외부경제

① 생산의 외부경제는 어떤 경제주체의 생산활동이 다른 경제주체의 생산비용을 줄이는 것을 말한다.

② 생산의 외부경제는 PMC가 SMC보다 커지며($PMC > SMC$), 과소생산이 발생한다.

　　⊙ 양봉업과 과수원

3. 소비외부성

(1) 개념

소비외부성은 재화의 소비과정에서 발생하는 외부성을 의미하며 사회적 한계편익(SMB)과 사적 한계편익(PMB)의 차이가 발생한다.($SMB ≠ PMB$)

(2) 소비의 외부경제

1) 개념

① 소비의 외부경제는 어떤 경제주체의 행위가 타인의 편익을 증가시키는 것을 말한다.

② 소비의 외부경제는 SMB가 PMB보다 커지며($SMB > PMB$), 과소소비가 발생한다.

2) 설명

① 재화의 소비량이 증가할수록 외부한계편익(External Marginal Benefit ; EMB)은 감소한다.

② 사회적 한계편익(Social Marginal Benefit ; SMB)은 사적인 한계편익(Private Marginal Benefit ; PMB)과 외부한계편익을 수직으로 합하여 도출된다.

$$→ SMB = PMB + EMB$$

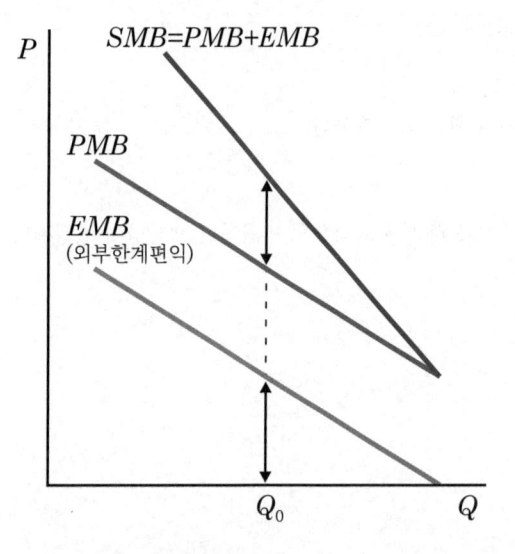

(3) 소비의 외부불경제

　① 소비의 외부불경제는 어떤 경제주체의 행위가 타인의 편익을 감소시키는 것을 말한다.

　② 소비의 외부불경제는 PMB가 SMB보다 커지며($PMB > SMB$), 과다소비가 발생한다.

4. 실질적인 외부성과 금전적인 외부성

　① 실질적인 외부성이란 외부성으로 인해 제3자에게 의도하지 않은 편익이나 비용이 생길 때의 외부성으로 기술적인 외부성이라고도 부른다.

　② 금전적 외부성이란 어떤 활동이 상대가격구조의 변화를 가져와 소득분배의 변화를 가져오는 것을 말한다.

　　즉, 금전적 외부성은 자원배분에 영향을 미치지 않는다.

4 생산의 외부불경제와 자원배분(환경오염, 공해, 미세먼지 등)

1. 기업의 의사결정

기업은 수요곡선과 사적 한계비용곡선이 만나는 점에서 생산을 결정한다.

2. 사회적 의사결정

수요곡선과 사회적 한계비용곡선이 만나는 점에서 생산을 하면 사회적으로 바람직한 생산량이 결정된다.

3. 설명

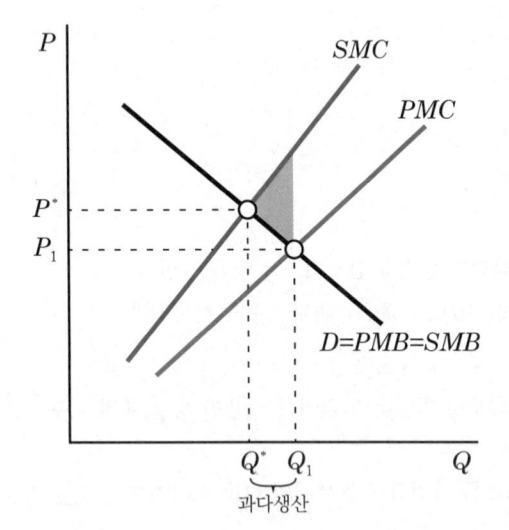

① 생산의 외부불경제는 사회적 한계비용(SMC)이 사적 한계비용(PMC)보다 크므로($SMC > PMC$) 사회적 한계비용곡선(SMC)이 사적 한계비용곡선(PMC)보다 상방에 위치한다.

② 사회적 한계비용과 사회적 한계편익이 일치할 때($SMC = SMB$) 사회적으로 바람직한 생산량 Q^*가 결정된다.

③ 기업의 최적생산량은 사적 한계비용과 사적 한계편익이 같을 때($PMC = PMB$) 결정되므로 기업의 최적 생산량 Q_1은 사회적 최적생산량 Q^*보다 과다 생산된다.

④ 과다생산에 따른 사회적인 후생손실의 크기는 음영이 들어간 삼각형이다. 왜냐하면 Q^*에서 Q_1으로 과다 생산이 발생하면 SMC하방 면적 증가분이 SMB하방 면적 증가분보다 △만큼 증가하기 때문이다.

⑤ 즉, 사회적 총비용 증가분이 사회적 총편익의 증가분보다 더 크므로 사회적 후생손실이 발생한다.

5 소비의 외부경제와 자원배분

1. 개인의 의사결정

개인은 공급곡선과 사적 한계편익곡선이 만나는 점에서 소비를 결정한다.

2. 사회적 의사결정

사회 전체적으로 공급곡선과 사회적 한계편익곡선이 만나는 점에서 소비를 결정한다.

3. 설명

① 소비의 외부경제가 나타나면 사회적 한계편익(SMB)이 사적한계편익(PMB)보다 커진다.

$$\rightarrow SMB > PMB$$

② 따라서 사회적으로 바람직한 소비량 Q^*보다 개인의 효율적인 소비량 Q_1이 과소 소비된다.

③ 과소소비에 따른 사회적 후생손실은 음영이 들어간 삼각형의 면적만큼 발생한다.

④ 왜냐하면 사회적 한계편익의 감소분이 사회적 한계비용의 감소분보다 더 크기 때문이다.

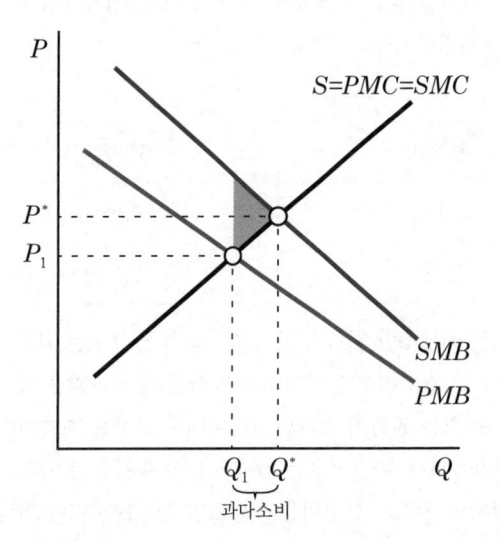

개념정리　　**가치재(merit goods)**

① 가치재란 효용이 과소평가되는 재화로 외부경제가 발생한다.

② 가치재를 시장에서 자유롭게 거래하면 과소거래가 될 수 있으므로 정부가 가치재를 제공하게 된다.

③ 이러한 재화의 예로는 의료서비스, 교육, 임대주택 등이 있다.

---

02 외부성의 해결책

1 외부성의 내부화

외부성의 내부화(internalization)란 사회적 비용(편익)과 사적비용(편익)의 차이를 제거하는 것을 말한다.

2 민간부문의 대응

1. 합병(merger)

① 가해자와 피해자가 하나의 경제단위가 됨으로써 외부비용을 자기비용으로 내부화시키는 방법을 말한다.

② 합병의 경우 가해자와 피해자가 소수인 경우에만 효과적 일 수 있다.

2. 코즈정리(Coase theorem)

(1) 의의

① 정부개입이 없어도 소유권의 설정이 이루어질 경우 당사자들의 자발적인 협상에 의해 외부성의 문제가 해결될 수 있음을 보인다. 재산권이 거래당사자의 누구에게 귀속되는가가 외부성의 문제해결에 전혀 중요하지 않다.

② 코즈정리는 외부성의 문제에 대해 법적, 제도적 측면에서 접근하였다는 것에 의미가 있다.

(2) 개념

   ① 당사자들 사이에 재산권이 확실하게 확립되어 있고 외부효과의 당사자들 사이에 별도의 비용없이 협상을 할 수 있으면 외부효과가 있더라도 효율적인 결과를 얻을 수 있음을 1991년 노벨 경제학상 수상자인 시카고 대학의 코즈(Ronald Coase)교수는 설명하였다.

   ② 예를 들어 설명해보면 다음과 같다.

	A의 편익	B의 편익
A가 담배를 피는 경우	10만 원	3만 원
A가 담배를 피우지 않는 경우	6만 원	9만 원

   ③ A에게 담배를 피울 수 있는 권리가 있는 경우 B는 최대 6만 원까지 보상할 용의가 있고 A는 최소 4만 원 이상만 보상받으면 담배를 피우지 않을 수 있으므로 협상이 가능하며 A는 담배를 피우지 않을 것이다.

   ④ B에게 금연법으로 인하여 깨끗한 공기를 누릴 수 있는 권한이 있다면 A는 B에게 보상을 해야 하나 B는 최소 6만 원을 요구할 것이기 때문에 협상이 불가능하다. 따라서 A는 담배를 피우지 못할 것이다.

   ⑤ 누가 담배를 피울 권리를 가지고 있는가에 상관없이 별도의 협상비용이 없으면 A와 B 사이에 협상을 통해서 사회적으로 효율적인 결과인 A가 담배를 피우지 않는 상황이 발생하게 된다.

(3) 시사점

   ① 정부의 직접적인 개입보다 재산권 설정 등 정부의 최소한의 개입이 사회적 효율성을 증진시킨다.

   ② 즉 정부의 개입방식이 직접적 개입보다 민간 주체의 자율성 보장과 시장 기능을 강조하는 간접적 방식으로 전환되어야 함을 시사한다.

(4) 문제점

   ① 가해자와 피해자의 명확한 구분이 불가능할 수 있다.

   ② 가해자와 피해자가 무수히 많다면 협상 비용이 많이 들 수 있다.

   ③ 일반적으로 가해자의 주도권이 크므로 가해자의 의도대로 협상 결과가 나올 수 있다.

   ④ 외부성에 대한 금전적 측정이 쉽지 않다.

   ⑤ 가해자와 피해자의 정보 비대칭이 발생할 수 있다.

❸ 정부의 개입

1. 공해세(피구세)의 부과

(1) 개념

   ① 피구세(pigouvian tax)란 외부비용을 가격체계에 내부화하기 위해 부과하는 조세를 말한다.

   ② 피구세 부과를 간접통제 또는 가격통제라고도 한다.

(2) 설명

   ① 단위당 t원씩의 종량세를 부과하면 기업의 사적비용곡선이 PMC에서 $PMC+t$로 상향 이동한다.

   ② 기업의 최적생산량은 $PMC+t$와 PMB에서 만나는 점에서 결정되며 기업의 최적생산량과 사회적으로 바람직한 생산량이 일치하게 된다.

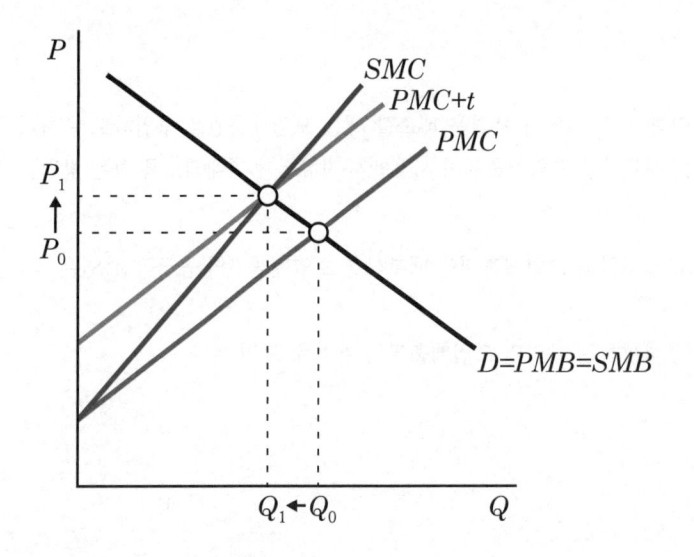

2. 보조금(pigouvian subsidy) 지급

(1) 가정

생산의 외부경제가 발생하고 있다.($PMC > SMC$)

(2) 설명

① 정부가 기업에게 단위당 보조금을 s만큼 지급하면 기업의 사적 한계비용이 PMC에서 $PMC-s$로 하락한다.

② PMC곡선이 $PMC-s$로 하방 이동하면 기업의 생산량은 사회적 적정생산량(Q_1)과 일치하게 된다.

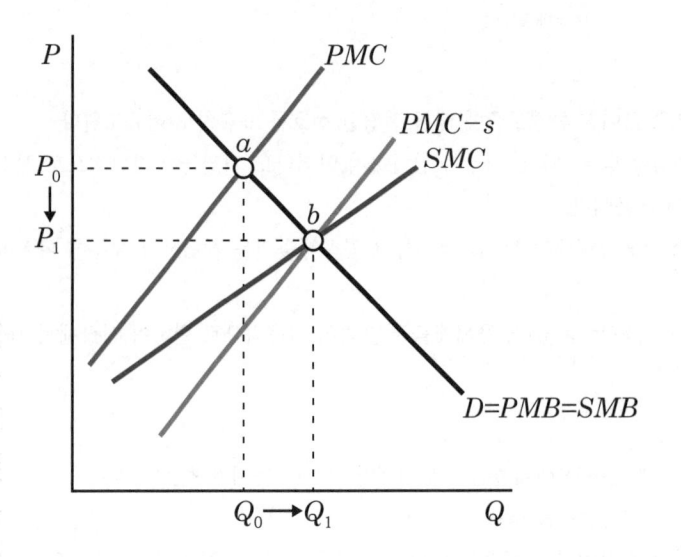

3. 직접규제

① 직접규제란 환경기준을 설정하고 기준량 이상의 오염물질 배출을 규제하는 것으로 수량통제라고도 한다.

② 직접통제방식은 확실한 통제에 의한 방식이지만 상황 변화에 신속하게 대응할 수 없다는 문제가 있다.

③ 일반적으로 공해세 부과 등 간접통제방식이 직접통제방식보다 더 낫다고 평가받는다.

4. 오염배출권 제도

(1) 개념

정부가 최적오염배출량을 설정하고 각 기업이 오염을 배출할 때는 오염배출권을 구입하도록 하거나 각 기업들에게 무료로 오염배출권을 배부하고 오염배출권이 시장에서 자유롭게 거래되도록 하는 방법을 말한다.

(2) 설명

① 정부가 오염배출량을 Z^*로 결정하고 오염배출권을 배부하면 오염배출권의 공급곡선(S)은 수직선의 형태를 갖는다.

② 오염배출권의 수요곡선이 우하향하는 D라면 오염배출권의 가격은 P_Z가 된다.

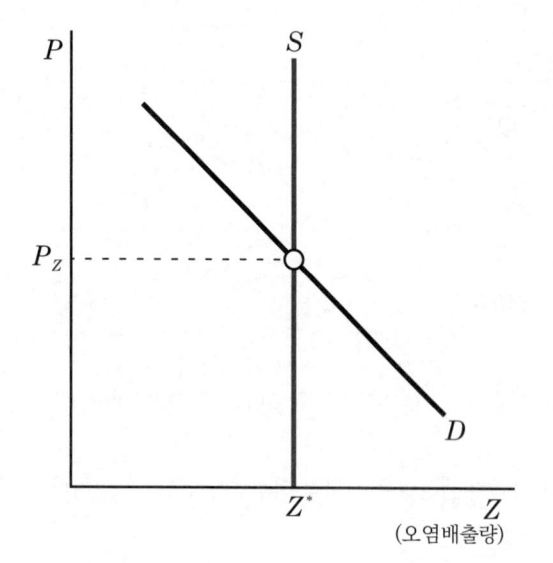

(3) 공해배출권 제도의 장점

① 공해배출권 제도는 기업으로 하여금 환경보존에 대한 진정한 선호를 표출하도록 유도한다.

② 환경보존과 관련된 비용을 절감할 수 있다. 정부가 감독하지 않더라도 기업들이 자발적으로 시장에서 공해배출권을 거래할 수 있기 때문이다.

③ 공해배출권 제도에서는 정부가 공해배출총량을 정해놓고 공해배출권을 발행하기 때문에 확실하게 환경기준을 달성할 수 있다.

④ 경제 상황 변화에 신속하게 적응할 수 있다. 공해배출권 가격이 신축적으로 변하여 시장에서 자동적으로 조정이 가능하기 때문이다.

(4) 공해배출권 제도의 단점

① 제도 시행 초기에 어떤 기준에 의해 공해배출권을 분배해야 하는지 문제가 될 수 있다.

② 공해배출권을 보유한 기업들이 독점력을 행사할 수 있다.

③ 공해배출권이 거래되는 시장에 참여하는 경제주체의 수가 매우 적을 수 있어 공해배출권의 거래 자체가 활발하지 않을 수 있다.

01 시장의 실패란?

① 자원의 최적배분이 되지 않는 것
② 시장 동향의 파악에 실패하는 것
③ 수요와 공급의 가격결정 기능이 약화된 것
④ 생산과 소비의 파레토 최적에 실패하는 것

풀이 날짜			
채점 결과			

02 시장의 실패를 가져오는 요인으로 옳지 않은 것은?

① 공공재
② 수확체감의 법칙
③ 외부효과
④ 독과점
⑤ 정보의 비대칭성

풀이 날짜			
채점 결과			

03 다음은 시장실패의 원인이 되는 경우의 예이다. 그 경우에 해당되지 않는 것은?

① 가격경쟁
② 국방의 혜택
③ 대기 및 하천오염
④ 라디오 방송 혹은 텔레비전 방영
⑤ 공동의 유전으로부터 원유를 퍼 올리는 두 산유업체의 생산활동

풀이 날짜			
채점 결과			

04 다음은 공공재에 관한 서술들이다. 옳은 서술들만 모두 모은 것은?

a. 비경합성과 비배제성을 가진다.
b. 무임승차의 문제가 존재한다.
c. 공공재의 최적공급이 시장기구에 의하여 이루어지지 않는다.
d. SBS 공중파 TV방송은 공공재의 예이다.

① a   ② a, b
③ a, c   ④ a, b, c
⑤ a, b, c, d

풀이 날짜			
채점 결과			

05 재화는 배제성과 경합성에 의해 크게 4가지로 구분된다. 다음 중 공공재와 공유자원에 대한 설명으로 옳은 것은? (2019년 신한은행)

① 막히지 않는 도로는 비경합성을 가지고 있는 재화이다.
② 비배제성은 여러 사람이 재화를 동시에 사용할 수 있는 성질이다.
③ 무임승차는 재화가 비경합성을 가지고 있기 때문에 나타나는 현상이다.
④ 공유지의 비극이 나타나는 이유는 비경합성을 가지고 있는 재화가 배제성도 가지고 있기 때문이다.

풀이 날짜			
채점 결과			

01 · 시장실패란 시장기구가 자원을 효율적으로 배분하는 데 실패하게 되는 현상을 말한다. 또는 시장실패란 파레
－ 토 최적의 자원배분을 달성하지 못하는 상태를 말한다.

①

02 · 미시적 실패요인으로는 불완전경쟁, 공공재, 외부성, 정보비대칭, 불공평한 소득분배 등이 있고 거시적 실패요
－ 인으로는 물가상승, 실업, 국제수지불균형 등이 있다.
· 시장의 불완전성(market imperfection)은 시장이 완전경쟁이 아닌 상태를 의미하며 독점이나 과점시장 등
이 존재할 때이다.
· 시장의 불완비성(market imcompleteness)이란 민간주체가 필요로 하는 재화나 서비스 거래 시장이 제대
로 갖추어져 있지 않는 상태로 외부성, 공공재, 불확실성, 불완전정보 등이 이에 속한다.
· 완전경쟁시장임에도 소득분배의 불공평성이 존재하면 시장실패가 발생할 수 있다.
· 인플레이션이 발생하거나 실업률이 증가하면 경제의 불안정이 커져 시장실패가 발생할 수 있다.
· 수확체감의 법칙은 생산에 있어서 생산요소의 투입이 증가할 때 산출물의 증가분이 체감한다는 것으로 시장
실패와는 관계없다.

②

03 · 시장실패란 시장기구가 자원을 효율적으로 배분하는 데 실패하게 되는 현상을 말한다.
－ · 또는 시장실패란 파레토 최적의 자원배분을 달성하지 못하는 상태를 말한다.
· 미시적 실패요인으로는 불완전경쟁, 공공재, 외부성, 정보비대칭, 불공평한 소득분배 등이 있고 거시적 실패요
인으로는 물가상승, 실업, 국제수지불균형 등이 있다.
② 공공재의 경우   ③ 외부효과
④ 외부효과 또는 공공재의 특징
⑤ 공유지의 비극

①

04 · 공공재는 비배제성, 비경합성의 특징을 갖고 있고 비배제성으로 인해 무임승차자의 문제가 발생한다.
－ · 따라서 공공재는 시장기구에 의해 과소공급이 이루어지므로 정부가 개입하여 공급이 이루어진다.
· 공중파 TV방송은 비배제성, 비경합성의 특징을 갖고 있다.

⑤

05 · 재화는 배제성과 경합성에 따라 사적 재화, 공유재, 공공재, 집단재로 나뉜다.
－ · 배제성은 대가를 지불하지 않으면 재화를 소비할 수 없도록 막을 수 있는 속성이다.
· 경합성은 한 사람이 특정 재화를 더 많이 소비하면 다른 사람들은 덜 소비해야 하는 특성을 말한다.
· 공원, 가로등과 같은 공공재는 비배제성과 비경합성을 가진 자원이다.
· 바다 속의 물고기와 같은 공유재는 경합성은 있으나 배제성은 없다. 이 때문에 공유지의 비극 현상이 나타난다.
· 무임승차는 비배제성 때문에 발생한다.

①

06 완전경쟁시장에서도 자원의 최적배분에 실패하는 요인 중의 하나로 외부효과 (Externality)를 들 수 있다. 외부효과에 대한 설명으로 옳지 않은 것은?

① 외부경제(External Economies)의 예로 과수원과 인접한 양봉업자의 관계를 들 수 있다.

② 외부불경제(External Diseconomies)의 예로 폐수를 바다로 무단방류하는 화학공 장과 인근의 연근해 양식업자와의 관계를 들 수 있다.

③ 외부효과가 존재할 때 사적비용(Private Cost)과 사회적 비용(Social Cost)은 일 치하기 마련이다.

④ 외부불경제가 존재하는 경우 기업은 사회적 기준에서 볼 때 과다생산을 한다.

⑤ 외부경제가 존재하는 경우 기업은 사회적 기준에서 볼 때 과소생산을 한다.

풀이 날짜			
채점 결과			

07 국가 간 무역은 각 나라가 어떤 부존자원을 많이 가지고 있는지에 따라 결정된다 는 것을 보여주는 이론을 무엇이라 하는가? (2018년 우리은행)

① 코즈의 정리

② 리카도의 대등성 정리

③ 헥셔 - 올린 정리

④ 리카도의 비교우위론

풀이 날짜			
채점 결과			

08 코즈의 정리에 따르면 외부효과가 있는 경우에도 시장은 자원배분을 효율적으로 달성할 수 있다. 이를 위한 전제조건에 해당한다고 보기 어려운 것은?

① 작은 거래 비용

② 명확한 재산권 확립

③ 이해당사자 간의 보상금액에 관한 줄다리기

④ 외부효과의 원인과 결과에 대한 명확한 정보

풀이 날짜			
채점 결과			

06 • 외부성이란 어떤 행위가 제 3자에게 의도하지 않은 혜택이나 손해를 가져다주면서 이에 대한 대가를 받지도 ③
지불하지도 않을 때 외부성이 창출된다.
• 사회적인 관점에서는 어떤 성격의 외부성이든 간에 모두 바람직하지 않은 결과를 초래한다.
• 외부경제 · 불경제가 시장실패를 야기하는 것은 외부경제 · 불경제가 존재할 때 개별경제주체의 최적화가 사
회적 최적화와 일치하지 않기 때문이다. 이는 기본적으로 사회적 비용 및 편익과 사적비용 및 편익이 일치하
지 않기 때문이다.

07 ① 코즈의 정리 : 물건에 소유권이 분명하게 설정되고 그 소유권 거래에서 비용이 들지 않는다면 그 권리를 누 ③
가 가지든 효율적 배분에는 영향을 받지 않는다는 것을 보여주는 이론이다.
② 리카도의 대등성 정리 : 정부 지출 수준이 일정할 때 정부 지출 재원 조달 방법(조세 또는 채권)의 변화는 민
간 경제활동에 아무 영향도 미치지 못한다는 것을 보여주는 이론이다.
④ 리카도의 비교우위론 : 각국은 비교우위에 있는 상품을 수출한다는 이론이다.

08 • 코즈의 정리는 외부효과를 발생하는 대상에 대한 재산권을 근거로 자발적인 협상을 통하여 정부의 개입 없이 ③
도 자원을 효율적으로 배분가능하다는 정리이다.
• 그러나
ⅰ) 협상과정에서 거래비용이 없어야 한다.
ⅱ) 명확하게 재산권이 확립되어야 한다.
ⅲ) 협상의 결과가 소득분배에 영향을 미치지 않아야 한다.
ⅳ) 이해 당사자가 명확하여야 한다.
이러한 조건이 만족되면 재산권이 누구에게 존재하든 동일한 효율성에 도달하며, 다만 소득은 재산권을 가진
쪽으로 이동한다.

01 시장실패와 정부실패에 관한 설명 중 가장 옳지 않은 것은?

① 시장실패를 치유하려는 목적으로 정부가 개입한다고 해서 반드시 사회후생이 증대되는 것은 아니다.
② 위험과 불확실성의 존재와 정보의 부족 등도 시장실패를 유발한다.
③ 상이한 시장실패가 여러 가지 존재할 때는 일부 시장실패만 치유하더라도 항상 후생 증대를 가져온다.
④ 민간부문과 공공부문으로 구성되어 있는 혼합경제체제에서 정부의 기능과 역할에 관한 이론적 근거를 제공한다.
⑤ 1930년대 대공황이 시장실패에 따른 정부개입의 필요성을 인정하는 계기가 되었다.

풀이 날짜			
채점 결과			

02 시장의 실패가 발생하는 이유로서 가장 적절하지 않은 설명은?

① 국방서비스에 대하여 소비자가 선호를 표명하지 않는다.
② 정부조직이 비대하여 예산의 낭비가 많다.
③ 기업은 공해방지시설의 가동비용을 부담하지 않으려고 폐수를 무단방류한다.
④ 많은 자본설비를 필요로 하는 산업에서 독과점이 발생한다.
⑤ 사교육은 사회적으로 적정한 수준의 교육을 제공하지 못한다.

풀이 날짜			
채점 결과			

03 다음은 공공재에 관한 설명이다. 관련이 없는 것은?

① 비용을 부담하지 않으면서 소비에는 참여하고 싶어 하는 경향이 있다.
② 공공재는 경합성과 배제성이 큰 재화이다.
③ 공공재의 시장수요곡선은 개별수요곡선을 수직으로 합하여 도출한다.
④ 공유지의 비극이 나타난다.
⑤ 민간부문도 공공재를 생산한다.

풀이 날짜			
채점 결과			

04 공공재에 대한 다음 설명 중 옳지 않은 것은?

① 여러 사람이 동시에 소비할 수 있다.
② 정부만이 공급하여야 한다.
③ 교육은 순수공공재는 아니다.
④ 어느 특정인의 소비를 배제하는 것이 어렵다.
⑤ 한 사람의 소비가 다른 사람의 소비를 감소시키지 않는다.

풀이 날짜			
채점 결과			

01 • 시장실패란 시장기구가 자원을 효율적으로 배분하는 데 실패하게 되는 현상을 말한다.

③

• 정부실패란 시장실패를 치유하기 위한 정부의 개입이 더 큰 비효율성을 유발하는 현상을 말한다.

• 차선의 이론에 따르면 상이한 시장실패가 여러 가지 존재할 때는 일부 시장실패만 치유하더라도 후생증대를 가져온다는 보장이 없다.

02 • 시장실패란 시장기구가 자원을 효율적으로 배분하는 데 실패하게 되는 현상을 말한다.

②

• 정부실패란 시장실패를 치유하기 위한 정부의 개입이 더 큰 비효율성을 유발하는 현상을 말한다.

• 미시적 시장실패 요인으로는 불완전경쟁, 공공재, 외부성, 정보비대칭, 불공평한 소득분배 등이 있고 거시적 시장실패 요인으로는 물가 상승, 실업, 국제수지불균형 등이 있다.

• ②는 정부실패에 대한 설명이다.

03 • 공공재란 생산되는 즉시 그 집단의 모든 성원에 의해 소비의 혜택이 공유될 수 있는 재화 및 서비스를 말한다.

②

① 비용을 부담하지 않으면서 소비가 가능하다면 해당 재화는 '비배제성'의 특징을 갖고 있다.

② 공공재는 비경합성과 비배제성이 큰 재화이다.

③ 공공재의 시장수요곡선은 개별수요곡선을 수직으로 합하여 도출한다.

④ 공유지는 경합성과 비배제성이 큰 재화로 '공유지의 비극'이 발생할 수 있다.

⑤ 공공재는 민간부문도 공급 가능하다.

04 ①, ④ 비경합성(non - rivalry)이란 어떤 개인의 재화나 서비스 소비가 다른 개인의 소비가능성을 감소시키지 않는 것을 말한다.

②

② 공공재란 과거와 같이 오직 정부에 의해서 공급되어야 하는 재화라기보다는 사람들이 어떤 방법으로든 그 효율적인 공급방법을 찾아야 하는 특별한 성격의 재화를 말한다.

③ 가치재란 개인들의 자발적인 선택에 의해서는 일정수준 이상의 바람직한 상태까지 소비되지 않는 재화 및 서비스를 말한다. 정부는 이러한 재화가 국민 경제활동에 있어 이로운 외부성을 갖고 있는 가치재(merit goods)라 판단할 경우, 그 생산과 소비를 촉진하는 정부지출을 하게 된다. 판단주체인 정부의 정책결정이 중요시 되는 재화이다. 교육은 가치재에 속한다.

④ 비배제성(non - excludability)이란 일단 공공재의 공급이 이루어지고 나면 생산비를 부담하지 않는 개인 이라고 할지라도 소비에서 배제할 수 없는 특성을 의미한다.

05 소비의 기준으로 아래 표와 같이 재화를 분류할 때 다음 중 제 II군에 가장 가까운 재화로 볼 수 있는 것은?

	배제 가능	배제 불가
경 합	I	II
비 경 합	III	IV

① 정체되고 있는 국도　　　　② 인기프로를 상영하고 있는 극장
③ 텔레비전　　　　　　　　　④ 유료인터넷 정보
⑤ 기상예보

| 풀이 날짜 | | | |
| 채점 결과 | | | |

06 다음 중 재화의 배제가능성과 경합성에 관한 설명으로 옳지 않은 것은?

① 광화문 사거리 건물 옥상에 설치된 대형화면으로 중계되는 월드컵 축구 중계는 배제 가능성과 경합성이 없다.
② 지하철 구내 소규모 공중화장실은 배제 가능성과 경합성이 없다.
③ 붐비지 않는 유료 고속도로는 배제 가능성은 있으나 경합성은 없다.
④ 남대문 시장에서 팔리는 청바지는 배제 가능성과 경합성이 있다.
⑤ 인터넷에 무료로 공개된 폭탄 제조법은 배제 가능성과 경합성이 없다.

| 풀이 날짜 | | | |
| 채점 결과 | | | |

07 다음 중 공공재에 관한 설명으로 가장 적절하지 않은 것은?

① 공공재에 대한 시장수요함수는 개별수요함수를 수직으로 합하여 얻어진다.
② 체증(Congestion)이 있을 경우 비배제성은 만족하지 않으나 비경합성은 만족한다.
③ 정부가 공공재를 공급하면 누구나 공급총량과 동일한 양을 균등하게 소비한다.
④ 공공재는 특정 소비자를 소비로부터 배제할 수 없다.
⑤ 최적 공공재 생산조건은 개별 소비자의 한계대체율의 총합을 공공재 생산의 한계 변환율과 일치하도록 하는 것이다.

| 풀이 날짜 | | | |
| 채점 결과 | | | |

08 3인(A, B, C)만 살고 있는 한 나라의 국방에 대한 각 개인의 수요가 다음과 같이 주어져 있다고 가정하자. 국방 한 단위당 한계생산비용이 9원이라면 이 나라의 적정 국방공급량은 몇 단위인가?

단위가격(세금)	수 요 량		
	A	B	C
1	10	8	12
2	9	7	9
3	8	6	7
4	7	5	5

① 5단위　　　　　　　　② 7단위
③ 8단위　　　　　　　　④ 9단위
⑤ 10단위

| 풀이 날짜 | | | |
| 채점 결과 | | | |

05
- 비경합성(non - rivalry)이란 어떤 개인의 재화나 서비스 소비가 다른 개인의 소비가능성을 감소시키지 않는 것을 말한다.
- 비배제성(non - excludability)이란 일단 공공재의 공급이 이루어지고 나면 생산비를 부담하지 않는 개인이라고 할지라도 소비에서 배제할 수 없는 특성을 의미한다.
- 인기프로를 상영하고 있는 극장 : 배제가능, 경합
- 무료 텔레비전 : 배제불가, 비경합
- 유료 인터넷 정보 : 배제가능, 비경합
- 기상예보 : 배제불가, 비경합

①

06
- 비경합성(non - rivalry)이란 어떤 개인의 재화나 서비스 소비가 다른 개인의 소비가능성을 감소시키지 않는 것을 말한다.
- 비배제성(non - excludability)이란 일단 공공재의 공급이 이루어지고 나면 생산비를 부담하지 않는 개인이라고 할지라도 소비에서 배제할 수 없는 특성을 의미한다.
- 지하철 구내 소규모 공중화장실은 배제불가능하지만 경합성은 있다.

②

07
- 체증(혼잡)이 있는 재화는 불완전한 비경합성을 갖는 재화를 말한다.
① 공공재의 비경합성으로 인해 모든 사람은 동일한 양을 소비하게 되고 이는 모든 사람이 동일한 가격을 지불하는 사적재와 다른 점이다. 사적재의 경우는 수평합을 통해 시장수요함수를 도출하나 공공재는 수직합을 통해 도출한다.
③ 공공재의 경우 개인의 소비량은 같지만 상이한 가격을 지불한다. 즉, 공공재는 소비주체 간에 동일한 양, 그리고 상이한 가격을 지불하고 소비한다.
④ 비배제성(non - excludability)이란 일단 공공재의 공급이 이루어지고 나면 생산비를 부담하지 않는 개인이라고 할지라도 소비에서 배제할 수 없는 특성을 의미한다. 따라서 무임승차자 문제가 발생하고 가격을 설정하는 것이 불가능하다.
⑤ 최적 공공재 생산 조건은 다음과 같다. → $\Sigma MRS = MRT$

②

08
- 공공재의 경우 개인의 소비량은 같지만 상이한 가격을 지불한다. 즉, 공공재는 소비주체 간에 동일한 양, 그리고 상이한 가격을 지불하고 소비한다.
- A, B, C 모두 7단위를 소비하고 각각 단위가격은 4, 2, 3이다.
- 3인의 한계편익의 합은 4+2+3=9이므로 한계비용과 일치한다.
- 즉, A가 7단위를 소비하고 세금 4, B가 7단위를 소비하고 세금 2, C가 7단위를 소비하고 세금 3을 지불한다면 한계편익의 합과 한계비용이 일치한다.
- 따라서 공공재의 적정공급조건이 달성되므로 적정 국방공급량은 7단위이다.

②

09 인구 100명으로 구성된 한 경제에서 각 개인은 공공재 Q에 대한 가치를 $P = 0.95 - 0.04Q$만큼으로 평가하고 있으며, 이 경제에서 공공재 생산의 총비용 함수는 $TC = Q^2 + 5Q$라 할 때, 가장 효율적인 공공재의 공급량은?

① 5
② 10
③ 15
④ 30
⑤ 60

10 경제 내에 두 사람과 두 재화(공공재와 민간재)가 있다. 개인 A의 공공재와 민간재 사이의 한계대체율은 1/4이며, 개인 B의 한계대체율은 1/2이고 공공재의 한계비용이 1이라 할 때 파레토 효율을 달성하기 위한 방법은?

① 공공재의 공급을 줄인다.
② 공공재의 공급을 늘린다.
③ 공공재의 공급을 변화시키지 않는다.
④ 공공재에 대한 개인 A의 부담을 늘리고 개인 B의 부담을 줄인다.
⑤ 공공재에 대한 개인 A의 부담을 줄이고 개인 B의 부담을 늘린다.

11 어느 공공재에 대한 두 소비자 A와 B의 수요함수는 각각 다음과 같다.

$$P_A = 250 - \frac{1}{2}Q$$
$$P_B = 100 - \frac{1}{3}Q$$

여기서 P_A는 소비자 A의 소비가격, P_B는 소비자 B의 소비가격, 그리고 Q는 수요량이다. 이 공공재의 한계비용은 200원으로 일정하다. 사회적으로 효율적인 공공재 공급량의 수준은?

① 25
② 100
③ 180
④ 320
⑤ 430

09 ③

- 공공재의 시장수요곡선은 개별수요곡선을 수직으로 합하여 도출되므로 개별수요곡선을 가격의 합으로 더하여 구한다. 따라서 공공재의 시장수요곡선은 $P = 100 \times (0.95 - 0.04Q) = 95 - 4Q$가 된다.

- 총비용함수가 $TC = Q^2 + 5Q$이므로 한계비용은 $\dfrac{dTC}{dQ} = 2Q + 5$이다.

- $P = MC$일 때 공공재의 가장 효율적인 공급량이 달성되므로

$$95 - 4Q = 2Q + 5$$
$$\rightarrow 6Q = 90$$
$$\rightarrow Q = 15이다.$$

10 ①

- 재화는 X재인 공공재, Y재인 사용재가 있고 두 명의 소비자 A, B가 있다고 가정하자. 한계대체율의 합 $(MRS_{XY}^A + MRS_{XY}^B)$은 공공재 한 단위를 더 소비하는 대가로 두 사람이 기꺼이 포기하고자 하는 Y재의 양 또는 두 사람이 공공재인 X재 한 단위 추가소비에 부여하는 가치, 즉 사회적 한계편익(SMB)을 사용재인 Y재의 양으로 나타낸 것을 의미한다. 따라서 한계대체율의 합은 $\Sigma MRS = \dfrac{1}{4} + \dfrac{1}{2} = \dfrac{3}{4}$이다.

- 한계변환율(MRT_{XY})은 X재를 한 단위 더 생산할 때 사회적으로 포기해야 하는 Y재의 양으로서 X재 생산의 사회적 한계비용(SMC)을 의미한다.

- 공공재의 한계비용이 1이므로 한계변환율도 1의 값을 갖는다.

- 한계대체율의 합($MRS_{XY}^A + MRS_{XY}^B : SMB$)과 한계변환율($MRT_{XY} : SMC$)이 일치할 때 공공재를 포함하고 있는 경제 전반에서 파레토 최적의 자원배분이 실현된다.

- 그러나 $\Sigma MRS = \dfrac{3}{4} < MRT = 1$이므로 공공재의 공급을 줄여야 한다.

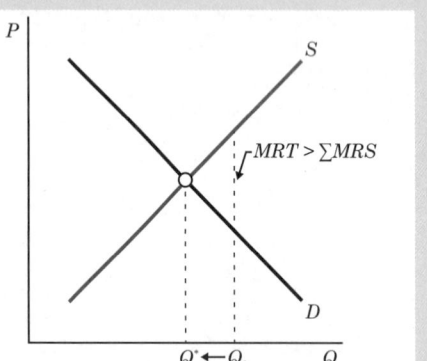

11 ③

- 공공재의 시장수요곡선은 수직합으로 구하여야 하므로 다음과 같이 도출된다.

$$P_A + P_B$$
$$= 250 - \frac{1}{2}Q + 100 - \frac{1}{3}Q$$
$$= 350 - \frac{5}{6}Q$$

- 한계비용이 200이므로 $P = MC$일 때 효율적인 공공재 공급량이 달성된다. 따라서 효율적인 공공재 공급량은 다음과 같다.

$$350 - \frac{5}{6}Q = 200$$
$$\rightarrow \frac{5}{6}Q = 150$$
$$\rightarrow Q = 150 \times \frac{6}{5} = 180$$

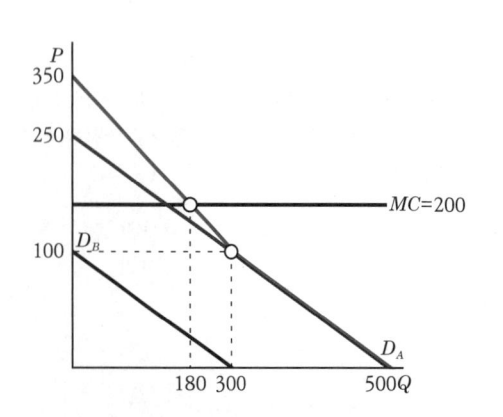

12 외부성이란 경제활동과정에서 제3자에게 의도하지 않은 혜택이나 손해를 끼치
─ 면서도 그에 대한 대가를 서로 치르지 않는 것을 의미한다. 다음 중에서 외부성
에 대한 서술로 가장 옳은 것은?

① 생산의 외부경제가 발생하면 생산물이 사회적으로 바람직한 수준보다 과잉 생산
된다.
② 생산의 외부불경제가 발생하면 사적한계비용이 사회적 한계비용보다 커진다.
③ 소비의 외부경제가 발생하면 사적한계편익이 사회적 한계편익보다 커진다.
④ 소비의 외부불경제가 발생하면 생산물이 사회적으로 바람직한 수준보다 과잉 소
비된다.
⑤ 외부불경제는 시장실패의 원인이 되고 외부경제는 시장성공의 원인이 된다.

| 풀이 날짜 | | | |
| 채점 결과 | | | |

13 A기업의 생산 활동이 B기업의 생산 활동에 나쁜 영향을 주는 생산의 외부성이
─ 존재한다. 생산은 가격과 사적한계비용이 같은 점에서 이루어진다. 다음 중 맞는
것은? (단, 소비의 외부성은 배제한다.)

① A기업의 사적 한계비용은 사회적 한계편익보다 크다.
② A기업은 사회적으로 바람직한 수준보다 많이 생산하게 된다.
③ A기업의 사적 한계편익은 사회적 한계편익보다 작다.
④ A기업의 사회적 한계비용과 사회적 한계편익은 같다.
⑤ A기업의 생산을 한 단위 줄이면 사회 순편익은 감소한다.

| 풀이 날짜 | | | |
| 채점 결과 | | | |

14 생산과정에서 공해와 같은 외부불경제가 발생한다고 가정하자. 만약 완전경쟁기
─ 업이 산출량 결정 시 이 비용을 고려하지 않는다면 균형산출량수준에서는 다음
의 어느 관계가 성립되는가?
(P : 제품 가격, PMC : 사적한계비용, SMC : 사회적한계비용)

① $P = PMC = SMC$
② $P = PMC < SMC$
③ $P = PMC > SMC$
④ $P = SMC > PMC$
⑤ $PMC < P < SMC$

| 풀이 날짜 | | | |
| 채점 결과 | | | |

해설

12 • 외부성이란 어떤 행위가 제3자에게 의도하지 않은 혜택이나 손해를 가져다주면서 이에 대한 대가를 받지도 ④
지불하지도 않을 때 외부성이 창출된다.
① 생산의 외부경제가 발생하면 생산물이 사회적으로 바람직한 수준보다 과소 생산된다.
② 생산의 외부불경제가 발생하면 사회적 한계비용이 사적 한계비용보다 크다.
③ 소비의 외부경제가 발생하면 사회적 한계편익이 사적 한계편익보다 크다.
⑤ 외부불경제, 외부경제 모두 시장실패의 원인이다.

13 • 생산의 외부불경제에 대한 설명으로 사회적 한계비용이 사적 한계비용보다 크며 사회적 최적 생산량보다 과 ②
잉생산된다.
① A기업의 사적 한계비용은 사회적 한계편익과 같다.
③ A기업의 사적 한계편익은 사회적 한계편익보다 같다.
④ A기업의 사회적 한계비용이 사회적 한계편익보다 크다.
⑤ 사회적으로 바람직한 생산량 Q^* 보다
과다 생산되고 있으므로 A기업의 생산을
한 단위 줄이면 사회 순편익은 증가한다.

14 • 해당 기업은 Q_0 에서 생산하고 있다. ②
• 생산의 외부불경제에서는 제품가격(P)은 사적 한계비용에서 결정되며 사회적 한계비용이 사적 한계비용보다
크다. 따라서 다음과 같은 관계식이 성립된다.
→ $P = PMC < SMC$

15 다음 중 시장유인을 통한 환경오염 규제정책이 아닌 것은?

① 재산권의 부여
② 쓰레기 종량제
③ 오염배출부과금의 부과
④ 환경개선부담금 제도
⑤ 환경기준의 설정

풀이 날짜			
채점 결과			

16 다음은 코즈정리에 대한 설명이다. 가장 타당하지 않은 것은?

① 재산권을 부여하면 외부성의 문제를 해결할 수 있다.
② 재산권이 거래당사자의 누구에게 귀속되는가가 외부성의 문제 해결에 중요하다.
③ 현실적으로 거래당사자를 파악하기가 어려운 약점이 있다.
④ 재산권을 부여하는 것은 외부성을 내부화하는 것과 같은 효과를 가져온다.
⑤ 정부의 직접적인 규제는 바람직하지 않다.

풀이 날짜			
채점 결과			

17 광양만의 제철공장이 방류하는 폐수로 인해 남해안 어민의 어획고가 줄어든다고 하자. 이와 관련한 코즈정리에 대한 설명으로 옳지 않은 것은?

① 코즈정리에 따른 재산권 확정은 외부성을 내부화하기 위한 방안이 된다.
② 폐수를 방류할 수 있는 권리가 제철공장에 있다고 법으로 확정되는 경우에도 효율성이 달성될 수 있다.
③ 민간 경제주체 간 협상 비용이 클수록 코즈정리에 따른 재산권 확정으로 효율성이 달성될 가능성은 낮아진다.
④ 코즈정리에 따른 재산권 확정의 한 방안으로 정부가 제철공장으로부터 환경부담금을 징수하여 남해안 어민에게 피해 보상금으로 지급하는 방안을 고려할 수 있다.
⑤ 남해안 어민은 저소득층에, 제철공장을 경영하는 기업주는 고소득층에 속한다는 사실이 밝혀지더라도 이에 근거한 공평의 관점은 코즈정리와 큰 관련을 갖지 않는다.

풀이 날짜			
채점 결과			

15 ⑤
- 시장유인을 통한 환경오염 규제정책이란 정부의 개입을 최소화하고 시장을 통해 외부성을 해결하는 것을 말한다.
- 코즈정리(Coase theorem)에 따르면 정부 개입이 없어도 소유권의 설정이 이루어질 경우 당사자들의 자발적인 협상에 의해 외부성의 문제가 해결될 수 있음을 보인다.
- 피구세(pigouvian tax)란 외부비용을 가격체계에 내부화하기 위해 부과하는 조세를 말하고 간접 통제 또는 가격통제라고도 한다. 쓰레기 종량제, 오염 배출 부과금 또는 부담금 등은 환경오염 배출에 대한 조세 부과로 볼 수 있다.
- 환경기준의 설정은 직접 통제 방식인 수량 통제이다.

16 ②
- 코즈정리에 의하면 외부성에 관한 소유권이 누구에게 귀속되는지에 관계없이 당사자 간 협상을 통하여 자발적으로 해결 가능하다.
- 재산권이 거래 당사자의 누구에게 귀속되는가가 외부성의 문제 해결에 전혀 중요하지 않다.
- 정부의 직접적인 개입보다 재산권 설정 등 정부의 최소한의 개입이 사회적 효율성을 증진시킨다.
- 가해자와 피해자의 명확한 구분이 불가능하거나 협상 비용이 과다하면 코즈의 정리가 성립되기 어렵다.

17 ④
- 코즈정리에 의하면 외부성에 관한 소유권이 누구에게 귀속되는지에 관계없이 당사자 간 협상을 통하여 자발적으로 해결 가능하다.
- 재산권이 거래 당사자의 누구에게 귀속되는가가 외부성의 문제 해결에 전혀 중요하지 않다.
- 정부의 직접적인 개입보다 재산권 설정 등 정부의 최소한의 개입이 사회적 효율성을 증진시킨다.
- 가해자와 피해자의 명확한 구분이 불가능하거나 협상 비용이 과다하면 코즈의 정리가 성립되기 어렵다.

18
피아노 학원이 위치한 어느 상가에 명상수련원이 생겼다. 피아노 학원은 오전 10시부터 오후 6시까지 8시간 동안 교습할 권리가 있으며 시간당 5천 원의 순이익을 낸다. 그렇지만 명상수련원은 피아노 소음으로 인한 불편을 겪고 있다. 특히 수강생이 몰리는 10시부터 12시까지의 2시간 동안 소음의 피해가 가장 큰데 명상수련원은 이 2시간 동안 피아노 강습을 하지 않는 조건으로 소음 발생권을 가진 피아노 학원에 최대 1만 2천 원까지 지불할 의사가 있다. 다음 중 코즈(Coase)의 정리를 설명하는 것은?

① 피아노 학원이 명상수련원과 상관없이 교습을 계속하는 것이 효율적이다.

② 피아노 학원이 명상수련원의 입장을 고려하여 자발적으로 1시간 동안 강습을 하지 않는 것이 더 효율적이다.

③ 시장실패에 해당하므로 정부가 개입하여 피아노 학원에 1시간 동안 강습을 제한하는 것이 음의 외부효과로 인한 비효율성을 줄이는 것이다.

④ 시장실패에 해당하므로 정부가 개입하여 피아노학원에 2시간 동안 강습을 제한하는 것이 음의 외부효과로 인한 비효율성을 줄이는 것이다.

⑤ 명상수련원이 피아노학원에 1만 원을 지불하여 2시간 동안 강습을 하지 않도록 함으로써 비효율성을 줄일 수 있다.

풀이 날짜			
채점 결과			

19
자동차에 대한 수요곡선은 $P = 200 - Q$, 사적한계비용은 $PMC = Q + 70$, 그리고 자동차 생산으로 유발되는 공해로 인한 사회적 한계피해액은 $SMD = 2Q + 10$으로 표시된다. 이 경우 사회적으로 최적인 자동차 생산량은 얼마이고 이를 달성하기 위해 필요한 종량세의 크기는 얼마인가?

① 최적생산량 : 30, 종량세 : 70

② 최적생산량 : 30, 종량세 : 90

③ 최적생산량 : 40, 종량세 : 70

④ 최적생산량 : 40, 종량세 : 90

⑤ 주어진 정보로는 알 수 없다.

풀이 날짜			
채점 결과			

18 · 코즈정리에 의하면 외부성에 관한 소유권이 누구에게 귀속되는지에 관계없이 당사자 간 협상을 통하여 자발   ⑤
적으로 해결 가능하다.
· 재산권이 거래 당사자의 누구에게 귀속되는가가 외부성의 문제해결에 전혀 중요하지 않다.
· 피아노 학원이 교습할 권리가 있는 상황에서 10시부터 12시까지의 2시간 동안 피아노 학원이 교습을 하지
못하면 1만 원의 손해를 본다. 명상수련원은 1만 2천 원까지 지불할 용의가 있으므로 1만 원만 지불하면 명
상수련원과 피아노 학원은 서로 만족할 것이다.

19   ①

· 먼저 사회적 한계비용을 구하여야 한다. 사회적 한계비용은 사적 한계비용과 사회적 한계피해액의 합이므로
$PMC + SMD = SMC = Q + 70 + 2Q + 10 = 3Q + 80$이다.
· 사회적 최적 생산량은 사회적 한계비용과 수요곡선이 만나는 점에서 결정된다.

$\rightarrow P = SMC$
$\rightarrow 200 - Q = 3Q + 80$
$\rightarrow 4Q = 120$
$\rightarrow Q = 30$

· 종량세는 사회적 최적생산량에서 사회적 한계비용과 사적 한계비용의 차이만큼 부과하면 된다.
· 사회적 최적생산량 30에서 사회적 한계비용은 $SMC = 3 \times 30 + 80 = 170$이고,
사적 한계비용은 $PMC = 30 + 70 = 100$이므로 종량세는 $170 - 100 = 70$이 된다.

CHAPTER 22

정보경제학

단원 학습 목표

- 정보가 완비되어 있지 못한 상황에서 발생하는 여러 경제현상에 관심의 초점을 맞추고 있는 것이 정보경제학이다.
- 정보가 한쪽에만 있고 다른 쪽에는 없는 비대칭정보의 경우 정보를 갖지 못한 측에서는 상대방이 어떤 유형의 경제주체인지, 혹은 상대방이 어떤 행동을 하고 있는지 정확하게 알지 못한다.
- 이와 같은 상황에서 역선택이나 도덕적해이라는 현상이 발생한다.

1절 개요

01 정보 경제학이란?

① 정보가 완비되지 않은 상황에서 발생할 수 있는 여러 현상들을 분석하는 학문으로 주로 정보가 비대칭적인 상황에 대해 관심을 갖고 있다.

② 정보경제학이란 경제주체 사이에 정보의 비대칭성이 존재하는 상황에서 발생하는 각종 현상들을 분석하는 경제학의 한 분야를 말한다.

02 정보의 중요성

① 정보도 희소성의 법칙이 적용되므로 사람들이 더 많은 정보를 얻기 위해 상당한 대가를 지불해야 한다.

② 정보는 불확실한 상태가운데 어떤 상태가 실현될 것인가를 정확하게 예측하도록 도움을 줄 때 의미가 있다.

03 비대칭정보(asymmetric information)

1 개념

① 대칭정보(symmetric information)란 누구나 동일한 정보를 보유하고 있는 상황을 말한다.

② 비대칭정보란 단순히 서로 다른 정보를 보유하고 있는데 그치지 않고 한 사람이 다른 사람보다 우월한 정보를 가지고 있는 경우를 말하며 이 때 시장자체의 기능이 마비된다.

③ 비대칭정보는 시장의 불확실성을 초래하므로 거래 상대방의 행동이나 의도를 정확하게 파악할 수 없게 만든다.

2 유형

1. 감추어진 특성(hidden type)

① 거래의 한쪽이 상대방의 유형이나 상품의 품질과 같은 속성에 대해 잘 모르는 경우를 말한다.

② 계약 체결 전 비대칭이 발생하며 '역선택'이 이에 해당한다.

2. 감추어진 행동(hidden action)

① 쌍방 간의 계약체결 후 상대방의 행동을 항상 완벽하게 감시할 수 없는 경우를 말한다.

② 계약 체결 후 비대칭이 발생하며 도덕적해이나 본인 – 대리인 문제가 이에 해당한다.

2절 역선택(adverse selection)

01 개념

① 역선택이란 정보를 적게 갖고 있는 측이 바람직하지 못한 상대방과 거래할 가능성이 높아지는 현상을 말한다.

② 역선택은 '감추어진 특성' 때문에 발생하며 '계약 체결 전 비대칭' 현상이다.

③ 현실적으로 중고차 시장, 보험시장, 금융시장, 노동시장 등에서 발생한다.

02 중고차 시장(레몬시장)

	판매자	구매자
H (좋은 질)	400	500
L (낮은 질)	100	200

1 정보 대칭적(완전한 정보)인 경우

① 정보가 대칭적이면 판매자와 구매자는 정보를 동일하게 공유하여 중고차의 질을 서로 알 수 있다.

② 중고차가 좋은 질(H)이라면 협상가격이 400~500에서 결정된다.

③ 중고차가 나쁜 질(L)이라면 협상가격이 100~200에서 결정된다.

2 정보 비대칭(불완전 정보)인 경우

① 정보가 비대칭이라면 일반적으로 구매자는 정보 수준이 낮은 자, 판매자는 정보 수준이 높은 자가 된다. 즉, 판매자는 중고차의 질을 알 수 있지만 구매자는 중고차의 질을 알 수 없다.

② 중고차 시장에 좋은 질의 중고차와 나쁜 질의 중고차가 절반씩 존재한다고 하면 구매자는 중고차의 질을 알 수 없으므로 구매가격을 500과 200의 평균 가격인 0.5×500 + 0.5×200 = 350으로 설정한다.

③ 만약 판매자가 좋은 질(H)의 차를 가져왔다면 판매 가격보다 구매가격이 낮으므로 중고차를 판매하지 않으며 중고차 시장에서 좋은 질의 차는 존재하지 않게 된다.

④ 반면 판매자가 나쁜 질(L)의 차를 가져 왔다면 판매 가격보다 구매가격이 높으므로 중고차를 판매하려고 하며 중고차 시장에서는 나쁜 질의 차만 존재하게 된다.

⑤ 따라서 정보수준이 낮은 구매자의 입장에서 바람직하지 않은 상대방인 나쁜 질의 중고차와 거래할 가능성이 높다.

1 가정

① 경기자는 보험회사와 보험 가입자가 존재한다.

② 보험 가입자는 사고 가능성이 높은 가입자(High risk)와 낮은 가입자(Low risk)인 두 종류로 나뉜다.

③ H 유형과 L 유형의 사고 확률은 각각 π_H, π_L이다.

④ 보험 가입자는 10명이며 10명의 보험 가입자 중 사고 가능성이 높은 가입자는 5명, 사고 가능성이 낮은 가입자는 5명이다.

⑤ H 유형의 사고 확률은 0.4이고($\pi_H = 0.4$), L 유형의 사고 확률은 0.2이다.($\pi_L = 0.2$)

⑥ 사고가 나면 2,000만 원의 손실이 발생한다.

2 정보가 대칭적인 경우

① 보험회사가 보험 가입자가 어떤 유형에 속하는지를 안다면 사고 가능성이 높은 가입자는 800만 원의 보험료를 부과한다.

$$\pi_H \times 2{,}000만 원 = 0.4 \times 2{,}000만 원 = 800만 원$$

② 반면에 사고 가능성이 낮은 가입자에게는 400만 원의 보험료를 부과한다.

$$\pi_L \times 2{,}000만 원 = 0.2 \times 2{,}000만 원 = 400만 원$$

3 정보가 비대칭적인 경우

① 보험회사가 정보 수준이 낮아 보험 가입자의 유형을 파악할 수 없다면 평균 보험료인 600만 원을 부과해야 한다.

$$800 \times \frac{1}{2} + 400 \times \frac{1}{2} = 600만 원$$

② 따라서 사고 가능성이 낮은 가입자는 보험가입을 거부하게 되고 사고 가능성이 높은 가입자만 남게 되어 보험회사는 이들과 보험계약을 할 수밖에 없게 된다.

4 해결 방안

1. 탄력적인 보험료 제도의 도입

보험료에 차등을 두게 되면 사고 가능성이 큰 보험 가입자는 가입을 기피하게 된다.

2. 단체보험 제도

① 한 직장에 근무하는 모든 사원들에게 보험을 들도록 강제하면 사고의 위험성이 낮은 사원들도 보험에 가입하므로 모두에게 좋은 결과를 가져오게 된다.

② 이는 역선택이 존재하는 상황에서 선택 가능성을 제한하므로 파레토 개선을 가져올 수 있다는 것이다. 차선의 이론의 한 예로 볼 수 있다.

③ 또한 정부가 국민연금제도에 대해 국민들의 가입을 의무화해야 하는 근거이기도 하다.

1 가정

① 소비자와 생산자가 존재하며 소비자는 정보 수준이 낮아 생산자가 판매하는 제품의 질을 정확히 알 수 없다.
② 상품시장에서 양질의 상품과 저질의 상품이 존재하며 겉보기에는 두 종류의 상품을 구별할 수 없다.

2 정보가 대칭적인 경우

① 소비자는 생산자가 판매하는 제품의 질을 정확히 알 수 있다면 양질의 상품은 고가로 구입할 것이다.
② 그리고 저질의 상품은 저가로 거래될 것이므로 상품시장 안에는 양질의 상품과 저질의 상품 모두 존재하게 된다.

3 정보가 비대칭적인 경우

① 소비자는 생산자가 판매하는 제품의 질을 정확히 알 수 없다면 평균 가격을 지불하려고 한다.
② 따라서 양질의 상품을 판매하고자 하는 생산자는 판매를 거부할 것이고 저질의 상품만 상품시장 안으로 유입될 것이다.

4 해결 방안

1. 품질인증제 도입

일정 품질기준을 통과한 상품에 대하여 품질인증을 함으로써 소비자에게 정확한 정보를 알려주는 방법이다.

2. 제조물 책임법

소비자가 구입한 상품에 대해 결함이 있을 경우 생산자가 보상을 해주는 제도이다.

3. 평판(reputatation)

소비자가 주위 사람들을 통해 어떤 상품에 대한 평판을 듣고 구입하면 역선택의 해결이 가능하다.

4. 표준화

① 표준화란 자재나 제품 등의 종류, 규격, 품질, 모양 따위를 일정한 기준에 따라 통일시키는 것으로 표준화된 제품을 구입하면 역선택이 해결 가능하다.
② 예를 들어 표준화는 어느 식당에 가든지 품질에 관한 일정한 정보를 알려주기 때문에 역선택을 해결할 수 있다.

1 금융시장에서의 역선택

금융기관이 대출금리를 인상하면 위험이 높은 기업 위주로 자금을 차입하게 되어 금융기관의 수익성이 낮아질 수 있다.

2 해결책 – 신용할당

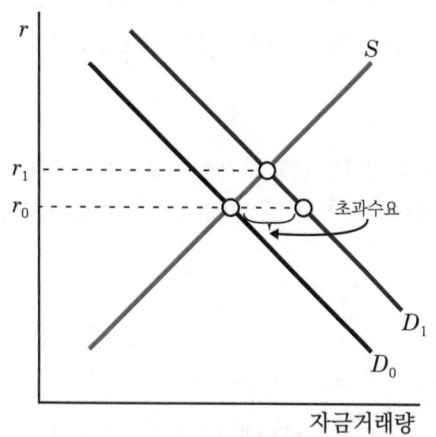

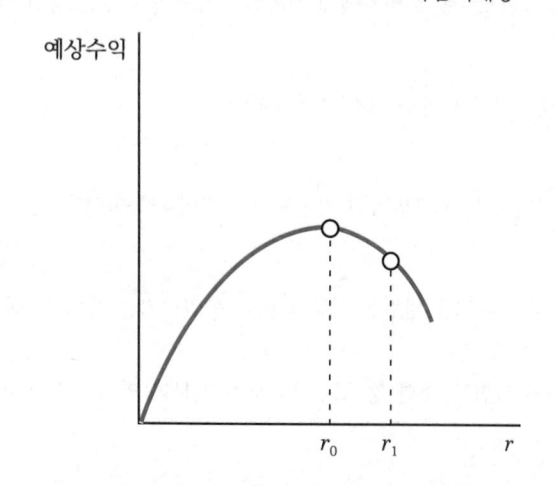

① 자금시장에서 자금의 수요 증가로 이자율이 r_0에서 r_1으로 상승하면 예상 수익은 증가한다.

② 이자율 r_0에서 예상 수익이 최대가 된다면 이자율 r_1에서는 예상 수익이 감소하게 된다.

③ 따라서 대부자 입장에서 이자율을 r_0에서 유지하고자 하며 자금의 초과수요를 신용할당으로 대응하게 되어 신용도가 높은 기업에게 자금이 우선적으로 배분된다.

④ 즉, 자금시장에서 자금에 대한 초과수요가 존재함에도 금융기관이 대출금리를 인상하지 않고 신용등급에 따라 자금을 할당하여 금융시장의 역선택을 해결할 수 있다.

① 신입사원을 채용할 때 기업이 개별 근로자의 생산성에 대하여 갖는 정보는 불완전하다.

② 개별 근로자의 생산성을 사전적으로 판별하기가 불가능한 경우, 기업은 근로자들의 평균 생산성을 기준으로 임금을 정하게 된다.

③ 이런 경우 생산성이 평균 이상인 근로자는 자신의 생산성에 못 미치는 임금을 받기 원하지 않을 것이므로 이 기업에 취직할 동기가 없으며 반면에 생산성이 평균 이하인 근로자만이 이 기업에 몰려올 것이다.

07 역선택의 해결방안

1 선별(screening)

선별이란 정보 수준이 낮은 자가 정보 수준이 높은 자의 유형을 구별하고자 하는 노력을 말한다.

2 신호(signaling)

① 신호란 감추어진 특성에 대해 알 수 있는 지표를 말한다.

② 신호 발송이란 비대칭정보로 인해 정보 수준이 높은 자가 정보 수준이 낮은 자에게 자신의 감추어진 특성을 알리는 행위를 말한다.

3 효율성 임금(efficiency wage)

① 효율적 임금이란 기업이 우수한 노동자를 채용하기 위하여 시장의 균형 임금보다 높은 임금 수준을 책정하는 경우를 말한다.

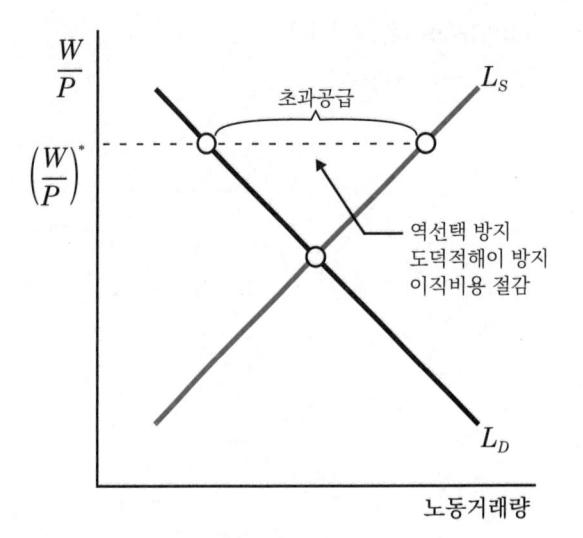

② 시장의 균형 임금보다 높은 임금 수준을 기업이 제시하면 우수한 노동자를 채용할 수 있기 때문에 노동시장의 역선택을 해결할 수 있다.

3절 도덕적 해이와 주인 – 대리인 문제

01 도덕적 해이[moral hazard]

1 개념

① 어떤 계약이 이루어진 이후에 정보를 가진 측이 바람직하지 못한 행동을 하는 현상을 말한다.

② 도덕적 해이란 정보 수준이 높은 자의 행동이 정보 수준이 낮은 자의 관점에서 보면 바람직하지 않은 행동이 나타나는 경우를 말한다.

2 역선택과의 비교

① 역선택은 감추어진 특성 때문에 발생하지만 도덕적 해이는 감추어진 행동이 원인이다.

② 역선택은 계약 체결 전의 정보비대칭성이고 도덕적 해이는 계약 체결 후 정보비대칭성이다.

③ 역선택은 감추어진 특성에 대한 정보수집비용이 많이 들기 때문에 발생하지만 도덕적 해이는 감추어진 행동을 감시하는 비용이 많이 들기 때문에 발생한다.

④ 역선택의 해결방안은 평판, 강제가입 등이 있지만 도덕적 해이의 경우 유인 설계를 통하여 해결할 수 있다.

02 보험시장

1 가정

화재예방 노력에 따른 한계편익(MB)은 감소하고 한계비용(MC)은 일정하다.

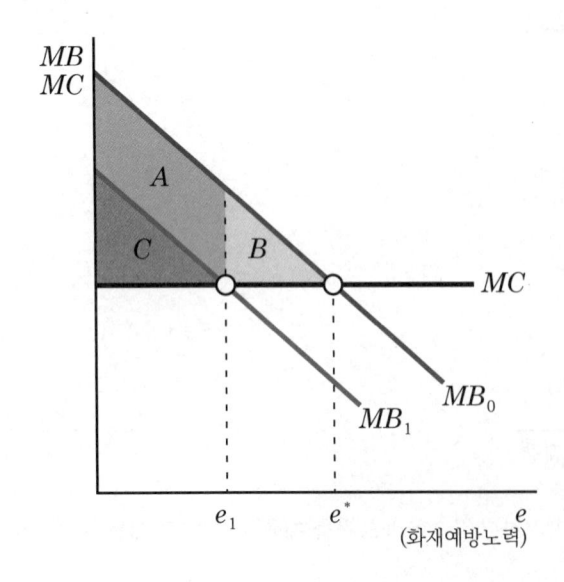

2 화재보험 미가입 시

한계편익과 한계비용이 일치하는 수준에서 화재예방 노력(e^*)을 하게 된다.

3 화재보험 가입 시

① 화재보험을 가입하게 되면 화재예방 노력에 따른 한계편익이 감소하므로 한계편익곡선이 하방에 위치하게 된다.

$$MB_0 \rightarrow MB_1$$

② 따라서 화재예방노력은 e^*에서 e_1으로 감소하게 되어 보험가입자의 도덕적 해이가 발생한다.

4 사회적 효율성의 감소

① MB_0곡선은 사회적 한계편익곡선으로 볼 수 있고, MB_1곡선은 사적 한계편익곡선으로 볼 수 있다.

② 보험은 화재예방노력에 따른 사회적 한계편익곡선과 사적 한계편익곡선의 차이를 가져 오며 이는 일종의 외부성이라 볼 수 있다.

③ 따라서 보험이 존재하지 않을 경우에는 ($A+B+C$)만큼의 사회적 잉여가 존재하지만 보험이 존재하면 사회적 잉여는 ($A+C$)로 줄어들어 사회적 효율성이 B만큼 감소한다.

5 보험회사의 대응방법

1. 공동보험(co-insurance) 제도

사고 발생 시 손실의 일정액만 보험회사가 부담한다.

2. 기초공제(initial deduction) 제도

보험 가입자가 손실의 일정액을 부담하고 초과액만 보험회사가 부담한다.

3. 도입 효과

① 공동보험 제도나 기초공제 제도를 도입하면 보험 가입자의 사고예방 노력이 증가한다.

② 그러나 현실적으로 도덕적해이의 완전한 해소는 불가능하다.

03 상품시장

1 기업의 행태

기업은 소비자가 정보 수준이 낮다는 점을 이용하여 상품의 질을 떨어뜨려 비용 절감을 시도할 수 있다.

2 대책 - 기업 평판

① 기업이 단기적인 이익을 증가시키기 위하여 상품의 질을 떨어뜨린다면 소비자의 평판을 악화시켜 장기적인 이윤을 감소시킬 수 있다.

② 따라서 기업은 평판을 좋게 유지하기 위하여 제품의 질을 유지하려고 노력하게 된다.

③ 소비자는 기업의 상품에 대한 정보를 알려고 하며 이를 위하여 기업은 광고를 통한 평판을 중요시하게 된다.

04 금융시장

① 기업이 자금을 차입한 이후 금융기관과 약속한 바와 다르게 고수익, 고위험 투자계획에 투자를 하는 현상을 말한다.

② 금융기관은 기업의 행동을 감시하거나 실사하는 방법을 통해 도덕적 해이를 방지할 수 있다. 또한 금융기관이 기업 대출 시 일정 담보나 보증을 요구할 수 있다.

05 주인 – 대리인 문제(principal – agent problem)

1 개념

대리인(agent)은 본인의 일을 대신하여 처리해 주는 사람으로 대리인 자신의 이익을 극대화하기 위한 행동이 주인(principal)의 경제적 후생에 영향을 미치는 것을 말한다.

2 특징

① 주인은 정보 수준이 낮아 대리인의 행동을 관찰할 수 없거나 또는 관찰하는데 많은 비용이 소요된다.

② 대리인의 행동은 자신이 보기에는 바람직한 행동이지만 본인이 판단하기에는 바람직하지 않은 행동이다.

3 현실 사례

1. 주주와 경영자

① 주주는 이윤극대화를 위해 경영자를 선임한다.

② 그러나 경영자는 선임되고 난후 이윤극대화보다 매출액극대화를 위해 노력하게 되는 현상이 발생한다.

③ 왜냐하면 매출액 극대화는 기업의 규모를 의미하기 때문에 나중에 계약기간이 지난 후 다른 기업으로 갈 경우에 경영자에게 유리하게 작용하기 때문이다.

2. 국민과 국회의원

① 국민은 국회의원을 선출하기 때문에 본인의 위치에 있다.

② 국회의원은 선출된 이후에 국민의 이익을 위하기보다 자신의 이익을 위하여 노력한다.

4 발생 원인

① 주인 – 대리인 문제가 발생하는 이유는 대리인이 주인의 이익을 위해 노력할 유인(incentive)이 존재하지 않기 때문이다.

② 대리인에 대한 보상계획은 대리인이 주인을 위해서 최선의 노력을 다하는 것이 다른 어떤 경우보다 대리인에게 높은 효용을 주어야 한다. 그래야만 대리인이 최선의 노력을 다할 유인이 존재하기 때문이다. 이것을 유인성립제약(incentive compatible constraint)이라고도 부른다.

5 해결방안

1. 유인설계(incentive design)

대리인이 본인의 이익을 위해서 행동하도록 유도하는 장치를 말한다.

2. 스톡옵션(stock option)

① 경영자가 경영을 잘하면 기업의 이윤을 증가시켜 주가가 상승하게 된다.

② 주가 상승으로 경영자가 스톡옵션을 행사하면 경영자 자신의 보수를 증가시켜 주인 – 대리인 문제를 해결할 수 있다.

3. 효율성 임금(efficiency wage)

① 효율성 임금이란 기업이 노동자의 근무태만을 막아 기업의 이윤을 크게 만드는 임금 수준을 말한다.

② 효율성 임금이 다른 직장보다 높다면 노동자의 근무태만으로 인한 해고는 노동자 자신의 손해를 유발한다.

③ 따라서 노동자는 해고의 위험 때문에 최선을 다해 일을 할 것이다.

4. 승자 진출전(tournaments)

① 주인인 주주가 대리인을 여러 명 두어 이들 간의 경쟁과 성과로 경영자를 임명하는 것을 말한다.

② 현재의 경영자는 잠재적 경영자의 위협을 알고 있기 때문에 주주의 이익을 위해 최선을 다하게 된다.

5. 감시 제도(monitoring)

① 감시 제도란 주인이 대가를 지불하고 대리인의 행동에 관한 정보를 획득하는 것을 말한다.

② 감시 제도는 주인인 주주가 경영 평가단을 두기 때문에 경영자의 도덕적 해이를 방지할 수 있다.

01 다음 보기 중 도덕적 해이의 예로서 옳지 않은 것은?

① 사고 가능성이 높은 운전자가 조건이 좋은 자동차 종합보험에 자진 가입한다.
② 화재보험에 가입한 피보험자가 화재 방지 노력을 게을리한다.
③ 정액 월급을 받는 고용 사장이 골프를 많이 친다.
④ 공동생산 시 동료들의 눈을 피해 땡땡이를 친다.

풀이 날짜			
채점 결과			

02 다음 중 도덕적 해이에 관한 예시로 옳지 않은 것은? (2019년 NH 농협은행)

① 팀별 발표의 경우, 팀의 구성원 중 일부는 발표 준비를 게을리한다.
② 에어백을 설치한 자동차의 운전자는 설치 이전보다 부주의하게 운전한다.
③ 화재보험에 가입한 보험 가입자는 가입 이전보다 화재 방지 노력을 게을리한다.
④ 은행이 대출이자율을 높이면 위험한 사업에 투자하는 기업들이 자금 차입을 하는
경우가 늘어난다.

풀이 날짜			
채점 결과			

03 다음 중 도덕적 해이를 방지하기 위한 보험회사의 정책에 해당하는 것은?
(2019년 신한은행)

① 신호 발송
② 선별
③ 보험 가입자에 대한 과거 사고 조사
④ 보험 가입자의 보험료 할증

풀이 날짜			
채점 결과			

01

- 도덕적 해이(moral hazard)란 어떤 계약이 이루어진 이후에 정보를 가진 측이 바람직하지 못한 행동을 하는 현상을 말한다.
- 도덕적 해이란 정보 수준이 높은 자의 행동이 정보 수준이 낮은 자의 관점에서 보면 바람직하지 않은 행동이 나타나는 경우를 말한다.
- ①은 역선택의 사례이다. 역선택이란 정보 수준이 낮은 자가 바람직하지 못한 상대방과 거래하는 것을 말한다.

①

02

- 도덕적 해이(moral hazard)란 어떤 계약이 이루어진 이후에 정보를 가진 측이 바람직하지 못한 행동을 하는 현상을 말한다.
- 도덕적 해이란 정보 수준이 높은 자의 행동이 정보수준이 낮은 자의 관점에서 보면 바람직하지 않은 행동이 나타나는 경우를 말한다.
- 은행이 대출이자율을 높이면 위험한 사업에 투자하는 기업들이 자금 차입을 하려는 경우는 역선택이다.
- 역선택이란 감추어진 특성의 상황에서 정보 수준이 낮은 측이 '사전적'으로 바람직하지 못한 상대방과 거래할 가능성이 높아지는 현상이다.

④

03

- 신호(signaling)란 감추어진 특성에 대해 알 수 있는 지표를 말한다.
- 신호 발송이란 비대칭정보로 인해 정보 수준이 높은 자가 정보수준이 낮은 자에게 자신의 감추어진 특성을 알리는 행위를 말한다.
- 선별(screening)이란 정보 수준이 낮은 자가 정보 수준이 높은 자의 유형을 구별하고자 하는 노력을 말한다.
- 나머지는 역선택을 방지하기 위한 해결책에 해당한다.

④

01 다음은 정보가 갖는 경제적 의미를 설명한 것이다. 옳지 않은 것은?

① 역선택(Adverse Selection)은 정보의 비대칭성으로 인하여 발생한다.
② 주인-대리인(Principal-Agent) 문제에서 도덕적 해이(Moral Hazard) 현상이 자주 발생한다.
③ 일반적으로 역선택은 거래가 발생하기 이전, 도덕적 해이는 거래 발생 이후에 생기는 현상이다.
④ 품질보증(Warranty)이나 광고(Advertising)는 신호 발송(Signalling) 수단으로 이동된다.
⑤ 중고차 시장에서 종종 품질이 나쁜 차가 거래되는 이유는 도덕적 해이(Moral Hazard) 때문이다.

풀이 날짜		
채점 결과		

02 비대칭정보에 관한 설명 중 옳은 것은?

① 시장에 참여한 판매자가 구매자보다 해당 상품에 대하여 더 많은 정보를 가지고 있다면 비대칭정보의 경우라 할 수 있다.
② 비대칭정보의 상황은 시장구조가 완전경쟁일 때만 발생한다.
③ 어떤 비대칭정보의 경우에도 시장의 실패는 발생하지 않는다.
④ 역선택의 문제는 비대칭정보의 상황 하에서는 전혀 발생하지 않는다.
⑤ 비대칭정보와 완전정보는 동의어이다.

풀이 날짜		
채점 결과		

03 다음 중 비대칭정보의 상황에서 일어날 수 있는 현상이 아닌 것은?

① 악화가 양화를 구축하는 그레샴의 법칙대로 좋은 품질의 상품이 시장에서 사라질 수도 있다.
② 시장에서의 거래 규모가 축소되거나 아예 시장이 폐쇄될 수도 있다.
③ 자신이 공급하는 상품이 우수하다는 것을 알리는 신호를 보내려고 노력하게 된다.
④ 시장균형은 항상 존재하지만 파레토 최적을 만족하지 않을 수도 있다.
⑤ 정보를 가진 쪽은 정보가 없는 쪽을 위해 최선의 노력을 경주하지 않을 수도 있다.

풀이 날짜		
채점 결과		

04 중고차 시장에서의 레몬 문제에 대한 서술로서 틀린 것은?

① 정보의 비대칭성으로 인해 발생한다.
② 역선택으로 인해 발생한다.
③ 도덕적 해이에 의해 발생한다.
④ 소비자들은 평균적인 품질에 대한 가격만을 지불하려고 한다.
⑤ 품질보증이나 자동차 매매상의 평판을 통해 어느 정도 해결이 가능하다.

풀이 날짜		
채점 결과		

01
ㅡ
- ①, ②, ③ 도덕적 해이와 역선택은 비대칭적 정보하에서 발생하는 현상이다.
- 역선택은 거래가 발생하기 전에 발생하는 현상이며 도덕적 해이는 주인-대리인 관계에서 발생한 이후에 주인이 대리인의 행동을 감시할 수 없기 때문에 발생하는 현상이다.
- 도덕적 해이(moral hazard)란 어떤 계약이 이루어진 이후에 정보를 가진 측이 바람직하지 못한 행동을 하는 현상을 말한다.
- 역선택이란 감추어진 특성의 상황에서 정보 수준이 낮은 측이 '사전적'으로 바람직하지 못한 상대방과 거래할 가능성이 높아지는 현상이다.

⑤

02
ㅡ
- 정보가 한쪽에만 있고 다른 쪽에는 없는 경우를 비대칭정보라고 한다.
- ② 완전경쟁시장이 되기 위해서는 완전한 정보이어야 한다.
- ③ 비대칭정보의 상황에서 시장실패가 발생한다.
- ④ 비대칭정보의 상황에서 역선택과 도덕적 해이가 발생한다.
- ⑤ 비대칭정보와 불완전정보가 동의어이다.

①

03
ㅡ
- ① 그레샴의 법칙은 소재의 가치가 서로 다른 화폐가 동일한 명목 가치를 가진 화폐로 통용되면 소재 가치가 높은 화폐(양화)는 유통시장에서 사라지고 소재 가치가 낮은 화폐(악화)만 유통되는 것을 뜻한다
- ②, ③ 비대칭정보 하에서 시장이 폐쇄되거나 시장 거래가 발생하지 않을 수 있으므로 시장균형이 항상 존재하는 것은 아니다.
- ④ 신호 발송이란 비대칭정보로 인해 정보 수준이 높은 자가 정보 수준이 낮은 자에게 자신의 감추어진 특성을 알리는 행위를 말한다.
- ⑤ 도덕적 해이란 어떤 계약이 이루어진 이후에 정보를 가진 측이 바람직하지 못한 행동을 하는 현상을 말한다. 도덕적 해이란 정보 수준이 높은 자의 행동이 정보 수준이 낮은 자의 관점에서 보면 바람직하지 않은 행동이 나타나는 경우를 말한다.

④

04
ㅡ
- 중고차 시장을 레몬 시장이라고 한다.
- 정보 수준이 낮은 구매자의 입장에서 바람직하지 않은 상대방인 나쁜 질의 중고차와 거래할 가능성이 높다.
- 중고차 시장은 역선택을 설명하는 모형이다.

③

05 (주) 최선이 직장의료보험 가입을 개개인의 결정에 맡겼더니 아직 결혼하지 않은 젊은 직장인들은 모두 가입하지 않았다. 그로 인해 직장의료보험의 운영난에 시달리던 (주) 최선은 모든 사원이 의무적으로 의료보험에 가입해야 한다고 통보하였다. 다음 중 옳은 것은?

① 젊은 직장인들이 직장의료보험에 가입하지 않는 것은 도덕적 해이이다.
② 의무적 가입을 통보한 것은 역선택을 해소하기 위함이다.
③ 직장의료보험 제도에서는 도덕적 해이가 전혀 발생하지 않는다.
④ 젊은 직장인들이 의료보험을 가입하지 않는 것은 가격 수용자가 되려고 하기 때문이다.
⑤ 의무적 가입을 통보한 것은 무임승차자 문제를 해소하기 위함이다.

06 비대칭적 정보로 인한 역선택 현상에 대한 설명으로 옳지 않은 것은?

① 보험시장에서의 역선택 현상은 보험계약 이후 시점에 발생하는 정보 비대칭성의 문제이다.
② 역선택 현상은 은행 대출에서도 발생할 수 있다.
③ 정부가 기업을 규제할 경우 피규제 기업의 사적 정보 때문에 역선택 현상이 발생할 수 있다.
④ 보험시장에서의 역선택은 사고 위험이 더 높은 사람이 보험에 가입하게 되는 현상을 말한다.
⑤ 보험회사는 역선택 현상을 방지하기 위하여 피보험자의 사적 정보를 얻기 위한 여러 가지 선별 제도를 활용한다.

07 다음 중 비대칭적 정보 상황 하의 생명보험시장에서 발생하는 역선택을 줄일 수 있는 방안이 아닌 것은?

① 보험 가입 시 보험 가입 희망자에게 정밀 신체검사를 요구한다.
② 보험회사 측에서 보험 가입 희망자의 과거 병력을 조사한다.
③ 보험회사 측에서 기초공제 제도를 도입한다.
④ 보험 가입 희망자의 건강 상태에 따라 보험료를 차별적으로 부과한다.
⑤ 단체보험상품을 개발하여 단체 소속원 모두가 강제가입하게 한다.

08 도덕적 해이 문제(moral hazard problem)의 발생 원인은?

① 대부분의 보험 가입자들이 비도덕적이기 때문이다.
② 보험계약을 체결하기 전 상태에서 보험 가입자가 보험회사에 비해서 상대적으로 우월한 정보를 갖고 있기 때문이다.
③ 보험회사가 공급할 수 있는 보험상품의 종류가 제한되고 있기 때문이다.
④ 보험 가입자들의 행동에 대해 보험회사가 완전한 정보를 갖지 못하기 때문이다.
⑤ 쌍방의 계약 당사자에게 정보가 비싸기 때문이다.

해설

05
- 역선택이란 정보를 적게 갖고 있는 측이 바람직하지 못한 상대방과 거래할 가능성이 높아지는 현상을 말한다.
- 기혼자들만 가입하면 직장의료보험은 유지될 수 없다.
- 기혼자, 미혼자 모두 강제가입하게 함으로 역선택의 문제를 해결할 수 있다.
- 한 직장에 근무하는 모든 사원들에게 보험을 들도록 강제하면 사고의 위험성이 낮은 사원들도 보험에 가입하므로 모두에게 좋은 결과를 가져오게 된다.
- 이는 역선택이 존재하는 상황에서 선택가능성을 제한하므로 파레토 개선을 가져올 수 있다는 것이다.

②

06
- 도덕적 해이(moral hazard)란 어떤 계약이 이루어진 이후에 정보를 가진 측이 바람직하지 못한 행동을 하는 현상을 말한다.
- 역선택이란 감추어진 특성의 상황에서 정보 수준이 낮은 측이 '사전적'으로 바람직하지 못한 상대방과 거래할 가능성이 높아지는 현상이다.
- ① 계약 후에 나타나는 의무의 태만은 도덕적 해이이다.
- ② 은행 금리를 인상하면 신용이 낮은 기업만 은행으로부터 대출하는 역선택이 나타난다.
- ⑤ 보험회사는 정보 수준이 낮은 주체이므로 역선택을 해결하기 위하여 선별 제도를 사용한다.

①

07
- 기초공제 제도란 일정액 이하는 본인이 부담하고 일정액 초과 시 보험회사가 부담하는 제도이다. 따라서 기초공제 제도는 도덕적 해이를 줄이기 위하여 시행한다.
- 도덕적 해이(moral hazard)란 어떤 계약이 이루어진 이후에 정보를 가진 측이 바람직하지 못한 행동을 하는 현상을 말한다.

③

08
- 도덕적 해이(moral hazard)란 어떤 계약이 이루어진 이후에 정보를 가진 측이 바람직하지 못한 행동을 하는 현상을 말한다.
- 도덕적 해이는 거래 계약 후 이행과정에서 숨겨진 행동이 존재하며 이를 감독(monitoring)하는 비용이 크기 때문이다.

④

WWW.KOECONOMICS.COM 고범석 경제학아카데미

09 효율성 임금 가설에 따를 때 기업이 균형 수준보다 높은 임금을 지불하는 이유로 볼 수 없는 것은?

① 근로자의 도덕적 해이를 방지할 수 있다.

② 근로자의 사기와 직장에 대한 애착심을 높인다.

③ 근로자의 이직률을 줄일 수 있다.

④ 노동생산성을 향상시킬 수 있다.

⑤ 기업 이윤이 감소함에도 불구하고 노동조합의 압력을 무마시키기 위해 지불한다.

풀이 날짜			
채점 결과			

09
- 효율성임금이란 실업이 존재하는 노동시장에서 기업의 이윤을 극대화하는 임금수준을 말한다.
- 시장의 균형 임금보다 높은 임금 수준을 기업이 제시하면 우수한 노동자를 채용할 수 있기 때문에 노동시장의 역선택을 해결할 수 있다.
- 또한 기업은 도덕적 해이 방지, 이직 비용 절감 등의 효과를 얻게 된다.

⑤

01 객관식 점검 문제

PART 출제경향

- 시장실패이론은 모든 분야가 중요하다.
- 즉, 공공재, 외부성, 정보경제학 모두 중요하므로 잘 정리하자.
- 공공재의 경우 공공재의 특징과 각 재화의 경합성 및 배제성 여부를 구분해야 한다.
- 또한 공공재의 적정공급조건 및 계산문제를 다시 확인해야 한다.
- 외부성의 경우 외부성의 종류 및 해결책을 암기해야 하며 계산문제도 정리해야 한다.
- 정보경제학은 역선택과 도덕적해이의 해결책 등을 비교해야 한다.

02 약술 및 논술 점검 문제

PART 출제경향

- 공공재의 특징인 비경합성과 비배제성의 개념을 암기해야 하며 최근 공해나 미세먼지 등에 대한 관심이 높아지고 있으므로 생산의 외부불경제와 관련한 그림과 해결책 등을 정리해야 한다.
- 특히 해결책 중에서 탄소배출권 거래 제도는 우리나라에서도 실시하고 있으므로 시사 이슈와도 연결해서 정리해 보자.
- 역선택의 해결책은 거시경제분야에서도 다루어지므로 서로 연결시켜 시험에 출제될 수 있다.

시장경제의 비효율성이란 시장 기능이 그 역할을 제대로 하지 못하는 것을 의미하고 비효율성의 원인 중에 외부성이 있다. 어떤 행위가 제3자에게 의도하지 않은 혜택이나 손해를 가져다주면서 이에 대한 대가를 받지도 지불하지도 않을 때 외부성이 창출된다.

1. 시장실패의 요인에는 외부성이 있다. 이와 나머지 실패 요인 3개에 대하여 설명하라.

2. 코즈는 정부의 개입이 없어도 시장을 통해 개인들이 외부성의 문제를 해결할 수 있다고 하였다. 그의 견해에 대한 설명과 예를 들고 이를 비판하라.

해설

1 시장실패의 요인에는 외부성이 있다. 이와 나머지 실패요인 3개에 대하여 설명하라.

1. 시장실패의 개념

① 시장실패란 시장기구가 자원을 효율적으로 배분하는 데 실패하게 되는 현상을 말한다.

② 또는 시장실패란 파레토 최적의 자원배분을 달성하지 못하는 상태를 말한다.

③ 넓은 의미의 시장실패란 시장기구가 비효율성과 불공평성을 동시에 갖는 경우를 말한다.

2. 시장실패의 발생 원인

① 미시적 실패요인으로는 불완전경쟁, 공공재, 외부성, 정보비대칭, 불공평한 소득분배 등이 있고 거시적 실패요인으로는 물가상승, 실업, 국제수지불균형 등이 있다.

② 시장의 불완전성(market imperfection)은 시장이 완전경쟁이 아닌 상태를 의미하며 독점이나 과점시장 등이 존재할 때이다.

③ 시장의 불완비성(market imcompleteness)이란 민간주체가 필요로 하는 재화나 서비스 거래 시장이 제대로 갖추어져 있지 않는 상태로 외부성, 공공재, 불확실성, 불완전정보 등이 이에 속한다.

④ 완전경쟁시장임에도 소득분배의 불공평성이 존재하면 시장실패가 발생할 수 있다.

⑤ 인플레이션이 발생하거나 실업률이 증가하면 경제의 불안정이 커져 시장실패가 발생할 수 있다.

2 코즈는 정부의 개입이 없어도 시장을 통해 개인들이 외부성의 문제를 해결할 수 있다고 하였다. 그의 견해에 대한 설명과 예를 들고 이를 비판하라.

1. 의의

① 정부 개입이 없어도 소유권의 설정이 이루어질 경우 당사자들의 자발적인 협상에 의해 외부성의 문제가 해결될 수 있음을 보인다.

재산권이 거래 당사자의 누구에게 귀속되는가가 외부성의 문제 해결에 전혀 중요하지 않다.

② 코즈정리는 외부성의 문제에 대해 법적, 제도적 측면에서 접근하였다는 것에 의미가 있다.

2.개념

① 당사자들 사이에 재산권이 확실하게 확립되어 있고 외부효과의 당사자들 사이에 별도의 비용 없이 협상을 할 수 있으면 외부효과가 있더라도 효율적인 결과를 얻을 수 있음을 1991년 노벨 경제학상 수상자인 시카고 대학의 코즈(Ronald Coase) 교수는 설명하였다.

② 예를 들어 설명해 보면 다음과 같다.

	A의 편익	B의 편익
A가 담배를 피는 경우	10만 원	3만 원
A가 담배를 피우지 않는 경우	6만 원	9만 원

③ A에게 담배를 피울 수 있는 권리가 있는 경우 B는 최대 6만 원까지 보상할 용의가 있고 A는 최소 4만 원 이상만 보상받으면 담배를 피우지 않을 수 있으므로 협상이 가능하며 A는 담배를 피우지 않을 것이다.

④ B에게 금연법으로 인하여 깨끗한 공기를 누릴 수 있는 권한이 있다면 A는 B에게 보상을 해야 하나 B는 최소 6만 원을 요구할 것이기 때문에 협상이 불가능하다.

따라서 A는 담배를 피우지 못할 것이다.

⑤ 누가 담배를 피울 권리를 가지고 있는가에 상관없이 별도의 협상 비용이 없으면 A와 B 사이에 협상을 통해서 사회적으로 효율적인 결과인 A가 담배를 피우지 않는 상황이 발생하게 된다.

3. 문제점

① 가해자와 피해자의 명확한 구분이 불가능할 수 있다.

② 가해자와 피해자가 무수히 많다면 협상 비용이 많이 들 수 있다.

③ 일반적으로 가해자의 주도권이 크므로 가해자의 의도대로 협상 결과가 나올 수 있다.

④ 외부성에 대한 금전적 측정이 쉽지 않다.

⑤ 가해자와 피해자의 정보 비대칭이 발생할 수 있다.

최근 중국의 미세먼지가 문제시되고 있다. 부정적 외부효과에 대해 논하고 대응 정책을 3가지 이상 쓰시오.

해설

1 외부성이란?

① 어떤 행위가 제3자에게 의도하지 않은 혜택이나 손해를 가져다주면서 이에 대한 대가를 받지도 지불하지도 않을 때 외부성이 창출된다.

② 사회적인 관점에서는 어떤 성격의 외부성이든 간에 모두 바람직하지 않은 결과를 초래한다.

2 생산의 외부불경제와 자원배분

1. 생산의 외부불경제란?

① 생산의 외부불경제는 어떤 경제주체의 생산활동이 다른 경제주체의 생산 비용을 증가시키는 것을 말한다.

② 생산의 외부불경제가 존재하면 사회적 한계비용(SMC)이 사적한계비용(PMC)보다 크고 과다 생산이 발생한다.

2. 기업의 의사결정

기업은 수요곡선과 사적 한계비용곡선이 만나는 점에서 생산을 결정한다.

3. 사회적 의사결정

수요곡선과 사회적 한계비용곡선이 만나는 점에서 생산을 하면 사회적으로 바람직한 생산량이 결정된다.

4. 설명

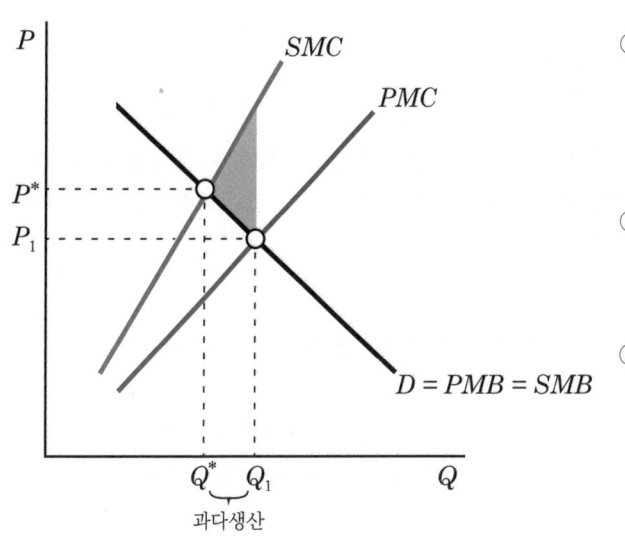

① 생산의 외부불경제는 사회적 한계비용(SMC)이 사적 한계비용(PMC)보다 크므로($SMC > PMC$) 사회적 한계비용곡선(SMC)이 사적 한계비용곡선(PMC)보다 상방에 위치한다.

② 사회적 한계비용과 사회적 한계편익이 일치할 때 ($SMC = SMB$) 사회적으로 바람직한 생산량 Q^*가 결정된다.

③ 기업의 최적생산량은 사적한계비용과 사적한계비용이 같을 때($PMC = PMB$) 결정되므로 기업의 최적 생산량 Q_1은 사회적 최적생산량 Q^*보다 과다 생산된다.

④ 과다생산에 따른 사회적인 후생손실의 크기는 음영이 들어간 삼각형이다.

왜냐하면 Q^*에서 Q_1으로 과다 생산에 따라 SMC하방 면적 증가분이 SMB하방 면적 증가분보다 △만큼 증가하기 때문이다.

1. 코즈정리(Coase theorem)

① 정부 개입이 없어도 소유권의 설정이 이루어질 경우 당사자들의 자발적인 협상에 의해 외부성의 문제가 해결될 수 있다.

② 정부의 직접적인 개입보다 재산권 설정 등 정부의 최소한의 개입이 사회적 효율성을 증진시킨다.

즉 정부의 개입방식이 직접적 개입보다 민간 주체의 자율성 보장과 시장 기능을 강조하는 간접적 방식으로 전환되어야 함을 시사한다.

2. 공해세(피구세)의 부과

(1) 개념

① 피구세(pigouvian tax)란 외부비용을 가격체계에 내부화하기 위해 부과하는 조세를 말한다.

② 피구세 부과를 간접통제 또는 가격통제라고도 한다.

(2) 설명

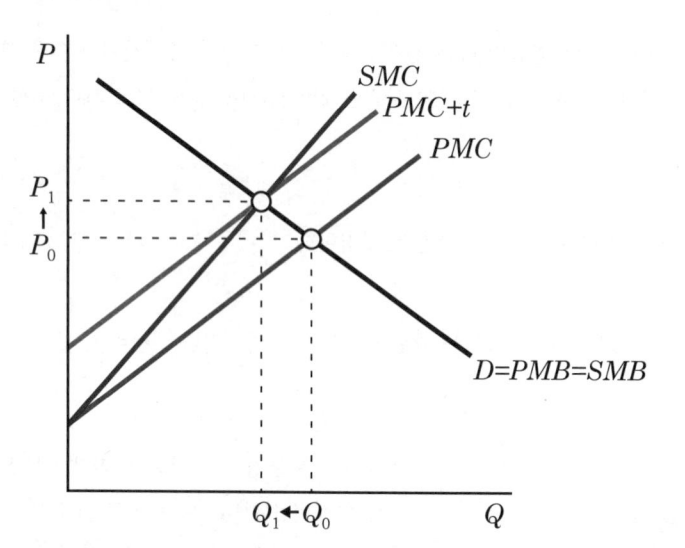

① 단위당 t원 씩의 종량세를 부과하면 기업의 사적비용곡선이 PMC에서 $PMC+t$로 상향 이동한다.

② 기업의 최적생산량은 $PMC+t$와 PMB에서 만나는 점에서 결정되며 기업의 최적생산량과 사회적으로 바람직한 생산량이 일치하게 된다.

3. 직접 규제

① 직접 규제란 환경기준을 설정하고 기준량 이상의 오염물질 배출을 규제하는 것을 말한다.

직접 규제를 수량 통제라고도 한다.

② 직접 통제 방식은 확실한 통제에 의한 방식이지만 상황 변화에 신속하게 대응할 수 없다는 문제가 있다.

③ 그래서 일반적으로 공해세 부과 등 간접 통제 방식이 직접 통제 방식보다 더 낫다고 평가받는다.

4. 오염배출권 제도

정부가 최적 오염 배출량을 설정하고 각 기업이 오염을 배출할 때는 오염 배출권을 구입하도록 하거나 각 기업들에게 무료로 오염 배출권을 배부하고 오염 배출권이 시장에서 자유롭게 거래되도록 하는 방법을 말한다.

금융기관 직원들의 높은 연봉을 효율성 임금의 관점에서 설명하라.

해설

1 효율성임금이란?

① 정보가 비대칭적인 상황에서 고용주는 역선택과 도덕적 해이의 방지를 위해 경쟁 시장에서의 실질 임금보다 높은 수준의 효율성 임금을 지급한다.

② 효율성 임금(efficiency wage)이란 기업의 이윤 극대화를 위해서 실질임금 1단위당 노동자의 노력이 극대화되는 수준의 임금을 말한다.

2 노동이직모형(labor turnover model)

① 이직률이 높아지면 신규채용과 관련된 노동이직비용(turnover cost)이 커지기 때문에 노동자의 이직 유인을 감소시켜야 한다.

② 따라서 기업은 시장의 균형 임금보다 높은 임금을 지급함으로써 이직률을 낮춘다는 것이다.

3 태업방지모형(shirkling model)

① 기업에서 높은 임금을 지급할수록, 노동자의 태업의 기회비용은 커지므로 태업 유인은 그만큼 감소한다.

② 결국 효율성 임금이 노동자의 도덕적 해이를 억제하기 위한 유인체계로 기능하여 생산성을 높일 수 있다.

4 역선택모형(adverse selection model)

노동의 생산성에 대한 정보가 비대칭(information asymmetry)적일 때 기업이 양질의 노동을 계속확보하기 위해서는 평균 실질임금보다 높은 수준의 효율성 임금을 지급해야 한다.

5 결론

① 확실성 하의 노동시장은 노동의 한계생산성(MP_L)이 실질임금을 결정하지만 정보의 비대칭성이 존재하는 불확실성 하의 노동시장에서는 실질임금이 노동의 한계생산성을 결정한다.

② 시장청산보다 실질임금이 높고, 실질임금이 경직적이기 때문에, 비자발적 실업, 즉 불완전 고용균형이 장기간 지속될 수 있게 된다.

PART

09

- 정부가 수행하는 주요한 경제적인 역할 중 하나는 정치적 기구를 통해 공공재를 비롯한 여러 가지 재화와 서비스를 생산 및 공급하는 일이다.
- 그러나 정부가 이에 대한 결정을 내리는 과정을 보면 개인들이 사용재에 대해 내리는 의사결정의 과정과 매우 다른 특징을 갖고 있다.
- 집단의사결정 과정을 경제적 관점에서 살펴보고자 하는 것이 '공공선택이론'이다.

- 일반적인 경제이론은 모든 경제주체가 이기적이며 합리적이라는 가정으로부터 출발하고 있다.
- 그러나 현실 경제에서는 사람들이 보이는 행동을 통해 기본 가정에 문제점이 있음을 알 수 있다.
- 이런 기본 배경에서 등장한 것이 '행동경제학'이다.

공공선택이론과 행동경제학

CHAPTER 23

공공선택이론과 행동경제학

단원 학습 목표

- 소비자들이 공공재에 대한 선호를 제대로 표시하지 않고 무임승차함으로 공공재의 적정한 공급이 어렵게 되며 정부의 개입이 불가피하다.

- 정부는 실제로 어떤 과정을 통해서 공공재 공급을 결정하게 되는지 고민할 수밖에 없으며 이런 문제들을 연구하는 것이 공공선택이론이다.

- 기존의 경제이론은 소비자와 기업이 효용극대화와 이윤극대화라는 목표를 달성하기 위한 합리적 주체임을 전제로 해왔다. 즉, 경제주체들은 합리적으로 비용과 편익을 비교하면서 최적의 선택을 하는 완벽한 주체라는 것이다.

- 그러나 최근 금융위기가 발생하면서 경제주체들이 합리적이라는 가정에 대한 의구심을 갖게 되면서 인간의 선택에 대한 심리적 통찰력을 연구하는 행동경제학이 각광을 받고 있다.

1절 공공선택이론

01 등장 배경

① 시장실패를 수정하는 방법으로 정부에 의한 시장개입과 비시장적 의사결정과정이 있다.
② 비시장적 의사결정과정이란 정치적 기구를 통해 공공재를 위시한 여러 가지의 재화와 서비스를 생산·공급하는 일이다.

02 공공선택이론의 개념

공공선택이론이란 비시장적 과정을 통해 공공재 공급에 관한 집단적 의사결정이 이루어지는 메커니즘을 분석하는 분야이다.

03 다수결 투표 제도

1 개념

투표에 참가한 사람의 과반수 이상이 지지하는 대안이 선택되는 투표 제도로 현대 민주주의 사회에서 집단적 의사결정 방법으로 가장 많이 사용되고 있다.

2 중위투표자 정리

① 모든 투표자들이 단봉 선호(single-peaked preference)를 가지고 있으며, 이들의 수가 홀수라면 다수결투표 하에서는 중위투표자가 가장 선호하는 의안이 채택된다.

→ 단봉 선호란 봉우리가 하나인 산 모양을 갖는 선호를 말함

② 즉, 다수결 투표 제도 하에서는 항상 다른 결과보다 중위투표자가 가장 선호하는 공공재 공급이 사회적인 선호가 된다.

→ 중위투표자란 모든 투표자를 일정한 기준에 따라 나열했을 때 중간에 위치하는 투표자

심화학습 | **중위투표자 정리와 애로우의 불가능성 정리**

• 중위투표자에 의해 결정되므로 애로우(Arrow)의 불가능성 정리 중 '비독재성'의 조건을 위배한다.

3 투표의 역설

① 개인들의 선호가 이행성을 충족하더라도 다수결 투표에 의하여 사회적인 선호를 결정할 때 이행성이 충족하지 않는 현상을 의미한다.

② 비교의 순서가 달라짐에 따라 표결의 결과가 달라진다.

③ 예를 들어 갑, 을, 병 3명의 투표자와 A, B, C의 세 안건이 있다고 하자.

갑은 A (1순위) > B (2순위) > C (3순위)의 선호를 갖고 있고,

을은 B (1순위) > C (2순위) > A (3순위),

병은 C (1순위) > A (2순위) > B (3순위)의 선호를 갖고 있다.

먼저 A, B를 비교하면 A가 선호되고 B와 C를 비교하면 B가 선호되므로 사회선호가 이행성을 충족한다면 A가 C보다 선호되어야 한다.

그러나 A와 C를 비교하면 C가 A보다 더 선호되므로 이행성이 충족되지 않고 투표결과가 순환하는 현상을 보이게 되는 이를 '투표의 역설'이라고 한다.

$$A > B > C > A \cdots$$

04 꽁도세 방식

여러 대안 중에 2개의 대안에 대하여 다수결로 승자를 결정하고 또다시 다른 대안과 다수결로 승자를 결정하는 과정을 반복함으로 최종 안건을 채택하는 투표 방식을 말한다.

2절 행동경제학

01 개념

인간행동의 실상 및 원인, 사회에 미치는 영향 및 경제주체의 행동을 조절하기 위한 정책에 관해 체계적으로 규명할 것으로 목표로 삼는 경제학의 한 분야이다.

02 휴리스틱(heuristic)과 편향(bias)

1 휴리스틱의 개념

① 문제를 해결하거나 불확실한 상황에 대해 판단을 내릴 필요가 있지만 명확한 실마리가 없을 경우에 사용하는 편의적인 방법을 말한다.

② 주먹구구식으로 판단하고 의사결정하는 방식으로 일정한 순서대로 풀어나가는 알고리즘(Algorithm)과 대비된다.

③ 휴리스틱은 객관적이며 올바른 평가와 상당한 차이가 있는 편향이 동반된다.

2 편향

① 사후 판단 편향이란 결과를 알고 나서 사전에 그것을 이미 예견하고 있었던 것처럼 생각하는 것을 말한다.

② 현상 유지 편향이란 사람은 현재 상태에서 변화되는 것을 회피하는 경향이 있는 것을 의미한다.

03 중요 개념

1 부존 효과(endowment effect)

① 어떤 물건을 소유하는 사람이 그것을 포기하기 싫어하는 성향이 있기 때문에 나타나는 효과를 말한다.

② 즉, 사람들이 어떤 물건을 실제로 소유하고 있을 때는 그것을 갖고 있지 않을 때보다 더 높게 평가한다는 것이다.

③ 동일한 물건임에도 소유할 때와 소유하지 않을 때 '지불용의가격'의 차이가 발생하게 되는데 소유할 때가 소유하지 않을 때보다 더 크다.

2 심적 회계

① 사람들은 마음속에 독특한 회계방식을 갖고 있어 여러 개의 계정을 설정해놓고 있다는 것이다.

② 복권 당첨금과 월급은 심적 계정의 어느 항목에 들어가느냐에 따라 다른 소비행태를 보일 수 있다.

3 프로스펙트 이론(prospect theory)

① 이득이 늘어날 때의 가치의 민감도보다 손실 발생으로 인한 가치의 민감도가 더 크다는 것을 의미한다.

② 즉, 손실액으로 인한 불만족이 이익액이 가져다주는 만족보다 더 크게 느껴진다는 것이다.

4 프레이밍 효과(틀 짜기 효과)

① 프레임(frame)이란 문제의 표현 방법을 말하고 프레임이 달라지는 것에 따라 판단이나 선택이 변하는 것을 '프레이밍 효과(framing effect)'라고 한다.

② 예를 들어 월급의 감소를 이득 감소로 인식하는 사람이 있는 반면 손실 증가로 인식하는 사람이 있을 수 있다. 인식의 틀이 달라지면 결정에도 영향을 주게 된다.

5 닻 내림 효과

① 배가 닻을 내리면 움직이지 않는 것처럼, 초기에 제시되는 것이 일종의 선입관으로 작용해 판단에 영향을 주는 효과를 말한다.

② 쇼핑을 할 때 10,000원짜리 물건을 사는 것과 20,000원짜리 물건을 50% 할인받아 10,000원에 사는 것은 같은 가격임에도 50% 할인가로 산 물건에 대해 합리적인 소비로 인식하는 경우를 의미한다. 즉, 처음 가격이 이후의 판단에 영향을 미치는 것을 '닻 내림 효과'라고 한다.

개념정리   최후통첩 게임(ultimatum game)

- 무작위로 선정된 두 사람이 짝을 이루어 진행하는 게임으로 미리 정해진 금액의 돈을 두 사람 사이에 어떻게 나누어 갖는 지가 문제의 핵심이 된다.
- 정해진 금액의 돈을 한 사람이 제안할 때 상대방은 거부권이 있으며 거부권을 행사하면 두 사람 모두 한 푼의 돈도 받지 못하게 된다.
- 주류경제학에서는 경제주체는 이기적이므로 한 사람이 매우 적은 돈을 제시하면 상대방은 거부하기보다는 적은 돈이라도 받는 것이 합리적이지만 실제로는 다른 결과가 발생하였다.
- 거의 모든 실험에서 상대방에게 약 30~50%의 금액을 제안한 것으로 나타났다.
- 게임의 실험에서 사람들이 보이는 행동양식을 보면 자신의 이익만을 근시안적으로 추구하는 것은 아님을 알 수 있다.

개념정리   행동경제학의 응용

1. 시간이 지나면서 사람들의 금연 결심이 바뀌는 이유는 무엇인가?
   → 현재의 흡연에 대한 효용을 과대평가하는 반면 미래 건강의 효용은 과소평가하기 때문이다. 따라서 오늘 당장 금연을 시작하기 보다 내일부터 금연을 시작할 가능성이 훨씬 높다.

2. 기존 경제학에서는 매몰비용은 경제적 의사결정시 고려할 필요가 없는 비용이다. 행동경제학에서는 매몰비용을 어떤 관점으로 접근하는가?
   → 매몰비용이란 회수 불가능한 비용으로 의사결정 시 비용으로 고려해서는 안 된다. 그러나 일반적으로 매몰비용에 대한 집착 효과가 있어 손실과 이득을 평가할 때 고려하기도 한다.

01 다수결 투표 제도 아래에선 개인들의 선호가 모두 이행성을 충족하더라도 사회 전체 선호가 이행성이 충족되지 않는 경우 투표 결과가 순환되는 현상이 발생할 수 있다. 이처럼 다수결 투표제 아래에서 투표 순서에 따라 서로 다른 결과가 나타날 수 있으며, 따라서 선호를 가릴 수 없다는 것을 뜻하는 용어는? (이행성은 A>B이고 B>C이면 A>C이어야 한다는 것이다)

① 만장일치
② 섀도 보팅
③ 다수의 횡포
④ 투표의 역설
⑤ 중위투표자 정리

풀이 날짜			
채점 결과			

02 다음 글은 행동경제학(행태경제학)에 대한 설명이다. 행동경제학의 이론 또는 가설에 해당하지 않는 것은?

주류경제학에서는 합리적 인간을 전제로 경제현상을 분석하여 이론을 정립해왔다. 이에 비해 행동경제학(행태금융론)은 심리학과 경제학을 접목해 '제한된 합리성'을 전제로 하고 있다. 이미 캐너먼(D. Kahneman)을 비롯한 여러 명의 학자가 노벨경제학상을 받은 바 있다.

① 자기 과신
② 휴리스틱
③ 프레이밍 효과
④ 랜덤워크 가설
⑤ 비대칭적 행동

풀이 날짜			
채점 결과			

03 다음 글과 가장 관련이 깊은 행동경제학(행태경제학)의 용어는?

A 건설회사는 미분양 아파트를 해소하기 위해 2년 전세 후 구매 선택 제도를 도입했다. 소비자들이 2년 동안 전세로 살아보고 그 후 구매 여부를 결정하도록 한 것이다. 이는 자신의 소유물에는 객관적인 가치 이상을 부여하는 심리적 현상을 마케팅에 이용한 것이다.

① 스놉 효과(snod effect)
② 부존 효과(endowment effect)
③ 닻 내림 효과(anchoring effect)
④ 프레이밍 효과(framing effect)
⑤ 심리적 회계(mental accounting)

풀이 날짜			
채점 결과			

01 • 투표의 역설(voting paradox)은 다수결 투표를 통한 의사결정 과정에서 투표 순서 등에 의해 결과가 바뀌면 ④
— 서 일관성을 잃는 현상을 가리킨다.

02 • 랜덤워크 가설은 임의 보행 가설이라고도 하며 합리적 기대에 근거하는 경우 새로운 정보를 미리 알 수 없으 ④
— 므로 주가, 환율 등이 불규칙하게 움직이며 그 움직임을 예측하는 것도 불가능하다는 이론이다.

03 • 부존 효과(endowment effect)란 사람들이 일단 자신의 손에 들어온 것에 대해 애착을 갖고 귀중하게 여기 ②
— 는 경향으로 소유효과, 보유 효과라고도 한다.

01 대중 민주주의와 다수결 투표제의 한계에 대한 학생들의 다음 대화 중 맞는 내용을 모두 고른 것은?

풀이 날짜			
채점 결과			

> 철수 : 최근 미국 발 글로벌 금융위기를 봐도 사람들이 늘 합리적인 결정을 내리는 건 아니지. 그래서 경제학에서도 합리성을 전제한 기존의 경제학 대신 인간의 심리와 경제학을 결합해 인간 행동과 결정을 분석하는 행동경제학(behavioral economics)이 부상하고 있어.
>
> 영희 : 다수결 투표제 아래에서 사람들은 선호가 다른 다수의 대안적 정책이 존재할 때 중간 수준의 선호 사업보다는 극단적인 선호 사업을 선택하는 경향이 있어.
>
> 기철 : 프랑스의 정치철학자인 콩도르세는 다수결을 통해 이행성(transitivity)이 있는 사회적 의사결정을 하지 못한다는 사실을 밝혀냈어. 이행성이란 A를 B보다 좋아하고 B를 C보다 좋아하면, 반드시 A가 C보다 선호되어야 한다는 뜻이야.
>
> 유미 : 국민과 대표 사이에는 정보의 비대칭성이 존재하지만 큰 문제는 안 되지. 따라서 선거에서 주인과 대리인 문제는 존재하지 않는다고 봐도 무방할 거야.

① 철수, 영희
② 철수, 기철
③ 영희, 유미
④ 기철, 유미
⑤ 철수, 영희, 기철

02 다음 표는 3명의 유권자가 3개의 공공재 생산에 대해 갖고 있는 선호도 순위를 정리한 것이다. 이에 대한 옳은 분석을 〈보기〉에서 모두 고른 것은?

풀이 날짜			
채점 결과			

공공재	갑	을	병
댐 건설	1	2	3
학교 신설	3	1	2
도로 확장	2	3	1

가. 댐 건설과 학교 신설만 놓고 다수결 투표를 하면 학교 신설로 의견이 모아진다.
나. 댐 건설과 도로 확장만 놓고 다수결 투표를 하면 댐 건설이 선택된다.
다. 3개의 공공재 생산을 놓고 다수결 투표를 하면 도로 확장으로 의견이 모아진다.
라. 다수결 투표가 유권자의 일관된 선택을 보장하지 못한다.

① 가, 나
② 가, 다
③ 나, 다
④ 나, 라
⑤ 가, 나, 라

01
- 다수결 투표제의 중위투표자 정리에 따르면 극단적 성향보다는 중간 성향의 정책이 선택될 가능성이 높다.
- 다수결 투표제는 이행성을 보장하지 못한다.
- 이행성이란 A를 B보다 좋아하고 B를 C보다 좋아한다면 A를 C보다 좋아해야 한다는 원칙이다. 그러나 다수결 투표제는 반드시 이러한 결과를 내놓지 않는다. A를 B보다 좋아하고 B를 C보다 좋아하더라도 A와 C를 놓고 투표를 하면 C가 이기는 결과가 나올 수 있다. 프랑스의 콩도르세가 이를 처음으로 밝혀내 콩도르세 역설이라고도 불린다.
- 국회의원이 국민의 이익을 추구하기 보다 자신의 이익을 추구하는 경우를 주인 – 대리인 문제라고 한다.

②

02
- 댐 건설과 학교 신설만 놓고 보면 학교 신설을 지지하는 사람이 을과 병이므로 학교 건설로 의견이 모아진다.
- 댐 건설과 도로 확장만 놓고 보면 댐 건설을 지지하는 사람이 갑과 을이므로 댐 건설이 선택된다.
- 가, 나에서 학교 신설 〉 댐 건설 〉 도로 확장의 관계가 성립된다.
- 학교 신설과 도로 확장만 놓고 보면 도로 확장을 지지하는 사람이 갑과 병이므로 도로 확장이 선택되어
  학교 신설 〉 댐 건설 〉 도로 확장 〉 학교 신설 … 순환관계가 발생한다.

⑤

03 다음 제시문을 읽고 물음에 답하시오.

> 누군가가 A에게 100만 원을 주고 그것을 B와 나눠 가지라고 한다. A가 B에게 얼마를 주겠다고 제안하든 상관없지만 B는 A의 제안을 거부할 수도 있다고 한다. 만일 B가 A의 제안을 거부하면 100만 원은 그 '누군가'에게 돌아간다. 이 경우 대부분 A의 입장에 있는 사람은 40만 원 내외의 돈을 B에게 주겠다고 제안하고 B는 이 제안을 받아들인다. 그러나 A가 10만 원 정도로 지나치게 적은 금액을 B에게 제안할 경우 B는 단호하게 거부함으로써 보복한다는 것이다.

다음 중 위 제시문을 가장 정확하게 설명한 것은?

① 역경매 이론 : 소비자가 주체가 되는 경매가 전자시대에는 가능해진다는 이론
② 죄수의 딜레마 : 인간은 고립된 상태에서 이기적으로 행동한다는 이론
③ 반복 게임 : 상거래를 반복할 경우 인간은 호혜적으로 행동한다는 이론
④ 최후통첩 게임 : 인간은 합리성 외에 공정성도 중요하게 고려한다는 이론
⑤ 지폐 경매 게임 : 인간은 매몰비용에 대한 고려 없이 투자를 결정한다는 이론

풀이 날짜			
채점 결과			

04 행동경제학에 대한 설명 중 옳은 것을 〈보기〉에서 모두 고르면?

> 가. 인간은 합리적 존재라는 고전경제학과 달리 인간이 감정적으로 선택할 수도 있다고 본다.
> 나. 실험 심리학의 발달과 관련이 깊으며, 심리학자이자 경제학자인 대니얼 카너먼은 행동경제학으로 노벨 경제학상을 받았다.
> 다. 대표적 이론의 하나로 '프레이밍 효과'가 있는데, 이는 정보를 제시하는 틀에 따라 사람의 행동이나 선택이 달라질 수 있다는 것이다.

① 가
② 나
③ 가, 나
④ 가, 다
⑤ 가, 나, 다

풀이 날짜			
채점 결과			

03 • A는 자신의 몫을 최대로 만들려고 할 것이고, 극단적인 경우 B에게 1원만 주려고 할 것이다. B는 1원이라도 받는 게 이익이 되기 때문에 A의 제안을 받아들일 것이다. 그러나 행동경제학자들의 연구와 실험 결과에 따르면 B는 A가 주어진 돈을 사실상 독차지하려고 들면 공정하지 않다는 생각으로 자신에게 돌아올 몫도 포기하는 것이다.

• 최후통첩 게임은 인간이 불평등에 얼마나 민감하게 반응하는지를 보여줌으로써 합리성 외에 공정성도 인간 행동에 영향을 미친다고 설명한다.

④

04 • 행동경제학은 이성적이며 이상적인 경제적 인간을 전제로 한 경제학이 아닌 실제적인 인간의 행동을 연구하여 어떻게 행동하고 어떤 결과가 발생하는지를 규명하는 경제학이다.

• 인간이 합리적인 이성에 의한 판단보다 감정적으로 선택할 수도 있다는 이론이다.

⑤

05 개인 A, B, C에게 10점을 주고 3가지 정책대안 X, Y, Z에 대한 선호 강도를 점수로 써 내게 한 결과가 아래의 표와 같다고 하자. 다음 설명 중 옳지 않은 것은?

투표자	점 수		
	X	Y	Z
A	7	2	1
B	2	5	3
C	2	3	5

풀이 날짜			
채점 결과			

① 다수결투표를 실시하면 Y가 선택된다.
② 점수투표제를 통해 결정하면 X가 선택된다.
③ 투표의 역설이 발생하지 않는다.
④ 다수결 투표 시에는 사회선호가 일관성이 없다.
⑤ 다수결 투표와 점수투표의 결과가 상이하다.

06 설문을 어떻게 구성하느냐에 따라 다른 응답이 나오는 효과는? (2019년 감정평가사)

풀이 날짜			
채점 결과			

① 틀짜기 효과(framing effect)
② 닻 내림 효과(anchoring effect)
③ 현상유지편향(status quo bias)
④ 기정편향(default bias)
⑤ 부존 효과(endowment effect)

07 다음 중 행태경제학(behavioral economics) 분야의 주장을 모두 고르면? (2015년 공인회계사)

풀이 날짜			
채점 결과			

가. 처음에 설정된 가격이나 첫인상에 의해 의사결정이 영향을 받는다.
나. 기준점(reference point)과의 비교를 통해 의사결정을 내린다.
다. 이득의 한계효용이 체증한다.
라. 동일한 금액의 이득과 손실 중 손실을 더 크게 인식한다.

① 가, 나
② 나, 라
③ 가, 나, 다
④ 가, 나, 라
⑤ 가, 나, 다, 라

05 • 정책대안 X의 점수를 모두 합하면 7+2+2 = 11, 정책대안 Y의 점수는 2+5+3 = 10, 정책대안 Z의 점수는 1+3+5 = 9이다.

    ④

• 점수투표 제도란 모든 투표자에게 일정한 점수를 부여하고 각 투표자가 자신의 선호 강도에 따라 자신에게 부여된 점수를 배분하여 투표하도록 하는 방식을 의미한다.

• 따라서 정책대안 X의 점수가 가장 크므로 점수투표제에 따르면 정책대안 X가 선택된다.

• X, Y를 투표하면 Y가 선택되고 Y, Z를 투표하면 Y가 선택되므로 다수결 투표제도에 따르면 정책대안 Y가 선택된다.

• 다수결 투표를 실시할 경우에는 투표 순서와 관계없이 사회선호는 $Y > Z > X$의 순서가 되므로 투표의 역설이 발생하지 않는다.

---

06 • 프레이밍 효과(틀짜기 효과)

    ①

① 프레임(frame)이란 문제의 표현방법을 말하고 프레임이 달라지는 것에 따라 판단이나 선택이 변하는 것을 '프레이밍 효과(framing effect)'라고 한다.

② 예를 들어 월급의 감소를 이득 감소로 인식하는 사람이 있는 반면 손실 증가로 인식하는 사람이 있을 수 있다. 인식의 틀이 달라지면 결정에도 영향을 주게 된다.

---

07 • 가, 나 : 닻 내림 효과

    ④

배가 닻을 내리면 움직이지 않는 것처럼, 초기에 제시되는 것이 일종의 선입관으로 작용해 판단에 영향을 주는 효과를 말한다.

즉, 처음 가격이 이후의 판단에 영향을 미치는 것을 '닻 내림 효과'라고 한다.

• 라 : 프로스펙트 이론 (prospect theory)

이득이 늘어날 때의 가치의 민감도보다 손실 발생으로 인한 가치의 민감도가 더 크다는 것을 의미한다.

즉, 손실액으로 인한 불만족이 이익액이 가져다주는 만족보다 더 크게 느껴진다는 것이다.

01 객관식 점검 문제

PART 출제경향

- 공공선택이론과 행동경제학의 경우 일반적으로 시험 출제가 잘되지 않는 분야이다.
- 공공선택이론은 미시경제학의 분야 중 하나인 '재정학'이나 '공공경제학'과 관련되어 있어 해당 시험에서는 빈출되지만 일반적인 미시경제 시험에서는 자주 출제되지 않는다.
- 공공선택이론 중 다수결 투표와 관련된 '투표의 역설' 정도 기억하면 될 것이다.
- 행동경제학은 최근에 각광받는 분야로 기본 개념 정도만 암기해 보자.

02 약술 및 논술 점검 문제

PART 출제경향

- 만장일치제도, 다수결 투표 제도, 점수 투표 제도 등 다양한 투표 제도의 특징을 정리하고, 다수결 투표 제도와 관련된 투표의 역설이 무엇인지 중위투표자의 정리가 어떤 것인지 암기하자.
- 행동경제학에서 사용되는 기본 용어인 '휴리스틱', '부존효과', '프로스펙트이론' 등을 이해해 보자.

문제 01

중위투표자 정리에 대해 서술해보시오.

해설

- 모든 투표자들이 단봉선호를 가지고 있으며, 이들의 수가 홀수라면 다수결투표하에서는 중위투표자가 가장 선호하는 의안이 채택된다.
- 즉, 다수결 투표제도 하에서는 항상 다른 결과보다 중위투표자가 가장 선호하는 공공재공급이 사회적인 선호가 된다.
- 중위투표자에 의해 결정되므로 애로우(Arrow)의 불가능성 정리 중 '비독재성'의 조건을 위배한다.

문제 02

꽁도세 방식은 무엇인지 설명해보시오.

해설

- 여러 대안 중에 2개의 대안에 대하여 다수결로 승자를 결정하고 또 다시 다른 대안과 다수결로 승자를 결정하는 과정을 반복함으로 최종 안건을 채택하는 투표 방식을 말한다.

프로스펙트 이론에 대해 설명해보시오.

해설

- 프로스펙트 이론(prospect theory)이란 이득이 늘어날 때의 가치의 민감도보다 손실 발생으로 인한 가치의 민감도가 더 크다는 것을 의미한다.
- 즉, 손실액으로 인한 불만족이 이익액이 가져다주는 만족보다 더 크게 느껴진다는 것이다.

문제 04

프로스펙트 이론 (prospect theory)이란 이득이 늘어날때의 가치의 민감도보다 손실 발생으로 인한 가치의 민감도가 더 크다는 것을 의미한다.
즉, 손실액으로 인한 불만족이 이익액이 가져다 주는 만족보다 더 크게 느껴진다는 것이다.

해설

- 배가 닻을 내리면 움직이지 않는 것처럼, 초기에 제시되는 것이 일종의 선입관으로 작용해 판단에 영향을 주는 효과를 말한다.
- 즉, 처음 가격이 이후의 판단에 영향을 미치는 것을 '닻내림 효과'라고 한다.